谨以此书纪念

东安地区解放暨东安根据地创建72周年

黑龙江历史文化研究工程项目（01YB1311）

东安根据地回忆录

主　审◎于凯生　郭美霞
主　编◎韩新君　宋丽萍
　　　　刁学艺　韩雄飞

黑龙江人民出版社

图书在版编目(CIP)数据

东安根据地回忆录 / 韩新君等主编. —哈尔滨：
黑龙江人民出版社,2018.6（2021.8重印）
ISBN 978－7－207－11386－3

Ⅰ.①东… Ⅱ.①韩… Ⅲ.①革命根据地—史料—东安 Ⅳ.①K296.44

中国版本图书馆 CIP 数据核字（2018）第 151618 号

责任编辑：李智新
封面设计：李德铖

东安根据地回忆录
主编 韩新君 宋丽萍 刁学艺 韩雄飞

出版发行	黑龙江人民出版社
地　　址	哈尔滨市南岗区宣庆小区 1 号楼
邮　　编	150008
电子邮箱	hljrmcbs@yeah.net
网　　址	www.longpress.com
印　　刷	三河市佳星印装有限公司
开　　本	787 毫米×1092 毫米　1/16
印　　张	36.25
字　　数	632 千字
版　　次	2021年8月第1版第2次印刷
书　　号	ISBN 978－7－207－11386－3
定　　价	98.00 元

版权所有　侵权必究　　　　举报电话：(0451)82308054
法律顾问：北京市大成律师事务所哈尔滨分所律师赵学利、赵景波

《东安根据地回忆录》编委会

主　任：张长虹　中共牡丹江市委常委、纪委书记
　　　　徐振林　鸡西市革命老区促进会会长　鸡西市政府原副市长
　　　　于凯生　黑龙江工业学院院长　教授
顾　问：王长发　黑龙江工业学院人文社科系主任　教授
　　　　田洪波　中共鸡西市委宣传部副部长
　　　　缪　晶　中共鸡西市委党史研究室原主任
　　　　康广良　中共鸡西市委党史研究室原副调研员
　　　　刘丽萍　黑龙江工业学院人文社科系副主任　教授
　　　　李建勋　中共鸡西市委党史研究室副主任
　　　　韩基成　鸡西市收藏家协会会长　东北民俗博物馆馆长
　　　　董凤芹　鸡西市收藏家协会副会长
主　审：于凯生　黑龙江工业学院院长　教授
　　　　郭美霞　黑龙江工业学院党委副书记　研究员
主　编：韩新君　黑龙江工业学院文化研究中心主任　研究员
　　　　宋丽萍　中共鸡西市委党史研究室主任　高级政工师
　　　　刁学艺　中共密山市委党史研究室主任　副研究员
　　　　韩雄飞　黑龙江工业学院人文社科系讲师
副主编：韩　涛　黑龙江工业学院人文社科系讲师
　　　　韩敬瑜　黑龙江工业学院人文社科系讲师
　　　　刘金铎　黑龙江工业学院人文社科系讲师
　　　　付云燕　黑龙江工业学院人文社科系讲师

序

  红色历史是一个地区精之所存、气之所蕴、神之所赋。回眸既往,东安根据地的历史沧桑与荣耀已被鸡西人民深深铭刻在岁月深处,在历史发展的车轮中,秉承特有的红色历史文化,踏着从容的前进步伐,不断叩击着东安根据地传承的梦想。

  抗日战争胜利后,在党中央建立东北根据地的战略决策中,东安根据地是创建较早的。东安地区在解放战争时期归合江省管辖,日伪时期曾称东安省。东安地区共辖鸡宁(现鸡西市)、密山(现密山市知一镇)、虎林、宝清、饶河和东安市(现密山市密山镇)五县一市。东安根据地号称"新中国空军、新中国装甲兵、新中国电器制造工业、新中国军事发射药制造工业、新中国军事医学"的摇篮和诞生地,卓有成效地传承和传播了延安革命精神,使东安地区被誉为"东北小延安"。

  1945年9月19日,中共中央确定了"向北发展,向南防御"的战略方针。解放战争时期,从延安革命圣地调任一大批重要领导干部到东安地区,开辟革命根据地。1946年4月15日,时任东安地委书记的吴亮平同志由牡丹江军区的第三支队警卫团护送至鸡宁县赴任,标志着东安根据地正式筹建。吴平亮同志紧紧依靠广大干部群众,以非凡的胆识和智慧领导东安地区的广大群众,认真执行党中央的战略方针,放手发动群众,扩大人民武装,清剿土匪,反奸清算,减租减息,开展土地改革运动,生产支前,建党建政,培养干部,出色地完成了开创根据地的特殊使命,使东安根据地较快成为东北地区的战略后方。东安根据地为辽沈战役、平津战役、渡江战役的胜利和东北解放,做出了重大贡献,有上千名烈士为全国解放和抗美援朝血洒疆场,留下了可歌可泣的光辉业绩,这是我们永远纪念和缅怀的。

《东安根据地回忆录》是黑龙江历史文化研究工程课题项目"东安根据地研究"的成果之一。2013年以来,课题组研究人员先后三次赴鸡西、鸡东、密山、虎林、饶河、宝清、林口等地,考察当年东安地区所属县市30多处革命遗址、纪念碑遗址和烈士陵园,对"东安根据地历史"进行深入研究。2015年,课题组成员分别到全国各地党史研究室、档案馆等有关单位,查阅当年在东安地区工作过的老一辈革命家的相关资料,走访他们的直系后代,掌握了第一手资料。又到国家图书馆查阅收集资料、复印资料,拜访专家,在深入考察和研究的基础上,最后形成这部近70万字的书稿,真实地再现了肩负特殊使命开创根据地那段难忘的峥嵘岁月,展示了鸡西人民在历史上的重大贡献。他们的名字、他们的斗志、他们的事迹将永远鼓励我们奋力前行。

《东安根据地回忆录》在纷纭复杂的历史细节、众多人物形象和超长时空跨度的故事中,呈现了饱满的革命情感,展现了众多有血有肉、鲜活的革命者形象,建立了一条贯穿始终的强大情感逻辑,那就是以民为本的"根据地精神"。我们回顾东安根据地这段历史,意在发掘东安根据地的历史意义和现实价值,牢记历史,不忘过去,去粗取精,推陈出新,传承和发扬根据地的革命精神和优良作风,为地方文化事业发展催生新的亮点。

文化的延续重在传承,文化的生命力在于创新。《东安根据地回忆录》的出版,不仅填补了东安根据地建设这段历史研究中的一项空白,而且对鸡西地区开展红色革命文化教育奉献了丰盛的文化大餐,创造了符合当下时代特征的红色历史文化产品和红色历史文化业态,必将给今人乃至后人了解鸡西、认识鸡西、研究鸡西提供一个良好的参照。时下,会有更多的有识之士参与到发掘、研究、宣传、弘扬东安根据地历史文化的行动中来,续写无愧于先贤、无愧于时代、无愧于后世的历史文化新篇。

时任中共鸡西市委常委、宣传部长
现任中共牡丹江市委常委、纪委书记
张长虹
2016年1月18日

目　　录

第一编　东安根据地建党建政建军工作回忆

- 吴亮平创建东安根据地／雍桂良等／3
- 东进工作委员会活动始末／陶宜民／9
- 在鸡西(鸡宁)开辟根据地工作的回忆／徐广泉／21
- 穆棱河风云录／邵洪泽／26
- 接收鸡宁纪实／李明顺／39
- 我在鸡西(鸡宁)当县长／沈先夫／59
- 鸡西(鸡宁)矿区妇运工作的回忆／纪淑珍／62
- 星火燎原在虎林／孙冀晃／69
- 深切的忆念／任光赤／75
- 创建虎林根据地的第二阶段／梁定商／79
- 忆光复后虎林首任县委书记梁定商同志／王本忠／82
- 忆虎林首任人民县长孙明哲同志／刘翰章／89
- 对东安地区公立联合中学初创时期重要人物的回忆／郝续芝／94
- 我的使命／白如海／100
- 平平往事　亮亮风骨——追忆吴亮平同志在东北二三事／罗　衡／103
- 深切怀念我尊敬的吴亮平同志／谭云鹤／107

第二编　东安根据地剿匪斗争回忆

- 关于东安解放前后的回忆／李东光／115

- 东安剿匪回忆 / 韩　星 / 126
- 密山解放初期的公安工作 / 牛何之 / 135
- 鸡西(鸡宁)之战 / 董振东 / 140
- 关于剿匪的点滴回忆 / 高　兴 / 145
- 鸡宁保卫战 / 杨在林 / 147
- 忆滴道区武工队的建立及几次战斗 / 师震富 / 154
- 忆鸡西(鸡宁)剿匪战斗 / 王景坤 / 160
- 一段战斗经历 / 赵洪峰 / 172
- 鸡冠山战斗 / 周天浩 / 173
- 转战北国千里雪——对三五九旅北满剿匪的回顾 / 刘转连 / 175
- 战斗在北满的岁月 / 王景坤 / 185
- 郭清典的溃灭——记九七部队东安剿匪之战 / 郑文翰 / 208
- 雪原奔袭　全歼乔匪 / 刘翰章 / 214

第三编　东安根据地军工和军事教育发展历程回忆

- 到鸡西(鸡宁)组建兵工厂 / 孙云龙 / 223
- 从延安到鸡西(鸡宁)——回忆创建三办初期概况 / 林世超 / 230
- 三办手榴弹厂和它生产的手榴弹 / 梁富民 / 232
- 鸡宁西鸡西手榴弹厂建厂回顾 / 马　斌 / 235
- 鸡西(鸡宁)军工厂创建中的器材工作 / 王子晨 / 239
- 回首往事忆军工 / 孙书孟 / 242
- 忆鸡西(鸡宁)军工二三厂 / 李松阳 / 247
- 老航校给我插上钢铁翅膀 / 刘玉堤 / 299
- 我在东北航校工作的日子 / 吕黎平 / 301
- 东北军工艰苦创业——鸡西、东安地区的军工发展 / 陈浩良　韩纪民 / 303

第四编　东安根据地土地改革运动工作回忆

- 开展反奸清算斗争的回忆／白如海／317
- 参加鸡宁县土改工作的回忆／马东波／318
- 发动群众　建立巩固的根据地／徐少甫／323
- 关于鸡宁土改中划阶级定成分问题／张进学／326
- 忆兴农区土地改革运动／李　钧／329
- 家乡的土改斗争片断／张蕴英／331
- 目前生产变工中的问题（1947年）／李尔重／335
- 消灭夹生饭与生产相结合（1947年）／李尔重／341
- 难忘的1946年／赵志萱／344
- 中共中央东北局土地改革工作团在密山（1987年12月5日）／许光庭／350

第五编　东安根据地大生产支援前线工作回忆

- 鸡西（鸡宁）大生产运动／陈　浚／355
- 我党北满根据地的后方工业基地——鸡宁矿区／陶　智／361
- 解放战争时期的鸡宁工运／王　珣／390
- 依靠工人群众　进行反把头斗争／冯振禄／394
- 来到鸡西（鸡宁）的前前后后／朱学范／400
- 抓紧能源开发　支援解放战争／罗光泽／404
- 鸡西（鸡宁）矿工的贡献／杨长春／420
- 鸡西（鸡宁）发电厂是怎样恢复的／陈一明／431
- 我的回忆／孙少南／435

第六编　东安根据地干部南下战斗回忆

- 万里南征——忆我从乌苏里江畔到琼州海峡的战斗征程／粟公武／451
- 虎林南下干部组建修水县政权／王本忠／468

- 我给毛主席站了五年岗 /杨宝清 口述 曹瑞斌 整理 / 473
- 我们为周总理推轿车 /杨太生 / 475
- 记虎林独立团的两位老战友 /梁德发 姜树田 口述 孙志松 整理 / 478

附　录　东安根据地文献资料

- 横戈立马蹈虎穴　英雄本色映日月——记原牡丹江军区三支队警卫团第三营第七连连长朴春根 /孟高君 / 485
- 陈慕华、钟毅同志在穆棱煤矿 /德　晖 / 493
- 梨树人民剿匪斗争记 /王金文 / 496
- 空军英雄辈出密山 /王庆元 / 498
- 东安航校中的日本人 /王庆元 / 501
- 请日军战俘当教官——中国空军第一所航空学校揭秘 /卫转业　牛锐利 / 503
- 我军第一所航空学校创办始末 /叶介甫 / 508
- 人民装甲兵从哪里来——访东北坦克大队副队长高克 /陈　辉　王经国 / 511
- 滴道宽勋、金刚两间土改工作总结（1946年8月13日）/赵生晖 / 513
- 对于走向平分土地的意见 /李尔重 / 518
- 关于对哈达区哈达岗村的调查（1948年3月23日）/王拴石 / 530
- 平阳区永升村工作经验（1947年11月23日）/张　振 / 535
- 兴农区订正阶级总结（1948年12月31日）/窦　义 / 538
- 关于土地改革工作情况的汇报（1947年9月2日）/胡炳岩 / 542
- 虎林县土地改革运动综述 /中共虎林市委党史研究室 / 544
- 李宗岱在恢复柳毛铅矿中二三事 /鸡西市总工会 / 553
- 关于解放战争时期东安根据地的调研报告 /习学艺 / 556

后记 / 570

第一编

东安根据地建党建政建军工作回忆

第一编

东安根据地建党建政建军工作回忆

吴亮平* 创建东安根据地

雍桂良** 等

初到东北

1945年8月15日,日本无条件投降,抗日战争取得胜利。不久,中共中央制定了"关于向北发展,向南防御"的战略方针。争夺东北,关系到中国革命的成败。鉴于东北地区的重要性,中共中央决定调4名中央政治局委员带领2万名干部、11万大军挺进东北。晋绥中央分局第一批抽调吴亮平在内的100人左右的高、中级干部,组成晋绥挺进东北干部团,于9月22日从兴县出发向东北进军,10月下旬到达沈阳。同年11月,吴亮平任中共抚顺市委书记,后任辽宁第三地委书记、中共辽东省委委员兼辽宁军区第三(抚顺)军分区政治委员。

12月,毛泽东发出"建立巩固的东北根据地"的指令,吴亮平根据党中央的方针,在抚顺地区做了组织工会和农民群众组织、积极发展党的组织、进行反奸清算斗争等新区的开辟工作。

当月,国民党经济部东北行营工矿处副处长、矿业专家张莘夫率7名工程人员到抚顺接收抚顺煤矿,在回沈阳途中被劫杀。吴亮平在"文革"中介绍当时的情况说:"12月间,国民党派张莘夫等人来接收抚顺矿务局和抚顺煤矿。那时,我们的方针是对接收进行抵制,他们未能实现接收权。不多几天,他们就走了,我们派人送他们出去。到了半路,来了电话,说是苏联红军军官要搞他们。我当时在电话上听了,摸不清情况。当时苏联红军部队驻旅顺,实行军管,红军

---

* 吴亮平:曾用名吴仁衡,笔名吴黎平。浙江奉化人。1927年加入中国共产党。1946年4月,出任合江省东安地委书记兼军分区政委。

** 雍桂良:中共中央党校老师。

的事,我们无权管,(我)听了就说,让他们搞去,没有提出反对,这是政策上犯了大错误。苏联红军指挥我们部队,说他们是坏人,把他们几个人杀了。此事件给国民党利用作为进行反共宣传的一个口实,使党的政治影响遭受了损失,迄今每念及此,辄深为痛心。这一事件的重要责任,是作为地方党委书记的我,应当负责的。为此政策上的大错误,我受到东北局给的撤销工作处分,我作了检讨,并于1月底离开了抚顺的工作。2月间,东北局(和我)谈话批评了我的错误后,分配我到北满东安地区任党委书记。"

吴亮平于1946年4月初到黑龙江省宁安县,向合江省委书记张闻天报到,出任中共合江省东安地委书记兼(第二)军分区政治委员。东安地区位于北满东南部,包括鸡宁、虎林、饶河、宝清、密山和东安等地,属合江省管辖,它背靠苏联,是东北根据地的重要依托和东北解放战争的战略后方基地。

时任中共合江省委书记的张闻天,通过调查研究,提出全省工作应是:以发动群众改革封建土地制度为中心,完成剿匪、生产、支前的任务。吴亮平便以"一个中心,三项任务"为纲全面开展工作。

解放东安　清剿残匪

1946年4月15日,吴亮平从宁安到达东安地区鸡宁县(现鸡西市)。当时东安敌伪残余气焰嚣张,其中危害最严重的是以郭清典为首的一伙国民党政治土匪。

6月,东北局、东北民主联军总司令部下达剿匪工作的决定,指出:"根据目前斗争形势的发展,充分证明北满——特别是合江及牡丹江地区,为我党在东北最基本的战略根据地"。"现在大城市失掉,如果再不以根据地为主,农民为主,将会使我党在东北处于非常不利的地位,甚至遭受失败的危险"。东北局、东北民主联军总部于6月16日决定:"在东安地区建立第一个后方根据地(共划12个后方根据地),作为三五九旅和山东二师的后方基地。"三五九旅刘转连旅长受命率部统一领导指挥牡丹江三支队及虎林、鸡宁地方部队,肃清东安、密山、鸡宁及勃利、林口之匪。

吴亮平作为这一地区的最高行政与军事首长,参与了三五九旅解放东安之战。接到决定后,吴亮平等同志迅即筹集粮饷,组织马车担架,选择向导,起草布告,制定保证工商业照常营业、稳定市场、中小学复课等措施。他废寝忘食地开展接收前的准备工作。

吴亮平随三五九旅司令部从鸡宁出发时,他的长女启明已经病重。刚满周岁的启明几个月大就随父母从晋绥到东北,部队长途跋涉,条件艰苦,食物缺乏,小启明一到密山就病了。由于缺医少药,得不到有效的治疗,病情不断加重。为了东安的解放,吴亮平毅然留下妻子和女儿。不久,启明离开了人世。当吴亮平在剿匪前线得知这一消息,他强把悲痛埋在心里,给杜凌远写了一封短信,劝慰她说:"再生女儿还叫'启明'"。

6月20日,在三五九旅主力的强力攻击下,土匪郭清典部被迅速击溃。6月22日,东安、密山县城解放。7月初,宝清县解放。东安的解放,为我党创建北满根据地奠定了基础。

东安解放后,部分土匪溃散,上山隐藏起来,清剿残匪成为创建根据地当务之急。吴亮平指出:不彻底消灭这些残匪,群众有后顾之忧,土改支前就不能进行。他和军分区司令员谭文邦等多次主持会议,研究匪情,制定政策,部署清剿。决定采取划分区域,分清任务,指定部队首长负责的清剿战略和采取"拉网"、"集中兵力"、"定钉子"、"密隐"等清剿战术,并将军分区部队在密山、三道岭子、五道岗、杨岗驻扎,在这些土匪窝子"定钉子"。动员散居群众下山,焚毁地窝棚,使土匪无藏身之地。

北大荒冬季,我军指战员冒着零下三四十(摄氏)度严寒,在完达山原始森林里追剿残匪,作战条件十分艰苦。吴亮平召集会议研究布置赶制衣裤鞋帽、手套和靰鞡,改善部队供给。他十分注重用党的政策分化瓦解土匪,为军分区制定具体惩治措施,发布告劝降土匪,宣传政策,区别对待,实行文武并重,让一股土匪看到希望,从根本上动摇他们。

吴亮平十分重视地方武装的建设,他和山东二师政委刘兴元协商,调来大批军事干部,派往各县充实县大队、公安局、公安队,把土改工作团中有军事斗争经验的同志留任区指导员,建立区中队、村基干队,让翻身的农民参加区村武装,保卫胜利果实,维持地方秩序,配合部队搜山剿匪。在区村武装中设立党的组织,注意队伍的纯洁,在中苏边境沿线由村基干队边生产边站岗放哨,防止土匪越境潜逃,在东安地区为剿匪布下了天罗地网。同时实行土改与清剿残匪相结合,在土改中逐步消灭上山的残匪。东安地区只用一个冬季时间,基干队发展到3 000多人,于1947年2月彻底消灭了被打散上山的残匪,从而稳定了东安地区的局面。

开展土地改革和大生产运动

开展土地改革是发动群众彻底摧毁封建势力的关键。中共中央东北局派来以陈伯村（兼东安地委副书记）为团长，李尔重、于杰为副团长的200多人的土改工作团到东安地区。工作团到来的第二天便召开全团大会，吴亮平介绍东安地区的剿匪反霸、土地分配与阶级关系的情况，并介绍30年代中央苏区的土地分配、阶级划分上的经验和教训，他的理论联系实际的讲话对大家有很大帮助。以后，工作团每次工作汇报会，吴亮平都参加，听取汇报，进行指导。

东安地区土改开始后，吴亮平亲自深入村屯，进行调查研究，把握运动方向。土改中，他强调群众工作的中心内容是进行反奸清算运动，集中力量打击恶霸地主，消灭地主阶级。要使贫苦农民能分到土地、牲口、农具、粮食等生产资料，使他们能真正从封建统治的羁绊中解放出来。吴亮平及时纠正了对中农政策的偏差，指出中农是我们团结的对象，照顾中农是我们长久利益的需要。他们是发展农村生产的重要力量，保护他们的利益，就是保护生产力，就是巩固根据地。对于富农，他指出，在目前阶段，富农可以雇工，允许劳动发家致富，要利用他们管理经济。

吴亮平提出在土改运动中能否发动群众的三条标准：一是群众有了初步觉悟；二是有了正派的积极分子；三是群众真正发动起来了。吴亮平十分重视各地的农会、政权、群众武装和贫苦农民干部培养的建设。在他的倡导下，成立了东安地委党校短期训练班，培养土改积极分子和土改工作团的新干部。吴亮平还代表东安地委根据东北土改文件和东安地区土改实际经验，起草了《关于群众工作的决定》、《关于分配清算果实的补充决定》、《深入土地斗争应注意的事项》等三个文件。在吴亮平和陈伯村稳而准的政策把握下，东安地区土改运动进行顺利，健康发展，基本上没有出现"夹生饭"问题。1947年冬土改高潮中，东北有些地方刮起了"扫堂子"风，在合江省委张闻天的正确指导下，东安地区基本上没有发生过"左"的扫堂子行为。

吴亮平在东安地区土改运动中，注重调查研究，善于总结工作中遇到的新问题，曾得到省委书记张闻天的多次表扬。东安地区的土改工作经验得到合江省委的重视，被推广到其他地区。

第二年的春天，东安地区土地改革胜利结束，吴亮平把工作中心转入生产运动上来。这时,地委召开千人发展生产动员大会。会上,吴亮平号召全区人民发展生产、支援前线,为解放全中国做贡献。同时,东安地委发出《关于开展群众大生产运动的指示》,号召各级领导深入动员,激发翻身农民的生产热情;改良耕作方法,组织生产互助组等。吴亮平也多次提出帮助农民解决生产中的困难,帮助农民发展生产,制定鼓励农民多打粮食的奖励办法等。这一年,农民生产积极性极高,耕地面积扩大了,粮食增收了,翻身农民踊跃交公粮,支援前线。由于生产大发展,东安地区人民的生活也有很大的改善。

兴办实业　发展边贸

在东安地区进行土改运动的同时,吴亮平也抓地区的工商经济发展。由于国民党反动派发动内战的影响,以及当地土匪的破坏,这里解放初期工商倒闭,市场萧条,粮油盐棉等生活日用品十分缺乏,人民生活陷入难以为继的困境。为此,吴亮平认真地执行一系列保护工商业者利益的政策,并借鉴苏联十月革命后恢复国民经济的经验,制定一系列办法措施,使东安地区工商经济得到恢复和发展,工商业从业户大大增加,生产发展,经济繁荣。吴亮平重视创办公立工商企业,东安地区先后成立东丰贸易公司、林业实业公司等,以及开办机械厂、军用被服厂、面粉加工厂等。吴亮平还派军分区部队到宝清县金沟采金,解决经费来源。又在鸡宁、密山恢复煤矿生产,解决燃料问题。

另外,开放边境口岸贸易。密山的当壁镇是历史上中俄通商的边境口岸。吴亮平亲自率团到苏联,同当地军政官员洽谈通商贸易具体事宜。1946年12月初,我方第一批贸易物资大豆、豆油、猪肉、白酒等运至苏联,换回苏方的布匹、食盐、油、玻璃等。1946年至1947年两年间,东安地区共出口大豆10万吨,实现利润3.8亿元(当时货币)。口岸贸易极大地缓解了当时根据地的困难,为根据地经济发展、创造收入起到重要作用。

保障供给　征兵支前

东安地区作为东北根据地的后方基地,东北民主联军的山东二师、三五九旅驻扎这里;陆军第九医院、卫生学校、航空学校(我军第一所)、战车大队、通讯兵学校(我军第一所)、总后军工部直属一、二厂及东北印刷厂等均搬迁到这里。

驻军、军校和军工单位的粮草和军需物资全部由东安地区承担。吴亮平对保障军队军工、军需单位的物资供给注入极大的精力,有很多事亲自抓:航校缺航空用油、飞机无法发动起飞、教学训练无法进行,吴亮平便给苏联远东军区政治部写信争取支援。不久,苏联红军送来急用的航空用油(以后口岸贸易换回用油);当时运输军用物资缺少车辆,吴亮平给苏联远东军区写信,苏军又支援60辆军用大卡车,解决运输问题。

1946年,在东安地区的驻军部队、军事单位及党政机关人员总数急增至七八万,一时间大大超出了东安地区物资供应承受能力,加之,1946年是灾荒年,各军事单位粮食告急。吴亮平召开驻军各单位紧急会议,决定调出东安军分区全部存粮,首先供应前线部队,并派部队和工作团下乡向农户借粮。他组织地方单位的干部,到被炸塌的日寇军用仓库,挖出被埋的发霉的苞米渣子当口粮,同时经过调查研究,号召驻军部队、军事单位及党政机关开展生产自救运动,上山打猎,下湖、下河捕鱼……这样缓解了军需供给的困难,也减轻了当地人民的负担。

吴亮平亲自组织领导征集兵员,支援前方,参军参战。仅一年时间,东安地区送去优秀子弟26 000人。他总结的征兵经验(从村基干队—区中队—县大队—军分区训练后参军),曾由《合江日报》报道,加以推广。

在吴亮平领导下,东安根据地的经济得到恢复和发展,已建设成巩固的战略后方基地,以人力、物力、财力有力地支援了东北的解放战争。

1947年,为精简机构,东北局决定牡丹江与东安合并成立牡丹江省。当时东北局同意吴亮平带工作团到南满新区工作,在地委结束过程中,吴亮平在处理地委小家底时把少量钢笔、表和一部分日用品分给了原东安地区的干部(自己未分)。有同志告到东北局,说是"集体舞弊",东北局派曾传六、刘琦等同志来调查。9月间吴亮平向东北局说明了情况,检讨了自己的本位主义思想错误。当时,新成立的牡丹江省委领导人指望东安地区的经费能多分些以解决新建省的困难。但是,大部分经费已按东北局意见划拨给了航空学校。来接交的省委负责人对此很不满意。他们"到处找干部谈话",并主持各县主要领导会议,以"集体舞弊"、"本位主义"错误,对吴亮平进行"批评",会议进行很激烈,有人建议"停止党籍",还有人主张"捆起来反省"。后经东北局派人审查9个月,还召开会议,批评吴亮平所谓的"本位主义"错误,没有结论处分。1948年4月,东北局分配吴亮平到松江省宾县当县委书记。这些委屈和误解都没有影响吴亮平对党的忠诚和革命热情。

到宾县后,吴亮平的胃病犯得很重,他仍坚持照常工作,经常深入农村。吴亮平在宾县坚决纠正了土改"扫堂子"带来的后遗症,给一些受冤屈的干部和群众平反和赔偿损失,使党的政策得到贯彻执行。

1948年11月,东北全境解放后,东北局抽调8万人随军南下,吴亮平担任一个干部大队大队长,到江西省开辟新区工作。

本文选自雍桂良等著《吴亮平传》一书,中央文献出版社2009年2月版,第119~127页。

东进工作委员会活动始末

陶宜民[*]

寻找党组织

1945年8月,抗日战争胜利。8月17日上午10时我和难友们走出了哈尔滨"上号监狱",告别了6年零11个月的铁窗生活。

出狱后,为了尽快恢复组织关系,由同时出狱的中共党员周维斌、刘忠民、李青萍带着我给我原部队东北抗日联军第五军军长周保中的信,去吉林省四平市找到了周军长。保中同志明确指出:"抗日战争胜利了,但阶级斗争并未结束,蒋介石要出来摘桃子,有很多工作要我们去做,其中最主要的是建立东北革命根据地。这就要很好地深入宣传党的方针、政策,发动群众组织革命的人民

---

[*] 陶宜民:1945年11月组建东进工作委员会,开辟革命根据地;1946年1月27日任鸡宁县独立团政委兼鸡宁县长。

武装,建立地方各级民主政权。原抗联的同志是主力部队尖兵,为党中央建立东北革命根据地争取时间不失时机地努力工作,才能完成这一艰巨的历史重任。不能等待,不能留恋大城市,要深入农村,深入拥有工业、矿山的中小城市中去。能公开的地方就公开活动,不宜公开的地方就秘密活动。过去东北抗日联军在抗战时期,给东北广大人民群众留下了深远的影响。这对目前组织工农武装,建立民主政权是不可忽视的力量,不要被胜利冲昏头脑,要不懈地努力,才能建立民主政权取得革命最后胜利。"周军长催促代表火速回哈尔滨转达上述精神,迅速开展建立革命根据地工作。

周保中负责吉林省工作,因地区隶属关系不同,他把我们介绍给李兆麟将军。

东 进

组织上根据我曾在鸡宁一带活动过,熟悉情况的特点,决定我和另外6名同志去鸡宁开辟鸡、密、虎、饶等地革命根据地的工作,并决定我们受合江省委洛甫(张闻天)同志的领导。这6名同志是:韩星、杨公益、俄语翻译老方、刘文汉、王凤林、朱玉山。我们7人组成小组,我为组长,杨公益为副组长。我们带着李兆麟将军的介绍信和驻哈尔滨苏军司令部的通行证,9月16日夜间,由哈尔滨出发直奔鸡宁。

出发前,上级没发一枪一粒子弹和旅差费,我们只带着在哈尔滨出发前印好的宣传标语。因战后铁路客货运输限于停顿状态,交通十分困难。一路上,徒步加乘火车,于10月7日到穆棱县停留,在苏军司令部住了两天,苏军司令部介绍刘公朴同志加入我们工作组。10月10日到达梨树镇,因驻扎鸡宁的苏军司令部隶属梨树镇司令部管辖,换介绍信后才能去鸡宁开展工作。苏军向我们介绍了原抗联战士徐广泉(被日军抓到穆棱矿当劳工)同我一起去鸡宁开辟革命根据地工作。我们于10月12日到达了鸡宁。

东进工作委员会诞生

我们到达鸡宁后,首先与苏军司令部接了头,取得了联系。开始无处住,便分散住在杨公益家和杨公益原来开的皮铺里,并通过多方面的渠道解决了临时吃饭问题。

我们小组同志通过秘密串连了解到鸡宁的政治形势与在哈尔滨的情况完全不同。我们来迟了,敌人遗弃的武器弹药和物资均被当地反动地主、伪警所占有。已经成立了当地的最高权力机关——临时县政府,把持地方财政大权。还建立了有反动武装的维持会和有反动武装的公安局。公安局局长是醉美居饭店老板阎树民,公安局总部设在县城里,四甲、恒山等地设分驻所,有三百来支枪,四百多人。阎树民当时是拥蒋反共的。还有保安队,总队长佟震声是原国民党军官,被俘送到东北,任林虎线东海车站特殊工人保安中队长。总队直辖四个大队,共九百多支枪,一千多人。总队部驻在鸡宁县城,四个大队分别住在滴道、恒山、兰岭、柳毛一带。佟震声是反共的政治土匪。此外还有地主资本家组织的反动武装。如:永安屯的毕兴魁、向阳镇的赖明发、东海的郭大队长,等等。蒋匪的建军头子孟尚武暗中为这些反动武装和非武装反动派串连勾结、任命封官,企图组成一股反共的军事力量,为国民党接收东北做准备工作。这是鸡宁周围当时的政治形势。梨树镇、林口、麻山以及鸡宁以东的密山、虎林各地反动派也十分猖狂,给我们以鸡宁为立足点开辟革命根据地工作增加了许多的困难。

为了迅速开展群众工作的需要,我们小组全体同志在杨公益家开会,研究讨论建立什么组织时,有的说,叫"大同盟";有的说,李兆麟将军指示我们由鸡宁向东开辟革命根据地工作,就叫东进工作委员会吧。大家赞同这个名称。

10月16日,东进工作委员会宣告成立。我为主任委员,杨公益为副主任委员,成员有:王兆吉(原抗联三军)、韩星(原抗联六军)、徐广泉(原东北抗联游击队)、刘公朴(原抗联地工)、刘广智、王丰田。东进工作委员会成立时,苏军司令部参谋长什比列夫到会祝贺。

东进工作委员会成立后,第一次会议讨论了工作方向和方法问题。为了宣传党的政策,发动群众,我们不顾反动的公安局监视,张贴了从哈尔滨带来的宣传标语,把东进工作委员会的牌子也挂出来了,并在各地设立了分会机构,具体是:滴道分会,主任委员董殿奎;梨树镇分会,主任委员徐广泉、副主任委员张仁;向阳镇分会,主任委员是位姓于的同志。

东进工作委员会(以下简称"东委会")建立的时候,因去合江的交通不便,另外,洛甫同志在合江的情况不明,来不及向合江省委请示。因此,东委会建立后,经研究由杨公益同志去合江汇报东委会创建和鸡宁周围的敌情,并请求派干部。另由韩星同志去哈尔滨向李兆麟将军汇报。李大章同志到牡丹江之后，派毕德生、刘文汉去取得联系并得到支持，李大章确定王谷同志为牡丹江与鸡宁的联络员，在经济方面给予支援。这样解决了有急事去合江交通不便的问题。

保护发电厂设备

　　东北人民遭受14年亡国奴的痛苦生活，一旦得到解放，内心充满了无限喜悦。但对蒋介石出卖民族利益丧权辱国误国所带来的重大灾难，人民并没有忘记。中国共产党领导的军队英勇抗击日本侵略军可歌可泣的事迹感动了人民，对共产党取得政权治理国家怀着强烈的希望。所以说，人民是拥护共产党的。但是日本侵略军失败之后，社会形势像一团乱麻一样，群众一时认不清谁是共产党，谁是国民党的"中央胡子"。后来，虽然认识了东委会是共产党领导的革命组织，但在他们看来，我们同反动势力力量对比是很弱的，对将来能否站住脚又产生了疑虑。因而，有很多群众抱着观望态度，对我们敬而远之。加以苏军个别士兵纪律很坏和苏军拖运日伪遗留的部分工业设备，引起了群众的不满。鸡宁发电厂原装三台法国西门子额定五千瓦大功率发电机单机，日本侵略军逃跑时破坏不太严重，苏军计划把三台电机和配套设备全部运走。这时，已经运走了一台电机，移到一楼楼梯口的一台待运。东委会知道后，多次向苏军提出：这些工业基础设备对我们恢复工业生产具有决定性的作用，不能运走，苏驻军机关负责人支吾搪塞，不答复我们。恰好苏联远东军区最高司令部巡视员大尉刘杰同志来鸡宁视察，到东委会了解苏驻军情况时，我提出两个问题：

　　（一）苏联驻鸡宁的部分官兵纪律不好，引起群众不满，不利于宣传马克思列宁主义和党的方针政策。

　　（二）苏驻军机关计划全部运走鸡宁发电厂的设备，现在已运走了一台发电机，另一台已搬到一楼，准备运走，拆卸工作还在进行，我们如果失去这部分设备，下一步恢复工业生产就有很大困难，请老刘同志帮助解决。他听后气愤地说："我一方面如实反映，另一方面向驻军机关建议停止拆运，但运走那台就算了。"关于军纪问题，老刘说："不仅鸡宁地区这样，别的地方也是如此。"他又说："远东最高司令部决心要解决这个问题，你放心吧，这是我的任务，一定完成。"经刘杰同志的帮助，电厂保留了两台发电机，同时苏军军纪也有所好转。这给我们做群众工作减少了阻力。

改编保安队的风波

战后,工厂、矿山遭到严重破坏完全停产,学校停课、商店关门。我们采取半公开的串联和深入农村秘密活动的方式吸收进步的工人、农民、学生、老师等参与东委会工作。对治安维持会、保安队、伪公安局等组织则采取拉出来、插进去的办法掌握他们的思想动态,并在士兵中秘密宣传党的政策。

经了解,保安队队长佟震声口头上拥护共产党,暗地与国民党地下建军头子孟尚武勾结,阴谋扩大反动武装力量,等待国民党接收。伪公安局长阎树民表面上靠近我们,实际上接受谢文东编制为十四团,却伪称是我牡丹江李大章任命的。经王谷同志了解并无此事,而是用以掩饰他们的反动行为。这些家伙,疯狂地扩大队伍,等候国民党接收大员来"封官"。但保安队与公安局之间也有矛盾,伺机吞并对方。如果利用这种矛盾,将队伍拉过来,形势就会发生很大变化。韩星同志去哈尔滨汇报了情况,请求派干部来加强工作,东北人民自治军合江军区司令员孙静宇派军区警卫营营长邵鸿泽来鸡宁,以副总队长的名义参与佟震声的保安总队工作。经老邵同志多方面的思想工作,佟表示接受我方编制,以后又提出亲自去合江与省领导面谈队伍编制事宜。我和老邵、王丰田等同志商议,认为这是积极的表现,赞成佟的意见,决定我、老邵和佟一同去。当时铁路交通很不方便,坐火车很难在预计时间到达合江。事情紧迫,因而东委会准备一台汽车,司机是邢师傅,确定12月17日早晨出发。可是要出发时,佟改变了原议,派他的参谋长邹世鹏代表他去合江研究保安队编制和其他事宜,因此,延迟到下午4点多钟才出发。此行有我和老邵、俄语翻译赵崇业、邹世鹏及十几名战士。汽车开到滴道,时间已晚,住了下来。第二天,天还未亮即行车开往勃利。下午,汽车驶至距勃利县城五十华里青山车站时,有位老乡要搭车,他说昨晚上勃利县发生了激烈战斗,果然现在还能隐隐约约地听见枪声。我和老邵商议暂时住下,弄明情况后再走。紧沿屯子就是青山火车站,我同赵崇业和几名战士住在车站候车室,掌握铁路电话,老邵和邹世鹏同几名战士住在离车站很近的老乡宿舍里注视着老邹的动态。晚上十点多钟,通过铁路电话知道,王景坤司令员和于化南政委领导的鸡、密、虎挺进支队和一批干部从佳木斯出发开往鸡宁,部队到勃利县时,孙方友叛变,发生激烈战斗,接着得知林口县遭到谢文东反动土匪围攻的消息。鸡宁铁路电话接不通,对鸡宁情况不明。午夜以后,电话传来王司令员部队撤出勃利,乘火车开往林口的消息,于19日早7点多钟一列满载部队的敞车开进青山站。我们在车上找到杨公益同志,由他引导向王司令员、于政委汇报了鸡宁的情况和去合江汇报要解决的问题。于政委说:"不必去合江了,我们一同到鸡宁解决吧。"火车开到林口,这时围攻林口之敌发觉来了增援部队就逃窜了。

林口遇阻

部队进驻林口休整,准备干粮继续开往鸡宁。这时正是国共和谈期间,苏联当局为了避免援共之嫌,铁路不给运兵,因而部队决定徒步向鸡宁挺进。

12月21日早晨,在杨木车站遭遇敌人伏击。从上午8点战斗到晚9点多钟,未能打通前进道路,被迫又撤回林口。为了减少部队负担,便于灵活打击阻拦之敌,政委召开随行干部会议,决定疏散行动。有地方关系的同志可以就地暂时隐蔽,离开部队有困难的跟随部队走。根据规定,我们研究的结果,杨公益、邵洪泽(邹世鹏逃跑了)和几名战士随部队走,我和俄语翻译赵崇业一同走,直接回鸡宁为部队进驻作准备。22日午夜1点多钟部队开往鸡宁。我和赵崇业在23日6点多钟到自由市场每人买了几斤白线和几条香烟伪装小商贩,徒步到林口车站。当时没有开往鸡宁的火车,仅有开往牡丹江的货物列车,但苏军列车负责人不许搭乘。我们去找苏军司令部时,恰好在途中遇到一位苏军大尉,向他说明情况后,才把我们送上火车。这时敌人又向林口县中心进攻。当天下午4点多钟到牡丹江车站,下车直奔司令部,在经过的道上没见着一个行人,觉得奇怪。到了司令部一看,没有门卫,室内已空空的,满地乱纸,便知出了问题,急忙退出。这时走来一位工人装束的人问:"你们是哪的,找谁?"我说姓李的,他低声告诉我司令部已撤走了,你们马上离开此地,战斗就要打响了。我俩慢腾腾地走去,那位同志喊"快跑!快跑!"我和赵崇业忘了饥饿和疲劳,一直跑到车站,恰好有开往绥芬河的一列货车,我们坐这次列车到下城子车站,换乘了去梨树镇的火车,第二天到了梨树镇东委会。

东委会被捣毁

我回到梨树镇东委会处,见到鸡宁东委会一些同志都汇集在梨树镇分会,便预料到出事了。原来我和老邵离开鸡宁第二天上午11点,中央胡子谢文东的主力部队进站鸡宁、滴道,东委会被捣毁,文件被伪公安局抢光,有几位同志被捕,关押在防空洞里,其中有刘文汉、孙胜福、方翻译等人,有的同志深入群众未回来就地隐蔽,刘公朴等人撤到梨树镇东委分会。

反动武装进鸡宁后,杀害了8名苏军机关干部,其中鸡宁5人、滴道3人。此时,梨树苏军司令部的中国人军官(大尉)李东光同志来鸡宁,见此情况,驱车急回梨树汇报,司令官命令下午3点出动机械化部队,分两路向鸡宁、滴道进剿。谢文东反动派主力部队集结在滴道,苏军以滴道为重点准备炮击。这时当地居民代表要求,为了百姓的安全不能开炮。因此,司令部命令吴康和保安队立即撤出鸡宁、滴道,在五十里以外驻扎。因东委会撤出鸡宁,治安维持会出面要求把反动的公安局留在县城里维持地方秩序,理由是公安局未参与吴康的活动。苏军司令部被骗得同意了他们的意见。这样阎树民驻在县城里取得合法地位。他的反革命活动比以前更加猖狂,对东委会进行搜索监视。在事件发生前,我住在杨公益同志家里,公安局夜间经常到老杨家搜查,闹得老杨一家日夜不得安宁。

失败是成功之母

鸡宁发生暂时的反革命复辟,革命工作遭到了严重的破坏和挫折,失败教训了我们。我主持召开支部扩大会议,共同总结东委会自建立以来的工作经验教训,一个重要问题,没有自己的武装是站不住脚的,也建立不起来革命的根据地。决定东委会工作由公开转入地下秘密活动,发动群众建立人民武装,深入农村、学校、厂矿宣传党的政策,动员青年和学生参加东委会。

梨树镇的情况比较好,因失掉组织关系的徐广泉同志,即于日本侵略军投降前,在穆棱煤矿公司当劳工,以此作掩护秘密发动群众。日本投降后,该公司建立护矿队,徐打进去做工作,能解除这部分的反动武装。然后以梨树镇做立足点,恢复鸡宁煤炭生产是比较可行的。1945年12月28日,以徐广泉、张仁为首,组织韩星、刘公朴、王丰田、姜绍舟等人,深夜解决了反动的护矿警察队,缴了三四支长枪和两支短枪。改编后仍驻在原地,自己的武装初步建立起来了。

反动的护矿警察队解决了,还有土匪万奎英一股隐患。万是伪满时期穆棱煤矿的坑口把头,会俄语,同苏军司令部关系搞得很好,暗中和谢文东勾结被委任为旅长,积极招兵买马,组织反革命队伍。旅部办事处设在他家院内,并有两个哨兵装门面,内空无兵。如果不及时解决,发展下去就不易解决了。老徐对解决万的问题有必胜的信心。和苏军司令部联系的时候,他们的态度和解决护矿队一样,既不帮助也不干预。第二天下午,徐广泉同志和另外几名同志到万奎英办事处,对门卫说:"我们从牡丹江来,有事和万旅长面谈。"哨兵传达之后,万果然亲自接待。在谈话时,迫使他交出了伪旅的全部印鉴和各级军官任命状,以及两支短枪、两支长枪,并郑重告诫他停止建军和一切反革命活动,否则就将严惩。

梨树东委分会解决了穆棱煤矿护矿警察队和万奎英尚未建成的伪武装,解除了两个隐患,引起了伪公安局长陈局长和保安队魏化南队长的惶恐不安。这两个组织是我们争取的对象,利用他们同麻山区郎亚彬之间的矛盾,可以抵制郎团土匪进驻梨树的企图。因此,由毕德生同志起草了给伪公安局陈局长和魏队长信,说明万奎英和护矿队联合勾结谢文东反动派进驻本镇和矿区情况后,他们的紧张情绪才有所缓和,避免了向我们进攻。保安队魏化南也主动与我们联系了。

我们的活动情况,经联络员王谷同志转告了李大章同志。

制定行动计划

反动派进占鸡宁的时间虽然不长,但东委会工作受到的损失却是严重的。我们在梨树缴了护矿队和万奎英部枪支之后和反动势力对比起来力量还是很弱的,因此,需继续发动群众壮大革命力量。韩星同志主动去说服恒山郭刚把队伍调到梨树,编为东委会的警卫营。郭刚是恒山煤矿的技术工人,当过小包工把头。当时据掌握的情况,他和别的反动武装没有联系,口头上表示拥护共产党。有一次郭去林口,我们怀疑他与谢文东、李华堂、马喜山等反动派暗中勾结,东委会立即派韩星与林口县秦县长联系,把郭刚关起来了。郭刚被关起来后,郭的参谋要求韩星请东委会出面放回郭刚,他表示决心走八路军的路,接受共产党的改编。过去的教训使我们更加警惕,是否放回郭刚,郭刚的参谋能否实现诺言,考验一下也好。韩星同志去和郭协商,结果他不同意离开恒山。这部分借用力量也不能借用了。

在鸡宁阎树民的反革命气焰嚣张,造谣说:"东委会各地分会都彻底垮台,鸡宁地区已经不是他们的天下了。"阎梦想国民党大员来接收,好封官发财。

国民党五十二军地下建军头子孟尚武用"满天飞任命状"的方式收罗日伪时期的残余力量。这些反革命势力如果争得时间必然死灰复燃,即使不能得逞也会拖慢我党建立东北根据地的进度。

面对这种情况,东委会下步工作是等王景坤司令员的部队来鸡宁解决问题呢还是积极发动群众,组织人民武装力量,削弱或者消灭敌人呢?这时,我们想起了周保中同志指示"不能等待,等待要贻误战机",这话给了我们很大启示。元旦前夕召集几名主要同志讨论如何处理鸡宁问题。我把保中同志的指示精神讲述一遍,同志们很受鼓舞。讨论结果,不能放弃鸡宁县内的工作,放弃及时给敌人以可乘之机,必然会使革命工作受到不应有的损失。为了在主力部队(指王景坤支队)到达之前做好进驻准备工作,我们必须采取由公开转入地下秘密活动的措施。这样做给孟尚武、阎树民、佟震声等反动派一种错觉,认为东委会这根钉子已拔掉,让他们乐观地等待国民党来收编。

与会的同志一致认为不消灭阎树民这个反动武装,鸡宁的形势不能扭转,我们还是处于被动地位。必须下定决心,排除伪公安局这个障碍。我们研究拟订一个行动方案,以鸡宁县城为地下活动中心,深入农村组织工农群众,武装工农群众,扩大武装力量。首先接触阎树民的伪公安局武装,取消伪县政府建立的政权,同时决定由我去鸡宁主持工作,崔树本同志担任联络员,由他先去鸡宁与李茂彦商定,车炳恒家作为我们秘密联络站。

巧夺伪公安局

1946年1月2日,我和崔树本搭乘苏军汽车回鸡宁与苏军司令部取得联系之后,住在车炳恒家里,并召开了紧急的秘密会议。与会的有李茂彦、王丰田、王兆吉等同志,研究如何实现梨树会议的计划。同志们赞成这个计划,但解除伪公安局的武装不是一件轻而易举的事,从力量对比来看,公开斗争是很难取得预想的效果。

鸡宁人民的敌人是以孟尚武为首的匪团。他们积极活动要把鸡宁附近的各反动武装组织大联合,宣扬王景坤支队已毫无存在了,东委会在梨树已被郎亚彬和车团吃掉,因而他们的反革命气焰更加嚣张。

根据这个情况,我们研究一个组织150至200人不拿枪的突击队,以群众暴动的形式出其不备冲进伪公安局,活捉阎树民、缴械全部武装的方案。苏军司令部允许行动,但还有许多困难。参加突击队的大部分是朝鲜族和汉族农民青年,但住的村屯很分散。如果集合时间通知早了很容易失密,遭到失败。我们决定利用春节前夕群众买年货这一有利时机进行准备活动,11月26日午夜在原矿山机械厂破厂房框子里集合,27日早晨6点钟行动。

东北人民遭受日本侵略者奴役压迫14年之久,一旦解放,又是第一个春节,这种愉快的心情是难以表达的,都欢天喜地准备年货。鸡宁城内的集市特别热闹,四面八方赶集的人川流不息,这对我们的突击队接近伪公安局进行冲击是个最好的掩护条件。此外,由于伪公安局对日伪遗弃物资的搜索,在群众中造成不满情绪,成为当时发动群众搞掉阎树民的动力。朝鲜族群众,他们有遭受日本统治多年的亡国痛苦,清楚地认识到他们的复国与中国共产党的胜利是休戚相关的,于是积极支援中共建立东北根据地。在吴康反动事件之前,东委会动员青年参军100多人,其中朝鲜族占60%。这次解决伪公安局组织的突击队员160多人中,朝鲜族占一半以上。

突击队长王丰田,副队长李茂彦,骨干有王兆吉、崔树本、王德学、王学、关常绪等同志。按预定计划,于1946年1月27日,突击队分小队混在进城赶集的人流中到达伪公安局,先把岗哨枪夺下来关押在岗楼里,队伍冲入院内,一部分冲进阎树民住所,一部分冲进公安士兵宿舍,他们正在睡梦中被缴了械。在士兵宿舍里,记得仅缴获长枪六七十支,有轻重机枪各一挺和一门轻型迫击炮。遗憾的是阎树民带着一部队伍逃跑了。经俘虏揭发,阎的宿舍天棚上和地下室有武器,经搜索又获得80多支枪。这时我们就有150多支枪。

解除伪公安局武装当时,召集被俘人员大会,宣布党的俘虏政策,不没收个人财物,愿意留下的我们欢迎,愿回去而道远的发给路费,献出隐藏的武器弹药和揭发别人暗藏的武器弹药一并给予物质奖励。拘留室关押的人,经审查清楚后释放。

缴了伪公安局的械,武装了自己,但并未彻底消灭阎树民的实力,他以孟尚武为靠山,积极联络毕兴奎、佟震声等反革命武装组织,企图在我军主力部队来到之前,把我们吃掉。

王景坤司令员的队伍什么时候到鸡宁,一点消息也没有,情况不允许我们等待,要争取时间扩大武装力量,顶住阎树民、孟尚武等反革命武装的联合反扑,在鸡宁这个工业城市坚持到我军主力部队到来就是胜利。弹药线索,在解决伪公安局之后,大家动手分别动员群众献纳。西鸡西铁路工务段工人邹师傅(名字忘了)、沈杰山两人代表工务段,临时组织的保护工务段器材的青年团体(指1945年8月9号之后)献纳两台铁路、公路两用装甲运兵车。他们为了不被反动武装利用,把车推到火车放置场隐藏起来。公路用的轮胎和其他主要零件也秘密保管起来。后来我军主力部队在东安、密山一带对敌战斗时,这两台装甲运兵车发挥了一定作用。

白如海到鸡宁开展工作

我记得,在解除伪公安局武装前一两天,东安地委副书记白如海到达鸡宁。夜间在苏军司令部与我会面,他虽未说明他的身份,但我已猜测到他是上级党组织派来的领导人。我内心感到高兴,有了党的领导,给我们增加了力量。当时最迫切的问题,是发展人民武装和掌握县政权两件大事。我同白如海同志研究先建立鸡宁独立团,任孙轩华为团长,我任团政委,因缺干部由我兼任鸡宁县县长。

过去东委会掌握部分群众隐蔽的枪支共有300余支步枪,此外还有缺零件的100多支步枪,由刘忠仁、于学山、于文斌、鲍常荣等技术工人组织小型修械所进行配件检修,很快投入使用。由于武器的增加,武装力量有所发展。这就是鸡宁独立团建团的物质基础。

根据情况的变化,干部进行适当安排,刘广智、董殿奎在滴道发动群众扩大武装力量,经过组织发动群众,滴道已有20来支枪的人民武装队伍。徐广泉、张仁等同志从梨树调到鸡西分配到平阳镇组织起群众武装,其他同志留在梨树镇由杨公益负责。尹福录也有20来支枪的队伍,驻在平阳镇和鸡西之间的八甲自然村子。

这时期,敌人不断地向我们上述各地袭击,保卫鸡宁的革命根据地任务是十分艰巨的。

据我们插进反动地主毕兴奎团的内线陈锡元(参谋)反映的情况,孟尚武阴谋策划以阎树民、佟震声、赖团（可能叫赖明发）等反革命武装搞军事合作，在人民武装还未形成，主力部队未到之前，把东委会的队伍完全吃掉，占据鸡宁，然后与密山、宝清、虎林等县反动武装联合。另一方面与谢文东、李华堂等反动派武装联合阻击我人民军东进，破坏我方建立东北根据地的计划。这是孟尚武反革命总的行动计划。这时，伪保安队用威胁手段迫使东委会交出武器撤离滴道，刘广智同志在危急之中坚持斗争，未使敌人得逞。为了加强该地武装力量，独立团抽调一个连进驻滴道，遭到敌人攻击。这次战斗葛指导员和十几名战士英勇牺牲，苑连长跑回鸡宁。敌人又在兰岭杀害了参加我们队伍的朝鲜族、汉族人员家属。这些反革命势力分布面很广，从力量对比来讲，没有足够的力量去消灭敌人，搞不好在主力部队未来之前，有被敌人吃掉的危险。但是情况又不允许消极等待，只有政治斗争和武装斗争结合。保安队佟震声于1945年10月下旬至12月中旬与东委会协商，曾经接受合江省领导的建议，同时由省里派来的邵鸿泽任副总队长。由于吴康反动武装入侵鸡宁、滴道，这些因素使佟走向我们的反面去了，如果不责怪佟还有可能拉过来。因此我和白如海拟定与保安队恢复关系的条件：根据保安队现有的条件进行整编，各级干部由他们自己决定去留。编后可分别驻在鸡宁、滴道、平阳、恒山等地。

　　白如海同志与苏军驻滴道司令部领导商定，司令部主持召集保安总队部有关人员和四个大队长会议，其中秘密措施是：能恢复接受合江省领导是最好了，否则，由苏军司令部把与会的头头关押起来，同时解除各大队的武装。为了保证会议顺利开成，还要渗透佟震声同志恢复合江省领导问题。我们找到佟的参谋柴宝森（我的同学）请他说服佟接受我方建议。柴说，佟对他不太信任，可以介绍一位与总队长和各大队长关系密切的人去做说服工作。他把伪满时期炭矿职员关眼镜（名字忘了）介绍给我，同关谈了几次话，他们认为这是好事，既避免双方摩擦又有利于居民的安全，更有利于保安队的前途。他表示决心完成任务。经关眼镜和柴宝森等活动，佟震声同意协商，派他四个大队的正副队长和一个参谋，共9人参加会议。我方白如海等同志参加，在滴道由苏军司令部主持会议。在会上他们只同意队伍回驻鸡宁、滴道，顽固反对改编问题，老白同志揭发他们杀害居民的罪行，强烈指出：这股土匪是1945年在苏军支持下建立起来的，现在他们作恶多端，要求苏军司令官采取有效措施，解决这一问题，以保证居民安全。因为发生过1945年土匪吴康在鸡宁、滴道杀害苏军干部事件，引起苏驻军机关对佟保安队不信任，这样苏军司令官把与会的头头关押起来。在押送牡丹江途中跑掉几个，余下的由牡丹江司法机关判处十年以上的有期徒刑。苏军对这股土匪没有解除武装，彻底解决问题，而是暂时的缓和。

三支队剿匪记

1946年4月中旬，孟尚武（自称国民党五十二军地下建军大员）和佟震声、毕兴奎、赖明发、阎树民等联合起来，以毕兴奎为总指挥，准备进攻鸡宁把我们吃掉，从而占据鸡宁，扩大他们反革命势力。这时肖荣华司令员的第三支队开进鸡宁，但是，敌人并没有放弃占据鸡宁的野心，于是发生了鸡冠山战斗。这次战斗敌人虽然失败，但仍有较大的对抗力量。记得5月初剿匪主力部队开进鸡宁，把敌人驱逐在鸡宁以东二人班、密山一带全部歼灭。毕兴奎、阎树民、佟震声、孟尚武等反革命头头先后被俘。密山、虎林、饶河之敌也很快肃清。东安地委及时开展工作，这个地区清剿反革命的武装斗争于1946年6—7月间基本结束。

本文选自薛盟主编的《鸡宁剿匪》一书，中共鸡西市委党史研究室1989年12月印，第23～40页。（整理：隋业勤）

在鸡西（鸡宁）开辟根据地工作的回忆

徐广泉[*]

摆脱压迫　投身革命

我出生于吉林省珲春县偏僻的山村，旧社会祖祖辈辈给地主扛活，全家老

---
[*] 徐广泉：1945年8月为中共国际交通员，后参加东进工作委员会，开辟革命根据地。

小吃糠咽菜相依为命。我 15 岁那年已是日本帝国主义侵占东北第二年,山沟里的村民因闹灾荒,生活更加困难。1932 年 2 月的一天,抗日游击队到我们村里活动,在游击队的宣传开导下,我觉醒了:只有跟着抗日游击队打跑日本鬼子,打倒封建地主,才能有自由,不受压迫,不受剥削,才能吃饱穿暖。于是,我毅然参加了抗日游击队。

长白山一带是东北抗日联军的主要密营和根据地,我参加游击队不长时间部队就开到抚远一带活动。这一带抗日游击队都由杨靖宇将军指挥。1935 年春,抗日联军总部送我去苏联学习;1938 年我回国留在新疆工作;1940 年 2 月到延安,3 月我被编入干部队,开赴山东鲁西南游击区一二九师任排长;同年 11 月 19 日在鲁南与日本侵略军打一场大仗,我头部受重伤被俘。1941 年从兖州集中营遣送到鸡宁穆棱煤矿当劳工。在矿区,我曾多次宣传中国共产党抗日斗争的主张,发动矿工向把头斗争,工人起来闹了几次事,日本鬼子把我抓进梨树镇监狱押了半年多,因无可靠的证据把我又送到穆棱矿继续当劳工。

与苏军接头　等待时机

1945 年 8 月 7 日,苏联红军进驻梨树镇。我闻讯到苏联红军驻梨树镇司令部,因我在苏联学习三年,会说俄语,米哈依洛夫政委接待了我。我向他介绍了我的革命经历。苏军司令部翻译是中国人,叫李希才,他让我介绍梨树镇一带的政治情况。我根据日常掌握的情况,将伪警、宪、特等 32 人名单交给了苏军红军政委。次日,苏军翻译李希才找我到苏军司令部,米哈依洛夫政委任命我为国际交通员,主要任务是侦察鸡宁、梨树镇一带社会情况,并给我 100 元红军票子作为活动经费。

我除了调查社会情况外,和康绍周同志一起在穆棱煤矿一号井张贴标语,号召受压迫的矿工站起来推倒满炭的反动统治,总经理刘静波派人追查张贴标语人,未得逞。日本帝国主义垮台了,我又有苏联红军司令部撑腰,胆子也大了,在矿区发动工人组织"工人维持会",接管矿山。工人维持会会长于学怀、副会长周升宾。活动不长时间,白俄矿长看形势对他们不利,便组织了护矿警察队,以便使白俄矿商继续把持穆棱矿。

第一编
东安根据地建党建政建军工作回忆

巧遇陶宜民　回到革命队伍

1945年9月,我在梨树镇街上发现街头墙上的标语:"拥护进步,反对倒退!""拥护团结,反对分裂!"……我已断定我们的同志来了。不出所料,在原伪警察队屋子里,我发现有七八个不熟悉的人休息。搭话后便知党组织派人来了。通过苏军司令部政委介绍后,互相介绍了情况,陶宜民将汉、俄两种文字的介绍信递给我看,经苏军司令部领导人同意,我参加了东进工作委员会。

发动群众　建立根据地

我们携带苏联红军驻梨树镇司令部介绍信去鸡宁,首先去苏军驻鸡宁司令部接头,因无住处,便都住在杨公益家,调查了几天社会状况。陶宜民和杨公益与商务会联系,在红军路(现鸡冠区)东侧找了一处空房子作为东进工作委员会办公室,陶宜民为东委会主任,杨公益为副主任。为了全面发动群众,建立巩固的革命根据地,在鸡宁镇、梨树镇、向阳镇、滴道镇分别建立了分会,我在梨树镇分会任主任。通过张贴标语、个别串联,爱国的青年知识分子主动参加东委会组织,队伍不断地扩大。

1945年底到1946年初,鸡宁的反动派联合起来反对共产党,乘东委会领导人外出之机,砸了东委会的牌子,到处抓东委会工作人员。东委会的干部被迫集中到梨树镇分会。陶宜民革命意志坚强,虽然东委会遭到敌人的破坏,他仍毫不动摇动员大家挺起腰来,继续同敌人斗争。经民主讨论,决定建立武装,没有武装站不住脚。我提出没有枪,组织不起来武装。于是,我请求苏军司令部批准,并派两名士兵配合,夺穆棱矿护矿警察队枪支。这一天,苏军两名战士背着转盘枪,来到护矿队门前,我事先用俄语告诉士兵在门前等着,有情况支援我。我一进营房门,有人认识我。我问:"你们杨队长在哪?"在问的同时,我发现屋里有的在打牌,有的在睡觉。我就一个人,他们都没有注意。墙上挂一颗苏式48瓣小炸弹,我迅速取下,大声疾呼:"不许动,都举起手来!"这时有的警察要去拿枪,我一挥小炸弹,他们吓得没敢动。我对他们说,我奉苏联红军司令部司令的命令改编护矿警察队。队长杨赞华看外边真有苏联士兵来回走,就乖乖地到外边站队。我宣布,愿意参加共产党队伍的留下,不愿干的自便。讲完后,杨赞华和几个亲属回八面通了。

这次活动为东委会组建武装打下了初步基础,东委会手中有长短枪50多支,1 000余发子弹。东委会干部人人手中都有武器。那时,我在梨树镇分会工作有个方便条件,熟悉苏联红军司令部领导人,并且我能说苏联话,同时,苏军对东委会开辟根据地工作支持。解除穆棱矿警察队不久,我和分会的同志又解除了穆棱矿一号井把头、号称国民党建军旅旅长万奎英这股土匪,使东委会组建武装工作很顺利。

武装夺取政权　巩固革命根据地

在陶宜民的指挥下,经暂短两个月的时间内,鸡宁县于1946年初,建立了一支150多人的人民武装队伍,并有长短枪100多支。在白如海、陶宜民的周密安排下,于春节前一举夺取了阎树民组织的反动公安局,由李明顺当公安局长,不久各区设立分局,我任平阳镇公安局分局长。不久成立了鸡宁县独立团,政委是陶宜民,团长是孙轩华。有了自己的武装,我们脚跟站稳了,土匪也不敢轻举妄动了。当时,公安局主要保卫县城,独立团各连驻扎在各区。一连驻滴道,70多名战士被土匪缴械,袁连长不见踪影,死亡严重。派刘广智去领导,可他没有带兵经验,县委书记白如海和独立团政委陶宜民调我去滴道替换刘广智,我去后,发动战士修筑工事,建立拘留所,还派侦察员扮成小商贩探听敌情。3月,谢文东的部下郎亚彬土匪团打着国民党的旗号,号称800多人队伍包围滴道。我立即召集滴道头面人物开会。我腰中别一支手枪,带一名士兵进了会场,我说:"参加会的都是社会贤达(其中有土匪)。我们当了14年亡国奴,在苏联红军帮助下,打败了日本帝国主义,东北光复了,可有人还要打,中国人不能打自己,要团结起来,共同建立新中国。大家都想想这话对不对? 有事可以面谈,互相商量解决,也可以到鸡宁找苏联红军或陶宜民研究解决。如果有人胆敢动武,我们就用武还击,苏联红军也不会轻饶他们的!"郎亚彬知道我们滴道有了武装准备,所以未敢轻易进攻滴道。

转战平阳镇　执行新任务

1946年3月,陶政委通知我回县里,白书记命我第二次去平阳镇组建武装。

我到平阳镇,县里批准只带去20多名士兵。平阳镇周围土匪多,很复杂,我到平阳镇不多日子,土匪头子毕兴奎、苏炳先联合当地小股土匪,以永兴屯为据点攻打平阳镇,我们不到百人的队伍,打了一整天。苏联红军用"卡秋莎"大炮把土匪打垮了。5月份苏联红军撤兵回国,谢文东网罗东安一带的土匪进攻鸡宁,经过一天一夜的战斗,被我三支队打垮了。土匪暂时占领了平阳镇,我们退出了,几天后又夺回了平阳镇。7月,由于连日战斗,我病倒了,同志赶着牛车连夜把我送到县医院。陶宜民也因病住院,在此期间,县长张凤阳带食品去医院看我和陶宜民政委。

8月,中共东北局东安工作团李尔重带工作团同志到平阳镇,开始搞清算斗争,进行土地改革,我任武装队长,保卫土改,配合部队清剿土匪。有一次工作团的5名同志在永兴屯被土匪包围,子弹打光了,我带兵赶到永兴屯,将土匪打败,并缴获1支大枪,受到了工作团李尔重的表扬。

10月份,平阳镇土地改革快要结束,工作团转入建党建政工作,成立了中共平阳镇区委会,张振任区委书记。我向白如海书记提出去佳木斯军大分校学习,白书记答应了我的请求。

1947年5月,我入佳木斯军大北满分校学习。1948年军大北满分校改为教守团,秋季开赴抚顺,编为一六三师,我在后勤粮食加工厂负责日常工作;1950年朝鲜战争爆发,部队又开赴辽宁大东沟待命,1951年出国抗美援朝;1952年我回国转业于地方丹东市工作。

本文选自薛盟主编的《鸡宁剿匪》一书,中共鸡西市委党史研究室1989年12月印,第41~46页。(整理:隋业勤)

穆棱河风云录

邵洪泽[*]

东大营被困塞翁失马
受重任初见邹大麻子

1945年9月中旬,我们八路军一一五师滨海支队在沈阳郊区驻扎,等待整编。东北局决定组建东北人民自治军合江军区,任命孙靖宇为合江军区司令员,把从关里各地区调来的100多名老干部安排到合江军区机关、部队和地方工作,并组建了合江军区警卫营。我们滨海支队二十六团的老四连为这个营的骨干,另外从沈阳市兄弟部队调入两个连,总共三个连,400多人,并计划建立炮连。上级任命我为警卫营长,由山东滨海支队来的连干部齐导泉任政治教导员。当时,原滨海支队二十六团老团长翟忠禹找我谈话,让我和齐导泉带老四连到沈阳附近的东大营,先集合兄弟部队的两个连队,然后发武器,在该地乘火车北进。就这样,根据孙靖宇司令员和翟忠禹同志的指示,四连出发了。我带雷连长和一名通信员在头里走,齐教导员在后面带领部队,我们相距七里多地。下午6点多钟,我们三人到了东大营。按事先布置,我们准备给老四连和另两个连队安排住房。东大营确有连队,人数1 000多人,他们都穿着伪满洲国军队和日本兵的制服。我们跟他们一联系,发现不是我们那两个部队,而是一帮土匪。土匪把我和雷连长扣起来。到了夜晚,我们看到团部侦察员也被他们抓住。晚上8点半,齐教导员带老四连来到东大营,发现驻军是土匪,由于手中没有武器,被土匪围住。当时东北地区情况十分混乱,土匪、日伪散兵游勇和我军鱼龙混杂,上级事先没弄清情况就指挥部队行动,孙司令员负有责任。面对这

---

[*] 邵洪泽:时任东安地区鸡宁独立团参谋长、团长。

种情况,我们并没束手待毙,干部战士们和土匪进行说理斗争,晓以利害。土匪既不敢加害我们,但也没释放我们。当晚,孙司令员也得知消息,立即和沈阳市苏联红军指挥部联系。第二天拂晓,我们听到外面有坦克声。孙司令员带领苏军十来辆坦克和乘坐坦克的步兵包围了东大营,将土匪全部缴械。共缴获一千多件武器,其中有步枪、机枪、迫击炮,还有4辆马车16匹马及许多弹药。塞翁失马,因祸得福。就这样老四连全部装备起来了,战士都配备三八式步枪,每班一挺歪把子机枪。50多名20多岁的俘虏补充到老四连各班,并把缴获的过冬的棉衣、棉鞋、皮帽子装备了老四连。随后,我们又从东大营到沈阳市,住在沈阳市铁路办公大楼。兄弟部队调入的那个连也到了沈阳。我们用缴获的武器将这两个连队全部装备起来。这样,警卫营按原计划组建起来。我们做好了北进的准备工作。

第二天,孙司令员对我说:"邵营长,彭政委找你谈话。"首长对我很客气说,到合江你担负的任务很重,还讲了很多鼓励的话。我当时向首长表态,请首长放心,我坚决完成党组织交给我的任务。谈完话,我回部队问孙司令员,找我谈话的首长是谁?他说,这就是彭真政治委员。

1945年9月中旬,我们全营从沈阳市上了火车。开车前,沈阳市苏联红军总指挥部派了一名苏军校级军官乘我们坐的火车一起北上。火车路经的各大站都有苏军检查。这位苏联军官便下车和各站苏军联系,掏出证明为列车放行。一路上他对我们十分友好、客气,经过一昼夜,列车到达哈尔滨市。乘车部队下了车,把车上的物资全部卸下,运到哈市道里区。在道里区,我们住了五、六天,军区召集地方有关人员开了碰头会。合江军区在哈尔滨市就地接收了15名地方医务人员,并带了些必要的药品。在哈尔滨期间,鸡宁东进委员会杨公益和孙司令员接头。孙司令员告诉我,鸡宁东进委员会是我党派去做地下工作的,他们有陶宜民等十多个同志。

部队离开哈尔滨乘火车东进。第二天到达勃利县。合江军区机关设在勃利县城内。警卫营驻在火车站。在勃利县期间,鸡宁保安队的邹世鹏(外号叫邹大麻子)从鸡宁赶到勃利,与我们接头。邹世鹏和孙靖宇司令员见了面。邹世鹏这个人在伪满时期当过连长。现任鸡宁保安队(团)参谋长。对这个人的情况我们当时了解得并不多。1945年8月15日后,地方治安情况混乱,由当地的伪满散兵游勇、煤矿上的工头及伪满国兵等自行组织的队伍,社会成员和政治背景都十分复杂。邹声称保安队有3 000多人,下设四个大队,每个大队七八百人不等。孙靖宇司令员向邹世鹏传达了合江军区的决定:鸡宁保安队改编为东北人民自治军合江军区鸡宁、密山、虎林县支队(简称鸡、密、虎支队)。军区决定把我从警卫营调出,代表合江军区整编保安队。为争取保安队的头头参加革命,军区决定继续任用他们:原保安队长佟震声任支队长,邹世鹏任支队参谋长。军区任命我担任副支队长。孙司令员把我介绍给邹世鹏:邵洪泽同志是八路军老干部、共产党员,由他代表军区整编保安队。孙司令员要求邹:保安队整编后,要佩戴合江军区印制的鸡、密、虎支队胸章。

为了便利我到鸡宁更好地开展工作,军区给我开了两封介绍信。一封是用俄文写的,让我交给苏军驻鸡宁卫戍区司令员,信上讲明了我到鸡宁改编保安队的任务,请他们支持我的工作,并负责我个人的安全。另一封是写给鸡宁东进委员会的。东进委员会由杨公益、陶宜民两人负责。杨公益是党从关里派到东北做地下工作的。陶宜民是个好同志,伪满时期当司机,为抗日联军做地下工作,在勃利被日本人逮捕坐牢,苏联红军解放东北,把他从牢里放出来。东进委员会还有十来个20岁左右的小青年,工作积极肯干,很要求进步,这些当地同志熟悉保安队、公安局的情况,是我的依靠力量。我带的这两封信,邹世鹏和保安队的其他头头是不知道的,军区也没对他们讲,以防万一。

孙靖宇司令员向我和邹世鹏交代完工作后,军区机关又乘上火车,离开勃利县,开往佳木斯军区机关所在地。我和警卫员同邹世鹏乘火车从勃利县返回林口县,又转车去鸡宁。

保安队摆宴席庆祝改编
入虎穴巧周旋避开杀机

我带警卫和邹世鹏来到鸡宁住下以后,我同鸡宁保安队长谈了合江军区的决定。第二天,佟震声召集保安队下设的四个大队头头开会,互相见了面。四个大队长都是一米七左右,保养很好的大胖子,记得其中两人,一个姓白,一个姓吴。保安队队部贴了好多欢迎我的大标语,并召集了队部各方面的头头开了个欢迎大会。会上,我宣布了合江军区改编保安队为鸡、密、虎支队的决定。佟震声讲了话,邹世鹏也讲了话。会后,佟震声在鸡宁县城内的一个饭馆组织宴会,总共十多桌。佟震声举杯祝酒,一片升平景象。

鸡宁保安队改编为鸡、密、虎支队后,为了确实掌握支队及各大队的全面情

第一编
东安根据地建党建政建军工作回忆

况,我通过参谋长邹世鹏布置任务给支队机关,再由机关往下传达,把各大队的人数,各种武器弹药数字的统计报表,各大队的分布位置等等,报告给我。邹世鹏只对我讲,保安队原有3 000多人。后来我了解到了四个大队的布防情况:鸡宁驻扎的是姓白的那个大队,城子河的大队长姓吴,滴道和恒山各有一个大队。平常,我和四个大队长聊天,他们说每个大队有七八百人。有一部分武器,有多少从来不说准数。有一次,我参加城子河大队召开的全体人员大会,都不带武器。他们多次跟我提出,向军区写报告,请求军区发给武器。可据我了解,保安队原来不仅有步枪、轻机枪,还有炮,但他们有意隐瞒实情不说真话。

我到鸡宁给苏军驻鸡宁卫戍区司令带来一封合江军区的介绍信,请他们支持我的工作并负责我的人身安全。卫戍司令是个上尉,工作很负责任。我平常去卫戍区,每次到开饭时间,卫戍司令都主动请我一块用餐。有时我表示客气不准备吃,他就显得很不高兴。我经常到苏军卫戍区联系工作,苏军政工人员也经常来鸡宁,到我们支队部,也有时去公安局阎大马勺那儿。这个政工人员是汉族,伪满时期在抗联干过,后来到了苏联,加入了苏联籍,找了苏联老婆。他平时说汉语,经常在虎林、东安、鸡宁、牡丹江以东这些县来往联系工作,他乘一辆苏军指挥车,司机是个苏军士兵。保安队改编不久,苏联这位政工人员从东安领来鸡宁保安队一个女人,40多岁,叫阮大芳,还有两个二十左右的姑娘,照顾阮大芳的生活。阮大芳一来这里,就经常在支队部和下面两个大队活动,经常和白、吴两个大队接触。阮大芳向保安队头头说:抗战时她如何打日本,还受过伤,来东安前是从哈尔滨来的,她带的那两个女孩也是从哈尔滨来的。对于这个不速之客,引起了我的警惕。阮大芳在支队部和白、吴两个大队到处讲话。有一次她到城子河大队讲话,讲国军如何抗战打鬼子。她的来历和言论,更增加了我的怀疑。当时,哈尔滨特务组织搞破坏、搞暗杀十分猖獗。这个人很可能与那里的特务组织有关系。我对她处处留心,特别注意。她曾与我当面拿出一支手枪,说是那个苏军军官给她的。

鸡宁县还有个公安局,局长外号阎大马勺。公安局与保安队之间矛盾很深,谁也不服谁。有一次,阎大马勺带领公安局人员全副武装,机枪架在驾驶室上,来保安队找茬儿。大队把这消息报给鸡、密、虎支队部邹世鹏,邹用毛笔写了通牒拿给我,让我签字。我没同意,向邹世鹏做了工作,又约阎大马勺来谈,彼此之间互相消消气,有什么意见通过协商解决,千万不要诉诸武力。结果避免了一场流血冲突。佟震声、邹世鹏同阎大马勺从思想观点上是一丘之貉,但涉及各自的利益时却互不相让。阎大马勺对支队为什么敢如此蛮横？阎大马勺家里住着一个苏军尉级军官，这人原是抗联战士，后来到了苏联加入了苏军部队。他整天在阎大马勺家吃、住，阎大马勺声称这个军官的父亲和他有亲戚关系。这个苏军军官和阎家关系暧昧。阎大马勺家住一个小楼房，楼下开着饭馆。阎大马勺养了两个老婆。他本人45岁上下，大老婆有45岁，小老婆只有35岁左右。正因为有这个苏军政工人员支持他，阎大马勺对原保安队的头头才不放在眼里。我为了解情况，去过阎大马勺家。

阮大芳来支队后，这个经过改编的保安队表现很不正常。在东安地区，谢文东的土匪四处活动，为防止万一，我到苏军驻鸡宁卫戍区和司令官研究，眼下，佟震声、邹世鹏的部队我控制不住了，他们有可能配合土匪叛变。苏军领导在驻地梨树镇召集佟震声去开会，用这个办法把佟震声扣了起来。邹世鹏对佟震声一去不返有些怀疑，问我几次，我佯装不知道。半个月后，佟震声从牢里逃了出来，他不敢回支队，在鸡宁躲起来，派人告知邹世鹏。邹世鹏显然有意把佟震声被扣又逃出来的消息告诉我，我已感到他这是下逐客令，继续在保安队待下去，危险极大。但党派我来，我不能就这么走。白天，我继续来支队掌握全面情况，晚上，我离开保安队在外面找宿住。我轮流在杨公益、陶宜民和东进委员会其他同志家住宿，赶上在谁家就在谁家吃饭。这样，从1945年11月坚持到12月初。阮大芳和白大队长多次接触，准备对我下毒手。我加强了警惕，白天手枪别在腰里，子弹上膛，晚间睡觉枪不离身，以防不测。就这样坚持了一个多月，我和警卫员吃饭住宿都有很多困难，也不能老在杨公益、陶宜民家吃住，他们经济上负担不起。12月上旬，我准备去佳木斯向军区汇报。

报险情奔勃利正遇叛变
突重围赴江城受命危难

1945年12月上旬，我、警卫员、杨公益和陶宜民，由邹世鹏陪同，乘保安队的汽车，路经城子河向东北方向通往勃利县城的公路开去。这辆汽车是保安队的运输车。我们早晨七八点出发，晚上七八点到了勃利县城。我们向老乡打听到军分区住址，在城里见到王景坤同志。他过去是新四军干部。以前，我俩之间并不认识。当晚，我们在勃利分区司令部住下。王景坤同志把勃利分区的情况告诉了我：现担任分区司令的是孙靖宇的叔叔，原是土匪头子，政委是原抗联的同志,后来去了苏联,抗战胜利后回国的老同志。王景坤同志是副司令员。勃利县大队有200多人。王景坤同志告诉我:现合江军区所在地佳木斯,根据全面情况,我们决定不去佳木斯了。第二天白天,我看见军分区司令(土匪头子)拿出一挺捷克式轻机枪在那里擦洗,他们显然已在准备了。晚上,军分区和县大队内混进来的土匪与勃利县城内外的敌人里应外合开始叛变。县大队的土匪首先开始行动,县大队有十多个从关里派进去的老同志,被敌人杀了几个,剩下的同志撤出了县大队。土匪头子军分区司令不见了。情况紧急,我通知随我们一道来勃利县的鸡宁保安队参谋长邹世鹏,叫他带司机开车返回鸡宁。我、警卫员、杨公益、陶宜民四人和王景坤、军分区政委、勃利县大队撤出来的干部和政府干部一起,在火车站搞了一个火车头和三四节车厢,我们所有的人全部武装起来。这时,太阳快要落山了,大家在没篷的火车厢上做好了射击的准备。开车前,有土匪骚扰,我们打了几枪,火车便向牡丹江开去。合江军区驻地在佳木斯市,往那里道路已被土匪控制去不了了。火车在林口站停下了。林口县驻有苏军一个中队。我们和苏军联系,请他们协助。他们却表示不介入。此刻,林口县也相当混乱,群众都躲起来了,派到林口县的干部也都撤出来了。在林口坚持斗争的干部也武装起来。我们两下会合共有120多人,晚上8点钟由林口出发,步行向牡丹江方向突围。走至林口县西30多里地,公路边有个大村子,有人向我们打枪射击。我们没法前进,同他们交涉,我们只是路过,并不进村。他们叫我们派两个人进去联系。结果,这两个人被他们扣下。他们的口号是抓八路军。我们当时只好绕道西行了。我们又出发走了一天一夜,路上都是山地、密林,地上深达40公分厚的积雪。一路上没饭吃,大家又冷又饿,到晚上六七点钟,在山沟看见一户人家,人已经跑了,家里做了两大锅玉米饼子,我们120多人饱饱吃了一顿饭后,又出发走了一夜。连续几天几夜在雪地跋涉,大家确实都走不动了。白天夜晚,到处都有敌人打枪,集体往牡丹江突围目标太大了。一些同志研究决定,分散向牡丹江突围,到牡丹江集合。可大家连吃饭的钱都没有,分区政委带着公款,每人发了10元饭钱。就这样,大家开始分散突围了。有的同志到小火车站乘拉货的小火车到牡丹江,有的靠步行。听说分区政委没往牡丹江方向走,而是往佳木斯方向返,途中被土匪杀害了。我又走了两夜,到牡丹江前的最后一个夜晚,实在走不动了,又没饭吃,只好冒险靠近公路去一老百姓家。这家中有一位老头,一个16岁的男孩,因为不了解对方底细,我只说我在鸡宁煤矿给小鬼子当劳工,现在解放回了家。老人心地善良,见我又冷又饿,便留我过夜,让我吃饱肚子睡个觉,明天再走。我在老人家里吃了两顿饭,临走前我说:"大爷,我没钱给你,只好脱件衣服给你了。"老人家怕我路上受冻,说什么也不要。当时,我们东北当兵的都穿日伪的衣服,连老百姓也穿,所以着装上跟当地没什么不同,突围还算顺利。到牡丹江军区后,休息了一个星期,就过元旦了。过节后,牡丹江军区首长李大章找我谈话,了解我的情况,并说还要重新给我分配工作。1946年1月上旬,合江省委书记张闻天同志因勃利县有土匪活动无法去佳木斯,住在牡丹江南的宁安县城。军区领导通知我,张政委找我谈话。我到宁安去见张闻天同志。张闻天同志向我介绍了当前的形势:国民党现在调兵遣将进攻解放区,在我后方土匪活动也很猖獗,我们改编的保安队也不巩固,搞叛变。他说,牡丹江军区领导准备派我去穆棱县,县城内有军分区,分区有个独立团,是原保安队改编过来的。独立团长——原保安队长叫周国华,是原伪满第四区伊林镇的头头,家里是大地主,此人靠不住。张闻天同志说派我去当团长。穆棱军分区司令员是抗日联军的老同志,分区政委姓刘,是新四军来的干部。接受任务的第二天,我和我的警卫员、刘政委和所带的四五个从关里来的同志出发了。到穆棱县城西郊区一里左右的村子毛子屯,就听到城里有枪声,经短时间的了解,得知分区独立团叛变了。周国华和谢文东及梨树镇土匪都有联系,早已酝酿反水。城里机关全体人员都撤离到城南郊区十多里的叫泉眼河的大村。我们遂与他们会合在一起。这个村周围有土围子,地形对我们有利。当时我们有100多人,绝大多数是关里来的老同志,每人都有长短枪武器。我们准备顽强坚守这个村子。但敌人没敢动。城里公安局长姓张,外号叫张拐子,他是苏联回中国来的抗联的老同志,会讲点俄语,穆棱县苏军支持公安局长,正因如此,叛变的保安队没有敢动我们。

二进宫独立团组建即告捷
鸡冠山扬军威煞土匪气焰

1946年2月初,合江军区派白如海同志到鸡西、密山、东安、虎林地区。合江军区告诉白如海说邵洪泽在鸡宁工作。白如海到鸡宁后,找到鸡宁东进委员会杨公益和陶宜民同志,问我下落。白如海听说他俩说我突围到了牡丹江军区,便到牡丹江军区询问我的去处,牡丹江军区说我到了穆棱县。白如海又赶到穆棱县正赶上穆棱县的分区独立团叛变,我们撤到了县郊区的村子泉眼河。

第一编
东安根据地建党建政建军工作回忆

白如海写了一封信,通过公安局转交给我,叫我回鸡宁去,鸡宁要成立一个独立团。

我听到这个消息,就和穆棱县军分区陶司令、刘政委反映合江军区派白如海到鸡宁工作,并来找我们。我向穆棱县军分区领导提出:我原是合江军区分配到鸡、密、虎支队工作的,鸡宁的情况我熟悉,我要求回鸡宁工作。穆棱军分区就把我的意见反映给牡丹江军区。我之所以这样做,因为合江省委书记张闻天同志找我谈过话,让我去穆棱军分区任独立团团长。在我到任之前,独立团在原保安队周国华带领下叛变,我已无法去工作,鸡宁独立团又需要我去,所以我请求回鸡宁。军区批准了我回鸡宁工作的请求,1946年2月中旬,我和警卫员一起第二次返回鸡宁。

回到鸡宁,我见到白如海同志。白如海是从延安来到合江,由合江军区派到鸡宁工作的,是一个老同志。另外,我也见到了杨公益、陶宜民等东进委员会的同志,以及组织上从宝清县调来的几个同志。根据组织上的安排,我出任公安局长,掌握武装部队。白如海同志负责党的工作和政府工作,做这项工作的还有杨公益、陶宜民等同志,并组织了一个工作队。在这些人中间,从关里来的老同志只有我和白如海。3月初,我任鸡宁独立团团长,陶宜民同志名义上是政委,实际上和白如海搞政府工作。1946年初,杨公益任鸡宁副县长,白如海任县委书记。我到独立团后,抽调公安局总局和四个分局的部分公安战士加强独立团。

在离鸡西县城西50多里,城子河东北方向通往勃利县公路北侧的山区里,有一个大村子,是一片山区,一股土匪在那里活动、驻扎。侦察员侦察到这个情报后,独立团出动一个连,由苏军一个连队配合,乘坐苏军的四五十辆十轮大卡车,另外还拉了两门榴弹炮,前去围剿。接触到敌人后,部队下了车,苏军两门炮进入阵地,对准土匪驻地开了炮,土匪立即乱了套。苏军两个排留在炮兵阵地,抽出一个排和我们独立团一个连向土匪方向运动。土匪发现我们,企图逃跑。我军在苏军配合下,向土匪猛攻,用火力杀伤土匪。土匪死亡严重,其余土匪向正北山区逃命去了。到晚间七八点钟,部队撤回鸡宁城。

这次战斗后,在城子河方向有小股土匪,向鸡宁城里打黑枪。为消灭这股土匪,独立团派出一个排,排长就是我的警卫员,是抗战时老兵。这个排由鸡宁向穆棱河北出击,用火力杀伤敌人,另有两个连做准备。这次出击是侦察性的,当时敌人兵力情况不明,敌人没有抵抗就向北逃跑了。当时计划,如果敌人敢对抗,我们部队就从正面两侧出击。

我团3月份就进驻滴道镇。滴道处于鸡宁西大门,有一座火力发电厂,这个电厂发电供矿区生产用电。矿区经常有土匪活动。经过侦察,土匪有100多人。我团留下足够的兵力坚守滴道镇和牢固坚守滴道火力发电厂,防止敌人破坏。一天拂晓前,我团把部队调动到矿区东南、东北及正北外围部署兵力,准备围剿敌人。敌人没有发觉我军活动。我军突然发起进攻,敌人被打蒙了,狼狈向西北方向突围。不少土匪只顾逃命,把马都丢了。这场战斗,我军缴获军马20匹,只有一名战士负伤。我团用缴获的战马组建了一个骑兵排。

鸡宁保安队4个大队和伪公安局在1945年12月份叛变,投靠土匪头子谢文东,拉出去当土匪,分散在哈达岗、恒山、平阳镇、密山、永安东站东北、城子河、滴道、梨树镇、鸡宁以及东安地区,大部分被歼灭,少数逃窜到宝清县、勃利县地区,鸡宁到东安一带都解放了,并建立起了人民政权和公安部队,这样保证了后方的巩固和建设。

1946年4月,牡丹江军区派三支队进入鸡宁与东安地区,进驻鸡宁的部队有十七团和警卫团。另外,合江军区司令员方强同志带合江军区警卫团,也由佳木斯乘一列火车到达鸡宁,在滴道镇下火车。方强司令员所带的这个团是原来我在沈阳组建的警卫营扩编成的部队,原来的刘副营长现任警卫团团长。方强司令员不认识我,刘团长向司令员介绍,这就是原来的邵营长。方强司令员找我谈话,让我带鸡宁独立团跟他到佳木斯去。当时合江省委书记张闻天同志批准我第二次回鸡宁,并派三支队来,现在我这个团归三支队指挥。我讲明情况后,方司令员带合江军区警卫团第二天步行军离开滴道,经勃利县返回佳木斯。

鸡宁至东安地区人民政权的建立和我地方武装的发展壮大,引起了土匪头子谢文东的恐慌。此时关内战场上,内战风云已起,为破坏我军在北满建立的巩固的后方根据地,谢文东土匪武装集中了两个团的兵力,企图攻占鸡冠山,进而占领整个鸡宁。我三支队十七团控制鸡冠山高地有利地形,坚守阵地。敌人发动两次冲锋。我防守部队居高临下,以猛烈火力给敌人大量杀伤,土匪死伤严重,两次冲锋均被我军打退。鸡冠山战斗在东安地区是一次关键的战斗。这一仗打掉了敌人的气焰。在鸡冠山战斗的同时,盘踞在鸡宁西山的土匪配合鸡冠山敌人的进攻,经常威胁鸡宁县城。我军为保卫鸡宁,在县城内设防的有三支队警卫连和鸡宁独立团等部队。在滴道镇,我独立团的主力部队做好战斗准备。这样保证了鸡宁城的西大门——鸡宁西站,以及整个鸡宁的安全。由于我军派驻重兵,轻重武器装备也比较好,城子河军区调十四团增援鸡宁。十四团的先头部队骑兵排由该团团长带领到了滴道镇。十四团的主力行进在中途时,鸡冠山战斗已胜利结束,于是十四团回到牡丹江。这个情况,是战斗结束后,我在滴道镇和十四团团长交谈过程中得知的。鸡冠山战斗后,三支队队部召集参战各部队和机关干部开总结会。会上,肖司令员、谭政委发了言,总结经验教训。他们首先肯定了这次战斗的胜利,体现了毛主席的集中优势兵力打歼灭战的军事思想。同时也指出,这次战斗存在着兵力使用过于分散,形不成拳头,对敌人打击不够,另外对敌人的兵力和战斗力认识有些不足,对警卫团的使用不妥当等问题。总结会上,我们参加了讨论,大家提了些意见。

鸡宁独立团组建时,武器、弹药、各种装备和后勤供应上没有保障,都是搜集日本鬼子投降时散落在各地面的物资装备部队的。当时部队医诊由鸡西县医院负责。县医院院长是张鸿铎,如他不在,指定由妇产科主任于松同志处理医院事务。

独立团警卫团奉命整编
鸡宁东安全境获得解放

1946年5月,三支队肖司令员、谭政委找我谈话,为了把鸡宁与东安地区的土匪彻底消灭,要把警卫团力量充实起来,打算把我们独立团与警卫团合编,让我由独立团团长改任合编后的警卫团的副团长兼参谋长,问我有什么意见,我表示服从组织上的决定。合编工作开始后,我回到独立团向全团指战员进行了动员,讲明了整编的意义。会后,我带着部队从滴道出发到鸡宁东永安火车站。部队在这一带驻扎。独立团编入警卫团后,力量得到了加强。

在永安车站黑台以北高山上的一片松树林里,驻守着原独立团编给警卫团的一个连队,连长姓伊。1946年5月的一天拂晓,土匪企图偷袭团指挥所,结果是偷袭了这个连。敌人打得很急,伊连长光荣牺牲,连队战士有些伤亡,但该连打得很顽强。团里决定派部队增援该连,我跟部队一起冲上山顶。我们部队牢牢控制住阵地。土匪攻得很猛,敌我之间距离只有三五十米。短兵相接,我们就用手榴弹杀伤敌人。团里为了增援我们,派了一辆装甲车,由团里的李希才参谋驾驶,在永安车站东北向敌人左右两侧迂回。装甲车上有机枪,机枪火力很猛,猛打猛冲,敌人伤亡惨重。看到敌人的进攻部队开始动摇,山头上的我方坚守部队立即发动猛攻。敌人惊慌失措,兵败如山倒,纷纷向北逃跑,我军在后面追杀,敌人死的死,伤的伤,我们缴获了不少武器,俘虏了一些土匪。这次战斗是继鸡冠山战斗后,敌人投入兵力比较多的一次。我警卫团合编后是个大团,有2 800多人。除在永安站穆棱河南部队外,投入这次战斗的有将近半个团的兵力。

　　第二次战斗是警卫团集中力量解决永安火车站南、密山以西这个地区的土匪行动。这股土匪大部分是鸡宁保安队佟震声、邹世鹏以及原鸡宁公安局阎大马勺的部队叛变的人组成。一天拂晓,集中全团主力攻占了半截河和永安河南土匪占据的一个山头。我团牢牢控制了这个高地。高地地形对我十分有利。我团在河南向敌人展开进攻。土匪分成小股部队,每股有几十个人,最多的100多人。敌人在永安南、鸡冠山东和东南、密山以西地区活动。我们连续两天向土匪发动进攻,敌人有些招架不住。第二天,在永安车站西南打死、俘虏土匪100多人。俘虏中有原保安队参谋长邹世鹏。邹世鹏负了轻伤,我对邹进行了短暂的审问,了解了土匪情况,然后把邹世鹏交给了鸡宁县政府,经过公审后被我人民政府枪毙了。原县保安队和公安局叛变的这两股土匪,被我团打得狼狈不堪,像惊弓之鸟,见了我们部队就跑,完全丧失了战斗力。我们在鸡宁以东、密山县西俘虏一部分土匪,缴获一些武器,还有一辆日本运输车和一门山炮,车上有十几发炮弹。

　　为配合我地方部队剿匪,建立巩固的东北根据地,确保我军后方安全,上级从关内将著名的三五九旅派到鸡宁、东安地区。三五九旅由鸡宁向东安推进。东安地区的土匪绝大部分在鸡冠山以东、东安以西被我警卫团、十七团吃掉,小部分被打散,剩下的阎大马勺小股土匪在三五九旅开进东安以前逃窜到宝清县、勃利县、佳木斯以南地区,和谢文东部土匪合为一股。

　　鸡宁、东安地区战略上十分重要,它直接关系到合江全省能否成为我军巩固的东北根据地。三五九旅调到鸡宁、东安地区和三支队警卫团、十七团一起围剿土匪。至此,鸡宁、东安地区全部解放,并建立了各级政府和地方武装:县大队、公安部队。

穿密林战龙头攻克宝清
进水围搞和谈饶河黎明

鸡宁、东安大捷后，三五九旅两个团和我警卫团在东安集结后向宝清县进军。三五九旅两个团在前面走，警卫团随后。东安至宝清的公路是伪满时期日本鬼子修建的战备等外路，西面是丛山峻岭，山上布满茂密的森林，一路上没有人家。穿过大山，离宝清县有20多里的地方有一座木制桥叫龙头桥。三五九旅先头部队在这里突然遭到土匪阻击。我先头部队正面和敌人互相射击，后面的部队向正面方向运动，在西北的左侧是大片森林，部队利用森林的掩护摸上山，从侧面向敌人发动了进攻。敌人被我夹击，撤向宝清县城。三五九旅从宝清正南、西北围攻宝清县城。我警卫团把部队运动到宝清县东南和东面围剿县城。佳木斯、合江军区部队派了一个团多的兵力，其中包括一部分骑兵，运动到宝清县北面，和宝清县保持一段距离。敌人被我军团团包围，土匪除被打死、俘虏外，残匪向西北方向突围跑进了森林。被打死、俘虏的土匪中有原鸡宁公安局叛变的一部分人。原鸡宁公安局长阎大马勺被我军活捉，转交鸡西政府，公审后枪毙了。

战斗结束后，三五九旅两个团和警卫团进驻城里。三五九旅抽调大批干部组建宝清县各级政府，组建了县大队和公安部队之后，三五九旅进驻勃利县城，建立起勃利县政府，组建起军分区。三支队肖司令员到勃利县军分区任副司令员。

警卫团在宝清县休整几天，接受新的任务，向东南方向的虎林县进军。部队在没有村落人家的茂密原始森林中进军，天公不作美，下了一整天瓢泼大雨，部队没有雨衣，只能冒雨行进。部队走到森林中间的一块平地，全团打火做饭。没有柴禾，就在森林中拾些柴草；没有可以饮用的泉水，就用下雨后洼地的死水做饭；没有蔬菜，各连队就在森林中采木耳、捡蘑菇。到了夜晚，只能在野外露宿。当时环境十分艰苦，但全团指战员毫无怨言。原始森林中的小路只有两米宽，密密的森林，遮天蔽日，到处都是几十米高的大树。我们进入森林还是头一次，搞不好迷失方向就恐怕走不出来。直到第二天下午，部队到达离虎林六十多里的正北山区，我们发现一股土匪，全部骑着马，有五六十人。我先头部队立即向敌人方向运动。土匪发现我们，向西北方向山区逃去。当时部队经过两天行军,战士们很疲劳,就没有追击土匪。到晚上七八点钟,我团进入虎林县城。虎林县城内驻有一个独立团,团长常永年,副团长姓侯。我们两个团都住在县城内,半个月后,根据三支队命令,虎林独立团和警卫团合编为警卫团。虎林独立团的干部都调到三支队另行分配工作。虎林独立团各连队都分配给警卫团各连队。编后一个多月,由团长王景坤、政委吴美邦带一二营进驻虎头镇。该镇属饶河县,是少数民族地区,他们基本上不种田,以打猎为生。虎头镇有一部分土匪,和老百姓混在一起。该县城东靠乌苏里江,是中苏边境,江北是苏联。饶河县周围设有水围子,只有一条水比较浅的通道,其他地方水很深,生人不认路无法进去。我们要进出城必须有熟悉情况的人带路。水围内外都长着苇草,两三米高。虎头通往饶河县路两侧也长着一人高的野草。饶河县城内外有一部分土匪。我团没进饶河城,后来和城里上层人物协商谈判,得到和平解决。除少数民族猎人留下打猎为生的枪支弹药,镇上多余的枪支交出来。经过一个时期协商,原来对我军有恐惧心理跑上山的猎民也都返回城里,我们部队也开进了城。饶河县解放了一个多月后,一营留在饶河县,二营由团长王景坤、政委吴美邦带领回虎头镇驻扎,团长、政委随后回到虎林县。我团在虎林驻军时,也发现小股土匪活动,都是骑兵。当时山区老百姓种大烟,土匪出来经常是抢收烟土。在虎林驻军期间,为保证部队的伙食供给,与虎林独立团合编后,接收了独立团在虎头设的一个打鱼队。部队在虎林还有个烧锅,生产的鱼、酒销给地方,所得收入保证部队的生活。

1946年秋天,一、二营分别从饶河县及虎头镇班师回虎林县城。虎林县建立起各级人民政府,县委书记是梁定商。公安部队也组建起来。

11月份,我团又离开虎林,在东安与鸡宁中间的永安驻扎,准备接受新的任务。团里领导这一期间有些变动,团长王景坤调到鸡宁军区任参谋长,新来的团长姓刘,是一位红军干部,政委仍然由吴美邦担任。

1946年12月,警卫团奉命由鸡宁乘火车,到哈尔滨总部接受任务。全团到达哈尔滨没下火车,刘团长、吴政委和我到哈市南岗总部见到副政委高岗,高岗介绍了东北前方战场的形势,并告知我们带警卫团到双城县。当时总部前线指挥部在双城,林彪当时也在双城"前指"。我们三人回到火车站,联系把车从哈尔滨开往双城县。到达"前指"后,通知我们把警卫团编入四野一纵队。一纵三下江南刚打完大仗,部队在榆树县休整。由我带领全团指战员到该县把部队移交给各师团,警卫团保持两三个连的建制。按总部指示,把干部带回合江军区。

刘团长、吴政委到双城后,带团部机关干部返回勃利县待命。

我把部队带到一纵队,整编后,首长对我们的工作很满意。一纵队的首长对我们很熟悉,因为我原来就是这个部队的老人。完成任务后,我回到合江军区。警卫团在鸡宁、东安地区剿匪的工作已经结束了。我向合江军区领导申请到前线去。合江军区批准了我的申请,并介绍我到总部分配工作。就这样我分配到吉林军区战斗部队,一直战斗到东北全境解放。

本文选自薛盟主编的《鸡宁剿匪》一书,中共鸡西市委党史研究室1989年12月印,第77~97页。

接收鸡宁纪实

李明顺[*]

1945年,我东北抗日联军和苏联红军赶走日寇的炮火刚刚停息,国民党反动派同鸡宁人民争夺抗日胜利果实的激战就开始了。由此,英雄的鸡宁人民如同巍巍的鸡冠山,再次笼罩在硝烟中,经受了血与火的考验。1946年初,我同东安地委副书记白如海同志接收鸡宁的一段经历,就是实证。

一、从东安到鸡宁

由于宝清的反动武装头子喻殿昌等人发动武装叛乱,我和夫人周淑玲及其几位接收宝清的同志撤到了东安。不久,受合江省委的派遣,东安地委副书记白如海同志到任了。因为地委书记吴亮平同志还没到职,白如海同志就主持了

[*] 李明顺:东安时期参加开辟革命根据工作、接收鸡宁县,时任鸡宁县公安局局长。

东安地委的全面工作。

东安地区在伪满洲国时期曾被设置为三江省,下辖密山、虎林、饶河、宝清、鸡宁、林口六个县,省会设在东安市(现为密山市)。这里有山水与苏联相连,既有丰富的大豆、小麦、水产品、林产品,又有鸡宁电厂、煤矿、军工等重工业,还有较为发达的铁路、公路与牡丹江、佳木斯相通,是建立东北根据地、粉碎国民党反动派内战阴谋的战略要地。因此,日寇一投降,国民党反动派同人民争夺胜利果实的斗争即刻展开了。伪省长是日本人,东安光复时,被苏联红军解往苏联。副省长高金声,光复后,苏联红军暂时让他继续抓事。当时苏联与南京政府有外交关系,再加之我党的力量在那里还没壮大起来,只能这样处理。高金声的政权支柱是地主武装,即郭清典、杨世范、陆景堂等人的"中央胡子队"。郭、杨等人原是国民党下级军官,在关内日寇作战中被俘,被遣来东北做"特殊工"的。一光复,这些人即刻网络土匪、地痞流氓、伪军、伪警等拉起匪队,自号"中央军",准备等国民党下"封号"。这些队伍抽大烟、扎吗啡、吃喝嫖赌、烧杀抢掠、无恶不作,民愤很大。

白如海同志到达东安后,本来打算暂时不公开身份,待观察一段情况,做些争取工作后再公开。但苏联红军于1945年12月27日召开了当地名流、匪队头子、行政官员联席大会,公开了我们的身份,并要求他们把军、政等权交给中共东安地委,接受领导,服从调遣。东安的政权是地主、资产阶级政权,军队是保护地主阶级利益的"中央胡子队",怎么能甘心拱手把抢到手的权力交给代表人民利益的中国共产党?谈判没有成果,白如海同志的身份也暴露了。从此,东安的一切反动势力更加紧张、猖狂地活动起来,扬言要把"中共东安地委"扼杀于"萌芽"之中。在此形势下,白如海同志认为,东安地委已经开展不了工作,处境也很危险,需要开辟新区。

鸡宁是个工业城市,听说那里有东进委员会在活动,群众基础比较好,派人去鸡宁了解情况后,白如海同志经与苏联红军司令部商量,决定到鸡宁去了。

临行前,白如海同志把前期在此工作的抗联战士姚仲达、杨凤鸣、张杰、周淑玲和我召集在一起,分析了形势,研究了人员去向和工作安排。起初,白如海同志考虑姚仲达在苏联待过,会说俄语,到鸡宁后同苏联红军打交道比较方便,就点姚同他一起去接收鸡宁。但姚仲达性情懦弱,在宝清反动武装暴乱中被吓破了胆。当白如海同志点名让他一起去鸡宁时,他哭了。白如海同志是位从延安来的老干部,既精文,又通武,几十年的革命生涯练就了一副坚定果断的气质。他见此情景,很生气,当即批评说:"一个革命干部,怎么能这样?!敌人的刀子还没搁在脖子上,就吓得哭鼻子,成何体统!"听了白如海同志的批评,我心里很难过,就诚恳地对白如海说:"我长期在宝清、密山、鸡宁一带进行抗日活动,那里的山情水势、风俗人情,我也有些基础;又在苏联境内住过七八年,俄语我也会说一些,就让我跟你去吧!"接着我讲了到鸡宁后的打算:到那后,我们如果能在市里站住脚,就在市里开展工作,为全面工作的推动打下基础;如果敌人太嚣张,我们难以立足,就到乡下去,发动群众,同敌人开展游击战争,在建立农村根据地上下功夫。白如海同志又从我的老同志那里了解到,我曾在抗联三军任过团长,又带过几年小部队,再加上我这番"毛遂自荐",白如海同志很高兴,即刻部署:"姚仲达、杨凤鸣、周淑玲等同志去虎林,配合驻守在那里的'三八支队'接收虎林;我和李明顺同志去接收鸡宁;以后有什么事情,可到鸡宁去找我。"于是,各自开始做临行前的准备工作。

十月革命后,一些白俄罗斯贵族逃到了哈尔滨、佳木斯和鸡宁等地。光复后,苏联决定把这些白俄遣送回国。那时,从东安到鸡宁天天有苏联红军押送"白俄"的卡车行驶。我和白如海同志决定混在押送"白俄"的卡车里去鸡宁,但又考虑从东安到鸡宁,一路上要通过无数个"中央胡子"的哨卡,一车白俄人中夹着两个中国人,也容易被敌人发觉,难以通过。更何况白如海同志已和东安的军政界及社会名流谈判过,身份早已公开,此行危险性就更大了。考虑到这一点,我和白如海同志商量,前几年,我因为搞抗联小部队工作,多和苏联红军接触,学会了一些常用的俄语,可不可以冒充苏军翻译蒙混敌人?白如海同志觉得这办法行,他就和我一起到东安苏联红军卫戍司令部开了一份"随军翻译"的伪证明,并征得苏联红军的支持。

一切准备妥当之后,我和白如海同志各带一支手枪,于1945年1月20日就乘苏军押送白俄的卡车踏上了接收鸡宁的征途。途中几次遇到"中央胡子"的拦截,要把我和白如海同志扣下。苏联红军为我俩说话,但他们听不懂,我翻译了几句,又拿出苏联红军司令部开的"随军翻译"的证明,我又随机应变地同苏军说了几句俄语,敌人信以为真,才把我们放行。

每过一道敌卡,我都嘱咐苏联红军司机加快速度,以防敌人追来。经一天的急行,当晚到了密山县境内的三梭通。一天没吃饭了,又饿又累,一到三梭通,苏军和我俩就急忙安排食宿。我和白如海同志与苏联红军一起食宿,住在一家烧锅里。由于连日来夜以继日地工作,又时时防备敌人突然下手,一直没得安稳。这次同苏联红军一起住在烧锅的热炕头上,心神稳了许多,安心踏实地睡了一宿好觉。

为了防备敌人追击,第二天(2月21日)清晨,我们便开始向鸡宁进发。中午到了鸡宁境内的半截河镇。吃中午饭时,半截河的地主武装头子赖明发突然派人来请我们去"赴宴"。对此,我和白如海同志立刻警惕起来。我俩与赖明发素不相识,何以突然派人来"请"?赖明发又是从哪里知道我和白如海同志过此?赖明发出于何种动机派人来请?是江湖人的好客,还是设的"鸿门宴"?一连串问号得不到有依据的回答,我们备感形势有些弓张弩拔,一方面婉言谢绝赖明发的"邀请",一方面向苏联红军说明了情况,要求他们抓紧进餐及早离开这里。据分析,很可能是东安的地主武装头子郭清典等人发现白如海同志不见了,用电话或电报告知赖明发予以堵截。苏联红军听我俩讲的情况,也感到情况紧急,吃完中午饭就急忙发车了。又经半天多的奔驰,当天半夜时分到了鸡宁。

二、第二次交锋

到了鸡宁的当天夜里,我和白如海同志商定,已经半夜了,先找个不起眼的旅店住下,天亮了再去驻鸡宁的苏联红军司令部。于是我们俩就在火车站附近的高寡妇店里住下了。在这里,同敌人进行了入鸡宁后的第一次交锋。

高寡妇店的客屋墙壁很特殊,两室之间的墙壁与顶棚间留有一两尺的空间。两室之间不仅可以互相通话,而且灯光也可以共用。店主人为了什么如此设计,至今也没弄明白。我们俩见此情景,就更加有了几分谨慎。为了防备敌人突然下手,我和白如海同志颠倒而卧,和衣睡在一个被窝里,互相监视着对面房间里的动静。

我和白如海同志刚刚躺下,就发现隔壁有两个人向这屋张望。我用手捅了捅白如海,他立刻明白了我的意思,把枪握在手中。之后,那两个人又向这屋里窥视了几次,我们看见都装没看见,外松内紧,一点睡意都没了。白如海同志悄声对我说:"老李,形势不好,我们得想法甩开这两个丧门星!"我点头表示同意。

时值2月,在鸡宁还属于隆冬天气,遍地积雪。店里虽然烧着火炕,室内还是很冷的。到了后半夜的三四点钟,只听隔壁那两个家伙叫苦不迭。天快亮时,隔壁传来了小声嘀咕声。

"这鬼旅店也太冷了！真倒霉,轮到咱俩头上了！哎,咱俩去喝点豆浆吧!"一个极力压低的男人声音。

"好,卖豆浆的就在站前。快,脚步轻点,别惊动那屋!"另一个男人悄声地说。

悄悄话停了,门吱呀地响了一声。我和白如海同志判定那两个家伙走了,立刻站起来,悄悄跟出去,朝那俩家伙走去的方向望去。见他俩走远了,白如海同志向我一挥手,我俩就飞也似的向街里跑去。

没想到,那两个家伙发现我俩走了,就急忙返身追了回来,边追边喊:"站住!不站住就开枪了!"我俩只管跑,没理那个茬。

往哪里跑,我们俩没目标,只是想把这条尾巴甩掉。跑着跑着,一拐弯,见一个大门外有两名苏联红军战士站岗,我俩就朝那跑去了。心想,不管怎么着,苏联红军是支持我们的;在苏军跟前,那两个家伙就不敢把我们怎么着。跑到跟前,我用俄语向门岗的苏军战士说明了来意、处境,介绍了白如海同志的身份,要求他们给予支持,并请求见他们的长官。经与门岗的交谈才知道,原来这里就是驻鸡宁的苏联红军司令部。真是意外的喜事,当时真有绝路逢生的感觉。

苏联红军战士听了我们的说明后,赶走了追赶我俩的那两个家伙,就进院向司令部报告去了。不一会儿,苏联红军司令部政治部主任什别列夫出来了,把我俩领到了司令部办公室。就这样,在与敌交锋的关键时刻,竟逢凶化吉般地同苏联红军司令部接上了关系!

后来才搞清楚,跟踪我们的那两个人,是鸡宁公安局局长"阎大马勺"(阎树民)获悉我们已从东安来鸡宁,特安排来收拾我们的。这也有作用,它给我们敲响了警钟:鸡宁敌人的猖狂劲头,一点也不比东安差,必须好生对付,否则,鸡宁是接不到人民手里的。

三、"东委会"进出鸡宁

1945年8月15日后,东北抗联五军的地下工作者、共产党员陶宜民同志同杨公益等人,在鸡宁组织了我党的外围组织东进委员会(简称"东委会"),发动群众,保卫抗战胜利成果,宣传我党的民主建国方针。

陶宜民同志,原为我东北抗联五军松江特派员,1938年由于叛徒出卖而被捕,被判处有期徒刑,关押在哈尔滨监狱里。在狱中,他坚贞不屈,加入了共产党。光复前夕,为形势所迫,日寇释放了他。获释后,经过艰难曲折地努力,终于同原抗联二路军总指挥周保中同志接上了关系,后又见到了李兆麟同志。奉李兆麟指示,他同杨公益、韩星、刘文汉、朱玉山等人来鸡宁开展工作。

他们从哈尔滨出发时,本打算利用民主大同盟的形式,把各阶层人民团结起来,同日伪残余和国民党反动派进行斗争。但一路上所见到的事实是,大同盟都被反动派捣毁了。如果在鸡宁继续以大同盟的形式出现,也必然站不住脚。因此,经陶宜民、杨公益等七人商议,决定在鸡宁组织东进委员会,取向东进发之意。

陶宜民同志到鸡宁后,取得了苏联红军的支持。经过一段时间的筹备,吸收二十几名骨干,在1945年10月下旬宣告东进委员会正式成立,挂出了牌子。同时,在滴道、平阳镇、梨树镇等地分别成立了分部。从此,他们就以东委会的名义印发传单、标语、发布广告,同当时的反动政府、公安局、维持会进行公开斗争。

经过一段时间的斗争,东委会的影响扩大了。经陶宜民等同志工作,鸡宁保安队队长佟震声表示愿意接受东委会收编,永安屯的小地主陈锡元不愿去平阳镇大地主毕绍奎的建军团里当参谋长,而主动要求参加东委会。后受东委会指示,他作为东委会的地下工作人员,到毕团当了参谋长,为东委会提供了一些可靠情报。要收编佟震声的保安队,缺少干部,也需经省委批准。为此,杨公益、陶宜民同志先后去合江省委汇报情况,听取指示,请求派干部。

就在陶宜民同志离开鸡宁去合江省委的第二天,谢文东的参谋长吴康率队进了鸡宁。

一天,吴康召集保安队开会,东委会的成员朱玉山混进会场。会上,吴康叫嚣说:"东委会是共产党组织的,我们绝不允许它存在,得把它捣毁,把它的成员都抓起来。"

朱玉山听到这儿,偷偷溜出了会场,跑回东进会,对韩星同志讲了听来的情况。韩星立即与东委会的同志们商量,分析敌我形势。吴康有几百人,加上保安队,能有一千多人;而我东进会,却只有这几个人,手中还没有武器,怎能站住脚?于是,他们决定撤出鸡宁。当时年龄还小的刘文汉,坚决要求留下。他说,他年龄小(十七八岁),暂住在东委会办公室附近的老姜家,照顾一下东委会的办公室,敌人不会发现他。韩星同志同意了他的要求,就与朱玉山同志搭车去梨树镇了。

到梨树镇不久,驻在麻山一带的土匪队伍"郎团"突然进驻梨树镇,闯进了东委会分部。东委会的同志们一看是"郎团"的人,立刻撤到驻梨树镇的苏联红军司令部,并报告情况。苏军立即出面,把"郎团"赶跑了。

吴康的队伍进鸡宁后,与保安队一起捣毁了东委会总部,并把东委会的方翻译和刘文汉等人抓起来,关进了防空洞。因为吴康率队进攻滴道时,乱捕乱杀,杀了东委会的几个干部,还杀了苏军司令部的几个人,引起苏军的愤怒。于是,驻梨树镇的苏军出动了机械化部队,兵分两路:一路奔滴道,一路奔鸡宁,把吴康的队伍一溜烟地赶跑了,并限令他们不许进驻滴道,不许进驻距鸡宁50里之内的地方。

在1946年1月上旬,陶宜民同志回到梨树镇。因为他去省委的途中遇到了叛军,耽搁了时间,所以这时才回来。他一看,除家住鸡宁的外,大部分东委会的成员都在这里了。陶宜民把他们召集在一起研究今后活动方案。有的主张放弃鸡宁,撤到牡丹江去;有的主张就在梨树镇开展工作;也有的主张潜回鸡宁,即使斗不过已投靠谢文东的保安队,也能摸一些情况。陶宜民同志主张回鸡宁,并据理说服了大家。

第二天,陶宜民同志把大部分同志在梨树镇做了安排后,就带上家住鸡宁的崔树本潜回鸡宁。经过陶宜民、李茂彦、崔树本、车炳恒等同志积极工作,鸡宁人民,特别是朝鲜族同志,再次振奋了革命精神,为省委派人来接收鸡宁,打下了一定的群众基础。

四、缴械护矿队

伪满洲国时,日寇为了掠夺我国资源,与白俄人谢捷斯在梨树镇联合开办了穆棱煤矿。为了驱使工人为他们卖命,保护矿产,建矿不久就组建了所谓的护矿队,共有四五十人,每人配备了枪支弹药。

日寇投降之后,谢捷斯被苏联红军遣送回国了。原抗日战士、在同日寇作战中被俘后遣来穆棱煤矿作"特殊劳工"的徐广泉同志接管了护矿队。但由于他张贴"中国共产党万岁""苏联红军万岁"等标语,暴露了自己的政治倾向,很快就被原东北军的兵痞杨振华夺了权。杨振华当上护矿队队长后,拉帮结伙,网罗羽翼,把他旧日的狐朋狗友都安排到护矿队当了小头头。从此,护矿队再次成了反动派镇压工人、勒索钱财的工具,引起了工人的刻骨仇恨,称之为"祸矿队"。

鸡宁的反动势力十分嚣张。东进委员会的成立,尽管有苏联红军的支持,但维持会不给解决办公用房和办公经费,不给解决办公人员的经费,夜间还常有人去东进会负责人住处搞恫吓活动。严酷的现实,使东进会的同志们决心尽快搞起自己的武装力量,否则,工作不能开展,人身安全都难以保证。

为了组建人民武装,徐广泉同志曾几次请示东委会负责人陶宜民同志,要求缴护矿队的械。陶宜民同志总觉得这样的大事,需选择好的时机,要有一动即成的把握才行。因此,他指示徐广泉同志,要设法派人进去,并在护矿中做好争取工作,择机而动。之后,陶宜民带领徐广泉同志几次去找苏联红军司令部,求得他们的支持,他们一直不同意。几经交涉,苏联红军司令部只同意出两名战士跟着去,但不动手,也不许杀人。

在一个天晴日和的上午,徐广泉从苏军司令部带着两名苏军战士向护矿队走来了。两名苏军战士各带一支转盘冲锋枪,跟在徐广泉的后边。徐广泉头也不回地直奔护矿队驻地。他边走心里边合计:"护矿队是拥有四五十人的武装力量,我就空手一人,怎么去缴他们的械?"徐广泉在抗联当过排长,带过兵,打过仗,懂得一些出其不意、攻其不备的战术,同敌人周旋的道道不少。他琢磨着制敌办法,忽然想起了狐假虎威的典故,心中就打定了主意。他以指挥者的口吻对苏联战士说:"你俩留在院里,持枪来回游动,做个戒严的架势,别的不用你俩!"说着疾步进了护矿队的营房。

营房里,护矿队员们有的在睡大觉,有的聚在一起玩麻将,搞赌博,有的在闲扯淡。徐广泉进屋来,似乎多数人都没看见他。只有个别人少心无肠应酬两句,但目光仍没离开自己感兴趣的目标上。

"老徐,来摸两把,有钱留着干什么!"说话者,手里摸着,眼珠盯着,并没看徐广泉一眼,更不要说让让他了。

"你们玩,你们玩,不打扰。"徐广泉嘴里应付着,也没看说话者一眼,只是盯住了墙上挂着的香瓜手榴弹。这东西是日本造,一炸四十八瓣,拉簧之后,出手就响。徐广泉同志一步窜上炕,一把将手榴弹抄在手中,大声喝道:"不许动!"

正在各务其事的护矿队员们被这突如其来的一喊,吓得打了个冷战,又一看喊者手中的香瓜手榴弹,便一个个傻了眼,呆若木鸡了。

"弟兄们,这事不关你们。杨振华欺上压下、倾榨矿工、勒索民财,把护矿队变成了他个人升官发财的工具。我今天是奉苏联红军司令部的命令来缴护矿队枪支的,希望弟兄们给予方便!"徐广泉同志说着,用手指了指院里的苏联红军战士,"你们看,苏军已把大门封死了,谁跑就打死谁!"

经徐广泉这样一吓唬,护矿队想抄枪的,也不敢伸手了;想溜走的,也不敢动了。在徐广泉同志命令下,护矿队员放下枪支弹药,到院里站上了排。

一清点,未见队长杨振华。经询问,才知道杨到一号井想外快去了。徐广泉怕杨振华闻讯逃走,即刻派人去找,并嘱咐说:"就说红军司令部来人找他,不许说出真情!"

不多一会,杨振华跟着那个队员回来了。杨身披一件旧日本军大衣,穿一双高腰皮靴,腰间还挂着一把日本指挥刀,看那通身打扮,活像个日本鬼子。当他看清院里的阵势时,立刻呆住了。徐广泉上前缴了他的枪和刀,叫一名苏军战士把他押到红军司令部去了。对于护矿队员,徐广泉对他们讲了几句话,就让他们各回各的家了。

徐广泉同志用缴来的枪支弹药,重新组织了护矿队。东委会的一些积极分子,成了护矿队的骨干。从此,鸡宁人民依靠自己的力量,组建了第一支自己的队伍。

五、除掉建军旅

东北光复后,国民党反动派为了加紧抢夺胜利果实,除了对原有的土匪加封"先遣军"外,还到处搞"地下建军",壮大势力,为重新发动内战做准备。在此形势下,梨树镇的穆棱煤矿坑木把头万奎英搞起了一个建军旅。旅部就设在他家,门口上挂起一块建军旅的牌子,并设了双岗。当东进会摸清了这个"旅"只有三支枪、两个哨兵时,就决意搞掉它。

但是建军旅也是个"旅",要除掉它不取得苏联红军司令部的支持是很困难的。为此,徐广泉同志几次到苏军司令部联系,争取支持。但苏军司令部迟迟不表态。最后他们表示:要除掉万旅,既不支持,也不反对,但有一点要求,不许杀万奎英。东进会答应了红军司令部的要求,责成徐广泉同志负责解决万旅问题。

就在解决了护矿队问题的第二天下午,徐广泉同志带着两名东委会的同志来到了万奎英的"旅部"门前。

"旅部"门前的哨兵见来了三个陌生人，故意提了提神。徐广泉上前说："请禀报一声，我们是从牡丹江来的，要见你们万旅长。"那一天，徐广泉同志的衣着稍讲究了些，仪表也修饰一下，语气也像个有来头的人。哨兵打量了徐广泉一眼，说了声"请等等"，就走进院了。不一会儿，万奎英出来了。他身穿长袍，头戴礼帽，哪里像个旅长，倒像个土绅士！他把徐广泉二人迎进屋里，急令侍童献茶。万奎英的眼珠高频率地转动着，在猜度来人的目的，他细声细气地问："敢问二大员在哪里高就？今日光临敝舍有何指教？"一点旅长的派头都没有，声音似有些与身份不适应了。

"我们是东进委员会的，奉苏联红军司令部的命令，来收缴贵旅枪支弹药和一切军需物资的，望能给予方便！"徐广泉按事先商定的意见，斩钉截铁地说，语气平和，软中有硬。

万奎英听罢，脸色一沉，但只是一瞬间，就换上了一副皮笑肉不笑的相，并装出有些文质彬彬的样子，说道："我万某德才不备，肩此重任，实感力不从心。今日贵会予此良机，实为万某有幸！长官稍等片刻，万某遵命行事！"说着，他站起来，打开柜子，拎出一个旅行袋，往徐广泉同志面前一放，说了声"请过目"，就毕恭毕敬地站在一旁，一再让他坐，他也不肯坐。徐广泉打开旅行袋一看，里边装的是印章、办公用纸、建军花名册、一支手枪，整个"旅"的家当，竟连一个旅行袋都没装满。

接着，万奎英按徐广泉的指令，派侍童把门口上的两名哨兵叫来，万说："今天太冷了，你们把枪放我这儿，回家暖和暖和，晚上再来上岗吧。"两名哨兵正求之不得，放下大枪就走了。就这样，东进委员会又增加了两支大枪、一支手枪，万奎英的建军旅也就"全军覆灭"了。

六、铲除伪公安局

白如海同志带我到达鸡宁时，国民党的"先遣军"吴康的队伍早已被苏联红军赶跑了，并命令他们不许进驻距鸡宁、滴道50公里之内。但伪满时曾在饭店当过厨师的公安局长阎树民（人称阎大马勺）靠了他素有的钻营精神和他老婆同苏联红军司令官巴巴夫的不正当关系，似乎更得势了。他控制着驻扎城内的保安队，国民党反动派又给他加上了先遣军四十五团团长的头衔，就更加猖狂起来，简直成了鸡宁城内反动势力的核心人物了。公安局和"阎大马勺"成了我们全面接收鸡宁的严重障碍,如若不除,鸡宁人民武装力量的建立与发展就会受到严重威胁,革命势力也难以抬头。因此,白如海同志带着我几次去苏联红军司令部,要求支持我们解除公安局的武装,除掉"阎大马勺"。但苏军说我们人少,控制不了局面,担心社会秩序乱,没同意,因此,就一直没能动手。

吴康的队伍进到鸡宁后,东委会的陶宜民等人撤到梨树镇。为了尽快解决公安局的问题,白如海同志派人去梨树镇把陶宜民等人找来,一起商定除掉公安局反动武装问题。

陶宜民同志回到鸡宁后,在东委会成员李茂园(朝鲜人,"园"为译音,有的写作为"彦"和"然",此"园"是根据李茂园的儿子常用名写的)家向白如海同志汇报了东委会进退鸡宁的情况,介绍了东委会组织机构、成员的情况。同时,白如海同志和大家一起研究了解除公安局武装问题。

就在酝酿缴公安局械的期间,城子河的保安队队长吴凤章同"阎大马勺"的矛盾已经明朗化。经我出面与之联系,他表示配合我们行动。把吴稳住了,我们解除县公安局武装的决心就大了。

当时我们考虑的突出问题是,缴了公安局的械后,局势可能发生很大变化,我们就得马上组织自己的武装,这就需要一大批干部。可是我们当时就那么几个人,是不适应工作需要的。于是,白如海同志就决定带着王丰田、徐华亭同志去宁安找合江省委书记张闻天汇报工作,请求增派干部。临行前,白如海同志曾嘱咐我们,县公安局的问题早晚得解决,有机会就可以动手,但一定要有胜利的把握,不可轻举妄动。

白如海同志走后,我和陶宜民等同志详细研究了缴公安局械的部署以及缴械后组建人民军队问题。

春节临近了。当了14年亡国奴的鸡宁人民满怀喜悦地准备光复后的第一个春节,大批的农村人涌进县城采购年货。经陶宜民、李茂园等同志发动起来的200多青壮年农民(主要是朝鲜族农民),混在进城购买年货的人流中也进了城。晚间,悄悄地来到预定集合地点——发电厂附近的矿山机械厂。

这天夜间,我和陶宜民等同志去苏联红军司令部联系,要求他们协助我们缴驻守在城里的保安队的械,同时支持我们缴公安局的械。谈判进行得很艰难。当他们应承了我们的要求时,已快到半夜了。我们连夜来到了矿山机械厂,进行夺取公安局枪支的具体部署。

这一宿,我们谁也没睡觉,认真地研究了夺取公安局的每个细节。天一亮,一些赶车送柴的、挑担送菜的、赶着牲口驮子送粮的"农民",陆陆续续地来到了鸡宁县公安局大门口,被门岗的哨兵拦住了。这些农民扯着嗓子同哨兵吵起来。门哨见是一群满身泥土的乡下人,越发地摆出一副满不在乎的架势,大背着七九步枪往来晃动着,横竖不让"农民"进去。这时,几个膀大腰圆的"农民"同伙伴们会了下眼神,一个箭步窜上去,粗壮的臂膀像一只铁钳子似的,将哨兵的腰和两只手牢牢地搂住。其他人一拥而上,一下子将公安兵的枪掳了下来。于是,他们扔下担子、驮子和粮食、蔬菜、劈柴等,急速地冲进了公安局,直奔公安局宿舍。此时,"阎大马勺"的那些公安兵还在梦乡,就被一片"缴枪不杀"的喊声惊醒了,战战兢兢从被窝里爬起来,乖乖地做了俘虏。从此,反动武装的枪支,成了人民手中的武器。

我们当即把这些被缴了械的公安士兵集合起来清点人数,发觉人数少了许多,"阎大马勺"也不见了。原来,夜间阎树民得到了消息,带着一部分队伍逃走了。后来得知,他连夜逃到宝清县城,那里的反动武装头子喻殿昌对阎不放心,就缴了他们的械,把他押在了宝清监狱。宝清解放,清理狱中人员时才发现,罪恶多端的"阎大马勺"竟在这里,后被人民政府镇压了。

我们对被俘的公安士兵进行了教育,宣传了我们党对待俘虏的政策,明确提出:"愿意留下为保卫人民效力的,我们欢迎;不愿意留的,家又在外地的,我们给路费。"在党的政策感召下,士兵们纷纷揭发"阎大马勺"的罪行。有的说:"阎大马勺临逃跑前把大批武器藏起来了,听说他家棚顶上就有。"有的说:"阎大马勺干尽坏事,这小子逃了,还想打回来,不能轻饶他!"按着士兵们揭发的线索,我们派人搜查,果然搜出了一批武器,仅"阎大马勺"家的棚顶里就藏了80多支枪。

在我们缴公安局的械时,苏联红军司令部给予我们很大支持。那天夜里,苏军以召开紧急会议的名义,把鸡宁城里的保安队四个中队的头子找来,下了他们的枪,并派兵缴了其驻城部队的械,把枪偷偷给了我们一部分。

我们把缴来的枪和苏联红军送给我们的枪,送到矿山机械厂,分发给早已编好班、排、连的民兵。从此,鸡宁人民有了一支数量可观的捍卫人民政权的武装队伍。

伪公安局和部分保安队被缴械,震慑了敌人,鼓舞了人民,青壮年纷纷要求参军参政。光复时各地拉起的自卫性武装队伍,也先后接受了我们的收编。在此形势下。白如海同志提出组建我们自己的地方武装。我们大家都觉得这个意见很对，很适时。于是我们决定筹建"鸡宁独立团"。经短时间的准备工作，就在一个空楼的门上挂出了"鸡宁独立团"的牌子。楼内搭设板铺，安了一张办公桌，就成了司令部。与此同时，我们请会写毛笔字的人给写了几张《独立团招兵告示》，张贴在各十字路口上。当地的穷苦百姓和外地来鸡宁的"跑腿子"，纷纷要求参军。手续挺简单，在簿子上登记一下姓名、年龄、性别、家乡居址等，就是独立团的战士了，很快就拉起了上千人的队伍。1946年3月1日召开了"鸡宁独立团"正式成立大会，任命孙轩华为团长，陶宜民为政委。鸡宁县委书记由东安地委副书记白如海同志兼任，我任鸡宁县公安局局长。

随着形势的发展，军、政干部不足，不适应需要已成了突出问题。针对这种情况，白如海同志亲自主持举办了军政干部培训班，从各连队各抽调几名素质较好的未婚青年，集中一起学习军事和政治，一期20多天，回连队就成了连排干部。

有了人民军队，我们的活动就有了依靠。原县长丁家鼐，是伪满县政府民政科科长，光复后，苏联红军让他当了县长。该人倾心于国民党，对共产党素怀戒心。我们几次想把他拿下来，苏联红军司令部不同意，都没成。组建独立团后，我们又找苏军司令部交涉，他们终于同意了。于是我们派杨公益当了县长，把丁家鼐抓了起来。

党政军的组织机构搭起来后，白如海同志又抓紧时机把民主妇联、青联、学联等群团组织建立起来。至此，鸡宁的党的领导、人民政权、人民武装以及党领导下的群团组织，均已初具规模，这为在以后的时日里打退敌人的进攻，巩固胜利果实，起了基础和保证作用。

七、滴道迎敌

1946年春节过后半个多月，一天清晨三四点钟，我滴道公安分局局长刘广治同志，突然听到由远及近的枪声。他即刻问苏联红军司令部是怎么回事。回答是："猎人在打狍子。"对此回答，刘广治总觉得有问题：这漆黑的夜间，怎么会有打狍子的？就是打猎，枪声这么紧吗？他还没想出个头绪来，大约上千人的敌兵就把滴道包围了，并与我公安队接了头。

滴道公安局设在原日本宪兵队的旧址，而我公安部队就驻在原日本包工队队长常谷川的小楼里，与公安分局不在一起。当敌人摸到公安部队驻地跟前时,被我哨兵发现,就开了火。当时公安分局和公安部队的人加在一起,还不到百人,而敌人约上千人。我公安队张营长见此情况,顾不上穿鞋,只身冲出敌包围,一口气跑到鸡宁,报告了军情。

敌人进攻滴道的那天夜里,公安局分局长刘广治同志正住在苏军司令部里。苏军白天喝酒喝醉了,睡得死人一般。当鸡宁来电话问为什么响枪时,值勤的苏军士兵不加思索地回答说:"在打猎!"刘广治一看形势不妙,急忙叫醒几个苏军士兵,拆了炉台,把门窗砌上。同时把苏军的轻重机枪支上,对敌进行射击。

与此同时,我们派到县电话局做监听的白福田同志也报告说:"滴道有电话说,街里在响枪。"我得此情报后去问苏军司令部,他们仍说是在"打猎"。但到8点钟时,滴道的枪声还有增无减。我再次去问苏军司令部。这时,大概光脚跑到鸡宁的张营长已向苏军报告了情况,苏军不再说"打猎"了,说国民党五十二军的城子河保安队联合进攻滴道了,决定马上带队去解围。

于是,孙轩华带着公安队两个连,苏军带着一个炮兵连就向滴道开去了。

到了滴道,已10点钟左右了。此时,滴道的苏军司令部和我公安队还在坚持战斗。敌军见我援兵到了,急忙撤到后山上。苏军一阵重炮,把敌人打乱了营,死的死,伤的伤,逃的逃。我军立即包抄过去,活捉了37名敌人。

在这场战斗中,我公安队的连指导员葛云志和文化干事赵善庆被俘了。葛云志被敌人枪杀了。赵善庆佯装怕死,说要屙到裤子里了,要求去大便。敌人信以为真,就让他到背人之处去解手。赵乘机逃跑了。敌人边追,边喊,边放枪。赵善庆心想,反正死在眼前,还怕枪子打中吗?他拼命地跑。一拐弯,他见一家门前有个柴火垛,立即钻了进去。当敌人追到跟前时,见没了人,便对房东大耍威风,妄图以法西斯手段使她供出逃跑人的去向。房东硬说没看见。敌人撤了,赵善庆虎口逃生了。在这场战斗中,我公安战士牺牲50人。当天由维持会筹集了50口棺材,埋葬了。

八、智歼"自卫队"

光复后,平阳镇的钱庄、商号和和地主组织了所谓的"自卫队",保卫他们的财产安全。后来,谢文东、"张黑子"的队伍经常来此活动,该队倾向了谢文东。为防其投敌,鸡宁独立团给二连一项任务,令他们去缴"自卫队"的械。

第一编
东安根据地建党建政建军工作回忆

1946年春天，独立团二连连长韩星同志率全连同志来到平阳镇，执行缴"自卫队"械的任务。

平阳镇"自卫队"队部，是一片营房与碉堡合一的建筑，设在一片开阔地上。队部营房和营房相通，连成一个三角形。营房的外层，是布满发射孔的环形堡，营房上层，是突起的瞭望警戒楼。警戒楼和建在营房三个角上的碉堡，昼夜有人监守着。在周围开阔地里，还挖了一丈多深的壕沟，沟沿上，架设着"刺鬼"，把这片三角形的建筑围起来。同时，在"刺鬼"的三个角上，还分别建了三座炮楼，它的火力孔不仅能控制四面开阔地，能杀伤冲到营房外围堡墙下之敌，而且三个炮楼之间可以互相接应，构成交叉火力网。房顶上的警戒楼，不仅能凭高远眺，及时报警，打起仗来，还能居高临下，杀伤接近"刺鬼"的敌人。"自卫队"的二三十人，昼夜住在这三角环形堡内。他们多是土匪、兵痞出身的人，纪律很差，但枪法比较好，再加上地利，很有些杀伤力。

韩星同志率队进入平阳镇后，没有立即动手，只在镇内驻扎下来。因为"自卫队"自称是保护当地人民财产和社会治安的"民团"，既不属国民党，也不倾向共产党。所以，我独立团二连进驻后，不抢不夺，他们也无由不让驻扎，更何况，他们自知力量比二连又小得多呢。

经过一段时间的周密侦察，搞清了"自卫队"的全部情况后，韩星同志就与几个排级干部商讨破敌之计。大家认为，这支自称"民团"的武装，实际是资本家、地主的御林军，自称不属党不属派，但他们的所作所为，与谢文东的队伍没什么两样。根据他们的工事构筑情况，我们硬攻，要遭受很大伤亡。为了减少不必要的损失，韩星同志决定采取与敌交友的办法，寻机缴他们的械。

独立团二连官兵进驻平阳镇后，对工商各界秋毫不犯，每天只是操练兵术。我们的指导员住在老百姓家，就给百姓挑水、扫院子、帮助干农活，很快就赢得了群众的信任。平阳镇的工商界也感到，韩星这支队伍不可小视。到底是出于巴结之意，还是想摸二连的虚实，或者出于别的什么动机，"自卫队"的队长、副队长几次主动跟二连搭讪。韩星觉得这正是与敌结交的好机会。于是，见了"自卫队"的头头，表示了几分热情。日久天长，和他们也就熟了。"自卫队"的头头请二连的干部吃饭，在安排好防变措施之后，韩星同志带着几名排级干部第一次赴宴，使"自卫队"和工商界都很震动，认为韩星这支队伍很有实力，很有胆略。日后，二连又搞了回请。经过多次接触，不仅进一步熟悉了"自卫队"内部情况，而且解除了其对二连的戒心。

有一天上午,"自卫队"请二连的领导去赴宴。韩星同志与各排排长商定,这次就下手。于是,他整顿队伍,带进了"自卫队"队部,令他们在院里待命。韩星即带着几名排长走进队部去见队长、副队长。"自卫队"的头头见二连来了人,正表示假殷勤,韩星偷偷给同志们递个眼神,示意赶快动手。几个排长一齐上,把队长、副队长的枪下了。韩星对他们说:"我们是奉独立团团部命令来缴你们械的。希望你们协助我们完成任务。要是动打的,这容易,怕不会有你们的便宜!""自卫队"的队长当即说:"不劳诸位动手,你们跟我去,保证平安交枪!"

于是,"自卫队"的队长、副队长带领着韩星和二连的几名排长,到各营房和碉堡、岗楼内缴械。"自卫队"的队长、副队长仍挎着他们的"盒子枪",他的部下不知道底里,还以为是带着"友军"参观的呢,其实,他俩的子弹早已取出。每到一处,"自卫队"的队长都主动对部下说:"现在八路军接收了鸡宁,鸡宁独立团团部命令,弟兄们要把枪支弹药全部交出来,韩连长和几位长官是来执行收缴任务的,弟兄们交枪,韩连长确保诸位生命安全,否则,后果不好说!我要求弟兄们识大局,交出武器!"他们的队长说话,比咱们说话好使,"自卫队"的士兵们一一交了枪。对于"自卫队"的一般成员,就地遣散了;有民愤的,押送到独立团去了。

九、平阳镇叛乱

1946年初,平阳镇建立了公安分局。保安队的一个人当了局长,我们派去一个姓王的当副局长。

一天晚上,正副局长二人各带一支手枪,到村里查夜。回来时,已是晚九点钟了。这在有早睡习惯的东北农村,已算得上是夜深人静的时候了。他俩并肩走着,谈论着查夜遇到的情况。突然,局长站下了,说:"你先走一步,我撒泡尿!"我们的老王同志信以为真,就慢慢地向前走着,在等他。没走几步,那位局长悄悄跟了上来。对着王局长连射三枪,老王倒下了。从此平阳镇公安分局的一场叛乱开始了。

平阳镇公安分局门前是一片开阔地,房后是一片坟茔地,坟丘之间,长着几棵歪脖子树。门前,设了单人游动哨;房后,设了双人固定岗。

就在那个保安队出身的局长暗下毒手的时候,保安队正有组织地向门前、房后的哨岗摸去。他们先摸掉了房后的岗哨,悄悄地潜伏在坟地里。当换岗的战士来到岗位时,敌人从暗处突然跃起,分别下了哨兵的枪。然后,扒光了哨兵的衣服,把他们吊在歪脖子树上。在门前,躲在黑暗角落里的敌人开枪打死了游动岗哨。接着,反动武装叫嚣着向公安分局院里发起攻击。

当时,我公安队战士正在睡觉。姓宫的机枪射手被枪声和喊声惊醒,未来得及穿衣服,就抄起机枪向外射击,敌人被阻在院里。打了一阵之后,姓宫的战士端起机枪边扫射,边喊着冲了出去,其他四名战士也在机枪的掩护下冲破敌人的包围,脱了险。

之后不久,徐广泉同志带着一部分公安战士到了平阳镇。保安队见势不好,撤走了。从此,徐广泉当上了平阳镇公安分局局长。徐广泉到后,察看了平阳镇的地势之后,立即把镇上的钱庄、商号的老板和当地财主召集来,向他们申明保卫平阳镇的大义,要他们在24小时内筹集3000个草袋子。话说死了,3000个草袋子没用一天的功夫就送来了。他又发动当地群众,帮助把所有草袋子装上土,在平阳镇的主要街道上和公安局的门前垒起掩体。这样一来,敌人没敢再进犯。于备战的同时,又出安民告示,号召人民发展生产,协助公安局维持治安,社会很快恢复了正常秩序。

十、张三沟痛击五十二军

平阳镇附近有个自然屯叫张三沟,那里在光复时就自发地拉起了队伍。后来,被我平阳镇公安分局收编为公安队,并在那里设立了公安派出所。

收编后不久,国民党五十二军的一部分队伍开到了那里。这些"遭殃军"到那里后,杀猪、宰羊、翻箱倒柜,勒索百姓,打骂群众,强奸妇女,无恶不作,引起了张三沟人民和公安队的极大愤恨。他们几次到分局找徐广泉同志联系,要求帮助收拾这帮匪队。因考虑敌众我寡,徐广泉同志没同意。不过答应他们,待向独立团联系两个连的外援兵力后再动手。

他们回村后,暗中串通了附近24个村的老百姓,集合了80多人,当夜就打响了。他们在张三沟外布下了交叉火力网,敌人出来一个打一个,从天黑一直打到天亮。徐广泉同志担心公安队吃亏,便带兵去增援。他的援兵到时,战斗就已结束了。在这场战斗中,张三沟的公安队仅牺牲1人,而五十二军被打死了70多人,有130多人被俘。这一仗,大长了公安队的威风,长了人民群众的志气。从此,国民党五十二军逃出了张三沟,再也不敢到那里为所欲为了。

十一、在半截河的日日夜夜

我们解决了"阎大马勺"的公安局和鸡宁保安队后,盘踞在半截河的大地主赖明发,即刻向我们表示归顺。

从此,我们收编了他的队伍,编为五个中队,任命赖为大队长。因为当时缺干部,虽收编了,却没派去一兵一卒,从大队到小队,都是赖明发的原班人马,都是他的心腹和亲信。因此,我们同赖明发的游击大队,始终处于同床异梦,互有戒心,都以高度警觉的目光观察着对方的一举一动。

收编后不久,我们得到一份情报,说赖明发正与谢文东勾结策划叛乱。据此,县委决定任命王飞同志为半截河游击大队教导员,我为副大队长,赖明发仍为大队长。由我和王飞同志从鸡宁带一个中队编入半截河游击大队,以此为骨干力量,发展进步势力,监督和制约赖明发及其党羽的行动。为加强对赖明发一伙人的斗争,在我和王飞同志到达半截河不久,白如海同志又派赵鸿丰同志来半截河游击大队任副教导员。

我们的中队同赖明发的队伍是编在一起的,我们几个干部也是同赖明发的党羽们同室相处的。因此,这种争斗具有很大特殊性。我们一起操练,一起吃饭,开会在一起,吃饭在一起,睡觉也在一起,表面上互相间有说有笑,而心中却各有各的数,恨不得一口把对方吃掉。我记得赵鸿丰同志一到半截河,赖明发就派一名姓李的亲信把他盯上了。姓李的以介绍情况,帮助赵熟悉情况为名,布下了杀害赵鸿丰的圈套。李假献殷勤地说:"我们大队共有五个中队,其中四个在城外驻扎。明天我陪您到城外看看,了解下情况,熟悉下地形。"

赵鸿丰初来乍到,对这里的复杂情况还不了解,就信以为真了。当晚,他见到我时,说了明天的打算,并汇报了姓李的对他接触的情况。我感到很惊讶,立即问赵:"你知道他带你去干啥吗?"我两眼凝视赵那充满活力的脸庞。

"是去看看各中队的情况,也熟悉一下地势"。赵仍不加怀疑地重述着那位姓李的话。

"看地势?熟悉情况?屁!是去送死!到了城外,他们就把你干掉了!"接着,我给他讲了赖明发处心积虑地想搞掉我们的大量事实。赵鸿丰这时如梦初醒,惊叹地说:"我险些让他们算计了!"

第一编
东安根据地建党建政建军工作回忆

为了避开敌人的圈套，又不给赖明发留下任何口实，我派赵鸿丰带着一部分队伍去古城子起枪去了。

古城子离半截河不太远，原是日本的一个兵营所在地。日寇退却时，扔下了一些枪支弹药，散落到了当地地主和群众手中了。我给赵鸿丰同志的任务是：发动古城子的群众，主动把手中的武器交出来，同时提供线索，顺蔓摸瓜，把地主、富农暗藏的枪支、弹药起出来，以解决扩大革命武装力量的需要。赵鸿丰同志接受任务之后，就积极进行行前的准备工作。

一天早晨，赵鸿丰早早地带着队伍出发了。刚刚离开半截河镇，就见迎面开来一支队伍。赵鸿丰原以为是自己的队伍，也就没太在意。队伍越来越近了。只见队伍不太整齐，赵鸿丰端起望远镜一望，见队伍里有背长枪的，还有背短枪的，一色的草绿色军装，断定是敌军——国民党的杂牌军，就命令部队就地展开，待敌人走进火力圈时，就开了火。敌人妄图夺路而过，赵鸿丰当即指挥我军拼命阻击，枪声响成了一片。

近期以来，我们发觉谢文东曾化装成绅士模样潜入赖明发家。据此估计，赖把叛乱计划提到日程上来了。对此，我们一方面对我军干部战士加强教育，认清形势，增强敌情观念，做好应付叛乱的准备；另一方面，加强情报工作，及时掌握赖明发的动向。通过多方渠道了解到，赖明发拟在中央饭店设"鸿门宴"，借宴请各级干部之机妄图将我们全部逮捕，然后缴下我部枪支。事成后，赖即率部投靠谢文东。

针对上述情况，我请示了地委副书记白如海同志。他指示说："必须抢在敌人行动之前，采取措施，破坏他们的暴乱计划，制定粉碎叛乱的方案。"

当时我带去的队伍不过百人，而赖明发的队伍竟达五六百人之多。针对敌众我寡，敌强我弱，又在敌穴内战斗的特点，我们研定的制敌方案是：利用在道德会开会之机，把赖队各中队召集来，出其不意地将小队长以上头头全部缴械，然后，让赖明发下令全部放下武器。采取这样大的行动需要请示地委。于是，我决定派王飞同志去东安地委汇报情况，并听取指示。

王飞同志是教导员，外出好几天，容易引起赖明发警觉。为了不使赖明发生疑心，王飞同志事先编好理由，就直奔赖家大院找赖明发请假去了。

恰在这天早晨，赵鸿丰同志率队去古城子起枪。因此，我方的力量在半截河就少了许多。

当王飞同志来到赖家大院门外时，只见大门紧闭。他顺门缝往里一看，赖队的人胳膊上都系了一条白毛巾。一个士兵不知道是暗中瞭望到了王飞来了，还是从门缝里早已窥见了他，只见他跑到赖明发跟前报告说："王教导员来了！"

"在哪儿？别让他跑了，抓住他！"赖明发站在院里大声地对部下命令着。

王飞一看，心里顿时明白了：赖明发这不是开始叛乱吗？他回头就跑。这时，身后响起了枪，子弹在王飞的耳边唧溜唧溜地叫着，身前身后、身左身右掀起一股股尘埃。

这时，我听见枪声，断定是王飞同志遇到麻烦了，就带队向赖家大院奔去。当我迎回王飞到了火磨坊时，只见火磨院里布满了赖明发的人。其中一个小头目见了我，就假装关心地说："李队长，你过来一下！"我一看，气氛不对，就一个箭步窜到了一个掩体后，其他同志也跟着我就地展开。顿时，火磨院里的冲锋枪就叫了起来。我一看形势，不能硬拼，就边打边指挥队伍向外撤。因为我是大队副，再加上身边还有一部分自己的武装，又加平时的争取工作，我一声喊撤，自己的人，还有敌五中队的部分人，就跟着我撤到了城外。

到了城外，赵鸿丰正在指挥着起枪的队伍同敌人激战。看来，赖明发妄图搞里外夹攻的战术歼灭我们，是预谋已久的。我们兵合一处，很快就把杂牌军压了回去。

我带着队伍来到半截河外的夏家店子，把裹出来的队伍缴了械，遣散了，就同王飞、赵鸿丰等同志一起带着队伍，撤回到鸡宁了。

这次战斗，互有伤亡。记得我军伤亡了几名战士，从虎林常永年的"三八支队"调来的姓于的营长牺牲了。

赖明发叛乱后，就率队公开投靠了谢文东。1946年冬，赖队被我三支队配合三五九旅摧毁，赖明发隐匿起来，后被搜出，处决了。

本文选自薛盟主编的《鸡宁剿匪》一书，中共鸡西市委党史研究室1989年12月印，第47～76页。（整理：雷在润）

第一编
东安根据地建党建政建军工作回忆

我在鸡西(鸡宁)当县长

沈先夫[*]

1947年,我在鸡宁县当县长,直到1948年10月离开鸡宁到合江省交通厅当厅长为止。在鸡宁这一年多期间,工作重点主要是五项:(1)剿匪;(2)支援前线;(3)土地改革;(4)训练县大队;(5)安置伤病员。

剿匪在当时来说,是一项最突出的任务。因为鸡宁县与密山县、虎林县交界,这三县的交界地带是土匪的老窝子。大土匪头子是谢文东,是国民党匪军司令,当地的地头蛇。

在这一带活动的土匪有4 000余人。他们白天龟缩在山上,夜间便下山烧杀抢掠。有时白天也下山活动。他们抢粮、夺人、绑架、杀害农村干部,扰乱社会治安。更有甚者,有时夜晚竟到党政机关抓人,抢文件、抢钱,搞得党政机关也不得安宁。

当时保卫党政机关的是县大队(我兼任大队长),由于人员、枪支很少,不可能出去剿匪。没有办法,只好动员一些伤病员出去打击一下小股土匪。在这种情况下,决定扩充县大队。对所扩充进来的人员,采取以老带新的办法,对他们进行政治训练和军事训练。

基于土匪活动猖獗,加之县大队又经过一段训练,在一次县委紧急会议上,决定由我带领县大队300多人,分成两路进行剿匪。一路进剿距鸡宁100多里地的现密山县的黑台子;一路进剿平阳镇以东地区。这两个地区的土匪共有400余人。剿匪进行了7天。这些土匪有一部分是受骗的老百姓,因此,有时土匪和老百姓分不清。遵照毛主席发动群众依靠群众的指示,做了大量的群众工作,受骗当土匪的绝大多数群众,都被我们争取过来了。其余的决心与人民为

---

[*] 沈先夫:1947年至1948年任鸡宁县县长,中共鸡宁县委副书记。

敌的土匪,我们只好采取了坚决消灭的措施。经过7天战斗,击毙土匪100多人,活捉几十人,投降100余人。县大队只伤亡20多人。在活捉和投降的土匪中,经过我们进行政治教育和分化瓦解工作,大多数也被争取过来了。这次剿匪成绩是主要的,在掌握政策上没有什么偏差。但是,由于对群众的宣传教育工作还不深入、不广泛,有些群众在土匪的欺骗下,又被裹挟当了土匪。

3个月以后,1947年冬,又进行了第二次剿匪。这时已经下了雪,给剿匪工作带来了很大困难。这次主要进剿东海地区和永安地区。这两股土匪有300来人,对我们的威胁更大。甚至有一天晚上,少数土匪竟摸进了我们县政府大院,进了伙房,吃了一顿饭,从库里偷了6支旧步枪,还把秘书科的窗户撬开,把挂在墙上的秘书科长吕百恭的手枪拿走了。这次剿匪用了十来天时间,与敌接触十多次,打死100多人,俘敌90多人。这些土匪也都是谢文东一伙的,烧杀抢掠无恶不作。他们曾扬言要消灭县大队,活抓县大队干部。可是却被我们用几天的时间把这两股土匪给剿灭了,大快民心。

第三次剿匪时,军分区已经成立。司令员由专员兼任。甘重斗同志命令我县、密山县、勃利县集中三个县大队的兵力,约1 000多人,共同围剿匪头谢文东。这次用了半个月的时间。从此以后,谢文东在东线的土匪部队大部被歼灭,少数敌人逃到了谢文东的老窝子。此后,剿匪的任务就由我军正规部队担任了,县大队只维持地方社会治安。

支援前线,当时也是一项压倒一切的任务。支前,一是扩军,补充我军兵员;二是动员担架队;三是动员群众出粮草、做军鞋;四是安置伤病员。

由于当时群众对我军不了解,认识不清,因此动员工作也很困难,不只要做青年的工作,更重要的是做青年父母的思想工作。记得一次补充200个兵员的工作,花费了一个月的时间。主要的原因是群众没有发动起来,最主要的还是因为土改没有进行,广大群众没有从我党我军得到实际利益。因此,不能说是农民思想落后,而是我们的宣传鼓动工作没有做到家,思想政治工作没有深入人心。加之,当时农村的干部都是新提拔起来的,不会做思想政治工作,只靠强迫命令,还是不行的。动员妇女支援前线,做鞋、做袜子,还比较顺利,仅一个月时间就做鞋子3 000多双,布袜4 000多双。

当时要求,每个区要成立有100副担架,随叫随到。全县8个区,800副担架。这项工作做得也很好,既保证了数量,又做到了随要随到。所以,几次受到军分区的表扬。

训练县大队。因为我是1946年从正规军调到地方工作的，我兼县大队长工作，除剿匪工作亲自挂帅外，训练县大队的工作也是亲自出马。一开始到医院找了几个伤兵做骨干，把县大队成立起来。经过训练，又经过几次剿匪的实战锻炼和考验，证明县大队是经得起考验的。

关于土改，毛主席很早就有指示，并从军队中抽调14 000多名干部参加土改。土改能不能搞好，是关系到我军在东北能否站得住脚跟的关键问题。1947年，正式开始进行土地改革工作。那时鸡宁县人口38万多人，是个中等县城。全县有8个区，每个区只有一个区委书记。县委常委也只三四个人，分工每人管一二个区。发动群众，丈量土地，划分成分，工作异常繁重紧张。比较困难的是划分成分工作。全县铺开搞了半年。由于干部成分新、掌握政策上不稳，在这期间，全县在土改中打死了不少人，因此，县委召开紧急会议，强调注意学习和掌握政策。但是，事隔一个多月后统计，又打死了一些人。在没收地方财产时，某些干部自立小仓库引起群众不满。平阳镇区群众因此而自行召开大会斗争干部。县委知道后，派我去平阳镇处理此事。在群众大会上，群众把区委主要负责人捆起来，并提出要打死他。我代表县委在大会上讲话，指出群众的不满是正确的，这个干部的贪污行为是错误的，应该退赃，但是不能打人，他的问题一定要搞清楚，严肃处理并要向群众公布，这样才把问题解决了。事后，县委召开会议，对这类问题进行了慎重处理。

安置伤病员是一件比较难办的问题。因为当时东北战场上经常打仗，伤病员多，一无医院，二无医疗技术，三无药品。因此，只好把伤病员按家分户地分派到各家进行处理。没有医药，只能硬挺着使其自然养好，或者按老百姓的土方法进行调治。对于这些困难，我们的伤病员还是理解的。

以上就是在鸡宁工作期间的一些大致情况。在此工作期间，错误和问题还不少，做历史教训来记取吧。

本文选自薛盟主编的《鸡宁剿匪》一书，中共鸡西市委党史研究室1989年12月印，第174~177页。

鸡西（鸡宁）矿区妇运工作的回忆

纪淑珍[*]

一、战火纷飞到鸡西

抗日战争胜利后，我仍在山东海阳县小纪区人民武装部任妇女干事。

1946年10月4日，海阳县委书记辛学剑同志找我谈话说：日寇投降后，蒋介石调兵遣将抢夺抗日战争胜利果实，在大举进攻关内解放区的同时，在美帝国主义支持下，向东北解放区猖狂进攻，企图霸占东北。党中央、毛主席十分重视东北这块宝地，提出要同国民党反动派展开针锋相对、寸土必争的斗争。东北的斗争需要大批干部，组织决定要你去东北。我听后心里很高兴，当即表示听从分配情愿去东北工作。

我少年丧母，又是独女，难免对孤独的父亲有些眷恋，从海阳县急忙赶回家与父亲辞行。老父亲是中共党员，听我说去东北是党组织决定，积极支持。他说东北同胞受过14年亡国奴之苦，日本投降后，蒋介石又勾结美帝强占东北，又要骑在东北人民头上，一再鼓励我，听党的话，为东北人民好好服务，别想家。由于形势紧迫，10月6日父亲忍泪送我出村。就这样离开老家，由胶东区党委介绍到东北辽东区党委。我们这批调往东北的干部，有张涛、孙素芳、郝淑珍、杨坤哲、吕秀荣等50多名同志，其中女同志占半数，年龄最大的25岁，最小的15岁。

我们拿到胶东区党委的关系介绍信后，各自缝在衣领里妥善自带，因为要经过国民党海上封锁线。10月7日往莱阳行军，经蓬莱县，三天就到海边湾家口，等候上船去大连。组织上给每人发了被面、被里和棉花，自己做了床被子，

---

[*] 纪淑珍：东安时期任鸡宁矿工党委妇女委员会书记。

准备出发。一天黄昏,终于上船了,乘坐的是运货船,是为了掩护我们过海,大家没坐过船,都晕船呕吐不止。

夜间,船在深海过砣矶岛时,遇到国民党的军舰,我们的船马上熄灯停火,当时人们的心情是十分紧张的,幸好,躲过了国民党的军舰,于第二天早晨到达大连。当时大连是苏联红军所在地,他们用带篷卡车接我们到招待所休息。当时到辽东区委报到已有困难,因去辽宁城市的铁路交通已全部控制在国民党手里。这样,我们又由大连上船到朝鲜的镇南甫,下船乘汽车到平壤市,在平壤市大旅社休息一周,又乘火车到满甫,坐汽车过了鸭绿江,来到临江,找到辽东省委招待所。一打听说省委已迁到哈尔滨去了。

在这种困难时刻,组织上动员说,去哈尔滨只有先步行,由临江步行到图们要走1 300华里山路,要横穿长白山,翻长白山有300里路没人烟非常艰苦。大家表态说,红军不怕远征难,走了二万五千里,我们眼前只有300里路算什么,快准备越长白山吧!动员后的第二天我们只背上一床小被开始了300里路的行军。带队的同志很有经验,这天只赶30里路,第二天、三天走50里,后来每天走100里。不管刮风下雪,照样行军前进,不几天,开始进入长白山麓,四周是山峦、树林,有时走进山川,川里有冰冻封河,也照样走,在冰上走很滑,有个女同志不敢走,另外的同志就搀着她走,登上了长白山,那山上森林茂密,仰脸不见天。在那300里路内没人烟的地方,部队在那设立了三个兵站,我们自带干粮,晚上在兵站打小宿,黎明起来又走,两天半过了主峰,跋山涉水绕过了国民党占据的地区,来到了图们。这一路经过一个半月的行军,我们都经受了锻炼,革命意志更加坚强。由图们乘坐火车于1946年底到达哈尔滨,经中共东北局分配到东北工矿处,工矿处分配张涛和我到鸡宁办事处,刚好过元旦。

1947年1月2日鸡宁办事处孙然主任找我谈话,分配我到滴道煤矿,当时煤矿刚接收,情况很复杂,我先任出纳会计,常从鸡宁领回大批东北流通券到滴道给3 500多名职工开支,当时主要装落地煤,几个月后,我担任人事股长。1947年4月,组织上又分配我做新的任务。

二、发动妇女闹翻身

1947年4月,我奉命调动工作,要我从事动员妇女职工和家属参加民主改革。开展反"把头"斗争,尽快恢复煤矿生产,全力支援解放战争。

为发动妇女闹翻身,进行扎根串联,最早访问的是河北二坑积极分子、老矿工王全孝家,结识其爱人孟桂芝,一开始拉话,便喜知是山东老乡,很快就熟悉起来。王全孝家原是山东即墨人,在抗日战争初期,就听说过共产党领导的八路军跟老百姓一条心,一道打日本侵略者。日伪土匪勾结横行,敲诈掠夺,无法耕种生活不下去了,被"把头"从山东农村骗到滴道矿来下井的,他们对"把头"特别仇恨。经过启发,孟桂芝表示愿意招呼妇女们来开会受教育。在西安区访问了焦子窑积极分子常忠义,又结识了梁秀英,还和矿山女职工肖桂芬、吴桂芬等相互串联,常常在一起找一些家属妇女座谈了解。

当时矿上女职工和矿工家属的共同思想状况是:

1. 在日伪时期,矿上妇女受的苦难比矿工更加深重,"把头"伙同伪警特见到年轻妇女就欺凌侮辱无恶不作。解放后,大把头虽已逃走,但还有些"把头"仍在矿上管事,群众心里不乐,群愤激昂。

2. 都知道共产党对老百姓好,但怕共产党力量小,待不长。那时国民党蒋介石兵多武器好,在美帝支持下来势猛,占领着大城市,再加矿上伪警、特、"把头"造谣生事,矿外中央胡子谢文东匪帮侵扰作乱,人心躁动不安。

3. 日寇撤退时,矿山受到大破坏,有些矿工也走散了,剩下的矿工渴望尽快恢复坑口,生产出煤炭,期望早日解决吃饭穿衣等起码生活问题。

4. 他们对苏联红军纪律不好,拉走矿上重要机电设备有着不满情绪。

5. 矿工家属均是从农村来的,没有什么文化,封建迷信、自认命苦的宿命论等思想很深。

矿山妇女的思想状况也反映出矿工们的思想。行政、党组织、工作队经过调查、访贫问苦,掌握了上述思想,研究决定,要多方相互配合,提高群众觉悟,一定要把群众发动起来,投入矿山民主改革运动中来,打倒"把头、汉奸和伪警、特",激发群众树立恢复矿山生产克服困难的信心,生产出煤炭,改善矿工和家属们的生活,支援解放战争,保卫翻身果实。

三、民主改革斗把头

为动员、教育、组织妇女们和矿工一道参加矿上的民主改革,反对"把头"、汉奸、伪警特,清算他们的罪行,首先通过个别家访、串门走户,跟妇女一起劳动交谈,宣传教育,启发她们吐苦水,挖穷根,妇女积极分子孟桂芝、梁秀英等带头诉苦,真是血海深仇、苦难深重。在日伪时期,"把头"依仗日本侵略者、警特势力,残酷欺压剥削工人,污辱妇女。被"把头"从关内招骗到滴道矿的工人,有上百人,满满地挤在滴道矿河北区大房子里,炕上没有炕席、被褥,而臭虫、虱子、跳蚤成窝成堆,咬得人没法睡觉;吃的是高粱壳子和发了霉的苞米面,有时食堂煮上几大锅稀粥在外面冻着,开饭时用铁锹挖下来,配给矿工吃,连咸菜都没有一根。"把头"每天天未亮就拿着柳条棍进来,像赶牲口一样往矿工身上乱抽,催赶矿工下井劳动,矿灯不亮,摸黑下井,井下水淋淋的,冻得人发抖。井下干活一干就是十几个小时,累得支撑不住,想偷偷地歇一下,常被巡班的鬼子、把头打得头破血流,不管你死活,井下阴暗潮湿,长年不见阳光,繁重劳动吃的是猪狗食,闹病的矿工很多,而有病的不给治,硬要你下井,病重动不了的,不等咽气,就被"把头"拉出大房子,扒下衣服("把头"又卖给别的矿工)扔在死人仓库,再用马车拉着送到河北区后山万人坑,或送到"炼人炉"。矿工被折磨死了,野兽般的宪兵、警特、"把头"又去对那无依无靠的家属欺凌侮辱,霸占玩弄,糟蹋之后又转手出卖。矿工与家属的生命连牲口都不如,日本鬼子和大"把头"常常喊着"中国人大大的有,死了死了的没有关系。"这声声血泪的控诉,激发起矿工和家属们的阶级觉悟。

矿工们揭发滴道矿大把头郝忠、毛振升等人,他们卖国求荣,勾结鬼子当汉奸,伙同伪军警特务残酷剥削矿工,奴役工人,他们用工人的血汗生命换来的钱,挥霍浪费,住洋房、讨小老婆、花天酒地、无恶不作。矿工和家属们在共产党的领导下,挺起腰,翻身当家做主人,对他们进行清算斗争,组织工人法庭公审判处,报经人民政府批准,给予不同的惩处,有的当时就处决,有的经批斗后,监督劳动改造。

在控诉血海深仇,矿工和家属认识受压迫、受剥削、受凌辱的基础上,展开了谁养活谁的大讨论,使矿工和家属妇女们逐步觉悟到自己是社会财富的创造者,是矿山的主人。

经过民主改革,封建把头制度彻底地废除了。矿工和家属们的政治热情和劳动热情极大地调动起来了。

四、支援战争做贡献

斗倒了"把头",矿工和家属妇女身上的枷锁砸碎了,他们内心非常激动、兴奋。孟桂芝说:"我们来到矿上的妇女在日伪统治下,被糟蹋的被糟蹋,含冤死去的死去,活着的也直不起腰,有苦说不出来,放在心内。共产党来了。领导矿工团结起来,废除把头,矿工由奴隶变成矿山主人,咱们妇女也站起来了,我们要在党的领导下,团结互助,起半拉天的作用,要搞好家务,帮助矿上恢复生产,多出煤炭,打倒'老蒋',咱们妇女才能彻底地翻身解放。"她的一席心里话说得实实在在,说出了广大矿山妇女的内心话。

　　矿上的女职工和家属们为了投入支援解放战争的伟大行列中,她们响应矿上的号召,为恢复矿山献纳器材工具,多出煤炭支援前线。据不完全统计,滴道矿职工献出器材达 20 余万件,仅河北区妇女献纳器材工具就 1 400 多件,其中铁锤 109 个,铁筋 1 300 多斤。妇女们自豪地说:"我们献纳器材,使被日寇破坏的矿井早日恢复,矿工用劲挖出煤来,支援前方,供应城市,自己才能有饭吃有衣穿。"

　　解放的矿山妇女积极性非常高,她们抢着装落地煤,义务劳动,不要分文报酬。西安区妇女离装卸煤场、洗煤场、炼焦场近,那时落地煤成堆,由于车皮紧缺,煤运不出去,但是,只要听火车鸣笛一响,不分白天黑夜,不管冰天雪地,刮风下雨,妇女们扛起铁锹,抬着煤筐,抢着装煤,她们一锹一锹装满筐,一筐一筐抬过跳板,把一列一列装满煤炭的火车送走,妇女们不取分文报酬,喊出"战争打到哪,煤炭送到哪"的振奋人心的口号,为支援前线出力,笑语欢声,向往幸福的明天,心里十分愉快。

　　妇女家属积极参加支前工作,做军鞋,缝制军棉、单衣,送干菜,送煤炭,还有的动员自己的丈夫、儿子参加解放军,写慰问信,慰劳军队和烈军属,为支援解放战争做出了无私的奉献。

五、组织起来力量大

　　民主改革,彻底废除了封建把头制度,矿工们自己民主选举班、组、井长、井口工会主任,积极参加生产管理工作。矿工家属妇女也民主选举产生了妇女会,妇女组织起来力量大,她们自豪地常讲,妇女是矿山半拉天,我们是半拉子主人。

　　妇女会号召她们要带头搞好生产,家属们就积极搞好家务,开荒种地养好家禽。按时做好饭菜,保证丈夫吃好、睡好、休息好。按时叫丈夫下井,鼓励丈夫每月出满勤。她们带好孩子、日日夜夜体贴丈夫,给男人们温暖和力量。她们还主动帮助大房子的单身汉拆洗缝补被子衣服,不要分文报酬,使单身汉很受感动,说现在翻了身,跑腿子(指单身汉)也有半拉子家了,我们也得多出勤、多出煤,才能对得起你们这些妇女。

妇女会开展了破除迷信、进行生产安全科学常识教育。矿工和家属来自农村,他们文化低,科学知识少,受几千年封建迷信、宿命论宣传的毒害深,那时矿山井口、路口到处供有老君爷、佛像和牌位;有的下井前烧香拜佛以求保佑,瓦斯、冒顶事故认为是老天决定、命中注定,说妇女是臭娘们,有邪气不吉利,不准下井,对这些错误思想都用科学事实进行了驳斥。逐渐帮助妇女树立无神论的思想,不信"命"不信"八字"。

人民政府组织安全生产、保护工人生命,制订了下井安全生产的作业规程、各种生产管理制度。妇女会也对妇女家属进行了宣传教育,普及安全生产科学常识,并号召她们要做好配合工作。妇女家属自觉地每天检查自己丈夫、孩子口袋里有无火柴,劝说下井前不喝酒。她们还在路口、井口负责安全检查,进行宣传教育,出题考问,还参加井下事故救助善后工作,所以组织起来的妇女,为矿山的生产安全做出了应有贡献。

组织起来的妇女还积极参加办职工合作社,组织生活服务,民主改革,废除了"把头"坑人的配给商店,就由职工自己选举信得过的人,办起五个合作社,为职工生活方便,供应廉价的粮、豆油、棉布、盐、菜等,还办起了加工、缝纫厂,从而保证了职工的基本生活稳定,大大促进了生产恢复建设。

组织起来的妇女在妇女会的领导下,还积极参加文化学习,邻里互助团结,调解家庭纠纷,搞环境卫生。在节日里,妇女们还参加文娱活动,她们发自心底地高唱:"没有共产党就没有新中国","解放区的天是明朗的天"。

1948年夏季,东北解放军在前方节节胜利,后方已将中央胡匪剿灭,解放区日渐扩大,人心稳定,更加相信共产党、拥护人民政府。1948年5月在各厂矿成立职工会基础上,鸡宁矿区职工总会成立。7月鸡宁办事处改为矿务局,直属东北工业部领导。10月在中共合江省委领导下,成立鸡宁矿工党委,我任妇委书记。妇女干部经民主改革的培养锻炼,已发展壮大到196名。

鸡宁矿区妇联会成立于1948年12月1日,下属厂矿级妇女会7个,区科妇女会24个、会员5 149名(其中正式职工282名,包工264名),占全部妇女6 838名的75.3%。在196名妇女干部中发展党员24名,占12.2%。各矿厂妇女会工作,在陈老与刘向三、孙然同志以及鸡宁各厂党组织领导、工作队、工会配合帮助下开展工作,当时妇女会干部许多是不脱产的,她们不计报酬、不怕劳累、实心实意为职工为家属服务。妇女干部那种献身精神、感人品德,至今令人难忘,除上面提到的孟桂芝等外,还有恒山矿唐桂兰,麻山矿还有一位妇女干部,柳毛石墨妇女主任周淑媛,她们带动妇女在民主改革、恢复生产中,做了大量工作,受到教育锻炼,破除迷信,改变自卑心理,提高觉悟,也提高了妇女在家和在社会中的地位。妇女们在共产党的领导下,不仅坚强地站起来了,而且联合组织了起来,真正成为矿山的半拉天主人。

六、继往开来气象新

　　鸡宁妇女在东北解放战争中的贡献不小。这段妇运工作的历史,虽然已事隔多年,而当年往事、悲欢离合,仍然历历在目。鸡宁几万职工和家属在祖国东北边陲,曾受过日寇铁蹄践踏、过着亡国奴生活,无数矿工兄弟、家属姐妹惨死在暗无天日的矿井下,暴尸于万人坑、炼人炉,幸存下来的职工和家属受尽欺压,过着非人的生活,处于水深火热之中。在中国共产党的领导下,人民解放军配合苏联红军迫使日寇无条件投降,又带领矿工和家属在民主改革中真正成为管理矿山的主人。

　　多年过去了,鸡宁矿工和妇女们在东北解放战争中立下的汗马功劳,用自己的汗水、生命支援解放战争,日夜埋头苦干、不怕牺牲的情景,妇女们做好贤妻良母,发扬中华民族妇女的传统美德,记忆犹新,难以忘怀。归结一句话,那就是"人民,只有劳动人民是推动历史前进的主人"。

　　我们在缅怀回忆时,要继承和发扬矿工和妇女家属在党的领导下,敢于改革旧制度,扫除陈旧障碍,以主人翁姿态创新精神,不怕牺牲,团结互助,艰苦奋斗,投身于创高度物质文明、高度精神文明的有中国特色的社会主义的伟大事业。

　　本文选自王金文、周桂芬主编的《鸡宁大生产支援前线》一书,中共鸡西市委党史研究室1993年3月印,第259～268页。

第一编

东安根据地建党建政建军工作回忆

星火燎原在虎林

孙冀晃[*]

一、在我党领导下，虎林独立团在反对美蒋反动派的激烈斗争中，从无到有、从小到大地建立起来

　　1945年8月，日本法西斯投降后，我国国内两个党、两种军队、两个阶级、两条道路、两种前途的斗争进一步激化；国民党反动派蒋介石反动集团，在美帝的支持下，到处挑动内战，调动军队，向解放区发动了猖狂的军事进攻，气势汹汹，不可一世。在东北地区西南部和南满一带，国民党反动部队不断进犯，我军在进行自卫战斗。在东北地区北部、东北部的黑龙江一带，有一时期，我军主力部队还未到达，国民党反动派就利用这种情况，在黑龙江的广大地区，特别是牡丹江、合江一带许多地方，利用日伪残余势力，建立了大量的国民党武装力量。其中最大一支国民党武装部队是谢文东、李华堂匪部。当时虎林周围有谢文东、李华堂属下的郭清典、卢锦堂匪部盘踞在东安（现密山）；有俞匪部盘踞在宝清；有苑福堂、尤靰子匪部盘踞在饶河。他们疯狂地扩大反动武装力量，扩大侵占地区，紧密配合国民党主力部队在东北地区的西南部和南满的进攻。面对革命和反革命两种力量你死我活的斗争，当时，分散在虎林一带的革命者，都在观察和分析形势，积极地进行革命斗争。9月中旬，在虎林镇有八路军的同志（他们有些是被俘在虎林一带当劳工的，也有被当作群众，从关内押送到虎林当劳工的）和在日寇投降前，参加革命地下活动的同志，以及曾在抗联时期参加过革命活动的同志等，为了一个共同的革命目标，集合在一起，交谈了对抗日战争胜利后国内形势，特别是对东北形势的估计和革命者的任务。大家一致认为：（一）

---

[*] 孙冀晃：1945年8月14日到达虎林，后任虎林独立团政治部主任、东安工作委员会秘书长、虎林地方工作团主任、县委秘书等职。

在抗战胜利后,美蒋反动派一定会发动反共反人民的内战,东北是战略要地,是国民党反动派同我党我军必争之地,战争会十分激烈。因此在全国、在东北地区都面临两条道路、两种前途的斗争;或者是在我党的领导下,不断扩大革命力量,争取革命胜利发展,打倒国民党反动派,实现新民主主义的胜利;或者又回到美蒋反动派的反动统治下,回到旧中国去。(二)我们党在毛泽东同志为首的党中央领导下,在抗日战争中,坚持敌后抗战,壮大人民革命力量,除有陕甘宁边区外,在华北、华中都建立了许多块解放区。在抗战后期八路军已进抵冀热辽。因此,在日寇崩溃后,将很快进抵东北地区,这对东北人民的革命斗争,是个有利条件。但是,东北人民经过日伪统治14年,虽然反帝爱国思想强烈,可是一般群众对共产党和国民党,八路军和国民党反动军队的根本区别缺乏了解;有相当一部分人,有国民党是"正统"的错误观念,加之,我党我军在东北广大地区还没有建立根据地,又面对着美蒋反动派主力进攻,这是不利条件。因此,我党我军在东北地区的革命斗争,将是长期的、艰苦的。(三)在东北地区的一切革命者,应该进一步行动起来,开展革命斗争,不能消极等待。要大力发展壮大革命力量,建立和发展人民武装,同美蒋反动派斗争。要学习我党我军在抗战中到处建立革命根据地的办法,进行革命斗争。(四)大家认为,在虎林及其周围地区,开展革命斗争,建立根据地,有利条件很多。一是我们已集合一些革命同志;二是虎林曾经是抗日联军活动过的地方,有抗联的政治影响;三是离南满远,距美蒋反动派已侵占的地区远,可以赢得时间,发展壮大人民武装力量;四是可以收集日伪的武器,武装自己。当时,由于集合在一起的革命同志中,有些同志原来是我军一二〇师三八支队的干部、战士(也有我军一二九师和胶东部队的同志),因此,决定用"一二〇师三八支队虎林大队"的番号,开展革命斗争。在建制上,按团的建制。有大队部、政治部、参谋部、供给部。正副大队长是常永年、武廷山、范明忠等同志,并有一个文工团《八九剧团》,参谋部的参谋长为孙轩华同志,参谋有姜士学、周振清同志,供给部是崔振山同志。

部队成立后,即派孙轩华等同志为联络代表,前往哈尔滨市去找我军的上级领导,汇报情况,请示领导。1945年9月底、10月初,孙轩华等同志到达哈尔滨市李兆麟将军司令部,得到了李兆麟和李延禄等上级领导同志的接见。李兆麟将军、李延禄同志指示的精神是:要遵照毛泽东同志在党的七大的政治报告《论联合政府》中规定的纲领、路线、政策,积极地开展革命斗争,要发展壮大人民武装,部队番号可改为东北人民自治军合江军区虎林独立团。在中共合江军区领导下,同美蒋反动势力作斗争,迎接我军主力部队,配合我军主力部队作战。当时,带回了1945年4月毛泽东同志在党的七大上所做的政治报告《论联合政府》,使我们进一步明确了形势和任务,明确了我党我军要为建立民主联合政府,实现新民主主义革命的胜利而斗争。根据上级的指示精神,部队改用"东北人民自治军合江军区虎林独立团"的正式番号,并将部队扩大为三个营的建制。

1946年初,中共东安地委、军分区派梁定商同志为团政委。

二、开展革命宣传,发动群众,扩大队伍,有步骤地打击、镇压反动势力,打击国民党反动派、中央胡子

在虎林独立团建立之前,于1945年8月底,虎林大汉奸、大地主李象山,即把以他为首的虎林县维持会改为虎林县政府;在各区建立了以汉奸地主为区长的区政府,并随即各自建立一支反动武装力量。李象山是虎林历史上形成的一个大汉奸、大地主集团。在九一八事变后,曾经组织反动武装,配合日寇围剿抗联李保满部队。李象山因卖国投敌、反共、反人民为日寇立了"功",所以在日伪时,日寇赐予他"预审官"、县"协和会"会长的官衔。当时,虎林的汉奸地主们用搜刮的民脂民膏,在虎林镇西给李象山立了块石碑,为其卖国投敌、反共反人民"歌功颂德"。对以李象山为首的汉奸地主的反动势力,虎林独立团一建立,就同他们展开了激烈的斗争。当时我们的工作是:(一)积极开展革命宣传,争取群众,在街头写出:"毛泽东同志万岁!""中国共产党万岁!""八路军是老百姓的军队!"等革命口号,并把主要力量组成宣传队到一区、二区农村开展宣传,争取和发动群众,宣传八路军的主张,支持群众惩办打击敌伪残余。曾根据群众要求,逮捕关押群众仇恨的几个罪行累累、民愤极大的汉奸、特务,扩大了政治影响,并为扩大人民武装力量创造了条件。同时,还在知识界里,宣传从九一八事变到日本投降前,国民党反动派卖国投降、反共反人民的可耻罪行;共产党、八路军抗日救国,为争取民族解放、人民解放而斗争的光辉历史,扩大中国共产党、八路军的政治影响,使一些人自觉克服那种认为国民党是"正统"的错误思想,争取知识界的支持。(二)加紧部队的政治教育,通过干部训练班培养干部,向干部、战士大讲共产党、八路军是代表民族利益、人民利益的,代表劳苦大众利益的。讲两个党、两种军队的根本区别。除宣传外,还用革命歌曲进行

政治教育。教唱《工人之歌》、《打倒侵略强盗》、《永远跟着共产党走》、《阴湿的地方需要太阳,苦难中国需要共产党》、《八路军之歌》、《铁流两万五千里》、《天上有个北斗星,地上有个毛泽东》等歌曲,还讲了一些革命斗争史,如"七一"、"五四"、"五卅"、"一二九"和苏联十月革命节的历史,进行革命教育。对干部讲《论联合政府》中的一部分内容,并翻印了马克思关于《论剩余价值和阶级斗争》的论述和艾思奇的《大众哲学》,进行马克思主义教育。为了增强革命胜利信心,按《论联合政府》的部分内容,讲解放区的发展、总人口和分布以及八路军主力和民兵力量的发展壮大等等。(三)用武装力量控制日伪遗留下的粮食仓库,解决部队粮食供应,收集日伪武器、弹药,以武装部队。

在部队有了一定发展后,开始了对敌斗争。(1)首先逮捕了几名为李象山进行反共宣传的谋士。(2)1945年10月上旬,用突袭办法,收缴了李象山反动集团手下反动队伍的武器,解除了其反动武装。所以,后来在枪决李象山时,李象山边走边讲"没想到,死在你们八路军手里"。(3)在上述一系列斗争成果的基础上,改组了把持在李象山手里的县政府。在虎林电影院召开有虎林独立团代表、铁路工人和技术人员代表、知识界代表、工商界代表及几个士绅参加的会议。经民主协商,通过了独立团提出的虎林民主政府名单,由孙冀晃任副县长;顾明轩任办公室主任、顾问;下边各股长也协商决定。其中几个主要部门,如军事由常永年担任;司法由侯煜赫担任;交通由铁路工人杨作书担任。出于斗争策略考虑,在名义上,仍由李象山担任挂名县长。当时考虑到:虎林外围有国民党反动派、中央胡子包围;在虎林境内,有日伪残余和封建势力。要防止虎林境内的反动势力狗急跳墙、内外勾结,使围剿抗联李保满部队的故伎重演。所以,在把李象山集团的反动打手逮捕,其公开反动武装力量已消灭,其主要政权机关已被控制的条件下,暂时叫李象山挂名,对麻痹、稳住全县的日伪残余、封建势力可能有利。(4)在斗争取得以上成果的基础上,根据群众要求,发动群众没收了李象山在伪满时期依靠残酷盘剥、勒索群众而来的"德盛泉"烧锅,归为公有,就在经济上抽了李象山的筋,并用虎林县民主政府和虎林独立团的名义联合发了布告。(5)这一时期,在虎林外围,同国民党反动派、中央胡子进行了武装斗争,打击了敌人。

1945年11月下旬,为了打开从虎林到佳木斯去的通道,以便于同合江军区之间交通来往联系,虎林独立团派一部分同志进入饶河。

1946年初,团政委梁定商决定镇压李象山。当时,考虑到李象山在虎林有反动社会基础,为了防止发生反革命暴乱事件,事先团政治部发动桦树、义和一带的部分群众,集合在一起,用铁锤砸碎了在日伪统治时虎林汉奸地主们在街西头为大汉奸大地主李象山树立的大石碑,大长了群众的革命志气,大灭了汉奸地主及反动势力的威风,从而在政治上打击孤立了李象山,为枪毙李象山作了充分准备。有了上述种种条件,再召开群众大会,用虎林县民主政府的宣判形式,列数了李象山的种种罪状,然后执行枪决。当时还张贴了虎林县民主政府判处李象山死刑并立即执行的布告。

三、配合兄弟部队作战,迎接我军主力,上升主力

1946年4月底,奉军分区命令,配合军分区警卫团,进军东安市和密山,国民党反动派、中央胡子闻风逃走。在东安市建立了东安工作委员会,梁定商任主任,并调孙冀晃同志到东安工作委员会担任副主任。5月下旬,敌人集中优势力量,窜犯东安、密山。虎林独立团经过激烈战斗后,撤出了东安市和密山县,在这次战斗中,虎林独立团有一大批干部、战士为革命献出了自己的生命,有的是两兄弟全牺牲了。

1946年6月下旬,我军主力部队三五九旅开到合江地区作战,才全歼了敌人。

6月底,东安地委决定梁定商同志任中共虎林县委书记,姚忠达同志任副县长。根据中央指示精神,抽调大批干部下乡,放手发动群众,开展反奸清算斗争。虎林独立团政治部的干部,全部被分配到虎林县委领导下的地方工作团工作。

1946年9月,根据军分区决定,虎林独立团与军分区警卫团合并(团长是王景坤同志),不久上升为主力,补充到东北野战军,由刘振球同志任团长。东北野战军进关、平津战役胜利、北京解放后,这个团曾是北京的卫戍部队。朝鲜战争爆发后,入朝作战。

四、虎林、饶河境内反动势力的几次反扑

当时,虎林、饶河境内的反动势力,曾组织了几次反扑。1945年11月下旬的一天,敌人于后半夜在团政治部楼下纵火,烧掉政治部的办公室和宿舍楼。

先烧楼梯,妄图把政治部干部全部烧死。

1945年底,混入二连的坏人带二连少数人叛变,打伤了侯树茂同志,刺死了翻译王君武同志。虎林独立团参谋部立即调动部队,包围和消灭了叛变分子。

1946年1月,虎林的反革命势力,再次在夜间烧掉了团政治部办公室和宿舍。

1946年2月,饶河发生了反革命叛乱,营长姜士学(又名姜鸿山)同志当场牺牲。营教导员侯煜赫同志被惨杀。侯煜赫同志面对反革命势力的刺刀,坚贞不屈,临牺牲时高呼:中国共产党万岁!打倒国民党反动派!1946年7月,我军三五九旅部队,解放饶河后,在三五九旅出刊的军用八开小报上,以一个版面,通报了饶河反动势力残杀侯煜赫同志的暴行和侯煜赫同志坚贞不屈、壮烈牺牲的事迹。

虎林、饶河反革命势力的反扑,一方面反映了阶级斗争的尖锐程度;另一方面,反映了虎林、饶河反革命势力遭到了沉重的打击。长春解放后,从国民党东北行辕缴获的档案中,查出一份国民党虎林县党部书记长张庆云在1946年给长春市国民党领导机关的一份"报告"。这个"报告"是由从虎林逃亡到国民党侵占区的一伙反共分子,在长春拼凑了一个流亡的"国民党虎林县党部"后,为了向国民党领导机关邀功而写的。报告称:"虎林赤化了"、"虎林赤化有蔓延的趋势"、"共军虎林独立团在虎林进行赤化……"。接着描述了他们策动独立团二连叛变遭到虎林独立团镇压等情况。敌档的材料,也反映了虎林当时及其周围地区的敌我斗争尖锐激烈的情况。

本文选自张海明主编的《虎林红色根据地》一书,虎林市革命老区建设促进会2001年1月印,第24~33页。(本文标题是编者所加。)

第一编

东安根据地建党建政建军工作回忆

深切的忆念

任光赤[*]

我的家乡虎林是祖国东北边境上中苏交界的一处要地,也是被日寇统治压迫最深重的地方。1945年8月9日,苏联飞机飞临虎林上空,开始对日作战,日寇迅速溃败,撤离了虎林,虎林光复了。不久,日伪反动势力的代表李象山等人,建立起虎林县治安维持会。人们关注着光复后的东北和虎林的局势发展。8月中旬,孙冀晃、侯煜赫(他们是我党"反帝大同盟"的地下工作者)和周振清三同志来到虎林,住在顾明轩同志家里。他们是冒着生命危险,穿过日寇的封锁线来到虎林的,想到虎林寻找开展革命工作的条件。由于顾明轩同志在抗联当过医生,他们思想一致,很快就行动起来了。顾明轩同志从此放弃了中医的工作,带着孙、侯同志到虎林的一些群众家中进行宣传发动工作(如教师、铁路工人、农民和朝鲜族中的知识分子)。顾也带着孙冀晃同志到我家去过两三次,向我父亲宣传共产党、八路军的主张,后来知道,当时听说关里的八路军就是指武玉贵、范明忠二同志。孙冀晃讲得情绪激昂,我听得很有兴趣,受到了革命启迪,产生了参加革命的思想,在8月下旬,我参加了虎林独立团(当时是一二〇师三八支队虎林大队),因我是教师,分配我搞宣传工作和发动学校教师工作。

8月下旬,武玉贵、范明忠、孙冀晃、顾明轩、侯煜赫、孙轩华等同志经过交谈,大家主张一致,便在虎林原救世医院召开了秘密会议,决定秘密建立武装,名称叫"一二〇师三八支队虎林大队"(一二〇师三八支队是武、范原所在支队名称,"虎林大队"是虎林人民武装名称),为团的编制,由武任大队长,范任副大队长,孙冀晃任政治部主任,孙轩华任参谋长,顾明轩、侯煜赫为政治部主要成员,我也在政治部工作,这就是"虎林独立团"的前身。

---

[*] 任光赤:虎林根据地创建初期参加革命的首批女同志之一。本文是她亲身经历的往事回忆。

救世医院会议后，由武玉贵和孙冀晃同志出面同苏军驻虎林司令部联系，争取支持，经过交谈，苏军领导同意建立"一二〇师三八支队虎林大队"，并将大队部设在苏军司令部隔壁的救世医院和苏军司令部大楼北半部。但囿于"中苏协定"的约束，苏军司令要求先不公开活动，秘密发展队伍，待他向上级请示后再公开发展。后来，苏军得到上级同意后，在9月上旬的一天夜里，发给独立团一批武器，并把日军仓库移交给独立团。在此之前，8月下旬，苏军司令部将从国内带来的中文革命书籍赠给独立团政治部，其中有马列主义著作，也有苏联文学作品等书籍。我印象最深的是"马列主义问题""联共党史""中国苏维埃政权条例"，高尔基的著作，苏联英雄"丹娘"、"卓娅"的故事等。这些书籍和孙冀晃、侯煜赫带到虎林的《大众哲学》、《剩余价值论》，是我们爱读和珍惜的马列著作，就是在反革命分子纵火烧毁独立团团部大楼时，我们宁愿让火烧掉自己仅有的一点东西，也冒着烈火将这些书从楼上带出，保存下来。

苏军司令与独立团的领导同志们，双方相互往来较多，于梅和我也随同独立团的领导去苏军司令部，他们经常告诉我们一些好消息，如八路军部队已到南满，抗联部队已到北满的什么地方等。虎林独立团最早参加的女同志，有于梅和我，苏军司令部很称赞我们，给我们每人送了一个苏联女英雄的名字，于梅叫"丹娘"，我叫"卓娅"，他们见了我们就叫"丹娘"和"卓娅"。

苏军给我们有力的支持，并发给了去哈尔滨与上级组织联系的通行护照，使孙轩华同志顺利地在哈尔滨找到了李兆麟同志，后又找到了李延禄同志，从此"一二〇师三八支队虎林大队"直接同党的组织取得了联系，得到了上级的"抓紧时间扩大人民武装及与合江省鸡西地委联系"的指示，并按我党东北部队的统称，将"一二〇师三八支队虎林大队"改名为"东北人民自治军合江军区虎林独立团"。1945年9月底，常永年、武廷山从苏联回国，由常任团长，武任副团长（他们原是我军干部，被日寇俘虏在虎林一带服劳役，后逃到苏联去的）。9月份，先后建立了一、二营和朝鲜营，后来又在饶河建起三营，并在虎林、饶河建立了县民主政府。

"虎林独立团"不断地补充干部，迅速开展工作，部队发展很快，需要大量的干部和加强政治思想工作及文化生活。同时，又面临着同当地的反动派斗争和防范周围的中央胡子搞突然袭击，因此，工作任务艰巨复杂。政治部在孙冀晃同志领导下，以顾明轩和姜鸿山同志为骨干，有于梅和我，后来焉锦秀同志也参加了，大家都积极地努力工作着。虽大多数同志是新参加革命的，但以边学边干的态度,完成着各项任务,需要干什么,我们就一起去干。有时,我们到虎林群众中去宣传动员,发展队伍。"八九"剧团,就是经过我们工作,使它成为政治部领导下的部队文工团的。9月中旬,武玉贵、孙冀晃二同志在电影院召开大会,我们政治部的同志也上台发言。需要学习资料和歌曲,我们就从孙冀晃同志搞地下工作时带的书和苏军赠送的革命书籍中翻印一些章节;没有歌片,就由姜鸿山等同志口述,我们记下印成歌片,并由他们教唱。其中有《永远跟着共产党走》《八路军军歌》《工人之歌》《毕业歌》《在太行山上》《打倒侵略强盗》《大生产动员歌》等十几首,都印成了歌片,发给部队和学校。当时,政治部刻印学习资料的任务是繁重的,在侯煜赫同志领导下,大家都学会了刻钢版和油印材料。因为侯煜赫同志字写得好,刻印也有经验,所以他刻印得最多,比我们都辛苦。我们还翻印了《大众哲学》《剩余价值论》等书籍。由于大家动手,翻印了大量资料,解决了无资料来源的困难。同时,政治部的同志们还在虎林街内写了许多革命的大、小标语。

10月份,以常永年、孙冀晃为领导,举办了军政干部训练班,除了部队表现好的、有文化的连排干部和知识分子干部参加外,还吸收了一些教师参加,以学政治为主,兼学军事知识。通过这次学习,积极推动了干部队伍的建设与发展。

由于消灭反动武装保安队,镇压打击了汉奸特务等反革命分子,进一步发动了群众,独立团的队伍迅速扩大起来。10月中旬,独立团领导同虎林各阶层的民主人士代表,经过充分的协商,建立了民主政府。为了有利于稳定形势,当时在表面上保留李象山的县长职务(后来即将其镇压),县政府主要成员均由虎林独立团干部担任,如孙冀晃任副县长,行使县长权力(他当时改名为孙捷),顾明轩任办公厅主任,常永年负责军事,侯煜赫负责司法,杨作书负责交通,我负责教育等。从此以后,虎林的军政大权,完全掌握在虎林独立团的手里,也为虎林的革命形势发展打下了坚实的基础。

在虎林的军政大权都已掌握在独立团手里后,独立团在虎头又发展了一部分部队,为发展有利形势,打通与合江省党和军队领导联系的通道,独立团的领导们,决定在饶河建立三营和县民主政府,以便控制饶河的局势。

1945年11月,正是冰天雪地的时候,由团长常永年、政治部主任孙捷、三营教导员侯煜赫、营长姜士学等人(我也同去),配有一些武装人员,乘坐一辆旧的大卡车去饶河。在独立团未到饶河前,已有合江省党组织派到饶河的李智斌同志在工人中发展民主大同盟,并在街上写了一些革命标语,为独立团开辟工作打下了基础。独立团与李智斌同志一道串联发动群众,组建了三营,很快又建立了县民主政府,由中医赵瀛洲任县长,侯任副县长。饶河工作初步打开局面后,常、孙、李等同志返回虎林,留下侯、姜等我们几个同志在饶河工作。饶河不但远离虎林,而且当地的反动势力头子与少数民族中的反动武装分子纠集在一起,是一股同虎林李象山一样猖狂的反动势力。当时在饶河工作,人生地不熟,面临这些凶恶的敌人,工作是艰险的。我们搭起了三营和县政府的架子。按照当时敌我力量对比来看,实际上是处于敌强我弱的情况,独立团领导同志采取了积极发展队伍和建设县政府,慎重对待反动势力,注意民族团结的政策。侯煜赫同志身兼二职,负责饶河我军部队和饶河县民主政府的全面工作,担子繁重,他既到部队和县政府去工作,还到群众中去串联发动(如工人、农民、知识分子等)。他积极慎重,严格要求自己,常常工作到深夜。为了鼓舞青年的斗志,他将革命烈士遗言写在办公室的墙上,并在孙冀晃同志离饶回虎前,向其表示,如自己在饶河牺牲了,组织上能将中国共产党党旗盖在身上,就死而无憾了。他还发扬了以往的作风,亲自上街写大标语,如"中国共产党万岁!"等。他非常注意在朝鲜族群众中做工作,曾亲自到朝鲜农民居住的村庄中去发动群众,受到了那里农民的拥护,全村老少喜气洋洋,用节日食品款待我们。

正当饶河工作迅速发展的时候,敌人进行了反扑,1946年2月,制造了骇人听闻的反革命暴乱事件。当侯煜赫带领一部分同志离开饶河县城,下乡工作的时候,反革命分子偷袭了三营营部,杀害了姜士学(又名姜鸿山)营长和副营长等同志。侯煜赫得知消息,立即返回饶河县城,不幸中了敌人的埋伏,被层层包围而被捕。身陷囹圄的侯煜赫同志,不畏强暴,被敌人拳打脚踢,倒在地下。当敌人用脚踩他的头时,他还厉声斥骂敌人,被摧残得鼻口流出鲜血。2月23日,敌人用刺刀杀害了侯煜赫同志。他被敌人的刺刀刺进胸膛时,仍直立不倒,高呼"中国共产党万岁!""打倒国民党反动派!"等口号。残酷的敌人,又向侯煜赫连刺数刀,我们党优秀的领导干部侯煜赫终于倒在血泊中,壮烈地牺牲了!他的英雄事迹给饶河人民和独立团的同志们,留下了深刻的印象。1947年3月,我军再次解放饶河时,追认侯煜赫、姜士学(姜鸿山)等同志为烈士,县民主政府为烈士修建了陵园,树立了墓碑。

本文选自张海明主编的《虎林红色根据地》一书,虎林市革命老区建设促进会2001年1月印,第40~46页。(本文标题为编者所加。)

创建虎林根据地的第二阶段

梁定商[*]

1946年6月下旬,三五九旅挺进合江、东安地区作战,消灭了大股中央胡子后,中共东安地委、东安专署成立,它标志着虎林开辟工作,建立根据地斗争第一阶段的结束,第二阶段的开始。第二阶段是建立县和县以下各级党组织,发展党员,先后开展反奸清算群众运动和平分土地运动,建立农民协会,并在此基础上建政,建立民兵,建立巩固的根据地的阶段。这一阶段从1946年7月开始到1948年底为止,约两年零六个月时间。

(1)中共虎林县委成立,开始建党,先后建立各区党组织,在群众运动的基础上大量发展党员,建立基层组织。

1946年7月份,根据地委决定,中共虎林县委成立,我任县委书记。当时党组织未公开,县委会对外名称是虎林县民运工作委员会。县委会是逐步充实加强的,开始,县委委员,除我之外,有姚忠达同志(代县长)和李树梅同志(县大队长)。1947年上半年地委派孙明哲同志任县长(注),派郭彬同志为县公安局长,增加了两名县委委员。1948年初,地委又派乔好学同志任县委组织部长,派柳莹同志任县委宣传部长,又增加了两个县委委员。1947年下半年县委决定建立起各区党组织,李清华同志任一区区委书记;安国璋同志任二区区委书记;黄埔、闻鹏同志先后任三区区委书记;闻鹏、李士信同志先后任四区区委书记;窦忠任虎头区委书记。地委、专署决定将密山县杨岗区划归虎林后,增加了杨岗区,李智斌同志任区委书记。

虎林发展党员工作,从1946年8月初开始。开始时,因党员很少,由我和姚忠达同志、马勇同志等直接作发展党员工作。当时群众尚未发动,在城乡群

---

[*] 梁定商:1946年6月底至1949年1月任中共虎林县委书记。

众中建党条件还不具备。但是地方民运工作团干部，大多数是虎林独立团政治部和团政治部所属"八九"剧团的干部，已经过了一定的斗争锻炼和考验，因此，就先在地方民运工作团干部中开始建党工作。农村的建党工作，是在开展反奸清算运动，涌现出大批积极分子的基础上，于1947年秋开始的。平分土地运动结束后，在农村进行了公开的建党工作，大量发展党员。这样在全县各个村，先后建立起村一级党的基层组织。在这一期间在县、区党政机关和人民武装中开展了建党工作。

(2)开展反奸清算群众运动和平分土地运动，建立农民协会、人民武装和民兵。

1946年7月初，虎林县委根据中共合江省委、东安地委的指示，为贯彻中共中央"五四"指示，开展反奸清算群众运动，举办了干部训练班，培训干部。孙冀晃同志任班主任。参加学习班的有虎林独立团政治部和团政治部所属的"八九"剧团的干部，还吸收了其他一些知识分子干部。8月间组成了地方民运工作团，由孙冀晃同志带队，采取以点带面的领导方法，首先以一区的西岗、义和、桦树等几个村为重点，在一区开展了反奸清算群众运动，坚持依靠贫雇农、团结中农，放手发动群众，清算汉奸、特务，提高了群众的政治觉悟，迅速地掀起了群众运动高潮，群众欢欣鼓舞，斗志昂扬，在发动群众中建立了农民协会和民兵。

1946年冬，地委派乔庄、王怀之同志带工作团支援虎林的反奸清算群众运动。在县委统一领导下，在二区开展了工作，掀起了群众运动高潮，随着群众运动的开展，敌人感到末日来临，作垂死挣扎，加上我们工作团在二区宝东某些过"左"做法也有影响，以致乔锡坡拉起一股土匪，到处窜扰，增加了群众的顾虑。县委派县大队追剿。县大队长李树梅同志在剿匪中很英勇，是值得表扬的。在剿匪中，县里派出的侦察员蓝德才、刘文焕（是一区两个村农会主任）被土匪抓去，蓝德才同志牺牲，刘文焕同志被救出。土匪消灭后，在地委书记吴亮平、陈伯村同志的过问下，二区宝东群众运动中发生过"左"的做法，得到了纠正。

1947年下半年，在各区区委成立后，除原来较早开展了反奸清算群众运动的一区和二区外，三区、四区、虎头区和杨岗区，都在各区区委领导下，开展了反奸清算群众运动。四区穆棱河南的群众运动，县委派孙冀晃、李士信同志带县委工作队开展起来。

1947年9月，中共中央颁发了《土地法大纲》。同年冬，首先进行了整党和整编队伍工作，然后在全县全面开展平分土地运动，群众运动蓬勃地开展起来。

通过划阶级定成分,进一步划清了阶级路线,保证了不使地主阶级分子漏网,保证了平分土地运动的胜利开展。运动中,少数干部一度受报刊上《呼兰经验》"左"的影响,而发生"左"的偏向,县委及时发现,使"左"的偏向得到了纠正。

1948年4月,全县平分土地运动胜利结束。

通过反奸清算群众运动和平分土地运动,群众政治上翻了身,在经济上分得了果实,并从根本上废除了封建的土地制度,巩固了工农联盟。

(3) 充实加强县民主政府,并在发动群众基础上,建立各区、村民主政权。

1946年7月以后,虎林县民主政府进一步充实和加强。同时,建立起县大队,先后由李树梅、马振全同志任大队长。1947年上半年,继姚忠达同志之后,地委派孙明哲同志任县长。县委派县委秘书孙冀晃同志筹建起县公安局;不久,地委派郭彬同志任县公安局局长,县委调顾明轩同志到县公安局任股长。建立了公安队,秦家财同志任队长。这一期间,县民主政府各主要科室,配备了党员负责干部,陈克同志任秘书,谢兆基同志任民政科长,刘永普同志任财政科长。

1947年下半年,在建立起各区党组织之后建立了各区区政府,各村民主选举了村长,建立了村一级民主政权。

(4) 完成建立巩固根据地的任务,转入发展生产,支援解放战争。

县一级和县以下各级党组织的建立,党员队伍的扩大,群众运动的胜利,各区村民主政权的建立,人民武装和民兵建设取得的成果等等,使虎林成为巩固的根据地。1948年4月以后,全力转入发展生产、支援我军战略反攻,支援解放战争。

虎林开辟工作早,并创建了虎林独立团,所以较早地为支援解放战争做出了贡献,而且贡献较大。早在1946年8月,正当美蒋反动派大举发动军事进攻,叫嚷"要打到哈尔滨,打到牡丹江",气势汹汹、不可一世的时候,虎林独立团千余人,武器装备齐全,上升为主力,编入东北民主联军,开赴松花江南前线,参加了自卫战争。我军转入大反攻后,参加了包围吉林的战役、辽沈战役和平津战役。虎林独立团上升为主力部队时,独立团的军用物资仓库也随之上交。在反奸清算群众运动和平分土地运动中,又发动了大批翻身农民参军上前线。平分土地运动高潮中各村组织反攻班、反攻排、反攻连支援前线,虎林县充分发挥了革命根据地的作用。

(5) 干部踊跃报名南下,支援解放全中国

1949年元旦后,县委召开干部会,传达了毛泽东同志关于"部队向前进,生

产长一寸,加强纪律性,革命无不胜"的指示和省委、地委的指示,动员干部南下,支援解放全中国。干部欢欣鼓舞,踊跃报名。2月,虎林南下干部到达佳木斯集中,编入东北南下干部大队第四大队第二中队。在全部南下干部集中前,奉省委电示,我先到省委报到,任第四大队二中队党总支组织委员。5月,南下干部到达南京,5月底到达南昌。7月1日后虎林干部同我一起到赣西北老苏区修水县,开始了新的斗争。

注:孙明哲同志于1946年9月25日由东安地区专员公署任命为虎林县代理县长,并到任视事。

本文选自张海明主编的《虎林红色根据地》一书,虎林市革命老区建设促进会2001年1月印,第66~71页。

忆光复后虎林首任县委书记梁定商同志

王本忠*

岁月流逝,转瞬间半个多世纪过去了。回首往事,我常忆起与老首长——梁定商同志共同战斗的生活片断。

(一)

梁定商同志是虎林光复后的第一任县委书记。他1935年参加革命时,年仅14岁,就随贺龙同志的红二方面军长征,爬雪山、过草地,被称为跟随毛主席

---

* 王本忠:虎林县义和乡人。曾任梁定商同志警卫员,后南下到江西省修水县任山口区共青团书记、县公安局股长、县审干办主任、县委宣传部副部长、县工交局局长等职。

第一编
东安根据地建党建政建军工作回忆

南征北战的"红小鬼"。1946年受上级委派,任虎林县委书记兼虎林独立团政委。我从1947年底至1950年4月末,担任梁定商同志的警卫员,后伴随他南下进关。而今,几十年过去了,他的声音笑貌仍时常浮现在我的眼前。

我第一次同他见面是在1947年8月11日。那是我从"合江军分区第二教导队"学习毕业回到虎林的第二天,我同8名学员一起在虎林县民运工作委员会副主任孙捷(原名孙铁成,又名孙冀晃)同志的引见下,在梁政委的办公室同他见了面。在这之前,梁定商这个名字还鲜为人知,但梁政委的名声却如雷贯耳,都知道他是老八路,是虎林县的大领导。在一次公审大会上,我曾听过他的讲话。在我的印象中,他是一位令人望而生畏的人物。当我见到他的时候,映入我眼帘的是位非常英俊的青年干部。他身穿一套浅灰色制服,身材不高,尽管只有二十几岁,却显得非常老练、庄重威严,脸上带微笑,他热情地接待了我们,为我们安排座位,又吩咐警卫员为我们泡茶倒水。接着询问我们在教导队学习、生活等方面的情况。在座的人都静静地听他讲话,回答他的问话,在不知不觉中受到他的感染,缩短了同他在感情上的距离。谈话快结束的时候,梁政委一再征求我们对工作安排方面的意见,我们高兴地回答说:"服从组织分配。"于是,政委按着档案袋上的名字,逐个点名,并根据我们提出的请求,即席分配工作,当点到我的名字时政委问我:"你是从哪儿派去学习的?"我说:"从土改工作队去的。"政委说:"好吧,你还回工作队去吧!"我和政委分手后,就到土改工作队报到去了。这是我第一次和梁政委见面。使我感觉到梁政委对待同志和蔼可亲,丝毫没有官架子。在后来我同他一起战斗生活的日日夜夜,更证实了这一点。给我毕生留下的深刻印象就是——平易近人、热情和蔼、可亲可敬。

1947年末,虎林县土改工作队都回县里集中进行学习整顿,开展"三整"、"三查"、"搬石头"运动,将党政机关中及土改工作队里群众反映工作能力不强、阶级出身不好、有历史问题、社会关系复杂、工作及生活作风恶劣的极少数人,清出了革命队伍。清理整顿之后,不少人员的工作有了变动。我当时在忠诚土改工作队,队长是民运副主任孙捷同志。一天,我正准备下乡工作,孙捷同志对我说:"今天你不要跟我下去了,组织决定,把你留在梁政委身边担任警卫工作。"当天晚上,政委处理完全天的工作,把我叫到他跟前,询问我的家庭情况,我如实地向他述说了一遍,当他获悉我的父母因有病无钱治疗,已处在垂危之中时,他极其同情地对我说:"这都是万恶的旧社会给你家造成的痛苦。"那天晚上,我俩谈了很久,他教导我如何做警卫工作,勉励我,要跟共产党走,做好革命工作。第二天一早,政委打电话给县卫生院的贾云阁大夫,10分钟后,贾大夫赶到政委的办公室,政委对我说:"小王,你带路,到你家去看看你父母的病。"我家住在义和村,离县城五六里路,头几天下了一场大雪,那时行人很少,通往义和村去的路没踩出来,出街之后一步一个雪窟窿,走了一个多小时,才踏进我家的门,一家7口人,住在两间低矮简陋的小茅屋里。母亲有气无力地躺在炕上,虽然还能认人,但已不能说话了,父亲虽然体弱多病,还没有撂倒炕上,还能勉强侍候、照顾母亲。我母亲的病已经进入膏肓的程度了,贾大夫经过仔细的听诊检查,朝梁政委摇了摇头,示意已无法医治了。时过不到半个月,我母亲就被病魔夺去了生命。

母亲病逝后,本来就多病的父亲,蒙受精神打击,病情日趋加重。我虽隔三岔五回家探望,但因经济条件所限而无力医治。记得最后一次探望父亲是在1948年8月19日的下午,因次日我要赴合江县委送绝密文件,进家后是父亲坐在炕头上,口喘嘘气,我意识到患肺结核的父亲病逝在即,心中非常难受。父亲看出我的心思劝我说:"你安心出差吧,也许回来能赶上。"我饱含泪水离开家门。殊不知就在我出差的当天晚上,父亲便撒手西去,与我母亲去世的时间,相隔仅六个月。

父母双亡之后,我虽然要担当照料妻子以及弟弟妹妹的任务,但由于我投身革命,家里一直享受军属待遇,分得的土地由村民代耕,这样家里的生活尚可以维持,弟弟、妹妹还可以上学读书。再遇大的困难,我爱人就求娘家人帮助处理,免去了我的后顾之忧。

梁政委当年探望我病重的双亲的情景,迄今记忆犹新。1974年10月13日,梁政委在给我的信中,还追述着:"……你的双亲相继去世,我心里是非常悲痛的。当时虽已解放,但由于战争,人民生活贫困,医疗条件更差,因此,你父母亲所患的病没能得到及时治疗。每想及此事,我同你一样地难过,我们要憎恨那个旧社会,憎恨日本侵略者和国民党反动派……"

作为梁政委的警卫员,我和他吃住在一起。他向我讲了许多革命的道理。并勉励我:努力学习,在斗争中刻苦锻炼自己,注意改造世界观,不断提高"三大觉悟",全心全意为人民服务。下乡走村串屯开展工作,到贫困户家中问寒问暖,他都带我去。他十分关心人民群众的疾苦,每到一处,都要亲自到最困难的群众家中访贫问苦,这种高尚的无产阶级品德和脚踏实地的工作作风,十分令人敬佩。

第一编
东安根据地建党建政建军工作回忆

（二）

1947年冬至1948年3月，虎林县土改运动已全面展开。县直机关除留少数人员负责日常工作外，大部分人员都编入各土改工作队。到土改第一线工作。作为指挥全县运动的首脑机关——虎林县委（对外称虎林民运工作委员会）更是全力地投入运动、领导运动。政委的得力助手孙捷同志也率领工作队进入忠诚乡开展工作。这样一来，政委的工作之大，责任之重是可想而知的。在那些日子里，他夜以继日、废寝忘食地工作。一天到晚电话不断。有汇报运动进展情况的；有请示工作中遇到实际问题的。对运动中的一些重大原则问题，还要召集县里一些部门的同志共同商讨决定。那时县里有一台小型发电机，只供机关照明用电，每到夜间12点钟便停电。政委每天晚上审阅下面报上来的资料或亲自书写上报材料，停电以后，就在煤油灯下工作。一次停电之后，我见政委上床睡下，但没过多久，便听到政委喊我点灯，我把煤油灯点着后，见政委没有起床，我等了一会，便离开他的房间。第二天早上，政委醒来问我："灯怎么还亮着？"我说："是你让我点着的。"又问我："自己上哪里去了没有？"我答："没有，你没起来，我不知你想干什么用灯。"事后，我把这一情况讲给梁政委的爱人马勇同志听，她说："这是他疲劳过度，神经衰弱，说梦话造成的。"她还告诉我："你还得注意，他在延安时患有夜游症，睡觉后会突然起来，无目的地出走。"从那以后，每当我听其门响，便起来探视，怕他发病"夜游"。

有时因工作忙，他常常推迟吃饭的时间，头几次，开饭钟声敲过之后，炊事员不见政委去吃饭，便将饭、菜送到办公室来。后来政委告诉炊事员："以后不要再送了，办完公我会去吃的。"

政委在虎林工作期间，据我所知，除了元旦、春节等重要节日，大家都放假休息外，平时他从未休过一个星期天，我每天所看到的是他伏案办公的身影，为革命、为人民默默奉献的一幕幕。

为了工作顺利进行，使土改工作沿着正确的轨道向前发展，政委经常深入基层，接触实际。他每到一处，都与基层干部座谈、研究解决工作中存在的实际问题。如在杨岗视察时，发现土改斗争中打击面过宽的问题，他立即指示纠偏。回到县里，立即通知各工作队，进行一次认真复查，按政策办事，务必做到有偏必纠，偏到什么程度纠到什么程度。全面、有效他纠正运动中存在的问题，也进一步调动了基层劳动生产的积极性,为夺取农业生产大丰收,奠定了坚实的基础。

(三)

梁政委身为县委书记,却始终保持着普通一兵的本色。从部队到地方,各方面条件都变了,但他仍然保持着老红军的优良传统和战争年代艰苦朴素的生活习惯和作风。凡是能节约的地方,他都尽量节约,从不多花公家一分钱。每次外出开会或下乡检查工作,从不要车接送。不是搭方便车,就是徒步,回到县里从未报过补助费。

梁政委勤俭朴素,不讲排场,不搞特殊化。穿的是公家发的棉布制服,吃的和同志们一样,住的就更加简陋了。

1948年7月,我随梁政委去牡丹江参加两省(牡丹江、松花江)合并为合江省的会议。参加会议的各县、市首长都穿着新式呢料制服,又黑又亮的皮鞋,唯独我们梁政委还穿着已褪了色的棉布中山装和棉布鞋。当我看到别的警卫员佩带的枪套和子弹袋都是崭新的时,心里很羡慕。看看自己那补了又补,修了又修的枪套和子弹袋,实在是很不像样子。我便提议买一套新的,但梁政委却劝慰我说:"凑合用吧!不要和人家比!战争需要我们节约。"回县后,马勇同志看到我的枪套实在不像样子,便用青布给我缝了一个外套。我在政委身边工作多年,常看到梁政委穿着带补丁的衣服,没见他添置过一件新衣服。枕巾中间破了,将两端缝合起来再用,洗脸巾破了当擦脚巾。他从关内带来的牙膏,干得挤不出来了,让我从后端打开,掺上水搅和搅和再用。他就这样,响应党的号召,节约每个铜板,支援革命和战争的需要。

按规定,政委是享有吃中灶伙食的人。但是他怕给炊事员添麻烦,始终坚持和其他机关人员一样,吃大灶。炊事员有时特意为他炒个菜,他却开导炊事员:"不要搞特殊化嘛!以后大家吃什么,我就吃什么。"

政委在虎林三年,始终睡在办公室靠北墙边的一张旧铁床上。他的爱人和两个孩子则住在办公楼的一间十几平方米的小屋里。1949年南下,他一家4口人的全部衣物、行李还未装满两麻袋。

梁政委是一位请吃不到、送礼不要、清正廉洁的好首长。一些单位召开业务会议,请政委到会做指示,会后留他参加会餐,均被政委婉言谢绝。1948年末,我随政委到虎头区视察工作,经东安地委同意,由虎头区委书记窦忠同志陪同坐马爬犁到苏联边境城市——伊曼,协商堵截越境逃犯一事。临回国时,苏方领导人赠送给政委一支德国造"三保险"的长苗驳克枪、50发子弹,一块手表。政委说什么也不肯把手表收下。说:"枪支、弹药好用于消灭敌人,手表是不能要的。"当即把手表退给苏方。在政委离开虎林时,仍使用部队发给的那块老式怀表。

1986年秋,我到北京梁政委家中探望他。这时梁政委已经离休在家,他作为一名红军老战士,为党为人民工作了50多年,享受国家副部级待遇,但他的衣、食、住、行、家庭用具仍然很简朴。

(四)

首长喜爱我,我更爱戴首长。政委是参加过两万五千里长征的红军干部,他是党和国家的宝贵财富,做好首长的警卫工作,是我义不容辞的职责。我出生在一个贫苦的农民家庭,翻身解放了,走上革命道路,心里想的是如何报答党和首长的恩情,下决心跟着共产党走,做好本职工作。

1948年8月,我跟随首长去省里开会,在返回途中汽车翻入路沟,我从车上甩下来,车厢大板轧在我腿上,一时间疼痛难忍,可是一看首长躺在驾驶室里,我什么也不顾地奔向车头,打开车门将首长从车里背出来,幸亏首长安然无恙。回到虎林,我的小腿肿胀如柱,首长马上派人将我送进医院,及时施行手术,并亲自到医院探望,简直像对待自己的子女一样,使我深受感动。半个月后伤未痊愈我便回到首长身边。

1949年春节,机关放假,其他工作人员都回家过年去了,我没有离开首长。我很清楚,越是节假日,越要提高警惕,做好首长的安全警卫工作。正月初三晚上,机关人员陆续回来后,我才向首长请假回家,初五早上回到县委时,听说大家去听南下的动员报告,我急忙奔到会场。散会后,孙捷同志找我谈话说政委知道去年一年当中,你的父母相继去世,弟弟妹妹还小,负担很重,想把你留下,另行分配工作。我提出:"家里的事不用首长操心,我自有安排。南下剿匪危险性很大,我不同意首长在临行时换警卫员。我要为首长的安全负责。"孙捷同志见我态度坚决,便向梁政委做了汇报,批准我随政委南下。当我得知批准我南下后,连家都没回,只打了电话让16岁的弟弟到单位,把我不用的东西拿回家,并告诫他,不要将我南下的事告诉你嫂子。正月初八,我便跟着梁政委离开虎林,前往佳木斯,去省委报到。在佳木斯集训期间,于3月28日由孙捷和马勇同志介绍,我光荣地加入中国共产党。5月下旬登上南下的列车,7月上旬到达目的地——江西省修水县,开辟新区工作。梁政委任修水县委书记,我仍担任警卫员。

1949年8月,我随梁政委赴九江地委参加县委书记联席会议,从修水县到九江路程有500多华里。这里有唯一一条贯通公路,但路上所有桥涵在抗战时期被日军炸毁,终未修复,因此,上靠徒步行走,下靠船舶航行,我们只得提前三天走水路才能赶上会议。我与梁政委和县财政科长乘一只小型民船顺流而下直奔九江。一日之内行程百余里。当船行至武宁县境内的箬溪猴子岸一带时,南岸忽地枪声大作,紧接着听有人喊叫:"船靠过来!"这时船老大料知是遇上匪徒,便纵身跳进水里,手推船舵将船迅速靠往北岸。首长举起望远镜仔细观察,是一个身穿白衣的匪徒正站在大树枝上继续向我们喊话。首长果断命令我开枪。这时,我瞄准那个匪徒扣动扳机,那家伙立刻从树上掉落下去。匪徒见我们枪打得很准,便慌忙撤退。我们调转船头继续前行,傍晚时分到达了武宁县委。首长立即发电九江地委和修水县来人接应我们,后九江地委派人到武宁传达会议精神。修水县也派一个排的兵力将我们接应回去。途中再经转箬溪猴子岸时又与匪徒遭遇,双方展开激烈枪战,幸我方无一伤亡。这是我从戎三年第一次荷枪实弹与敌人较量。由于同首长在一起,我毫无畏惧。

1949年10月,首长从当地驻军中抽调一名东北籍战士与我一起负责警卫工作。当时我有两种猜测,一是可能他来接我的班;二是新区需要加强警卫力量。后来证明前一种猜想是正确的。

1950年3月31日晚饭后,在修水县委会二楼阳台上,首长十分亲切地对我说:"本忠同志,开展新区工作需要更多的干部,你是从东北虎林红色根据地跟我一起来的,应该到基层去锻炼,今天县委已决定分配你到山口区去工作,具体做什么工作由区里分配,听到首长的一席话,我的头脑顿时嗡鸣起来,心中不知所措。只见首长转身进屋,拿出我曾佩带过的一支日制手枪交给我,并拍拍我肩膀说:"你带着它吧!作自卫备用。"

1950年4月30日,因革命工作的需要,我含着眼泪,依依不舍地告别了我亲爱的首长——梁定商同志,走向了新的工作岗位。

当年,我很荣幸自己能为梁定商同志当警卫员,成为他的亲密战友。我和他之间的深厚友谊是在战火中凝结而成的,我和老首长都很珍惜它。直到今天,我为自己曾经是梁定商同志的警卫员而自豪、而骄傲。我永远难忘过去那一段战斗的岁月。

本文选自张海明主编的《虎林红色根据地》一书,虎林市革命老区建设促进会 2001 年 1 月印,第 140~151 页。

忆虎林首任人民县长孙明哲同志

刘翰章[*]

孙明哲,1911 年生于河北省望都县,中学毕业后,当小学教员多年。1938 年 7 月,弃教抗日,参加了吕正操领导的望都县冀中人民军任连长。1939 年 6 月加入中国共产党。年末升任副营长。1945 年 8 月任山东二师某营副教导员。1945 年 8 月 15 日后,出关进军东北。1946 年 4 月参加了保卫四平的战役。后进驻东安(现密山)剿匪。为加强地方政权的建设,1946 年 9 月,任中共虎林县委员、虎林县长。

我是 1947 年 2 月认识孙明哲的。他年初派叶晨为队长一行 5 人的征粮工作队来虎头区征粮。经过一段工作,孙明哲来虎头检查工作,那时我在虎头村里当文书,整日为过往的王景坤警卫团、县大队等剿匪队伍、政府办事人员安排食宿、动员车马搞运输。听村长说新任县长来到虎头,叫我去见一见,边走边琢磨,县长首次来村,说话要谨慎,不然会挑过,自己受不了。谁知见了以后,我的错误想法全被否定。原来县长 30 多岁,白净脸、尖下颏,上身穿一件用日本黄军毯做的羊皮大衣,下身是黄军棉裤,脚穿大头鞋,与平常人没什么特殊,很俭

---

[*] 刘翰章:曾任虎林档案科副科长、县志办主任等职。

朴。说话清晰、缓慢、和蔼,没有架子。因多年的战争生活,积劳成疾,说话干咳,患有气管炎症。见他正在听征粮工作队的汇报,我们去后停下汇报转向我们。我先问了一声县长一路辛苦了,他笑着向我点了点头,说声你们都辛苦了。然后对我们说,等我听完汇报后,我们再扯一扯。我们又说了几句话就告辞出来了。回到办公室就想:"光复前的县长威风凛凛,见了老百姓横眉竖眼,没有人敢靠前。而今天的人民政府县长,对老百姓这么客气,一点架子也没有。"

第二天早饭前,我在办公室清扫卫生,孙县长来洗漱。因为我那时和村里的通讯员、伙夫们全吃住在村办公室,主要为昼夜接待过往的军政人员,如来的人少就不向群众家送了,留住在村上。他顺便和我唠起嗑,问我姓名、年龄、文化程度、出身、家庭状况、村内基本情况等,我一一做了回答。进而涉及村里的经费收支,我简要汇报后,将记的账目呈送给他过目。他看过后交给我说:"你记得很清楚,字也写得好。给人民办事就是要一丝不苟,不能马马虎虎,群众的钱来得不易,收上来的经费要精打细算,不能大手大脚地花,我们的财政是取之于民,用之于民。"并给我讲了不少革命道理。过一会儿,来人请县长吃早饭,他临走时对我说:"你刚刚参加工作,一切都是从头做起,要多看报纸,多看革命书籍,多学革命道理,多为人民服务。"经过这次谈话,对我的启发很大。

群众听说新县长来了,要求见一见。孙县长答应了这一要求。第三天,我们在村办公室召集了村民大会。村办公室一共三大间,顺中间打了一个东西板间壁,将办公室与厨房、集体宿舍隔开,间壁中开了一个门,直通后院门。县长就站在间壁门向坐在两边的群众讲了近两个小时的话。主要讲了党的政策,解放战争的形势,东北民主联军的战绩以及我县开展反奸清算运动的形势。鼓励大家努力恢复生产,多打粮食,多捕鱼,支援前方打胜仗,还号召说:"你们后山洞子里,日本抛下不少枪支弹药,一定要设法把它捡回来交给县政府,武装地方,好打反动派。政府不白要你们的,给一定的报酬。过几天我派人来用现款买,或用豆油换。"讲得深入浅出,群众易懂。群众听后热烈响应,纷纷到洞子里去捡枪支弹药。

第四天,县里来通讯员请县长立即回县有要事,孙县长当天回去了。事后才知道,原来中共东安地委派来的工作团,在太和区搞反奸清算运动,震慑了县内地主、富农、警察、特务。他们不甘心灭亡,以老土匪头子、伪满特务乔西坡为首,纠集一批坏人,成立了60多人的土匪队。窜扰于县境内,抢枪、抢马、抢粮食,杀害我政府、农会干部,反对中国共产党,反对农会,破坏县内刚刚掀起的反奸清算运动。警卫团供给处副官李述云平时带人驻虎头收购群众物资。带爬犁从虎林向虎头运豆饼,途经月牙站被乔匪帮连人带物劫往傅家亮子。匪帮从傅家亮子向外逃窜时,扒去了李述云身穿的毛衣,并令李为匪帮烧火取暖,炮头吴青云趁机举枪杀害了李述云。孙县长回县后,在县委的统一领导下,积极参与指挥驻县部队、地方武装、农会民兵追剿土匪,并积极架设县城通往各区的电话,及时通报匪情,随时堵截,终于在4月消灭了这股土匪。后在《合江日报》上看到登载合江军区对孙县长进行传令嘉奖的消息。

在乔匪帮消灭之后,孙县长派人带现款、豆油等物到虎头收购群众拣的枪支弹药及机油等。这时我已调到虎头区公所当文书,协助县里来的人工作,在群众中收取了不少枪支弹药、机油等,均由来人带回县政府。

7月,我去县政府领取供给粮。孙县长知道我去,就叫人通知我到他那儿去一下。见到县长后,他问了我区内的工作及虎头同乡曹桂芬的情况,我如实地向他进行反映。因为孙县长在虎头检查征粮工作时,在村内察看,遇到了离别多年的亲戚,攀谈起来知道孙县长未婚,便从中介绍了曹桂芬同志。谈后他告诉我:你临走时到我这来一下,给你们区长捎封信去。临走时,孙县长交给我一封叠成三角形的信。并当面指示:"我上次去时,发现路上有不少地方光复时遭到破坏没修复,车马人行很困难,你回去和区长说一下,抓紧组织群众修。你们区负责到月牙站以西第十个涵洞。以西的路由庆丰区负责修,我已通知他们了。"回到区里把信交给区长,并做了汇报。第三天,便由我和虎头村文书二人领着集合的民工去修路,在外食宿两三天,修复了不能通行的涵洞,并向洼处补填了砂石,使路况较前好些。

这年,孙明哲与曹桂芬结了婚。婚前,虎头的群众以为老曹家四姑娘嫁给县长,一定能大操大办一下。其实他们婚事办得很简单,事前并没有做什么新衣裳,结婚那天只是当着县委、县政府的干部举行了一个简单的结婚仪式,也没摆宴席。传到虎头后,乡亲们感到很新奇,称赞说:"县长结婚新事新办,取消了老一套,省得铺张花大钱,今后结婚再不犯大愁了。县长给全县人民带了个好头,还是共产党的县长好。"

1948年以来,孙县长来虎头区检查工作,因区干部少,我任文书兼财粮助理,每月一次去县报决算领经费、供给物资,往返需三四天,回来工作成堆。干部有文化的少,插不上手,只得一个人起早贪黑地干,有时干到半夜。那时区干部平时不回家,过供给制生活。吃住全在区上,无星期天。孙县长夜间起来解手,看到我还在那点着煤油灯工作,他关心地说:刘翰章,你这样干下去身体会受不了,应给你增加一个人。事后,果然给派来一个区文书,我任专职财粮助理,分担了我的困难。我的工作、学习更加积极了,经常下乡搞中心工作,思想要求进步,至11月光荣地加入了中国共产党。当年12月,经区委书记窦忠、孙县长的提议,我被任命为区委委员、区长。每月到县开一次区委书记、区长联席会,与孙县长接触的机会多了。孙县长在听各区汇报时,都是认真听,注意记,见他的一个笔记本,使用很长时间不换,因为他不是泛泛地记,而是有目的有重点地摘记。发言时对问题分析得透彻,使人易于领悟,便于执行。他还不断地给我以帮助。开始任区长工作有些不适应,其他的区长都是三四十岁成熟的年龄,而我仅是20来岁没什么经验的青年人,下面的助理员都比我的岁数大,感到身上的责任不小,不如一般干部好当。孙县长了解我的思想后,立即找我谈话鼓励:"你年轻,有文化,又能干,应该担当领导多做工作。革命工作是干出来的,不会就学呗!没有什么干不了的。不能遇到困难就停步,相信你一定会干好的。"在孙县长的鼓励和帮助下,我鼓起勇气大胆抓起了区上的工作。

1949年初,为了迎接全国解放,东北大批干部南下,纷纷被抽调进关,县委书记梁定商等30多名干部参加了合江省干部进关大队,孙明哲接任了县委书记,主持全面工作。他认真贯彻党的七届二中全会精神,积极倡导发展党员,出色地完成了建县工会、县青年团、县妇联、管理地方国营工业的企业公司、县供销联合社、修复密虎公路、精简县直机关人员等任务。

我在7月调至县企业公司,有更多的机会接触孙明哲了。调之初孙书记找我谈话:"我党七届二中全会规定了工作中心由乡村向城市转变,发展公营企业。调你来就是为发展地方国营工业的。要多学习、多研究,把不熟悉的工作变成熟悉的工作。"这时县直机关的政治、时事、文化学习抓得很紧,几乎每周都由他为全体干部作报告。报告全是自己准备的,大家都爱听。他也很关心企业公司的工作,询问发动工人当家做主、提合理化建议和工厂生产、供销等情况。因为企业公司当时负责全县挣工薪分的干部物资部分的供给。县财粮科每月向挣工薪的干部发一半现款一半物资。物资部分由本人持工薪券到公司成品报销处领取。

三

新中国成立后,孙县长积极领导了全县经济恢复工作。主持召开中共虎林县第一次党员代表大会,选举了县委领导,总结了虎林建党以来的工作,提出会后工作任务。因久旱不雨,庄稼遭灾严重,歉收已成定局。号召全县坚决贯彻省委抗旱备荒的指示、努力战胜灾荒、渡过难关。会后,他积极领导抗旱备荒、组织群众打鱼、狩猎、捡日军遗弃的金属器材等副业生产。出现了荒年不荒的局面。

1950年,积极领导以农业为中心的各项生产,开展互助合作运动,召开县第一届各界人士代表大会、县青年团第一次代表大会。抗美援朝开始,积极开展宣传,加倍生产,动员人民参加捐献钱款、物资及参加人民志愿军,组织担架队赴朝参战。当年全县农业获得了大丰收,总产6 320万斤,比1947年的总产3 936万斤,增产80%。在1951年初领导召开第一届工会会员代表大会后,于3月调密山,任县委书记。

四

1953年大规模经济建设开始后,抽调大批干部充实工业,3月孙明哲被调鞍山市灵山农业机械厂任厂长。1958年10月调沈阳市,任汽车制造厂党委书记、农机汽车工业局局长、顾问。1983年离休。孙明哲自离开虎林后从未回来过,也没有通过信。只是在"文化大革命"中,他的单位来人外调,知其受迫害被停止工作。1987年我将印出来的《虎林县志》送审稿邮给他审阅,5月给我来了一封信,清秀的字迹又展现在我的眼前。对县志提出不少宝贵的修改意见,并提到"在虎林工作5年,对一些老同志也很想念""我今年76岁了,虎林、密山我还想去一趟,将来定下来再告之"。县党史办也去访问过,他给提供不少的资料,并说将回访虎林。这年辽宁省科协秘书长焉兆信、中共江西省委统战部部长焉锦秀同志回虎林探家,焉兆信对我说:要不是北京来个气功大师到沈阳教功,孙明哲同志就跟着我们来了。看来就得明年来了。我听到信儿后很高兴,很希望他来虎林,我好见见这位我心目中尊敬的领导,不料他却在1988年4月,因病逝世,虎林未能成行。

本文选自张海明主编的《虎林红色根据地》一书,虎林市革命老区建设促进会2001年1月印,第152~160页。

对东安地区公立联合中学初创时期重要人物的回忆

郝续芝[*]

东安联中是发扬延安抗大精神的一所革命政治学校。初期主要为军事斗争、土改运动和建党建政需要培养干部。校领导同志都是延安的老革命,杨光、陈岩都是空军航校的军人,连供给补贴都由航校承担。半军事化的特点非常鲜明。

1. 吴亮平当时称吴政委,近40岁,是个军人。到哪都有几个警卫跟着,其中的警卫参谋是抗战初期的山西老八路,叫罗衡,是个身经百战又有文化的县团级干部。后来经程进、杨光、陈岩等私下介绍方知吴政委是党的理论家、留苏大学生、"五卅"运动的学生会主席,与毛主席长征一起过来的,担任过党中央宣传部长,还是党的七大代表。杨光、陈岩、常乾坤、王弼、薛少卿每次开大会见到他都向他敬军礼。在东安有上千延安干部都称他吴教师、吴老,都非常敬重他。许多军事单位都向他要原东安省府的房子,他告诉大家这房子待条件成熟后,要好好办一所学校。东安联中是他亲自创办的,他每期短训班都来讲课,为学校请一些亲身经历者进行专题讲座。他关心尊重知识分子,平易近人。一次我早晨锻炼身体遇上他,他半开玩笑地说:"郝续芝,航校常校长要挖我的墙角,要调你到航校翻译室任专职日文翻译。现在培养干部重要,全国解放在即,需要大批干部支援前线,你是联中骨干,这里很需要你,我没有征求你的意见就拒绝了常校长,向你道个歉,请你理解我。"这件事事出有因,我和几位联中的同志业余时间为航校翻译日文教材,他们这些老红军都很尊重我们的劳动,除给丰厚稿费之外,还招待吃饭。航校常校长是黄埔三期留苏学生,在饭桌上又对我们

---

[*] 郝续芝:时任东安联中日语教师,密山著名教育工作者。

第一编
东安根据地建党建政建军工作回忆

讲航校快培养出我们党自己的飞行员了,就是缺教材,你们能在我这里就好了,我说我这样的年龄行吗?常校长说:"你三十来岁正是好时候。"我当时确实想调到航校去,就很高兴地说,只要组织同意,我就来。后来常校长去找吴亮平要我,才有了以上吴政委的话。吴政委南下分别时,我哭了,他后来当化工部长,我给他写过信,他回信鼓励我要终生做一个好老师,还邮张全家照片给我。"文化大革命"后期在国庆招待会和总理、朱老总、主席逝世追悼会"最后还有"那栏,他的名字总是和许多高级将领并列出现。他和杨光、陈岩同志才是我的革命引路人。我深深地怀念吴亮平同志,每当我路过三五九旅解放东安纪念塔南侧时,都情不自禁地站下来看几眼他题写的"为创建根据地而牺牲虽死犹荣"几个行书大字。

2. 杨光同志,女,湖南宁乡人,是湖南湘雅医学院学医的,毕业于协和医科大学,是刘少奇的亲属。1927年参加北伐战争,任叶剑英师长的卫生队长。她长我九岁,是新四军司令部医务处长,她曾发誓革命不胜利不结婚,后由刘少奇做主在延安与王弼将军结为伉俪,是朱总司令和康克清给介绍的。她是新四军选出的七大女代表之一,才到延安学习的。她是军队旅级干部,来上任时穿军装,扎腿绷,有手枪和警卫员。只有县委书记县长开会她才参加会议,从地委到各县的领导都非常尊重这位老大姐,对学校的困难有求必应。她是第一位专职的高学历老资格的校长,学校真正的奠基人和创建者。她和延安的同志带来了延安的革命精神。她在国共合作时曾经与宋美龄、邓颖超一同创办过中国妇女抗日救国会,是抗日救国会当时很有名气的人。她是一校之长,又是总政治教员,她办学理念就是培养革命急需的干部,就是培养青年学生树立无产阶级世界观,到前线去,打败蒋介石,解放全中国。她讲话极富感召力。她关心教师,热爱青年学生,她与陈岩为许多包办婚姻的女学生解除婚姻,参加人民军队。对教育教学她抓得很紧。希望同学们学好文化课,为革命胜利服务。1947年2月,年三十晚上首批学生上前线参军,行前她用自己从军的经验像慈母般的嘱托并提出希望。一次,一批学生要到军大参谋训练大队,走时,她眼睛哭红了,一直送到东安车站,和我们师生一起待到列车徐徐开走。回来后她深情地和老师们说:"不知何时再能见到这些同学们。"

新中国成立后,她在卫生部任妇幼保健司司长,每当得知联中参军学生的下落时,就写信告诉我他们的情况,为他们能在战争环境下幸存而欣慰。我理解她作为一个良师益母的心情。她光明磊落,学校发生了"左"的偏差,她开会认真做自我批评。在以后的几十年里,她都写信告诉我向当年的师生道歉。一中四十年、五十年校庆她发来的贺电都提及此事,令人感动和尊敬。是这位杰出的女性为我们一中争得了政治上的地位,事业上的光荣。

3. 陈岩,浙江才女,毕业于延安鲁艺,是著名人民音乐家冼星海的学生,和著名电影表演艺术家于蓝是同学,她们曾在延安为毛主席表演过秧歌剧《挑花篮》。她随丈夫老航校副政委兼政治部主任薛少卿将军到东安,是比杨光晚些到学校的,她和杨光一样都是有军籍的军人。一次东安地委开县委书记(当时称政委)县长联席会议,杨光让通讯员李洪珍回学校通知与会领导晚上到学校吃学生灶,还要为领导演节目。吃完饭,吴政委向各位领导说:"学校伙食这样差,学校办得这么好,你们是不是应该支援联中办学,要出些经费,把学校办得更好。"他们都齐声回答:"按首长指示办"。我们老师很惊诧,以为这是提前练好的。陈岩开玩笑告诉大家,你们这些土八路不懂,这是军队的规矩。陈岩在联欢会上为大家连唱好几首歌,不久各县就派人送来了经费。现在看,学校艺术教育非常重要。一次陈岩应邀领着儿子到我家吃大楂子煮大豆,她说唱了十来年《我的家在东北松花江上》,这回才尝到了真正的东北玉米和大豆。她非常动情地告诉我:"这个歌的词曲作者张寒晖是陕北人,并未到过东北,是我在鲁艺学习时的老师,可惜没见到新中国就病逝了,太可惜了,他非常有天赋。"可以说,陈岩当年带着联中的女同学和宣传队演出并培养艺术人才是一中的骄傲。每当老同志及同学聚会,大家还是那样情深意切地回忆杨光、陈岩和那段火红的生活。

她到学校时也着军装,有警卫员,还带着3岁左右的男孩和一个日本保姆。每逢周末航校派小车接杨光、陈岩她俩返回北大营校部,宿舍由航校专派的警卫员值班站岗。她比我小一岁,人非常活泼,很有艺术天赋。她与杨光不同,杨校长是带过兵上过战场的女军人,与国民党上层进行抗日救亡的老同志,陈岩是个文小姐。她除了抓教学工作之外,还主教音乐,管学校宣传队,重点为前线培养文艺人才,这方面她是非常专业的。女同学当时年纪比现在的学生年龄大,都喜欢和她在一起,心里话也愿意和她说。有个女同学是从虎林来的学生,叫赵彬,是宣传队的骨干,从小包办婚姻,双方决定了结婚日期,男方到学校找她回虎林结婚,她向陈岩控诉自己的遭遇。陈岩非常同情她,领着她找专署高秘书长,找虎林县政府,最后解除了包办婚姻,由学校免除了她的一切费用。她毕业后到航校当了女兵,和经过长征的朱总司令的警卫员陈御风结了婚。陈岩平易近人,性格外向,他让学生私下叫她大姐。一次她神秘地告诉我,她要亲自带头为大家演节目。她说《白毛女》老百姓都看过了,航校、军工二厂都演几个月了,这回咱们排《黄河大合唱》和《挑花篮》向他们挑战。第一场在学校公演很成功。他们夫妇与吴政委夫妇在延安就熟悉,她请吴政委夫妇和部分师生到航校大礼堂,演出大受欢迎,吴政委又指示到东安电影院公演,轰动东安市。招来的女学生都穿得很差,她找航校后勤部以演出做服装为名,要来一些布和毛线,为女同学设计延安流行的衣着,教女同学自己织毛衣。东安专署高秘书长一次到学校解决过冬问题,因为他们在延安是同事很熟悉,她为女同学要一批苏联产的花布还有化妆品,教学生们打扮。她告诉老师们说:"这就是我们解放区的孩子,将来新中国的女孩比现在打扮得还要漂亮。"是她把延安流行的革命文化带到了联中,培养一批艺术人才,如丁家岐、李久芳、赵国政、汪云材和温明兰等。在这方面陈岩为东安联中立了大功。当时谁家孩子要考入联中,周围邻里和亲属都羡慕不已。

4. 甘重斗,河北人,北平大学法学院学生。他抓教育很有特点,就是为学校选有水平的好老师,解决经费困难。村里办初小、乡里办高小、县里办中学,行署办高级中学,对这件事他边养伤边抓,师范班就是他亲自倡议办的。再一项工作他让师生到农村演革命节目,帮助村武装基干队、区中队、县大队扫文盲,因为他们经过阶梯式军事训练后,即将上前线,突击教育识字是参加革命队伍的需要。因为他被国民党特务刺杀未遂身负重伤,身体非常弱。他是个副军级干部,有时在学校,一蹲就几个星期,他专为同学讲授帝国主义侵华史,中国近代史。新中国成立后担任过国务院内务部副部长、总理七办主任、司法部副部长、全国人大常委兼内务司法委员会副主任。过去因党的干部职务不公开,大家误认为他是校长,我向党史办的同志核实后,才知道他是专员,专抓教育。他对教育重视,很像大学教授,还经常与我们探讨些日本殖民统治问题。

5. 当时学校讲专题课程,大都是学校拿教学计划由吴亮平确定讲课人。曾到学校讲学的还有几位印象深的领导同志。一是密山第一任县长傅文忱,是东北抗联老战士,吴亮平指定他到学校来讲抗联。他膀大腰圆,身背一大一小两支手枪,三个卫士,一个在外看马,两个随身。他讲得具体生动,既是他自己的革命经历,又是二人班、半截河的事。他读过私塾,曾留学苏联,为主席站过岗,保卫过叶剑英,与主席一起吃火烧土豆,为主席打猎改善伙食,为主席介绍东北抗联。他一介武夫,口才很好,讲一次,大家没听够,后来又请他到学校介绍他认识的八路军高级将领。他家就住在党校下不远一个木板房,他女儿傅明坚、外甥徐宝林都是联中学生,都积极当兵到前线去了,后来他当过东安市长,经常派人给学校送鱼改善伙食。

二是邵宇,他是辽宁口音,叶挺将军秘书,是画家,在上饶集中营坐过牢,当时任东安地委宣传部长。吴亮平指定他讲"皖南事变",揭露国民党反动派罪行,他在讲到新四军许多经过长征的高级领导与国民党反动派宁死不屈血战到底壮烈牺牲时,自己声泪俱下。广大师生深受教育,大家发誓要消灭国民党反动派。

三是阮青(杜宁远),她是密山县组织部长,军工厂厂长程明升的夫人,河南人,北京大学学生,参加过五四运动。吴亮平指定她专讲五四运动。这位亲历者讲了五四运动背景、历史意义,具体生动。那时我才知道,我们这里还有五四运动的参加者。

四是赵志萱,女,满族皇亲,北京人,是燕京大学学生领袖,燕大女子南下请愿队队长,与蒋介石对过话,还上抗日前线慰问过抗日将士。费孝通、雷洁琼、司徒雷登都是她的老师,她的腿负了枪伤,还没好,用人扶着来的。她为师生们详细讲解了一二·九运动前的背景和过程,对全民抗战培养锻炼了革命种子的伟大意义。她非常有鼓动力,不愧为学生运动的领袖,她为我们讲背叛家庭投身革命的经历。她若教书会是个非常好的老师,她还是陈岩在延安陕北公学的老师与领导,师生们听了非常崇敬她。

6.航校来讲课的同志都安排的是经过二万五千里长征、身经百战的红军老战士。联中按教学计划每周请一位,由杨光、陈岩直接邀请,印象较深的有:

一是肖前,江西兴国人,毛主席警卫员,中央警卫团政委。他向师生们讲述长征的背景,长征初期湘江之战的残酷,二万五千里长征的艰辛,贺子珍负重伤的过程,周副主席病情转危为安,遵义会议的历史意义,等等。让我终生难忘的是他介绍张思德。这位毛主席的普通警卫战士为党忠心耿耿,保卫主席。肖前含着眼泪向师生们介绍张思德为中央领导烧木炭牺牲时的详细抢救过程。张思德追悼会由肖前主持,毛主席含泪致辞,就是著名的《为人民服务》。肖前全文背下来,师生们听得泪流满面,后来将他的讲话整理出来在校刊上发表,"文革"前我手中还保留着,"文革"中给搜走了。他的讲演对我们世界观的确立影响较大,我终生不会忘记。

二是陈御风,朱老总警卫员,他主要讲朱老总人生传奇经历,对人民军队的贡献。他为我们讲他在新疆航空队学习航空，毕业后被国民党反动派盛世才关进监牢，渡过铁窗生活。毛主席同周副主席通过张治中营救他们，回到革命圣地延安，抱着总司令号啕大哭的情景，师生们非常激动。当时他已经三十来岁了，杨光、陈岩将虎林赵彬同学介绍给他结了婚。

三是一位姓张的同志，李先念长征时的警卫员，主要讲李先念率红军西路军与国民党马步芳部的残酷血战，众多高级将领和红军战士被俘后惨遭屠杀、迫害，上万红军到迪化只剩 700 多人。红军英勇战斗，不怕牺牲的革命精神深深地感染着每个同学，从此，我每当在报纸上看到李先念的名字时都肃然起敬。

四是红军女战士王韵雪，党的一大代表陈潭秋的夫人。向同学们介绍陈潭秋、毛泽民的革命生涯，为党做出的重要贡献，在狱中率领同志们与国民党反动派斗争的英雄事迹。她和女红军在狱中坚决斗争不屈服，最后同学们的哭泣声使她都讲不下去了。我们党的政治教育在联中非常成功，为什么联中男女同学积极报名参军上前线，原因就是在这里，我们联中吃的这些偏饭全省少有，我的世界观确定和这些生动的教育有重大关系。

五是一位姓方的，是长征时陈锡联的团长，红四方面军的，专门介绍徐向前元帅率指战员与张国焘的斗争。他讲陈锡联在太行山率一个营火烧阳明堡日本机场的英雄事迹，我感受非常深。还有一位红二方面军的同志姓什么我记不住了，专门介绍贺龙、任弼时、关向应、王震的革命业绩。还有一位叫李奎的红小鬼，是红二十五军的，到学校介绍长征历史，介绍吴焕先、徐海东、程子华、红军大会师的动人事迹和场面，杨光为他介绍了办小学教师学习班的学生，姓鲍，是密山鲍家大院的女儿，后来结了婚。还有一位叫霍舒庭的老干部，专门讲平型关大捷的，很有文化，是东安战车团政委，后与密山教师张露结婚。

我随着年龄的增长，将这些革命传统写给后人，让同学们永远牢记革命历史。杨光、陈岩办联中的成功经验至今仍值得借鉴学习。

本文由中共密山市委党史研究室习学艺提供，题目是编者所加。

我 的 使 命

白如海*

1945年12月17日晚10点左右,我在睡眠中被叫醒,合江省工委书记李范五和组织部长刘英勇同志找我谈话,让我准备次日去东安工作。李范五同志说:"勃利被李华堂、谢文东匪军占领,合江省工委同哈尔滨北满中央局的交通都切断了。我们想打通佳木斯、东安、鸡西(鸡宁)、牡丹江去哈尔滨的交通。东安地委书记于化南同志带了20多个老干部从林口去东安,在林口附近遭土匪的包围,于化南同志有可能牺牲了,其他同志去不了东安,到了牡丹江。省工委决定派你去东安担任地委副书记,并同东安红军商量接收东安。现在有鸡西保安大队一个副大队长青俊杰,合江省政府已委派他为东安军分区副司令。他过去是抗日联军的一个营长,现有1 000多人的武装可依靠,又是'家里教'的头子,你可利用他的关系去东安。另外还有虎林一二〇师三八支队的一个参谋长孙轩华也在佳木斯,他要求省工委派人领导他们的部队,你也可以到虎林了解一下他们的情况。注意你的身份不能公开,暂时做东安军分区参谋长,名字也需要改一下,再给你派两个通讯员一起去东安工作,他们都很可靠。"我说:"省委决定我服从,不过那里的情况一点也不熟悉,组织上能否给介绍点情况?"李范五同志说:"我们只知道这么一点情况,靠你自己去打开局面,省工委给你写几封信,必要时与牡丹江、穆棱取得联系,省工委给东安红军司令部也写了公函,请他们协助你们接收东安。"提起改名,因时间仓促没有考虑成熟,记得家乡有一个人叫白如海,我便顺嘴说:"就叫白如海吧!"至于口音,因陕北同山西太原相似,便改为原籍太原。因为太原在哈尔滨做买卖的不乏其人。我的衣服不合适,李范五同志找了一套协和服,一套日本的军用毛衣毛裤和一件日本军用黄色皮大衣让我穿上。这次谈话到午夜12点钟左右。我回宿舍以后老想即将

---

* 白如海:1945年12月任中共东安地委副书记,1946年4月任中共鸡宁县委书记。

来临的战斗任务与艰难险阻,心情激动,久未成眠。

次日凌晨,我早早起来打好行装准备上路。9时,李范五同志又找我去他的办公室,这回李延禄同志也参加了。同时,他们把青俊杰、孙轩华、葛志云、王志英一起找到办公室互相介绍认识了。李范五同志对他们说:"这是白如海同志,是李延禄同志的朋友,现任东安军分区参谋长。东安的工作由他负责。你们要保护他的安全,今后如何工作你们要听他的指挥。"我们互相握手认识后,青俊杰表态说:"白同志的安全我包了,你们放心好了。"李范五同志给我一捆伪币和500元红军票,说:"这是你的工作费用,由你酌情使用。"又说:"你们最好今天上午就动身,时局很紧,要求你们行动要快。"于是,我同青俊杰、孙轩华等人一起去"大同盟"准备上午起程。当时青俊杰等人住在佳木斯"大同盟",他们都带来不少人,有一辆大卡车停在"大同盟"门口。我们到"大同盟"不久,李范五和刘英勇同志又亲自到"大同盟"送行。李范五同志看到我还穿一双布棉鞋,说:"天气很冷,你这双鞋不行。"说着,就把他穿的长统毡靴脱下来让我途中使用。我很受感动,多么关心同志的省工委书记啊!

汽车开出宝清后,我关照司机,加快行车速度,我们的汽车很快地开上完达山脉的老秃顶子山,这里是树木葱郁、公路盘旋的深山老林。中午在一个采伐场打尖后,我们将南下裴德飞机场。那里驻守着杨队的反动武装200多人,与虎林的三八支队对立。我们必须秘密地、出其不意地绕过他们,直插虎林。汽车翻山南下穆棱河平原,此时风雪交加,搅得天地一片灰蒙蒙的,能见度很差,这倒保护了我们的安全。我们至裴德飞机场附近,毫不犹豫地把汽车速度加快,飞奔去虎林的公路,幸好未遇上任何阻拦,顺利地闯过了这一关。晚5点左右至宝东。这里距虎林20华里,有确切消息说虎林发生了军事叛乱。我们不敢冒险进虎林,就派于参谋去虎林进行侦察,晚间便在宝东住下。

12月23日是星期天,上午8点左右,老于同志从虎林回到宝东,他说:"虎林的叛乱已平息,牺牲了3个同志,叛乱分子也跑了。我们可以马上去虎林,常永年大队长等待我们哩。"于是,上午10时,我们从宝东出发,不到一个小时就抵达虎林。

虎林在穆棱河下游,东去虎头60多公里,原通铁路,现已拆除铁轨,不通火车。虎林至饶河是漫漫草原,夏天水泡子遍野,不好通行。冬天原野封冻方可通行。虎林西去100公里是东安,火车也不通,铁轨全部被苏联红军拆除了。这里只能靠汽车、马车、雪橇运输。

虎林当时驻有苏联红军守备队,以保证红军的军事运输。虎林三八支队原是由我一二〇师一个姓范的排长,利用虎头日军遗弃于山洞里的枪支、军服、粮食装备起来的。10月,常永年同志从苏联回国,他曾为苏联红军做情报工作,红军帮助他当了三八支队大队长。三八支队副队长叫武廷山,后勤处主任姓崔,他们都是被日军俘虏至虎林修路的八路军。以后逃出虎林,渡乌苏里江至苏联,参加了苏军的情报活动。由此推测三八支队也受苏联的支持和保护,否则是无法立脚的。一二〇师三八支队的番号,是因为有几个战士当过八路军,他们建军后一直寻找党的领导,这说明这支部队是我们自己的军队。

我到三八支队后立即被常永年同志接到他家里,同他一起吃饭,由他的夫人招待,安全是有保证的。常永年自称是二十军宋哲元的部下,抗日战争时期做了日寇俘虏。据我以后所知,他是内蒙古人,原是东北军一〇九师的一个士兵,1935年11月陕北直罗镇战役,被我军俘获,他参加了红军。抗日战争爆发后被编入刘伯承同志的一二九师,开赴太行前线。1942年曾任连长,战斗中不幸被日军俘虏,送虎林做苦役,修边界公路。他一贯机警,乘隙逃出虎林,跑到苏联伊曼参加了红军情报部队。1945年他已经32岁,有一定的指挥能力。我当天召集常永年同志、武廷山同志、孙轩华同志研究了部队情况,介绍他们参加了党组织。并根据上级指示,改编三八支队为虎林独立团,任常永年同志为团长,武廷山同志为副团长,孙轩华同志为参谋长。与此同时指示他们要加强思想工作,巩固部队,改善部队的物资供应条件,坚守虎林防地,不要轻率出击。我们计划去东安工作,为了安全起见,常永年同志给我物色一个战士赵善庆当警卫员,并给了我一支"狗牌"手枪作防身之用。

24日上午,三八支队召开全体指战员大会,宣布了改编和任命。青俊杰以副司令员身份讲了话。次日午后,虎林(苏联)红军司令请我们吃饭。席间,他们说第二天有红军战车队去东安,让我们搭车一块走,这样途中安全。红军司令热情地给开了证明,让沿途的东安、鸡西(鸡宁)、穆棱、牡丹江等地红军照顾。我让青俊杰乘汽车先回鸡西(鸡宁),他于当日乘车去了东安。我到虎林传达党组织指示的使命胜利完成,从此虎林根据地在党的领导下由创建走向发展。

本文选自张海明主编的《虎林红色根据地》一书,虎林市革命老区建设促进会2001年1月印,第34~39页。

平平往事　亮亮风骨

——追忆吴亮平同志在东北二三事

罗　衡

作为马克思主义理论家、翻译家的吴亮平同志，早已为广大党员和人民群众所熟悉。我这里所讲述的，是1942年至1947年间在他身边工作时亲身接触的几件事。

不许苏军拆走电机

1946年，亮平同志到原合江省东安地区任地委书记。4月10日左右，我随亮平同志来到鸡西三支队司令部。得知苏军准备拆卸运走电厂发电机组的消息后，亮平同志非常着急。他认为，电厂的存在直接关系后方的建设和对前方的支援，必须马上提出交涉。于是，第二天一早他就步行到电厂。当我们到电厂后，看到拆卸电机的脚手架已搭好，装运发电机组的车皮也已停在电厂的铁路专用线上。看来准备工作一切就绪，只要一停火，就可以动手拆电机了。这时我们见到几名苏军士兵正在指手画脚地嚷着，一个穿日军呢马裤的大个子在喊："停火后，两天内一定要把电机装上火车。"一打听，才知此人是个翻译，听到翻译的喊话，许多工人围了上来，亮平同志当即上前向工人们打招呼，并高声说：电机不能拆走，这个电厂是北满最大的电厂，它不仅供鸡西煤矿用电，还要向牡丹江、佳木斯以及附近各县城供电。如果电厂停了电，首先失业的就是我们电厂的工人。要是我们保住了电机，不仅可以保证我们不失业，也可以使煤矿不致停产，周围城镇也能正常用电。只有这样才能用实际行动支援前方的民主联军抗击蒋匪军的进攻……工人们听得很认真，并用惊奇而又怀疑的目光注视着，不时还小声交谈着。这时那位翻译走上来，对亮平同志大声叫道："你是干什么的？在这儿嚷什么？"亮平同志高声答道："我是东安地区的地委书记，我在向工人讲电机不能拆走的道理！"而后，亮平同志让翻译转告那几位苏军士兵：电机不能拆走。那个翻译见亮平同志态度很坚决，便软中带硬地说："我们是执行命令，有事到司令部交涉。"亮平立即用十分有力的语气回敬一句："我当然会去的！"

那个翻译和苏军士兵走后，工人们兴奋地围上来，纷纷问："电机能保住吗？"亮平同志耐心地向工人们解释着："保住电厂首先要我们电厂的工人站出来，保住电机，就保住了我们不失业。还要请大家向没来的工人捎个话，告诉他们，只要我们组织起来，就能保住电机！"一位工人听后频频点头，并表示一定要保住电机。亮平同志走到这位工人面前，询问了他的姓名，并请他和大伙商量一下，推举三位工人出来负责组织工人，还再三嘱咐大家，若有什么情况随时到三支队司令部去报告。在回来路上，亮平同志指示我，每天要去电厂看一下，有情况随时汇报。

离开电厂后，亮平同志顾不上吃早饭，就直奔苏军司令部。接待我们的是位中校司令，这位司令的态度十分傲慢，也不让座。亮平同志说明来意后，苏军中校说："奉命行事，不容交涉。"这时亮平同志干脆直接用俄语同中校对话，两人的声音时高时低，最后还拍了桌子。显然这次交涉一无所获。

回来的路上，亮平同志对我讲，看来，这个电厂要靠我们自己的力量来保住了。中午，一到三支队司令部，亮平同志立即和三支队领导研究，并决定：除向省委汇报外，必须把工人组织起来成立工会，以工会出面领导保护电机的斗争。另外再派一个连队驻守城里通往电厂的公路，由于当时正规部队军务繁忙，决定调平阳镇游击队来执行这一任务。

两天后，亮平同志又亲自到电厂和工人们座谈，大家一致推选了三位工人负责，并筹备成立了厂工会。工人们的情绪都很高涨，电机的运转也很正常。这以后，亮平同志又数次去苏军司令部交涉，那位中校一直没让步，但态度却缓和多了，只说："留下也保不住，会让国民党弄去的。"后来又表示，"向上级汇报一下"。由于亮平同志态度坚决，积极交涉，我方又采取了得力的防范措施，电机终于保住了。直到苏军撤走后，电厂的生产始终很正常。这是亮平同志到东安地区后，为东安人民做的第一件大事。

当时的东安地区已被东北局列为重要的后方基地之一。在这里相继建立起航空学校、坦克大队、军工部、通讯学校、卫生学校、第九后方医院、东北印刷厂，以及重要的物资仓库等，假若当时电厂真的遭到破坏，那么损失将是难以估量的。

集中兵力坚守待援

1946年4、5月间，由于前方军事形势急剧变化，伪满官吏、警察、特务、宪兵、地痞流氓、盗寇惯匪组成了数十万土匪武装，号称"中央先遣挺进军"，在我后方大肆骚扰破坏。人称土匪"四大旗杆"中有"三杆"——谢文东、李华堂、张黑子都曾活动在东安地区。

谢文东等匪首步步向我鸡西、东安逼近，三支队司令部召开紧急会议研究作战方案。当时主要有两种意见：多数人主张"分兵把守"（即让警卫团驻守东安，十七团驻守鸡西）；少数人的意见是"集中兵力，坚守鸡西"。两种意见争论激烈，互不相让。与会者自然把视线都转移到地委书记身上。

亮平同志详细分析了敌我双方的情况，以及地理位置后，主张"集中兵力，坚守鸡西，伺机打击敌人，等待援兵。"他说："从经济上、地理上看，应该守住鸡西，保护电厂，保护煤矿，而且鸡西距牡丹江、佳木斯比东安近150多里。目前，大部队又都在千里之外，我们必须依靠我们自己的力量，坚守一周以上，拖住敌人，消耗杀伤敌人，待大部队来援前创造一个消灭敌人的战机。如果我们分兵把守，势必造成兵力分散，这样一来两地都守不住，那我们不仅在军事上、经济上受到很大的损失，政治上的影响也太坏。"而后亮平同志又说："我的具体意见是警卫团主动放弃东安，日夜兼程赶到鸡西，与十七团并肩坚守鸡西。"亮平同志说服力持不同意见的同志，并制定出具体作战部署。警卫团于第二天夜里赶到鸡西，在鸡冠山构筑了防守工事。

几天后，谢文东等匪徒，占领了鸡西以东的平阳火车站。这时鸡西已成"孤岛"，土匪们隔着穆棱河叫嚷着："打开鸡西放假3天！"进抵平阳站的谢文东匪徒主力，当日即向我鸡冠山警卫团阵地发起进攻，受到我守军坚决有力地回击。匪徒们连攻数日，伤亡惨重，我军发起反击，一举夺回了平阳车站。这时东北民主联军独立二旅刘转连旅长带部队前来增援，匪徒们望风而逃，我军取得了战斗的胜利，事实证明，"集中兵力"是保住鸡西的正确军事策略。

再生女儿还叫"启明"

东安地区开创时期，由于东北总部的一些后方机关、学校、病院的迁入和建立，加上地区一级机构和驻军人数大量增加，而口粮又要由当地解决，这样一来，在保证军队供应的前提下，地方机关的口粮就很成问题。于是我们到被炸塌的日寇军用仓库，挖些发霉的苞米楂子当作口粮。

亮平同志不久前曾生过一场病，身体虚弱，炊事员便给他熬点大米稀饭，可他不肯吃："领导干部越是在困难的时候，越应该以身作则，大家都能吃苞米楂子，我为什么不能吃呢？"他一直坚持同大家一样吃烟熏发霉的苞米楂子饭。

1946年冬天，地委机关和警卫连穿不上棉衣，亮平同志非常着急，千方百计弄到些"根生布"，自己动手做棉衣。然而，就连"根生布"棉衣也不是人人都能穿上的，亮平同志就是其中之一，他就是靠一件旧大衣，度过了在完达山的第一个风雪严冬。

同志们中谁生了病，只要亮平同志知道了，总是要到床前问寒问暖，并嘱咐炊事员给做病号饭。而他对自己则要求十分严格甚至有些苛刻。记得1946年5月，亮平同志刚满周岁的小女儿小启明，刚到鸡西就患了重病，由于缺医少药，病情一直不见好转。亮平同志当时完全有权多照顾照顾女儿，想办法弄些营养品和好药，但他没有这样做，也不允许家人这样。不久，亮平同志要奔赴前线了，临行前，他对不懂事的女儿说："好孩子，爸爸要到前线打土匪去了，胜利了就回来。"当然亮平同志深知孩子的病情十分严重，能否治好，难以预料，然而他首先考虑的是党的工作。不久，小启明就病逝了，亮平同志在前线得知这一不幸的消息后，以极为沉重的心情给爱人杜凌远写了一封简短的信，其中有这样一句话："再生女儿还叫'启明'……"

亮平同志，我尊敬的老首长。写到这里，您的音容笑貌又浮现在我面前。我相信，失去您的悲痛可以随时间淡去，但对您的怀念却将永远永远伴随着我。

本文选自雍桂良等著《吴亮平传》一书，中央文献出版社2009年2月版，第232～237页。

第一编
东安根据地建党建政建军工作回忆

深切怀念我尊敬的吴亮平同志

谭云鹤[*]

一、初见吴亮平

我第一次见到吴亮平同志,根据我的日记,是1946年的7月11日。那是我从延安到东北,参加东北局土改工作团以后,乘车从哈尔滨到达东安的第二天。

我听东北局土改工作团团长陈伯村同志对我说:今天东安地委书记吴亮平要给我们介绍一下东安地区的历史、政治、经济情况。他并且对我说:吴亮平就是那个翻译《反杜林论》的吴黎平,他是莫斯科中山大学的,也是当时的28个半布尔什维克之一。斯诺访问延安时,他给毛主席当过翻译。我这才知道原来我们在延安整风学习的22个文件之一的《反杜林论》就是他翻译的。陈伯村同志这一番简单的介绍,自然地加强了几分我对吴亮平同志的敬仰。从亮平同志的介绍中我们知道了东安地区原来就是伪满时期的伪东安省。日本投降后,这里被大股土匪和国民党委任的所谓先遣军占据,前不久才解放,大股土匪已被消灭,但仍有一部分土匪散在各地。此地背靠苏联,是我东北解放区的大后方,但发动群众、开展土改的工作基本上还未开展,东北局土改工作团的到来,正是时候。

听了亮平同志的讲话后,我们大家都禁不住摩拳擦掌,巴不得马上就去大干一场。

---

[*] 谭云鹤:1946年,到密山县搞土改,先后担任永安、鸡宁县委书记。1947年10月,任东北局民运部干事、巡视团团员。曾任中共中央东北局组织部办公室主任兼组织指导处处长、东北局组织部办公室主任等职。

二、帮助解决工作团同军工的矛盾

1946年10月,我按亮平同志和工作团的安排,带队到连珠山搞第二批土改期间,同东北军工部的连珠山办事处发生了矛盾。

事情的起因在于军工办事处"用人不当",把两个伪满时期的特务也招了进去。这两个人摇身一变,成了"八路军",但仍继续为非作歹,趁军工办事处收缴敌伪物资之机,把日本投降之后,老百姓从日本仓库拆下来的洋铁瓦和玻璃门窗,从老百姓盖好了的房子上拆下来收走。但是,就是敌伪物资,如给他们好处的,就可以不拆,群众反映极大。我写信给该办事处主任高光宇,没有得到解决,反而说老百姓是"反动派造谣"。以后我打电话给陈伯村同志,经陈向亮平同志反映后,通知高光宇把两个伪满特务押到土改工作团了。我们原打算经群众大会批斗后,由军工办事处宣布开除,然后再酌情处理。但大会上,群情激昂,非要枪毙这两个特务不可,连土改工作团的同志在听了群众反映后,也改变了原来的意见,支持群众的要求,经我做工作,只枪毙罪行严重的张文举,另一个罪行较轻、年纪也较小的高殿军就不要枪毙了,大家才同意了。

枪毙张文举不几天,陈伯村给我打一个电话,说军工办事处不承认他们有什么问题,把东北军工部的部长何长工、副部长乐少华也找来了,地委决定要我去一下,一起谈一谈这个问题。

这个会由吴亮平同志主持,何长工、乐少华、高光宇和陈伯村同志都参加了。

等我把张文举、高殿军两人的问题做了详细介绍,又把整个事情的处理经过讲了以后,高光宇同志在事实面前不得不承认这两个人是坏人,军工办事处在处理这个问题上有错误。亮平同志明确地表示应当支持群众起来清算坏人,同时有关方面也要加强联系配合,共同为建设巩固的东北根据地而奋斗。何长工、乐少华、陈伯村同志均表示同意。

会后,我又根据亮平同志的意见,主动同高光宇商定,召开了一次加强军民团结的会议,双方各自多作自我批评,这个问题就算解决了。

三、决定我当永安县委书记

1946年底,第二批土改结束,准备开展第三批土改时,亮平同志同陈伯村商量,要我带队到宝清县负责把土改搞完之后,回到东安市当市委书记(相当于县)。我表示城市工作我不熟悉,最好派我到县里去。过了几天,他又告诉我,地委考虑了你的意见,把宝清县土改搞完之后,到永安县去当县委书记。还告诉我,考虑到永安县是新成立的县,没有什么家底,地委决定拨给县里二十万元,作为县生产基金,还派一个同志专门经管这笔基金。

那天晚上,亮平同志对我说,时间已经很晚了,你就不用回招待所了,就在我家住吧,正好还有一间空屋。等我刚上床,亮平同志又来,摸摸我的被子,很关切地问我:"冷不冷?要不要再加一个毛毯?"他那时的神态,给我以很深的印象。

四、所谓的"集体舞弊"

1947年9月,我已从永安县调到鸡宁(即现在的鸡西市)当县委书记。有一天,鸡宁火车站的站长给我打来一个电话,说东安地委书记吴亮平同志从哈尔滨回来,路过鸡宁,说有要事要同我谈,请我到车站去一下。顺便说一下,那时的火车,一天也没有两趟,也没有准确的列车时刻表。地委书记有事,晚一点开也不是什么问题。

等我赶到车站,一眼就看到吴亮平同志正在站台散步。他见我去了,就对我说:"老谭,你愿不愿意同我一起到东满分局陈云同志那里去工作?"我一点思想准备也没有,只好说:"到哪里工作都一样,我无所谓。"这时他笑嘻嘻地从口袋里掏出一封信来给我,说:"这是林枫(当时是东北人民政府主席兼东北局组织部部长)同志写给陈云同志的亲笔信。"我打开一看,信上确实写着:"陈云同志,兹介绍吴亮平、谭云鹤同志到你处工作……"等我看过信,亮平同志问我:"怎么样?可以一起到陈云同志那里去工作吗?"他等我做了肯定的回答以后,对我说:"什么时候走,怎么走,等我安排好了以后再告诉你。"

谁知道就是这么一件事,以后差一点弄出一个大问题,这是我意想不到的。过了不长时间,我看到东北局一个文件,决定把牡丹江地区和东安地区合并,成立牡丹江省,由牡丹江地委书记何伟任省委副书记、代理书记。不久,东安地委又通知各县县委书记、县长到东安开会,办理向牡丹江省移交事宜。

等我到了东安,很快就感到气氛不对,不像是一个正常办理移交的样子。不久就传开了,说吴亮平同专署二科科长曹阳戈、地区贸易公司经理张凤阳等集体舞弊,并且接着就把曹阳戈、张凤阳隔离起来。为了清查所谓的"集体舞弊案",还专门把东北军区后勤部部长曾传六请了来。

对此,我一开始就持怀疑态度。亮平同志我过去根本不认识,只是从到东安地区搞了三批土改,任过永安、鸡宁县委书记才接触到他。但从这两年的接触中好像不是一个贪财爱物的人。他为人清高,对同志热情诚恳,一派学者风度,他怎么可能去贪污呢?曹阳戈我们在延安就熟悉,又一同到东北,一同搞土改,也不像是个会贪污的人;至于张凤阳,我调到鸡宁当县委书记时,他是县长,以后才调到地区贸易公司的,好像也不是一个会贪污的人。

正在紧张清查过程中,有一天晚上,何伟同东安地委组织部长霍明找我谈话。一开头何伟就好像抓住了我什么把柄,很不客气地敲打我说:"你入党的时间也不短了,还当过两任县委书记,你知不知道干部是属于党的,而不是哪个人的私有财产,你怎么就私下同意跟吴亮平到东满去工作呢?"

我一听,也非常生气,很不客气地对何伟说:"干部是属于党的,不是哪一个人的私有财产,这点常识好像我还懂。你好像一点也不知道这件事的来龙去脉,就这么武断地下这个结论合适吗?"

接着,我就把这件并不复杂的事情经过向他讲了。当我说到在鸡宁火车站上吴亮平给我看过的林枫同志的亲笔介绍信以后,我质问何伟:"东北局组织部长决定调动我的工作,我应不应该服从?"何伟这时一下就傻眼了,马上就改口说:"好了,好了,这件事情就算清楚了。"看来他根本不知道林枫同志写给陈云同志亲笔信这个事情。但我不干,非要何伟和我说清楚,为什么不调查就给我扣帽子。霍明就在一旁劝我:"这件事确实原来不了解,说清楚了就完了吗,不要生气嘛。"

据我后来的了解,当时东北局决定牡丹江地委同东安地委合并成立牡丹江省时,让何伟任省委副书记代理书记,而让吴亮平同志到合江省委任宣传部长,亮平同志可能对此有意见,所以他跑到哈尔滨去,找到林枫同志,同意他到东满陈云同志处工作。可能亮平同志想到新解放区去工作,干部、经费都会困难,所以他就想带几个干部,同时也带点经费和物资去。因此,他就要求林枫同志把我带去,并通过曹阳戈和张凤阳弄点钱和物资,却没有告诉何伟。吴亮平同志在这个问题上的做法,当然是不妥当的,但绝不是想把经费和物资据为己有。因此硬说他们几个人是"集体舞弊",显然与事情的性质不符。最后事情就这么不了了之了。

五、亮平同志在宾县

1947年10月,何伟让霍明同志通知我:"现在事情已清楚了,你就不要回东北局了,省委希望你仍回鸡宁去当县委书记。"我说:"何伟同志处理问题这么武断,我恐怕在他领导下不好工作,我还是回东北局另行分配吧。"这样,我就同亮平同志到东北局组织部报到了。

到哈尔滨后,东北局组织部分配我到东北局民运部去工作。东北局民运部的部长是高岗兼任的,副部长是曾到法国勤工俭学的李大章同志。

到民运部以后,我听说东北局要吴亮平同志到松江省委作宣传部长,但他不愿意去,愿意到县里去工作一段,就把他分配到宾县当县委书记去了。

因为有前述所谓"集体舞弊"的影响,我想亮平同志的心情一定不会好,所以我担心他到宾县以后处理不好同松江省委的关系。因为我常到东北局俱乐部去玩,认识了当时松江省委的秘书长李华生。有一次我顺便问起亮平同志到宾县工作以后的情况,问他亮平同志这一段给省委写报告了没有。李华生说:"我没有见过他给省委写的报告。"我一听,不好,马上给亮平同志写了一封信,劝他一定要处理好同省委的关系。

很快,我就收到他的回信,并且附了一个清单,一项一项地开列了什么时候给省委写了什么报告,大概有六七份。以后,我遇到李华生,我还向他说了这个情况,李华生对我解释说,可能只是县委一般情况的报告,不是什么请示需要批复的,所以办公室就可能没有送给他。

六、我上中央党校时

1957年,我到中央党校学习,打听到亮平同志已调到中央办公厅工作,住在丰盛胡同,礼拜天曾到他家去看过他。

那时的丰盛胡同是一条小胡同,他家住的是个四合院。每次去,他都很亲切地询问起当年在东安地委搞土改时的一些老同志的情况,我就把我所知道的一些老同志的情况告诉他。谈起当年土改工作的一些事情,他也滔滔不绝地插话,我们谈得非常起劲。

有一次,我带着我的弟弟谭永年(他在冶金部工作)去看他,他非常高兴,他的夫人杜凌远还特地叫人买了好几斤大螃蟹请我们吃。

在中央党校学习的半年期间,我大概去看望过亮平同志三四次,土改时建立起来的友情一点也没有淡忘。

"文革"之后,我于1977年调到中央卫生部工作,邵宇同志(他曾在东安地区搞土改,时任美术出版社社长)告诉我,亮平同志已搬到东城艺华胡同住了。我曾约他领我到亮平同志家。此后,我每年总有两三次去看望他。

本文选自雍桂良等著《吴亮平传》,中央文献出版社2009年2月版,第238~245页。

第二编

东安根据地剿匪斗争回忆

关于东安解放前后的回忆

李东光*

当前的国际形势

1945年第二次世界大战进入末期,德国法西斯战败宣布投降。苏联宣布1945年5月9日为战胜法西斯德国的胜利纪念日。接着7月17日至8月2日苏、美、英三国首脑斯大林、杜鲁门、丘吉尔在柏林西南的波茨坦举行会议,讨论世界诸多大事。在此期间,中、美、英三国经过协商于7月26日发表了《中美英三国促令日本投降之波茨坦公告》,简称《波茨坦宣言》。后来苏联也成为这一宣言的参加国。在这种形势下,苏日战争即将爆发已成全世界公开的秘密。号称第二次世界大战的三大法西斯列强之一的日本军国主义惶恐不安,痛感大难临头,残败之日不可避免。据苏联边防军当时掌握的情报得知:日本在伪满洲国的军政委员家属急速返回日本,重要财物运往日本,毁坏灭绝人性的化学毒气实验基地等等。军心慌慌,恐战情绪日趋严重。官兵开小差的与日俱增,军力迅速瓦解,军心涣散,战斗力锐减,号称百万的日本关东军已处于不堪一击之势了。

苏军出兵并进驻东安

1945年8月8日,苏联政府正式对日宣战。早在六七月间,苏联就迅速从西方调运了大批陆军和特种兵部队陆续到中苏边境进行部署。苏联边防军在8月8日开始着手拆除国境线上苏联一方的各种障碍物,并急造军路,以便开战

---

* 李东光:时任苏联红军驻东安市卫戍司令部副司令兼翻译。

时接通两国交界处的道路。这一切,在8日黄昏前以极高的效率准备完毕。9日凌晨一时,按苏军最高统帅部的作战部署,开始炮火准备(即开始炮击)。经过30分钟对已查明的日本边境建筑的国防工事进行袭击后,首先由长期驻防的苏联边防军为先导部队,全线进兵越过中苏边境,向日本关东军控制的东北广大地区大举进军。由于日军的军心动摇,恐战心理极重,导致慌乱不堪。很多日军军官忠于日本武士道精神,纷纷破腹自杀,而士兵四处溃逃。实际上,日军已无招架之力。在当时"东安省"一带除虎头、龙王庙、当壁镇和绥芬河等少数据点发生过小的战斗外,日军没有大的抵抗,更未发生大规模的阵地攻防战。那时,不可一世的日本关东军已经是溃不成军了。只要苏军追上,不是自杀,甚至互相枪杀,就都举枪投降了。所以苏军进展迅速,很快就先后占领了虎林、密山、东安、鸡宁、穆棱、绥芬河等地。大批苏联第二方面军在空军和空降部队的配合下向佳木斯、牡丹江、哈尔滨大纵深挺进了。

苏军从8月10日就经过东安市向纵深进军了。决定驻东安市的苏军大约在十二三日到达。李希才是14日由梨树镇到东安市的,15日苏军东安市卫戍司令部正式成立。按原定方案卫戍司令是苏联内务部军官科·苏达科夫中校,副司令是米·德科切夫大尉和苏联边防军少尉(原抗联三军战士)李希才。当天正值日本天皇宣布无条件投降,晚间举行庆祝会,庆贺战胜日本军国主义和卫戍司令部的成立。直属部队一个步兵连,负责维持东安市的社会秩序。同时,负责为路经东安地区的苏军各部队提供方便,主要提供日军动向情报、当地社会简况、交通路线以及收留伤残人员,等等。当时东安市的社会秩序混乱不堪。地痞流氓行窃,抢夺财物,过路的苏军也横行霸道,强抢财物,酗酒闹事,强奸妇女,等等。卫戍巡逻部队遇到时,就严厉制止,有的害怕,听从管理,一走了事;有的则不服,互相开枪。这样死伤之事,就发生过多起。

当时李希才因工作需要,不长待在东安市,而经常往返于东安、鸡宁、梨树镇、穆棱、牡丹江和佳木斯之间。

在东安期间,李希才与米·德科切夫之间发生多次争吵。科·苏达科夫虽是司令,但具体实权都在德科切夫手中。当时以高金声为首的"东安维持会"都是些伪官吏、地主豪绅、帮会头头之类人物,很明显,是一群拥护国民党的反动势力。李希才非常厌恶他们,曾想暗地里打死他们,他们也非常恨李希才,但又怕他。李希才为了组织革命武装力量,曾几次提出将收缴的武器交给拥护中国共产党的人,如从西北被日军俘获的八路军(当时在东安地区服劳役),德科切夫坚决反对，说苏军统帅部有指令，东北将按波茨坦协定，由"中华民国政府"来接收。最后一次在10月中旬，争吵得特别激烈，直到双方动枪几乎要开火，被司务长宾金劝阻。当即李希才打电报请示边防军上级机关，经过允许，李希才辞去东安市卫戍副司令职务，立即奔往梨树镇，向边防军大尉朱玉卿（苏联名字依·格利诺科夫）汇报后，就协助朱玉卿工作了，于1945年11月末随苏军一起返回苏联。

李希才的回国和洽谈接收东安

1945年12月初，李希才返回苏联后，即向苏联正式提出申请回国，当时苏联同志劝阻李希才说："请你不要回去了，留在苏联加入苏联国籍，转苏共党，再提升你为中尉，你可以享受苏共党员、苏联公民和边防军军官的一切权利和待遇，过着幸福美满的生活。你若回中国还得南征北战，出生入死，不如留在苏联好云云。"李希才明确对苏联同志说："再过两个多月，我在苏联学习、工作、生活就8年了，这些年来苏联同志一直劝我加入苏联国籍转苏共党，我都坚决谢绝了，甚至遭到严厉批判，说我是狭隘的民族主义者，我都不怕。现在，我更加坚决要求回国，去组织革命武装队伍，同国民党反动派斗争到底，履行我做中国共产党员的义务，也是履行国际共产主义的义务。"李甚至不得不大胆说出："如果不放我回国，那么你给我的工作都是在中苏边境区域，我一定要偷着跑回去。"在李这样绝无改变余地的情况下，苏方才答应将其申请向莫斯科报告，请李等待。一直等到1946年2月18日，才通知李，莫斯科已批准李的申请，准许回国。李希才一家于2月23日，从苏方土里罗格乘火车起程，越过国境到达半截河子，在半截河子住了数日，李将其爱人张玉杰（也是红军时代的抗联女战士）和在苏联出生的3个孩子留在半截河子，要求维持会会长李某负责并保证安全无事，李希才便到东安去同苏军卫戍区官员商谈组织革命武装和接收东安问题。这次李到东安时，情况大变，卫戍司令已易人，是另一位苏军中校（只见一面，名字怎么也记不起来了），副司令仍然是德科切夫，他非常热情，对过去的争吵，表示歉意，说那时是听从上级命令所致。现在不同了，上级也有指示说革命的中国共产党也从延安派来大批部队来接收东北，还有从苏联回来的抗日联军的将士们，已在各地先后组织了强大的武装力量，可以同国民党反动派较量一场了。现在郭清典等反动人物要武器弹药，卫戍区坚决不给了，若是你们共产党要我们全给,得按规定,在绝对秘密的情况下进行。李在谈到就地组织武装力量问题时讲,经过分析成功希望不大,而且很小,有可能不要几天李就有被杀害的可能,在这种情况下,李在东安待了5天,白天李不外出,有苏军严加保护,同时又给穿上苏联陆军军装,并戴上苏军中尉军衔,以便于行动和安全。苏军同志在晚间带李去看仓库里的武器弹药和反动派的部队、公安警察驻地和警戒情况。又经过多次商量决定由苏军维持现状,由李希才去哈尔滨或牡丹江带部队来接收,到时苏军将郭清典等部队赶出东安。李便在2月28日晚由苏军用汽车送到半截河子,休息两天后,李便搭车到牡丹江,恰巧很快就会见了已被党组织任命为密山县委书记的梁定商同志。李向他介绍了东安情况,梁劝李不要去哈尔滨了,协助他去接收东安,正在这时,得知3月9日李兆麟将军在哈被国民党特务暗杀殉国。李希才悲恸万分!因为李在抗联三军少年连时,就是担任三军主要领导人赵尚志、李兆麟和冯仲云同志的警卫任务的。日夜为首长们站岗放哨,同李兆麟、赵尚志、冯仲云将军有着深厚的革命情谊。李向梁定商同志提出,去哈参加悼念李兆麟将军的活动,梁定商说:"当务之急是去接收好东安,这是最好的悼念李兆麟将军之举。"并劝李要将悲痛化为力量。李觉得梁定商书记说得正确,回国之心如此强烈,不就是要为党而战斗吗?所以接受了梁定商书记的劝告,决定协助他去接收东安。

接收东安的经过

接收东安市的准备工作,是在鸡宁进行的。主持人是中共密山县委书记、虎林独立团政委梁定商同志。梁定商特意将虎林独立团团长常永年请到鸡宁共同研究接收东安事宜。

经过分析认为尽管郭清典的反动势力很大,但我们接收东安市的有利条件,是可以取得胜利的。特别是有苏军卫戍区及其部队的支持,再调动虎林独立团进驻东安市,是完全能够控制住东安市的。同时决定在苏军撤出之前,还可以大力发展我们的武装力量,与反动的郭清典匪帮较量。这样,梁定商、常永年、刘荣和李希才一行于3月23日到达东安市。当晚,李希才与苏军卫戍司令部副司令德科切夫会见,通知他们中共接收东安市的主要负责人已到东安市,希望安排会见,协商接交事宜,当即决定次日秘密会见讨论,地点在苏军卫戍司令部办公室。我方出席的有梁定商、常永年、刘荣和李希才(兼任翻译),苏军是德科切夫和另外两名军官。梁定商说,中共党组织和东北民主联军上级指挥员派我们来接收东安地区。说明虎林独立团将进驻东安,并要再组建公安大队,请苏军给予大力支持。因为我们是一家,都是干共产主义的。德科切夫说,有关接收东安市的问题,李希才同志把苏军方面的态度早已转告了中国同志,近来我们已急着盼望你们早日到来。我们一定全力帮助你们的接收工作,只是在虎林独立团未到之前要严守秘密,苏军答应到时找个借口强行将郭清典的部队和公安警察赶出东安市,以确保接收工作的胜利。

接收东安的谈判进行得非常顺利,大家都很高兴,很振奋。常永年连夜赶回虎林。大约在4月10日,当虎林团接近东安时,苏军卫戍区命令郭清典及其公安部队立即撤出东安,否则苏军将采取军事行动,解除其全部武装。郭清典等反动头目及其部下怕被解除武装当即撤离东安向宝清移动。这时在苏军保护下,将仓库里存的所有武器弹药交给了我们,并决定暂时仍由苏军看管,我方随时可由李希才带人领取。接着我们就日夜忙于准备实际接收东安的工作。按地委决定,对外以"东安工作委员会"的名义,主任是梁定商同志,几位主要成员有常永年、刘荣等同志参加。部队由虎林独立团进驻东安市,同时决定成立市公安局,局长由常永年兼任,李希才任副局长,还决定成立东安工作委员会属下的公安大队,大队长由李希才担任,政治指导员是从延安来的干部刘荣担任。

那时,可靠的骨干奇缺,共产党员就更少,为此,李希才写信派专人去饶河、宝清邀请从苏联回来的原抗联战友李铭顺和何守田来东安市工作。何守田和爱人赵英玉带独生子立即奔东安来。不幸半路遇上匪军,一家三口惨死在敌人的屠刀下。李铭顺因也在当地组织武装力量,一时不能脱身,他先让爱人周淑玲带孩子们来找李希才。

公安大队的建成,非常迅速。其条件是必须拥护中国共产党,反对国民党反动派的人,要作战勇敢、不怕死的人才能参加。坚决不要地富和伪官吏一类的人物。大批受压迫的市民,特别是从关内抓来的劳工纷纷报名参加。还有因反对高金声、郭清典曾被关押的部分人员也被吸收进来。大约在4月7日或8日,公安大队已有130余人。不久发展到270余人。我们用从苏军接收过来的苏式武器把公安大队全部武装起来。公安大队下分一个特务中队、两个公安中队(相当于连的建制)。这支公安部队经过两天的紧急教育,主要内容是揭露日伪汉奸、警察、特务等反动派屠杀中国人民百姓的种种罪恶事实,揭露国民党反动派不抵抗日本的侵略,特别强调谢文东、郭清典之流就是国民党的地下军,他们就是要继续压迫剥削劳苦大众,揭露地主富农剥削压迫广大农民的种种事实。同时阐明中国共产党和八路军及其他人民军队是保护人民、为人民翻身得解放,要让人民大众当国家主人而南征北战的。无数先烈已为这一伟大事业而光荣牺牲了。我们要继续英勇战斗,人民一定会取得完全的胜利的……讲完课组织讨论,气氛极其热烈,大家高喊:"共产党好!共产党万岁!"政治指导员刘荣同志在采用阶级教育的政治思想工作方面,做出了重大贡献。因此公安大队的官兵士气旺盛,后来在历次战斗中表现得非常勇敢顽强,服从命令听从指挥。

　　这时,东安工作委员会颁发布告,宣布接收东安,行使临时政府性的一切权利。虎林独立团一路经过数次战斗后,也开进东安市。广大市民欢天喜地、笑逐颜开,老百姓扬眉吐气。但高金声、郭清典的残余势力,也不甘心失败,他们制造谣言说国民党一定要打过来,共产党长不了等等,抢夺暗杀时有发生。但由于当时苏军明显支持我们,而对郭清典部队严令不得采取军事行动,更不准进犯东安市,所以苏军回国前,东安地区暂时是平静对峙状态。

中苏双方的分歧和苏军撤离东安回国

　　苏军在撤离东安之前,就拆除了东安至虎林的铁路,拆掉仅有少数工厂设备运回苏联。同时强行运走大量大米、肉类、酒、油等物资。我们曾数次劝阻,均未奏效。苏军说,这是按上级命令行事。所以在4月26日的送别会餐上,就几度发生争论。我方一方面表示:代表中国人民向苏军致谢,感谢苏军帮助我们消灭了日本关东军,解放了全东北,在交接过程中卫成司令官和部队给予大力支持和帮助,给了我方许多武器和弹药,这对我们今后对付国民党反动派作战大有帮助,全体党员、军人和广大人民永远不会忘记苏联红军的援助;另一方面也指出对苏联撤离时拆除设备、运走物资表示遗憾。而德科切夫强调苏联是以国际共产主义精神,牺牲流血,大公无私地援助中国。不仅解放了整个东北,而且在各地的苏军都秘密地将武器弹药交给中共方面,你们应该只有感谢,不该提出批评。并说明所以拆除铁路和工厂设备,是出于防止国民党来接收进而反对苏联给他们制造一些困难所致。因为苏联担心,中国共产党的力量可能打不过国民党"政府"的军队云云。同时还说明苏军撤离时将把高金声等四人以"保护"他们的安全为由,带回苏联去,以防苏军走后他们再组织更大的反动势力来对付中共力量,这都是为中国共产党好,让我们深刻理解苏军的好意。就这样驻东安市的苏军在4月27日全部撤出东安市回国了。

送还给苏联三名逃犯

大约在5月10日前后,虎林县虎头收留了从苏联伊曼附近越境逃跑的三名苏联劳改犯人,由虎林公安局派人押运到东安市。梁定商书记要李希才出面审讯。这三名劳改犯人现记得一个叫察依采夫的,其他两人名字记不起来了。他们以为我们是国民党官员,一见面,他们就说是投奔中国国民党"政府"的,并请求国民党政府把他们转渡到美国去。问他们为什么,他们说,他们三人是反苏反共的政治犯,他们反对一切共产党,也反对中国共产党,拥护中国的国民党以及"政府"和军队。所以冒着生命危险夜间偷越国境到中国来,以便投奔美国,寻求自由世界,等等。李希才问完后,让每人写个材料,包括简历、在苏联犯罪事实,以及越境情况和要求去美国的理由,并限令当夜写好。然后李希才向梁定商同志汇报并决定第二天由李希才负责将三名苏联逃犯引渡给苏联。这天一早,李希才去收了三人写的材料,带着市公安局一个班的武装战士,用一辆卡车将三名逃犯蒙上眼睛送往苏联六九边防大队所在地土里罗格,因那时边防已封闭,我们汽车停留在我国土地上。李希才带警卫员首先过境向边防军说明来意后,苏边防军汽车很快赶到边境,将三名逃犯交接完毕后,六九边防大队大队长柯巴林上校和情报处副处长朱玉卿大尉在土里罗格宴请了李希才,并畅谈了别后之情。同时与逃犯单位联系,得知三犯原不是政治犯,而是刑事犯。这次可真的成了重大的政治犯了。柯巴林上校一再表示感谢,并赠送了枪支、望远镜和大批弹药,深夜才送我们出境。

到该年8月份我们同苏联洽谈边境贸易时得知,驻土里罗格的六九边防大队为此事件受到表扬奖励,而虎头对面的边防军受到批评和处分。

为保卫东安市与郭清典匪部的"拉锯战"

苏军回国之后,谢文东的国民党地下军主力之一郭清典部队,就兴风作浪地活动起来,不断地进犯东安市的郊区,特别从北面太平碇子和西面的连珠山方向向东安进犯。有时也从东面窜扰东安市。但都遭到虎林独立团和公安大队的阻击,未能进入东安市。郭清典匪部不甘心"靠边地位",于是不断扩大自己的部队,扬言他们是中国国民党"政府的正统部队",是代表"政府"的,一定要打败"共匪",掌握国家和地方政权。并且威吓人民说谁要拥护共产党就枪毙谁。还派特务到东安市内造谣惑众,搞得东安市的民心也就不稳定了,谣言四起,说什么的都有,真是混乱不堪。

从苏军撤离后,小的交战几乎天天都有发生。大约在5月15日,驻守在连珠山的虎林独立团一个连遭郭清典部队的强烈进攻退下山来。公安大队接到梁定商书记的通知后,由大队长李希才率领大队主力,乘两个火车头(那时东安站没有车厢,战士们多自找位置,只要能站或拉住人的地方就行)赶到东八方,然后一举夺回了连珠山。那时的公安大队战斗力较强,全部苏式武器装备,弹药充足,部队士气高昂,从建成从未打过败仗。这次战斗中打死敌人30余人,俘虏40余人,缴获武器近百件。这次战斗的胜利,给郭清典匪部打击不轻,平静了几天,双方都准备要打更大的仗。大约在5月23日,得到郭清典调集了祁少武等部队,共计2 000余人要攻占东安市的情报。于是梁定商书记召开紧急会议,经过简明扼要的讨论决定:敌众我寡,为了保存实力,万不得已,得有组织地、主动地暂时撤离东安市。撤退方向是先撤到密山,然后再视战况发展决定是死守密山县城还是继续向鸡宁撤退。并决定临时撤退时,对在公安局在押犯人的处理原则是,凡是属于反革命性质的人物就地枪决,其他人一律释放。凡不能带去的文件、档案一律焚烧掉,等等。

情报确实准确,郭清典匪部于5月24日晚经过战斗,占领了连珠山、太平砬子等地,并继续向东安市北郊接近。我们估计郭匪部队在夜间,至迟25日拂晓一定要向东安市进犯,梁书记指示,做好撤退准备,组织好后卫部队阻击敌人追击,免受损失。公安大队担任后卫任务,首先将伤病员、干部家属,特别是抗联老同志周淑玲一家等,派战斗小组保护先行离开东安市。在撤离市区时,同敌人有几次小的战斗。部队到密山城时已近黄昏时分。

在密山县城战斗的一天

我们部队撤到密山县城后,立即布置部队防守敌人继续进犯。梁定商书记决定常永年团长指挥的虎林独立团防守城西和城南面,李希才指挥的公安大队防守城北和城东面。是否继续撤往鸡宁,要看战斗进展情况再决定。并命令部队除担任警戒任务外,都要抓紧时间吃晚饭,然后好好休息,准备第二天更激烈的战斗。

5月25日拂晓，敌人就向密山县城进犯，遭到公安大队的顽强抵抗，战斗非常激烈，上午10时许，敌人一度越过穆棱河向县城冲击，这时李希才大队长率领部队进行反冲锋，将敌人打退至穆棱河北岸。因那时庄稼刚出土，视野非常好，敌人一过河即能发现，就遭到我方猛烈的火力杀伤，双方就在这样反复冲击中。下午4时许，敌人再次冲过穆棱河，又遭到公安大队猛烈的反冲锋，又把敌人压回河北岸。这时梁定商书记向常永年团长、李希才大队长宣布决定：进入黄昏后，撤出密山县城，撤退方向是鸡宁。同时决定虎林独立团先撤，公安大队仍然担任后卫。但当我们撤出县城到集中地时，发现虎林独立团未按规定到达（后来得知虎林独立团开往虎林去了，因为该团成员绝大多数是虎林人，那里的组织纪律也不够严，可能部下要求回虎林强烈，常永年团长不得不带回虎林去吧，后来组织考虑到当时的具体情况，未予追究责任）。梁定商只好带着公安大队经三梭通、半截河子开往鸡宁，一路没有再发生战斗，但是公安大队270余人的队伍，从密山县城撤出后，剩下不到120人了。这样大量减员的原因，除部分伤亡外，一些不坚定分子暗自开小差跑了，还有极少数投敌人了，其中就有原密山县城公安分局局长等人。那天敌人伤亡也很惨重，只是穆棱河桥头南岸就有百余人被打死。

后来得知，5月26日这天郭匪部队攻占东安后，疯狂地镇压和屠杀市民百姓，凡是被告发同情或支持共产党的人，都惨遭枪杀，特别是朝鲜族人民受害最重。因为虎林独立团和公安大队朝鲜族战士战斗中杀敌勇敢，在社会上大有名气，匪军特别怀恨他们。

准备再次解放东安

梁定商同志带领我们公安大队百余人路经三梭通、二人班、平阳镇到达鸡宁。当时中共东安地委就驻扎在鸡宁。我们到达后，梁定商同志向地委书记吴亮平同志汇报了撤出东安市和密山县城的战斗经过，以及郭清典匪部的兵力和活动情况。当时就决定要坚决收复东安地区，根除匪患。

经党和军事首长研究决定派出强大部队去解放东安。初步安排由刘转连为旅长、晏福生为政委的三五九旅，合江军区以肖荣华为司令员、谭文邦为政委的三支队合力歼灭谢文东、郭清典匪军，完成解放东安地区的任务，同时开始解放东安的准备工作,特别是部队的政治思想工作和战斗的军事训练。

三五九旅有三个团。牡丹江军区三支队有两个团(第十七团和警卫团)。警卫团团长王景坤、政委吴美邦,他们都是从延安来的干部,政治水平高,战斗经验丰富,指挥能力强的老八路。原东安市公安大队剩下的百余人,奉命编入警卫团编制内。原公安大队长李希才同志改任为该团司令部作战参谋。警卫团下设三个营:一营营长赵桂连,政治教导员是时政军;二营营长刘××(名字想不起来了),政治教导员是王绍金;三营营长兼政治教导员是侯克。该团人员充足,武器装备也好,战斗力很强。特别是第三营,军事训练有方,服从命令听指挥,英勇善战,战绩突出。

向东安进军解放东安

部队经过20天的集训,政治思想、军事素质有了很大的提高,求战情绪高涨,各个连队都纷纷呈报请战书,特别是都争当"尖刀连"的任务。在6月20日得到上级命令解放东安的任务,由三五九旅全部和牡丹江军区三支队的警卫团来执行,四个团的兵力,由刘转连旅长统一指挥。

6月21日早,警卫团召开全团战斗动员大会。王景坤团长站在桌子上做了战斗动员讲话。他简明扼要地总结了部队集训期间成绩好的连队和有关干部、战士,接着就宣布向东安进军,迅速解放东安的命令。号召部队要坚决服从命令,听从指挥,战斗中要机智勇敢,不怕流血牺牲,特别强调指出要轻伤不下火线,重伤不哭,要狠打猛追国民党匪军。力求全歼敌军,解放东安地区的劳苦大众,使劳动人民群众不再受国民党及地主的压迫和剥削,为将要建立的人民政权建立功勋……

按刘转连旅长的命令,兵分两路:三五九旅主力沿铁路向东安进发;另一路由警卫团和十七团沿公路经平阳镇、半截河子向东安开进。我们的先头部队接近半截河时,都曾与敌人接触,发生小的战斗。敌人边抵抗边向东撤退。我们警卫团穷追猛打,战斗越战越激烈,在接近三棱通时,发现敌人大股部队沿公路向东北方向撤退。这时,王景坤团长命令李希才指挥的两辆装甲兵车出击杀敌。李希才亲自指挥装甲车迅速开进敌人部队的中间,突然停住,用两辆车上的两挺重机枪和近二十支冲锋枪向敌人四散的队伍中猛烈开火,因距离近,火力猛烈而集中,敌人伤亡惨重。这时步兵部队迅速从两面包抄匪军四散部队,这次战斗历时40分钟，敌人死伤180余人，俘虏官兵200余人，其中被活捉的有原密山县城公安分局局长（名字记不清了）。我军5月25日撤出东安时，他带部下向匪军投降，并被郭清典封为中校团副，他跪在李希才面前，求其饶恕一命，李希才宣布：你是投敌叛变，想升官。你是不可饶恕的敌人，必须枪决。当即就把他处决了。在这场战斗中，缴获各类枪支500余支和大批弹药。

在这场战斗将要结束时，李希才指挥的另一辆装甲车车内发生掷弹筒弹爆炸事件，死伤8人（这次战斗我军伤亡近50人）。两辆装甲车在战斗中冲进敌人大部队中间，猛烈向敌人开火，对全歼该敌起了重要作用，战斗结束后，受到团长和政委的表扬。待警卫团开进密山县城时，三五九旅部队已先期到达。这时驻守在东安市的郭清典匪军，在三五九旅的猛攻下，节节败退。在东安西部，连珠山以南地区激战中，敌人伤亡惨重。郭匪见抵挡不住，便狼狈逃向完达山一带。三五九旅于6月22日进驻东安市，宣告东安市彻底解放。

中共东安地委迁至东安开展工作

在6月22日我军解放东安后，以吴亮平同志为首的中共东安地委从鸡宁迁至东安市开展工作。

这时牡丹江军区三支队也奉命改为合江军区第二军分区。军分区司令部、政治部就驻在东安市。分区司令员是谭文邦，政治委员是吴亮平（兼），副政委是肖前。分区下属两个团，即警卫团、第十七团。原各县的独立团都改编为县人民武装大队。

当时的地方形势仍然是混乱而紧张的。国民党地下军谢文东匪部活动在东安以北、宝清以南的完达山、大小主山和大八山地区。三五九旅已在追剿中，地方工作更是千头万绪，百业待兴，但整个地区已被我军控制住了。在这种形势下，东安地委有组织地发动群众，宣传我党的方针政策，积极筹建各级人民政权和充实党和政权机关工作。与此同时着手准备进行土地改革工作。同时建立地方各级武装，如县武装大队，并号召劳动人民要翻身得解放就要大力支援人民军队，号召人民子弟参加人民军队，等等。

在东安组建了我军第一所空军学校，叫东安航校，校长是常乾坤同志，副校长是国民党空军最早驾机起义到延安的刘善本同志（刘非常喜欢打篮球，我们经常在球场上交锋，友谊颇深），可以自豪地说，东安是中国人民解放军空军的发源地，这是东安的骄傲！与此同时还在东安组建了一个炮兵装甲兵学校，还成立了兵工厂，负责维修和制造各种武器弹药。

与苏联开展边境贸易

经事先联系，苏联边境贸易谈判代表团大约在1946年8月末到达东安市。吴亮平同志亲自接待并主持谈判。当时在军分区司令部任侦察参谋的李希才担任翻译。谈判进行得非常顺利、非常成功。经双方商定，我方向苏出口主要是大豆，外加少量肉类，苏联向我方提供汽油、布匹，同时答应将苏军缴获日本关东军的坦克、装甲车、各种火炮以及我方急需的机械设备等移交给我方。双方商定交换物品的口岸是在当壁镇地段出入境，运输工具全部由苏方负责，后来在实施过程中都是苏联边防军用大卡车运送的。自谈判达成协议后，中苏边境基本是开放的，双方人员经常友好往来。

本文选自任明田主编的《密山党史资料丛书·剿匪斗争》一书，中共密山市委党史办1989年7月印，第107~123页。

东安剿匪回忆

韩　星[*]

缴械平阳镇治安队

1945年9月中旬，我在陶宜民的领导下，徒手从哈尔滨出发，在10月上旬

---

[*] 韩星：时任鸡宁独立团二连连长。

来到鸡宁县。在苏联红军驻鸡宁司令部帮助和支持下,经过6个多月的艰苦奋斗,克服了种种困难,两进鸡宁。最后把反动武装公安局缴了械。1946年2月建立人民的公安局,在这个地区经过两个来月的奋斗,收缴敌人一部分武器弹药,成立了一、二中队,在这个基础上又建立起一支人民的军队——鸡宁独立团。团长邵洪泽,我被调到独立团二连担任连长。

独立团成立不久,有一天,团长邵洪泽交给我连一个战斗任务——去把平阳镇的反动武装治安队的武器缴下来,并把治安队长抓回团部。我接受任务后立即带领全连战士从鸡宁出发,在当天下午两点到达平阳镇。镇上的商务会会长前来欢迎我们,全连都住在镇上商号家里,可是这个治安队按兵不动,都驻守在炮楼里,警戒森严。我连在该镇住了几天,了解到该治安队有二十几名队员,二十五六支长短枪。在伪满时期这些队员都曾为日伪政权效劳。治安队长是此地大地主,姓李,是日伪政权的忠实走狗。反对我民主联军,依靠国民党中央接收。这个治安队的营房,是过去日本守备队遗留下来的,为钢筋水泥建筑,二节炮楼式。炮楼的四角有斜对的堡垒,墙周围都有射击的枪眼,室内有进入阵地的通道。这支反动武装都在炮楼里,有情况马上进入阵地。这个炮楼在镇的北面,距离有300米远,其他的三面都是开阔地。由于炮楼坚固,地形险要,我们连的人数虽然超过他们几倍,但一时难以攻破。

我和指导员分析了上述情况,决定采取不流血的战斗,把这支反动武装消灭掉。我们借口说研究镇上的治安情况,把治安队队长"请"来,参加我连召开的会议。

那天前来开会的有商务会会长、治安队长、一个文书、一名警卫员。当他们要到达时,我带几名战士到门外表示"欢迎",等他们一到连部的院子里,我在其后把手枪掏出来,高喊一声:"不许动!把手举起来!"随后缴下三支手枪。押到屋内简单地对他们训令说:"领我们回去收缴枪支,要是你的手下开枪的话,我就先把你们几个人打死。"我和指导员商定,他在连部掌握部队,听到枪声马上带领部队出动进行战斗。我带一个班由治安队长领路到治安队驻地缴械。一进治安队的院,我命令全班先把岗哨的枪拿下来,然后迅速冲进炮楼的墙根底下射击眼的一旁,准备好手榴弹,里边要是一开火,就把手榴弹顺着它的炮眼投进去。我和几名同志用枪顶着治安队长的后背,让治安队长向他的队员喊话,徒手出来集合。听到喊声后,治安队员们不敢怠慢,乖乖到院子里集合。紧接着,我们这个班进入碉堡进行搜查,共搜查出大小枪20多支,子弹3 000多发。

我们宣布解散治安队，放他们回家，然后带治安队正副队长，当天就赶回团部，向团长汇报了这次完成任务的情况。

鸡冠山之战

鸡冠山战役前土匪动向的情报，是由我东北民主联军三支队司令部侦察科提供的。他们了解到敌人准备攻占鸡宁的行动计划，因此三支队司令员肖荣华和政委谭文邦亲自召开了连以上干部会议，介绍了土匪情况，部署了战斗任务。战斗是三支队司令部作战科长高兴同志亲自指挥的。1946年4月下旬，以谢文东为首，李华堂、张黑子、孟尚武及其他土匪头目集结在一起，准备占据鸡宁扩大反革命地盘。他们准备以主力部队首先抢占鸡冠山，作为进攻鸡宁的指挥部。另一支以杨世范为首的土匪部队，占领鸡宁北面城子河和西鸡宁车站等地，把三支部队包围起来，全部消灭在鸡宁。这就是匪首的如意算盘。

根据敌人的意图，我三支队采取了强有力的回击战术。主力部队十四团和十七团的任务是首先抢占鸡冠山制高点，坚决守住鸡冠山，敌人胆敢向我部队进攻，就把敌人消灭在山的半截腰或是山底下。守卫鸡宁司令部的部队，有一、二、三警卫连，炮兵连负责鸡宁车站和城南的发电厂一带，城北面的大桥和北面的穆棱河由独立团二连把守，我独立团在滴道没有动，作为司令部的机动部队，挡住从滴道进攻的来犯之敌。1946年5月15日，谢文东率其匪部向鸡宁发起了进攻，可是鸡冠山早已被我十七团占领。土匪组织了几次兵力向我十七团猛扑过来，妄图抢占鸡冠山的制高点。在我十四团的紧密配合下，协同作战，终于把来犯之敌击溃了，杨世范的土匪一看，如果再进攻，就有被我部队包围的可能，甚至把他的部队给消灭掉，所以赶紧逃跑了。谢文东妄图占领鸡宁的美梦彻底破灭了。

半截河子偷袭取胜

敌人虽然在鸡冠山的战斗中失败了，但是他们从人数到武器还是超过我们几倍，还有较大的对抗能力，因此我们仍处在敌强我弱之中。三支队为了尽快把这股匪徒消灭掉，又重新调整了部队，将独立团和警卫团合并，原警卫团团长王景坤仍任团长，原独立团团长邵洪泽为警卫团的副团长。原独立团二连改为

第二编
东安根据地剿匪斗争回忆

警卫连,由我担任连长。1946年5月底,我警卫团出发到东安地区,与孟尚武为首的匪徒,每天都有接触战斗,今天匪徒攻我们,明天也许我们又反攻匪徒,进行拉锯式的战斗,我部队几乎每天都被匪徒包围,一个月左右,仍看不出谁胜谁负,部队都搞得人困马乏。我记得那天过五月节,我部队从二人班退下来到半截河子,土匪的队伍在后面紧追部队,我们退到半截河子北山熊家大院一带地方时,占领了有利的地形,发挥最大的火力杀伤敌人。土匪部队的一个炮团向我阵地和指挥部轰炸了两三个小时,并组织多次进攻,都被我部队击退。敌人在我前沿阵地上伤亡很大,但我们的伤亡也很大,在这种情况下我们又撤到半截河的北岸,永安镇一带住下。敌人住在半截河子的南岸,与我们相距15华里。因为一天都没有吃饭,所以战斗暂时停下来,我们吃饭、休息。正在这时,团长的警卫员来了。他说团长叫我马上去,我就跟着警卫员小王来到团部。我看看表,时间才6点钟。团长下达命令,让我带上一个排,晚9点出发插到敌人的驻地,用猛烈的火力向敌人射击,扰乱敌人,叫敌人得不到休息。这样使我们的部队晚上能够安全睡眠和很好休息,明早向敌人发起进攻。

我接受任务回来后,马上向全体同志做了简单的动员,然后带着一个排准时出发了。

我部队和敌人的队伍相距15华里左右,中间隔着一道大河,敌人在河的南沿,靠近大河边的所有屯子都被敌人占领了。我部队驻扎在河的北边,永安镇一带村庄都被我部队把守着。桥的南头是日本修的一个碉堡,被敌人占据,并在桥头上加放岗哨把守这座大桥。永安镇到半截河子有一条公路,两旁的青草都长得很高,那天晚上风又很大,我排顺着公路下边小道前进,到达大桥的北头时,部队散开,各找一个有利地形,做好了战斗准备。我们在桥头停了十几分钟,没有听到敌人有什么动静,我命令李排长带上一名战士顺着大桥底下趟河摸过去,看看敌人究竟在那干什么,我们好下决心打他们,一旦被敌人发现,迅速从桥下撤回来。李排长他们离岗哨有四五十米时,听到敌人哨兵的说话声,有五六个人,离桥头有十几米远,可能天气太热,他们都没有待在炮楼里,李排长把敌人的岗哨都侦察好了,马上又顺着桥底下趟河退了回来,敌人一点也没有发现。我听了他们的情况后,立即带领这个排在敌岗哨侧面渡河,绕过岗哨的后边以迅雷不及掩耳之势,用机枪、步枪、手榴弹先把敌哨兵消灭掉,回过头我们就往敌人驻地射击,喊杀声闹得敌人不知道我们有多少部队,吓得敌人把整个部队都撤到山上,做好阻击的准备,等到敌人听出来我们只有几十个人干扰了他们的时候,我们已迅速、安全地撤回北岸。这次骚扰,敌人桥头岗哨死亡2人、负伤2人,我们共缴获步枪4支、战马8匹。

因敌人已与我们连续接战多天,又加上昨晚弄得人困马乏,所以我们大部队在拂晓前向敌人发起进攻时,他们的岗哨都在抱着枪睡觉,屋里士兵也都在蒙头大睡,因此被俘虏了200来人。我们还缴获了190支步枪、轻机枪4挺、掷弹筒2个、子弹20 000来发,还有其他的军用物资若干。后边的敌人听到枪声,没敢与我们接触,就撤到二人班那边去了,因此半截河子一带又都被我团占领。

强攻眼珠子山

虽然在几次战斗中,我们取得了一些战果,但仍未扭转敌强我弱的局面,敌人的力量还是大大地超过我们。在东安这个地区,只靠我们三支队的几个团是很难消灭这个地区土匪的。根据上述情况,我三支队向东北民主联军总部做了汇报。6月中旬,总部派三五九旅来鸡宁一带剿匪,三五九旅共有五个团,为了统一部署,总部决定把我三支队的警卫团临时配备给三五九旅。该团有2 000人,由团长王景坤率领,这样三五九旅共有6 000人。三五九旅是久经战场锻炼的一支部队,在战略和战术上有丰富的经验,是支闻名全国的部队。虽然土匪在饶、鸡、密、虎、宝几个县共有一万二三千人,但只跟三五九旅接了两仗,一万多土匪基本上都被消灭掉了。第一仗就是在东安的西边眼珠子山,第二仗是在宝清的南边龙头桥。

根据我旅侦察得来的情报,以谢文东为首的土匪,早就知道了三五九旅要来这一带和他们作战,于是他们也调兵遣将,把这一带大大小小的土匪部队都调到眼珠子山一带有八九千人,配有轻重机关枪四五百挺,各种大炮几十门,除了没有坦克外,其余的轻重武器并不亚于我旅装备。眼珠子山地形险要,山势很高,山上有当年日军对付苏联时修的碉堡群。土匪占据这个有利地形,要与我三五九旅决一死战,妄想把三五九旅消灭掉一部分,迫使我部队退回鸡宁,这就是谢文东的野心。

战前,我军由刘转连旅长亲自组织召开了连以上干部战斗动员会,传达上述敌人的阴谋和我们作战的方案,同时也说明了要把眼珠子山攻下来,并非容易,可能要付出很大的代价,要不怕牺牲流血,克服困难,必须在眼珠子山消灭大部分敌人。三五九旅的部署是:从正面进攻的有一个步兵团、一个坦克团和一个炮兵团,插到敌人后面有一个步兵团、一个主力团和我们警卫团,还有一个机动团部署在指挥部的后面,以防备敌人从后边偷袭。1946年6月下旬的一天,我部队在拂晓向敌人发起进攻。我炮兵向眼珠子山制高点敌炮楼群连续炮轰几个小时,将大部分碉堡阵地摧毁。上午10点钟,我们一部分部队在坦克团的配合下,向敌人发起猛烈的进攻,使敌人死伤很重,一部分敌人向我们举手投降,当了俘虏,我们夺得部分敌人的阵地。这时,插到敌后那个团切断了敌人的后路,捣毁了敌人的指挥部,使敌人前后失掉了联系,各种物资和弹药都送不到前沿。在这种情况下,敌人勉强挨到晚上,不得不从阵地撤下来,狼狈地向东安逃窜。紧接着,连饭都没敢吃,连夜向宝清逃跑了。虽然我们在眼珠子山战斗中损失也很大,可是这一仗把敌人打得丢盔弃甲、望风而逃,打出了三五九旅的威风,给反动派很大震动。

这场战斗取得的战果如下:敌人死伤400多人、被俘虏500多人,缴步枪1000多支、子弹15万发、野炮2门,小炮、迫击炮、平射炮等十几门,其他的军用物资若干。

巧取龙头山

我部队在东安修整两天后,由东安出发向宝清方向追赶敌人。通过几百里的森林小路,有时走一天只遇到十户八户人家,根本无法住宿,行军走了六七天,基本上都是在野外宿营。一天,我们走到位于宝清南四五十华里之处。龙头山桥的附近,在森林里安营扎寨。由我旅的侦察员汇报了敌情。

三五九旅的第二仗就是在龙头山桥打的,龙头山顶上,有日本修筑的工事,上层是炮楼,炮楼的东、西、南三面都设有枪眼,北面山底下是一道大河,宽二三十米,有一两米深。这个山是在河的南沿,山上炮楼驻守一个连的敌人以把守宝清的南大门。在眼珠子山作战时败退的土匪逃到宝清后,与当地土匪结盟,企图共同阻止我军的进攻。

宝清县有个地头蛇,原是伪满的警察,日本投降后,他组织起一支五六千人的队伍,自称"于司令"。他的部下再加上跑到宝清的土匪共有一万二千来人,"于司令"担任反动武装部队的总指挥。他准备在龙头山桥和我三五九旅作战,迫使我旅退回东安,敌人又往龙头山桥的河北沿派去一个步兵团和一个炮兵营,驻扎在距龙头桥大约一公里处。那里是一块开阔地,边上有群山,他们的增援部队就驻扎在山脚下,士兵住在新搭帐篷里。"于司令"的总指挥部在宝清,这里只有一个前线作战指挥部。

我三五九旅的作战部署是:一个团插到敌人的后面,在树林里做了一些木排,战士们乘坐木排,顺龙头山桥上游渡河,比我们正面进攻的部队提前一天插到敌人驻地后边隐蔽好,等我正面部队跟敌人开火时,采取行动不让敌人跑掉。我部队采取正面进攻,后面阻截的战术,切断敌人后援部队,使敌人前后失掉联系,首尾不能相顾。

主攻龙头山的部队只用了一个排的兵力,其余几个团做好一切战斗准备工作,在龙头山附近的树林里待命,只要听到龙头山上的枪声,我们的部队就急速进击。

此时是7月初。这天,我主攻部队一个排全部伪装,摸到离炮楼只有四五十米的小树林,悄悄潜伏在那里。排长召集了几个班长,观察敌人的动态:炮楼里有20多个人正在那推牌九玩。有一个哨兵顺着窗户口往里看推牌九的,根本没心思站岗。当时正是伏天,很热,还有几个兵都在大河里洗澡,连裤衩都没穿。我军战士把敌人的情况弄清楚了,同时把冲锋的路线选好,做好一切准备。当天下午两点来钟开始冲锋,速度非常快,等炮楼里的敌人发现我部队时,全排战士已冲到炮楼跟前,顺着窗口和炮眼投进去一颗颗手榴弹。随着手榴弹的爆炸声,我们高喊口号:"缴枪不杀!"没被炸死的匪兵都乖乖地举起手投降了。在大河洗澡那部分匪兵都跑到河北沿,没敢回来,龙头山上的战斗,只用20分钟就胜利结束了。我排当时在炮楼里牺牲6名同志。这时我们后边的大部队也冲上山顶,占领了阵地,接着开始跟河北沿的敌人进行战斗,我坦克部队顺着大桥的公路冲进河北沿的敌人阵地。敌人一看大势已去,就往宝清撤退,但敌人被他们后边那个团的汽车和大炮卡住过不去,大部分匪兵只得向我旅缴械投降。只有一少部分敌人从树林里逃窜到宝清。

我部队打扫完战场,晚上7点钟就从龙头山出发追赶敌人。走到离宝清20里路的二道河子,我旅分成四路准备进攻宝清。这时,县商务会派人前来报告土匪的情况,说敌人没敢在宝清抵抗,全部撤走了。我们进城时,宝清的市民在南门搭起牌楼,横额上写着"欢迎我东北民主联军"几个大字,并在门外四五里的路两旁夹道欢迎。

自称"于司令"的部队,是在宝清当地组织起来的。日本投降后,家家都有日军遗弃的枪支,经过"于司令"鼓动,都上他那去当兵了,有的家甚至好几个人都在这支部队。这个"于司令"从县里撤出来后,他的士兵带着武器都逃回家隐藏起来,伪装成老百姓。根据敌人上述情况,我政治部贴出布告:"反动派的组织成员,只要是携带武器向我部队投诚的,不论罪过大小不追究个人的责任。"由于我部队强大的政治攻势,"于司令"的士兵纷纷主动投诚,一天到晚从四门进入,向我部队送交武器。有的一个人背三五支枪,有的用马车拉着送来,几千人的反动部队只用了十几天工夫就搞垮了。"于司令"成了光杆司令,不知道他潜伏到什么地方,也没有抓着。

谢文东带着一部分部队逃往佳木斯地区。饶、宝、富这三个县原有两三股土匪,人数不多,最大的帮有100多人,最小的帮只有几十人。这时上级政府派人来接管宝清的县政府,从此宝清这个地区基本安定了。我三五九旅在宝清整休不到两个星期就又出发,前往佳木斯方向追赶谢文东。只留下警卫团在宝清县继续清剿土匪。有极少数土匪潜伏在老百姓家里,武器没有上缴。我团在宝清县不到两个月,人民的县政府、公安局和县大队都建立起来,以此,有能力保护这个地区老百姓的安全了。我警卫团和独立团合并到一起后,不久又分开了。警卫团调回牡丹江军区,我独立团留在这个地区,担负消灭那几股土匪的任务。独立团长姓郭,政委姓王,我团从1946年10月底离开宝清县去饶河县剿匪。这时我还在独立团警卫连当连长。

全歼李云声匪部

据我侦察员报告情况:从富锦地区被我军打得没有站脚之地的土匪,逃到饶河县七里信子屯,隐藏在大森林里。土匪把这个屯子三十几户老百姓都封锁起来不许外出,他们要想在这里过上一个太平年。他们在山外老百姓家里抢来很多好吃的东西,有大米、白面、猪肉和喂马的草料,以及其他一些日用品,都运到七里信子屯。这伙匪徒总共120人,都是骑兵,有两挺轻机枪。匪首是富锦县一个大地主,叫李云声。

但土匪想过个太平年的如意算盘打错了。他们哪知道这个屯里有我团的侦察员在这里住着呢。我们的侦察员经过两天侦察,敌情了解得一清二楚,晚上偷偷地溜回来找到部队,向团首长汇报了准确的情况。我部队离土匪驻地仅有30华里。我团也在那个屯子住过一次,对地形比较熟悉。屯子前边有一华里的开阔地,周围是大树林。出了大树林,离敌人的住处只三四十米远了。屯子后面的大山上也长着很多树,屯子的西头是通往宝清大合镇的一条小道,而且是大雪封山的冬天,地形对我们进攻非常有利,只要我们把屯子包围,土匪一个也跑不掉。根据这种情况,我团决定用3个连的兵力包围屯子。因为雪厚路滑,走路非常困难,我们在晚上用了6个小时才把这个屯子包围起来。拂晓时,先从南面向敌人发起冲锋,出了树林很快就到了房檐底下,一看土匪都在睡觉,我们的战士冲到屋里,土匪还不知道是怎么一回事呢,等他们明白过来已经晚了,只好束手被绑。有的土匪还在吸大烟,听到动静,在屋子里负隅顽抗,向我们开枪。战士们随手向屋子投了一些手榴弹,没炸死的土匪一见大势已去,立即把枪扔出来,举手投降。匪首李云声和一个女人正在一个被窝睡觉,连裤子都没有穿,他用手提着裤子向我排长开枪,把排长打死在窗外。他认死不交枪,用手枪与我们抵抗。我们的战士把手榴弹连续投进屋里,把匪首李云声的手和大腿炸伤,他手压不上子弹,再也无法抵抗了,我们战士从窗户跳进屋里把他活捉了。这场战斗从开始到结束只用了30分钟。除去击毙的,俘虏敌人90多人,这伙土匪全部被歼灭了。缴获了轻机枪2挺、大小步枪110支、子弹10 000多发、军马130匹,其他物资若干。我团把匪首李云声和一些坏头头送交富锦县委处理,其他都释放回家。

消灭最后一股土匪"尤鞑子"

饶河县李云声这伙土匪被消灭后,这个地区土匪还剩一股。匪首姓尤,外号叫"尤鞑子"。日本投降后,他把饶河、虎林、宝清三县的猎手组织在一起有四五十人,全是骑兵,而且枪法准。他们非常狡猾,对这三个县的山道很熟悉。这股匪徒虽然很少,可是很不好对付。我团已几次派人前去与他们谈判,叫他们投降,但他们的态度蛮横,坚持和我们为敌。当地老百姓对我们说,在伪满时,日寇把持的县政府卖给他们每户一支枪,并发给打猎证明,这些人一年四季在山上横逛,谁也不敢挡他们。这伙土匪不管天寒地冻,情况一紧张,他们就在山上野营。我们的部队每天顺着他们走过的马蹄印追击阻截,有时土匪占到有利地形,没等我们部队发现,他们就先向我方部队开枪,等我们部队刚散开,他们就撤走了,我们挨了打还没有看到土匪。他们和我方部队交战多次,每次我们的战士都得有几个伤亡,在一两个月内就伤亡了20人,把我们部队打得蒙头转向,在森林里大部队也施展不开,经常挨打。

第二编
东安根据地剿匪斗争回忆

在1946年3月上旬的一天,"尤鞑子"的部队没有粮吃了,到饶河县东兴镇搞粮和菜等物品。这个镇靠乌苏里江边,对岸是苏联。他们在晚上六七点钟进了东兴镇,我们部队在后边顺着马蹄印紧紧地跟踪追击,把三面空地都包围了。"尤鞑子"在镇里吃饭弄粮,我们没有惊动他。等到天刚一放亮时,我们的部队发起冲锋,把"尤鞑子"打得顾不上还击,他们一看靠江那边没有我们部队,都渡江跑到苏联那边去了,结果被苏联的边防部队缴械了。我独立团团长和苏联的边防司令进行谈判,苏联的司令官同意把这伙土匪交给我团处理。

经过几个月艰苦战斗,我们才把"尤鞑子"这伙土匪抓住。在饶河县召开公审大会,枪毙了六七个坏头头,其他人都当场释放回家。给饶河的老百姓除了一大害,我团顺利完成了剿匪任务。在1947年3月中旬胜利归来,到达东安的兴凯(是原日本的一个大营),在那里进行学习和整顿部队,又进行两个月的大练兵。从在鸡宁建团到完成剿匪这一使命,经历了整整一年零两个月的时间,此后,独立团离开了东安地区,开往前方,参加了伟大的解放战争。

本文选自薛盟主编的《鸡宁剿匪》一书,中共鸡西市委党史研究室1989年12月印,第122～125页。

密山解放初期的公安工作

牛何之[*]

编者按:牛何之同志是密山县民主政权初建时期的一位重要领导人。他生前曾表示把他在密山从事的革命活动写出来,留给后人。由于健康原因未能实现,对此,在他重病时曾深表遗憾。他对密山怀有深厚的感情,视为自己的第二

---

[*] 牛何之:时任东安地区密山县第一任公安局局长。

故乡。在1984年回访密山的老领导座谈会上，牛何之同志做了长篇发言。本文是刘庆民、周淑琴根据发言录音整理并加了标题。在这里登载剿匪部分，以示对牛何之同志的深切缅怀。

抗日战争胜利后，党中央高瞻远瞩，审时度势，派遣了十万主力部队和两万地方干部从关内挺进东北。我来东北前，担任山东二师政治部特派员，负责除奸工作。我们驻守在山东莱阳。山东二师是一支英勇善战的红军部队。我们师的主力、骨干都是身经百战的红军战士。抗战时是林彪的一一五师一部，曾参加过著名的平型关大捷、百团大战，是抗战胜利后进入东北的主力部队之一，后编入东北人民解放军第一纵队，改编成三十八军。

1945年9月2日，在罗华生师长、刘兴元政委率领下，全师7 500人，在山东滦家口上船跨海在辽宁营口登陆，于11月上旬到达沈阳以西地区。我们来不及休息，就奉命在辽宁、吉林两省广大地区剿匪，创建根据地。我们参加了四平西南莲花泡阻击战。敌人占领四平、长春、吉林之后，蒋介石提出从1946年6月7日起东北休战半个月，我们表示同意。但蒋介石却密令杜聿明派兵进占新站、拉法（三条铁路线的枢纽）。我们师又参加了新站、拉法战斗，给长驱直入的敌人一次迎头痛击。刚到东北我们就与国民党交战，使大家认识了当面之敌确实是国民党的精锐部队，装备精良、训练有素，深深体会到无根据地作战的苦处。东北战场上的暂时休战，为加紧整顿部队提供了机会。中共中央东北局、东北民主联军总部决定拿出三分之一主力部队到后方剿匪，划分了剿匪和根据地建设区域。把东安地区划给了我们山东二师和三五九旅，列为东北根据地的第一个后方根据地。我们两个部队的兵员、军需供给都由东安地区承担。密山人民和整个东安地区人民为东北解放战争曾经做出过巨大贡献。

三五九旅主力部队于1946年6月下旬解放了密山县、东安市。我们到时三五九旅正在东安市休整。那时东安市很热闹，驻有三万余我军主力部队，中共东安地委、专署竭尽全力组织军需供给，改善伙食。中共东安地委书记吴亮平和罗华生师长、刘兴元政委在中央苏区反围剿时就熟悉。我们首长对吴政委很尊重。为尽快把东安根据地创建起来支援前线作战，应吴政委的请求，我们师给东安地委选派了20多位既有文化、又有地方工作经验的干部，我也是其中的一员。我们都习惯于部队的戎马生活，舍不得离开生死与共的战友，对我们的人民军队有着深厚的感情，当和首长战友告别时都心情非常难过。到地委报

第二编
东安根据地剿匪斗争回忆

到后,吴政委和我们一一握手,表示欢迎,他显得非常高兴,在他的办公室和我们集体谈话。他说,根据地建设与前线作战是一个整体,同等重要,没有根据地就不可能同国民党进行持久战争,就没法打败蒋介石。嘱咐我们安心地方工作,与翻身农民打成一片,鼓励我们利用自己文化高、适应工作快的有利条件,创造出成绩来。他非常和蔼,平易近人,他是一位懂几国语言文字的大理论家,曾经担任过毛主席的翻译,他用商量的语气给我们一一分配了工作,大家都感到心悦诚服。侯凯担任二师土改工作队队长,率大部分同志进驻密山县城(现知一镇)和城关开展土改,郑坚率几个同志办《东安日报》,我担任密山县人民政府公安局长,我们师政治部民运科长张笃任中共密山县委书记。最后他在地委警卫连食堂留我们吃了一顿饭,给我们讲了一些苏联人的趣闻轶事。我们都心情愉快地走马上任了。

吴政委领着张笃和我到密山县正在开展土改的半截河区、二人班区、三梭通区熟悉一下情况。1946年10月初,东安地委派柳知一接替患病中的傅文忱任县长,吴政委让我们三人领着警卫员、通讯员从东安市搬回密山县城正式办公,挂出了"密山县人民政府"的牌子。张笃书记抓全面,侧重领导土改,柳县长抓政府工作和财粮,我负责肃清残匪,配合土改镇压恶霸地主,维护社会治安。当时有公安局、社会部、检查部三个章子都由我一人负责。当时县委县政府的工作主要是搞土地改革,发动群众支援前线。

密山县是伪满洲国国防前线,是日寇重兵防守的地区之一,日伪特务便衣警察横行乡间,境内有空军基地一个,起降场三个,残害我同胞的狗圈有十几个,这里的敌伪基础很深。光复后,中央胡子有六个大队。三五九旅把大股土匪打垮了,我们二师来后配合地方部队参加过几次清剿残匪。小股散匪还有不少,光报山头字号的就有八股,不消灭这些散匪,发动群众支前就有困难,群众也有顾虑。县委县政府刚刚搭起班子,手里没有武装,我这个局长是光杆司令,散匪很狂妄,县委开会时外面常有枪声,我们初步摸了一下小股散匪还有300多,东北局建了一个物资仓库,有几个老同志、几支枪,土匪经常骚扰,我们一起出去对付对付。

张笃书记和我回部队向我们的首长要人,我们山东二师又给我们派来了部队排长倪清道等几十人,县委组建了公安队,倪清道任队长,成员都是参加过打日本鬼子的老八路,素质好、战斗能力强。不久,县委又组建了县大队,东安军分区发给了武器,土改结束后的区都建起了区中队,我们有了自己的地方武装,有了打土匪的主动权。

土匪有两股比较顽固,他们一直活动到1947年,一股是活动在杨木岗、杨岗一带的伪公安局长刘贯石,他掌握的人枪有20余。另一股活动在北五道岗,是伪县长张德一,有20余人枪。

抓刘贯石前,公安队在杨岗抓到七八个小土匪,其中有一个班长经我们交代政策后,表示愿意给我们带路抓刘贯石。这样,由公安队长倪清道带几个战士随之出发,走了一半,带路这小子跑掉了,据他交代的路线,找到了土匪的密隐子,土匪们正在做饭,倪队长喊:"一排上西侧!二排上东侧!"围了两个小时,密隐子里刘贯石等4个人陆续出来,当场被我们抓获。

张德一是光复后密山县临时政府的伪县长,在密山县城为国民党大造舆论,摇旗呐喊,等待国民党大员接收。他派人四处征税拉夫,强抢民财,为土匪服务。我军解放密山后,张德一带着心腹上山当了土匪,流窜密山北五道岗一带,残害百姓。在兴凯被群众抓获,在区中队没看住,张德一又逃跑了。我们分析匪情后,就把公安队组成小分队,伪装成狩猎炮手,深入北五道岗山区,侦察土匪行踪,抓获张德一部下10名土匪。通过审讯得知这个老奸巨猾的张德一,身带三支手枪,防范极严,并经常与股匪"海蛟"来往,相互策应,狼狈为奸。我们反复分析已掌握的情况,认为,要消灭张德一,最好智取,不宜强攻。于是,制定了方案,展开了工作。

密山县城里有位闯江湖的人,名叫罗广华,经过教育,被我争取过来。他表示愿为我们出力。他只身一人上山,说降了"海蛟"股匪8人,为消灭张德一创造了有利条件。

在股匪8人中,有个叫王麻子的人,是罗广华的磕头弟兄,光复后给张德一当过伙夫。经我们宣传教育,他表示愿意戴罪立功。他上山找到了张德一,给他送去了粮食、衣物。这时的张德一,正是上顿不接下顿,打野味又怕暴露目标,只得弄些山货充饥,棉衣已经破烂不堪。见王麻子投奔他来,又给他带来了吃穿等物,在他眼里王麻子是个根本人,对他能不忘前恩,雪中送炭,狡诈多疑的张德一没有怀疑,感到十分信任。

住了几天,王麻子带来的粮食张德一几个人勒紧裤腰带吃少半饱也剩不多了,王麻子对张德一献计说:"我们在这里等死,还不如让我下山找点吃的,拉点儿人马上来打出去,也好找个活路。"张德一觉得现在这个处境,不找出路就得饿死,没说什么就同意王麻子下山去看看。

第二编
东安根据地剿匪斗争回忆

王麻子下山之后,向我详细汇报了张德一的情况,我和县委书记张笃研究决定,从公安队中挑选两名精明强干的干部跟随王麻子进山寻找机会智取这伙土匪。我和准备进山的三个人详细研究了可能遇到的问题及对策,联络接应办法。他们三个背着粮食、子弹和猪肉、烧酒上山面见张德一。王麻子向张德一介绍,说这两位兄弟都是郭清典大队长的老部下,和日本鬼子打仗败了,到东北当劳工,去年6月让民主联军打散了,对付共产党他俩有本事,可以在三五天之内帮助张德一逃出密山,去投奔国民党。张德一也很高兴,对他俩很热情。王麻子又拿出带来的东西,动手炒了几个菜,几个人在一起狼吞虎咽地吃喝起来,不一会儿,酒癖张德一就被"灌"得酩酊大醉,东摇西晃,昏昏沉沉,睡得像死狗一样。其余几个土匪也是喝酒不要命的酒鬼,不一会儿便一个个人事不懂。我公安队没用一枪一弹,便全部活捉了这股顽匪。待土匪们惊醒过来时,他们已被绑在爬犁上拉下山来了。事后,我们还奖励了王麻子150元钱。

密山公安局剿匪大的活动就这么几次,快40年了,许多情节也都淡了。其他散匪都是个别抓的,群众发动起来后向我们反映许多情况,土改工作队提名单,公安局抓了一些罪大恶极的枪决了。伪密山县副县长李云武被我们抓获后,被我们公安局处决了,当时在县城西门外搭了一个台子,张笃书记、柳知一县长都讲了话。

那时各区都设有公安助理,全县的公安战士工作很苦,经常吃变质的粮食,没有菜,缺食盐,这些战斗在第一线的普通战士为密山县民主政权的巩固立过汗马功劳,不应该忘记他们。连珠山区的公安助理王维城,二人班公安助理李茂森后来和我一起南下到江西,工作出色,都成了我们党公安战线上的高级干部。

我们1948年春节不久就奉命南下了,这是我第一次回来,密山发生了很大的变化,使我们这些老同志感到欣慰。我们县的公安战线干警文化高,政治素质好,队伍整齐,精神面貌好,使我感到非常高兴。祝愿密山人民取得更大成绩。

本文选自任明田主编的《密山党史资料丛书·剿匪斗争》一书,中共密山市委党史办1989年7月印,第145~151页。

鸡西(鸡宁)之战

董振东[*]

1946年4月,省委从宁安干校抽调郭洪超同志去林口任县委书记。牡丹江军区命令我们十四团赶赴林口,保护县委机关开展工作,并任命我团兼任林口地区卫戍司令部。林口是军事战略要地,是铁路枢纽,占领林口对巩固牡丹江、合江地区的关系很大,张闻天同志亲自召见我们,给我们作了重要指示。他说:"国民党军队正在猛攻四平,后方谢匪也伺机夺取牡丹江。在国民党大军未来之前,我们要先把土匪消灭掉,巩固后方,支援前线。"

4月19日我们赴林口,部队在火车站广场集合。从这里上火车出发,当夜开进了林口县城。县委书记已在南岗设立了县委机关,建立了一个县大队,21日我们得到情报:

"谢匪部队已占领了麻山镇南门外的火车站。我留下一个侦通排配合县大队守卫林口,其他部队全部出发去攻打麻山。"

22日,我们从三方面包围了麻山镇,敌人闻风而逃。

4月25日,梨树镇煤矿民主同盟和工人代表来人请求我团攻打占领矿山的土匪部队。他们说:"土匪把矿部给砸了,正在抢掠、奸淫、烧杀。"

当晚,由来人带路,骑兵在前,部队在后,向梨树镇煤矿进发。次日上午10时,我们赶到煤矿。白俄矿长迎接了我们,告诉我们说:"土匪昨晚向东北逃窜了。煤矿的金库被土匪砸开了,现金和好东西都给抢走了。"

我们到街上一看,青年妇女都哭红了眼,东西扔得乱七八糟的。我们放好了警戒,往下以后,就商量召开群众大会的事。

第二天上午9点钟,我主持召开了群众大会。那天人来得很多,还搭了一

---

[*] 董振东:时任牡丹江军区十四团指挥员,曾参加东安地区鸡宁剿匪战斗。

个讲台。我说:"老乡们!受惊了。土匪是祸国殃民的败类,他们捣乱是暂时的。人民军队一定要给你们报仇,坚决把他们消灭掉。你们也要组织起来,工人成立自卫队,妇女成立妇联,我给你们发武器弹药,大家要组织起来,跟土匪做坚决的斗争。"因会场太大,我的嗓子都喊哑了。群众情绪很高,一阵阵地鼓掌。散会后,我又走访了一些群众。

我们到梨树镇的第三天,鸡宁肖荣华、谭文邦同志来电话说:"方强司令员现在在鸡宁,你到鸡宁来,我们共同商量消灭谢匪的问题。"

肖荣华原是牡丹江军区第一支队队长,谭文邦原是牡丹江军区副政委兼一支队政委。我说:"我团不能离开自己担任守备的地区。"肖说:"你团有两个连到这里来,土匪不敢抵挡,你们一定要来。"

早饭后,我召集营、连长开会,向大家讲了到鸡宁商量共同剿匪的大事。决定饭后我就带着骑兵、侦通连、警卫连出发奔往鸡宁。

队伍集合好了,我正给他们交代任务,看热闹的几名白俄妇女被土匪吓怕了,非要跟我们部队去鸡宁,没法拒绝,只好带着她们顺着公路走,下午5点才到鸡宁城西南二十里地处。这时鸡宁来接我的汽车已到了,这位参谋说:"快上车吧,司令员等得着急了。"

到了鸡宁军分区司令部,地委书记、肖司令员、谭政委正在那围着电话机发呆呢,我一看情况不对,忙问:"出了什么事?"他们说:"鸡东出事了!李教导员牺牲了。"我问他们:"怎么办?"肖说:"你看呢?"我说:"只带来了两个连,这不是等着敌人来打吗?事到如今了,快给我接梨树镇电话。"

电话接通了以后,我命令黄洪亮代理团长,马上做饭,吃完饭全体出发,迅速赶到鸡宁。然后,我看了地形,告诉参谋把团部设在市中心的东部,准备迎击敌人。

5月16日拂晓前,黄洪亮营长带领十四团的人马赶到鸡宁。我亲自到各营连看望大家,指战员情绪很高。接着召开了连以上干部会议,做了战斗动员,让他们回连进行动员,强调发扬不怕苦和连续作战的精神。我说:"过去我们找不到谢匪,这次他送上门来了,我们要坚决听从命令,猛打猛冲,彻底消灭谢匪的亲信部队。"

肖司令员和杨、周团长来了,肖说:"谢文东带领他的匪部已往鸡宁来了。杨团长做前卫,十四团为中,周团在后,分二路赶占东山头,坚决打垮进犯之敌。"

我建议由杨、周两个团去东山头扛住敌人,我带十四团从右边挖到敌人左纵深,打一个包围歼灭战。肖司令员同意了我的意见。

我刚到敌人左侧,肖司令员派骑兵来报告说:"敌人已占领东山,两个团扛不住了,十四团快到正面迎击敌人。"

我到正面一看,西面有一个小山头,即令警卫连上去。我和肖司令到这个山头上一看,匪部的炮兵只有三四门迫击炮,不断向我们这两个团轰炸。我命令快把十四团的炮兵连和鸡宁的炮兵编成一个炮群,由我在小山上用红旗指挥,不断向敌阵地轰击。第一排次炮没发挥威力,第二排次炮就打中了敌炮群和指挥所,顿时敌人乱了阵。从鸡宁叛逃去的那个营长一看炮群,知道有别的部队支援,就慌忙撤退。这时我们三个团的兵力密切配合,打了一个漂亮的反冲击,使敌人狼狈逃窜。我们怕暴露了兵力,也没有远追,谢匪部队退至城子河、哈达一带。

十四团回到鸡宁城里,设了警戒,其余人员全部休息。

我到肖司令那儿,请他介绍一下敌情。他说:"谢文东号称一个旅,实际上总共不到5 000人。滴道矿有一个团把守,1 000来人。"我说:"为什么不干掉他?"他说:"我军分区独立八团与他们有互不攻击的协定,没有吃掉他。"我说:"你们不打,我们去打。"他说:"他们武器好,要打掉他需要两个团的兵力。"我说:"明天我带炮兵连、骑兵连、警卫连到那调查一下被他们劫去的火车。"司令员说:"我通知八团,让他们在滴道以东配合,牵制匪团不能出击。"

第二天我们来到这里,查看了火车出轨的情况。车头撞到山坡上了,前面四节车厢有供给处的四五名战士押车,土匪没敢上车;后边两节车厢的东西被土匪抢走了。我一看北山头上有土匪的哨兵,炮兵向那里打了几炮。谢匪问独立团为什么打炮?八团说:"不是我们打的,是牡丹江军区部队打的。"谢部没敢出动,因为他们在山岭上看到我们的部队了,特别是有骑兵、炮兵,他们没敢轻举妄动。我把地形详细看了一遍,回到了滴道东独立八团的驻地。我向肖司令员说:"明天太阳出来以前,我就干掉这个团!"他说:"你得给我留一个营,防止谢匪攻打鸡宁。"

经过商量,我给他留下了两个连。我对八团团长说:"你团明晨两点钟散开队形,守住滴道东山岭。我带三个直属连在这个岭上指挥,一营从滴道西北面进行包围,二营从西面进行包围,三营从南面进行包围。第一次信号是紧缩包围;第二次信号是向敌团攻击;第三次信号是冲锋。"

次日早5时,敌团人马都集合在滴道北边了。这时敌团长不想打了,因为他们家属都在滴道,一打全家就覆灭。他们打起了白旗,表示全团缴械,提出的条件是放他们走,不要他们私人的东西,以后不要再抓他们。我们接受了这些条件。就这样,一枪没打,就拔掉了这颗钉子。收缴了武器,均交给了独立八团,由鸡宁军分区统一分配。

　　太阳出来了,我打电话向肖司令员报告说:"敌人全部缴械了,武器交给八团了,请你们进行分配。敌团官兵全部释放了,私人财务一律归还本人。现在日寇投降已8个月了,我军还没进入滴道镇,请你快命令八团接收这个矿区。"肖司令员说:"谢谢你们,你团给我们拔掉了一个炸弹,鸡宁西郊没有后顾之忧了。"

　　5月初,牡丹江军区副司令员刘贤权率十五团、合江军区司令员方强带着一个营到了鸡宁。经研究决定,要继续牡丹江军区攻打谢匪部队第一战役的胜利,开展歼灭谢匪部队的第二战役,从牡丹江军区的两个团、鸡宁军分区大小三个团中,选战斗力强的部队投入战斗。肖司令员说:"由十四团打主攻,明天拂晓前,你们从鸡宁偏南向东绕到谢匪驻地哈达岗以东他的背后,拂晓进行猛攻。十五团和鸡宁团也按时赶到,从正面进攻。"

　　5月19日23时,十四团从鸡宁出发,在敌人驻地大南边绕过去,悄悄地向北围进。当一营前面的尖兵搜索排走到临近一个小山头时,敌人的哨兵在山上开火了。黄营长即命令一营四个连包围山头。我带领团直属警卫连、炮兵连、骑兵连上了山头的南梁上,看完地形条件后,就命令炮兵轰炸围墙。二营攻打东南面,三营攻占村南面。

　　20日早4时,激战开始了。一营首先把敌人的山头军事哨全部歼灭。战斗越打越猛,二、三营攻不进围墙。我命令警卫连支援二营,骑兵队支援三营,一营打东北角,炮兵连直射围墙。这么一打,敌人招架不住了,二、三营从东南面直接冲进围墙。

　　这时天已大亮,我从望远镜里看到敌人从围墙北面向西北方向山沟中逃去。炮兵瞄准敌人车队、马队猛打,敌人损失惨重。十五团、鸡宁团迎头散开队形,从西北面包围成月牙状,一部分敌人举手投降了。谢匪的四儿子带领他的嫡系团向东北方向窜去,我二、三营进行一阵猛打。谢匪的大儿子在北边保护他老子向东北方向逃跑了。谢部800多名匪徒,大部被我团击毙和俘虏,少数漏网。

这时，肖荣华、钱志超等同志进了村。我一看到在围墙里伤亡30多名同志，心情特别沉痛。肖司令员说："你团伤亡这么大啊！"我生气地说："你怎么给我们传达的命令？拂晓时进攻，你们各团在哪里？我们打了两个小时，你们才赶到，早到一小时，我们伤亡也不会这么大！"钱志超同志说："你团走得太快了，我们出鸡宁不远，就听这边打起来了。像你们这种打法，什么敌人也架不住！"我和钱是战友，他这一说，我就消气了。

牡丹江军区副司令员刘贤权得知谢文东带着残兵败将向东北方向逃窜后，积极率部队进行追击。5月23日，十四团赶到四人班驻扎。25日，刘副司令员带着十四团、十五团的干部，到东北大山上看了地形。下午军区来命令要我立即回牡丹江。我向送命令的同志问发生了什么事，他说："15日夜里敌人暴动了。"刘副司令员说："你要执行命令，赶快回去。"5月26日，全团上了火车，经由林口开往牡丹江，已调查清楚，有股匪徒驻守在山洞、楚山一带小车站上，我命令各营、连把机枪、小炮架在车厢窗口平板上，遇到土匪就在车上打。过了宝林站，土匪在远处开枪了，我们车上的迫击炮、平射炮也开火了，土匪吓得拼命朝山沟里逃跑。火车开到山洞处，敌人把铁路道轨拔走了，火车停下，工人抓紧给修好，火车继续前进。

回到牡丹江以后，李司令员把"五一五"暴动的情况对我说了一遍。他说："叛徒王小丁等800名暴徒，妄想取牡丹江市，已被我们歼灭。把你团调回来，一方面预防匪徒再来捣乱，另一方面让你团休整一下，过些日子再去剿匪。"

本文选自薛盟主编的《鸡宁剿匪》一书，中共鸡西市委党史研究室1989年12月印，第141~148页。

第二编

东安根据地剿匪斗争回忆

关于剿匪的点滴回忆

高 兴[*]

打鸡冠山时我是三支队作战科长。打完鸡冠山后,在恒山原始森林剿匪几个月。

我们东北民主联军牡丹江军区三支队,1946年成立于宁安,共有一个半团,对外叫宁安指挥部,指挥部有剿匪、公安、群众工作任务,但主要是为洛甫(张闻天)同志服务。洛甫想搞一个地方政权的样板,建一个完整的县。在牡丹江地区挑了宁安,在宁安时挑了鸡宁。三支队一直是直接由洛甫同志领导的。我们3月份离开宁安,中途无数次战斗,一直打到鸡宁。

鸡冠山战斗是一场遭遇战。这主要是由于当时情报不灵造成的。谢文东匪部知道三支队往鸡宁来,但得到的是零星情报,以为还未到鸡宁,便想趁鸡宁兵力空虚之机打鸡宁。我们的情报是侦察员和老百姓报告的。我们认为情报有一定的可靠性。因为谢文东的主力在密山一带,想逐步往鸡宁发展,与林口一带几股土匪会合。为此,我们三支队指挥部当夜进行了研究,主要是三支队政委谭文邦和我两人为主。我们判断,谢匪一定会从鸡冠山南边的公路来抢占鸡冠山。因鸡冠山海拔434米,居高临下,是兵家必争之地。于是,我们下令三支队主力十七团迅速抢占鸡冠山。

拂晓时,十七团的先头部队——一个连已到鸡冠山腰进行控制。指挥部到山脚时,是七八点钟,遇前来支援的牡丹江军区一支队十四团董团长,商定鸡冠山下公路南翼由牡丹江增援的十四团负责,公路北翼由十七团负责。但实际上,谢匪部队十分狡猾,没走鸡冠山南的公路,而是沿鸡冠山北的铁路来的。他们抢到鸡冠山半山腰时便发射火炮。炮弹、子弹隔山头抛过来。十七团有六门

---

[*] 高兴:时任东安地区鸡宁警备司令部司令。

山炮也开始向山那边轰击。十一点钟左右,我们三支队二营的两个连队已抢攻占领了山头。其中一个连全部是朝鲜人,打得很勇敢。

在追击溃退的敌人时,缴获了敌人两门山炮,拣了一些马匹,抓了一些俘虏。在追击中,二营教导员李银峰英勇牺牲,年仅二十几岁。

鸡冠山战斗的特点是:一是从外地到鸡宁开辟工作中首次遇到的大型战斗;二是谢匪是土匪中最大的一股,对我们威胁最大。鸡冠山一战,对谢匪打击很大,使谢匪一蹶不振,从此走向下坡路;三是当时鸡宁是东安一带最富饶的地方,有吃的粮食,烧的煤,还有其他工业设施。谢匪要占领这一地区作为反革命根据地的企图被彻底粉碎。

1946年冬天,老百姓驾大马车来报告,说焦麻子土匪抢东西、抓妇女。得情报后,我们在警卫连挑30人,到鸡宁南面恒山一带的原始森林追剿焦麻子一伙土匪。马匹进不去,就拴在林子外,我们步行进山。当时满山大雪很厚,行军十分艰难。我们刚进去第一战,牺牲了十几个人,其中有一个指导员。因为土匪熟悉山林情况,又隐藏在暗处,所以只要我们一行动,土匪们就在暗处开枪,加之土匪的枪法很准,我们吃了不少亏。但是,我们的指战员很顽强、机智,也活捉住土匪十几个人。在森林追了五六天,匪徒们没吃的,饿得跑不动道,因此,我们每追一段就遇到一个落伍的土匪,最后活捉了焦麻子,他当时藏在一个地窝子里。

鸡冠山战斗后,鸡宁成立了警备司令部,由我担任警备司令。

本文选自薛盟主编的《鸡宁剿匪》,中共鸡西市委党史研究室1989年12月印,第149~151页。(整理:隋业勤 王晓廉)

第二编
东安根据地剿匪斗争回忆

鸡宁保卫战

杨在林[*]

1946年5月初,我自卫军十七团集合在一个广场上,钱团长在讲话中问大家:"我们马上就要打仗了,你们怕不怕呀?""不怕!"异口同声回答。"对!我们有中国共产党的领导,有了一定的战争经验,有十四、十五兄弟部队和警卫团的大力支援,我们一定能取得剿匪斗争最后的胜利!以谢文东为首的反动派,纠合了当地的警察、特务、汉奸、把头组成了中央胡子军。土匪们扬言,要占领鸡宁县,进攻鸡宁后,叫土匪们任意地大抢七天。为了粉碎敌人的阴谋,我团分赴恒山、城子河和平阳站,为保卫鸡宁地区人民的生命财产,与援兵配合,坚决、彻底、干净、全部地歼灭土匪军。"

我们二营向平阳站进军,经过半天的行军,下午两点到达了平阳站。当地的群众,见来了这么多的军队,胆大的群众在我们附近,胆小的群众却站在老远的地方偷偷看着我们。

郝指导员见此情况站起来说:"同志们,唱支歌好吗?"大家说"好……"

执行连长喊道:"唱歌暂停,下面让我们热烈地欢迎李银峰教导员讲话。"

大家热烈地鼓掌。李教导员敬了个礼说:"同志们辛苦了!借用大家休息时间,给大家讲几个问题。第一,关于任务问题。目前我们的任务,就是守住鸡宁县的东大门,来保卫当地人民的生命财产。第二,关于敌情问题。眼下敌人活动很猖狂,以谢文东为首的土匪,再加上赖团、于团、施团、周团、毛团土匪,有3 000多名。匪首谢文东扬言,要攻进鸡宁县。第三,关于群众纪律问题。此地是个新区,群众对我们还不了解,不知道我们是为谁打天下的,甚至有的群众还害怕我们。为此,我们的一切行动,必须按三大纪律执行,不得违背。我们每个

---

[*] 杨在林:时任东安地区自卫军十七团二营二连三排八班战士。

同志不但是战斗员,又是宣传员,希望同志们抓紧时间,使当地群众对我军有个明确的认识。要求同志们宿营后,以班为单位,用实际行动来感动群众,为群众担水、扫院子和做一些力所能及的劳动。"

我们班被分配到路南,为群众做好事。我见郝指导员给几个儿童讲抗日战争时二小放牛的抗日故事。

李孝先在院里给房东老大爷讲解我军的各项政策。老大爷好奇地问:"你们是大军,都是老总,为什么还给我们担水、扫院子呢?"李孝先解释说:"我们是工农子弟兵,是为劳苦大众打天下的。军队好比是棵树,老百姓好比是树下的根,树与根不能分离。因此说,军民是一家人。"

贾大贵补充说:"我军有三大纪律八项注意,不许打骂群众,买卖公平,不许动群众一针一线,借用的东西要还,损坏的东西要赔。我们到这里是来消灭中央胡子的。老大爷以后不要叫我们老总,就叫我们同志好了。"

开饭后,连部命令我们三排执行军事哨。我们全排登上了大顶子山主峰。此时,天已黑下来了。排长令七、九班留在山上修工事。他带领我们八班深入山下,摸索敌人的活动。

我是第一次参加军事行动,要说不害怕那是自欺欺人。我紧紧地跟随在李泽民同志的身后。

我们班分成三个战斗小组,一会是一个小组在前,一会是两个小组在前,不断地变换着队形,摸索着前进。在前进中,除了行走与狗叫的声音以外,其他没有听到什么。

我们又向前走了一段路,排长命令一组由副班长带领深入前沿探索敌人活动的情况。我们原地不动,做好战斗准备。

我们等了好长时间,才听到前面有走路的动静。排长用口令问,前面用口令答对了,便知是一组回来了。

我们又在这等了一些时间,也没有听到什么动静。我们顺着东路回到了大顶子山上。见七、九班的战友们正在热火朝天地修筑工事。我们简单地休息一会,也投入紧张的劳动之中。全排战友们累得满头大汗,工事修完了。

排长在各主要地方派出了岗哨,其他的同志在各自工事内休息。

天亮了!我还在梦中,李泽民把我推醒了。"小林,走,回营地用早饭。"

旭日东升,阳光照射在大地上。初春的微风吹动着树梢轻轻地摇动,树上的小鸟在歌唱。小草刚刚露出了头,树木含苞待放,好像在迎接着我们。

第二编
东安根据地剿匪斗争回忆

回到驻地,大家忙着洗漱。有的在扫地,有的正在擦枪上的露水。忽听,大顶子山上一连三声枪响!大家知道,这是发现敌人的信号。接着紧急集合号响了!各连、排按着事先计划,火速分赴各自的阵地。

我们排是大顶子山。战友们一宿没有休息好,连口水也没空喝,紧接着就向山上跑,累得同志们上气不接下气,好不容易跑到山上。

大家喘着粗气,还没休息,排长命令:"各就各位!准备战斗!"

往山下一看,见许多敌人猫腰向我们冲来!敌人离我们有三四百米时,排长命令"射击!"首先是小段的王八盖子轻机枪,猛烈地扫射!接着步枪和营的重机枪、迫击炮、手榴弹声响成了一片,我连一、二排的机枪声也打响了。可是不一会小段同志的机枪不响了,小段同志肩膀负了伤,排长命令他回后方包扎伤口。但是,小段不下火线,要求带伤坚持战斗!排长不许,令李孝先接替。小段只好回后方去了。

战斗特别激烈,敌人的炮火猛烈地向我主峰攻击。敌人的迫击炮弹不断地落在阵地前后。敌人约有一个连的兵力向我排攻来!李孝先的轻机枪猛烈向敌群扫射着。全排的步枪、手榴弹同时打向敌人。营的重机枪、迫击炮弹也落到敌群之中!打得敌人连跑带爬,喊爹叫妈,扔下几十具尸体滚下了山,我排胜利地打退敌人第一次冲锋。

不到半个小时,敌人又组织了第二次冲锋。敌人像前次一样,要想攻占大顶子山制高点,集中各种火器,向我阵地猛烈排射。

"注意隐蔽,准备战斗!"排长一边下达着命令,一边检查各班的阵地。

敌人有一个多连的兵力,分成三股向我主峰冲来!我营的重机枪、迫击炮阻击着敌人前进。敌人离我阵地约有二三百米,到达步枪的有效射程时,排长下了射击命令!30支步枪一齐射向敌人。这时见李孝先同志端起了轻机枪跑到一块大石头的后边,狠狠地向敌人扫射,左边一排的机枪也来支援我们。我右边二排战友也用机、步枪支援。将敌人打得节节败退,许多敌人向山下逃窜。但是,我们正面有一股敌人,借助前边的几棵树木,仍在偷偷地向我们冲来!

八班长喊:"准备好手榴弹,听我的命令注意投弹。"敌人离我们只有六七十米远了。班长喊:"投弹!"几十颗手榴弹一齐投向敌人!与此同时,我七、九班的战友,也将手榴弹投向敌群,炸得敌人鬼哭狼嚎,丢下一片死尸向山下逃窜。

我们又打退了敌人的第二次冲锋!"同志们打得好!打得勇猛、果敢!大长了我军的志气!大灭敌人的威风。"李教导员和警卫员来到我们排的阵地时说。见他和排长交谈着什么。他回头向警卫要了望远镜观察了一下敌情。回过头来对排长说:"看来,敌人又要组织第三次冲锋了。"

排长说:"教导员,我们的弹药是一个大问题!是否很快给我们解决呀!"

李教导员回答说:"我知道了,一会回指挥所和王营长说一下,让他很快地解决。"他和排长向前走了几步,发现我在工事里,他说:"小林!第一次打仗,害怕吧!"

我急忙站起来说:"报告教导员,不害怕。"

教导员哈哈大笑说:"好!有革命精神!不过,第一次打仗,说不怕,是假的,经过战斗的锻炼,是会不怕的。"说着,来到我的工事里,他看了看三八枪说:"哎呀!我说小林同志,你这是怎么搞的呀!你这标尺,怎么还是〇啊!你想敌人距你有三四百米,应定标尺三和四哟,这样,你怎能杀伤敌人呢,以后,可要记住啊。"教导员的话,说得我真不好意思,我低着头说:"报告李教导员,以后,我一定记住。"李教导员说:"这也难怪你,因为你入伍不久就打仗,没有来得及进行基本军事训练就开始打仗,我说小林,不要不好意思嘛,以后一定会学会的。"

教导员和排长向九班的阵地走去,向九班长询问了战士们的战斗情绪,各班长一一地向他做了汇报。他满意地点点头。他对排长说:"你们的机枪阵地左侧放上两名战士,不但可以保护机枪,同时,也可以消灭这里的死角。"李教导员又向七班的阵地走去。这时,荣金禄和于在水来到我的工事,他俩像有意地来气我说:"这可是真打仗啊!是不是吓坏了!"我赌气地说:"谁吓坏了?"我故意在工事里跳了几下,"你们看,是吓坏了吗?"荣金禄说:"还没有吓坏,可就是脸都吓白了。""你的脸,活像泥猴子。"我不服气地说。于在水说:"小林,还当真了,我俩是特意来看看你的,怕你头一次打仗害怕……"

轰!轰!两颗炮弹落在了工事的前面,爆炸了!听排长大声喊:"各就各位,准备战斗!"于在水和荣金禄,向我使了鬼脸笑着回他们的工事去了。

我排的火力也向敌人还击。只见教导员用望远镜观察敌人的行动,回头对警卫员说:"你回指挥所去,请王营长命令营迫击炮和重机枪支援三排的前沿阵地。并请他给三排尽快地解决弹药。"

警卫员说:"教导员,你不是说观察完敌情后就回指挥所吗?怎么又留下呢?"李教导员着急说:"你就转告王营长嘛,就说我一会就回去嘛。"

警卫员说:"不行!指挥所有命令,让你观察完敌情后,马上回指挥所。"

教导员无可奈何地说:"好喽!好喽!我在你的面前是没有自由的喽!"教

导员回去后用重机枪和迫击炮支援了我们。敌人在我强大的炮火压力下,三次进攻宣告失败,全部滚下山去了。

从早5点,到现在已是8个小时过去了,全排的战友们,站了一宿岗,加上又修工事,同志们饿、渴、困、累,完全可以忍受,但最叫人愁的是,全排的弹药几乎全打光了。

八班长说:"后勤部是怎么搞的,到现在怎么还不送弹药呢?"

排长说:"送弹药的军车走到鸡冠山前面,就掉道了。"

"真糟糕!"八班长着急地说。

排长命令全排:注意节省弹药,准备和敌人白刃战。

敌人第四次冲锋又开始了!我们排的机枪打了不长时间就哑巴了。全排的步枪就更稀少了。

一个匪徒打着一面小红旗,指挥着匪徒们向我们冲来。

八班长喊着说:"尝尝我们的手雷吧!"说着他将一块石头扔下山去。敌人听说是手雷弹,吓得全都趴下,不敢动了。待了一会没有爆炸声。那个打小红旗的匪徒喊道:"共军没有弹药了!弟兄们冲啊!"

敌人猛烈地向我冲来!此时,八班长李孝先、贾大贵和大黑刘每人一颗手榴弹,正要扔时,张连长走到跟前用手示意叫等一会,见张连长右手拿起一块石头,也示意叫他们每人都拿起一块石头,张连长喊道:"请再吃块我们的石头弹吧。"同时扔出了四五块石头。敌人还认为是石头,仍向山上冲!此时张连长命令将三颗手榴弹同时扔出去!敌人没有注意我们扔出的手榴弹,仍然向山上爬,三个真弹在敌人中心炸开了花!炸得敌人狼哭鬼叫,被真假难分的手榴弹惊呆了!吓得匪徒们趴在地上不敢动了。

八班长打趣地喊:"朋友们起来吧!我们真的没有弹药了。"说着他把工事前边的一块约有一百多斤重的大块石头滚下山说道:"再给你们一块小号石头弹,你们品品滋味吧。"石头直向敌人滚去!敌人见一块大石头向他们冲来,吓得站起来,倒退着向山下撤退。

张连长和排长说:"同志们!我们用滚石雷打退敌人!"好家伙!同志们用大小石头一齐向敌人打去!石头的滚动声!打得树木乒乓乱响!吓得敌人没命地向山下逃窜!此时八班长正领着四五位战友,在撬一块有四五百斤重的大石头;几个人把大石头调到工事前边,班长说:"我看是谁跑得快?"说着,几个人一推,推下去!石头一窜老高老高的,活像猛虎下山似的。要是叫它碰上,那可真的碰上死、挨上亡。

一顿石头大战！将敌人打下山去了！敌人吓得都隐蔽在一条山沟里。

同志们用石头打了胜仗，一张张自豪的笑脸，真可爱！我是第一次尝到胜利后滋味，感到心里甜滋滋的。全排的战友早把饥饿劳累忘到九霄云外去了。

八班长走到我跟前说："小林！怎么样？咱们的石头仗，打得好吧？"我忙说："打得真过瘾！你真有劲，那样大的一块石头都搬得动。石头滚下山，吓得敌人像没有命的样子往山下逃。"班长说："小林，你不也很勇敢吗？也滚动了好几块石头。不但如此，还敢放枪，第一次打仗，那就算好样的。"说着，他将我搂在怀里说："小林，以后要向战友们好好学习，等革命成功，我带你到我们家去，怎样？"

两发炮弹落在山前，排长忙喊："注意隐蔽！"我们各自回到工事里边。敌人付出了几百人的代价，也没有拿下大顶子山。这时敌人穷凶极恶地向我阵地上排炮。

同志们正在谈论着用石头打击敌人的乐趣。

排长说："同志们，营部命令我们撤离大顶子山。"

现在已是下午两点多钟了，战友们听说撤退，说实在的，真不愿意离开守了一天一夜的阵地。但是，军令如山。我们撤到大顶子山下，隐蔽在一个小山沟里。我们刚隐蔽好，敌人已经占领了大顶子山，并向我们射击。

我见教导员正在指挥重机枪、迫击炮掩护其他连排撤退，并命令迫击炮向大顶子山上发炮把敌人阻击住。

正在这时，一发炮弹落在李教导员和他的警卫员身边。我看到李教导员的手枪扔出很远。敬爱的教导员和他的警卫员身负重伤。于是，我急忙跑上前去看望，只见他的前腹部，鲜血染红了军衣，因流血过多，处在休克状态。我和同志们忙将他抬上一辆小炮车上，运回了后方。

王营长命令，将部队撤下来。当我们走到平阳站时，敌人已经占领了我营全部阵地。此时，已是下午两点多钟了！我们顺着鸡冠山南侧向鸡宁县撤退，见到我们三支队正在向大顶子山上的敌人排炮呢。

天黑前我们回到鸡宁的西山，上级早为我们准备了晚饭，同志们一天水米没打牙了，见到了饭，可真亲呀！又是白米饭、粉条炖猪肉，吃起来，可真香啊。

饭后补足了弹药和其他作战用品，上级令我们抓紧时间休息，随时准备行动。战友们躺下，就进入梦乡。也不知睡了多长时间，更不知是什么时间，紧急集合号响了,同志们被唤醒。

全营集合好,一直向东北方向出发了。当我们到了鸡冠山下时,听鸡冠山上已有枪声!我们顺着鸡冠山北侧前进,当我们走到一个小山包时,敌人首先向我们开了枪,我们急忙卧倒,还击敌人。

王营长命令五、六连掩护,令我连冲锋,拿下前面的小山包。但是,我们几次冲锋,都被敌人密集炮火所阻击,冲不上去。

我们发现敌人在鸡冠山北侧部署重兵。同时,火力布防也很强,是不是敌人想从此地,作为突破鸡宁的突破口呢?

如果这样下去,有被敌人突破的危险。我营集中九挺轻机枪,掩护我连冲锋。结果再次失败了!同时,我们伤亡很大。

我支队指挥部识破了敌人的阴谋,急调我军一部返回鸡冠山东侧,同时,我们的炮兵直向东排炮,这样可能给敌人以错觉,掩护我军急插过去,将敌人分割开来,便可打破敌人的阴谋。我们听到敌后的枪声,打得很激烈。前方的敌人,火力也减弱了。此时,我营机枪、炮全部集中向小山包射击,我连趁此时机,冲上了小山包,但敌人已向东北方向逃窜。这时,我友邻部迎击痛击敌人,敌人被我包围了。北面是穆棱河,现在敌人只有两条路,一是投降,二是投河喂王八,其他是无路可走了。

300多敌人被迫投了降。一部分顺河向东逃窜。此时,天已亮了,我团和警卫团胜利地会师了,我们简单地休息一会,又向王八脖子追击敌人。当我们到村时,敌人早已逃窜了。

早晨6点多钟,我们又进驻了平阳站。郝指导员走到部队的前面问道:"同志们!累不累?"大家齐声喊:"不累!"实际上,我三排的同志,昨天一天一宿没有休息,连水都没有喝上一口,昨晚只休息了几个小时,又打了两天两夜的仗,能说不累呀?但正因为我们劳累,才换取了今日的胜利。

当地群众听说自己部队回来了,纷纷向我军控诉"中央胡子"残害当地群众的罪行。有位乡亲说:"昨天夜,中央胡子,把我们村的20多头牛马全拉走了。"又一位说:"昨晚间,胡子们挨家翻箱倒柜,把值钱的东西全抢走了。"一位50开外的大爷说:"我们邻居两名青年,很老实,可是,胡子们硬说他们私通八路军,被他们枪毙了!"一位鲜族老大娘用不太熟练的汉语说:"我们的人,叫胡子的,统统地打死了。"战士们听群众对敌人的控诉,无不痛恨敌人。

王营长走到全营的前面,说:"乡亲们!你们遭到了中央胡子的残害,又失去了财产,我军有责任,我们没有保护好你们,但请乡亲们放心!我军一定为大家报这个仇!那就是坚决、彻底、全部、干净地消灭中央胡子。"

本文选自薛盟主编的《鸡宁剿匪》一书,中共鸡西市委党史研究室1989年12月印,第152~163页。

忆滴道区武工队的建立及几次战斗

师震富[*]

1946年7月,我在佳木斯东北大学研究室学习完了毛主席的《湖南农民运动考察报告》以后,报名参加了中共中央东北局所组织的土改工作团,中旬来到鸡宁县。当时,县工作团的负责人是李尔重,在一次组建区分团的会议上,他把我分配到滴道分团,分团正团长是孙平,副团长是徐少甫。在17名左右的滴道区分团的成员中除正副团长外,还有3名组长,也是从延安来的老同志,即赵生晖、柳营、马龙。剩下的则多是从南满撤退到北满的九三胜利后新参加工作的青年学生。而在这些青年学生中,我是分团中唯一的"伪满大学生",年岁大一些,在读书期间又受过日本帝国主义的军事训练。到滴道区以后,我看到工作团办公室里和宿舍的床下,是老百姓交上来的枪支弹药,对这些武器我比其他人感情都深,每天擦洗枪支,团长孙平看透了我的心思,便命令我组建武工队。先是贴出了招收武工队队员的告示,号召志愿者报名,由我负责。来报名的大多数是滴道煤矿的工人,对穷人翻身、为工农打天下的思想,最容易接受。很快就组成了一个班,并指派了班长。除了由我教他们唱革命歌曲和进行简单的操练外,主要是由我向他们讲解步枪的性能拆卸方法,及射击的动作要领。最初

---

[*] 师震富:时任东安地区鸡宁县土改工作团滴道区武工队负责人。

几天每当晚饭后,我就带他们到滴道河西岸,隔河望着东面的山包开枪射击。每晚让他们开始练习四五发,瞄准那山包上面的石碴子,每当子弹打在石碴子上,会冒出一股烟尘来,去检验他们射击的准确性。很快,这些人就对步枪使用自如了。

这个武工队的日常任务是:接受工作团的命令逮捕坏人,看押斗争对象。在工作团队员外出开会时担当站岗、放哨、盘查坏人的任务。

当时滴道区,正处于谢文东匪帮活动的边缘地区。他们经常到滴道区西部,即林口、勃利、鸡宁三县交界地带来活动。

1946年8月中旬,工作团驻兰岭工作组组长柳营派我和叶文华(女)等人,带领五六名武工队,由十七团一连沈连长(是位新四军老战士,被俘后送到东北某煤矿下煤洞)率领两个排担当警卫,到大同屯开展工作。我们刚刚找到屯长,布置了部队的住房和伙食,我便和沈连长查看了大同屯的周围地形。到下午5点多钟,我们还没有吃饭便有老乡来报告说:"西面二里多路的小沟里有数不清的马队,眼看就要闯进大同屯了。"我立刻和沈连长研究情况,沈连长马上断定:这就是"郎团",人数不下200人,全是马队,沈连长立即命令司号员,吹号集合布置战斗任务。决定由沈连长带一个排守北山,由我带一个排守东山,我们的重武器是一掷弹筒和一挺苏式转盘轻机枪,商定把西大门打开放他们进村,等到他们大部分人进入200米射程以内吹冲锋号,从北东两侧一齐打,命令掷弹筒射向他们马队集中地点。我鼓动战士说:"我们坚持一个半小时,十七团第二、三连的兄弟队伍,定能听到枪声来支援我们。"我们卧在山岭上日本关东军留下的散兵沟里,凝视着大同屯的西大门。过了一阵儿,看到一群牛由老人赶了回来。据他报告"郎团"听到了这里的集合号声,便决定不进大同屯而向北转移了。这是我们和郎团的第一次遭遇。第二次遭遇是在8月下旬,我到位于兰岭西北七八里路的福安屯去开展工作。一天夜晚,我在村农会屋内和几个积极分子谈工作,农会主任姜树秋跑进来告诉我说:"师同志,快走,郎团的马队已经进入小苇子沟。他们进我院内就叫我割苞米秆子给他们喂马,我拿起镰刀顺苞米地跑出来了,一块走吧!迟一点走漏风声,他们马队会跑到这里的。"我很着慌,急忙找齐了积极分子,带上全村所有马匹向兰岭撤退,当我们撤到福安屯南面的北山坡时,看到小苇子沟里火光通天,马嘶人叫,我把我的三八枪架在一个小树杈上,推上子弹想向那方向打几枪,但我身边的两位武工队员不同意,他们说:"打这几枪无济于事,胡子还会拿老百姓撒气,老百姓受苦哇。"我听了他们的劝告,把子弹又退下来。

1946年9月上旬,合江二分区工作团在密山开会。我的组长柳营同志也去参加,临行时他让我照料这个组的工作。一天离开兰岭车站只有六七里的永安屯长来报告说:"董凤山匪徒给我屯下了任务,限定在三五天内给他们这些中央军送去大烟土一两、钱和衣物若干,不然就要进驻我们屯子。"这位屯长来请示工作团,看怎么办好。当时我们这个组在永安屯工作的是李英(他当时还不满20岁,"文革"后期听说任黑龙江省农委会副主任),他也很焦急,我听后感到事态严重,这个伪中央军董凤山太欺负我们工作团无能了。我立刻召集全体武工队(只有两个班)研究情况,大家气愤极了,立即表示:我们武工队今晚搬到永安屯去住。大烟土、钱、衣裳什么都有,叫他们进村来取。当晚,我安排了李英、叶文华等人组织兰岭村的防务和联络事项后,率领两个班的武工队(不到20人)进驻了永安屯,临行前用电话和柳毛工作组的马柯玉和赵维恩(现沈阳体育学院党委书记)取得联系,叫他们把柳毛的武工队也带到永安屯支援我们。如今晚不发生战斗,我们好在明天上山围剿一下董凤山(因为我们知道董凤山经常住在离永安屯四、五里远的一座高山的山沟里)。进村后,我查看了地形,然后派一个班在要害地段担当警卫,观察西面山上动静,我带另一个班暂时进到老百姓家烤火准备后半夜换他们的岗,我和衣躺在炕上想睡上一小觉。这时我们站岗的班长来报告说:"董凤山派了一个送信的老百姓喊话要进村。"我立刻命令他说:"你马上回去喊话告诉他,叫他举起手拍巴掌走过来,叫他们在我们枪口瞄准下走过来。"不久,董凤山的纸条子给我送进来,上面歪歪扭扭几个字写的是:"我们要的东西马上送来,不然就进村。"我也马上从挎包里取出纸,写出了几个字是:"东西全准备好,还有几十条枪,几千发子弹,欢迎你进村来取",落款是"工作团",立刻叫送信人带回去。我很自信地向我身边战士说:"这是董凤山来探听动静,我们有了准备,有好地形,他们是不敢来的,但是我们一定要十分警惕,加强岗哨监视,不要轻易放枪,一定等他们临近看准再打。"我又躺下身去,但怎能睡得着呢?又过了一个钟头左右,即夜晚10点钟以后,我派出的一个班岗哨,全部打起枪来,并且我听出来是两边对打的枪声。我立刻把身边的一个班带出去,各自找到适当位置。我命令情况不清不准打枪。就在这乱枪声中,我忽然听出来有人喊我的名字,对方说"我是马柯玉,你们不要打枪。"我立刻知道这是柳毛武工队来了,马上命令说:"立刻停止放枪。"我跑出来迎接他们。原来马柯玉除了带领20名武工队员外,还请来驻守在柳毛车站的三五九旅的一个排30多人（由一位年轻的连长率领）。他们的指挥也有错误，深更半夜也不派出单人联系便率队进村，并且还确实进了我的警戒圈内，他们也未主动喊出县里统一发下的口令，所以才发生了互相对打的误会。他们的地形不好，为了找好地形，他们很多人都爬在路旁或稻田的水坑里，衣服都湿了。我为了表示歉意，特意请我们的友军全部进屋吃饭烤火，由我们担当警卫。就在这时，董凤山的20名左右匪徒扒在村西的山头上，对我永安屯打起了排子枪来，枪打得那样急，子弹打在老百姓的草房上、土墙上和泥泞的道路上。由于枪响后大多数人都隐藏在安全处，所以全村军民都未受到伤亡。枪声停下来以后，在整个西边一排大山上面传来狼的嚎叫声，声音凄惨，后来老乡告诉我们说："这大山里狼很多，平常不是这样叫，这是因为枪声震的。"

第二天清晨，三五九旅的那位连长和马柯玉、赵维恩等人来到我屋里告别说，我们这次计划不周首战不利，表示不愿和我们合作了，我十分抱歉地送走了他们，实在感到自己脸上无光。

我立刻召集了全体武工队员研究情况，队员们表示说："我们不用人家支持，我们自己一定要打出点成绩来。"就在这时有人提议说："据这里的老乡可靠消息，离这里30多里地有个土顶子村归林口管，那里是个胡子窝，现在就有胡子，把枪插在村里表示不干了，如我们前去把枪起出来，不也是一功吗？"并一再表示情况十分属实。我便把反映情况的老乡找来，谈话后，我也信了。我们便决定到"土顶子"去起枪。但我分析这次可能有和董凤山遭遇的危险，号召大家要做好打仗的准备。9点多钟出发了，一路上全是弯弯曲曲的灌木树林的小路。行军时我暗想董凤山是个懂军事的人，在这个小路上埋伏几个人，那我们这个队伍就得吃大亏。中午11点左右，我们来到土顶山的东山脚下，山势很陡，从山北面绕过就是"土顶子村"。我们坐下来研究情况，偏巧路旁谷地里有个割谷子的人，我们便把他找来，严肃地问："董凤山来过没有？"他脸色苍白支吾地说："没有来——前几天来过，这两天没看见。"我看出他神色不好，说得不像是真话，立刻叫一班长张俊起带领两个战士马上占领这座山，他们三个人艰难地攀着山腰的小松树爬上去了，他们一登上山顶，便马上喊话："你们不要跑，我们是八路军！"接着他们开枪射击。我立刻带着队伍从北面抄了过去，跑步趟过刚没脚面深的小河，很快占领了村东南和东北的两个土炮台。炮台下面是早已挖好的散兵沟，我们顺着北面、南面的散兵沟向西发展，很快又占领了西南和西北的两个土炮台。这时敌人从村里跑出往西撤，在村西边漫岗上往西跑，一个跑得慢，很快被我们一枪打中跌倒了，我们一个名叫"小胖"的战士马上逃出战壕要去抓活的，但董凤山等18名匪徒，都在毫无隐藏的土岗上回身向我们还击，我命令小胖子马上退回来，小胖子又跑了回来，跑进战壕，回身又打，但他枪口里灌进了泥土，结果枪打炸了！

我们真是初次作战，地形这样好，敌人就在二百、三百米的射程内，我们打了二至三百枪，只打倒了一个敌人，还被敌人连滚带爬地救走了！在我们回身搜查全村时，搜出来一个姓范的，是董凤山的部下，他高高的个子，自称是饶河县人，这次不想跟董凤山干了，所以才留下来。但我们大家看出他是由于没有穿上乌拉没来得及走，所以还是把他绑了起来。他表示坦白，并交出他的一支很好的九九式步枪和许多子弹，一个牛皮背包（关东军军用品），也是董凤山这个队伍的公用品。我查看了一下，没有什么文件，只有点生活用品，后来这文件包我用了一个时期，工作团结束后，徐少甫把它带在身边。

这时土顶子村的屯长来了，他一边恭维我说"连长你们辛苦了"，一边指着屋地下七八只杀死的鸡说："我给你们准备饭吧，这几只鸡不够再杀几只。"我分析一下情况，感到孤军深入没有后援，便决定赶回兰岭去吃，反正我们胜利了！我沉下脸说："你这个屯长是给谁当的，是八路军的屯长，还是国民党的屯长，为什么董凤山经常来，你这儿离麻山区政府工作团才八九里路不去报告？"他无言以对。我马上命令战士把这个屯长绑上，便带着队伍，押着两个俘虏回到兰岭。虽然已是一天一宿未得到休息，但这初战的胜利鼓舞着人们不觉得疲乏。这是滴道区武工队成立后第一次小小战斗。

这个姓范的俘虏后来说出了许多董凤山的秘密，我们起出不少赃物。他表示对共产党十分心服，我便给他松了绑，叫他带路。我们的武工队曾多次由他带路进入山里剿灭残匪。11月以后，由于他申请回乡，我取得孙平团长的批准，给他开了释放证明放他回饶河。至于那个屯长，我把他关押在兰岭达一个月之久，多次审讯，他表示痛改前非，他们"土顶子"多次派代表出保，证明他确实是两头维持，实在不易，我又取得团长的同意，把他放了回去。

第二次战斗是1946年11月初，当时的形势是谢文东的大队人马已被三五九旅打散，一些残匪化整为零隐藏起来。这时全区已正式成立了武工队，任命陈兴华为区中队长，我把武装全部交给他管，在区里统一训练。

我作为工作组成员到大通沟村开展工作，除随身带两名武装人员外，则多依靠新武装起来的村基干队担当武装警卫。一天，基干队负责人报告说："在勃利县和鸡宁县交界处的青山火车站上,有数目不清的谢文东残匪潜伏,如果能去围剿可获得武器和俘虏。"我仔细研究了这些情况以后,便给陈兴华打了电话,请他把队伍全部带到这里,听我指挥。队伍到后,我和陈兴华共同商量,决定来一个夜行军到青山车站(行程四十多里),对青山实行拂晓攻击。天不亮,包围全村按家搜查。第二天清早按计划我们这个50多名的区中队,来到青山外围,很快完成了包围任务。按家搜索的结果,隐藏的坏人及窝主共抓获了20名左右。记得有一个土匪被小学教员隐藏在做饭的锅灶坑里,被武工队员搜出。青山屯的屯长大为震惊,早上为我们预备相当丰盛的菜饭。我们正在吃饭,又有老乡来报告说:"董凤山就隐藏在青山五六里远的一间小窝棚里。"我马上布置全体队员进剿。先派出一班长(50来岁)从山西坡绕过去,等董凤山发现我们正面的队伍往西跑时,叫他们打埋伏,用排子枪把董打死。但这个班长行动迟缓,等我们正面队伍已经被董凤山发现,他们还没迂回过去。所以当董凤山向西逃跑时,他们虽也打了许多枪,但因距离比较远,也没打中,后来有人议论说是这个班长过去和董凤山有交情,不积极向前带队。我分析是正面队伍过早地被董凤山发现是个主要原因,也未追究这个班长的责任。但不久这个班长因受议论,不愿再当班长了,我们便撤掉了他。我们队伍追董凤山追了很远,虽然没有追到,但我们却在董凤山的窝棚里找到了他没能带走的三支短枪(两支长苗匣枪,一支撸子枪和子弹70多发)。我们在这次围剿战斗中除了把20名窝藏的土匪和窝主都带回滴道区政府外,直接缴获了这三支短枪也是个胜利,从而大大地振奋了滴道区武工队的士气,使滴道区武工队成为鸡宁县县大队的重要组成部分。而我们这次在青山搜捕到土匪和窝主,都由区农会邵景玉和王万祥等人负责处置了。后来听说,这些人大多数是被枪毙了。

就在我们去青山围剿以前十来天,大通沟村基干队(民兵)到山上搜查,查获了一名谢文东的连长,脚踝骨被打伤,隐藏在山沟里被基干队抓获。我审问了以后,觉得他是个无知农民,他也后悔不该跟谢文东跑这么长时间,如能放他,他表示愿意回到林口县他妹妹家,因此我没有绑他,叫他在炕上养伤,并给他饭吃。当时已是初冬时候,黑龙江的冬天又来得早,村农会的里屋已升起了地炉,炉边放一把斧子,就在我在外屋教基干队唱歌的当儿,他这个无知的谢文东的连长便拿起斧子自杀起来,把自己头部砍了几个洞,半死在屋里。后来被一个基干队员发现,他又苏醒过来连连向我们磕头求饶。大家说:"我们连绑你都未绑,你自杀干啥!"对于处理这个半死的俘虏,我很为难,有很多老乡围上来看,我就开了个大会问问老乡怎么办,他自杀到这样有没有人照顾他。有两位老大娘说:"这些中央军净祸害人,我们没人照顾他。"我和基干队商量,队长说:"把他枪毙吧!"我考虑再三,觉得老百姓实在恨透了他们,便也表示同意把他枪毙了的意见,就这样由基干队把他拉到南甸子枪毙了。年底工作团总结工作时,我检讨那次枪毙人,未能派人到区工作团请示,但团里分析当时的情况,认为当时又是老百姓提出来枪毙他,又是老百姓直接枪毙的,所以还是肯定了我的做法是正确的。

1947年2月至3月间,工作团在"煮夹生饭"时期,由徐少甫率工作组进驻柳毛西南的老达子沟开展工作。据调查,老达子沟的富农郭升是谢文东部下、"郭团"团长的近族,过去他们有来往。为了消灭这个封建堡垒,决定开大会枪毙郭升,我率领区武工队和村基干队,对周围山沟进行清剿搜查,但无所获。后来由徐少甫提出意见责成我向李尔重汇报,由李尔重批准将郭升枪毙。

本文选自薛盟主编的《鸡宁剿匪》,中共鸡西市委党史研究室1989年12月印,第164~173页。(整理:张为杰)

忆鸡西(鸡宁)剿匪战斗

王景坤[*]

民主联军第三支队及其所属的警卫团、十七团都是在1945年11月12日相继在宁安组建成的。这支队伍,是在东北地区形势从被动转向主动的时期,根据北满分局大力剿匪的精神而组织起来的基本骨干队伍。三支队当时的司令员是肖荣华,政委谭文邦。我于1946年2月初到警卫团任团长,副政委金镇浩

---

[*] 王景坤:时任东北民主联军牡丹江军区第三支队东安军分区警卫团团长。

第二编
东安根据地剿匪斗争回忆

(朝鲜族人),编制是三四制,每个营四个连。一营长吴桂连、教导员时政年、副营长徐新彬、范长和。二营长岳文修、教导员李天光、副营长刘心刚。三营长侯克。三营的成员都是朝鲜族。团直属三个连:炮兵连、重机枪连、侦通连。4门迫击炮、2门平射炮、6挺重机枪、2辆装甲汽车。全团共2 000人。战士多是林业失业工人、矿工,部分伪满时劳工和贫苦农民。警卫团连以上干部三分之一是关内老根据地来的干部和抗联干部,少数排干部也有关内来的,组织较纯洁,人员较充实,战斗力强,为第三支队主力团。

张闻天同志当时为合江省委书记,由于勃利和林口被收编的土匪叛变,不能去佳木斯而转往宁安,并直接兼顾第三支队工作。该支队首先用警卫团向外出击,沿铁路向吉林省汪清方向清剿土匪,在1946年2月底消灭马喜山1 200人后,3月又回师牡北配合兄弟部队消灭李开江、张德振叛匪。就在这时民主联军第三支队奉命从宁安进入鸡宁,开展新区的剿匪斗争。

三支队司令部和十七团于4月6日先期到达了鸡宁,警卫团在牡北配合兄弟部队消灭叛匪张德振,从朱家沟直接东进梨树镇于4月8日到达鸡宁。

东进时,在沿途的两侧,还不时发现在日军溃退时,遗弃的军用装备和武器,以及成箱的日本女人的大和服等物品。

行军到梨树镇时,偶然和匪徒郎亚彬部相遇,匪徒约有150人。我团先头尖兵连偶然遭受从正面来的火力阻击,尖兵连即展开向敌人进攻,警卫营马上以一个连向右侧迂回。敌见势不妙,不战就向西北逃跑。进攻部队立即追击,而迂回部队立即截击,结果俘敌30多人。原来这股逃匪是在天亮前从奎山方向流窜过来的,这是东进的第一仗。

东安地区辖密山、鸡宁。东安市(密山)和佳木斯只有完达山之隔。东与苏联交界,牡、佳、东安(密山)形成鼎足而立。这三个地区如果能很快巩固起来,哈尔滨以东地区,就成为背靠苏联的极好战略后方。

该地区的日军溃败以后,苏军在8月中旬进驻。在我们没进入该区时,在苏军的同意下,当地汉奸、走狗、伪满官吏、富商等反动势力,纷纷出来组织政权和保安队。东安以高金声(伪东安省副省长)、孙福臣(俄文翻译)、郭清典(国民党被俘军官)为首组成了东安临时省政府和保安总队。该总队共6个大队。高为总队长、孙福臣为副总队长、郭清典为参谋长兼一大队长。一大队有800人,有轻机枪和平射炮。活动在密山北五道岗和黑台一带;二大队芦俊堂700多人,活动在虎林县的杨木岗、兴凯湖及老密山县城(知一)一带;三大队杨世范

600多人,活动在裴德一带,以后在鸡宁以东的东海、平阳镇一带活动;四大队曹本初(曹大架子)500多人活动在三梭通、知一(老密山)一带;五大队王希武(王败火)150多人活动在二人班一带;六大队赖明发(赖大肚子)500多人活动在半截河一带。还有密山的公安队祁少武200多人,此外还有鸡西跑出来的公安局长阎大马勺。另有小股惯匪、地主武装则活动在密山以东的白泡子、马家岗、杨木岗、凤凰德等地。

大汉奸高金声为临时省政府(国民党的)主席,孙福臣为副主席。鸡宁开始有伪公安局的保安队4个大队,分布在哈达岗和城内,共有200多人。郎亚彬400多人活动在麻山、奎山、梨树镇一带。宝清县有喻殿昌保安队450多人,勃利地区大股匪徒谢文东等经常流窜到鸡宁一带。该地区土匪最多时达到5 000多人,到处掠夺、鱼肉乡里,特别对朝鲜族群众(鸡、密地区朝鲜族人多)更是变本加厉、欺压敲诈,制造民族矛盾。

1946年2月初,鸡宁就有合江省省委派去的白如海同志和早去的陶宜民同志在开展工作,并首先组织了一支小的基本队伍,有计划地解决了伪保安队4个队。时间只有两个月就解决了市内的反动武装,建立了鸡宁独立团,成立了政权,给三支队进入鸡宁剿匪建立了立脚点。

警卫团奋战鸡东

从平阳镇到密山(东安)的连珠山间都是东安保安总队匪徒所盘踞的地区。警卫团到鸡宁后马上奉命剿歼该区的土匪。

为了加强警卫团的力量,司令部决定把鸡宁独立团(4个连)约500人,由团长邵洪泽同志带着编入警卫团。邵任警卫团副团长兼参谋长,新从关内来的吴美邦同志任警卫团政委,王鉴三为副政委(金镇浩仍为副政委)。这样警卫团的领导力量和部队更加强大了。

警卫团于4月13日即开始执行清剿鸡东土匪的任务。从平阳镇出发,第一仗就攻袭盘踞在东海的杨世范部100多人。由于初战,敌人没想到我们那么快就出击,缺乏准备,在天亮前被我们包围,只战斗一个小时,就全歼守敌。然后继续乘胜进攻永安车站之敌,该处守敌仍是杨世范的残部200多人。为防止敌向黑台方向逃跑,在战斗一开始时,同时以一个连从北山迂回到通黑台的路上,堵截逃敌。由于杨匪在东海已遭受一次打击,恐怕再次被歼,所以根本不敢防守,战斗在下午二时打响,一接触敌人就交替掩护夺路南逃,这一着出乎我们意料之外,因南边全是开阔地,而且有一条大河,只有一座大桥,又是在白天,没有想到他们能从南方跑了。结果只俘30多人,其余全部向穆棱河南的半截河逃跑了。

次日又以一个营向哈达岗、八铺炕、城子河一带搜剿零散小股土匪。只收缴50多支枪,在哈达岗抓获几个国民党地下活动人员。这些人自从三支队进入鸡宁后,就全从鸡宁转到城子河、哈达岗一带秘密活动。警卫团所收缴的几十条枪,就是他们的零散武装。

在此期间警卫团部带两个营,留驻在永安车站河永安村,进行对河南敌人侦察,准备过河剿匪,15日拂晓,黑台郭清典匪徒500多人突然偷袭。本来三营有一个连驻扎在通黑台路上的北山脚下,在天亮前被偷袭敌人打垮,尹连长当场牺牲。紧接着敌人猛追到永安车站,很快就逼近了团部,因部队驻地离团部较远,一时投入不了战斗。而二连连长陈文学同志,竟很快带领一个排投入了战斗,从正面抵住了突袭到团部的敌人。团部已处于危险境地。当即决定派李希才参谋(李东光)一人驾驶一辆装甲汽车携带一挺轻机枪,从敌人右侧冲出,此时敌人正以密集队形向团部冲击,李参谋用机枪从车内向密集的敌人猛扫,敌人见到刀枪不入的活碉堡,惊慌失措,乱作一团,鬼哭狼嚎,东奔西跑,只恨爹娘少生两条腿,屁滚尿流地逃回黑台。陈文学连长率一个排从正面狙击,变成了追击部队直追到北山。活捉20多人,打死30多人(多为装甲汽车扫射而死),缴步枪58支。

16日拂晓,以两个营攻袭河南半截河敌人,由于河北连日来进行战斗,河南的敌人有准备,结果一接触,敌人就向二人班方向逃跑,部队随即跟着追击。但当部队撤回时,敌人发现我们人不多,祁少武和赖大肚子随即追来,警卫团的两个连退守在半截河的邢家大院,以有利的地形给进攻的敌人以大量杀伤,打死敌30多人。我退回河北永安车站,敌人又返回半截河。

河南敌人在几天内,没有受到打击,所以较河北敌人更敢于和我们对阵,因此决定设法给他们以歼灭性打击是很必要的。

为了便于次日拂晓全团出动攻袭河南的敌人,我采取上半夜袭扰和疲劳敌人的办法,派警卫连一个排由连长韩星同志率领执行此项任务。同志们摸清敌人大体的驻地位置,穆棱河大桥南头有日伪时期留下的一个碉堡,敌人驻守一个排。这个桥头堡是我军攻袭敌人过河时的最大障碍,也是敌人警戒的最突出部分,故决定以该堡为袭扰目标。弹药尽可能同时扰乱半截河村子。通桥的公路两旁有很多青稞,且有路基作为隐蔽,又有风。这样警卫排就顺利地从碉堡的背面偷偷地涉水过了河。碉堡中的敌人一点也没有发觉。还听到敌人在碉堡外边说话声。于是把所有的火力分两个方向(敌驻地和碉堡),部队散开,机枪、步枪、手榴弹突然一齐开火,骤然喊杀声四起,夹杂着指挥部队的喊叫声,三营截击、二营跟上等虚张声势的叫喊,顿时碉堡里敌人还击枪声响得更紧。驻地的敌人以为我军已向敌人发起进攻了,吓得敌人全部拉出村东山准备逃跑。而在村西的敌人,也在不断地向外射击,这样对敌人驻地的大体位置也摸清了,整个河南的敌人都惊扰了,任务已经完成,乘敌人还没弄清我们究竟有多少部队的时候,警卫排已安全返回河岸北面。

根据敌人受一场虚惊、一夜不得安宁的情况,估计敌人不会认为当夜连续攻袭他们的,即使有准备经过一夜的惊扰后也会很疲惫的,不管怎样也要全力攻袭敌人,哪怕吃掉一部分也是好的。于是以两个连从河的下游偷涉过河,在去二人班方向截堵可能东跑的敌人。正面部队准备秘密干掉敌人岗哨,如不行时,即以少数人对付碉堡里的敌人,其余进攻部队可直接扑向村里。在天亮前开始,结果敌人果然没想到我们会连续进击。碉堡外的哨兵正在打瞌睡,碉堡内的敌人也在熟睡,在梦中就全部当了俘虏。这样攻袭村内的部队,就达到了偷袭的目的,给敌人一个措手不及,打得敌人一点也没有招架之力,有的一枪没放就在朦胧中交了枪,有的虽然就地抵抗,但已经短兵相接逼近射击,只得投降。一下歼灭祁少武和赖大肚子200多人。根据被俘过来祁少武的小队长供称:"我们前天已把你们(指从河南撤回的第三营)打回到穆棱河北岸了,昨夜袭击我们桥头堡,仅有数十个人,认为你们再不敢在穆棱河南岸有大的行动了,所以准备在今夜天黑后三部分共同攻袭永安车站(三部分指的是赖明发、祁少武、王败火)。"可见穆棱河岸敌人在没有遭受我们打击时,其战斗意志还是很强的。由于这次攻袭,却把敌人向穆棱河北岸进攻的企图暂时打掉了。

在密山和鸡宁一带盘踞的匪徒中,没有受到警卫团打击的而且最狡猾的,要算郭清典了。虽然他袭击永安车站没有得逞,但他还是认为偷袭是成功的,所以大言不惭地说:"我郭队决不会像杨队在王团面前那样无能。"意思是他绝不会像杨世范在永安战斗那样失败。郭清典在该地区的诸匪中在军事指挥上确有他的专长,战术比较灵活,他的行动规律当时还没有摸清。连日来警卫团在河北、河南的战斗很频繁,郭清典未因为他离警卫团较远,而稍事疏忽,警惕性很高，所以在20日拂晓去袭击他时，竟扑了个空。他行动诡秘，明明侦察夜晚在村里，却扑个空。从20日的行动来看，我们悟出一条道理：在袭击郭清典时必须同时防备他的反袭击，这才万无一失。因郭清典是国民党军官，在中央军校毕业的，有战斗修养。

经过近20天的接触，这一带匪徒的数量比我团多，但战斗力很强的警卫团对付他们还是有余的。但由于他们多是地头蛇，地形和民情比我们熟，他们和群众的联系暂时比我们多，他们的情报比我们快，而我们往往不能很快弄清敌人的行动，在捕捉和追击敌人时，一下就不知敌人的去向了。多次战斗击溃战也较多，这多是情报不准影响部队决策而致。

国民党为了麻痹我们，在他们占领了锦州、营口等地后，在3月20日和我们签订了东北停战协定。同时调遣五十万大军，向东北全面进攻。在4月，南满大部已为他们所控制。沈阳、长春失陷只是时间问题。如果东安地区土匪不能很快摸清，建不成根据地，一旦国民党军占领了长春后，直逼哈尔滨，那会使我军的周旋余地就更小了，也没有后方，这就很不利于东北的持久战争。所以北满分局对东安地区剿匪斗争非常重视，电催多次。北满军区司令员高岗曾亲自到鸡宁视察。

接收东安（密山）

鸡宁的苏军撤走后，三支队和地委已经接收了鸡宁，东安市的苏军也即将撤走。警卫团奉命接收东安，于20日进驻半截河准备开赴东安。

1946年3月底，东安地委派梁定商同志带几个干部先进入东安，依靠苏军司令部进行工作，住在苏军司令部里。伪公安局长祁少武的公安队，怕苏军缴械，于4月1日拉到半截河一带。而临时政府主席高金声、孙福臣因苏军把他的保安总队赶出东安了，对苏军不满意，不久也被苏军抓起来了。至此，东安临时省政府也全部瓦解。

警卫团从半截河出发，沿途的敌人恐怕被消灭，二人班、三梭通的敌人都跑了，只以少数人用火力狙击一阵就不见了，部队于4月25日进入东安市内。

警卫团进入东安的当天，就和北大营苏军少校司令官约定第二天在北大营会谈。第二天八时，我到北大营一下车，就看到浓烟滚滚，到处起火，几米外就看不见人。烟熏火燎、气味刺鼻，苏军正在点火破坏。

北大营原为日本关东军一个师团的营盘,营房林立,楼房齐整。医院、商店、礼堂、饭厅、浴室、游艺场所、上下水道、电力通讯,设备现代而齐全,规模壮观而规划有序,林荫成行、花坛棋布,都有柏油马路相通。我目睹破坏之情,真是惋惜万分,有说不出的痛心和伤感。

在会谈开始,我说明了进入东安的目的和任务后,要求他介绍一下东安地区的敌情和社会情况时,他谈到将保安总队驱出东安的情况和解散东安临时政府的原因,说他们在城内维持治安,主要是和中国共产党的武装闹矛盾。因为他们要消灭被苏军支持的虎林独立团。限制我先期到达的工作人员的活动,在各方面都蒙蔽苏军,使苏军对各种情况闭塞无闻,特别对苏军不满这更不允许。苏军怕他们在东安市闹事,所以采取了措施。这次对我们来东安的力量表示满意。

我向他提出三个要求,请他给以支持和帮助。第一件要求把北大营留下,不要再破坏了,因我们部队来了,必须有一个可以集中和便于整训的地点,北大营又是军队住的地方。第二件要求把高金声交给我们,不要放掉,免生后患。第三件要求他们留给我们一些汽油和一部分武器弹药。第一个要求他婉言拒绝了,并解释说这是国内上级决定的,他们不能违背命令,要求我们谅解。第二个问题他说他们已经决定了把高、孙全带回国去,绝不放掉请放心。第三个问题他原则上同意,但需请示他的上级再办理(后来得到了解决)。

会议之后,在北大营由他们宴请招待,自此后的第三天苏军就回国了。

苏军撤走之前,凡是在他们国境线100公里以内的一切军事设施,一律破坏了。密山到虎头160公里的铁路,全部扒掉、铁轨运走。大小桥涵炸坏(有的是日军撤退时炸掉的),车站夷平,十几对电话线,像切面条一样切得一段一段的,电柱锯掉,飞机场的设施炸毁,沿途日关东军的营房也在破坏之列(大部分在日军溃退时老百姓"捡洋落"破坏了),仓库烧毁,机器运走。

当时苏军所以这样做是因斯大林同志对中国共产党的力量有怀疑,不相信中共能控制住东北,更不相信能够打败蒋介石。

东安保卫战

苏军撤回国后,进攻各战略要城,这是匪徒们早已定的计划。东安鸡宁地区,在苏军刚撤走后,活动在勃利地区的谢文东匪徒,认为时机已到,东安地区

第二编
东安根据地剿匪斗争回忆

人民军事力量还不强。于是在5月上旬流窜到鸡宁以东的半截子河一带,阴谋进行攻打鸡宁和东安的准备工作。他有600多人,东安保安队6个大队结合在一起,谢文东拼凑一个旅,还要吃掉郭清典,然后进攻城市。但土匪各怀鬼胎、钩心斗角,野心都不小,都想扩大自己势力,互不服气。郭清典看不起谢文东,认为他已是人民军的手下败将,并不懂军事,根本不尿谢文东。只有杨世范和谢文东打得火热。谢文东乘机想扩大自己势力的打算形如泡影,但诸匪徒攻打城市的思想是统一的,所以为了统一行动,就拼凑了一个联合指挥部,由谢文东任总指挥。

宝清县保安军喻殿昌,当时也以200人的队伍同时占据了密山县的兴凯(密山通往虎林和宝清的公路交叉点,距密山只有30公里),这样就对东安形成了包围的形势。匪势大振,战云密布,妄图占领鸡宁、东安,以控制林口以东广大地区。而警卫团从此就和鸡宁司令部的联系被切断。

在谢文东联合指挥部统一指挥下,在5月15日就分别同时攻打鸡宁和东安(攻打牡丹江司令部也是这一天);使三支队首尾不能相顾。

郭清典、芦俊堂、曹大架子、祁少武等共1 700多人于5月15日拂晓开始向东安进攻。郭、芦两匪分别向东安西和西南进攻,警卫团以两个营防守西面,虎林独立团三个连在东北方向监视兴凯方向的喻殿昌。郭清典的指挥所在东安市两边最高的莫何山上。警卫团的指挥所在北大营和日本神社间的破房框内,我炮兵阵地在北大营西北角小石山的后边。

东安西岗上,都是伪满时日军军营的破房框子,一直到密山西,地段很隐蔽,有利于敌人接近,不利于我们监视敌人。特别西山的制高点是敌人的指挥所,能够俯瞰全东安市,因而我们部队的运动和部署多为敌人所掌握。

天刚亮时敌人开始进攻。主要方向是西南,因那里离街区近,其次是日本神社。这里较隐蔽,易于接近。两个地区均遭到了敌人连续两次的冲击,枪声一阵紧似一阵,阵地坚稳不动。为了使我阵地内行动自由、隐蔽,必须消灭西山上敌人的指挥所。于是集中四门迫击炮,一齐发射,连续十几发炮弹,全部落到敌指挥所的人群里,特别炮手金根泽同志百发百中,炸得敌群一下开了花,四处逃散,立时山上渺无人踪,炸死炸伤20多人。接着敌人又掀起进攻高潮。二营五连面前的敌人已冲到阵前,该连从敌左侧来个反突击,敌人不支回头就跑。我们正面用火力追击,一下打垮了敌人的冲击,丢下十几具尸体。

西神社方面枪声又紧起来,正在激战中。突然有十几人,利用破房框子,悄悄摸到团指挥所,当听到脚步声时,我伸头一看,一颗子弹从耳边擦过,警卫员坚持抵住,警卫排随即出来,敌人已跑不及了,一下把十几个敌人消灭在阵前。

此时战斗已进行到中午,进占在兴凯的宝清喻殿昌匪徒,一直在兴凯没有动。看来东北方向威胁不大。于是一营由赵桂连营长带着,从北边跟机场南迁回到西边进攻敌人的侧后,他在极不利于大部队运动的暴露地形下直捣敌后,终于在整个战场对他寄以希望的时刻在敌后打响了,这是赵桂连向我正面防卫部队发出全线出击的号令。于是防卫部队全部跃出阵地全线出击,这样敌人受到前后夹击,一下全线动摇,终于向西狼狈溃退,这时侧击部队的一营又变成了有力的截击部队,在正面追击部队的配合下,一直追到连珠山以西。于下午4时结束了战斗。共俘虏80多人(郭清典的人占多数),击毙50多人,缴轻机枪2挺、步枪132支,我伤亡战士30多人,胜利地保卫了东安市。

鸡宁方面:谢文东要进攻鸡宁的情报,在前一天就知道了,在敌人进攻的夜里牡丹江十四团增援就赶到了。可是进入阵地时,谢文东进攻部队也到了,但终于还是十七团事先抢占了鸡冠山的有利地形。谢文东进攻鸡宁的兵力共1 000多人。谢匪投入兵力号称三个团攻打鸡冠山(毕兴奎、于振全、刘生楚),城子河方向是杨世范队,西鸡西方向是郎亚彬。主攻方向为鸡冠山。敌人集中三门迫击炮和一些轻机枪、投弹筒等火力,于拂晓时,向鸡冠山猛攻,尤其东面比北面更猛,连续两次冲锋均未得逞,北面冲锋也被打下去,战士奋勇冲杀、顽强战斗,占据有利地形,居高临下,给敌人以大量杀伤。城子河大桥和西鸡西是三支队警卫连和鸡宁独立团一个连防守,但是鸡宁市区较大,显然防守力量不足,薄弱之处很多。如西边敌人已冲过西边大桥,因为有警卫连的有力阻击,终于稳住了阵地,十四团虽然先期达到鸡宁,但指挥不当,把它布置在敌人的左侧而没有在侧后行动,所以没发挥力量。由于敌人进攻受挫,再加已知有增援部队到达,就迅速撤退了,以致十四团没有用上。这次共毙敌60多敌人,我军伤亡战士50多人。

而牡丹江近郊敌人王介孚、姜学镰也在这时进攻牡丹江司令部而失败了,这说明各地土匪均在国民党全面大举进攻东北并向沈阳、吉林推进时,急切地要进占各城市,以策应其正面进攻,捞取迎接国军的资本。然而一心想攻占鸡宁、东安两城的美梦至此已破灭了。两个要城已为三支队和兄弟部队胜利地保住了。

这次战斗胜利的意义很大,关系到东安地区根据地的建设,对北满东部根据地的很快建成也影响很大。如果两地失守,则牡丹江、佳木斯、东安三角地带的广大地区就被土匪暂时连成了一片,这块根据地的建成必将推迟。特别在蒋军即将占领长春窥视北满的时候,推迟这块战略后方根据地的建设,对整个东北战场是不利的,所以这次两地胜利的保卫战,不论在政治上、军事上,尤其在战略上更有它的重要意义。

转移鸡宁,解放东安、密山、宝清

东安保卫战胜利后,东安周围土匪嚣张气焰已经收敛,进攻鸡宁的谢文东已被驱逐返回勃利地区。而警卫团则连续地向外出击,首先消灭了兴凯的喻殿昌,全歼守敌拔掉了这颗钉子,攻袭黑台、永安、二人班,又扫清了密山以东、兴凯湖边长期盘踞的惯匪和地主武装。

就在这时鸡宁司令部调警卫团回鸡宁,说是调整部署,要配合三五九旅剿匪。

当时东安有虎林独立团一个营配合东安工委梁定商工作。当接到调回鸡宁的命令后,就和梁定商、独立团长常永年研究防务问题,一致认为警卫团离开后,郭清典等匪徒肯定要进入东安市的,这是他们求之不得的好机会。郭、芦、杨、祁、王诸匪共1 000多人,只虎林独立团一个营是无法防守的。而且地委吴亮平也有指示,当警卫团离开后,叫虎林独立团能守则守,不能守时就向鸡宁靠拢。虎林是常团的根据地,不到不得已时,常永年是不会离开虎林而它去的。但我们在研究中,确定由梁定商、常永年为首把独立团一个营和公安局一个队及地方干部撤守老密山县城(知一)。警卫团的所有人员(包括伤病员)于5月24日天黑后放弃了东安市回鸡宁。梁定商、常永年等也随警卫团离开东安市去老密山城。

警卫团西进时,在途经二人班的黑咀子时,遇到王败火(王希武)匪徒的阻击,敌人凭借阵前有二里地宽阔的沟洼地,用火力封锁这块地,阻止警卫团前进,二营长岳义修同志带一个排,冒着密集的火力从二里地的开阔沟膛里冲进去,敌人退到二人班,我们当即搜索,已无踪影了。此后一直平静地到达了平阳镇。

东安方面,梁、常退到老密山后,常永年根本不想守(实际也守不了),而且一开始就打算敌人来了后,就退回虎林去,所以常永年开始就把队伍布置在城东便于撤走的位置,常有自己的打算。

在5月26日,郭、芦、杨、祁等匪徒就涌入东安市,一进城就大肆屠杀和抢掠,特别是对朝鲜族群众,见人就杀,连一个给丈夫守灵的朝鲜族妇女也不放过。只郭匪就杀四五十人,就是连死过而埋起来的人也不放过。我一营长赵桂连在第二次打黑台时牺牲后埋在密山车站以东,敌人竟掘墓暴尸,碎尸万段,其野蛮残忍之状,实不可言喻的。这就是郭清典一手制造的东安"五二六"血腥事件。

接着土匪就去打老密山城,战斗一个时辰,常永年不辞而别回虎林去了。一部分干部从当壁镇越界跑到苏联去了,只梁定商带一部分人向鸡宁撤退,到半截河时才发现常永年不见了。

再次解放东安、宝清

警卫团回到鸡宁后,三五九旅并没有到达,6月中旬才到达。当时剿匪的计划:第一个目标解放东安。三五九旅两个团沿铁路向东安进剿,警卫团在穆棱河南沿公路向东安进剿,两路在东安会合。第二个目标是宝清。于6月25日出发,警卫团在南路行军,发现沿途的敌人已跑光了,无接触。于26日拂晓南北合击部队均已进入东安,一枪没放就解放了东安。

合击部队在东安休息了一天后,按原计划继续向宝清进剿。三五九旅(两个团)在前,警卫团在后,穿过茂密的森林,越过无人区,横穿完达山直到宝清南20多里地的龙头桥时,突然遭到迎面山上敌人的阻击。三五九旅先头部队,只派一个班从西侧利用林木隐蔽摸上山去,一颗手榴弹打得敌人无影无踪了。随即于月底,解放了宝清城。

这次行动,东安及其以西的敌人,实际早已察觉我军的意图。因此,部队从鸡宁出击前,敌人早已有准备,分别从各地逃跑了。大部分从东安向北五道岗,从黑台向金沙(七台河以东)方向逃跑了,小部分窜到滴道以北地区。宝清敌人经七星泡向西钻进山林,大多溃散,部分回家了。从此东安地区的大股匪徒消灭了,三五九旅于7月上旬就离开了宝清地区。警卫团经过短期休整补充后又进入饶河和宝清西山里进行第二期的剿匪斗争。

这次剿匪战斗存在的主要问题是犯了分散兵力,用两个拳头打人的毛病。把警卫团和十七团自始至终都是分散使用,如果一进入鸡宁时就集中兵力作

第二编
东安根据地剿匪斗争回忆

战,一块一块、一股一股地吃掉敌人,当时是完全可以办得到的。结果对鸡宁和东安威胁最大的保安总队的6个大队,只有警卫团来对付,单独作战、疲于奔命。而在后期又把两个团分别钉在东安和鸡宁的两个城里。而东西在行动上又不互相配合,各自为战,这在战略上就摆出挨打的架子。所以郭清典、谢文东联合起来,一个打东安,一个打鸡宁,使三支队首尾不相顾,只好请兄弟部队支援,这是自己把自己绑起来,叫敌人打。如果一开始把两个团集中起来一股一股地吃掉这些乌合之众,就不会有谢文东流窜到东安地区和诸匪结合在一起而攻打两个城市。由于两个团分别背上了两个城市,而互不策应,互无联系,又是消极防卫的战术,不是联合主动出击,变攻为守的战术,当然只能是被动挨打。乌合之众的土匪还知道联合起来作战,而支队的两个团,竟各干各的,造成东安地区和土匪打成个相持局面,不能不说和这个拙劣的战役指挥有直接关系,更严格地说推迟了这块根据地建成的时间,其关键也就在这里,因为在军事力量上我们是强不是弱,而是指挥上的拙劣导致被动。

在指挥上更错误的,就是东安市经过警卫团浴血奋战胜利保卫住了,并进而打破了东安被包围的形势,拔掉了东边包围东安的钉子,收复了兴凯,肃清了兴凯湖畔的多股残匪。就在这时又叫警卫团放弃东安回鸡宁,说什么和三五九旅统一部署,以致造成土匪进入东安时大肆屠杀,这在政治上损失是很大的,在军事上由于所谓集中兵力,调兵迁就,把警卫团弄回鸡宁,再加三五九旅一来,这就使土匪有了准备,事先逃跑了。应该集中兵力的时候不集中,而不应该集中的时候又集中,所谓统一部署,为何不可以叫警卫团从东安往西,三五九旅从鸡宁往东,两面夹击土匪,突然行动,那战果绝不会是一无所获的,老百姓更不会遭受屠杀。同时警卫团离开东安也太早了,警卫团撤回鸡宁一个月,三五九旅才到达鸡宁,真是得不偿失。

本文选自薛盟主编的《鸡宁剿匪》,中共鸡西市委党史研究室1989年12月印,第98~114页。

一段战斗经历

赵洪峰[*]

我家原在宝清。1945年末,合江省工委书记李范五决定我和东安地委书记于化南同志到勃利县西大营争取稳住勃利县大队。因为有情报说土匪在策动他们反叛。但在我们未到前,西大营已叛乱,局势无法控制,我们只好取消原计划。

我们的队伍随三江人民自治军鸡密虎支队副司令员王景坤同志一起向牡丹江方向撤退。邵洪泽组织的鸡宁保安大队(工人队伍、没有枪)也撤到林口。我们准备和林口县张县长会合,重新整顿队伍,站住脚跟。但谢文东指挥的土匪队伍已经控制了县城周围,让把林口"倒"出来。这样,我们在林口县被围了四五天。这时,杨公益出主意去鸡宁,因此,于化南决定把队伍带到鸡宁。但在杨木站,尖兵排遇到匪徒的阻击。我们决定仍撤回牡丹江。这时,张闻天来了,路过林口,让不拿枪的坐苏军的火车去牡丹江司令部,我也随着坐火车走的。拿枪的队伍按张闻天指示,步行去牡丹江。结果于化南同志在中途被反动派杀害了。

我在宁安遇到东安地委副书记白如海,他是到省委汇报工作的。遇到的还有王丰田、徐翻译、赵善清。一起到牡丹江后,经李大章同志批准,我跟白如海到鸡宁。那时,东进委员会已经解除阎大马勺的公安局武装。

接收密山时,鸡宁县独立团团长是孙轩华,白如海让我代理政委。独立团当时300多人。我们是1946年4月8日离鸡宁去密山的,去了12辆汽车。接收密山时,东安保安大队长郭清典逃跑了,进城一枪未响。那时,苏联红军还未撤走。十来天后,已经任东北民主联军警卫团团长的王景坤带地委副书记白如

---

[*] 赵洪峰:时任东安地区鸡宁县独立团代理政委。

海的亲笔信,让把鸡宁独立团交给王景坤。我于4月21日回到鸡宁。

4月末,我还跟着鸡宁公安局长李明顺同志去接收哈达岗赖团。赖明发有5个连人马,5月1日或2日赖团在半截河叛变。本来,前一天我们就商量要以集训名义,缴赖团的枪。我带两个团去接收,中途碰着赖匪叛变部队,他们都戴着白毛巾做记号。王飞以请假回鸡宁汇报为名,去赖明发家,在门缝看见赖明发正在鼓动土匪头目谋叛。

本文选自薛盟主编的《鸡宁剿匪》一书,中共鸡西市委党史研究室1989年12月印,第139~140页。

鸡冠山战斗

周天浩[*]

鸡冠山战斗发生在1946年5月15日。鸡冠山战斗概况:东北民主联军三支队,消灭马喜山和李华堂后,奉总部命令抢占东安省,于1946年4月10日进驻鸡宁县,当地民主政府和东进委员会介绍了匪徒情况,形势比较紧张。牡丹江、东安的匪徒都集中到鸡宁周围,敌人会将我们与外界联系切断。因此,我们想消灭一部分土匪,争取一部分力量。我们向东北民主联军总部建议:警卫团立即抢占东安。十七团和支队部、干训队占领鸡宁,保护矿山生产。总部同意了这个意见。

当时,我们了解到土匪情况是:有八股土匪,人数超过我们两倍,武器装备是抢日伪军的,比较齐全。谢文东是总指挥。李树玄称为一个旅,叫李团;李文涛也称一个旅,也叫李团;杨世范一个团,叫杨团;毕兴奎一个团,叫毕团;依振

---

[*] 周天浩:时任东北民主联军牡丹江军分区三支队东安军分区十七团警卫连指挥员。

全叫依团；刘弦叫刘团；赖明发叫赖团。八个匪团队伍有多有少，他们之间有些矛盾。

1946年5月10日，以谢文东为首，在半截河召开了侵占鸡宁县城的会议。5月14日就行动了。杨团为右翼，经哈达岗、城子河矿山职工宿舍，于下午2点多钟进到鸡宁铁路桥北山，三支队一个警卫排坚守战斗，到3时后撤回县城，放敌人进来消灭他们。敌人进到铁桥和村子之间时发现我军，就逃跑了，谢文东亲自指挥的匪徒，经过半截河，由铁路向鸡宁县城总进攻，妄图一举拿下鸡宁县。

当时我军的战斗部署：5月13日就将三支队的部署和消灭匪徒的计划报告总部，并请求增援。于是，5月14日9点，司令部和十七团开始进入有利地形——鸡冠山通向平阳站的公路左侧埋伏。将十七团一营从平阳站撤向鸡冠山，以集中兵力。我带警卫连和一门野炮坚守县城。一排坚守县西铁桥，二排守县北面木桥，三排在城里巡逻。匪徒向鸡冠山总攻时，转向鸡宁县城东面的铁路。为防止土匪进县城，那门火炮布置在鸡宁城北的一个空场子上，发挥了很大作用。总部命令牡丹江十四团增援鸡冠山战斗，他们乘专列车于14日12时到达鸡宁县的车站，立即开进鸡冠山战斗区，布置在通往平阳站的右侧，靠黑山。

5月15日天明以后，匪徒在谢文东指挥下，进攻鸡冠山北侧的山头，发现三支队在鸡冠山上，就转向鸡冠山进攻，这样就展开激烈的战斗。10时后，我军将土匪打退，立即进行反击和一系列追击，炮位延伸后，两辆装甲车和十七团追到半截河，部分追到平阳镇。土匪狼狈地逃窜过穆棱河。在追击中，一营教导员李银峰不幸牺牲。他是从抗大总校四大队同我们一起来到鸡宁县的。战斗结束后，十七团撤回原来的东山兵营，十四团吃了饭，晚上乘列车返回牡丹江了。

当时我们部队未能全歼谢匪部队，原因有两个：一是我军原估计谢匪主力会从公路进攻县城，因此，我十七团埋伏在公路左侧的鸡冠山上，而十四团埋伏在公路右侧。但实际上谢文东主力沿铁路进攻，未进入我军预先布置的口袋。而敌人被我军狙击后向北逃窜，十四团布置在公路南，距离太远，追击不上，未起作用。

鸡冠山战斗的总指挥是肖荣华，指挥部成员还有三支队一科科长高兴。

本文选自薛盟主编的《鸡宁剿匪》一书，中共鸡西市委党史研究室1989年12月印，第207～208页。（整理：隋业勤 王晓廉）

第二编

东安根据地剿匪斗争回忆

转战北国千里雪

——对三五九旅北满剿匪的回顾

刘转连[*]

浴血奋战了8年的中国人民，在1945年8月取得了抗日战争的伟大胜利。之后，我们三五九旅奉命开赴东北，在北满地区曾经参加了一段剿匪斗争。大约在一年的时间里，我们配合其他兄弟部队，对盘踞在哈尔滨以东及牡丹江、合江、东安（今密山）地区的股匪，进行了大规模清剿，为深入发动群众、进行土地改革、建立巩固的东北根据地创造了有利条件。

一、挺进东北

参加过党的七大会议之后，我刚刚回到南泥湾，便接到了党中央、毛泽东主席的命令，要立即组成南下第二支队，挺进江南，与王震同志领导的第一支队（已于1944年冬天南下）会合，去开辟新的根据地，为最后打败日本侵略者，迎接大反攻作准备。这个支队由我旅留守在陕甘宁边区的七一七团、七一九团（缺一个营）、炮兵营、教导营、骑兵队，加上三五八旅一个教导营，大约3 000人组成，我任司令员，晏福生同志任政委，参谋长是贺庆积同志，副政委兼政治部主任是李信同志，副参谋长是刘子云同志。部队在临出发时，各单位主要领导已配齐，七一七团团长周俭廉、政委谭文邦，七一九团团长肖道生、政委彭清云。随同我们一起南下的，还有从延安党校和中央机关干部中抽调的准备去李先念同志领导的五师的五干队，准备去王震同志领导的九旅的九干队，这是由中央组织部和军委总政治部直接组织的，其中有陶铸、莫文骅、张启龙、雷经天、谭余

---

[*] 刘转连：时任三五九旅旅长。

·175·

保、袁任远、陈郁、邓洪等同志。五干队队长是程世才,九干队队长是廖刚绍。

南下支队的广大指战员在七大会议精神的鼓舞下,从干部到战士,上上下下群情振奋,大家充满了胜利的信心。特别是从南方来的一些老战士,听说要打回老家去,准备大反攻,更是摩拳擦掌,欢欣鼓舞,纷纷向领导表示:坚决响应党中央的号召,为最后打败日本侵略者、解放全中国立新功。

1945年6月11日,我们告别延安率部南下。一路上边打边走,横穿晋西北,翻越吕梁山,渡过汾河,经过两个月的转战与长途跋涉,一直打过黄河,进入河南境地。这时,传来了日本侵略者无条件投降的消息,整个部队一片欢腾,中国人民艰苦卓绝的斗争终于胜利了!

我们在无比的喜悦中继续向南挺进,当部队到达新安县,准备过洛河继续南下的时候,又接到了党中央的命令,要我们停止南下,立即北上,下一步行动归刘、邓指挥。

于是,我们从新安县转回头来,在当地分区部队的配合下还打了一仗,解放了孟县,缴获一些武器粮食,并扩充了300多名新兵。部队经过补充,随即赶到林县,在这里,我们接到刘、邓首长的电报指示,要我们迅速挥师北上。于是,我们立即转入进军东北的准备工作。为了争取时间,我们一面对部队进行政治动员,一面轻装,把九二式步兵炮和轻重机枪等重武器,全部留在了林县。同时研究、布置了部队经冀中平原北进的路线,并把我们所有能乘骑的马匹全都集中起来,交给五干队、九干队和我们旅一批先行的干部,让他们骑着马先走,早日赶到东北,展开工作。部队在林县经两日的紧张准备后,便开始了挺进东北的千里征程。

当时,北平、天津、唐山等较大的城市,还是由日本人和伪军占据着,我们为了争取时间,避免纠缠,辗转穿行于敌伪的夹缝里。于9月间,到达河北省玉田县。这里是冀东军区司令部的所在地,詹才芳司令员热情地接待了我们。他向我们介绍了当时的斗争形势,并转达了中央的指示:要求我们迅速从玉田出发,经山海关向锦州前进,部队到达锦州后,直接和东北局取得联系。根据中央的指示精神,为了争取时间,部队在出发前又做了第二次轻装,每班只带一支步枪,以备宿营时站岗放哨之用,其余枪支弹药全部留下。

两次轻装,说明时间的意义、速度的重要。时间就是胜利。中央为什么如此强调时间的价值呢?

东北的广大地区,战略地位非常重要。日本帝国主义血腥的殖民统治被推倒以后,东北是我党我军同蒋介石反动派激烈争夺之地。我党中央对东北十分重视,从日军侵入之日起,即领导人民组织抗日义勇军,联合各方面的进步力量,进行了长期的艰苦斗争;抗战胜利后,中共中央及时地做出了建立巩固的东北根据地的战略决策,先后派陈云、彭真、罗荣桓等20名中央委员和候补中央委员,率领两万名干部和十余万人的部队挺进东北,会合东北抗日联军,消灭日伪残余势力,深入发动群众,建立地方各级政权,创造了广大的东北解放区。为争取时间,我们的步伐加快了,昼夜兼程,从玉田出发,人不卸甲,马不停蹄,直奔山海关。

号称"天下第一关"的山海关,这是出入东北的门户,古人留下了许多有关它的传说。当时,山海关已被苏军接管,我们部队到达后,便在周围的农村宿营。为了尽快了解情况,我让比较熟悉城市生活的司令部方管理员(他是上海人)陪我们进了一次城,饱览了关山风光。天快黑时,肚子也饿了,我们走进了一家饭馆,这里客人寥寥,我与一位50多岁的堂倌唠了起来。他在谈到对我军的印象时,做了个生动对比,一直还留在我的记忆里。他说:"美国军队的罐头、飞机、大炮多;苏联军队的面包、坦克、汽车多;只有你们这些老八路是小米加步枪,走路靠两腿,和我们老百姓差不多!"

这淳朴的话语,使我深为感动。它说明了这样一个事实:尽管由于客观条件的限制,新区人民不熟悉和了解我军,但是,他们从初次的接触中,从不同军队的对比中,一眼便看出了谁是人民的军队!被人民视为自己的军队,这可是我军立于不败之地的根本条件啊!

从城里回来后,我们再次向部队重申了三大纪律八项注意,强调要搞好军民关系、军政关系和同兄弟部队的团结,并全面检查了一次执行群众纪律的情况。部队进入新的地区以来,干部战士更加注意发扬我党我军的光荣传统。他们自觉地做到秋毫无犯,主动帮助群众担水、扫地,临走时街净、缸满,给人民群众留下了深刻印象。

二、开赴北满

部队离开山海关,向塞外开进,途中曾经坐了一段闷罐车,加快了行军速度。我们终于抢在国民党军队从营口登陆之前,先期到达沈阳,这已是十一月天气。开始,我们驻在铁西区。这时部队已恢复三五九旅番号。不久,便接到东北局的命令,调到辽阳、鞍山一线待命。初冬季节,天气渐冷。部队经过千里跋涉,两次轻装,枪支弹药十分缺乏,没有重武器,棉衣也无着落,人员和装备急待补充。

在辽阳、鞍山待命期间,我们补充了一个新兵团(辽阳团),以三五八旅教导营为骨干,合并组成了七一八团,团长王光石,政委胡醒,副团长余致泉。尔后不久,又以三五九旅教导营为骨干,加上在抚顺周围招收的一部分新兵,组建了特务团(鞍山团),团长陈松岳,政委杨义。

当时驻守辽阳的部队,是帮助苏军看守仓库。经发现,有的仓库里是武器,有山炮、重机关枪和歪把子轻机枪,还有大量的九九步枪及各种弹药。接到下面的报告,我们立即请示东北局,要求从仓库里取出一部分武器来,装备部队。东北局派人就此事与苏军交涉,苏军答复说,这要请示莫斯科。这就等于拒绝了我方的要求。不久,罗荣桓政委从山东渡海,经大连来到辽阳。我们立即向他全面汇报了部队的思想、士气、战备和扩军等情况,同时也提出了急需补充装备的问题。

罗政委在听取了我们的汇报时,透彻地分析了当时的形势,指出国民党反动派的"和谈"是骗局,靠不住,要我们做好用战争解决问题的思想准备。他从部队的实际需要出发,风趣地指示我们:"可以开仓济贫嘛!"他说,"我到沈阳后与东北局商量一下,再与苏军交涉交涉,答应了更好,要是不答应,既然仓库由我们看守,就先用了再说嘛!"于是,只用了一夜时间,就把我们全旅重新武装起来了。

武器装备问题解决了,部队的士气很高。不久,得知国民党军队不走营口海路,改由山海关陆路出关。根据形势变化,我们部队又移防抚顺,我兼任了抚顺市的警备司令。当时,抚顺地区匪特猖獗,地痞流氓到处横行,社会秩序很乱。我们派出一批部队,在清原、新宾、凤城、铁岭、营盘一带,放手发动群众,担负起扩兵和剿匪的任务。

胜利后的重庆谈判,并没有给人们带来和平建国的希望。年末,东北的局势,日趋严重起来。国民党军队在美国的积极支援下,已从空中、海上、陆地进兵东北,占领了山海关至锦州一线,并继续集结兵力,准备进一步攻占沈阳、长春、哈尔滨三大城市及中长铁路干线。与此同时,东北各地的日伪残余势力、大股的政治土匪、反动地主武装也乘机蜂拥而起,与国民党反动派暗中勾结,遥相呼应。特别是北满地区,匪情更加严重,敌人自称有地下军20万,已控制了广大的乡村及部分城市。他们袭扰我后方,截断我交通,杀害我干部,已成为我们严重的心腹之患。不坚决彻底地肃清土匪,不仅无法进行根据地的建设,还会使我们处于腹背受敌的不利地位,在东北很难站住脚。

因此,在我们于抚顺以北的肥牛屯、碾盘沟、王兵屯一带,通过连续两次大规模的进剿,将刘相尧匪部1 300余人消灭之后,紧接着,我部又于12月15日奉命开赴北满,去执行发动群众、消灭土匪、建立巩固的根据地的任务。

三、打一仗进一步

我们进入北满以后,参加剿匪的第一个战斗是打五常。五常位于哈尔滨的南面,距哈尔滨约90公里。当时,哈尔滨至佳木斯一带,除几个大城市由苏军驻守外,其他县城,如五常、珠河、方正、通河、依兰、木兰等,以及广大农村地区,几乎全被形形色色的武装政治土匪盘踞着。其中较大的几股,是国民党收编加委的大匪首李华堂、谢文东、张雨新所操纵的由伪满国兵、警察和地主武装纠集在一起的所谓"东北挺进军""东北先遣军"。

五常的西侧是拉林河,东面是可以连通珠河的大森林,是拉宾线上的一个战略要点,也是土匪的重要巢穴之一。据了解,这里的匪徒猖獗得很,烧杀抢夺,无恶不作,群众是又恨又怕。不剿灭土匪,群众就发动不起来;如果不发动群众,土匪也很难剿灭干净。因为土匪们对当地情况环境很熟,一换上便衣化装成老百姓,就匪民难分了。开始时,对这些情况,我们摸不透,缺乏经验,本来城内只有土匪三五百人,用一个营的兵力,就可以把它消灭掉,我们使用了两个营的兵力。土匪发现我们人多,攻势猛,采取不抵抗的办法,化整为零,大部分都跑掉了,只消灭掉一小部分。

五常这一仗,虽然没有把土匪全部消灭掉,但有一个很重要的收获,就是缴获了土匪的一份文件。文件中说,苏联红军要撤出东北,将东北交给国民党,不会交给共产党,并明确提出了"欢迎国民党,反对共产党"的口号。其实,那时国民党军队还没有到达那里,他们早就进行了这种反动宣传。在缴获的文件中,还有国民党给土匪头子封官加冕的委任状。

研究了这些文件,可以看出北满的股匪,是国民党反动派的一支别动队,对蒋军正面进攻我解放区,起战略上的配合作用。我们对这帮土匪的政治背景,有了更深一层的认识,对下一步剿匪工作的开展,做了进一步的分析和部署。

部队继续向哈尔滨以东及以北地区发展,在五常留下了一个连。留下这个连,主要是掩护旅供给部,为后面跟进的七一九团和特务团补充冬装。

谁知,大部队走后不久,原先在五常被我们打散的土匪,又聚集起来,反过来袭击我们留在五常的那个连队。连长张炳珂很有战斗经验,发现土匪来攻城,高兴地说:"好得很,找都找不到呢,现在送上门来了,再不能让他们跑掉!"那天的战斗,土匪的火力很强,不仅使用了轻重机枪,还使用了迫击炮。我们这个连在张连长的指挥下,沉着应战,采取以守为攻的办法,尽量让敌人靠近了再打。当土匪大部分攻到城墙跟前、城楼的脚下时,发现我们兵力不多,枪也打得很少,胆子更大了,便一窝蜂似的拥了上来。这时,我们突然猛烈开火,手榴弹像雨点般地抛了出去。这一招十分奏效,这帮乌合之众,经不起我军的猛烈打击,被歼灭了。但是,张炳珂连长在这次战斗中却不幸身负重伤,英勇地牺牲了。他的名字,后来刻在为纪念在剿匪战斗中光荣牺牲的同志们而修建的东安烈士纪念塔上。

我们打完五常之后,又打珠河(1946年11月改名为尚志)。珠河靠近张广才岭的北段,是绥宾线上土匪盘踞的一个重要据点。当时,已是寒冬腊月,气温通常都是零下三四十摄氏度。我们接受打五常的经验教训,决定秘密地带领部队从深山密林中穿过去,悄悄地接近珠河,出其不意地将其包围起来,然后一举歼灭!这一带全是深山大岭,原始森林,有一条南北走向的大山沟,可以直通珠河,我们便决定从它的南沟口进,到北沟口出。部队经过一天林海雪原的行军,晚上便在南沟里宿营。这里没有村庄,房子很少,只有几个窝棚,分配给了炊事员做饭用,战士们只能挤在房前屋后、窝棚的旁边露营。天黑以后,山里的气温骤降,大家冻得实在不行,根本无法睡觉。露营的同志,上半夜便轮换着进窝棚里暖暖手脚。到了下半夜,又铺天盖地地下起了鹅毛大雪,战士们在露天地里更无法待下去了。怎么办?我们的战士是乐天派,不怕苦,他们说:"车到山前必有路。"于是,大家便拾柴、点火。一堆堆篝火燃烧起来了,山沟里一下变成了火的长龙。战士们十个一群五个一伙,围坐在火堆旁,度过了一个"火烤胸前暖,风吹背后寒"的不眠之夜。

天明后,积雪盈尺,大雪封山,连百年老树枝丫都被压得弯腰驼背。道路一点也看不见了。部队没有被大雪阻住,继续爬山越岭,向沟北口前进。战士们说:"为了消灭土匪,为民除害,我们再苦也不怕。"

盘踞珠河的土匪,对我们的到来,有所准备。他们依城筑堡,在城墙周围修了许多工事,拉了铁丝网,挖了外壕。土匪的武器也很好,全是日式的,有九九式步枪、歪把子轻机枪、九二式重机枪,还有迫击炮。一些土匪的头头,在日本占领东北期间,还受过伪满"国民军"的专门训练,有的当过"国兵"。

我们开始时对这些情况不够了解,对他们的力量也估计不足,甚至有些轻敌,就怕摸不着,打不上,再让土匪跑掉。其实,这里的土匪并不打算逃跑,而是准备坚守。我们接受了打五常的经验,把县城四面包围起来,力求全歼,以防逃窜。战斗打响后,我们发现土匪的火力强、枪法准、碉堡工事多,城内城外约有上千人,与五常那股土匪大不相同。于是,我们迅速调整了部署,进一步研究了攻城的办法,把县城围困起来之后,不是马上发起进攻,而是先让土匪在那里开火。当时,城墙外雪盖得很厚,地形地物看不大清楚,但土匪在雪地上的各种活动我们都看得见。当我们把敌人的工事及火力配置等情况基本搞清之后,便发起了总攻。

在攻城开始之前,我们先把火力组织好,用九二式步兵炮,对准城墙上的碉堡和机枪掩体,一炮敲掉一个,基本炮炮命中!然后,轻重机枪一起开火,把城墙上的敌人的火力压制住,掩护部队迅速接近城墙,搭人梯登上去,很快就把城墙上的土匪打垮、冲散,一扫而光了。土匪死的死、伤的伤,城墙上到处丢的是枪支弹药。当我们部队冲进城内,连个土匪的影也不见了,他们把枪一丢,摇身一变,化装成了老百姓。

部队打进县城以后,立即采取严密封锁,广泛发动群众,包括做俘虏的工作,让他们揭发检举,把冒牌的"老百姓"清查出来。同时,展开政治攻势,宣传我军的政策,分化瓦解匪徒。这次战斗,除打散、潜逃一部分外,共打死、打伤、俘虏土匪近千人。

打开珠河以后,我们便注意把剿匪同建党、建政紧密结合起来。土匪盘踞珠河期间,对外公开挂出了"县政府""县大队"的牌子,这当然是挂羊头卖狗肉,意在欺骗群众。他们在县城内外张贴布告,到处派粮派款、要钱要物、设卡收税、流通伪满票子。我们把土匪的这一套机构彻底打烂之后,立即抽调一些干部,建立起人民的新政权。

在攻打珠河的战斗中,跟随我多年的一个警卫员金锡昆同志牺牲了。同志们目睹一个个朝夕相处的战友在自己面前倒下去,无不对万恶的匪徒怒火满腔!大家咬紧牙关,冒着严寒,横扫贼寇,穷追猛打,又一鼓作气,连续打下了延寿、方正、通河、依兰诸县。

春节过后,我们旅的七一九团、特务团和旅部二梯队以及留在抚顺、新民、清原等地扩兵的人员,由刘子云副参谋长带领,又第二批到达北满。全旅部队在通河休整了一个星期,检查了前一段从南满到北满的工作,总结了主要是剿匪、发动群众、扩兵、抽调干部下乡,帮助地方建党、建政、建立地方武装的经验。经过几天休整,部队又从通河出发,沿松花江北岸向西,清剿了木兰、巴彦、呼兰一带的土匪。

到了4月,根据东北局新的指示,部队由松花江的北面,转移到松花江南面的宾县。这时,我们旅除七一七、七一八、七一九和特务团四个齐装满员的大团外,又成立了骑兵团。在这里,陈云同志视察了我们部队,对部队和干部做了重要指示。陈云同志首先讲了东北和全国的形势,他明确地告诉我们,蒋介石在和谈统一的旗号下,企图挑起新的内战,我们必须针锋相对,粉碎他的这一阴谋。他指示我们现在要立足于为进攻哈尔滨做准备。苏军5月份撤出哈尔滨,我们要立即把这座城市接收过来。他强调要把准备工作做在前面,越充分越好。

后来,我们便担负了收复哈尔滨和保卫四平的战斗任务。

四、合击东安

北满一带,是历史上有名的土匪活动地区。1945年8月15日以后,这些土匪和历史上的土匪在性质上不同了,他们都接受了国民党的委任,以什么"中央"的招牌组织所谓"先遣军""挺进军""忠义救国军""民众救国军"等等,利用群众的正统观念进行欺骗。因此,消灭这种土匪不是轻而易举的事,而是极端复杂、艰苦的斗争。当我军集结主力准备阻止国民党军队北进而后方比较空虚之际,在合江、牡丹江及东安(今密山县)地区未被肃清之顽匪,又到处蜂起蠢动,大肆骚扰,先后占我东宁、东安、同江、萝北等多座县城,截断了牡丹江与佳木斯之间的交通。他们从战略上配合国民党的正面进攻,威胁我之后方。

为打击这股顽匪的嚣张气焰,东北局、东北民主联军总司令部及时做了关于剿匪工作的"六月决定",必须争取在最短时间内,坚决彻底地肃清土匪,发动广大农民,建立巩固的后方,以坚持长期斗争。

根据这个决定,我奉命带领七一七团、七一九团等部队从驻地阿城开到勃利、林口、东安地区,在牡丹江分区及地方武装的配合下,负责清剿东安、鸡宁、

第二编
东安根据地剿匪斗争回忆

勃利、林口一带之土匪。在此之前,七一八团已奉命调出,由特务团改为七一八团。我们决定首先直捣匪巢,集中主要兵力合击东安。

部队从6月23日(根据考证应为6月21日凌晨,编者注)开始行动,分三路合围流窜于东安一带的谢文东匪部之主力,以七一七团为左翼,插入东安东北的裴德,断敌向宝清逃窜的退路,以七一九团分两路由南面和西面进攻,夺取东安。自25日(根据考证应为6月22日,编者注)13时起我军连续地追击、拦截、围歼,数日内毙、俘匪1 000余人,缴获山炮、野炮、迫击炮19门,长短枪700余支。我军乘胜追击,于7月1日追敌至东安和宝清之间的龙头桥、头道河子,将谢文东残匪再度击溃。这时,顽匪已成"惊弓之鸟",闻风而逃。我军东剿西歼,接着解放了虎林、宝清等县。我七一七团的一支部队,紧紧盯住北窜之残匪,穷追不舍,穿越了几百里内无人烟的完达山区,追匪日夜不得食宿,一直追至富锦、桦川境内,终于将其大部歼灭。

土匪有他的一套游击战术,集中、分散、隐蔽、避实击虚、避强就弱、回旋打圈都很灵活,他们利用马匹轮番调换,跑得快,走得远,都很便利。我们已逐步摸透了土匪的这些特点,这次合击东安,注意不断改变我们的战术,不仅采用大包围圈、拉网式的办法,还派出精干的小分队进入深山密林里搜剿,做到大部队与小分队、追剿与驻剿相结合,收到了很好的效果。

土匪是地头蛇,在群众未发动起来时,他们有自己的根据地(匪窝),有深山密林作后方,在匪窝及活动路线的村落中,设有情报人员,在大山密林深处,藏有粮食,所以匪徒在行动及隐蔽时都不感到有情报、给养的困难。因此,我们既要剿匪,又要做群众工作。部队利用战斗间隙,组织战士访贫问苦,帮助群众秋收,给老乡看病,广泛宣传我党我军的政策。部队剿匪到哪里,群众工作就做到哪里。在剿匪工作取得重大进展的基础上,我们抽调了一批干部参加建党、建政、配合地方搞土改,相继建立起中共东安地委和东安军分区。

在这期间,有一件事需要提一下,即苏军出兵东北,从日伪手里解放东安时,在这里为阵亡的将士建立了一座纪念塔。我军这次从土匪手中重新夺回东安后,根据东安地委的建议,也为解放东安的我军烈士建立了一座纪念塔。这座纪念塔的正面,是毛主席的手迹"为人民而死,虽死犹荣"九个大字,左右是朱德总司令和林彪的题词,背面是牺牲烈士的名字。纪念塔基座的四周,我和晏福生政委、李信副政委、东安地委书记吴亮平同志,也题了词。我题的是"你们永远活在人们的心里",以示对光荣牺牲的烈士们的永久怀念!

五、擒贼擒王

合江地区的四大惯匪谢文东、李华堂、张雨新、孙荣久部，经我军连续地"合击""追击"之后，受到严重打击，损失惨重。但土匪之主力未被彻底消灭，尤其是因匪首未被擒毙，他们溃而又聚，在其稍加休整之后，仍能主动出击，在我军后方不断骚扰破坏，劫夺列车，破坏交通，捣毁新建立的农村政权，甚至在城市组织暴动。许多农村因被土匪所掌握，群众情绪动荡，不易发动起来。土匪、汉奸和恶霸地主势力的猖獗，成为建立根据地的最大障碍。根据东北局、北满分局、合江军区的指示，必须实行"猛打穷追、钉楔堵击、彻底消灭"的方针，继续清剿。

当时，东北的局势是很紧张的。国民党已从空中、海上、陆地完成了部队的运送，占领了各大城市与铁路干线，向我军大举进攻，挑起了内战。我们旅这时已改为东北民主联军独立第一师。为了打退蒋介石的进攻，我师组成了两个梯队。我奉命和副政委李信同志率领前指和七一七、七一九两个团，到前方的陶赖昭集结待命，而后参加了三下江南的战役。旅的二梯队和七一八团，仍留勃利地区，在副旅长谭友林同志的指挥下，会同合江军区部队继续执行剿匪任务。

我军剿匪部队采取了"坚决消灭"的方针，依据情况，穷追猛打，紧跟不舍，连续打击，不断变换战术，反复清剿。顽匪在战术上也摸我们的规律，他们以放开城镇，避免对抗为对策，与我军兜圈子，但也无济于事。当时，我们的口号是：活捉匪首、消灭匪首、捉到与打死匪首，即等于任务完成三分之二；若未消灭匪首，即使将其匪部歼灭，也不算彻底完成任务。我七一八团配合合江军区直属部队和地方部队，集中优势兵力，在当地人民群众密切配合下，分别对谢文东等几股顽匪展开彻底清剿。广大指战员在茫茫林海雪原，冒着严寒，不顾疲劳，不惜伤亡，连续作战，咬住敌人不放，坚决追剿到底，几股残存之顽匪陆续被歼。号称"国民党北满先遣总司令"的谢文东弹尽粮绝，狼狈逃窜到牡丹江边一个小山的土地庙里，正在烧香求佛时，被我军生擒；李华堂、张雨新等匪首纷纷落网，合江地区之土匪被基本肃清。

北满的天空晴朗了，北满的大地出现了安定的局面，广大人民群众这才真正摆脱了匪害之苦，从水深火热之中被解救出来。他们纷纷组织起来，闹翻身，求解放，进行土地改革,组织人民政权,为以后支援伟大的解放战争做出了自己的贡献。

本文选自贺晋平、刘转连等著《后方的前线》一书,解放军出版社 1986 年版。

战斗在北满的岁月

王景坤[*]

1945 年 8 月 15 日后,为解放东北,建立革命根据地,中共中央从各抗日根据地抽调大批干部,组成干部团,随大军奔赴东北。我们新四军四师师部和九旅、十一旅共组成两个干部团。九旅和师部组成的干部团,我任团长,政委刘野亮,副团长刘歧珊,政治处主任王希克。一营长王敬之,教导员胡子美。二营长戴×涛,教导员邹林光。三营长傅明贤,后勤处长白××。全团共 130 名干部。我们到哈尔滨北满分局时,由于各地都急需干部,我们就一分为三了。一部分去松花江地区,一部分去合江地区,一部分到牡丹江地区。我带 50 名干部于 1945 年 11 月上旬到佳木斯合江省工委去报到。三江人民自治军司令部编的鸡(宁)密(山)虎(林)挺进支队,委任孙荣久任司令员。11 月底,派我去任副司令。12 月 10 日,孙荣久公开叛变,将我和魏骥同志逮捕。我军与叛匪激战。12 月 12 日,我军用交换战俘(两名匪团长和 20 名匪徒)的办法,将我们营救出来。我们又继续带队与土匪作战,转战林口一带。这时,牡丹江和佳木斯已经改编的土匪部队相继叛变,形势很紧张。沿铁路线的广大农村为土匪所控制,牡丹江到佳木斯的交通也被土匪切断。为了集结力量,我们就转移到牡丹江。从此,就在张闻天同志的直接领导下,又开始了新的战斗生活。

---

[*] 王景坤:时任东北民主联军牡丹江军区第三支队东安军分区警卫团团长。

首次出击,牡南告捷

牡丹江市以南,东京城到吉林省的汪清县,由马喜山、郑云峰两股较大的土匪控制。鹿道是他们的大本营,春阳、天桥岭是他们的后方基地,长汀一带是他们的第二"巢穴"。这两股土匪为占领牡丹江市,频繁骚扰,经常袭击我人民军队,捕杀我工作人员,破坏我人民政权。一次,马匪进攻东京城,我军四团与之战斗,政委邹世环英勇牺牲了。四团的一个营被马匪策动叛变了。

各地收编部队接二连三叛变的被动形势,促使北满分局代表张闻天同志决定坐镇宁安县城,着手整顿和组建自己的武装部队。首先,加强了牡丹江十四团的力量,在穆棱又组建了十五团。12月末,民主联军第三支队在宁安组建两个团:警卫团和十七团。从此,该区就有了4个基干团的力量。第三支队司令员肖荣华,政委谭文邦。张闻天在宁安创办的军政干校,招收了大批青年学生,进行军事政治训练,为建党、建军、建政输送了骨干力量。1946年2月初,民主联军二支队(海军支队)根据上级指示到达宁安。

我于1945年12月到牡丹江后,任宁安军政干校校长。1946年2月初,我从干校调任警卫团团长。警卫团的人员编制是逐步健全的。政委吴美邦,副团长邵洪泽,副政委金镇浩。该团编制为三四制,每个营四个连队。一营长赵桂连,教导员时政军,副营长范长和、徐新彬。二营长岳义修,教导员李天光,副营长刘正刚。三营长侯克。第三营的成员都是朝鲜族同志。团直属三个连:炮兵连、重机枪连、侦通连(骑兵)。2门平射炮,4门迫击炮,6挺重机枪,2辆装甲车。全团2 000人,战士多数为林业工人、矿工,部分是伪满时的劳工和当地的贫苦农民。连以上干部三分之一是从老根据地派来的干部和抗日联军干部。组织比较纯洁,人员较充实,战斗力也比较强。

牡丹江和合江(佳木斯)的部队经过整顿训练,先后于1946年1月开始出击,清剿大股土匪。

警卫团由三支队政委谭文邦率领,于2月中旬从宁安出发,沿铁路线向吉林省汪清方面进剿,配合二支队作战。进剿的前方阵地是东京城。据侦悉,鹿道有马喜山部下李部约200多人,已盘踞两天了。该处位于吉黑两省交界,离东京城60华里。鹿道火车站的村子在山谷里面,四周都是山,便于接近。

部队于夜里10点出发。那天飘着清雪,部队像蒙着一层白纱的长龙,在寂静的夜晚，默默地快速地行进着。天气很冷，战士呼吸就像口中喷云吐雾一样，脸上都结了一层白霜。我们心中只有一个念头：首战必胜。为了迅速行动，全歼敌人，我们采取先包围后突击的战斗部署，在通往老松岭的铁路两侧，以一个连伏击堵截逃跑之敌，以两个连从西面和北面进攻，两个连从东面和南面进攻，要求南面部队先打响，以免敌人逃跑。

参战部队在天亮前部署完毕，随即展开攻势。南面部队的先头小分队派人冒充马喜山匪部送信人员，因而顺利地接近了敌人哨兵，缴了敌哨的枪。车站区的敌人因为哨兵被缴械，熟睡的敌人大部分被堵在屋里。李匪遭到突如其来的袭击，无力抵抗，在险遭被俘的情况下，仅带 10 多人夺路向西南逃跑了，其余土匪大部分被擒。西北部分敌人由于南边枪响，再加西边进攻部队动作慢，使敌人有了充分时间准备，据守顽抗，形成逐院逐屋争夺。最后我们把敌人分割三处，经过两个多小时战斗，才聚歼了全部敌人。这次战斗，共俘虏敌人 130 多名，击毙 3 人，逃跑数十人；缴轻机枪 1 挺、步枪 140 多支、马 5 匹、运输马车 3 台，还有军毯、照相机、医疗器材等其他军用品。

围歼马喜山

我们在战俘中得知，马喜山部 1 200 多人仍盘踞在老庙车站。为了不使敌人逃跑，必须争取时间，出其不意地迅速进击。于是，我们加快打扫战场，决定继续战斗。老庙车站距鹿道 80 华里。部队从鹿道出发是下午 2 点多钟，往南已进入长白山区，沿途是高山峻岭。铁路两旁，奇峰对峙，山峦重重，树林莽莽，峡谷隘道。

对老庙的敌人也是采取围击的办法。一个营从东和东南面包围，一个营从西和南包围，另一个营从北面进攻。东西两支部队先行动，在拂晓前完成包围圈，防止敌人逃跑。北面地形隐蔽，易于接近敌人，也有适于火力配备的阵地，所以突击方向选在北面。在战斗打响后，主攻部队在各种火力掩护下，连续突击两次，均遭到敌人的阻击，进展慢，伤亡较大。北面敌人配备的炮火多，炮手也多集中在北边，火力强，工事坚固，形成了双方争夺的焦点。我们和敌人激战了 3 个多小时，效果不大，又决定另选突破口。西边地形不利于进攻，敌人防守力量较弱，就把西边作为新的突破口。我们在北面佯攻，各种火力齐发，少数部队时而出击，虚张声势，造成敌人错觉。同时在西边，由三连连长陈文学同志率两个班,在火力掩护下突然出现,跑步扑向敌人,一下子突入敌人阵地。当敌人发现我们突击方向改变时,已经晚了。三连长带队一鼓作气向敌人纵深插去,两挺轻机枪横扫溃退的敌人,使敌人手忙脚乱。乘此时机,一营赵营长带后续部队也跟上来控制了突破口,并继续向里面发展。这时,陈连长遭受到两边的夹击,仍顽强战斗,固守已占阵地。南北敌人感到这把尖刀有致命的威胁,于是轮番向他冲击,他却像钉子一样钉在敌人的心脏里。赵营长带后续部队很快就把分割开的南北两股敌人包围起来。马匪看到已被包围,短兵相接,即将被俘,就带几十名炮手突围向南跑了。

由于陈连长在敌人心脏里扎了一刀,使敌人惊慌失措,动摇了敌人的顽抗信心。赵营长带的两个连,又猛打猛冲南北守敌,夺了敌人两门迫击炮,一挺重机枪,终于使敌人丧胆,很快解决了战斗。

北面敌人火力较强,凭借工事顽抗,但被我军层层包围,成了瓮中之鳖。为了减少我军伤亡,就叫被俘的李团长去劝降。守敌刘团长怕我们报复,不投降,妄想拖到天黑,突围逃跑。我们继续进行政治攻势,一面交代俘虏政策,一面限一小时投降,否则攻克后,严惩匪首。同时进攻部队集中火力步步进逼,不给敌人喘息之机,不到半个小时,敌人乖乖地跟着两个伪团长出来举手投降了,共俘敌数百人,毙 35 人,缴迫击炮 3 门、重机枪 2 挺、轻机枪 6 挺、步枪 1 200 支、战马 30 匹、运输大车 5 台,还有其他弹药、被服等。

老庙、春阳是马匪的老巢,有些群众和他们有一定的联系,大部分群众对土匪是又怕又恨,但也不敢接近我们,既对我们不了解又怕土匪再找麻烦。所以我军一进村镇,不是关门闭户,就是躲得远远的,给我们打扫战场、了解敌情增加了不少困难。有一小部分匪徒,就是因群众掩护而没有搜查出来。

我们的部队正积极准备继续行动,突然街南头民房起火。草房易燃,火势很猛,就近部队马上投入救火,同时加强警戒。这时发现一个人东躲西藏形迹可疑,以为是漏网的匪徒。抓起来审问,才知这人是特务收买的放火犯。他冒充我军在撤走前放火,挑拨我军和群众的关系。为揭穿这鬼把戏,部队一边整队待发,一边由政治部召开群众大会,叫放火犯在大会上交代土匪的罪恶阴谋,当场枪毙了。

山区群众生活很苦,有的人因为没有衣服穿,出不了门。部队动员战士们把多余的衣服及缴获的战利品,分送给贫苦的农民,缴获的马匹中有 10 多匹是土匪在本地掠夺的,清理出来后送还原主。卫生人员给群众看病拿药。清查俘房时,贫苦农民出身的除自愿留队外,都发给路费释放回家。群众看到这种种事实,进一步认识了人民的军队为人民,互相传颂,扩大了我军的影响。于是,有的群众大胆地向战士诉苦,有的秘密向部队提供匪情线索。在群众的指点下,又搜出潜伏的匪徒12人。当部队从庙岭完成任务返回,又经过老庙时,群众则主动欢迎部队,围着战士们问长问短,完全改变了躲躲闪闪的态度。

我们乘胜挺进汪清地区,配合延吉兄弟部队剿匪,震慑了敌人。原马匪的部下李树东带400多人在骆驼山一带活动。他害怕围歼,主动派人向警卫团谈判投降。我们表示只要无条件投降,就保证生命安全,留去自由。经半天谈判,达成协议。正要行动时,延吉兄弟部队也派人来要求李匪投降。当把此事向土匪转达时,他们表示愿由警卫团受降。收缴的武器全部交给延吉部队。这样很快就解决了这股土匪。接着又在春阳收降了残匪王克贵部300多人,经过20多天的连续激烈战斗,牡图铁路线上的大股土匪基本肃清,恢复了交通。

缴获的战利品有炮3门、重机枪4挺、轻机枪11挺、步枪2 100支、马35匹、大车5台,其他军用品很多。包括两次受降在内,共俘敌2 100多人。

牡南剿匪大捷的消息传到宁安县后,党政军民均拍手称快。消灭了南边最大的土匪马喜山和郑云峰部,消除了牡南地区最大的匪患,群众得以安宁。部队司令部决定召开庆功大会。我们部队归来,党政军民,机关学校,群众团体都在宁安县内外夹道欢迎。由于战利品多,行进的部队有三四里地长。欢迎和庆功的隆重场面,新组建的部队第一次看到,对干部和战士的鼓励教育极大。在召开战斗总结会时,战士们斗志昂扬,都纷纷表示,不把土匪消灭干净,决不罢休。这对以后的剿匪思想动员打下了有力的思想基础。

警卫团是刚刚组建起来的、只经过两个月整训的新部队,首战大捷,鼓舞人心。这一次战斗胜利,使牡丹江地区的战略形势由被动转为主动,既是对自己部队的实战训练,也是对主要股匪的沉重打击。马喜山时时想进占牡丹江市的企图被粉碎了。我们部队在战术上、群众工作上、瓦解敌军工作上都取得了许多经验,补充了战斗人员和武器装备,提高了士气,加强了剿匪必胜的信心。我们在剿匪初期,取得了良好的开端,取得了成功的经验,这是我们最大的收获。

牡北协同作战

警卫团在宁安稍事休息,就开赴林口,配合牡丹江二团、十四团和一团的部队,进行剿匪。盘踞在牡丹江和林口间铁路线上新叛乱的土匪有张德振、李开江、高永安、傅邦俊等。我们在勃利受挫往牡丹江撤退时,就是这伙土匪沿途攻打我们的,于化南同志就是被他们杀害的。他们不仅分割了牡丹江和佳木斯,阻断了铁路交通,还威胁牡丹江市。我们的战士勇敢善战,翻山越岭进行围剿。合江部队从依兰方向追剿"四大旗杆",也使土匪成为过街老鼠,人人喊打。从1946年3月中旬到4月初结束了这次战斗。牡丹江兄弟部队在柞木台子包围了张德振、李开江部,活捉了张德振,敌人全部缴械。警卫团在五林和宝林堵截搜剿残匪,歼灭了高永安溃逃残余,俘敌80多人。从此,牡丹江到林口间的铁路线畅通了。

转战东安

东安市是伪满时的东安省省会,和佳木斯只有完达山之隔,南和苏联交界,牡、佳、东安市鼎足而立。这三个地区如果能很快巩固起来,哈尔滨以东地区,就成为背靠苏联的极好战略后方。

该地区是日军溃退以后,苏军在8月中旬占领的。在我们没进入时,在苏军同意下,当地汉奸、走狗、伪满官吏、富商等反动势力就纷纷出来组织政权和保安队。东安以高金声、孙福臣(俄文翻译)、郭清典(国民党被俘军官)为首组成了东安临时省政府、中央军东安地区保安总队。该总队共6个大队,高为总队长,孙福臣为副队长,郭清典为参谋长兼一大队长。各大队实际各干各的,谁也指挥不了谁。全总队共约2 800人。于1946年4月被苏军驱出东安市。一大队,队长郭清典,有800多人,有轻重机枪和平射炮,活动在东安北五道岗和黑台一带。二大队,队长芦俊堂,700多人,活动在虎林县的杨岗、兴凯及密山县城(知一)。三大队,队长杨世范,600多人,活动在裴德一带,后在鸡西以东的东海、平阳镇一带。四大队,队长曹本初(曹大架子)500多人,活动在三梭通、知一一带。五大队,队长王希武(王败火),150多人,活动在二人班一带。六大队,队长赖明发(赖大肚子),500多人,活动在半截河一带。还有东安市公安队,队长祁少武,200多人。此外还有些惯匪、地主武装均活动在凤凰德、杨木岗、马家岗、白泡子一带。

大汉奸高金声为临时省政府主席,孙福臣为副主席。

鸡西市有伪公安局保安队四个大队,分布在哈达岗和市内,共有200多人。

郎亚彬400多人，活动在麻山、奎山、梨树镇一带。宝清县有俞殿昌保安队450多人，以及勃利地区大股土匪谢文东等经常流窜到东安地区。该区土匪最多时达5 000多人。到处抢劫，鱼肉乡里。鸡、密地区朝鲜族群众较多，这些土匪对少数民族更是变本加厉，欺压敲诈，制造民族矛盾。

苏军于1946年4月底从东安地区撤回国。就在这时，东安、鸡宁周围的土匪更加活跃猖狂，积极准备进攻城市和矿区。

牡丹江军区三支队于4月初奉命从宁安地区进入鸡西。司令部和十七团4月6日到达鸡西。警卫团消灭朱家沟叛匪张德振后直接从朱家沟东进，经过梨树镇于4月8日到达鸡西。

在东进的沿途两侧，经常发现日军溃退时遗弃的军用装备和武器，以及成箱的日本女人的大和服等物品。行军到梨树镇时，偶遇郎亚彬股匪150多人。警卫团的前卫营，正面以一个连逼近，另以一个连迂回敌后，敌见势不好，不战就向北逃跑，正面部队立即追击，迂回部队截击，结果俘敌30多人。这是东进初战。

警卫团于4月8日到达了鸡西。

1946年2月初，鸡宁就有合江省工委派去的白如海同志和早去的陶宜民同志在开展工作，并组织了一支小的基本队伍，有计划地解决了保安四个队。他们只用两个月时间就解决了市内的反动武装，建立了鸡宁独立团，成立了政权，给三支队进入鸡宁剿匪建立了立脚点。

奋战鸡东

从平阳镇以东到东安的连珠山间都是保安总队匪徒所盘踞的地区。警卫团到达鸡宁后马上奉命剿歼该区的土匪。为了加强警卫团的力量，决定把鸡宁独立团四个连编入警卫团。由邵洪泽率领共500多人补充到警卫团里，邵任警卫团副团长兼参谋长。吴美邦任警卫团政委，王鉴三、金镇浩为副政委，田××为政治处主任，这样警卫团的领导力量和部队更加强了。

警卫团4月13日即开始执行清剿密山的土匪任务。从平阳镇出发第一仗就是攻袭盘踞在东海的杨世范股匪100多人。由于初战，敌警觉性不高，并没有想到我们会马上打他，所以中队长已于前两天回五道岗探亲去了，而在中队的匪徒们也毫无打仗的准备，因而在发生战斗时无人指挥。所以，战斗一开始，大部分在被窝里当了俘虏,不到一个小时就结束了战斗,所有匪徒全部就擒。

次日又以一个营乘胜进攻永安车站。守敌仍是杨世范的200多人。为防敌向黑台方向逃跑,在战斗一开始,首先以一个连从北山迂回到永安通黑台的路上伏截。战斗在下午2时开始,只进行了一个小时,俘敌60多人。其余全部向河南半截河逃跑了。

次日又以一个营,向哈达岗、八铺炕一带搜剿小股散匪,缴50多支步枪。

在此期间,警卫团团部带两个营留驻永安车站时,突然在拂晓,被黑台郭清典500多人偷袭。在天不亮时,我三营在通黑台路上有一个连在小山上负责警戒任务。因麻痹大意没有部署值班部队,只靠哨兵,结果被敌人偷摸到跟前,哨兵措手不及被打死,尹连长只带几个人出击当场牺牲,部队被敌人打垮,紧接着敌人直逼到永安车站。而另外两个营的驻地离团部稍远一些,敌来得迅速正逼近团部,幸好三连长陈文学同志只带一个排马上投入了战斗。为了应急和争取时间,我派李参谋驾驶一辆装甲汽车带一挺轻机枪,冲向敌左侧后,李参谋见敌一群群向车站、团部进攻,马上从敌后侧用机枪猛扫,在敌完全暴露的侧翼,充分发挥了机枪的威力。敌人一见到这个刀枪不入的活动堡垒后,一下子惊慌失措,乱作一团。我们把敌人打得蒙头转向、鬼哭狼嚎、东奔西跑,只恨爹娘少给两条腿,屁滚尿流地狼狈逃回黑台。陈文学连长乘势直追到北山活捉30人,丢下18具尸体,缴步枪50多支。

16日拂晓,我军又以两个营的兵力攻袭河南半截河敌人。由于河北连日来进行战斗,河南的敌人很警觉。结果战斗一接触时,敌人就向二人班方向逃跑了,部队随即跟着追击,但无结果。当部队撤回时,敌人发觉我们的人不多,于是赖大肚子和祁少武部匪徒就随后追来,警卫团一个营就退守在邢家大院等几个据点,利用邢家大院的有利地形给进攻的敌人以大量杀伤,击毙敌人30多人,我军随即退回河北永安车站,敌人也随即重返回半截河。

河南敌人几天内没有受到打击,所以较河北敌人更敢于和我们对阵。因此,设法给敌以歼灭性的打击则是非常必要的。

为了便于次日拂晓全团出动,攻袭河南的敌人,采取上半夜袭扰和疲劳敌人的办法,派警卫连一个排由连长韩星同志率领执行此任务,同时还要摸清敌人现在大体驻地的位置。

穆棱河大桥南头有日伪时期留下的一个碉堡,敌人驻守一个排,这个桥头是我军攻袭敌人过河时最大的障碍,也是敌警戒的最突出部分,故决定以该堡为袭击目标,但要尽可能同时扰乱半截河村。通桥的公路两旁有很深的枯草,且有路基作为掩蔽,天气又有风,很有利于接近敌人,警卫排就是这样很顺利地从碉堡的背面,偷偷过了河。碉堡里的敌人一点也没有发现,我军还听到了敌人在碉堡外边的说话声,于是他们把所有的火力分两个方向(敌驻地和碉堡处)散开,机枪、步枪、手榴弹突然一齐开火,夹杂着指挥部队的叫喊声:"三营截击,二营四连跟着上"等,虚张声势。顿时,碉堡内的敌人还击枪声更密,驻地敌人以为我军已经向他们发起进攻了,吓得敌人把部队都拉出来,到村东北山上,准备应战,而在村西的敌人也在不断地向外射击。这时警卫排对敌人大体驻地位置也摸清了,整个河南敌人都惊扰了,任务已经完成了,乘敌人还没有弄清我们究竟有多少部队的时候,警卫排已安全地返回河北了。

根据敌人在上半夜已经受一场虚惊和一夜也没得安静的情况,估计敌人不会认为我们在当夜攻袭他们,即使敌人真的有准备,经上半夜的袭扰,也会很疲惫的。不管情况怎么样也要全力攻袭敌人,哪怕吃掉一部分也好。于是,以两个连从桥头越到二人班方向堵截可能东逃的敌人,正面部队准备秘密摸掉碉堡的岗哨,如不得手时,就以少数部队对付碉堡,其余进攻部队可直接摸向敌村。在天亮前战斗开始了。果然敌人没有想到我们当夜会连续地出现在他们的面前,碉堡的哨兵正打瞌睡,碉堡内的敌人也在熟睡,均在梦中就当了俘虏。这样攻袭村内的部队,就达到了偷袭的目的,给敌人一个措手不及,一点也没有招架之能力了,打得敌人蒙头转向,有的一枪没放就交枪了。有的虽然就地进行抵抗,但是已经短兵相接,就近射击,就地投弹,终因大势已去,毙命而告终。这次战斗一下歼灭祁少武和赖大肚子200多人。

根据被俘过来的祁少武的一个小队长供称:我们前天已把你们打回到河北去了(指从河南撤回的第三营),昨夜袭击我们的又仅仅二三十人,认为你们目前在河南不会有大的行动了,所以我们已准备在今夜天黑后三部分人共同攻袭永安车站(指赖明发队、祁少武队、王败火队)。可见河南敌人在没有遭受打击时,他们战斗的意志还是很旺盛的,由于我们这次的战斗,把敌人的意图打掉了。

在密山和鸡宁区间所盘踞的匪徒中,没有受到警卫团打击的,而且最狡猾的,要算郭清典了。虽然他袭击永安车站时没有得逞,但他认为偷袭是成功的,所以他大言不惭地说:"我的部队绝不会像杨队在王团面前那样无能的",意思是指杨世范在永安站打的败仗。郭清典在该区诸匪中,在军事指挥上,是有他的长处,他的战术比较灵活。他的行动规律,我们当时还没有摸清。警卫团连日来在河南河北频繁地战斗,郭清典却并没因离警卫团较远而稍有疏忽。他警惕性很高,所以在20日拂晓去袭击他时,竟摸了个空。他的行动诡秘,明明侦察到他夜间在黑台村,而袭击时却不见了。从20日的行动结果来看,我们悟出一个道理:如果袭击郭清典,必须同时要防止他的反袭击,才能万无一失。郭是蒋介石的中央军官学校毕业的军官出身,他是有战术素养的人。

经过近20天和这一带匪徒们接触较量,发现匪徒的数量比警卫团人员多。由于他们多是地头蛇,地形民情都比我们熟,比我们暂时优越,情报比我们快,而我们往往几天弄不清敌人的行动,在捕捉或追击敌人时,一下就不知敌人去向了。每次战斗中,击溃战较多,也多是因情报不准而影响部署所致。

国民党为了麻痹我们,在他们占领了锦州、营口等地后,在3月28日又和我们签订《东北停战协定》,同时又调遣50万大军向东北全面大举进攻。在4月时南满大部已为他们所控制。沈阳、长春失陷只是时间问题,如果东安地区土匪不能很快肃清。建不成根据地,一旦国民党占领了长春后直逼哈尔滨,那时我军周旋余地就更小了,没有根据地就很不利于我们持久战争了。所以北满分局对东安地区剿匪非常重视,电催多次,北满军区司令员高岗曾到鸡西视察剿匪斗争。

接收东安(密山)

鸡宁县的苏军撤走后,三支队和地委已经接收了鸡宁县,东安市的苏军也即将撤走。警卫团奉命接收,于22日进驻半截河,准备开赴东安。

1946年3月底东安地委梁定商同志带几个干部先期去东安,依靠苏军进行工作,住在苏军司令部。

东安省临时省政府主席高金声、副主席孙福臣,不久也被苏军抓起来了,至此东安临时省政府也全部瓦解。警卫团从半截河出发沿途没大的战斗,二人班、三梭通的敌人都被警卫团消灭,事先已经转移了,只留少数人用火力阻击一阵,就隐蔽起来不见了,部队于4月25日进入东安市。

在部队向东安进发时,沿途不断有群众夹道欢迎、送水,极其热情,不过朝鲜族同胞较多,汉族人不多,主要怕土匪找他们的麻烦。再就是对共产党和人民军队不理解,当时对国民党还怀有盲目的正统观念。一直到进入东安市后,

第二编
东安根据地剿匪斗争回忆

我军了解当地情况和土匪情况时也多依靠朝鲜族群众。在战斗前和战斗中凡是需要群众帮助的,他们都能积极支持和帮助。朝鲜族同胞所以如此,是由于这一带过去是抗联活动的地区之一,有秘密工作的朝鲜族同志对我党有所了解;另一方面是由于伪满时,日本在东北制造了民族矛盾,日本垮台后,土匪又歧视和欺压朝鲜族同胞,他们对民主联军则寄以希望。

警卫团进入东安的当天,就和北大营苏军少校军官约定,第二天在北大营会谈。第二天上午8时我们到北大营,一下车就看到北大营浓烟滚滚,到处起火,几米外就看不见人,烟熏火燎,气味刺鼻,苏军正到处点火破坏军事设施。

北大营原为日本关东军一个师团的营地,营房林立,楼房齐整,医院、商店、礼堂、饭厅、浴室、游艺场所,上下水道、电力通信设备齐全,规模壮观、规划有序、林荫成行、花坛棋布,有水泥柏油路相通,我目睹破坏之情真是惋惜万分,有说不出的痛心伤感。

在会谈开始,我说明了这次进入东安的目的和任务后,要求苏方介绍一下东安地区的匪情、社会情况时,卫戍司令谈到将保安总队驱出的原因和解散东安临时省政府的原因。说他们在城内维持治安,主要和中国共产党领导的武装闹矛盾,他们时时都在想着要消灭被苏军支持的虎林独立团,对苏军多采取蒙骗而且对苏军也不满,故取缔他们,使他们不致在东安城里闹事。同时他对我们接收东安的力量表示满意。我向他提出三个要求,请他们给以支持和帮助。第一要求把北大营留下不要再破坏了,因我们部队来了还需要一个集中住的地方,此地正是军队适合住的地方;第二要求他把高金声留给我们,不要放掉,免生后患;第三要求他们留给我们一些枪支弹药和汽油。第一个要求他们婉言谢绝了,并解释说,这是国内上级决定的,他做不了主,要求谅解;第二个问题他说已经决定了把高、孙二人带回国去,决不放掉,叫我们放心;第三个问题他原则上同意,但需请示他们的上级后再办理(此事后来给解决了)。

会谈之后,在北大营由他们宴请招待。自此后的第三天,苏军就撤走了。

苏军撤走之前,凡是离他们国境外100公里内的一切军事设施,一律破坏了,东安到虎头160多公里的铁路,全部扒掉,大小桥涵炸毁,十几对电话线像切面条一样切得一段段的,电线杆一一锯掉,飞机场炸毁,沿途日本关东军的营房也在破坏之列,不过在日军溃退后大部为群众拆用建材而破坏了,仓库炸毁。

当时苏军所以这样做,是因斯大林同志对中国共产党的力量怀疑,不相信中国共产党能控制东北,更不相信能打败蒋介石,因此苏军当时对我们斗争的支持是很慎重的。

　　苏军没撤走前和警卫团没进入东安时，东安反动势力很活跃，临时省政府还在，保安总队还在，虽有梁定商带几个干部依靠苏军在工作，但当时地方工作开展是很困难的。保安总队被苏军驱出去以后，工作好一点，但终因时间短，所以警卫团一进东安，就处在混乱的情况下。面对很多困难，特别感到无群众支持，对社会情况和匪情不了解，更感其苦。虽然有朝鲜族群众给一些支援，但总是有限的。

　　虎林独立团的常永年，在我们住在永安一带剿匪时，他从鸡宁司令部回来路过我团，我第一次和他见面。他当时要求警卫团去一部分人接收虎林。这样他在虎林就可以减轻担子，因虎林苏军不久也要撤走的。他对控制虎林没有把握，很怕土匪去打虎林。我当时说，等警卫团接收东安时再说，目前去不了。当警卫团一进入东安后，常永年就带一个连去找我，要求警卫团去接收虎林，哪怕去一部分也好，要求很迫切，那时虎林苏军也走了。我说从地理位置上看，东安市重要而且影响大；从形势上说，东安紧张，土匪多集中在东安和鸡西附近，他们首先的企图是要攻占这两个要城的。虎林苏军虽已走了，只要警卫团在东安，土匪就不敢去那个狭窄而又空旷的地区。目前土匪正在准备要攻打东安和鸡宁，只要东安保住，虎林就安全，有独立团在那里维持就没有风险的，即使有事，警卫团可以随时策应，有你们在虎林，警卫团的后边还有个依托。我的意见是目前东安应该加强，如果独立团能够来东安一部分人配合警卫团行动，则是两利的。从此常永年就带一个连在东安，不久后增加到一个营的兵力，其他部队仍在虎林。

东安保卫战

　　苏军撤走后，进攻各战略要城，这是匪徒们日夜念念不忘的打算。活动在勃利地区的谢文东股匪认为时机已到，就于5月上旬流窜到鸡宁以东的半截河、平阳镇一带和东安保安总队郭清典等六七股土匪结合在一起。谢文东东拼西凑两个旅，一个旅长是李楫莹，另一个旅长是李文涛，还要吃掉保安队的郭清典，然后进攻城市。但土匪们各怀鬼胎，钩心斗角，野心都不小，都想扩大自己的势力，互不服气，各不相让。谢未达到目的，但大家又都想进入城市，为了统一行动攻打东安，就组织一个联合指挥部，由谢文东任总指挥，郭清典为副总指挥。

宝清有保安队俞殿昌股匪200多人,同时南进占据了东安以东通往虎林公路上的兴凯,这样就对东安构成了包围形势。匪势大振,战云密布,妄图进占东安、鸡宁,以控制林口以东广大地区,而警卫团和鸡宁司令部的联系从此也被切断。

在谢文东联合指挥部的指挥下,在5月15日就分别同时攻打鸡宁和东安(攻打牡丹江司令部也是这天),使三支队首尾不能相顾,不能应援。

郭清典、芦俊堂、曹大架子、祁少武等股匪共1 700多人于5月15日拂晓开始向东安进攻,郭、芦两匪分别向东安正西和西南进攻。警卫团以两个营防守西面。虎林独立团在东北监视裴德、兴凯方向,郭清典的指挥所在北大营和日本神社之间的破房框内。炮兵阵地在北大营的西北角小石山后。

东安西岗上都是伪满时日军军营的破房框子,一直伸到密山西,地段很隐蔽,有利于敌人接近,不利于我们监视敌人,特别是西山的制高点是敌人的指挥所,能够俯瞰全东安市,因而我们部队的运动和部署多为敌人所掌握。

天刚亮时,敌人开始进攻,主要方向是西南,因那里离街里近。其次是日本神社,这里较隐蔽,易于接近。两个地方均遭敌人连续两次的冲击,枪声一阵紧似一阵。阵地坚稳不动。为了使我阵地内行动自由、隐蔽,必须消灭西山上的敌人指挥所。于是我军集中四门迫击炮、一齐发射,连续十几发炮弹全部落到敌指挥所的人群里。特别是炮手李根深同志百发百中,炸得敌群一下开了花,四处逃散,立时山上渺无人踪。炸死炸伤20余人。接着敌人又发起进攻高潮,二营五连面前的敌人已冲到阵前,该连从敌左侧来个反突击,敌人不支回头就跑了,正面用火力追击,一下打垮了敌人的冲击,丢下十几具尸体。而神社方面枪声又紧张起来,正在交战中,突然有十几人利用破房框子,悄悄摸到团指挥所,警卫员们坚持抵住,警卫排随即出击,敌人已来不及跑了,一下把十几个敌人消灭在阵地前。

此时战斗已进行到中午,盘踞在兴凯的宝清俞殿昌股匪一直在兴凯没有动,看来东北方向威胁不大。于是用一营,由赵桂连营长带着从北边飞机场南迁回到西边进攻敌人的侧后。他在极为不利的大部队在开阔地运动的地形下,直捣敌后,在敌后打响了。这是赵桂连向我正面防守部队发出全线出击的号令。于是正面部队就全线出击,这样敌人受到前后夹击,一下全线动摇,终于向西狼狈溃退,侧击部队的一营变成了截击部队。在正面追击部队的配合下,直追到连珠山以西,于下午4时结束了战斗。共俘敌80多人,击毙50多人,缴轻机枪2挺、步枪103支。我军伤亡战士30多人,胜利地保卫了东安。

鸡宁方面:谢文东以三个团和杨世范大队共1 000多人打鸡宁。以毕星魁、于振全、刘生楚三个团攻打鸡冠山,该处是十七团防守。前一日牡丹江十四团增援十七团,是支机动部队,但因为指挥不当,放在敌人的左翼没有用上,没有发挥作用。城子河大桥和西鸡宁由三支队司令部警卫连和鸡宁独立团一个连防守,这里进攻部队是杨世范匪部,敌人集中三门迫击炮和一些轻机枪、掷弹筒于拂晓时向鸡冠山猛攻,尤其东面比南面更猛,连续两次冲锋均未得逞。南面冲锋也被打下去,战士们奋勇冲杀顽强战斗,依据有利地形,居高临下,给敌人以大量杀伤。但是鸡宁县区较大,显得防御力量不足,薄弱之处很多。如西面,杨世范匪部已冲过西边的大桥,因为有警卫连的有利阻击,终于稳住了阵地。战事的重点方向是东面,而东面的地形好,阵地稳如泰山,使敌人寸步难进。十四团的到达虽没有发挥作用,但敌人已知有外援,再加上敌人进攻不力,直到下午未攻下鸡宁,就纷纷撤走了。此次战斗共毙敌60多人,我军伤亡战士50多人。

至此匪徒们欲攻下东安、鸡宁两个城市的幻想已经破灭了。两个要城已为三支队胜利地保卫住了。这次胜利对建立北满东部根据地的意义很大,如果两地失守为土匪占据了,建立这块根据地必然要推迟,而且也将大大影响牡丹江、佳木斯整个战略后方的建立。特别会给蒋军占领长春以后的形势发展带来极不利的后果,固然东安地区丢掉也只能是暂时的,但必然要给我们增加很大困难,故这次胜利的保卫战,在政治上、军事上,特别是在战略上都具有一定的意义。

自从匪徒这次进攻失利后,郭清典、芦俊堂、祁少武等匪部就分别退到黑台、永安、半截河、二人班等地。而谢文东匪部又被迫退到勃利地区去了,宝清俞殿昌匪部仍在兴凯没动。这样,土匪们虽没有进攻两个城市以前那样的气焰了,但对东安仍是包围的形势,东安和鸡宁司令部的联系仍被割断着。

在这种形势下,我考虑必须设法解除土匪对东安包围的形势,必须恢复和鸡宁司令部的联系,以了解合江整个的形势,同时设法使三支队的两个团尽快结束互不配合各自为战的状况。这两个团像钉子一样钉在一西一东,而且都疲于奔命,很需要协同作战或统一指挥,才能改变目前的被动局面。否则如此下去,只能是消耗力量,拖延时间。同时上下联系的办法也必须改善,否则上下

第二编

东安根据地剿匪斗争回忆

(和司令部)互不能通气,更谈不上行动互相配合了,要求配备电台。这些想法必须派干部去鸡宁司令部传达。执行这个任务是很艰巨的,因要通过敌占区,既要勇敢的人,也要机警灵活的人才能完成任务。所以决定派李参谋带一个熟悉当地情况的朝鲜族人去鸡宁司令部沟通联系。

朝鲜族三营班长金太昌是城子河人,对沿途情况很熟。二人是从铁路走的,这里一是路途近,二是靠山区危险的路段是黑台、永安附近。由于东安保卫战刚刚结束,敌人对东安的戒备很注意,黑台的警戒人员设在离黑台较远的地方。他们在途中从田间劳作的一位老人那里得知在塔头有敌警戒人员一二十人,于是他们二人边走边研究如何蒙混过关的办法。李参谋冒充兴凯俞殿昌匪部的副官被派去郭清典处商量军事行动问题,同时向郭清典说明在攻打东安时,俞在兴凯按兵不动的原因。金太昌扮作在途中被李参谋捉到的我方密探。当他们二人走到黑台北山离敌警戒线不远的地方,李把金的双手绑起来,当走到塔头时,他们就被敌警戒人员拦截到离大路不远的土墙小院内。李参谋见院内有三个匪徒就说:朋友们辛苦了,我在路上捉到东安一个密探,请几位帮我看一下,我到屋见见你们队长,我是宝清俞大队长派来的。你们队长在哪里?一个匪徒向他打量了一下就说:你是俞大队长什么人,李参谋说我是他的副官。匪徒向屋里一摇头,暗示在屋里,李到屋后就说,报告队长,我是宝清俞大队长的副官,急于要见郭参谋长(指郭清典)有急事,请叫我过去,在天黑时我还要赶回兴凯去。我还抓了一个东安的密探在外面。小队长说,你找郭参谋长有什么事?李说有关军事行动问题,我不能在这里详谈,否则我负不了责任,你也负不了责任。小队长说你从哪条路跑过来的?李说从南五道岗。密探是在什么地方捉的?在五道岗以南。小队长说,你把密探交给我吧!李参谋说:不行。我还要向他了解情况,同时郭参谋长也必然要向他问一些情况的。小队长说我派一个人先把你送到我们中队长那里去。就这样三人一起上了路。离开塔头后,李参谋看四处无人时就和同来的匪徒说:要咱二人押着这个密探,不怕他跑了,可先把他的手解开,让他走快一些,我们还要赶路呢。于是匪徒点头就去给解绳子。这时李参谋在背后一下就把匪徒的枪夺下,然后对匪徒说,我不伤害你,但你必须送我们一段路。叫匪徒说:如有人盘问时,就说咱们都是郭队的人去杨世范部执行任务的。如你乱说,你就活不成。你把我们送走以后,我们就放了你。匪徒答应了。李参谋就把没有枪栓的枪支交给匪徒背着。

李参谋判断下一段路仍然是很危险的,就决定找一个地方潜伏下来待天黑时再走。于是在太平以北的一个小村子东头一家隐蔽下来,并声称他们都是郭队的人。当到天黑时他们又继续出发,夜里时又顺利地绕过了永安屯。当快到新华不远的西边村子时,想向老乡了解一下,附近是否有土匪,可是天刚亮就被村内的敌人发觉了。又不知敌人是哪个队的,敌人一面打枪,一面大喊他们站住,李、金二人拼命地跑,而被俘的匪徒认为快到鸡宁了还没放他,此时正是跑掉的时候,于是伏在地上溜了。李、金二人已跑远了,但这里离城子河还有30多里,又不知哈达岗是否有敌人,只好潜伏下来了,终于在下半夜才到达了鸡宁。

在李参谋去鸡宁走了之后,警卫团为了更好地保卫东安,不使敌再侵犯,就采取积极防御的办法,以攻为守,机动打击敌人,于是经常向外出击。

为了打开被包围的形势,首先对孤立的敌人,据守在兴凯之敌,作为消灭的目标,拔掉这颗钉子。俞匪在兴凯有200多人,单从宝清的利益来说,兴凯并不是他必守之地,俞匪不一定固守此地。如果打掉了俞匪,和虎林的交通就可以恢复,而知一(老密山)以东的敌人也失去了北面的依靠,敌决定先打兴凯之敌。

兴凯虽离宝清140华里,离东安却只有50华里,兴凯去宝清公路的两侧都是密林丛生,一直到龙头桥附近才有居民点。俞匪的老巢是宝清,如打得他支持不了时,必然要逃回宝清。

我军决定18日攻打兴凯,采取伏击逃敌的办法歼灭之。于前一日夜以一个营在宝密桥以南伏击,以一个营向兴凯进攻。伏击部队于夜间从裴德西直向东北穿过密林,于拂晓到达了伏击地。伏击部署:伏击圈内公路西侧是不能攀登的陡壁,伏击圈的入口处,有密林的小山包,这里有两挺轻机枪对准公路,公路东侧则是满山岗生长着稀疏的林木,岗后埋伏着两个连。伏击圈北端在公路通过的北侧是个小山口,埋伏一个连,伏击圈南北长200多米,东西宽100多米。

兴凯方面在天亮时打响,从东和南两面进攻。敌据守在伪满时日军养马的大房子里。开始战斗不久,我军就向大房子打了两炮,敌人马上动摇了,开始向北面建筑物里转移,但继续顽抗,进攻部队紧紧咬住,步步进逼,只一个小时,就把咬住的30多敌人,消灭在另一大房子内。路北的敌人,边打边退,沿公路向北逃跑。进攻部队随后追击,但在公路上隘路太多,行动迟缓,毫无所获。

中午12时,路上伏击部队已发现溃逃敌人的先头人员已进入伏击圈,部队按着规定,不听到号令任何人不准暴露目标。而敌人万没想到在这里有埋伏,以为早已甩掉了我们追击的部队,脱离了危险,都在庆幸地向北赶路。队形很乱,拉得很长,有的抬着伤员、扶着病号,有的在路旁崖边用手捧着水喝,有的坐在路旁整理行装。共同点是各个垂头不语,鸦雀无声,全部沉浸在沉闷的气氛中,好像即将步入毁灭的深渊里。溃敌的队伍越来越多地在伏击圈里出现,已经有100多人了,突然听到了"叭叭"信号枪的声音从北山口后边发了出来,接着在伏击圈入口处,两挺轻机枪的子弹突然像爆豆一样射向敌群,只见群匪一下开了花,直向公路东侧的林内逃窜。接着东侧埋伏部队全线出击齐声呐喊,一下逼近敌人,敌人惊慌失措,完全丧失了抵抗能力,大部分乖乖当了俘虏。只有部分人拼命向北边小山跑去。结果干净利索地打了一场漂亮的伏击战,只用20分钟就结束了。连兴凯战斗共毙敌18人,俘敌150多人,缴枪170支、轻机枪1挺。至此拔掉了兴凯的钉子。俞匪再也不敢离开宝清。东安20来天被围的形势已经改变了。

下一阶段的行动,本打算清剿杨木岗、白泡子、凤凰德等处零星匪徒,因不是一两天可以解决的,如部队离开太久,郭清典是最大的后顾之忧,而且东边零星股匪对东安威胁不大,故决定还是先袭击黑台,使其顾不得再犯东安,然后再去清剿东边的小股土匪。

郭清典是国民党军官出身,有军事素养,很狡猾,他的行动是诡秘的。我们第一次袭击黑台时曾扑了个空,因此必须把情况摸清才可行动。

我们决定先采取武力侦察,于前一天的下午派三连长陈文学带一个连去黑台侦察,以探虚实。结果陈连长在黑台西的王家烧锅进行试探性的进攻(只以一个班),敌人看我们人少,竟一下出来300多人向陈连长进攻。陈和三倍于己的敌人战斗一个小时,还捉了3个舌头(俘虏),侦察任务已经完成,陈连长就有秩序地撤出了战斗。

根据侦察和俘虏供称,敌人并不完全在黑台,夜间总有几百人移驻在朝阳屯、王家烧锅,其余在黑台。在黑台北山通永安的路上,构筑了秘密工事,每夜都有一个排哨潜伏在工事内。我们决定于19日拂晓前袭击敌人,一个营在拂晓前攻袭朝阳屯,一个攻袭王家烧锅。在绕过潜伏排哨后,以一营两个连由赵桂连营长带着,首先解决敌人的排哨,同时对付黑台可能出来的援敌。攻袭朝阳屯是从西和南边突入,王家烧锅从东和南突入。两处同时打响,朝阳屯守敌120多人,天亮后就解决了战斗,俘虏90多人,缴轻机枪一挺,其余向东跑了。王家烧锅守敌100余人被俘虏50多,其余向南跑了。黑台北山的排哨,赵营长一开始轻敌,在离敌人掩体不远的地方大声指挥部队,被敌察觉他是指挥员。敌一枪把他打倒,命中腹部,身负重伤,后因流血过多牺牲了。天亮后,我军用炮和掷弹筒,几发炮弹就吓得敌人投降了。而黑台敌人一直没敢出来,但白天打他,他又不和你打,只好收兵回东安。这次虽然没有消灭郭清典,但给他的打击不小。东安西部的顾虑则小得多了。

接着就清剿东安的小股土匪。东安只有一个营和虎林独立团。从老密山城向东经柳毛、杨木、凤凰德、承紫河、马家岗、白泡子,在白泡子收降黄金山50多人,在金银库击溃李宝珍50多人,在凤凰德缴械苏殿武50多人,在老密山县城收缴炮手队13条枪,共歼敌200多人,缴250余支枪,随即返回东安。

李参谋去鸡宁司令部取得联系后,回来时带回调警卫团去鸡宁的预先号令,配合三五九旅统一行动,彻底消灭完达山南北的敌人。司令部调动的正式命令来了之后,我即和虎林独立团团长常永年、在东安工作的梁定商同志研究,一致认为警卫团走后,郭清典等匪徒是肯定要进东安的,这是他们求之不得的机会。郭、芦、杨、祁诸匪共1 000多人。东安只有虎林独立团一个营是无法防守的,而且地委吴亮平书记也有指示,如独立团守不了时就向鸡宁靠近。这样就决定虎林守不住时就向鸡宁靠拢。于是警卫团于24日天黑时和一切后方人员一起去鸡宁了。虎林独立团一个营加上公安队等由梁定商、常永年带队也随警卫团同时出发去老密山城。

警卫团进后一道黑咀子时,碰到二人班王败火匪部的阻击。敌人凭借阵地前有二里地宽阔的沟洼地,用火力封锁这块地,阻止通过。二营长岳义修同志带一个排,冒着密集的火力从二里宽的沟塘里冲过去,结果敌逃退二人班。我们进村搜索,敌人已无影无踪了。此后一直平静地到达了平阳镇。

在警卫团离开东安的第二天,郭、芦、杨、祁等匪徒就拥进东安,进城后就大肆屠杀和抢掠。特别对朝鲜族人,见人就杀,抢掠烧房子。连一个给丈夫守灵的朝鲜族妇女也不放过予以杀害。共杀害五六十人,就是连死后埋起来的人也不放过。我军一营长赵桂连打黑台牺牲后埋在东安,居然遭暴尸之祸和碎尸万段之灾,其残忍之状,实不可言喻了。这就是有名的"5·26"惨案。

解放东安、宝清

警卫团回到鸡宁后,三五九旅还没有到达,6月中旬才到达。当时剿匪的统

第二编
东安根据地剿匪斗争回忆

一部署:第一个目标解放东安,三五九旅(其中两个团)沿铁路向东进剿,警卫团在穆棱河南沿公路向东进发。两路在东安会合。第二个目标是宝清,于6月21日上午出发,警卫团在南路,沿途的敌人已跑光了,一路畅通无阻。于22日南北合击部队均进入东安市,一枪没放就解放了东安。

合击部队在东安休息了一天后,就按原计划继续向宝清进剿,三五九旅在前,警卫团在后,穿过茂密的森林,越过无人区的完达山,直到宝清南的龙头桥时,突然遭到迎面山上敌人的阻击。三五九旅的先头部队派一个班摸上山去,一顿手榴弹打得敌人无影无踪了,随即于月底解放了宝清城。

解放宝清城后,三五九旅就在宝清城停止了,而警卫团在城内休息一天后就去七星泡进剿了。这次行动,东安以西的敌人,实际早已察觉我军的意图,所以在我们出击前,敌人已有准备,分别从各地逃跑了。大部分从东安到五道岗,从黑台向金沙方向逃跑到七台河以东,小部分窜到滴道以北地区。宝清敌人经七星泡向西钻进山林,也溃散一部分回家了。从此东安地区的大股土匪,就算肃清了,而告一段落。三五九旅于9月就撤离东安地区。

早在7月,东北局的工作团就进驻东安,经过一段时间准备,首先在平阳镇、半截河、鸡宁开始了反奸清算发动群众的试点工作。

进入虎林休整

警卫团从1946年1月开始剿匪到7月,连续作战,足迹涉及吉黑两省,部队十分疲劳,病员较多,减员不少,供应也较困难,装备消耗很大,急需休整改善。为了进入第二阶段的剿匪,我们奉命开进虎林休整,以利再战。司令部和地委决定把虎林独立团编入警卫团,然后再到饶河进剿尤德荣匪部。

我们于7月中旬从宝清北的七星泡出发,经过宝清县城,穿过完达山的南横林子,踏进迎门顶子(现迎春),到达虎林行程300多里,走了4天。我们穿森林,过草原,跋涉沼泽,夜里就在山里露宿。倾盆大雨袭来,没有雨具遮挡,"大家就淋天浴"。最讨厌的是瞎虻、蚊子、小咬劈头盖脸地袭来,使人难以招架,咬得人马都不得安宁。暑热天气,林中闷热得像蒸笼,汗如水洗。我们带的干粮生了蛆,就吃带蛆虫的棒子面窝头,但是菜却是山珍野味。边走边在山里猎取熊、野猪、野鸡、捞鱼,改善我们的伙食。夜晚,狍子群出现在公路上被汽车灯光一照,惊慌失措,东奔西跑,撞得汽车轮板嘭嘭乱响,引得战士们捧腹大笑。剿

匪生活是艰苦的,但是苦中有乐,我们尽情欣赏了北国风光。我用下列拙句描述这次行军——有意义的战斗生活:

万紫千红花似锦,青松碧水遍地黄。
山中野果竟生茂,林内禽兽追逐忙。
一片无际油黑土,到处都是好矿藏。
资源丰富久沉睡,为民服务日不长。

大雨倾盆透戎装,骄阳盛暑更难当。
风餐露宿虽是苦,野味山珍日日尝。
革命战歌回旷野,行军口号荡山乡。
笑谈畅议风流事,辉煌战绩拟表彰。

虎林是1945年8月12日苏军解放后,一直未被土匪践踏过的边城,原因就是由于有一支由革命者组建,苏军支持和保护,共产党领导的武装力量——虎林独立团。虎林独立团的前身,是一二〇师三八支队,1945年8月由被日军俘虏的八路军战士范明忠等同志组织起来的,10月接受党的领导,即改为虎林独立团。他们单独支撑着虎林的局势,并密切配合警卫团在东安活动。警卫团到虎林时,地方已成立了工作委员会,书记是梁定商。反奸清算运动刚刚开始,我们的主要任务是进行休整,同时奉命将虎林独立团并入警卫团。

警卫团和独立团合并后,部队在党委领导下,开始整训。我们在总结剿匪斗争经验教训的基础上,开展军事教育和政治思想教育。同时,整顿党组织,发挥党支部作用。组织供应、改善生产条件也是整训的基本内容。

首先表彰战斗模范。经过审查,团部批准,共推选出战斗模范39名,其中一等11名,二等15名,三等13名。7月20日在虎林广场召开了隆重的表彰战斗模范大会。模范人物照相留念。展览了剿匪以来的战利品。总结8年剿匪斗争的军事政治工作经验教育,找出差距,进行实战教育训练。

我们在进行形势、任务、人民军队性质和革命传统教育的同时,还注意加强团结教育,召开联欢会、开展交心交朋友活动,号召互助,要求干部起模范带头作用。利用团的生活小报大力宣传报道。经过整训,部队不论在组织上、思想上、政策纪律和战术上都有新的提高,士气高涨,剿匪的信心更足了。

在虎林工委的大力帮助下，部队的供应得到很大的改善。在当地群众还没有充分发动起来，生产还没有恢复，农村经济极端困难的情况下，不但保证了部队的整训，还给下阶段剿匪做了不少物资准备，基本保证了部队的需要。

虎林县成了警卫团的后方基地，团的供应机关留设在虎林，负责前方物资供应，凡笨重的物资和武器装备，均留在虎林，还留下一个朝鲜族连队在虎林县协助工委做发动群众工作，并负责机关的警卫任务。这个连在1947年3月29日至4月19日，曾协助地方自卫部队消灭了乔锡坡匪徒。

几点体会

北满东部根据地的建设，对东北战争的全局关系很大，对我党我军在东北斗争的成败，是举足轻重的。我们团为能始终参加这场创建革命根据地的艰苦斗争感到光荣。

一、东北民主联军第三支队，先在宁安地区，后到东安地区，在北满分局和张闻天同志的直接领导下，配合兄弟部队协同作战，胜利地完成了剿匪任务。建立了牡丹江、合江（佳木斯）等根据地，贯彻了毛主席、党中央"建立巩固的东北根据地"的决定，因而从被动局面转为主动局面，支援了全国解放战争。正当蒋介石撕毁东北停战协定，大举进攻东北，向吉林、长春推进时，东安地区土匪妄图控制牡丹江以东地区，而三支队却保卫了东安和鸡宁两个边境城市，保卫了东安地区这块阵地。在一年多时间内，警卫团就歼灭和打击了大股土匪马喜山、李树东、郎亚彬、郭清典、杨世范、俞殿昌、芦俊堂、尤德荣、祁少武、王希武等6 500多人，俘敌3 500多人，缴炮4门、重机枪6挺、轻机枪12挺、步枪4 900多支、战马80多匹，毙敌2 500多人，缴获电台3部。我们用浴血的战斗，为发动群众，打击日伪封建残余势力，解决土地问题，建立人民政权扫清了障碍。

二、战斗根据地的建成，最根本的是党中央和改组后东北局、北满分局的战略方针和政策的正确。从1946年1月开始，贯彻了这一正确方针，才转变了这个地区1945年12月以前的险恶形势，变被动为主动，由处处挨打变为主动进攻。毛主席早有论述："在中国，离开了武装斗争，就没有无产阶级共产党的地位，就不能完成任何革命任务。"创建根据地，按发展规律，必须经过3个阶段：第一阶段是建立自己的军队，否则是空谈；第二阶段，解决土地问题，发动群众、组织群众；第三阶段，建立政权，组织生产，支援战争。1946年1月北满分局就是首先建立基本武装,并抽调部分主力剿匪,然后通过反奸清算,打击日伪残余势力,并进一步解决土地问题,发动群众,建立了政权。

1945年8月15日后,牡丹江、佳木斯地区的基本武装数量很少,可是把相当大的精力放在收编土匪上,把不少有经验的干部派到土匪队伍里去做改造工作。其实,多年掠夺成性的土匪不是一时能改造好的。后来改编的土匪大量相继叛变,把我军派去的干部抓的抓、杀的杀,损失严重。牡丹江号称十几个团,最后剩下十四、十五团,还是后来整编的。叛变土匪不下6 000多人,而合江司令部号称两万人民军,结果剩下2 000多人,致使广大农村和县城为土匪控制,如勃利县当时只要有一个营去支援,勃利县也不会被放弃的。

合江地区和牡丹江地区,一度造成险恶形势,除正面国民党军大举向东北进军和积极在我们后方发展先遣军外,主要是我们在初期工作上违背了建立根据地阶段发展的规律,没有首先建立自己的基本武装力量。

三、在东安地区,剿匪指挥上犯了两个拳头打人的毛病。把警卫团和十七团自始至终都是分散使用。这是很大的失误。如果把两个团集中起来,一股一股地吃掉敌人,是完全可以办到的。结果只有警卫团对付鸡宁、东安之间的大股土匪。后来,又把警卫团和十七团分别定在东安和鸡宁两市内,东西行动互相不配合,各自为战,这在战略上就摆出了挨打的架势,所以谢文东、郭清典两个大土匪头子就联合起来,一个打东安,一个打鸡宁,使三支队首尾不相顾。这是自己束缚自己的结果,以致拖延了歼灭土匪的时间。

另外,司令部在指挥上的错误是,警卫团已经胜利地保卫了东安市,使土匪不敢再犯东安,就在这时,竟令警卫团撤回鸡宁,造成土匪乘机窜入东安市,进行大屠杀,造成有名的"5·26"血案。要警卫团撤回鸡宁,就是配合三五九旅,消灭进占东安的土匪。难道警卫团不撤出东安,就不能配合三五九旅作战吗?如果警卫团不撤离东安,就不会发生惨案,也不用第二次解放东安,可以东西联合夹击,取得更好的战果。也不会因为我们穿过敌占区,调兵遣将,暴露了战役企图,使敌人早有准备,望风而逃。这样做,无论在政治上、军事上都是错误决定。在东安区,我们不论在军事力量和素质上都强于敌人,可是都和敌人形成相持局面。

四、警卫团剿匪能胜利完成任务,是和部队政治素质好,有良好的作风分不开;是和部队有顽强战斗,有勇于牺牲精神的指战员分不开。如陈文学同志,原是东北抗日联军第四军一团的作战参谋,他于1941年日寇扫荡时,在一面坡山沟被日寇包围,为掩护部队突围,身负重伤。1945年8月15日后,他参加警卫团任三连连长。他在剿匪的历次战斗中,英勇顽强,特别是在老庙和黑台战斗中,他带队像尖刀一样插入敌人心脏,决定了敌人被歼的命运,体现了智勇双全的基层指挥员的本色。

一营营长赵桂连是1945年参加革命的新干部,是宁安人。开始他自己组织了一支小部队,编入了警卫团。他作战勇猛,再艰难的任务也敢承担。他领导的一营是全团的主力,对他的牺牲和遭暴尸之祸,我至今深感痛心。由于当年战事频繁,未有档案,致使他成为无名英雄、无名烈士。为此,我感到内疚。我希望政府能有个补救的措施,以抚后人、以慰后者。

黄绍臣同志是我团侦通连骑兵连副排长。他勇敢、灵活、机警,经常单独去执行机要任务。一次到东安团部送信,在白泡子、杨木岗一带行进时,遇到5名敌骑兵,他躲到小村里,利用地形隐蔽起来,等敌人接近,立即射击,打死1人,又上马追击打死2人,缴步枪2支、手枪1支、马3匹。又一次,他在杨木岗以东单独执行任务时,又和几名敌人相遇,他毫不犹豫,立即下马战斗,凭他准确的射击技术,连续击毙3人,吓得敌人抱头鼠窜。

另外,如三营连长李广源、九连副连长王永亮、十一连连长蔡昌玉等,都是身先士卒的勇士。警卫团剿匪的胜利,与他们的功劳是分不开的。

在剿匪中,指战员发扬了连续作战的优良作风,这是无产阶级革命者顽强战斗意志的表现。部队多次战斗,特别是突击行动,都能按计划进行,保证了剿匪战斗的胜利。

剿匪战斗中,困难重重,指战员都未被困难吓倒,而是创造条件,克服困难。在根据地开创初期,面对优势的反动势力,没有现成的军备条件,没有后方,没有群众。日寇统治东北14年,东北经济凋零、物资奇缺、供应困难。在地广人稀、天寒地冻的恶劣气候下,剿匪战斗频繁,战士们长年在深山老林里追剿匪徒,常常是衣不蔽体、寒不御风、忍饥受饿,不分春夏秋冬,风雪无阻地和敌人拼杀。我们的部队没有被敌人拖垮,没有被困难压倒,而是越战越强,越打越多。

这支人民的军队,所以这样顽强,不怕疲劳,不怕艰苦,不怕牺牲,是因为有下列保证:

第一,有共产党的坚强领导,有细致的政治工作,有老干部的言传身教。虽然连续战斗,但是我们利用一切空闲时间进行政治思想教育,提高指战员的思想觉悟、培养优良作风。

第二，执行党的各项政策，特别是俘虏政策、群众纪律、少数民族政策。这些都在剿匪中显示了无比的力量。

第三，机动灵活的战略战术。对敌人军事上打击、政治上瓦解，双管齐下。战术上积极防御，主动出击、伏击、偷袭、强攻、围剿，因地制宜，多种战术配合使用，取得剿匪斗争的彻底胜利。

本文由中共鸡西市委党史研究室宋丽萍提供。

郭清典的溃灭
——记九七部队东安剿匪之战

郑文翰*

战 斗 前

1946年6月20日，这是一个酷热的夏日！虽然是坐火车，但每个人仍然热得浑身流汗；车到永安站便停止了，因为下一站黑台已是郭清典"胡子"的前哨阵地。

战士们纷纷下了车，散在附近的大小树丛里，躲避那如火的炎阳！直等到副官分好了房子，才一批一批地进入宿营地。

刘旅长召开了营以上干部会议。会上听了当地驻军首长的报告。报告说以郭清典为首的匪徒，共二三千人，盘踞在东安、密山两城及其附近一带农村。他们拥有山炮、野炮、平射炮等重武器共20余门，汽车10余辆，火车头2个，火车1列，其他轻重机枪及步马枪都是日造，配备相当齐全，炮弹子弹的储藏也极

---

* 郑文翰：时任三五九旅营教导员。

为丰富。最近又纠集了惯匪谢文东，带有骑兵 600 余人，极为凶悍。

大家听了非常高兴，纷纷议论着：这一下可有些"洋财"（军队中把敌人的武器惯称为洋财）发了。有的担心地说："别又跑了啊！别又扑了空。"

刘旅长最后宣布了他的作战计划："估计到敌人在我军正面痛击下，一定溃退逃跑，所以这一次要以主力一部迂回到敌人退路上，利用一个团的兵力担任阻击任务。迂回部队必须在明天晚上赶到裴德一线。"他按着地图说："敌人的撤退只有一个方向，就是到宝清去，占领了裴德就必定能把撤退的敌人全部消灭。"

"到裴德多远呢？"一个着急的同志发问了。"从正面顺铁路走大概 120 里，要是拉荒道，恐怕会有 180 里吧！"一个熟悉地形的当地驻军参谋说。

"怎么怕路远？"刘旅长转向发问的那个同志。

"不！"他急忙分辩着，"路远倒不怕，只是天气太热，路上又没村子……加上战士们的鞋子都破啦……。"

"那怕什么！反正只一天的时间，再苦也熬得过……"

"今天回去轻轻装，准备好干粮，再鼓动一下能行……"

在大家的讨论中，一切困难都看不上眼，大家的心都为胜利的期望所鼓舞，而忘记了其他的一切。

傍晚的时候，天气变得凉快些，战士们各自准备着自己的行装，又进行着各种会议，一个偏僻的山沟，呈现着非常活跃的气氛。这里南面距离国境只有 30 里，除铁路线外，很少有村庄，到处都是潮湿的草甸子，蚊子的嗡嗡声不绝于耳，炕上炕下又是跳蚤统治的世界！……

但微风仍然送来了战士们愉快的歌声——"为国为民，千辛万苦，南征北战……"

鸡还没有叫，部队就在黑暗中悄悄地起了床，马马虎虎吃了些饭，早起床总是吃不下饭的，便集合出发了。

天上没有月亮，只是满天星星，清凉的夜的气息使人感到非常舒适。可是哪里来了这样多的蚊子呢？是这里的蚊子整夜不休息呢还是我们走动惊醒了它们？总之，它们到处向你攻击，脸上、耳朵上、手上、脚面上、脚趾上……在队列里到处响着用手巾扑打蚊子的声音。没有手巾的只得用他的手狠狠地打着自己的脸、自己的耳朵、自己的身子……

所谓"拉荒道"实际上就是没有道。前面尖兵跟着向导走，后面的部队必须一个接一个跟着走，否则掉了队便无法跟上去。黑暗中只能约略感到是在一条山沟中行走;等到天亮时,才发现我们钻入了重山环抱荒草弥漫的深谷中。

谷里没有溪流,也没有树林,只是一片深可没膝的青草,草底浸润着湿湿的黑泥。夏天的太阳升起来了,热气蒸发着,人走着喘着。汗从脸上、背上流着,子弹袋、手榴弹袋也都浸透了。

谁都想看一看激流的清水,但这些谷里竟连一片淤污的小池也没有。热和渴熬煎着人们,谷的尽处横着一个不大不小的山岭。

满山密布着大大小小的丛林。要想通过它,必须先用两手拨开那横阻在你面前的杂乱枝干;然而当你刚放手挤过身子时,它们却又横七竖八地挡住你的枪支或扎住你的皮带,甚至钻进你穿破了的鞋子里,挣脱它又得费一番功夫。但这样斗争的结果,你的脸上、耳朵上或手上便出现了一条条殷红的血纹,在污浊的汗流浸润下,味道也不好闻,身体怪不好受的。

过了山林,却也解决了一个困难。战士们折了不少阔叶的树枝,有的插在领子里,有的用手举在头上,用来遮挡那愈来愈毒的太阳;有的还用一束小枝当扇子来扇动一下那热辣辣的气流,但这哪能得到一点凉意!

这就是我们的道路。走完了谷,就翻山,爬下了山又钻谷,等到将近中午时,我们已通过了5条谷,翻了4座山。向导告诉我们说:"走了大概70里,山的右边便是黑台!"大家精神不由得便是一振,因为已进入了匪区。

继续行进,又行约20里,天空慢慢布上了黑云,远处又传来了隐约的雷声,空气逐渐凉快了些。大家心里都在想:下场小雨好,凉快一下吧!

当爬到一座漫长的横岭上时,团部下了休息的命令。大家散坐在山坡草地上,吃着用纸包来的冷米饭。这时乌云一层一层愈来愈浓了,远山头上已挂起了白茫茫雨幕,那雨幕随着一阵冷风,漫山遍野而来,速度是那么快!霎时间在一阵狂风后,落下了一阵急骤的大雨,不到一分钟的光景,每个人从头至脚都给淋得湿透了。

狂风暴雨中,山头的哨兵来报告情况,山右边沟里发现了大队骑兵,大概进攻正面的部队,已经击溃了敌人,敌人在向东安方向撤退了。

下发了出击的命令!战士们飞快地奔下山坡,卷入狂风暴雨中,在机枪的猛烈火力掩护下冲下去!

骑兵的队形散乱了,接着把马匹也丢弃了。他们仓惶地爬上一道山岭,躲在一些早已挖好的工事里向我们射击,于是开始了进攻战。

我们以一个营的兵力进攻敌人。敌人的后援也赶到了,还用汽车运来了几门山炮。他们想以炮火的威力吓倒我们，炮弹轰隆轰隆地爆炸在山头，爆炸在谷底，而且接连不断地射击。可是战士们听到了，却带着不屑的神情，笑道："美国炮弹都不怕，谁还怕你这两下？一定夺过大炮来！"

大家进攻的热情更高了。这时急雨已过，天气清凉，战士们用散开的队形，一直爬上敌人占着的山。这些家伙到底胆小，不等尝尝手榴弹的滋味，就溜之大吉了。

于是追呀！猛烈地追，一个山头一个山头地追！敌匪用汽车拉着大炮不断地轰，轻重机枪不断地扫……我们却以迅速的动作，勇猛地追！

另外的两个营，利用这个时间找了个小村子，喝了些水，吃了点饭。全体继续急促地谈论着："再不迅速行动，土匪一定要跑了。"所以，命令一下，为了超越敌人，断敌后路，大家以急行军的速度出发了。

虽然仍是"拉荒道"，但可喜的是树林已不太密，雨后的清凉又增加了人们的情绪，加上渴求追到敌人的心绪的鼓舞，谁都没有怨言，谁也不喊疲劳。50里地的荒道，只用4个钟头的时间就完成了，并且没有一个掉队的。

傍晚时分，我们便走完了荒道，迂回到东安市的东北方，踏上了由东安到宝清的公路。

正面的进攻还在激烈地进行。炮声隆隆不绝，好像在进行着一场大战！

大概是午后7时了，天空上已闪出了最初的几颗明星。首长们决定留一个营在东安通宝清的公路上伏击敌人；另一个营必须继续行进，10时前绕道到达裴德，阻击可能逃出的一切土匪，最后消灭他们，因为那是最后一个卡子。我们便是后一个任务的负担者。

现在虽然是行走在宽敞的公路上，但是天空已被乌云遮住，天暗得没有一点光明。疲倦的人们再也抖不起精神了，静静的、闷沉沉的，队列里不时发生因瞌睡而相互碰着的，两条腿像是拖上了千斤重的铁球，每抬一步就得费很大的力气，一些身体弱些的同志，便不得已而掉队了。走了将近一点钟，问问向导，说才走了6里地，而到达裴德还有30多里呢！

"咳！看，汽车！"是谁首先发现了，小声小气地嘀咕着。可是不到一会儿，大家都看到了，在我们的右边，远远的黑暗中闪着一点、两点、三点……一串豆样大的灯光，像荒冢中的鬼火一样，迅速地向前跳动着，向我们同一方向行进！

大家马上就提起精神来了，像打了兴奋剂一样。疲劳的脚步变得有力了，几乎要凌乱的队伍，立刻变得严整了。战士们小声的议论增多了。

"哼！今天咱们得跟汽车赛赛跑！"

一会儿，跳动着的灯光的行列，突然停止了，只有领头的两个灯光，仍然向前跳动，灯光一闪一闪地，像是在探索什么。战士们一下都猜着了：这是两个侦察的！

突然跳动着的灯光熄灭了。

接着一排手榴弹爆炸声清晰地传来。大家都不由得高叫着："三连打上了，咱们赶快走啊！别叫汽车跑了！"

不知哪里来的力量，这时队伍好像刚刚出发时一样有劲。谁也不知道疲倦，腿上的沉重的铁球，眼皮里顽固的瞌睡虫，都给这排手榴弹的响声轰跑了。只听着脚踏碎沙石的公路发出沙沙的声来。这一支在黎明出发到如今已走了160里路的队伍，正以紧张振奋的精神在黝黑的夜色里，突击最后的20里行程。终于在夜晚10时我们到达了裴德。

当我们刚把队伍布置在公路两旁时，排长张国带领的前哨，便捉来了三个"胡子"。他们是从东安散乱跑出来的，那时我们的哨兵正潜伏在公路旁的水沟里。当他们在黑暗里悄悄前进时，突然被一句低微的可是非常严峻的声音所吓住了："站住！举起手！"于是他们就这样无声无息地被捕捉了。

张国把这三个人，送到指挥所后，就又悄悄地带着哨兵再埋伏在路旁的水沟里。黑暗里听到有自行车在公路上行驶的声音，哨兵突然从沟里跳出，急促地发着命令："站住！不要动！"骑在车上的人几乎是撞下来的，车子歪扔在路上，黑暗里隐约看得见高举着的两手影。

不到半点钟，我们的哨兵就这样一枪不响地捉到20多人。从俘虏的口里知道有一批400多人的匪队正向这个方向逃来。还有两辆汽车拉了一门野炮，牲畜驮着5门迫击炮……

根据这种情况，部队重新布置了一下：一连转到裴德村里埋伏；二连在另一个敌人可能逃走的路口埋伏；留在公路要冲的只有三连和机枪连的一部。

前面的哨兵不断地一个个地捉到敌人。时间一分一分地滑过去。等了有一个多钟头了，还不见大股土匪的踪影，也看不到汽车的灯光，好多战士疲倦得早已横倒在沟里，呼呼地入睡了。

忽然从远处山脚跳出了两点灯光，在黑暗的夜色里颤抖着，走走停停，停停走走，缓慢的速度真使人着急。排班长们小声叫着、用手拉着、用脚踢着……总算把沉睡中的战士们给唤醒了。当大家一知道有敌情时，立即振作了精神，驱逐了疲劳,摸摸枪,摸摸手榴弹,准备着这次将来到的厮杀。

"哪一个?"黑暗里传来了前面哨兵的喊声。"三大队的,你们是哪一部分?"对方的声音。"二大队的。过来吧!"跟跟跄跄地过来一小队,17个人,到了前面却看见了闪亮的利刀,一愣。"不要动!悄悄地跟着来!"17个人莫名其妙地被圈在一所破残的房垣里。

闪动的灯光越来越亮,而且听到了汽车马达的吼声。可是,它突然又把灯关了,马达的响声也随着停止了。

"一定是下了汽车来侦察。"战士们想着,一面都将手榴弹的盖子揭去了。轰轰!哨兵那里响了手榴弹的爆炸声,红色的火焰在暗夜中闪了一闪,接着听到了噼噼啪啪的步枪声,人们杂乱的脚步声,马的嘶声,大车轮滚转声……副连长王林虎带着四个班,一阵风似的扑向敌群。机关枪响了,手榴弹爆炸了。

"别打了! 交枪交枪!"土匪们惊慌地叫着,黑夜里一个个高举着两手,战战兢兢地走过来。

另一个地方被打散的"胡子"在集合队伍,高声叫着:"四大队的集合!"

"来这里集合! 来这里集合! 四大队在这里。"我们的战士高声吼着。

果然来了,凌乱的惊慌的人群三个五个地跑过来,互相询问着:"四大队在哪里?""在这里,来吧!"我们的战士回答着。黑暗里怎能分得清?等到来跟前才发觉周围都是端着的刺刀,没说的,干脆地交了枪!

这里是机枪连步枪排的地方。他们把哨兵放在一个山脚的小坡上。听到了杂乱的脚步声,一会山脚下集合着一片慢动的黑影。两个哨兵突然地下来举着手榴弹,"不要动,小心手榴弹炸死你!"

11个人,7支步枪,一支短枪,又悄悄被缴了过来。

不知什么时候,东方的天空已经偷偷地泛出了鱼白色,只有几颗星在闪动,沸腾的夜已经过去了!

胜利的早晨

这是一个胜利的早晨,初升的太阳明亮地普照着大地。裴德附近的青山、丛树、绿草,都闪着愉快的光辉!

战士们三五成群地搜索着一丛丛的矮树,一幢幢的破房。这里搜到了一支枪,那里捉到了一个人,那里又牵来了一匹马……步枪、机枪、小炮、各种口径子弹，一堆堆乱七八糟地堆在裴德车站秃破的站台上。

公路上停着两辆载重汽车，一辆载着大轮子的野炮，一辆载着稍微矮小些的日造山炮。炮弹填满了车板上的空隙，5门日造迫击炮也从大车上、从牲口车上抬来了，250多个俘虏被关在一个个小房里。

裴德村里的老百姓用稀奇的眼光打量着我们，围绕着成堆的枪弹，围绕着成群的俘虏……

一会儿传来了消息：三营昨夜打了两辆汽车，打死敌匪20余人，缴山炮2门。

一会儿传来了消息：进攻正面的部队歼敌一部后，已于昨夜解放东安、密山两城，敌匪抛弃全部武器及辎重狼狈溃退，我军正在猛追中。

这个承袭敌伪残余势力，联合惯匪的土劣，以横暴统治着东安人民将近一年的郭清典"中央胡子"就是这样溃灭了！

而我们用的时间只是24小时。

本文刊载于《东北文艺》第2期，1947年1月1日出版，原件藏辽宁省图书馆。

雪原奔袭　全歼乔匪

刘翰章[*]

（一）

1947年2月，中共东安地委派遣以专署公安处长乔庄同志为首的88人反奸清算工作团，来虎林县深入太和区，开展群众性的斗争运动，声势浩大，来势

---
[*] 刘翰章：曾任虎林档案科副科长、县志办主任等职。

急猛，使虎林县境内一些昔日作恶多端的地主、富农、伪村长、伪警察、特务等沉渣泛起，预感到末日来临，惶惶不可终日，直至铤而走险，做垂死挣扎。其中以乔锡坡为首的匪帮就是一例，他们拉起匪队后，就公开打出反对中国共产党、反对组织农会，反对反奸清算运动的旗帜，流窜于县境内，抓农会积极分子，杀害军政干部，下枪、抢粮、压马、要东西，猖狂至极。

土匪赵景轩原为"长占"土匪头张锡田的"把式"（警卫），原名时可盛，外号赵豁牙子。曾被我抗联部队收编为"山林队"，于1940年对敌作战中投降日本，匪性不改，充当了日本特务机关的特务，并在虎林街开烟馆、设赌局、残害忠良，无恶不作。东北光复后，仍在虎林街居住。1946年8月，虎林县民运工作委员会由主任梁定商同志领导，首先在虎林街开展反奸清算运动。赵景轩看风头不对，便畏罪搬至穆棱河南距虎林街15里的同和村隐匿，躲过了当时的运动。1947年2月12日，住在和气区和平村的伪警长吴青云，跑到同和村找赵景轩串通说："共产党来了专杀咱们这号人！"赵听后便反问："怎么办？"吴狠狠地说："缴同和、忠诚两个村的枪，拉出去当胡子！"两人臭味相投，一拍即合。他们又一起找了本村的伪警、特和一些平时不务正业的共9个人。当天晚缴了同和村自卫队的长枪4支，绑走了群众刘英魁、苏世一、汪德山，抓了两张爬犁奔忠诚村而去。在那，谎报县里来送信，又下了忠诚村自卫队枪6支。遇上县工商管理局下乡干部肖春霖后，下了他的长短枪各一支，抓了三张爬犁装上粮食、蔬菜奔向清和村。在哪里，又有一些坏蛋加入这伙匪帮。他们边走边网罗，及至六道亮子时，已纠集了30多人，有大枪30多支。这时，被抓来的群众刘英魁、苏世一、汪德山乘机逃走，被匪徒发现并抓住，全遭到吴青云枪杀。

群匪聚集在六道亮子后，因心有余悸，议论时仍感到人少枪不够，迫切需要一个熟悉虎林道线且有经验的匪首领头干。核计来核计去，就琢磨到永平的乔锡坡身上。乔锡坡在民国时是包头的蒙匪骑兵队成员，骑兵队被奉军张学良改编后，乔任连长。1929年"中东铁路事件"爆发，乔随军调至密山县当壁镇作战，战斗中被苏联红军打散后，即聚众为匪，流窜虎林县，报号"长兴"。九一八事变后，曾被编为抗日的"山林队"，于四方林子对敌作战中，因腿被打伤为敌所俘。伤愈后腿已变瘸，日寇便吸收乔当了特务，每月发给伪币90元，住在虎林街里。敌人给了他白马一匹，作为往来于虎林街、永平村之间的交通工具。1945年8月15日后，乔锡坡由虎林街搬到和气区永平村隐居。

群匪在六道亮子住了4天，便商议一同奔永平村乔锡坡家，向乔说明来意，乔听后,自知昔日恶贯满盈,工作团来了人民群众肯定饶不了他,只有孤注一掷,上山当胡子,或能逃避惩罚。于是决心重新为匪,便对众匪讲:"好!既然你们看得起我,我就豁出这条老命,再和你们干一回!"说完,叫自己的家人去找本村地主、伪村长等到家里来核计。因为这些人本来就与乔锡坡沆瀣一气,鱼肉乡里,所以很快就商议妥当。乔在酒桌上,对众双手抱拳说:"我要上山了,请大家捧场!"吃喝过后,匪徒就开始筹备进山物资,席卷了本村的枪支、粮食和马匹。当时已聚合土匪50多人,而且每人都能摊到一支枪。乔匪帮便蜂拥着奔幸福村而去。在幸福村又劫掠了群众的粮食和马匹,满载着往四道亮子方向奔去。

在四道亮子挖了地窖子,作为据点,并且磕头起山头,取名"占山好"。共同推举乔锡坡为大当家的(匪首)、赵景轩为二当家的(二匪首)、吴青云为炮头(匪队参谋长),乔还封了把式(匪首贴身警卫、打手、看票)、酒柜(管伙食)、老窝(管钱、管粮)等"八大金刚"。县内各处的一些地、富、警、特,听说乔锡坡拉起了土匪队,便陆续去投奔他。有太和村的伪警察,还有义和村伪村长亲自把在伪满参加过警护队的儿子带枪送到了乔匪帮。

(二)

乔锡坡土匪队正式拉起后,就引起了县委书记梁定商、县长孙明哲、专区驻虎林反奸清算工作团乔团长的重视。一面令驻虎林的军分区警卫团朝鲜连与县大队共同追剿;一面组织县公安局及经过发动了的村子的民兵进行侦察、堵截,使乔匪帮没有立足之地。而乔匪帮在部队跟踪追击的情况下,仍边逃窜、边作恶。他们还利用一些地、富、警、特之家与受蒙骗的落后群众为其通风报信,筹集粮食、枪支、弹药,提供食宿和窝藏土匪等。

在乔匪初起的二月间,县委书记梁定商同志派虎林区西岗村长蓝成才、农会主任刘文焕、会员朱吉发去和气区幸福村侦察乔匪行踪。刘文焕、朱吉发走在前面,在离村四里时,迎面遇上赶爬犁去清和村接伪警匪入伙的乔匪帮侦察员,双方未搭话,各自向前走。当刘、朱到达村头时,遭到乔匪岗哨盘问:"你们是干什么的?"

刘答:"我大爷有病,是来探亲的。"朱也答:"老李家给我保了媒,特意来相亲。"

正巧本村农民邹吉才,是刘的亲戚,出村碰上,便对乔匪岗哨说:"刘是我的亲戚，你放他们进去吧。"土匪听后才将刘、朱放进村里。邹又暗地告诉刘、朱说："乔锡坡领一伙人正在村里，你们哪也不能去，到家躲一躲吧！"刘、朱便在邹家隐藏。当乔匪帮那个侦察员从清和村回来后，即向乔锡坡报告："今天屯子里来了两个人，里面有一个姓刘的是西岗的穷棒子会头。"乔锡坡听后得意地说："我正想找他们呢，今天倒送上门来了。"便吩咐众匪："来呀！给我挨家搜！"土匪们便敲门砸户，挨家搜查，结果没搜出来。乔锡坡便集合全村群众，露出狰狞的面目，杀气腾腾地威胁说："如果不交出人来，我就把你们幸福村全给洗了！"刘、朱两人听到后，怕累及无辜的群众，便勇敢地站出来，承认自己的身份。乔匪一看刘、朱出来，立即命令匪徒把他们捆绑起来。正在这时，蓝成才也进了村，也被乔匪抓住捆上。乔匪抓了蓝、刘、朱3人，带着匪徒回到四道亮子匪窝。当天晚上，乔锡坡亲自审讯。将蓝成才身上的衣服扒光，按倒在结冰的河面上，两臂绑上扁担，强令蓝成才翻身。翻不过来就木棒乱打，将蓝成才同志活活打死。把朱吉发装在麻袋里，拴在爬犁后面拖死。这时乔匪队已纠合了60多人，经常流窜于和气区的太平、和气、吉庆各村，抢走马13匹，粮食17石及衣服等许多其他物品。

3月初，乔锡坡带了吴青云等50多名匪徒，分坐9张爬犁到尚未开辟工作的和气区新民村，冒充反奸清算工作团，令村长邹学东在通匪户家召开大会。乔锡坡见人来之后便出头讲话。开始说："我们是工作团的"，但没讲几名便露出了马脚，开始向群众索要粮食。乔锡坡讲到兴奋之处，竟然说出了"要等中央军来"的话语，群众一听，知道他们来路不对，是土匪来作恶了，都在小心地警惕着，乔锡坡发现自己讲走了嘴，干脆撕下了假面具，露出了土匪的原形，抢了五张爬犁，收了500粒匪子枪子弹，赶着14张爬犁，奔加北山水耕地匪窝。

三天后，我剿匪队伍闻讯赶到，乔匪带队逃到迎门顶子，转道和气区富荣村。乔匪刚靠近村边时，即被一顿排枪打跑。乔匪慌不择路，来到忠义村。打死我剿匪通信员小岳同志，抢走步枪一支。乔匪作恶后，不敢停留，又匆匆跑到穆棱河南忠诚区仁爱村。在仁爱村住了一夜，怕被发现行踪，第二天冒着漫天的"烟泡"，逃到火石山南的王小脚亮子。乔匪喘息未定，剿匪队即跟踪而至，经过一阵战斗，乔匪一支，又带人跑到吉庆村，我军追得乔匪帮一天只吃了一顿饭。由于我剿匪部队已进驻了吉庆村附近的太平、和气两村，使乔匪无路可走，只得暂住吉庆村。第二天，乔匪窜出吉庆村，拼命向北跑了一天一夜，到达三人班躲了两三天，但人没粮吃，马没料喂，只得又逃回匪窝水耕地，想在那里补充、休整。待到水耕地时,发现其匪窝地窖子及所藏粮食,已全被剿匪队烧光,勉强躲了一夜,第二天又奔五道亮子。刚站脚,剿匪部队追踪而到,展开了战斗,刘文焕乘机逃脱。乔匪帮逃至月牙站公路附近,妄图寻机再逃。更有在这时,乔匪截获了去鸡宁军分区司令部办事后回虎头的我军警卫团副官李述云同志,夺走了李述云所带的两爬犁豆饼和长短枪各一支。并将李绑上,一起带走,逃到穆棱河南傅家亮子。住了两夜,吃光了抢来的豆饼,吴青云扒下了李述云同志身上的毛衣,将李杀害,又跑回王小脚亮子。乔匪帮自新民村逃出后,即处于我剿匪队的步步追击之中,个个如丧家之犬。加上当年天寒雪大,走时都得用空爬犁在前面开道,否则无法行进。被拖得筋疲力尽,毫无喘息之机。只剩下匪徒40人,爬犁12张,群匪感到,如再这样结队跑下去,已经无法支撑,只有束手就擒。经过一番计议,只得甩掉爬犁,遣散人员,留下马当坐骑,分成小股活动。于是,由乔锡坡、吴青云等头目,各带一部分匪徒,化整为零,骑马分散窜扰群众。

乔匪自拉起队伍到被打散,共绑走我农民干部3人,与我剿匪队作战10余次。我方牺牲军民10余人,被抢走长、短枪20余支,马30余匹及粮食、衣服等许多其他物资。

(三)

当追剿部队赶到王小脚亮子,只剩下被抓去赶爬犁的群众。经过了解,得知匪徒已分散活动。经分析认为:土匪虽被打散,但并未被歼灭,尤其匪首乔锡坡不知下落,必须做到擒贼擒王,斩草除根。决定采取分头追击,反复清剿的方针,发动各方面的力量,开展侦察活动,及时掌握散匪的行踪,务求全歼,勿使漏网。

这时太和区的反奸清算已宣告结束,运动开始转入和气区,这也为彻底追剿乔匪提供了极为有利的条件。1947年4月,乔锡坡被追赶得走投无路,带了六七个匪徒逃到四道亮子。这时匪徒内部发生了分化,大多数人感到这样下去只有死路一条,都想向政府投降但遭到乔锡坡的坚决反对。其中有一名土匪骨干想:现在爬犁没有了,乔锡坡又是个瘸子,带着他是个累赘,跑不方便,还连累别人逃命,莫不如把他打死,倒还利索。随即掏枪将乔锡坡打死,余匪星散逃命。

这时,剿匪队赶到现场,经过反复辨认,从几个特征认定是乔匪尸体,即将其头颅割下,带回县城,挂在电线杆上示众。广大群众,知道匪首乔锡坡已被打死，无不拍手称快。至 4 月 19 日，剿匪队从乔匪手中共追回马 25 匹、牛 1 头、骡子 1 匹，交政府由原主领回。

为了教育群众，以县长、公安局长名义，于 4 月 25 日，对 5 名犯有私通乔匪罪行的人，分轻重判处了 6 个月至 1 年的有期徒刑。广发布告，以教育群众，震慑敌人。

二匪头赵景轩自化整为零后跑到偏僻的独木河村隐居。由于剿匪队的反复清剿、群众觉悟的提高，使赵匪无处藏身，被群众捉住，于 6 月押回县城收监。这时警卫团的朝鲜连奉命调走，追剿任务便落在县大队与各区中队身上。

9 月，和气区反奸清算运动结束，转入庆丰、忠诚清区，虎头区也于 10 月 7 日派驻了反奸清算运动工作团，至此，全县都普遍地开展了反奸清算运动。各区、村在工作团指导下，组织民兵自卫队，发动妇女、儿童站岗、放哨、查路条，使坏人无隙可乘。各区成立中队后增加了追剿土匪的机动力量，发现匪迹，可以就近出击。又在广大群众中开展了断匪源、挖匪根的活动，使被打散了的乔匪余孽无处可藏，无物可济。乔匪骨干有 3 人潜伏于忠诚区于家林子村西的小树林里，被群众发现，报告区中队。经追剿，打死 1 名，活捉 1 名，只有 1 人逃脱，缴获长枪 3 支，匪枪 1 支。

为了进一步肃清残匪，县政府于 1947 年 11 月 23 日召开县城群众大会，宣布判处二匪头赵景轩及其 3 名骨干死刑。1948 年初，平分土地运动中，又号召群众彻底清查乔匪残部及有通匪行为的人，对其中罪行严重的人进行了公判。

三匪头吴青云，自 1947 年被打散后，带领乔匪骨干 8 名残匪，逃到宝清县境内，与尤、马、范等 4 股土匪纠合在一起，流窜于虎、宝两县交界处勒索群众，限定每亩鸦片必须交一定数量的大烟税。有时出没于我县境内的秃顶子、大马鞍山、迎门顶子等地，打家劫舍，要粮要钱。1948 年 2 月窜入马鞍山，被和气区吉安村打冻网的群众发现，报告区中队。经区中队围剿，打死 1 人，缴获长、短枪各一支，余匪逃回宝清，后被宝清县大队全部消灭。1948 年 4 月，最后剩下的 2 名乔匪骨干逃至独木河沟里，被当地民兵捉住，押送县公安局收监。至此，乔锡坡匪帮被彻底歼灭，前后经一年零两个月。由于全部肃清了乔锡坡匪帮，使虎林县境内治安有了保障，人心趋向安定。

本文选自张海明主编的《虎林红色根据地》一书，虎林市革命老区建设促进会 2001 年 1 月印，第 95 ~ 105 页。

大三编

东安根据地军工和军事
教育发展历程回忆

第三编

东安根据地军工和军事教育发展历程回忆

到鸡西(鸡宁)组建兵工厂

孙云龙[*]

从延安到哈尔滨

来东北前,我在延安温家沟兵工厂担任钳工股长工作。

1946年5月的一天,我正在和全股兵工战士一起汗流浃背地生产子弹,突然,中央职工运动委员会负责人李颉伯把我叫到办公室说:"孙云龙同志,组织决定调你到东北解放区支援兵工建设,有什么意见没有哇?"我听了觉得很突然,但一想,共产党员应听从党的召唤,于是态度明确地说:"我是一名共产党员,坚决服从组织分配!"

李颉伯拍拍我的肩膀,笑呵呵地说:"对!作为一名共产党员,服从组织调动,这才是一个兵工战士的光荣传统,努力学习,宣传党的方针政策,团结工农群众,完成党交给的军工生产任务。"

谈话间,李强局长推门进来了。他脸露微笑,话语亲切地说:"孙云龙啊,你知道不?抗日战争胜利后,1945年9月份第一批支援解放区建设就有你的名字,是我把你的名字勾掉的。那时为啥不叫你走哇,因为你还没有把兵工接班人培养出来。你一走,这边的子弹生产要受影响,所以就把你留下来了。"接着李强局长嘱咐说:"这回你该下山了,有了接班人,这里的兵工生产也不会受损失了。到新解放区,各项工作都是新的,你要克服困难,做好工作,把新解放区建设好,争取全国胜利。"

我听了这些亲切话语,想到党的关怀、首长的嘱咐、工作的需要,表示说:"请首长放心,我决不给延安兵工战士丢脸。"

---

[*] 孙云龙:时任东北民主联军总后勤部军工部鸡宁第三办事处二厂、三厂厂长,第三办事处主任兼党委书记。

第二天，我穿上军装，打起背包，以第二行军小队长身份，率领郝希英、谢如同、范明谦等40多名兵工战士从延安出发了。到张家口后，先到察哈尔分局报到。当时，有各解放区的八路军战士、干部、工程技术人员、兵工战士等800多人聚集在察哈尔分局，重新组成一个纵队，由古大存（七届中央候补委员）任总指挥，一起乘车到了齐齐哈尔。

在齐齐哈尔集训时，陈云同志从哈尔滨专程赶来，在铁路俱乐部给大家做了动员报告。陈云同志在报告中说："全国军民在共产党、毛主席领导下，经过8年艰苦奋战，现在抗日战争已经胜利了。同志们下了山，进了城，穿上了皮鞋。但是蒋介石反革命的野心仍然不死，准备全面发动内战，希望同志们不要把草鞋丢掉，要保存好，时刻准备脱掉皮鞋，再穿上草鞋，准备继续打游击。"陈云同志的动员报告，使大家受到一次深刻的思想教育。

7月30日傍晚，我坐上通往哈尔滨的列车，在茫茫的夜雾里，经过十几个小时，于次日早晨到达了哈尔滨。被誉为"东方莫斯科"的哈尔滨，是全国解放区最大的一个城市。

当军事代表

我到哈尔滨后，没有顾得路途疲劳，就到东北局报到了，由东北民主联军总后勤部部长叶季壮提名，任命我为哈尔滨三十六棚铁路工厂的军事代表，对该厂实行军事管制。

铁路工厂有职工五六千人，主要任务是修理机车、制造客车、货车，直属中长铁路管辖。这个工厂是中国和苏联双方管理，设有两个厂长，中苏双方各有一名厂长。中方厂长叫郭福久，苏方厂长叫别耶金。工厂如有议而不决的问题，都得找上方中长铁路解决。实行军事管制以后，一些扯皮的问题都迎刃而解，不管什么事情，都得由军事代表签字，说话算数，没有军事代表同意，谁也无权处理。

我被任命为军事代表后，对支援军工建设十分有利。我公开身份是军事代表，秘密任务是支援东北民主联军军工部鸡宁第三办事处的兵工建设。那时苏联红军尽管支援了中国革命，但对用工厂设备和物资材料支援新解放区的兵工建设，苏方人员是蛮横反对的。

1946年9月间，军工部鸡宁办事处开始组建兵工厂，制造手榴弹，缺乏生铁和钢材,我在铁路工厂组织骨干力量,弄到一批生铁和金属材料,连夜装上火车,在机车刚要发动开往鸡宁时,中长铁路的苏方人员发现了,立即制止说:"工厂的钢材不能往外运。"

我开始耐心解释说:"东北解放区刚刚解放,鸡宁办事处要建兵工厂制作手榴弹,缺少生铁和钢材,我们这些破旧材料放着也没有用,给鸡宁兵工厂运去,也是支援革命啊。"

苏方人员蛮横地说:"你们建设兵工厂、制造手榴弹我不管,但是工厂的金属材料,你们单方无权运走。"

我一听苏方人员这样不讲理,就理直气壮地回敬说:"支援中国革命你不管,那你们来到中国干什么?!这是我们中国的国土、中国的工厂、中国的金属材料,我是工厂军事代表,我就有权决定运走,制造武器,支援革命战争!"

苏方人员耸耸肩膀毫不讲理地说:"不管你怎么说,这些金属材料是苏联的,我不同意,就不许你运走!"

我还是有理有据地反驳说:"工厂是中苏双方的这不假,但我运走的是中国钢材,你有什么权力干涉!难道你们还要把中国的钢材运到苏联去吗?!"

我的话击中了苏方人员的要害,他顿时无言对答,张口结舌了半天,最后气急败坏地说:"那就找你们上级领导解决去。"

这下可把我气坏了,心想,"中国革命战争在这紧要关头,作为支援中国革命的苏联人,不但不支援中国兵工建设,还要从中大捞一把油水,你们安的是什么心肠啊!"想到这里,我高声说"找就找,咱们这就去!"我扯着苏方人员,带着翻译樊福成一同坐上吉普车(事先已由叶林同志把运材料的情况向刘参谋长做了报告),来到东北民主联军司令部。我向刘亚楼参谋长把情况汇报后,刘参谋长义正词严地驳回了苏方人员无理阻挠,顺利将一列车金属材料运到了鸡宁。

在战火纷飞的岁月里,铁路交通是战争的大动脉,没有火车运输军用物资,战争就无法取得胜利,特别是火车、棚车是急需的运输工具。由于处在战争时期,根本就没有什么管理制度,乱得很,车皮发出去以后,就没有人管了,拉进工厂的破烂车皮,也没有人组织修理,有200多节车皮压在库里,运输战争物资又急需。在这种情况下,我组织两个分厂的工人干部召开会议、进行动员、各自分工、下达任务、限期完成。职工干劲十足,制作的制作,修车的修车,仅用几个月时间,就把工厂积压的200多节车皮全部修复使用,保证了军需运输。

组建兵工厂

1946年9月末,根据总部指示,开始筹建军工部鸡宁办事处。指导方针是:创造条件,克服困难,建立自己的兵工生产基地,采取一切措施,尽快把手榴弹、爆破筒等武器制造出来,以适应前线战争的需要。军工生产地点鸡宁是解放区的大后方,较为可靠,决定把办事处设在鸡宁。

鸡宁是煤矿地区,对于生产军火武器是无条件的,一无厂房、二无设备、三无材料来源。为了尽快生产出手榴弹、炮弹等武器,支援前线战争,经省政府和有关部门的同意,把西鸡西火车站的铁路住宅宿舍借用几栋,进行改修加固后,作为厂房,另一部分作为职工宿舍。于同年十月间,以梁富民为厂长、马斌为副厂长,开始筹建鸡宁第一兵工厂,即手榴弹厂。

手榴弹厂筹建时,困难重重,全靠自力更生、白手起家进行建设。当时我在哈尔滨铁路工厂以军事代表的身份对鸡宁筹建兵工厂开绿灯,车皮运输给予优先,机床设备、生铁、钢材等都给予全力供应和支援,因此,使手榴弹厂建厂工作得到顺利进展。此间,为了加快后方军工生产,上级指令,组织动员三十六棚铁路工厂技术骨干力量到鸡宁加强军工生产,叫我带领技术骨干力量去鸡宁办事处。我接到命令后,挑选徐万金、高珍、王教盛、周洪信等20多名老工人和技术骨干连夜乘车去鸡宁。

夜黑咕隆咚的,伸手不见五指,冷风凛冽,寒气逼人,漆黑的夜空飘着雪花。首批去鸡宁支援兵工建设的老工人、技术人员,决心为革命战争制造武器,天气再冷心里也是热的。他们毅然离开繁华的大城市,来到鸡宁煤矿地区,思想觉悟是那样高,对组织纪律是那样坚决服从,对兵工事业是那样忠实,充分体现了兵工战士的高尚革命情操。他们一个个背上行李,准时来到车站,走进闷罐车厢,把行李卷往地上一铺,有说有笑,无比乐观,直到说笑够了,才呼呼进入梦乡。

到达鸡宁后,办事处主任乐少华、副主任汤钦训等领导同志接见了我领来的这批技术骨干人员,接着传达了上级命令,为了支援前线,要火速生产六〇迫击炮弹,成立了以我为厂长、余侠平为副厂长、李子政为协理员的第二厂领导班子,开始组建鸡宁办事处炮弹厂。

建厂时,正是寒冬腊月,数九寒天,朔风怒吼,滴水成冰时节,兵工战士在零下三四十(摄氏)度的冰天雪地里,挥镐扬锹,破土动工,从雪盖冰封的山上砍倒树木,人拉肩扛运到场地,用手工锯破材建房,干得热火朝天,人人额头冒汗,这"火烤胸前暖,风吹背后寒"的战斗场面,是十分感动人的!

炮弹厂的工房是利用伪满日本关东军一个部队的三层办公楼,面积约2 500平方米。名义上叫办公楼,实际上是一幢空楼架子,在1945年8月15日前夕被纵火烧成废墟。兵工战士就在这幢破楼架子的废墟上建造自己的兵工厂,战严寒、斗冰雪、争分夺秒、抢修厂房。楼上层修建房盖,楼下同时开工修装机器设备。来不及修理门窗,我就领着大家用木板子、油毡纸把门窗堵上,防止风雪刮进来。尽管这样,在当时连取暖设备都没有的厂房里,还是零下30多(摄氏)度。就在这艰苦环境里,兵工战士群情激昂,干劲倍增,没有叫苦叫累的。仅用两个月时间就把炮弹加工厂建成了,充分显示了兵工战士发扬优良传统和崇高的爱国主义精神。

从手榴弹厂到迫击炮弹机械加工厂,两厂的组建时间先后不到3个月,这样快的速度,在中国兵工史上还是很少见的。

两厂建成后,都要开工生产,工人的来源,除了由我从哈尔滨铁路工厂带来20多名技术骨干力量外,同时又在鸡宁当地和哈尔滨招收一些青年工人。生产所需的设备,主要由三个渠道得来:一是从哈尔滨没收一部分敌伪工厂和小作坊的破旧设备,运到鸡宁后,经过兵工战士的修理和改造后进行安装使用;二是利用三十六棚铁路工厂的有利条件,动员各分厂干部、工人,还起用一部分日本战俘中的技术人员给进行设计,用自力更生的办法,制造一部分生产手榴弹和炮弹的专用设备,然后用专列运到鸡宁;三是日本投降时,把50多台制造炮弹的专用设备埋在牡丹江郊区附近,我们发现后,把这批被烧坏的专用设备,全部装上火车运到鸡宁,再一台一台地进行修复后安装使用。人员、设备问题解决后,材料来源就更困难了,当时处于战争环境,金属材料供应没有来源,除三十六棚铁路工厂援助一批生铁、钢材外,其他材料来源只能靠自力更生办法解决。当时国家煤矿还没有正式开工生产,第三办事处组织动员一部分兵工战士,自己开山挖煤,再烧成焦炭,用焦炭再化生铁铸造手榴弹和炮弹壳子。化工材料更是困难重重,除军区后勤部帮助解决一部分硝酸等一类化工材料外,其他一些化工材料,如水银、酒精等都得在哈尔滨市场购买,东拼西凑,公私结合,总算把材料组织齐全,及时供应了兵工生产的需要。可是,处于建厂初期,生产作业线很不完整,总装不出来完整的手榴弹和炮弹,缺少很多零件,真是急煞人呀!

在这迫在眉睫时刻,军工部哈尔滨办事处主任叶林同志及时当了"后勤"部长。叶林同志在1946年6月就在鸡宁选定地点开始组建兵工厂,同年9月,乐少华等同志由延安来到鸡宁后,叶林同志就返回了哈尔滨,组织发动各方面力量支援鸡宁兵工厂建设,组织一部分私人小作坊专门生产酒精等化工材料和装手榴弹用的雷管、拉火帽、木柄盖等总装零件,派人送到鸡宁兵工厂,满足了生产上的急需。

我看到炮弹厂开始投产后,乐得心花怒放,除指挥生产六〇迫击炮弹弹体和引信机械加工外,不分昼夜地来到化铁炉前,在熊熊火光中,挥锹添炭,和兵工战士一起多造炮弹,支援前线,消灭国民党军队,解放全中国。

第二厂(炮弹厂)刚建成,于1947年初又开始组建鸡宁办事处第三厂,即机器工具制造和弹壳铸造厂。军工部决定,又调我为第三厂厂长,赵孝文、邱刚明为副厂长,除制造工具外,还自行制造一部分专用设备,在日伪煤矿的几幢旧房子里,造木型、搞翻砂,在那样艰难的情况下,能自制设备是一件很了不起的事情啊。

制造设备缺少不了刨床,我知道日伪的两台龙门刨床,被没收后,在三十六棚铁路工厂放着,我返回哈尔滨,要来车皮,把刨床装上火车,运到鸡宁第三厂,精心安装后开始生产使用。第三厂建成后,先后制造出检验弹体用的水压打磅机、小型设备、专用设备、自制设备等共50余台和几百件(组),为发展军工生产做出了贡献。

1947年3月,又开始组建鸡宁办事处第四厂,即炮弹总装厂,于同年9月建成,陈其羽为厂长,李景文、何华生为副厂长,康文清、贾倩云先后任协理员。

这4个兵工厂先后建立起来的时间,总共只有一年。广大兵工战士用血和汗水,以饱满的战斗精神先后生产出手榴弹175万余枚,爆破筒近2万根,六〇迫击炮弹350万发。鸡西生产出来的各种武器弹药代号标志为三角牌(一△一)。这些武器弹药运到前线战场后,解放军战士拿着自己制造的武器,耀武扬威、精神抖擞、英勇杀敌、屡立战功。据前线部队反映说:"三角牌手榴弹、爆破筒、六〇弹等武器弹药的质量是不错的,对解放战争的胜利起到一定作用。"

接任第三办事处主任

1948年10月,以汤钦训同志为首的一部分技术干部40余人,随军南下,进

第三编
东安根据地军工和军事教育发展历程回忆

驻沈阳,接收沈阳兵工厂等有关单位。1948年12月,总部决定组建东北军区军工部北满分部,调任三办主任乐少华同志为北满分部部长,王盛荣同志为政委;调任我为鸡宁第三办事处主任兼党委书记,梁富民同志为副主任,林世超同志为政治处主任。下属4个兵工厂的领导干部略有变动,生产任务不变,继续组织生产。

1949年9月,军工部指示,撤销办事处番号,鸡西第三办事处改为二三工厂,后又改为五七二厂,我任厂长,梁富民、李景文、张增财为副厂长,林世超为党委书记。

1951年末,中央兵工总局下令,调我任四二三厂厂长,并指示由我负责组织五七二厂、五二三厂和四二三厂的合并问题。后来,除五二三厂没有合并过来之外,五七二厂、四二三厂合并为现在的四二三厂。这样就把鸡宁军工生产基地撤销了,人员、机械设备、物资器材和工具等搬迁到四二三厂。

1952年7月初,中央兵工总局命令,调我任六二六厂厂长,火速报到。党委书记林世超同志手拿调令对我说:"老孙那,你的工作又调动了。"说着把调令递给我。我知道,六二六厂生产的武器是抗美援朝战争中急需的重要武器,关系重大,时间紧迫,不能久留。我想到这里,就对林世超说:"林书记,我马上向你交代工作,今晚起程到六二六厂报到!"

林世超一听吃惊地说:"老孙,这么着急干啥,过两天再报到吧。"

我说:"老林那,你没有看这是什么时候,时间就是胜利,能多生产一件武器,就多消灭一些敌人,这是我们兵工战士的职责啊。"

林书记怀着依依惜别的心情与我话别。

1952年7月5日,我来到六二六厂报到,投入了兵工生产新的战斗。

本文选自邓凌玉、李逢春、李松阳等主编的《鸡西军工》一书,国营松江电机厂厂志编纂委员会、中共鸡西市委党史工作委员会1988年8月印,第151~160页。

从延安到鸡西(鸡宁)
——回忆创建三办初期概况

林世超*

　　1945年8月15日,日本帝国主义侵华战争失败了。中国共产党中央发布向东北进军命令。但陕甘宁边区周围国民党军队几十万仍然包围着边区人民。中央军委决定为了保卫边区,命令军工局各个兵工厂利用从解放区运来的钢铁化学物资,加紧生产武器弹药,到1946年5月底茶坊兵工厂光荣地完成了生产任务。6月初,茶坊兵工厂最后一批干部技术人员60多名由厂长乐少华(曾任过红军时代北上抗日先遣队政委,方志敏任司令员)、化学总工程师钱志道带队,携带有关武器弹药全部技术资料等,离开延安向东北进军。7月初到达张家口——晋察冀军区所在地。当时国民党军队占领着大同,为了解放大同,军区司令员聂荣臻动员我们帮助兵工厂解决技术难关,尽快地多出武器弹药,供给前方部队需要。我们很快分工参加火工品、投弹筒弹、手榴弹等几个生产线,查原因找问题,不到几天就解决了技术难关,各条生产线都能保质保量、成批地生产了。8月份,提前完成了各项生产任务。军区首长给兵工厂庆功,同时也给我们送行。我们原计划乘火车到承德,后因承德被国民党军队占领,只好绕道内蒙古经过多伦、白城子乘火车于9月15日到达哈尔滨。

　　9月18日,东北民主联军总后勤部长钟赤兵、参谋长伍修权陪同陈云接见他们,陈云同志在会上作了指示,他讲了形势之后谈到东北好比"太师椅"

---

* 林世超:时任东北民主联军总后勤部军工部鸡宁第三办事处人事科长,党委副书记、书记,兼任中共鸡宁中心县委副书记。

第三编

东安根据地军工和军事教育发展历程回忆

背靠苏联，目前国民党军队占领着沈阳、长春及其他较大城市，中央提出巩固华北，力争东北，当前敌人力量暂时强大于我们，但我们仍采取以农村包围城市的策略。哈尔滨要准备放弃，你们进了城市还要再穿上草鞋，准备到鸡宁、佳木斯一带创建立脚之地。同时要赶快建立工厂，早日制造出武器弹药支援前线战争……

会上，钟赤兵宣布成立东北民主联军后勤部鸡宁第三办事处，任命岳少华为主任，汤钦训为副主任，钱志道为总工程师。

1946年9月20日左右，一列满载军火生产物资设备的火车，从哈尔滨出发了，沿途经常给剿匪军车让路，加以车站水塔无水，燃煤奇缺，五六天才到牡丹江，到鸡宁已是9月底了。

根据东北民主联军司令部命令及陈云同志指示："早日制造出弹药武器支援前线战争。"三办领导组织有关人员制定计划，确定生产炮弹（掷弹筒弹、迫击炮弹）、手榴弹、爆破筒。建立机构，办事处下属4个厂即：一厂生产手榴弹、爆破筒等，二厂生产引信等，三厂负责机器制造、翻砂铸造等，四厂生产火工品、炮弹装配等，还在密山县连珠山建立火药厂。机构已经建立，又确定了各厂人选干部配备。在办事处统一指挥下各厂分头着手建厂筹备工作。

当时在鸡宁西山一带有伪满日本关东军后方部队的医院和修理厂，在西鸡西有伪满铁路住宅。我们在此确定三办地址。但房屋厂房在日军撤退时大部烧毁，仅存有部分完整房屋，其他道路、水源、电路、管道等大部分破坏。三办领导率领全体干部工人，鸡宁县领导派出大批民工，我们一起发扬延安艰苦奋斗勤俭节约的精神，克服种种困难，重点突击西鸡西一厂手榴弹生产工房及四厂工房，有计划地分期建设其他各厂。

我们边基建边安装设备边试制生产，不到3个月，一厂、四厂工房基本完工。设备安装大部就绪，火工品手榴弹试制工作也相继开展起来。二厂、三厂基建工作都按计划完成任务。

工人们把从哈尔滨江北造船厂、三棵树铁道工厂搬来的机床设备大部安装起来，干部工人（包括从哈尔滨同来的造船厂、铁道工厂以及日军撤退时留下的100多个日本工人）都与基建工人齐心协力团结战斗，很快工厂建起来了，几种产品也生产出来了。

三办初期创建工作迈出了可喜的一步,给以后扩建壮大奠定了良好的基础,在东北兵工史上写下了新的篇章。

1987 年 2 月 25 日于西安

本文选自邓凌玉、李逢春、李松阳等主编的《鸡西军工》一书,国营松江电机厂厂志编纂委员会、中共鸡西市委党史工作委员会 1988 年 8 月印,第 161～163 页。

三办手榴弹厂和它生产的手榴弹

梁富民[*]

手榴弹是第三办事处主要产品之一,也是该办事处最早投入生产支援解放战争的产品。

1946 年,蒋介石发动了全面内战,从人民手中夺回战争的胜利果实。在东北我们的处境也很严峻,蒋介石抢占了南满所有城市,虎视眈眈紧逼北满,战争风云日渐紧迫。打仗需要大量手榴弹,我们却只剩战士身上的三颗手榴弹了。东北民主联军总部要求第三办事处加速制造手榴弹。1946 年 9 月我们来到了第三办事处,当时这个办事处也刚刚筹建,于是集中主要力量首先建设手榴弹厂。在乐少华、钱志道同志带领下,建设分三方面同时进行:一是厂房的改修、建筑,水、汽、电系统的修造、安装;二是物资器材的收集,机器、设备、工具的设计、制造、修理;三是产品的研制、工人的培训。办事处的同志都投入火热的建设工作中,他们大部分是延安来的,搞过军工,这是极为有利的条件;也有来自

---

[*] 梁富民:时任东北民主联军总军工部第三办事处委员会党委委员,二三厂副厂长。

第三编
东安根据地军工和军事教育发展历程回忆

哈尔滨、滴道、鸡宁的一些技术工人;还有几十名日寇撤退时遗弃的日籍工人和技术人员;大批生产工人则是由当地招收的青年。

制造手榴弹已不是一件难事,我军从红军时代各苏区到抗战时期各抗日根据地,多少年来造过各式各样的手榴弹,积累了一定经验,也有不少创造。我们延安来的同志中就有亲手造过手榴弹的,而且带来了延安总结的制造手榴弹的技术材料。但限于条件,过去那样生产方式只能是小手工业式的,不能适应大批生产的需要,产品性能也较低下。时至今日再造手榴弹应该有所前进。这是赋予我们的使命。物质条件比过去优裕多了,生产环境比过去安定多了,手榴弹的需要量比过去大多了。在新的形势下,我们必须充分应用这些有利条件,生产大量的性能好、质量稳定的手榴弹,才能适应战争的需要。

负责产品研制的同志们,决心研制出威力大、爆炸率高、耐潮湿、运输和使用安全的手榴弹。他们分析、研究了延安及一些根据地的手榴弹和日造木柄手榴弹的结构、性能,吸收其优点,结合自己已有的经验设计了新的木柄手榴弹,紧张地进行试制。手榴弹的关键部件是包括拉火和雷管的发火件,它直接决定手榴弹的爆炸率、安全性和防潮能力。对它有一个必须几个绝对不准的要求:必须100%地在拉响后延期4秒雷管完全起爆;绝对不准延期太短;绝对不准一拉就炸;装到手榴弹里从一定高度落到硬质地面绝对不准响。这些要求是杀伤敌人保存自己的需要,它们间有的又互相牵制,顾此可能失彼。为了全面达到上述要求,他们试验了不知多少方案,付出了极大的心血,终于取得了满意的结果。防潮也是个棘手问题,采取了许多措施做到了在饱和湿度的环境下放半年没问题,而直接浸水就吃不消。爆炸威力好解决,适当装填高级炸药就是。零件机械加工的难点是木柄上做一小段丝扣,比在金属上做丝扣难办了,不是缺牙掉渣就是毛毛刺刺,无数次失败中在加工方法(根本不能用车削或铣制金属丝扣的方法)、刀具的几何形状、吃刀角度方面找到了规律,解决了问题。大约经过4个月的时间研制成功符合预期要求的手榴弹。

必须有确定的并被严格遵守的工艺和检验制度才能确保产品的质量,因之随着试制成功,同时也确定了全部生产工艺,规定了检验制度和合格标准。

产品的研制过程也是培训工人的过程,在研制成功的同时也为每个岗位培养出一批骨干工人,这是尽快投产的条件之一。

工厂建在西鸡宁,是利用日寇遗留的铁路职工家属宿舍改建的,我们就利用这些小房分散排列的自然形状布置了流程顺畅、分段隔离的生产线。具有危险性的工序和转手库,都采取隔离防护措施。各岗位的在制品数量严格限制,取暖、加热都用蒸汽,杜绝明火和电热。采取了许多安全措施,以期达到防止事故发生;万一一枚危险品出事,不致株连其他;万一生产线某一段出事就把事故局限在这一段,最大限度地缩小损失范围。一切安全措施的第一个着眼点是保护人身安全。改建的高潮时期,正是这里滴水成冰的季节,十分艰苦,负责基建的同志带领请来的施工工人,冒着严寒克服许多困难,终于赶在研制工作的同时完成了改建安装任务。

搞机器、设备、工装的同志们紧密配合试制工作及时提供试制所需设备和工装,并和试制的同志一起研究改进,随时解决试制提出的新问题,迅速从无到有装备起这个工厂来。

三个方面的工作,各有各自的困难,他们都千方百计克服困难,互相支持,积极配合,争时间抢进度,只怕自己扯后腿。终于同步地完成了任务,于1947年2月工厂正式投产,并很快进入大量生产,源源不断供应前方手榴弹。

这个工厂由于在建设中尽可能考虑和创造了大量生产和安全条件,并制定和严格执行了一系列的安全守则和工艺规程,所以投产后没有发生过阻碍生产的故障,没有出过事故。(要说明一下,这里曾发生过一次大爆炸,那是军队在战争初期收集了一大批不知何时何厂生产的各式各样的老旧手榴弹,不能用,送到这里来"修",一下火车,堆放在露天地,一天夜里不知是由于自燃——有的手榴弹直接用黄磷制作发火件——还是鼠害还是什么原因发生爆炸,非本厂事故)它生产的三角牌手榴弹性能也较好,爆炸威力大,在检验中未发现瞎火和事故,使用中也未发生过什么问题。唯其防潮性能不理想(这个问题是在六十年代末发明了全封闭的铅拉火管后,才得到较好的解决)。月产可达十二三万。

辽沈战役胜利,东北全境解放后,三办手榴弹厂完成了它的历史使命,奉命把手榴弹生产移交到别的工厂而转产别的产品了。

本文选自邓凌玉、李逢春、李松阳等主编的《鸡西军工》一书,国营松江电机厂志编纂委员会、中共鸡西市委党史工作委员会1988年8月印,第164~167页。

鸡宁西鸡西手榴弹厂建厂回顾

马 斌[*]

1945年8月15日,日本天皇宣布无条件投降。至此,长达14年的抗日战争胜利结束了。这是近百年来,中国人民在反对侵略者的斗争中新取得的第一次完全的胜利。延安军民欢欣鼓舞,敲锣打鼓,扭着秧歌,频频举行庆祝!苦难的中国人民扬眉吐气的日子终于来到了!

为了和平,我党毛主席赴重庆与蒋介石谈判,签订了《双十协定》。然而,墨迹未干,依仗美帝国主义帮助的蒋介石,调遣大批部队,向华北、东北疾进。我党中央,接受大革命时期血的沉痛教训,提出"针锋相对、寸土必争"战略方针,在上述地区组织战役,掩护我军在东北立足。为此,党中央将延安大批干部调往各根据地,有的军工干部早期去了东北。我们这一批,是延安军工局把茶坊兵工厂和军工局的干部组织起来,共60余人。遵照中组部的安排,在厂长乐少华、化工总工程师钱志道带领下,从1946年6月初,由延安徒步出发,东渡黄河,穿越晋西北抗日根据地到古长城,折向东北于7月初到张家口。这时,延安军工局炼铁部厂长汤钦训、陈兰贵、张增财及军工局武器研究室主任肖淦等五六位同志来到。大家合在一起,在乐、钱、汤三位领导率领下向东北继续进发,于9月中旬分两批到达哈尔滨,住大直街东北民主联军总后军工部驻哈办事处。该处主任叶林。这时,位于北国的哈尔滨,已是"金风浦上吹黄叶,夜半乌啼霜满天"了。敌人占据长春、吉林后,先头部队已推进到农安、德惠、九台,逼近松花江南岸一线,形势严峻,保卫哈尔滨已成为议中事。

---

[*] 马斌:时任东北民主联军总军工部第三办事处一厂修建科副科长,是制造手榴弹的负责同志,手榴弹厂创建人之一。

要求三个月拿出手榴弹

我们到后不久,东北局陈云同志接见大家,深入浅出作了重要讲话,讲了东北根据地对全国战局的重要性;分析东北根据地有利条件;然后把话一转,指指身边的一把转椅说:"你们看!这把转椅的靠背不是很好吗?腿也结实,转动也灵活,就是中间的皮垫破了,露出弹簧坐上去不舒服,把中间修补起来不是一把好座椅嘛!我们创建东北根据地,就像修这把椅子一样,不过不是用皮子,而是发动群众,搞土改,剿土匪,为东北老百姓真心实意做好事,他们信任我们和我们一条心,到那时根据地就巩固了。你们是搞军工的,任务就是到牡丹江地区建厂,先搞手榴弹,3个月要拿出来,准备冬季打大仗。"听了陈云同志一席话,大家顿开茅塞。事后,乐、钱、汤三位领导和叶主任很快地把大家组织起来,少数同志去煤炭工业部门,有的调往佳木斯,大部分在他们率领下到鸡宁建厂。为了实现陈云同志要求,汤钦训同志暂且留下协助办事处组织力量搜集建厂、生产器材、弹药等;动员三十六棚铁路工厂的工人到鸡宁去;魏祖冶等同志在哈尔滨做雷汞,利用当地条件生产雷管。陈其羽、王培礼我们3人被派往佳木斯东北民主联军后勤部,领取千余人过冬的被服、大衣及自卫武器等。这批物资押运到鸡宁西鸡西已是10月上旬。这时乐、钱二位领导带领许多同志及一批日本技术人员、家属、男女青年工人比我们早到了。此地还有一个朝鲜族警卫连。冷冷清清的鸡宁西鸡西站,一下子增添这么多人,顿时变得热闹起来!

改造工房扩建采暖工程

距西鸡西车站不远,有一栋栋成排的日本式平房,原为日本人铁路职工宿舍。鸡宁不仅盛产煤,在日本侵占东北后,还成为对苏防务前沿的后方重地。附近乌拉草沟有他们的修理厂和炮弹装配厂,把半备弹运来,在这里装配后运出使用。西山设有军营、指挥部和一座陆军医院。西山地下修有指挥部、贮水池及车库。这些地方的建筑和工厂,苏军撤回国时通通被炸毁了。后来我们贮备苦味酸炸药,不得不扒开重新修理。地上的房舍,在混乱时屋顶也都拆除一空。比我们早到几个月的郝希英厂长,在我们到后不久调到鸡西(鸡宁)矿务局,以他为首的一批同志,已将鸡宁西鸡西这片房屋修起来。我们到后的条件,比他们初到时好得多,总算有了落脚地,有地方住,有高粱红豆饭吃。但修起的

第三编
东安根据地军工和军事教育发展历程回忆

宿舍有限,一时难容纳这么多人,只能按班放草垫打地摊挤在一起睡。物资不断地运来,一时找不到民工,这些老同志们带着日本人挑起卸火车、拉机器、推轱辘车运送材料的重担。忙碌一天,到晚上拖着沉重的身躯躺下来,你挤我,我挤你,但梦总是美好的!

过了不久,乐、钱两位领导宣布任务分工。在钱的领导下,以余侠平同志为主,一部分老同志协助,带着日本人安装设备;以梁富民同志为主,一部分老同志协助,规划手榴弹生产工房布置、改造及生产设备等;以王立、宋廷良同志为主,组织手榴弹和以后迫弹的产品图及非标设备、工装设计。当时,还没有建起机加的条件,这部分工作的同志又返回哈尔滨,就地设计、就地加工非标设备,完成后运回使用。我们带有一套茶坊兵工厂、紫芳沟四分厂手榴弹技术总结资料,对当时建厂、加速生产设备起了一定作用。此外,还成立总务、人事、材料、基建等科,由乐少华同志直接领导。

基建的主要任务,是解决工房改造及暖气设施的建设,特别是手榴弹工房用气采暖更为突出。当时条件很差,气候不等人,缺安装力量,管道、阀门等配件不全不足,已天寒地冻但半地下式的锅炉房与管道地沟土方还没动工。这些问题,经过严密组织通力合作都被大家攻下了。人事部门从矿上招来了边宝奎、赵文达、刘玉祥等八九位水暖工与几位日本人组成安装队,他们积极检修锅炉和暖气片准备安装工作。由哈尔滨动员来的几十位技工赶到了,加强了设备安装和配件制造。由滴道、平阳镇、鸡宁县区等地招来了一批批汉族的、朝鲜族的男女青年,都加入了施工和生产设备。奇缺的管子,我们亲自带上管子工、民工,驾上马车,带着干粮和武器到城子河矿上找、地下挖,跑了几趟也都备齐了。当时矿工没有复工,常有土匪出没,还不安宁。戴祖荫、赵孝文我们3人和管子工,带上烟酒礼物到滴道矿,与苏军回国前委派的主持矿上工作的白俄商谈,终于打通了关系,在他帮助下解决了奇缺的阀门、泵等水暖配件。晚上,设置了专人,把土方工程的冻土层烧化,白天集中人力轮番突击抢挖。这样,在老同志的带领下,同志们共同奋斗,连续作战,到12月下旬基本完成了工房改造和采暖工程。虽然工程质量有不少缺陷,但能够送气了,手榴弹工房可以糊顶棚拉生产线了。机加与冲压工房生上火炉子,开始试制拉火管、火帽壳了。哈尔滨送来了手榴弹木柄加工设备和其他工业装备。陈其羽同志由朝鲜订购的雷管也送到了。西山三厂生产出了手榴弹弹壳。总务科从平阳镇一带换来了大批大米、副食,吃上红豆大米饭了。这些成绩,鼓舞了大家,距实现陈云同志所提要求为期不远了。同时,通过共同战斗,增进了新老同志间相互了解,增进了友谊,树立起相互平等的新型的人与人的政治关系,从实践中提高了新同志们对中国共产党的认识、对共产党的感情。

一定要保证产品质量

年底左右,汤钦训同志回到鸡宁西鸡西,乐少华同志按上级指示宣布鸡宁军工第三办事处下设4个厂:一厂为手榴弹厂;二厂为迫弹弹体、尾管、引信机加工厂;三厂为机器制造与弹体、弹壳、引信体铸造厂。四厂为迫弹、引信、雷管装药装配厂。自此,三办工作重点转向二、三、四等厂建设与生产设备,任务更为复杂艰巨。1947年5月前后西山办公楼修理就绪,办事处乔迁后又增设政治处与一些职能科。一厂的工作,落在我和梁富民、周福寿、魏友三、周尧富、孙书孟、张锡庆、孟广贤、王凤亭、刘桂林、苏兰花、刘星炎12名老同志肩上。按照组织分工,建立起厂部、工务科,生产单位按生产性质设生产股,以后又建立起材料股、总务股等。1947年,新年开始,在梁富民同志领导下,手榴弹投入试制,从拉火药制造到拉火装配;从碾碎苦味酸炸药、制粒到装药;从木柄制造、拉火管装配到全弹装配;关键工序与危险作业都有老同志亲自把关,边试制边培训工人,工作进展比较顺利,很快通过了定型试验,并定名为三角牌手榴弹。但试制中没有建立检验制度,未设专职检验工,对关键部件技术要求无明文规定。当投入批量生产时,在拉火装配中,发现个别拉火管未钻喷火孔,或只钻了一个。这是严重质量事故,会造成使用中的出手炸。于是停产整顿:清检在制品,不合格不准投产;明确技术要求,关键部件设检验工检验;拉火管钻孔后,规定用铁丝串起来再去酸洗、涂漆、烘干、交付装配,建立统计制度,当日投入的半成品当日装完;对已装成的成品,制作钩具,由老同志负责,冒着危险,将钩具由木柄孔放入,沿拉火管外壁上下钩探,一个个的检查,挑出不合格品,保证了首批产品出厂质量。从建立检验制度后,继续投入批量生产,质量一直稳定。自四厂火工品生产建立后,一厂提供雷管壳,四厂装药装配,三办内部手榴弹雷管做到平衡自给。

一厂有200余人,月产手榴弹10~13万枚。1947年秋,我们学习我军政治工作经验,在职工中开展"诉苦""民主"等运动,进行无产阶级国际主义教育,进一步提高了职工的政治觉悟和工作积极性,增进了团结,涌现出大批积极分子,他们成了工作中的新生骨干力量,有的被提为中层干部。新中国成立后,在兵器工业发展中有的成长为厂级干部,为人民兵工事业做出了贡献!

从1946年10月起,在三办直接领导下,经过3个多月的艰苦创业,在冰天雪地条件下终于建成了手榴弹厂并投入生产,及时支援了东北"三下江南,四保临江"战役的胜利。这是三办旗开得胜的第一个硬仗!是新老同志们相互结合共同努力的结果!三办同志们没有辜负党的信任与重托!

1987年3月10日

本文选自邓凌玉、李逢春、李松阳等主编的《鸡西军工》一书,国营松江电机厂志编纂委员会、中共鸡西市委党史工作委员会1988年8月印,第168~173页。

鸡西(鸡宁)军工厂创建中的器材工作

王子晨*

抗日战争胜利后,根据中共中央的战略部署,由联防司令部军工局温家沟兵工厂厂长郝希英带领该厂部分干部和茶坊兵工厂部分干部共百余人于1946年5月1日从延安出发经过两个月的艰苦行军于1946年7月初到达哈尔滨,中共东北局组织部将大部分干部分配到珲春、齐齐哈尔、佳木斯、哈尔滨等地组建军工厂,郝希英带领杨汝平、魏颖贤、宋洪钧、段合德、刘鸿欣、王志成、王子晨、李凤刚等同志经佳木斯、林口到达鸡宁参加叶林、戴祖荫、刘子毅同志选定的手榴弹厂的筹建工作。当时社会尚不安定、胡匪常有骚乱,夜里睡觉和衣抱枪。我们的主要任务是修建工房、筹集设备和器材,为试制手榴弹准备条件。

9月底,由联防司令部军工局茶坊兵工厂厂长乐少华带领第三批干部进入鸡宁县西鸡西,进一步加强了建厂力量,加快了建厂进度。此后不久,郝希英、

---

* 王子晨:东北民主联军总军工部第三办事处筹建人之一,时任材料科副科长。

杨汝平、李鸿欣等同志调到鸡宁工矿处工作。

当时东北民主联军急需弹药,给我厂的任务是尽早提供手榴弹及迫击炮弹。生产武器,首先要解决厂房、装机床和招收工人的问题。这些都有专人负责,其次是生产必需的原材料和仪器,分工此项工作的有三人,是戴祖荫、魏颖贤和王子晨。

器材来源有三个方面,一是敌伪工矿物资和库存残余物资,二是收购社会上的零散机、电产品、五金交化产品及炸药,三是到大中城市购买仪器及工卡量具。在收购社会上的五金机电产品及炸药方面得到鸡宁县党政军的大力支持和帮助,并优先充分保证电源。

当时生产设备主要是皮带机床,利用西鸡宁原铁路职工宿舍加以改建,装上天轴、吊挂。用大电动机带动天轴,再转动皮带机床。我军撤离长春、四平时拉回来若干车皮设备,又从哈尔滨三十六棚和三棵树机车车辆厂以及牡丹江、鸡宁附近收集来一些通用机床,其中有几台大机床是绥芬河一个停业的机修厂运回的,计有6尺龙门刨床一台、8尺车床一台、250kg空气锤一台等设备。在搬运过程中绥芬河一名老工人被机床压断了脚,我按照党的政策付给了部分医药费,他毫无怨言,表现了工人阶级应有的革命气魄,他知道这些设备是为了生产打反动派的武器而运走的。除以上设备外,我们在鸡宁周围收购不少的小电机、手摇钻、手锯、锉刀、扳手、虎钳子等小五金配件。有的是从滴道、密山、平阳镇等地收购来的。在鸡宁经常为我厂收集金属材料的有刘凤山同志,后来他也参加了我厂军工生产。

随着军工生产的扩大、产品品种的增加,厂区也由西鸡宁扩大到鸡宁的西山区,由一个厂发展为四个厂,后改为四个工区,其中三工区是机修厂。除了供应手榴弹壳体(铸铁)和引信体(钢)外,它还担负产品专用机床的生产和维修任务,以致后来到1950年还能生产部分通用机床,如6尺皮带车床。

工厂进入大批量生产后需要源源不断的原材料、工卡量具、高速工具钢和合金刀头等的供应。一方面继续从民间收购,如铸铁即收购民间的废旧锅、壶、犁、铧等,如铸造引信用的废旧铜制品、废旧铜弹壳等,有了这些杂品再配上一定比例的灰铸铁和电解铜就能保证军品生产顺利进行。

为了保证弹体装药,从哈尔滨至鸡宁沿铁路线收购黄色炸药(苦味酸)。如在玉泉、阿城等站曾设有收购点派专人收购到一定数量时即装火车运回工厂,当时有民主联军参谋长伍修权的印章,随时可要到军用车皮。除此之外就是组织职工拆卸旧炮弹中的炸药供应生产。生产迫击炮弹所需发射药是从敌伪仓库遗留下来的空包子弹和其他弹药中拆下来，又装入发射管和药包的。为了进一步寻找炸药来源，办事处曾派材料科长戴祖荫、科员关殿君去鸡宁东部平阳镇一带探找日本关东军的地下仓库，不慎踏入苏联境内，当即被苏军抓去，经东北民主联军司令部与苏联边防军司令部交涉两周后从绥芬河放回。

为了解放战争的胜利，材料科的全体同志除了千方百计地保证产品直接材料的供应外，由于煤矿尚未复产，我们自己在七甲开发小煤窑，在滴道烧焦炭（由李凤刚同志主持）。经过紧张的试制后于1947年2月即批量生产手榴弹，及时供应了前线。下半年即生产出六〇迫击炮弹，后来又生产出八一迫击炮弹，有力地支援了解放战争的胜利和抗美援朝战争的需要。

随着生产规模的扩大，原材料、工卡量具的需求也跟着增长，因而向大中城市采购器材的任务不断扩大，我们每季分月向军工部提出预算，经伍修权政委批准，数额巨大时需报请东北财委主任李富春同志批准，然后由军工部财务处（当时处长是邹家尤，会计是姜坤、高翼飞同志）开支票再去道里东北人民银行提款，每次都提取几个亿用麻袋装在马车上运到大直街28号军工部器材处（当时处长是崔振东，后来是徐良图、范慕韩，科长是何振邦）。为防备胡匪抢劫，每次提款都有警卫持枪押运，警卫员是姚子平、关殿君。采购原材料及仪器主要是在哈尔滨，其次是齐齐哈尔、佳木斯、牡丹江。由我亲自参加采购的物品主要是较难买到的，如高速工具钢、千分尺、游标卡尺、天平、菲纳片、炭化钨硬质合金刀头、平面轴承、麻花钻头、什锦锉刀、晒图纸等，这些物品在当时市场上很少有货，是通过一个叫得波洛斯基的白俄购到的。由哈尔滨商店大批量进货的是油漆、牛皮纸及生产上用的低值易耗品。我厂生产和基建材料的采购任务主要由材料科的采购股长乐景昌同志负责组织完成。李希贤同志也较长时间地担当过采购员，还有程少卿、陈彦珠、边玉忠等同志。姜忠保、孙景芝、方永昌、张宏儒、沈全涉等是会计、记账员及仓库保管员。材料科后期的负责人是傅维纲、朱凤玉，他们都为鸡宁军工生产贡献过力量。

在这里特别值得提到的是材料科押运员张林同志，这位老黄牛式的模范军工战士为了安全押运器材和产成品，不论数九寒天还是酷暑夏日，有时连续几天吃不到饭，一步也不离开火车，坚守岗位。不幸在一次处理废旧发射药的事故中被火烧成重伤，抢救无效光荣牺牲。

在另一起处理废旧弹药的事故中，材料科运输队的调度员刘维慈同志和一工区的甘凤桐、关永良三位同志光荣牺牲。

他们为解放战争的胜利付出了自己的生命,他们的光荣业绩应填入鸡宁军工的光荣史册。

1987 年 8 月 21 日于哈尔滨

本文选自邓凌玉、李逢春、李松阳等主编的《鸡西军工》一书,国营松江电机厂志编纂委员会、中共鸡西市委党史工作委员会 1988 年 8 月印,第 174 ~ 177 页。

回首往事忆军工

孙书孟[*]

国民党破坏《双十协定》,掀起内战,党中央派乐少华、钱志道、汤钦训同志带领 60 多名干部于 1946 年 9 月到达哈尔滨。东北局、东北民主联军决定到鸡宁建厂,要求 3 个月生产出手榴弹。当时,从哈尔滨去鸡宁的火车只要一天就能到达。但是,路上火车常出毛病,要加水没有水,要加煤没有煤,足足走了一星期才到鸡宁。

当时的生产条件是很简陋的。鸡宁县西鸡西十几栋铁路员工宿舍可以使用,西山地区有三片日军毁弃的陆军医院、兵营。破壁残垣突在荒草丛中,附近的滴道、城子河一带常有武装土匪出没,烧杀抢掠。环境是这样的不安定,群众的基础又不太巩固。日本侵略者长期的奴化教育,使不少人不知道有中国共产党及其领导下的人民军队和民主政府。一段时间里,没有多少人敢参加我军工作。既没有大批生产工人,又没有机器设备,更缺乏技术人员和技术资料,在如

---

[*] 孙书孟:时任东北民主联军总军工部第三办事处手榴弹工艺设计、试制和技术培养负责人。

此困难的条件下,要三个月内建成日产成千上万枚手榴弹的工厂,谈何容易。

军队的需要,前线的需要,首长的命令必须完成,乐少华、钱志道、汤钦训同志把带来的干部进行了分工。在哈尔滨、牡丹江分别设立了办事处,派孙云龙同志为哈尔滨铁路局的军事代表(经东北局同意的),负责筹集物资(原材料、工具、机器设备等)。

在鸡宁县西鸡西利用铁路宿舍,改建为手榴弹厂。没有工人,就先把接收过来的哈尔滨理研公司的一批日本工人(大部分是十七八岁二十岁左右的青年男女)和少数的技术人员组织起来,让他们搞机器设备的修复、安装和工装制造。随后鸡宁附近的老工人、一部分青年主动参加我军工作,人员逐日增加。以后调来了一个营的兵力,防止土匪骚乱保卫工厂的生产建设。发动当地老工人从附近被破坏了的锅炉房里拆出锅炉,搬到手榴弹厂用于生产和采暖,一边根据当时的条件试制手榴弹,同时抓紧了对新工人的技术培训和教育。

那时职工虽然住的是大通铺,吃的是高粱米(供给),但工作热情都很高。日籍技术工人多数比较老实负责,个别的也有搞名堂的,例如砂轮按到砂轮机上不夹紧砂轮,开动起来就有打死工人的危险;天轴安装在梁上,两梁高低有的相差40~50毫米,不垫平就硬将轴承紧上,撇的轴承破裂把天轴磨细,甚至转动不了使生产不能进行,经我们检查出之后,对安装的日本工人进行教育并明确纪律。有意搞破坏的工人知道欺骗不过,又未对他惩处受到感动和教育,从此再未发现有破坏的,并积极献计献策搞工艺创造。

1947年2月份,手榴弹进入大批生产后,我们又将一大部分力量转移到建设迫击炮弹厂。在伪满鸡宁县邮政局旧址附近,建起用木板夹锯木屑为墙的纯木结构工厂,安装车、铣、刨、插、钻、磨等机床;为修理机床和制造专用机床、工夹量、刃具等工装之用,造起化铁炉。铸造机床和大批量铸造炮弹体和引信体,这是第三厂;利用烧光的日军医院旧址建设机械加工厂,加工引信体,炮弹弹体,尾管尾翼等,这是第二厂;利用烧光的关东军一个少将的司令部,建起碰火雷管制药装药,引信及其小件制造与装配,弹体装药,发射管药包,全弹装配,这是第四厂;在鸡宁县西鸡西第一个建起的手榴弹厂为第一厂,生产碰火雷管的冲压件、炮体铁桶、炮弹木箱等。

鸡宁兵工厂的产品,经受了战争年代大量杀伤歼灭敌人的考验,也经受了长期储存的考验,前方战士欢迎总后勤部为战争储备的是三角(一△一)牌炮弹。

在既无图纸,又无技术资料;既无兵工技术工人,又缺乏兵工技术人员的情况下,为何依靠新建厂的十五六岁、十八九岁的男女青年,建厂仅2个月就成为生产骨干,高速度保质保量地完成军工生产计划,并赢得上述荣誉？回忆起来,主要有以下几点:

一、进行革命传统教育。给到厂的职工进行教育,宣传中国共产党是工人阶级的先锋队,它领导的军队是人民子弟兵,近期的任务是推翻"三座大山",建设新中国,理想是建设共产主义社会,使广大职工从当亡国奴,变为人民兵工厂的主人;进行老八路作风、延安老兵工传统的教育,言传身教。

二、自力更生解决图纸和技术资料。那时没有现成的图纸和技术资料,用缴获敌人的手榴弹、迫击炮弹,选其精华,照猫画虎,制出图纸,再经多项试验定出技术标准和技术要求,根据战争的需要,结合当时可能达到的条件,定出战术技术指标。

三、以老带新。每项技术问题的试验和研究,都组织新到厂的青年参加,培养教育先到厂青年的独立工作能力,再通过这些骨干,教育和带动新来的,到厂三个月就是"老"的,就有责任带新的,要求他们带思想、带作风、带组织纪律观念、带技术、带生产、带安全、带遵守一切规章制度。这样随着工厂迅速发展,几个月就把几千人教育培养成一支战无不胜、攻无不克的坚强职工队伍。

四、科学组织与分工。鸡宁办事处下设四个厂。机械制造厂,负责各厂的机械设备大中修理、专用设备制造、工夹量刃具制造;迫击炮弹引信体、炮弹体翻砂,这是第三厂。

机械加工厂,负责迫击炮弹引信体、弹体、尾管、尾翼、扩爆管的加工,这是第二厂。

碰火、雷管药的制造与装药,引信及其小件的制造与装配、弹体装药,发射管、药包的制造与装药,全弹装配,这是第四厂。

第一厂是首先建起的手榴弹厂,并负责迫击炮弹的碰火、雷管冲压、炮弹铁桶(每发炮弹装在一个像大罐头桶一样的铁桶里)、木箱(包装装入铁桶的炮弹)。

五、工序划细。每个零部件加工的工序,尽量划细,这样每个工人只掌握一点,这样学起容易,熟练得快,效率高,这在当时机械设备少、工装简单,甚至还有很多工序采用手工作业的条件下,不得已而为之。

六、既保质又高产的生产工艺。重要工艺的制定都必须经过严格的反复试验,如发射管装药弹体装药等,直接生产出的弹药确实达到了预定的战术技术要求,作为法规用文字明确固定下来。

生产过程中尽量用工装保证质量,产量也高。机械加工中采用样板刀,靠模定型,定位核定尺寸、碰火、火帽、雷管装药,用多孔板(三层可拉动的漏板)容量法、保证装药的质与量,药的填装密度采用验证重量的重锤,挂到压力机的顶杆上,使压药的压力一致,因而药的密度也一致。

当时不能用工装保证质量的,就规定明确的守则,分派认真负责的人从事这类工作,如制镭汞、烧硫化锑等。

由于采用比较科学的工艺,因此既保证了大批生产的产品质量,又能保证按预定产量交付部队。

七、严格的产品质量检验制。军工产品质量第一,军工产品质量好坏直接关系到战争的胜负,直接关系到战士的安危。经常用这种对战争胜败负责、对战士的生命负责的思想教育职工,激发职工高度责任心。

零部件、重要的生产环节,都配上检验工,按规定的标准进行检验。

检验的方法在实践中不断完善,第一批手榴弹靶场试验时有一枚一拉火未蔓延,3~4秒钟就爆炸了,立即将全批手榴弹拆开检查找原因,发现虽经检验仍然有个别的拉火管无喷火孔。为了防止再发生类似质量事故,将喷火孔用眼看改为用铁丝通过喷火孔每一百个串在一起,尺寸检验一律用样板,不准再用尺子量,也不准用卡尺量,以防止眼睛的惯性和灵活出错。

迫击炮弹的生产,由四个厂铸件生产铸铜引信体、铸生铁弹体、机械加工(含冲压),零件每转到下一个工厂前都进行100%的检验,特别重要的零件,在生产过程中还进行检验,如弹体要经高水压试验,发射管每批药投入生产前要进行射击精度试验,药量调整合适后再投入大批生产。拉火管、碰火药、雷管药等,研制出后在正式装药前要进行灵敏度、安全度、威力等试验,合格后才准批量生产。装成炮弹后每批都要抽1%进行射击精度(散布界)、发火率、膛内安全等试验,合格才能准许该批产品出厂。

1948年前方急需炮弹,三天两头来火车等着运。有一次靶场试验没有完就装上车,试验最后出现了一发膛炸,于是立即通知卸车,把炮弹运回工厂拆开检查,发现有的撞针在生产过程中打钉机卡的印痕处有裂痕,遂将全部炮弹的撞针换成自制无卡痕撞针,再经安全试验确无问题才准出厂。

还有一次靶场试验时,出现了一发应为1 500米、实为1 200米的近弹,将装配完成的炮弹全部拆开进行检查,在多发炮弹中,发现了一个铁桶里有水,药包受潮。经多方面查找原因,搬运工人说出有一次下雨,铁桶在汽车上,帆布被风吹起一小边。为了防止类似质量事故的发生,一方面改进汽车帆布盖法,另一方面铁桶装药前的喷漆工序加上一道桶口向下烘干,既缩短了喷化待干时间,又保证了铁桶不会再有潮湿药包的事故。

为了防止再有考虑不到的事故发生,又将生产过程中每个环节进行一次分析,估计有可能发生的问题,或改工艺或增加检验,以保质量。那时每个厂都设有单独的检验股,在生产股里设有检验组。厂设检验股,办事处后改为总厂后设检验科。

八、质量负责制。凡跟发火率、精度、安全、威力等有关的炸药制造、装药、装配工序,除了选配工人固定岗位,进行质量安全教育外,还将每批药是哪一天由谁制的、由谁压的药、装入哪批引信、装到哪批炮弹中,都有逐日登记,也就是说,炮弹出了问题,只要知道是哪天装配的,出的是哪方面的问题,就容易查出是谁的责任,以此加强责任心,使生产者自觉地感到责任重大,自觉地认真负责;同时对质量有问题需要返修或报废的数量,便于划分界限。

九、安全生产措施。炸药生产的厂房(仓库房、干燥室等),都有一定的安全距离,容易爆炸的,能影响周围环境安全的,都有防护墙,并限定炸药的存放量。

生产过程中,容易发生爆炸的工序,都有安全守则,并有安全保护措施,如雷管、火帽、碰火、装药、压药工作间,地面、桌面铺橡胶板,每间只准一人,既限定暂存转手药量,又有安全工装和安全挡板,压药爆炸只能炸坏工装,伤不了操作人员。

工作过程中可能产生静电(因摩擦)的,则装有接地导线。

靶场试验有严格的安全规程和守则,为手榴弹的发火率和延期试验,炮弹装药弹射击试验,都必须在掩体内用绳子拉,以保试验人员的安全。由于重视安全,尽管那个时期许多条件都较困难,工人都是刚参加工作的十五六岁、十八九岁男女青年,但经过训练教育都能自觉地遵守安全守则。只在清理洗雷汞的下水道时发生过一次爆炸,重伤及死亡一人;还有烘干室因老鼠咬碰火、雷管引起的一次爆炸,震死在室内值班的工人一名。由于有革命传统教育,有自力更生的作风,有以老带新,有科学组织与分工,有既保质又高产的生产工艺,有严格的质量检验制,有质量负责制,有安全生产措施,有自觉遵守这些制度的职工,因此在东北地区三个工厂生产出的迫击炮弹实弹抽试、射击比较中,鸡宁兵工厂生产的三角牌迫击炮弹,在发火率、射击命中精度等方面,优于其他厂。

1962年为准备反击蒋介石窜犯大陆,由鸡宁迁到哈尔滨的四二三厂,再度生产100式引信,为试验引信从总后勤部仓库调了200发鸡宁工厂1948年生产的迫击炮弹,经射击试验,发火率、射击精度、威力等,仍然保持鸡宁工厂生产时的标准,这些成就应归于乐少华、钱志道、汤钦训、王立、余侠平、孙云龙、梁富民、马斌、陈其羽、林世超、李景文、张增才、周福寿、王子晨等从延安到鸡宁的60多名干部,是他们言传身教带出了一批坚强的兵工战士。这些兵工战士在那时制造出质量精产量高的武器弹药,为全中国的解放贡献了力量,新中国成立后分布全国成为兵工、航天、造船等工厂的厂级和中层领导骨干。

本文选自邓凌玉、李逢春、李松阳等主编的《鸡西军工》一书,国营松江电机厂厂志编纂委员会、中共鸡西市委党史工作委员会1988年8月印,第178~185页。

忆鸡西(鸡宁)军工二三厂

李松阳[*]

一、概况

军工第二三工厂1946年6月创建于黑龙江省鸡西市(原合江省鸡宁县)。原名称先后为东北民主联军总后勤部军工部鸡宁办事处、东北民主联军总军工部第三办事处、中国人民解放军东北军区军工部第三办事处。下设第一、二、三、四厂,属于部队建制。1949年10月1日,撤销办事处建制,改名为东北军区

---

[*] 李松阳:时任中国人民解放军东北军区军工部第三办事处(二三厂)生产制造科统计股长。

军工部第二三厂。从创建办事处到改名为二三厂均系对内名称。为保密起见，对外名称为"建安公司"。

二三厂是在解放战争期间在东北解放区战略后方鸡宁这个地方创建较早的军工厂，是东北解放区最大的军事工业基地之一。基地区域由鸡宁西山区、西鸡西车站南山区和柳毛地下仓库三个区域组成，占地面积4 413 500平方米。厂房、办公楼、仓库、单身宿舍、家属宿舍、医院、小学校等建筑物281栋，建筑面积112 800平方米。在这里工作过的职工达4 000多人。

二三厂生产大量武器弹药支援解放战争和抗美援朝战争，从1947年到1952年六年间生产手榴弹、各种迫击炮弹、野炮榴弹等18个品种，共14 717 000发（枚、根、个）。为支援解放战和抗美援朝战争的胜利，做出了重要贡献。

二三厂培养和输送大批干部和技术工人骨干到全国各地工作。从1947年起，先后选拔近2 000人输送到全国各地兵器、航空、电子、造船、航天等军事工业部门和煤炭、冶金、机械、化工、地质、交通、纺织、建材等工业部门，以及大专院校、科学研究部门和国家机关工作。这一大批领导干部、技术工人，为我国军事工业、科学技术和其他工业的发展，做出了重要贡献。

二、二三厂的创建和发展

1945年8月15日，日本帝国主义宣布无条件投降。9月6日，根据延安总部命令我军进驻沈阳。10月14日，军工部在沈阳成立，隶属于东北民主联军总后勤部。总后勤部部长为叶季壮同志。任命李处黎为军工部长，王逢原为副部长。军工部当时的任务，是组织干部在沈阳、辽阳、抚顺等地接收和收集弹药、军工生产设备和物资器材。11月，我军搬出沈阳，军工部随同撤出。12月转移通化。此时，任命韩振纪为军工部长。

1945年12月20日，党中央发出《建立巩固的东北根据地》的指示，指出"我党现时在东北的任务，是建立根据地，是在东满、北满、西满建立巩固的军事政治根据地。"根据中央指示，中共中央东北局作出在战略后方珲春、牡丹江、鸡宁、兴山（鹤岗）一线建立军事工业生产基地的决定。此后，东北局曾数次电请中央速从延安派军工干部来东北创建军事工业生产基地。

1946年4月，军工部由通化转移到东满延老一带地区组建军工厂。由于形势的急剧恶化，5月，军工部将刚组建的几处工厂撤离，转移到珲春建厂，成立珲春办事处,军工部也随即转到珲春。为贯彻中央指示精神和东北局关于在战略后方建立军事工业生产基地的决定,于1946年5月,在哈尔滨成立驻哈办事处,为在鸡宁建立军工生产基地做准备工作。驻哈办事处主任兼政委叶林组织干部着手接收我军从四平、长春撤出时转移到哈尔滨的100多个车皮的弹药和物资器材。同时在哈尔滨地区收集购买物资器材和机电设备。

(一)初创时期(1946年6月—1947年2月)

1946年6月,由叶林带领5名干部、一个警卫排和20余名日籍技术人员到达鸡宁,主持选定在鸡宁建立军工生产基地的厂址。

鸡宁地区在1941年苏德战争暴发后,日本关东军在这里进驻大批部队。在鸡宁西山区设有军级七〇部队司令部,建有司令部办公楼、军营、医院、军官宿舍、地下指挥部、地下仓库和供水设施等大批建筑物。在鸡宁县西鸡西车站南侧,建有伪满铁路日籍员工宿舍、学校、乘务员公寓、商店等多处建筑设施。这些房屋建筑设施与当地市民居住区是相隔离的独立区域,很适用于修建军工厂。但是这些房屋建筑设施,在日军撤退时,大部分遭日军纵火烧毁、成为断垣残壁一片废墟,未遭烧毁的少数房屋房盖、门窗、供暖供水设施,也均被拆毁破坏。

叶林同志等第一批人员到达鸡宁后,经详细考察,认为在这一地区建立军工厂是很理想的。此地有铁路公路,有发电厂,周围地区有煤矿。这些条件对建立军工生产基地所需要的运输、电力、燃料是极为方便的。只要集中力量加速修建、改建这些被烧毁和破坏的房屋建筑设施,同时加速筹备军工生产的其他各项工作,在短期内即可建成投入军工生产。于是决定将这两个区域定为厂址,着手抢修房屋,留下一名干部和警卫排及日籍人员,立即开展工作,其余几名干部返回哈尔滨,组织向鸡宁运送物资器材。

党中央根据东北局数次关于速派军工干部来东北建立军工生产基地的电报请示,决定向东北派军工领导干部、工程技术干部和生产骨干,加速军工生产基地的创建工作。

1946年5月初,第一批派遣延安温家沟兵工厂厂长郝希英为首和孙云龙等同志40余人,随同中央组成的干部队伍从延安出发,路经张家口,于6月中旬到达齐齐哈尔。东北局陈云同志专程从哈尔滨到齐齐哈尔,接见这批军工干部,并作了动员报告。之后,这批军工干部分别被分配到齐齐哈尔、哈尔滨、珲春、佳木斯,开始组建军工厂工作。郝希英同志到哈尔滨后,任东北民主联军军工部副部长职务,几天后他带领9名军工干部赴佳木斯,7月到达鸡宁,同第一批到达鸡宁的叶林等同志,组建鸡宁军工办事处,边组织人员抢修房屋,边着后筹建手榴弹厂,并计划建立子弹复装厂。孙云龙同志被派到哈尔滨铁道工厂任军事代表,实际是为鸡宁军工办事处收集运送材料和设备。

1946年6月初,第二批以延安茶坊兵工厂厂长乐少华、化学总工程师钱志道为首和以军工局炼铁部主任、原温家沟兵工厂副厂长汤钦训为首的共70余名军工干部从延安出发赶赴东北。到张家口时经晋察冀中央局请示党中央同意,暂留这批干部在张家口龙岩铁矿,用几个月时间,帮助搞弹药试制生产。工作结束时,聂荣臻司令员、萧克副司令员亲自接见并欢送他们。9月16日,这批军工干部到达哈尔滨。到哈后第三天,陈云同志代表东北局接见了他们,作了东北形势和任务的报告。报告要求:"为了支援东北解放战争,打倒国民党反动派、保卫抗战胜利果实,不要留恋城市生活,下了山,还要上山,穿上草鞋,背上背包,迅速到山沟里,到鸡宁去,那里房子都有了,建手榴弹厂,要3个月拿出手榴弹。"之后,东北民主联军总后勤部委派乐少华、钱志道带领60余名干部和在哈接收留用的日籍工人技术人员80余人,携带一列车(专列)物资器材和设备等,于9月底到达鸡宁。留下汤钦训、王立等同志带领十几名干部在哈尔滨收集购买物资器材。

叶林、郝希英、乐少华同志先后带领三批军工干部到鸡宁之后,共同努力,组织人员,修建房屋,在各地征集购买物资器材、弹药和设备,克服重重困难,组建军工办事处和筹建手榴弹厂工作。

1946年11月,上级调叶林回哈任新职,调郝希英任东北财委工矿处(鸡西矿务局前身)任副主任兼鸡宁电业局长。

为加快手榴弹厂筹建工作,办事处的机构设置和人员配备是:

办事处主任　　　乐少华
总工程师　　　　钱志道
总务科长　　　　王隆山
人事科长　　　　林世超
修建科长　　　　戴祖荫
副科长　　　　　马斌
材料科副科长　　魏颖贤、王子晨

第三编

东安根据地军工和军事教育发展历程回忆

医务所长　　　刘星炎

手榴弹厂生产准备工作,在钱志道总工师领导下,由下列人员分工各项工作:

1. 梁富民、周福寿、周喜富、孙书孟负责手榴弹设计、试制和生产工人培训工作。

2. 赵孝文、段合德负责手榴弹壳翻砂和机械设备部件翻砂工作。

3. 宋廷良、王海河负责手榴弹加工、装配用的工艺装置等设计工作。

4. 孙云龙、余侠平、张增财负责机械设备、工艺装置的制造工作。一部分在哈尔滨铁道工厂加工(孙是该厂军代表,主要是为鸡宁军工办事处搞机械设备和材料),大部分是在鸡宁加工制造。

5. 魏祖冶、李景文、李时发、陈志明、欧阳炎、姚小三、康力等在哈尔滨利用当地有利条件试制雷管工作。

6. 汤钦训、王立、何华生、马生元等同志分别负责在哈尔滨、牡丹江等地收集购买物资器材、机电设备。陈其羽赴朝鲜购买一批雷管。

这时鸡宁军工办事处的主要任务是:由于我军第一次四平战役撤出后,形势不够稳定,上级要求:(1)迅速将我军从四平、长春撤退时接收转移到哈尔滨一百多车皮的弹药、物资器材,组织运送到鸡宁;(2)迅速筹建手榴弹厂,在3个月内生产出手榴弹。

当时,地方土匪不断骚扰,老百姓处于观望状态,在短时间内难于找到很多工人,开始只能依靠干部和日籍员工以及在当地招收的少量工人,自己动手建厂。手榴弹厂厂址选定在现在西鸡西火车站南侧,原伪满铁路日籍员工居住区域。这里的所有房屋都遭到严重破坏,还要将这些住宅改建成工房;当时极缺建筑材料,又处于严冬季节,一般冬季不能施工;收集购买运来的机械设备,很多都损坏了,有些还是被火烧过的,都需要进行大修理才能使用。这些给建厂工作带来很大困难。当时主要集中力量同时进行以下工作:

1. 加速手榴弹厂工房修建改建。当时接收的房屋建筑物,都是住宅,又都遭到严重破坏,要建成工房,每栋房屋都需要改建,工程量很大。开始由干部带领日籍人员进行修建。为加快修建工作,边招收工人,边扩大修建施工队伍,日夜突击修建改建工房、锅炉房、仓库、检修安装锅炉,上下水道、暖气干线、输电线路,完成水暖电三通工程,仅用两个多月时间,到12月,手榴弹厂各项修建改建工程已经完成。

2. 加速物资器材设备收集采购和组织发运工作。我军从四平撤退时接收转移到哈尔滨的大批物资弹药和驻哈办事处在哈接收征用和购买的机电设备、物资器材以及汤钦训、王立、孙云龙同志从公、私营工厂征用购买的机电设备、物资器材共150余火车皮,急需装运到鸡宁。为完成这一装运任务,派一批干部带领警卫人员分批组织运输和押运工作。同时还派一批干部分赴牡丹江、佳木斯、鹤岗、绥芬河等地收集采购物资和设备。在哈尔滨、阿城、牡丹江等地组织设立收购站,收购黄色炸药(TNT)和物资。在鸡宁各煤矿尚未恢复生产的情况下,办事处自己组织开办小煤窑生产煤炭和焦炭。派干部和警卫人员到穆棱林区等地组织民工拉运木材,和收集废航弹、大口径炮弹等。这些弹药、设备、物资器材,被及时组织装车押运送回鸡宁,保证了厂房修建、手榴弹试制生产、设备维修、工具工装制造的需要。

3. 加速招收培训工人。建手榴弹厂,急需大批技术工人,同时也急需培训大批青年工人,为产品投产做准备。在当时的情况下,招收人员有些困难,很多人不愿应招、当时只好通过地方各级政府和有关部门动员介绍,招收当时城镇和矿区各类技术工人和知识青年。经动员介绍,在短短时间内,审查招收了一批工人和知识青年到厂工作,经过培训为手榴弹厂和正在建设的另三个工厂投产做好准备。

4. 加速机械设备的检修、制造和安装。从哈尔滨等地接收征用的120多台机械设备,其中三分之一经小修后方可使用,三分之二缺少部件或部件损坏或被火烧过,均需拆卸检查和大修才能使用。当时组织了设备检修安装队伍,对每台设备进行了拆卸检查和修理,随着厂房陆续修建改建工程的完成,按产品工艺流程布置,加速设备大修、制造和安装、试车。到1947年1月,手榴弹厂所需机械设备修理、制造和安装试车工作已经完成。同时根据产品大批量生产的需要,专用设备和工艺装置,边设计边制造边安装投入生产。

5. 加速手榴弹产品的设计和试制。设计工作以延安带来的手榴弹图纸为基础,参考日军木柄手榴弹的结构,设计了新型木柄手榴弹。随着设计图的陆续完成,组织力量按全弹部件分工,分别进行试制和试验。各种部件和成弹,经过多次试验和改进,到1947年1月,终于试制成功新型木柄手榴弹。

经过3个多月的日夜奋战,手榴弹厂已经建成。到1947年2月,手榴弹已投入大批量生产。

1947年1月,东北民主联军第一参谋长刘亚楼同志到鸡宁办事处视察工作,参观了已建成的手榴弹厂和正在建设的第二、第三厂。提出我军打仗要靠手榴弹,现在战士身上只剩三枚手榴弹了。你们要快生产出手榴弹,支援我军前线作战。刘走后不久,已大批量生产出手榴弹,源源不断地送往我军在前方作战的战士手里。

在1946年12月,办事处已决定着手筹建迫击炮弹机械加工厂、迫击炮弹弹体引信铸造和机械修理厂、迫击炮弹装配厂三个工厂,配备了各厂的领导干部,开始分头进入筹建工作。

1947年2月1日,党中央发出《迎接中国革命的新高潮》的党内指示,指出:"今后军事建设方面的中心任务是用一切努力加强炮兵和工兵的建设。各大军区,各野战兵团,必须具体地解决为了加强炮兵和工兵而发生的各项问题,主要是训练干部和制造手榴弹两项问题。"

(二)发展时期(1947年2月—1948年12月)

1947年2月,鸡宁办事处根据中央指示精神,本着在战略后方建厂,以地区配套为原则,建立几个专业化工厂,按技术工艺流程组成,承担几种主要产品,扩大弹药生产能力,支援解放战争的精神,在大批量生产手榴弹的同时,集中力量筹建炮弹零件加工厂、弹体引信铸造和机械修理厂、炮弹装配厂,扩大生产规模,增加弹药生产品种和产量,支援解放战争。据此,正式命名了四个工厂新厂名,即:手榴弹厂为第一厂;炮弹零件机加厂为第二厂;弹体引信铸造和机修厂为第三厂;炮弹装配厂为第四厂。这四个工厂的厂级、科级、股级干部都已任命配齐。

1947年3月初,东北民主联军总后勤部通知办事处,批准了机构设置,下设第一、二、三、四厂四个工厂和组织、宣传、保卫、技术、材料、总务、医务等七个科室,任命了各厂和科室领导干部。办事处的名称为:"东北民主联军总后勤部军工部鸡宁办事处。"

办事处主任　　乐少华
总工程师　　　钱志道
办事处副主任　汤钦训
政治处主任　　曾杰
第一厂厂长　　梁富民
政治协理员　　马斌

第二厂厂长	孙云龙（后任第三厂厂长）
	余侠平（孙调走后余任厂长）
政治协理员	陈实
第三厂厂长	孙云龙
副厂长	赵孝文、段合德、邱刚明
政治协理员	李子政
第四厂厂长	陈其羽
副厂长	李景文、何华生
政治协理员	康文清
组织科科长	林世超
宣传科科长	郝品芬
保卫科科长	魏颖贤
技术室主任	王立
副主任	宋廷良、李震
材料科科长	戴祖荫
副科长	王子晨、陈廷栋
总务科科长	王隆山
副科长	陈凤才、颜子平、王佩礼

工厂下设工务科和4至6个生产股及一个核验股。配备有工务科长、副科长和各股股长、副股长。

四个工厂组建后，各自集中力量扩大生产和加快新产品投产准备工作。

第一厂于1947年2月投产后，边生产边补充工装和机械设备。手榴弹产量不断上升。生产出的手榴弹边出厂边发往前线。有时刚装车发走，铁路专用线又甩进车皮，部队派人前来运押，等待装车。这时就动员全厂人员突击完成任务，生产出产品随即装车发运。

第二厂于1946年12月开始建厂。厂址在西山区北山南坡东端山脚下。厂房是利用原伪满日军七〇部队司令部带有地下室的三层楼房已被烧毁的破楼框子（今煤炭部卫校旧教学楼）改建成的。到1947年4月建成投产。机械加工生产迫击炮弹弹体、弹尾和引信头等部件。因该厂房是三层楼房，机器开动后震动太大，不适于机加工厂使用。后又利用西山区南山南坡紧靠孟家沟和八家子的原伪满日军野战医院旧址房屋已被全部烧毁的破房框子修建成新厂房，

第三编

东安根据地军工和军事教育发展历程回忆

于 1948 年 7 月,第二厂搬到此处,开始大批量生产六〇迫击炮各种零部件。

第三厂于 1947 年 1 月组建。位于西山区南山北坡,东邻鸡西矿务局,北靠铁路专用线。当时是利用伪满原鸡宁煤矿空中运煤(恒山—鸡宁)缆车机房和伪满鸡宁县银行、邮局办公室等房屋建成厂房,铸造生产弹壳、引信体和工具、设备制造与修理。

第四厂于 1947 年 2 月组建。开始利用第一厂厂区内三栋工房、制作雷汞、雷管和生产五〇掷弹筒弹引信。同时开始在鸡宁西山区北山东坡(隔马路与鸡西火车站相邻),利用原伪满日军七〇部队司令部办公楼(今煤炭部卫校校部办公楼)和军官俱乐部等已烧毁的房屋修建改建成工房,同年 8 月建成。第四厂从第一厂厂区搬迁新厂区。开始大批量生产装配五〇掷弹筒弹、八一和九〇、一五〇迫击炮弹。后来生产六〇迫击炮弹、引信、雷管、发射管、信号弹等产品。

1947 年 4 月军工会议。这次会议于 3 月 20 日在哈尔滨召开,到 4 月初结束,故称 4 月军工会议。会议是由伍修权参谋长直接领导召集的。这时军工部已由总后勤部领导改为由东北军区直接领导。军工部的名称改为:"东北民主联军总司令部总军工部。"当时的形势是,我军已二下江南,军事上已有好转,军工生产急需增加,军工生产基地建设急需加快。会议决定加快珲春、兴山、鸡西三个地区的军工生产基地建设。确定了当年的军工生产总计划。

为加速扩大鸡宁军工生产基地的生产规模,会议决定从珲春抽调 50 台机械设备,拨给鸡宁加快修配和安装。

这次会议决定驻哈办事处为军工部在哈受伍修权参谋长直接领导机关,代替在珲春的军工部进行工作。各地军工办事处的隶属关系由总后勤部军工部领导,改为东北民主联军总军工部领导。

1947 年 2 月,伍修权同志由北平军事调停处执行部返回东北后、任东北民主联军参谋长兼总军工部部长和政委,主管军事工业生产。4 月初,伍修权参谋长来鸡宁办事处视察军工生产情况。指示要加快军工生产基地建设,特别是要加快炮弹生产的组织工作,扩大生产规模,争取尽快投产。还答应帮助解决材料不足等问题。决定把警卫营划归办事处直接领导,以加强各厂区和仓库区的警卫工作。

根据军工会议规定的全年武器弹药生产任务和加快军工生产基地建设,发展扩大生产规模的要求,鸡宁办事处集中抓了两项重点工作:一是加快第二、三、四厂厂房修建改建收尾工程的竣工,发展扩大生产规模和能力。对从珲春调拨来的50台机械设备,立即组织力量进行修配和安装,用于扩大生产能力。二是加快八一迫击炮弹和五〇掷弹筒弹复装试制工作。从4月份起,先试制掷弹筒弹的引信、雷管、碰火、底火和射发管,经两个月的设计试制和生产准备工作,到6月份开始复装生产掷弹筒弹。7月份开始八一迫击炮弹试制工作。八一迫击炮弹引信、雷管、发射管、发射药包等性能要求都比较高,所需各种材料都很缺少,又没有现成的图纸等技术资料。试制的引信是按苏式三珠式引信实物结构进行设计的。引信的扩爆管、雷管、碰火和弹体发射管、发射药包、底火等都是逐项经过多次试验摸索试制成的。11月份,八一迫击炮弹复装生产正式投产,到12月底已生产3万发。

办事处在生产和产品试制中,很重视产品质量。生产出厂的手榴弹、掷弹筒弹、八一迫击炮弹,都博得在前线作战部队的好评。

1947年9月,由总工程师钱志道同志带领魏祖冶、肖㳇、徐向国等10余名干部到西东安(今密山县连珠镇)建立第五厂(化学厂)。该厂厂址原为伪满日军一部队驻在地,建有大批营房和仓库。日军撤退时全部烧毁和破坏。厂房是利用这些破房框重新修建改建的。设备是我军于1945年9月进驻沈阳时,在沈阳孤家子、辽阳等地征集接收的,先转移到通化、珲春、佳木斯等地,后将该批设备转到西东安,由鸡宁军工办事处派一批领导干部组建化学厂,生产硫酸、硝酸和发射药,供各炮弹厂,子弹厂使用。1948年初,鸡宁办事处第四厂生产的五〇掷弹筒弹,移交该厂生产。由于该厂离鸡宁办事处较远,后决定改为军工部直属一厂。

1947年10月军工会议。9月14日在哈尔滨由伍修权参谋长召集东北各地区军工负责人会议,讨论今后军工建设问题。会议直到10月上旬结束,故叫10月军工会议。参加会议的有伍修权、何长工、韩振纪、王逢源、高长久、乐少华、钱志道、王立、崔振东、刘正栋、王雨果、徐良图、刘元义、肖声远、沈毅、吴运清、王清才、周建南、田汝浮等同志。为了加强对军事工业的领导,在哈尔滨成立总军工部。由总部任命何长工为部长,伍修权兼政委。会议确定了新的组织机构和其他人事任命。会议宣布东北局直接领导总军工部,委托东北财经委员会负责解决具体问题。在名义上建制改为东北军区总军工部,但实际上军区不直接领导和管理,是由李富春政委领导军工工作。因李富春政委直接负责财经委员会工作,总军工部在经济上专门成立会计单位,直接与政府财经委发生关系,脱离了军区供给部,一切经费均由李富春批,从财政部支取。总军工部党的政治

第三编
东安根据地军工和军事教育发展历程回忆

工作,仍由军区总政治部直接领导。会议决定南满、吉林、西满等军工部门由总军工部统一领导。会议统一了制度,统一了生产任务的分配。过去设在珲春的军工部的机构和干部配备已不适合当时形势的要求,故将设在珲春的军工部改为办事处,总军工部领导办事处和直属厂。此后设在各地区的军工办事处,改为珲春第一办事处、兴山第二办事处、鸡宁第三办事处、北安第四办事处、齐齐哈尔第五办事处、辽宁(丹东)第六办事处、吉林第七办事处、哈尔滨的直属三厂和四厂改为第八办事处、大连新建公司改为第九办事处。西东安的化学厂改为直属一厂、东安(密山)电气厂改为直属二厂。这次会议根据我军作战的需要,确定了各办事处的生产性质和生产方向。确定鸡宁第三办事处以大批量生产六〇迫击炮弹为主,同时生产手榴弹、爆破筒,复装八一、九〇迫击炮弹。

第三办事处根据10月军工会议确定的产品方向和生产任务,重点抓九〇迫击炮弹的试制复装和以生产六〇弹为主的设计和试制两项工作。一是立即组织九〇弹的雷管、引信、发射管、药包等部件的设计。试制和九〇弹复装生产准备工作。经过两个月的设计、试制、试验和复装生产准备工作,到12月份开始批量生产九〇弹。二是根据以大批量生产六〇弹为主产品的生产方向,考虑到这种产品比前几种产品的性能要求高,制造技术复杂,各项生产准备工作难度很大的情况,决定从11月份起集中主要力量进行产品图纸的设计,各种材料的准备,铸造、机加、冲压、焊接、装配等工艺流程的模具、工具、工装、专用设备的设计、制造、安装和生产线的调整等各项准备工作。试制生产六〇弹,是根据我军作战的实际需要确定的,是一种新式轻型弹药武器,设计时以美国六〇大炮为基础,结合我军使用的八一、八二迫击炮弹的结构,改型设计适合我军作战使用的六〇迫击炮弹。

1948年1月,六〇弹的设计、试制和其他各项准备工作已经完成。从2月份起,在第一、二、三、四厂分别进行各种部件的生产试制工作。

第一厂在生产手榴弹、爆破筒等弹药的同时负责六〇弹木箱、弹体防潮铁筒、防潮铁盒(装引信、发射管、药包用)的制造。

第三厂在生产手榴弹壳的同时,负责六〇弹引信体和弹体的铸造。

第二厂负责六〇弹弹体、引信、尾管、座火座等部件的机械加工和尾翅、扩爆管、药包夹的冲压以及弹尾焊接。

第四厂负责六〇弹发射管、发射药包、底火、雷管、碰火、扩爆管、引信的制造和六〇弹生产装配。

经过3个月的试制和试验工作,到1948年4月试制成功,开始大批量生产装配六〇迫击炮弹。

1948年2月,东北军区炮兵司令员朱瑞同志到鸡宁第三办事处视察工作,催促加快炮弹生产,了解几种炮弹的试制和生产情况,提出我军前线部队急需大量炮弹。他要求现在生产的这几种炮弹,质量要好,要多生产,把大量炮弹送到前线支援我军打胜仗。

1948年4月,军工部党委扩大会议在哈尔滨召开。第三办事处乐少华、汤钦训、曾杰、林世超同志参加了这次会议。会议对军工部工作进行了全面研究和讨论:(一)关于整党与政治、工运、保卫工作问题。会议总结了整党初步经验,提出今后整党方向与原则;在干部工作方面,要大力培养干部,以适应新形势的需要,接受新的任务,要注重培养女干部,大力提高技术干部的技术水平,是当前一项重要任务;加强政治思想工作,厂一级设政治协理员,办事处设政治处,要建立职工工会,加强保卫工作。(二)讨论确定了关于行政管理工作及编制问题。(三)讨论了关于生产计划安排问题,采取有效措施保证完成全年生产计划和实现各地区生产专业化配套生产问题。

1948年4月,军工部部长何长工同志来第三办事处视察工作。对六〇弹的设计和试制工作在短时间完成,成绩很大,给予了表扬。指示六〇弹要尽快大批量生产。观看了手榴弹的试验情况。对三办各方面工作给予了表扬和鼓励。

第三办事处根据1947年10月军工会议确定的生产方向,与支援解放战争的需要,和1948年4月军工部党委扩大会议、5月军工炮弹会议的精神,在生产上明确提出四项任务:

(一)扩大手榴弹生产能力,超额完成上级下达的年度生产计划。

(二)加速六〇迫击炮弹的试制,并大批量投入生产。

(三)完成八一、九〇、一五〇迫击炮弹、爆破筒、爆破拉火、爆破引信等弹药生产计划。

(四)生产的武器弹药必须保证质量。

为保证上述任务的完成,重点抓了以下工作:

甲、向全体职工提出了:"我们生产军火的要求是质量第一"的口号,进行质量第一的教育,在生产中必须重视产品质量,在保证质量上求数量。

乙、在这一年的生产中,建立了严格的检验制度和抽试标准。

1948年9月12日,我军进行辽沈战役。经过激战,我军很快攻占了锦州,

第三编
东安根据地军工和军事教育发展历程回忆

关闭了东北大门,从而迫使国民党驻守长春的军队起义和投降,接着在黑山、大完山全部歼灭了沈阳西援的国民党军队,留驻沈阳的国民党残余军队已迅速被包围将被全歼。国民党军队占领的沈阳等地将被全部解放。

1948年10月下旬起,第三办事处先后奉命抽调大批干部分别到沈阳接收国民党兵工厂和到哈尔滨组建军工部北满分部。

上述两批干部奉命调走后,第三办事处各级干部奉命作了新的调整和任命:

办事处主任　　　孙云龙(兼党委书记)
副主任　　　　　梁富民
党委副书记　　　林世超(兼政治处主任)
政治处副主任　　郝品芬

军工部搬到沈阳后,接管了国民党沈阳、辽阳、抚顺等地的兵工厂,后改为部直属厂。

1948年是解放战争取得胜利最关键的一年、决定性的一年,也是第三办事处经受严峻考验的一年。这一年办事处认真彻底执行军工部党委扩大会议、军工炮弹会议和9月军工会议精神,在组织大批量生产各种弹药和进行新产品六〇弹设计试制成功立即转入大批量生产中,都十分重视产品质量,并采取措施建立健全各项制度,严格贯彻执行,保证和提高了产品质量。在新产品投产和其他多品种弹药生产的情况下,不仅老产品手榴弹、八一弹、六号雷管等弹药能顺利大批量完成和超额完成生产任务,就是新试制和大批量生产的六〇弹、九〇弹、一五〇弹、爆破筒、手榴弹式爆破引信等多品种弹药生产也都超额完成了任务,完成品种多,产量大。广大军工干部和军工工人决心保证我军作战打倒哪里,我们生产的各种弹药就支援到哪里!前方我军作战打了大胜仗,后方第三办事处在多品种大批量生产武器弹药支援解放战争上,也打了大胜仗!

当时在组织多品种、大批量武器弹药生产中,遇到的困难是很多的。如钢材、炸药、发射药等材料都严重不足,规格杂乱不一,但被军工干部和工人千方百计设法采取改制、代用钢材、用日军航弹、大口径旧炮弹,采用溶解法拆取炸药,碾压改制成炮弹发射药等办法,保证了生产需要。

为支援我军在前线打胜仗,在生产任务不断要求增加的情况下,广大军工职工日夜奋战,突击完成生产任务,源源不断地把弹药送往东北、山东、华北等地我军前线作战部队。

（三）调整时期（1948 年 12 月—1950 年 6 月）

从 1948 年 9 月 12 日开始到 1949 年 1 月 31 日，我军进行的辽沈、淮海、平津战役都已取得完全胜利。至此，国民党赖以维持反动统治的主要军事力量，已被消灭殆尽。我军即将渡江南进，把解放战争进行到底，彻底推翻国民党反动统治，中国革命将取得全国胜利。随着解放战争胜利形势的发展，军工武器弹药的生产也随着有所调整。

1949 年 1 月开始，根据 1948 年 9 月军工会议关于各办事处由供给制逐步改为实行企业化和实行经济核算制的决议，第三办事处由供给制改为工资制，开展了各项经济核算工作，为实行企业化管理打下了良好基础。

1949 年 2 月，中央军委根据我军需用和储存的弹药情况，决定停止手榴弹生产。这一决定下达以后，三办立即停止了手榴弹头道工序零件投产，在产的零部件已按配套组织生产，装为成品后全部停止了生产。

1949 年 4 月，为发挥职工在工厂的主人翁作用，实行管理民主化，办事处决定在各厂成立工厂管理委员会，组织有生产技术经验、有群众威望的工人参加工厂管理委员会，由 11～13 人组成，工厂党政工任常务委员，厂长任管委会主任。管委会的任务是讨论决定工厂生产、管理和机构设置等重要问题，发挥工人当家做主的作用。经过几个月的实际工作，各厂对管委会的工作都进行了总结，并向办事处作了报告。后来由于办事机构的复动，各工厂管委会的组织形式没有坚持下来。

1949 年 5 月，军工生产材料会议在沈阳召开。会议的中心议题是关于军事工业任务转复问题。会上传达了中央的电报精神。李富春同志到会作了报告，明确提出以下半年开始，减少与部分结束军火生产，转到帮助东北重工业的恢复和发展，并开始向新的国防工业生产过渡，建设一个新的大规模的、独立的军工企业，担负起国防工业生产建设重任。

1949 年 5 月，军工部通知三办从 6 月份起停止生产六〇弹。到了 8 月，又通知从 9 月份起继续生产手榴弹。

根据中央电报精神和军工生产材料会议决定，1949 年三办的弹药生产任务，仍以生产六〇弹为主，辅以生产九〇弹、爆破筒、爆破拉火、猎枪式六〇弹发射管等弹药，抓好手榴弹在制产品的配套和结束扫尾工作。猎枪式六〇弹发射管，是根据 1948 年 9 月重工会议决定由三办负责设计和试制成功的，从 1949 年

第三编
东安根据地军工和军事教育发展历程回忆

1月即开始大批量投产,除自用配套外,还为几个办事处提供配套生产。猎枪式发射管的底火座、改用铜皮冲压引申成形和切口,装成发射管,取消了六〇弹原发射管底火座机加件。六〇弹原发射管和发射管底火座是两个成品部件,分开装入六〇弹成品箱内。发射时,先将发射管装入六〇弹尾管内,再将底火座螺旋上紧在尾管上后,才能发射六〇弹。改为猎枪式发射管后,发射管和底火座二者咬合成一个整体部件,六〇弹发射时,将发射管推进尾管内即可发射,既节省大量黄铜材料和机械加工工时,防潮性能又好,又大大缩短六〇弹发射前的准备时间。这是六〇弹生产技术和发射性质的一项重要改进。自年初开始大批量生产猎枪式发射管,除自用于六〇弹配套外,全年还生产86万发提供给其他办事处生产六〇弹配套之用。

1949年10月1日起,根据军工部通令,鸡西(鸡宁)第三办事处改称军工部第二三厂。军工部9月28日下达通令:本部各地区办事处、工厂最近因迁移并厂情况等因素,为使工作地址与工厂性质能保守秘密并便于内部识别起见,决定将原有各地区办事处名称一律取消,均改称为工厂。

第三办事处改称第二三厂后,下设4个所和9个科室。

厂长　　　　　孙云龙
副厂长　　　　梁富民
党委书记　　　林世超(兼鸡西中心县委副书记)

1949年10月初,军工部决定先在二三厂进行企业化管理工作试点工作。中旬,军工部和北满分部共同组织工作组来帮助二三厂搞试点。在试点中,进一步清点了资产,建立健全了物资管理、设备工具管理、生产管理、计划管理、劳动管理、财务会计和成本核算等各项管理制度。经过一个多月的试点工作,于11月下旬结束后,工厂即按试点工作要求,开展了正常的经济核算工作,实行企业化管理。

1949年,三办生产8个弹药品种,全部超额完成了计划。

1950年初,根据李富春同志关于"从国内战争的军事工业转复到国防的军事工业"的指示,东北地区军事工业进行调整,山区的工厂向工业城市集中;调整产品结构,向生产新的、高级的兵器进军;调整管理体制,实行二级领导。

(四)抗美援朝时期(1950年7月—1952年12月)

1950年6月25日,朝鲜战争爆发。美帝国主义悍然出兵武装干涉朝鲜内政,扩大朝鲜战争,同时侵略我国领土台湾。周恩来总理代表我国政府发表声明,强烈谴责美帝国主义侵略朝鲜和我国台湾的罪行。

1950年7月,根据中央的决定,东北军工局下令所属各厂全部投入战时生产。二三厂遵令在全体职工中进行战备生产动员,立即转入战时生产,昼夜突击完成战时生产任务,支援抗美援朝战争。同时接受试制和生产讯号弹15万发的紧急战备任务。

1950年10月8日,鉴于美帝国主义不顾我国政府的一再警告,把战火烧到我国鸭绿江边,严重地威胁我国安全,党中央作出了抗美援朝、保家卫国的战略决策。毛泽东主席发出《给中国人民自愿军入朝作战的命令》,命令"中国人民自愿军迅即向朝鲜境内出动,协助朝鲜同志向侵略者作战并取得光荣的胜利"。任命彭德怀为中国人民自愿军司令员兼政治委员。我中国人民自愿军遵令跨过鸭绿江,10月19日到达朝鲜前线,投入抗美援朝、保家卫国战争。全国人民一边进行经济建设,一边投入抗美援朝战争。全国军事工业已进行了紧急动员,进行战时生产。地处朝鲜战场前沿的东北南满地区的军事工业,根据中央的决定,迅速向北满各地区搬迁建厂,并要尽快投入战时生产。

1950年,特别是从7月进行抗美援朝、保家卫国战备动员转入战时生产,支援我人民志愿军在朝鲜战场作战,二三厂广大干部和工人,昼夜突击完成战时生产任务。到1950年底,六〇弹生产完成1 034 448枚,为战时生产计划的114%,产量比上一年增加一倍;讯号弹仅经过一个多月的设计和试制与试验,即投入大批量生产,在1950年8月设计试制成功,仅用4个月的时间,超额完成战时生产任务,生产153 582发,完成计划的102%,同时还完成为兄弟厂配套的战时生产任务;六〇弹弹壳146 500枚,六〇弹引信100 800发;猎枪式六〇弹发射管216 500发,保证了兄弟厂完成战时生产任务。

1951年1月,为适应战备生产体制,二三厂撤销了下设的四个生产所一级机构编制,将四个所领导的各生产股,调整合并为18个生产部(即车间,当时还没有车间这一名称)。为适应战时生产,大批量生产六〇弹和加强企业管理工作的需要,将各所领导下的各生产股,改为从弹壳、引信体铸造到各零部件机械加工成半成品,直到最后装配成弹的各个生产流程,调整合并成12个生产部。将各个所原有的机修股、工具制造股、厂部电气股、水暖股等合并为6个辅助生产部。全厂共十八部,统由厂部领导,调整配备了各生产部干部和厂部科室干部。

第三编
东安根据地军工和军事教育发展历程回忆

为加强党、工会、青年团工作和便于单身职工(当时大部分职工在单身宿舍住宿)生活管理,将原4个所(原一、二、三、四分厂)所在区域改称一、二、三、四工区。工区不是一级行政机构,未配工区领导干部,但有些活动又以区域组织共同行动比较方便,故在工区设有党总支部、工会、团总支部。设有工区总务管理员,负责组织所在工区各个部单身宿舍和食堂管理工作。

1951年,为支援我人民志愿军在抗美援朝战争中需要大量武器弹药,二三厂全厂上下进一步进入战时生产,集中力量完成六〇弹增产任务,及时发往朝鲜前线。为了增加讯号弹产量,支援朝鲜前线作战的需要,东北军事工业局决定,二三厂由原生产讯号弹成品,改为生产成套讯号弹发射管半成品和发射管底座、底大帽、底大台、底大装药及底大套管,然后供给兄弟厂装发射药、减光药,生产讯号弹成品,发往前线,供我志愿军使用。由于两厂分工专业化生产,产量大幅度增长。二三厂全年完成讯号弹成套半成品1 022 400发,比上一年生产成弹增加6.5倍。

1951年2月,军工局决定二三厂由生产前膛弹厂改为生产后膛弹厂,大批生产76.2毫米野炮榴弹,支援我志愿军炮兵部队在朝鲜前线作战的需要。批准新建12 000平方米野炮榴弹生产装配厂房,要求到年底竣工,为1952年生产装配榴弹做好准备。为保证这一基建任务的完成,工厂决定抽出梁富民副厂长专抓厂房建设和榴弹生产线、专用设备、工装等工作。到年底,新厂房已经建成。榴弹生产装配线和专用设备、工装等项装备的设计、制造工作已开始进行。

1951年6月30日,二三厂改称五七二厂。

1951年9月,东北兵工局向五七二厂下达了设计试制76.2毫米榴弹底火任务。同时决定将原来生产的六〇弹和其专用的各种设备及部分人员移交和调配给六七二厂组织生产。在接受设计试制底火任务时,只有一份按苏式实弹测绘出来的图纸,没有标明公差数,没有其他有关技术资料。为了掌握试制品的性能和作用以及测定零件公差,工厂组织技术人员在废弹堆里找到几发苏式76.2毫米榴弹废弹,作为主要参考资料,用以解剖测绘,制定了试制公差,重新设计了图纸,研究了加工方法,编制了工艺,设计了工具工装,选定了加工机床,进行设备安装和工装制造。到12月初开始产品试制工作,到下旬生产出第一批试制品,系统地核测了全部生产设备、工装、工具,为1952年正式投产做好了各项准备工作。

1951年10月,五七二厂决定将原生产六〇弹时设立的18个生产部,调整合并后建立适应野炮榴弹生产装配的铸造、弹头加工、引信、底火、木箱、成弹装配、工具、机械动力等 8 个大型车间，为 1952 年生产榴弹底火和成弹生产装配做好各项准备工作。

1951 年 11 月 12 日，东北兵工局批复了五七二厂的组织机构设置和干部任命：

  厂长   孙云龙

  副厂长   梁富民、张增财、李景文

  党委书记   林世超

  副书记   贾债云

厂部下设：技术、生产管理、机械动力、劳动工资、技术安全、检验、材料、经济计划、人事、经理(财务会计)、保卫、保密、基本建设、行政总务、卫生等 16 个科室。

1951 年是支援抗美援朝战争紧张生产的一年，职工工作热情更加高涨。全年共生产六〇弹 1 401 342 发，比上一年增产 39.5%；生产讯号弹发射管半成品、底大座、底大帽、底火装配和底套管等成套产品 1 022 400 发，比上一年生产成品增长 6.5 倍，供兄弟厂装发射药、减光药生产成品，支援我志愿军部队在前线作战的需要。这一年是鸡西军工史上生产发射弹类最高产量的一年。

五七二厂迁来哈尔滨与四二三厂合并。

1952 年 2 月下旬，五七二厂厂长孙云龙调哈尔滨四二三厂任厂长。着手主持五七二厂、四二三厂、五二三厂 3 个工厂的合并建厂工作。孙调走后，五七二厂党委书记林世超兼厂长。

1952 年一季度，已将六〇弹和外供六〇弹猎枪式发射管的各道生产工序的半成品，组织加工最后装配出六〇弹 204 432 发，外供猎枪式发射管 32 750 发。自 1948 年 4 月开始生产的六〇弹，至此 4 年间共生产出 3 489 959 发。生产的这些弹药源源不断地支援了解放战争中的辽沈战役、淮海战役(生产的六〇弹经图们、通化、丹东转运到山东送到淮海前线)、平津战役和抗美援朝战争，并且支援了越南抗美救国战争。

1952 年 6 月，设计试制苏式 76.2 毫米榴弹底火成功。7 月 12 日，五七二厂关于苏式底火试制成功特向东北兵工局写出了报告。8 月 20 日，东北兵工局因 76.2 毫米榴弹试制成功，给五七二厂发了贺信，并奖给工厂奖金 1 亿元。

1952 年 6 月，四二三厂厂长孙云龙调任六二六厂厂长。五七二厂党委书记

第三编

东安根据地军工和军事教育发展历程回忆

兼厂长林世超任四二三厂厂长，负责主持两厂合并工作。

从1951年12月开始，仅用8个月时间，五七二厂就做好了76.2毫米榴弹生产装配的工艺编制、工装和专用设备的设计与制造、机械设备安装、劳动组织调整等各项生产准备工作。

1952年8月，开始生产装配76.2毫米榴弹。生产这种榴弹，需要有十余公里距离的大型靶场进行射击试验。当时没有这样的靶场，为解决这一难题，经过测距和论证后，决定将试弹的大炮炮位设在鸡西西山顶部一处高地上，发射炮弹从空中横越八家子沟、孟家沟、小乌拉草沟、大乌拉草沟、柳毛柏家车站北沟，弹着点落在柏家东站南沟五七二厂柳毛地下仓库区域内，为保证弹着点区域周围各村屯居民人身安全，经与县政府和县公安局商定，在发射试验炮弹的头一天，在弹着点区域两侧几处最高的山顶上插上红旗，第二天发射抽试炮弹完成后，将山顶上的红旗取回。由当地政府通知周围各村屯居民，今后凡看到头一天在山顶上插了红旗，第二天在红旗取回前，严禁进入红旗圈定的内部弹着区内，以免试弹伤人，保证当地居民人身安全。当地各村屯居民严守这一规定，看见插有红旗时，都没有进入禁区内，保证了人身安全，没有发生伤人事故，也保证了每一生产批次5 000发成弹的抽试射击试验工作。

自1952年8月开始生产装配76.2毫米榴弹，到11月末，榴弹底火生产已超额完成当年生产计划，共完成401 105个，完成计划的129.2%；76.2毫米野炮榴弹装配生产，在短短3个月的时间内，边进行工厂搬迁，边组织生产装配，共完成195 000发，完成计划的95%。

1952年8月18日，五七二厂向中央兵工总局作了关于迁厂和移交计划报告。

1952年8月，中央兵工总局撤销，成立了第二机械工业部，领导全国军事工业，部长赵尔陆。五七二厂属二机部二局领导，局长张连奎。

不久，二机部二局决定，五七二厂向哈尔滨搬迁后，在鸡西建立二一三技工校。五七二厂从1952年4月开始向哈尔滨搬迁。12月25日，最后一批人员包两个客车车厢乘车离开了工作战斗达7年之久令人难忘的鸡西这个好地方。从此，五七二厂告别了鸡西，开赴新厂址，接受新的战斗任务。

三、地址、建筑设施、设备和资金

(一)所在位置和建筑设施

二三厂所在位置在鸡宁西山区和西鸡西车站南山区、柳毛地下仓库区、鱼亮子沟小煤窑矿区。二三厂办公地址设在鸡宁西山区的中心(今煤炭部鸡西卫校门诊部和住院处),南、西、北三面环山,中间有一公里多长西高东低的较平坦开阔的山沟。附近四周有4个工厂区、1个仓库区、1个较集中的职工家属住宅区。建有职工医院、职工俱乐部和商店(当时叫合作社)、被服厂等建筑设施,占地面积为4 413 500平方米。设在西鸡西的第一厂厂区占地面积493 500平方米。柳毛仓库区占地面积835 000平方米(鱼亮子沟小煤窑矿区未计在内)。合计占地面积共达5 248 500平方米。共有房屋268栋,建筑面积102 500平方米。铁路专用线一条1.53公里,厂区、仓库区、住宅区公路四通八达,共11.5公里。

二三厂在解放战争时期,是东北地区最大的、生产和生活福利等建筑设施最完整齐全的军事工业基地。

二三厂厂部是利用伪满鸡宁密山炭矿株式会社的一个办公楼,经修建后作为办公楼。

第一厂厂区是利用在西鸡西火车站南侧山坡上伪满铁路鸡宁和西鸡西两站日籍员工家属宿舍、单身宿舍、学校、商店等建筑物修建的。1946年6月选此处建手榴弹厂后,对原有建筑物进行改建和修建,到年底全部建成,作为厂房和仓库,生产手榴弹。为扩大生产规模,新建了三栋制材、木箱制造工房和6栋手榴弹装药、引信制造、锅炉房等工房。利用原日籍员工单身宿舍作为第一厂厂部办公室和单身职工宿舍。后又新建一栋食堂兼作俱乐部用房。

第二厂厂区设在鸡宁西山区南山南坡,与孟家沟、八家子相邻。利用伪满日本关东军一处野战医院和伪满鸡宁县公署原有旧址经修建后,作为六〇迫击炮弹各种部件机械加工厂房和工厂厂部办公室、单身宿舍、食堂。

第三厂厂区设在鸡宁西山区东南侧,与现在鸡西矿务局原办公楼相邻。利用伪满日军七〇部队司令部一栋带有地下室的三层楼房(今卫校一教室楼),伪满鸡宁县邮局、伪满鸡宁县银行、伪满原鸡宁炭矿一座空中(从恒山北山矿进行空运至此处)运煤缆车机房等建筑物,经修复作厂房、办公室和单身宿舍及食堂。后又新建3栋工房。这些厂房分别作为六〇弹弹体、引信体铸造工房和机械设备、工卡量具制造及修量工房。

第四厂厂区设在鸡宁西山区东北侧山坡上,山脚下紧靠鸡宁火车站。这一区域是伪满日军七〇部队司令部一处三层办公楼(今煤矿卫校校部和校党委办公楼、司令官住宅)、军官俱乐部和随军商站(今鸡西鸡冠区医院)、士兵俱乐部等建筑物。利用这些建筑物经修建改建后,作为六〇弹生产装配、引信装配、发射管和雷管及碰火、底火等制造厂房、办公楼、单身宿舍、食堂兼俱乐部之用。

新建后膛弹生产装配厂厂区在鸡宁西山区西侧的山坡上。1951年初开工兴建,于年底建成9栋工房和1栋锅炉房,是生产装配76.2毫米野炮榴弹的新工厂厂区。

仓库区设在鸡西县西山区西北侧山坡上和柳毛柏家东站南三公里处的山沟地区内。西山区西北侧仓库区,一部分是利用伪满日籍人员家属住宅修复改建作为物资仓库,一部分是在西北侧通往鸡西公路(对面是机车库)的山沟内由伪满日军七〇〇〇部队地下工程指挥部(地下工程大厅西端有梯形通道直通到山顶)和地下停车库(车库在山沟的东侧)经修理后作为TNT等易燃易爆火药仓库。另一处是利用柳毛柏家东站南山沟内伪满日军九八三一部队的六处地下仓库作为储存TNT炸药等物资仓库。

小煤矿区是西鸡西穆棱河北岸鱼亮子沟口处新建的小煤矿。小煤矿生产的煤和焦炭供二三厂各厂区生产使用。1948年以后,鸡西(宁)各煤矿已恢复正常生产,工厂才开始使用鸡西(宁)煤矿的煤和焦炭,小煤矿已停产关闭。

职工家属住宅和生活福利区主要集中在二三厂厂部办公楼为中心的北侧山坡上,一部分在南侧山坡上。住宅区的建筑物大部分是伪满日军驻鸡西(鸡宁)各部队的军官家属住宅和伪满密山炭矿、日满商事、鸡宁县公署、县银行等日籍人员家属住宅。这些住宅在日本投降后均遭到烧毁和破坏。二三厂从1947年起经两年时间将这些房屋全部修建起来;1949至1951年又新建一批住宅。建立起职工医院、职工疗养所、商店(消费合作社)、浴池、小学校。1950年又建了职工俱乐部、职工体育场。这是较为完善和集中的职工家属住宅和生活福利卫生文教区。

(二)机械设备和煤电需用量

1946年开始有各类机械设备117台,多数为皮带车床,有几台刨和铣床。这些机床经检修有三分之一可以使用。其余都是残缺不全或被火烧过的,需拆卸和重新配件等大修后才能使用。当时,以可使用的机械设备为基础,逐步将其余不能用的机械设备修配好后用以生产。随后从哈尔滨铁道工厂征用几台大型车床、龙门刨床和从私人工厂购买了一些机械设备。1947年拥有各类机械235台。这一年先后从牡丹江、佳木斯、绥芬河等地征购了一些设备。军工部又从珲春第一办事处调拨来50余台废旧设备。这一年又自制一部分专用机床。

1948年拥有各类机械设备575台,这一年自制了一批机床和专用机床,从朝鲜购入十几台车床,其余是哈尔滨等地购进的机械设备。同年还给其他办事处和直属厂生产152台专用机械设备。

1949年拥有各类机械设备884台。

1952年共有机械设备1279台。

1947年全年用电量196万度。

1950年全年用煤量11 170吨,用焦炭量476吨。

(三)固定资产和流动资金

1950年固定资产折合人民币为22 066 909元。

1952年流动资金总额折合人民币为4 334 543元。

当时,流动资金周转期很快,一年可周转4~5次。

四、产品

(一)品种和产量

二三厂在解放战争和抗美援朝战争中,遵循我军的人民战争思想和一切为了解放战争、抗美援朝战争胜利的方针,千方百计地组织动员职工生产武器弹药支援战争的胜利。从1947年初开始生产手榴弹,到1952年的6年中,先后生产了手榴弹、五〇掷弹筒弹、八一迫击炮弹、六号雷管、九〇迫击炮弹、一五〇迫击炮弹、六〇迫击炮弹、爆破筒、爆破引信、讯号弹、爆破拉大管、黄色炸药、76.2毫米野炮榴弹等13个品种。还为各兄弟厂生产六〇弹壳、引信扩爆管、引信、六〇弹发射管等4个品种。二者共计17个弹药品种。6年时间总产量合计为10 417 000发(枚、根、个，下同)。

(二)产品质量

二三厂从1947年初开始大批量生产手榴弹时起，就十分重视产品质量。在生产过程中，主要抓了以下几个环节，从而保证了产品质量:

(1)经常向职工进行有关提高产品质量的教育工作。教育职工都知道产品质量好坏是关系到我军战士在前线作战能否取得胜利的重大问题，使职工明确认识到"质量第一"的重要意义，在生产中坚持质量第一，保证每道工序产品质量。

(2)严格按工艺要求进行生产，遵守操作规程和工艺纪律。

(3)建立了严格的生产责任记录制度，出了不合格产品及时追查到生产责任者。

(4)严格掌握生产要点，认真执行检验制度和抽试标准，不合格半成品不能转往下道工序，不合格成品不出厂。

二三厂生产的手榴弹、六〇弹等所有各种武器、弹药在产品体上和包装箱上都印有三角牌(—△—)标记，我军前线作战部队对使用三角牌手榴弹和六〇弹等弹药，在质量上都给予了很高评价。

1948年，工厂又明确提出"我们生产军火的要求质量第一"的口号。认真贯彻了军工会议提出的"由质量中求数量"的方针和炮弹会议规定的炮弹统一标准；全年生产的弹药质量都有提高。手榴弹抽试爆炸率全年有6个月为100%，有1个月有99.2%，即4月份在试验中有的雷管半爆受到影响，有5个月均在99.5%以上。八一弹、九〇弹、六〇弹、一五〇弹和药包、发射管以及76.2毫米野炮榴弹生产，在各批次试验中，发火率、爆炸率、平均射程、散布界、半数必中界等技术性能，都达到了规定的性能要求。

1948年5月，在哈尔滨召开的炮弹生产技术会议期间，各地区生产的炮弹统一进行射击试验，对比了产品质量情况，二三厂生产的六〇弹，经射击试验结果表明，质量是良好的，受到会议好评。

1953年,二机部派出一个武器弹药质量情况调查组,由部检验处李宏德队长带队,有原在鸡西五七二厂检验科工作的贾成真同志等人组成的调查组,在朝鲜战场了解我国生产的武器弹药使用和性能质量情况,听取了基地仓库对弹药性能和质量情况的意见。经调查,三角牌(一△一)(二三厂生产的弹药内部标记)六〇弹性能和质量都是好的,特别是炮弹在硬土层地方爆炸率较其他同类弹好,爆炸力强,在抗美援朝战争中发挥了作用。

(三)总产值

1947年和1948年:因当时没有零部件成本和价格,未计算出总产值。

1949年:5 541 250元(按1948年不变固定价格计算,下同)。

1950年:6 203 260元。

1951年:8 953 036元。

1952年:16 264 400元。

1952年:(以计划价格计算)91 378 700 000元。

1952年:劳动生产率(以固定价格比值计算)9 850元。

(四)产品成本

1948年7月,办事处决定开展成本计算工作。要求先算出各厂生产的弹药成本,后由办事处汇总出厂产品成本。这是一项新的工作,困难很多,但要求两个月内一定计算出来。当时各厂虽有一名会计员,是总务会计,不懂成本计算,只好由工厂工务统计人员担负成本计算工作。各种产品所用材料没有定额,有很多材料是几种产品都用,没有分开领用。也没有工时定额,工厂每个生产股的人力,一个月生产几种产品。在这种情况下,就得把各种产品用同一种材料,用统一的工时等一一进行标定测算,求出各种产品的耗用量和用工量,然后再按各种产品月产量的比例求出本产品当月所用全部工时和同一种材料总消耗量。再加上该产品专用材料月消耗量和专用用工时月工时量,分别计算列入直接材料费和直接生产人员工薪费。因此计算工作量很大,而时间又必须在两个月内完成。为完成这项工作,有关人员昼夜连续进行工作突击,终于在2个月内4个厂都分别完成了成本计算工作,为以后逐月计算成本打下了基础。当时计算工作是比较细致的,大都是根据工务统计资料计算出来的。但有些费用如折旧费、修理费等没有计算出来。领用的材料当时没有填写价格进购的同一种材料价格不一,价差很大,当时只好按市场出售价估算出来。对直接材料和间接材料有的又划不清楚。所以计算的成本不够精确,但为以后各月计算成本打下了基础。

由于在1948年下半年开始了产品成本计算工作,摸索了经验,制定了一些规章制度,逐步完善了产品构成所需的各种资料和数据,到1949年,已经制定了产品工时定额、材料定额和工具消耗定额以及折旧费用摊销、煤电消耗等统计资料。各月的产品成本计算工作已经比较准确了。

1949年10—12月,工厂经过企业化试点工作,经济核算和成本计算工作已走上正轨,产品成本也更为准确。

五、干部工人队伍组成和薪金待遇

(一)干部工人队伍组成

1946年6月,由东北民主联军总后勤部军工驻哈办事处主任兼政委叶林带队,有李平、任克、刘子毅、戴祖荫等5名干部,带领一个警卫排和20余人日籍技术工人的第一批工作人员到达鸡宁,进行厂址考查选点和着手鸡宁军工办事处的筹建工作。

1946年7月,延安温家沟兵工厂厂长郝希英来东北后任总后勤部军工部副部长,带领魏颖贤、王子晨、段合德、杨汝平、刘鸿欣、李凤刚、王志成(女)、宋洪钧等9名干部的第二批工作人员到达鸡宁。他们同第一批到达的干部一起在鸡宁成立军工办事处,开始招收工人和组织施工力量,进行手榴弹厂的厂房和职工宿舍的修复和建设。在当时招收最早的技术工人有宋长泰、邹本岳等人。他们原在滴道煤矿当过技术工人。

1946年9月底,总后勤部委派乐少华、钱志道、汤钦训为首带领第三批60余名军工干部到达鸡宁。

1946年6月至9月,在第一批和第三批军工干部带领下,随同到达鸡宁的有日籍人员100余名。

1946年12月,孙云龙同志在哈尔滨铁道工厂动员带领一批技术工人来鸡宁参加工作。

1947年1月，李子政同志在哈尔滨造船厂、哈尔滨矿山机械厂、市总工会和地方工厂动员。一批技术工人来鸡宁参加工作。

1946年至1948年，先后从部队委派和调入一批领导干部到三办工作。他们是老红军干部。

1947年2月起，先后通过鸡宁西、密山、勃利、林口、穆棱、宁安等县和牡丹江市等地方政府以及有关部门动员介绍大批知识青年、城镇、农村青年和部分工人到鸡宁军工办事处参加革命工作。

1947年9月，西满辽吉军区后勤部军工处二厂陈实厂长带领吕博（女）、刘群、秦玉等干部和工人近150人调来鸡宁第三办事处工作。

1947年8月和12月及其以后，北安东北军政大学干部郝品芬、康文清和学员李希贤等30余名干部先后调来三办工作。

1948年3、4月间，先后有两批哈尔滨青年学生50余人由军工部分配到鸡宁三办工作。

1949年3月，军工直属二厂（密山）邵晓晶（女）、常广财等30余人分配来三办工作。

1949年7月，20人从军工部北安第四办事处调来三办工作。

1949年8月，哈尔滨直属七厂、联合一、二、三厂和兴记工厂有40余人调来三办工作。

1949年11月，珲春第一办事处姜政、陈宝富、韩顺子（女）30余人调来二三厂工作。

1950年6月，有近200人从齐齐哈尔三一厂调来二三厂工作。

1950年先后有广州、四川、柳州、沈阳等地大专院校毕业生分配来厂工作。

1950年12月，一批长春、锦州等地高中毕业生分配来厂工作。

（二）历年职工数

年度	职工总数	其中			
		工人	学徒	干部	勤杂人员
1946年	480	176	85	74	29
1947年	1 222	522	334	172	55

续表

年度	职工总数	其中			
		工人	学徒	干部	勤杂人员
1948 年	1 704	979	284	248	63
1949 年	1 701	1 237	112	205	64
1950 年	1 933	1 295	199	262	71
1951 年	2 377	1 665	185	348	74
1952 年	2 234	1 651	52	377	59

注：

1. 本表所列职工总数有的是年末统计数，有的是月份曾达到统计数。

2. 从1946年起到1952年，每年都有大批干部和技术工人输送到东北各地和全国各地工作。还有一大批工作人员到工农速成中学和技术学校学习。先后在三办、一三厂、五七二厂工作的人员有4 000余人。

（三）培养输送大批干部和技术工人

二三厂从1946年创建到1952年搬迁，7年间，上级调任和招收参加工作的干部、工人共有4 000余人。在这7年间，培养了大批技术工人。先后抽调和选拔输送到全国各地军事工业单位、矿区和首都北京及一些省市。这些人才现已成为各级领导干部和重要技术骨干。他们分别在全国各地区兵器、航空、电子、造船、航天等军事工业企业、军事工业部门和煤炭、冶金、机械、汽车、化工、地质、教育、交通建筑工业部门以及大专院校、科研部门、工会、国家机关工作。这一大批干部和技术骨干，为我国军事工业、科学技术和其他工业的发展，做出了重要贡献。

（四）薪金待遇

二三厂全体职工在创业初期都实行供给制，干部、工人均按部队规定发给服装、办集体食堂就餐。工人就餐于大食堂，干部一度就餐于小灶和中灶食堂，以后取消了。每月有一点津贴，干部是以猪肉计算折合成货币发给，最高十八斤猪肉。

从1947年4月起，在工人中实行工资制，实际上是供给制的货币化，并划分了级差很小的等级。工资以"分"计算，最高130分，最低30分（实际评定40

分左右）。职工民主评定每人的工资分数。分值每月由上级领导机关根据物价指数确定货币额，在报纸上每月公布一次分值，以分值乘以职工个人工资分数为每月工资额。实行工资制后，工人的生活和供给制差不多，只有一点机动性，每人每月约25分伙食费。怕青年工人不会过日子，穿不上衣服，工厂每月从他们工资中扣下一点钱，储存起来，到换装季节给他们添置衣服。伙食费一次性从月工资中扣回。剩余的工资发给本人领用。其他住房费、水电费、医疗费等则由工厂全部包下来。

1949年4月，根据1948年9月军工会议关于各办事处由供给制逐步改为企业化的经济核算制的决定，第三办事处干部、工人全面实行了工资制，仍以工分计算。工人的工分数有较多增长，最低90分、最高250分，干部实行工资制后，最低120分、最高360分。

六、二三厂与官田、茶坊兵工厂沿革关系

1991年10月20日，《人民日报》一版题为：《纪念人民兵工创建六十周年大会举行》的文章，副标题：江泽民、杨尚昆、李鹏、聂荣臻、王震题词，杨尚昆、王震等出席。报道说10月19日下午，在兵工战线默默奉献的1000多名工人、科技人员和领导干部欢聚在政协礼堂，隆重纪念人民兵工创建60周年。

报道说："人民兵工是在艰苦的战争环境中诞生和发展起来的。从1931年10月，中央军委在江西兴国县官田镇建立起第一家兵工厂到现在整整60年，兵工战线发扬自力更生、艰苦奋斗的精神，为抗日战争、解放战争的胜利，解放后又为巩固国防、保卫社会主义建设做出了卓越贡献"。

鸡宁军工二三厂的前身是延安茶坊兵工厂，而茶坊兵工厂的前身是江西官田兵工厂，这一历史沿革关系，却很少为人们所知道。实际上可以说二三厂的最前身是江西官田兵工厂的沿革历史。

1931年10月，中央军委在中央苏区江西兴国县官田镇建立了第一家兵工厂，叫官田兵工厂。工厂的房屋和设备很简陋，只有八尺、六尺车床和五马力汽油机各一台。设备是红军打漳州时缴获的。工厂的生产任务是造手榴弹、修理枪械和生产子弹。生产子弹是用红军打仗时收回的旧铜壳和用铜圆碾成薄片冲成弹壳做的。兵工厂建立后，缺少有兵工技术的工人，中央军委通过东北地下党，在1932年秋吸收在奉天（沈阳）张作霖兵工厂当工人的郝希英入党后，派

第三编

东安根据地军工和军事教育发展历程回忆

他和韩日升、刘广臣三人从奉天出发,于1933年1月初到江西瑞金后即被派到兴国县官田兵工厂工作。郝希英同志于1934年4月任官田兵工厂厂长。这个兵工厂隶属于红一方面军供给部领导,部长是叶季壮同志。叶季壮在《回忆红一方面军的兵工厂生产》一文中说:"第二次国内革命战争时期,我在第一方面军前方搞后勤工作。当时的武器弹药的主要来源主要是从敌人手中缴获的,后方也供给一些手榴弹和子弹,由于技术设备和材料来源困难,后方供给的数量是有限的。后方兵工厂主要是少奇同志和陈云同志领导的。"又说:"1931年后,由于我军打大规模的运动战,流动性很大,弹药消耗也多,部队没有条件搞修械和造枪了,于是将缴获的和用坏的枪支送后方修理。1931年在兴国建立了一个兵工厂,叫官田兵工厂。东北义勇军从奉天派来三名技术工人,其中两个同志已牺牲了,只剩下一人叫郝希英。兵工厂的主要任务是修枪、造手榴弹和子弹。"

郝希英在一篇官田兵工厂回忆录中说:中央领导同志对官田兵工厂非常关心和重视。陈云同志到工厂视察时,看到车床没有动力设备,用人力摇大轮子带动机床,劳动强度很大,生产效率很低,就建议修渠引水,用水力带动机床。陈云同志在谈到革命队伍武器来源时说:"一个是打胜仗,缴获敌人的武器;一个是靠我们的兵工厂生产。所以你们担负的任务是很重要的。由于敌人的封锁,工厂的生产条件是艰苦的,要自力更生战胜困难。"又笑着说:"又要马儿跑得好,又要马儿不吃草。"

1934年10月,中央红军冲破敌人第五次"围剿"。郝希英同志带领官田兵工厂108名职工,携带一台六尺车床和一些修械工具、无烟火药,跟随叶季壮部长指挥的纵队,突围后路经湖南时,为提高行军速度,将车床、无烟火药和部分职工留下为当地部队服务,其余职工由郝希英同志带队随红军长征北上,边长征、边在部队进行修械。

1935年10月19日,红军到陕西省吴起镇,与陕北刘志丹领导的红十五军会师。官田兵工厂职工从出发时的108人,到陕北时只剩下郝希英等7人,加上在毛儿盖参加北上的七八十人,最后只剩下14人。带去的工具只剩下两把虎钳、四把锉刀和一只木制风箱。不久,官田兵工厂同红十五军兵工厂会合,组成红军兵工厂,郝希英任厂长,厂址在吴起镇,归红军总供给部领导。

1936年6月,美国记者埃德加·斯诺曾到吴起镇兵工厂采访参观考察,在工厂待3天。在他著名的《西行漫记》(原名《红星照耀中国》)中,详细介绍了

275

该厂生产、职工、厂房、产品、文化、政治、学习、生活娱乐等各方面情况。介绍了制造手榴弹、迫击炮弹、火药、手枪、小炮弹、枪弹和修复的步枪、机枪、自动步枪、轻机枪情况。

1936年12月，兵工厂搬迁到延安附近的柳树店。

1938年3月，根据党中央的决定，工厂搬迁到离延安70里的安塞县茶坊镇。从此，红军兵工厂改名为茶坊兵工厂。这就是从官田兵工厂到茶坊兵工厂的沿革关系。红军兵工厂搬迁到茶坊后不久，郝希英厂长到中央党校学习，由毛远耀同志接任厂长。

1942年延安整风后，乐少华同志再三申请要到基层工作，根据其本人的意愿，任命他为茶坊兵工厂厂长。该厂下设4个分厂。乐到工厂后，同各级干部和工人一起，在原材料极端困难的情况下，克服重重困难，生产硝酸、硫酸、盐酸、酒精、乙醚、硫化锑、脱脂棉、硝化棉、硝化甘油、发射药、黑火药、硝化甘油木粉炸药、雷管、火帽、底火、拉火，制造了大批手榴弹、掷弹筒弹等武器弹药，支援抗日战争，还制造出大批制钞票用纸、氯化钾等民用产品。茶坊兵工厂在抗日战争中，是延安和陕甘宁边区有名的兵工厂。

1945年12月20日，党中央发出《建立巩固的东北根据地》的指示，为贯彻执行中央指示，东北局曾数次电请党中央速派军工干部来东北后方建立工业生产基地。

1946年5月，为建设东北根据地军事工业，原任官田兵工厂厂长、茶坊兵工厂厂长，后任温家沟兵工厂厂长的郝希英同志奉命带领40余名军工干部，随中央组成的队伍，从延安出发，6月底到达哈尔滨。郝任东北民主联军总后勤部军工部部长职务。郝带领的这批军工干部分别被派到珲春、兴山（鹤岗）、齐齐哈尔、哈尔滨等地工作。郝希英于7月初带领9名温家沟兵工厂军工干部到达鸡宁，同6月份到达的由军工部驻哈办事处主任叶林带领的6名到鸡西选定军工厂厂址的干部一起，组建鸡西军工办事处，郝任主任。

1946年6月初，茶坊兵工厂厂长乐少华、化学总工程师钱志道等奉命带领60余名军工干部，携带有关武器弹药全部技术资料来东北建立军事工业生产基地，于9月16日到达哈尔滨。18日，陈云同志接见这批军工干部，作了形势任务和动员报告。会上总后勤部宣布乐少华为鸡宁军工办事处主任、钱志道为总工程师、汤钦训为副主任。办事处下设业务科室和4个工厂。各工厂下设工务科和生产股。从办事处主任、总工程师、各业务科室科长主任、各厂厂长和下设

第三编
东安根据地军工和军事教育发展历程回忆

工务科长以及各生产股长，大部分是茶坊兵工厂原来的军工干部担任的，少部分是温家沟兵工厂军工干部担任和几名哈尔滨地下党干部担任的。实际上是延安茶坊兵工厂搬迁到鸡宁创建军工生产基地的。就像官田兵工厂随红军长征到陕北最后搬到茶坊镇称茶坊兵工厂一样，茶坊兵工厂搬到鸡宁称鸡宁军工二三厂。不论长征时期官田兵工厂搬迁到陕北，还是解放战争时期茶坊兵工厂搬迁到东北，在当时条件下，工厂不可能也没有条件携带大批设备和物资器材远距离搬迁，只能是组织一批领导干部和技术工人骨干，携带少量应用工具和主要技术资料的搬迁。从官田到茶坊、从茶坊到鸡宁都是如此。从工厂的延续和改变名称，从工厂的领导人带领一批干部、技术工人骨干到延续建立的工厂开创新事业，完成同样的任务来说，二三厂与官田、茶兵工厂的关系，是官田—茶坊—鸡宁三个兵工厂的历史沿革关系，官田、茶坊兵工厂是鸡宁军工二三厂的前身。

来东北到鸡宁创建军工生产基地的领导同志和带领的一大批军工干部，他们在第二次国内革命时期和抗日战争时期，在兵工生产建设领导岗位上和参加革命工作中，都做出了重要贡献；他们为创造和发展鸡宁军工生产基地，为支援解放战争和抗美援朝战争的胜利做出了重要贡献，为中国兵工史和东北以及黑龙江军工史谱写了光辉的历史篇章。特别是创建鸡宁军工的一些领导人都做出一重要贡献。

叶林：鸡宁军工创建的领导人之一。1912年生，江苏淮安人。大学毕业。1937年参加革命，先后任陕北公安队长、军委办公厅科长、延安留守兵团政治部科长。中共湘北地委秘书长，1945年12月任东北军区军工部办事处主任兼政委。1946年6月带队来鸡宁选定鸡宁军工基地并组织筹建工作。后任东北财计委处长、东北人民政府交通部长、铁道部东北办事处主任、国家计委局长、计委委员、国家经委部主任，北京市革委副主任、副市长、市委书记、顾问委员会副主任，第六届全国人大常委会委员、人大财经委副主任、第七届人大财经委副主任。

乐少华：鸡宁军工主要创建人。1904年11月24日生，浙江镇海县人。当过工人。1925年参加革命，1927年入党。1925年参加过上海"五卅"大罢工，参加过上海第三次工人武装起义。1927年后赴莫斯科东方大学学习。回国后在上海从事地下党工作。1932年10月到中央苏区后任红七军、红十五军政委、红七军团政委、中华苏维埃共和国第二次代表大会中央执行委员会委员、红军北上抗日先遣队(红七军团改称)政委。先遣队与方志敏领导的红十军合编为红十军团后任政委,1934年12月10日在行军中与敌重兵进行遭遇战时负重伤。1936年乐伤愈后到延安,任我陇东西北青年干训班主任兼政委后分别到延安红大、马列学院、中央党校学习,后任中央直属机关党委书记。1942年延安整风后,乐申请到基层工厂工作。中央组织部部长陈云同志考虑乐身为我党高级干部,不同意他到基层去工作。乐再三申请,后同意他担任中央军委军工局副局长兼茶坊兵工厂厂长工作。他执意直接到基层工作,后根据其本人意愿,任命他担任茶坊兵工厂厂长。他到工厂后,深入下层,同各级干部和工人一起,在原材料极端困难的情况下,生产出大批各种武器弹药支援抗日战争。

1946年6月1日,乐奉命带领茶坊兵工厂一大批军工干部来东北。9月16日到达哈尔滨后,陈云同志接见了他们,作了关于建立东北根据地重要意义和形势任务的报告,动员他们到鸡宁去建立军工生产基地,要3个月生产出手榴弹。9月底乐带领这批军工干部同满载军工生产物资设备的一列火车到达鸡宁。乐任鸡宁军工办事处主任兼党委书记。鸡宁军工仅用3个多月建成手榴弹厂试批生产手榴弹。接着又相继建成炮弹机加工厂、翻砂和机械修理制造厂、迫击炮弹装配厂,后称第一、二、三、四厂。先后生产出大批手榴弹、爆破筒、掷弹筒弹和各种迫击炮弹,支援解放战争。

1948年11月,乐调任东北军区军工部北满(哈尔滨)分部部长,组织领导北满、东满、西满6个军工办事处和5个直属厂生产武器弹药。

1950年1月,乐调任沈阳任东北军工部副部长。同年5月军工部从军队建制改为政府机构。乐任东北工业部副部长兼军工局长。组织领导东北地区军工生产和南满地区军工厂北迁,加速北迁新厂建设,支援抗美援朝战争。

1951年乐为加强处于战备状态的军工生产和以后军事工业的发展,抵制了高岗提出要从军工中抽调一半机械设备和领导干部给民用工业的意见,只抽出一部分设备拨给民用工业,以使军工继续保持战备状态的正常生产。

1951年12月,全国开展"三反"运动,东北局某人借机以运动中传闻揭发所谓乐的"三大问题"为由,开始不让乐参加他本应参加的几次党的高级干部重要会议,接着又派工作组到军工局,针对所谓乐的问题,找人谈话,发动群众,以讹传讹,横加罪名,使乐受到运动冲击,无端蒙冤,思想斗争激烈,于1952年1月15日,不幸含冤逝世,终年47岁。

1980年乐少华同志的冤案平反昭雪。同年8月23日,乐少华同志的骨灰从沈阳郊区迁到北京八宝山革命公墓安葬。中组部有关负责同志主持仪式。参加安葬仪式的有原在东北工作的老军工干部和乐生前好友,三机部部长,四机部副部长,五机部、六机部、四防工办、一机部、地质部、中国地质工会等部门的司局长、院长、秘书长和沈阳七二四厂的领导以及乐少华同志的家属、亲属等40余人。

郝希英:曾任鸡宁军工办事处主任,是鸡宁军工创建人之一。1904年生,河北省人。在奉天(沈阳)张作霖兵工厂当过学徒和工人。1932年10月参加中国共产党。入党后由我地下党派他到江西中央苏区,1933年1月到江西兴国县官田兵工厂工作。1934年4月任官田兵工厂厂长。1934年11月他带领职工随红军长征,在长征中边行军边开展枪械修理工作。1935年10月19日到达陕北吴起镇,组成红军兵工厂任厂长。1938年3月工厂迁到延安安塞县茶坊镇,任茶坊兵工厂厂长。此后他到延安中央党校学习。1939年3月,他到太行山组建晋东南根据地兵工厂,取名军工部二所,任所长。1943年12月回延安任温家沟兵工厂厂长兼党委书记。1944年5月1日获陕甘宁边区甲等劳动英雄称号。1946年5月他奉命带领温家沟兵工厂等单位军工干部40余人,随中央组成的队伍来东北,6月底到达哈尔滨,任命为东北民主联军总后勤部军工部副部长,7月他带领9名军工干部到鸡宁组建鸡宁军工办事处任主任,组织人员筹建手榴弹厂,并计划建立子弹复装厂。1946年11月,调任东北财委工矿处(鸡西矿务局前身)任副主任兼鸡宁电业局局长。1947年11月任辽东财委经建处副处长。1948年2月任鞍钢钢铁公司副经理。1954年4月他带领干部和工人100余人赴苏学习重型机械制造,为发展和建设新鞍钢做准备,1956年春任我国驻苏大使馆参赞(国家行政机关九级干部),1958年底回国。1959年4月任四川省机械厅第一副厅长兼党委副书记,后任四川省物资厅厅长。1966年3月7日病逝,享年62岁。

钱志道:任鸡宁军工办事处总工程师,鸡宁军工创建人之一。1910年11月3日出生,浙江绍兴县人。1941年10月入党。1935年浙江大学化学系毕业后,留校任教。1937年5月在太原理化研究所工作。1938年5月来到延安参加革命工作,任军委军工局工程师。1940年初任茶坊兵工厂第三厂厂长后,工厂生产的复装子弹、手榴弹迅速提高二至三倍。同时他负责组建第四厂(紫芳沟化学厂),精打细算,自己动手,就地取材,利用旧石拱窑洞和砌筑新石拱窑洞,作为工房。提出酒精分馏塔、乙醚、硝酸生产设备、蒸馏锅炉、脱脂锅、蒸煮设备、离心脱水机、压片机、石墨光泽滚筒等十几套设备的设计要求方案,设备制成后,化学厂生产工艺和工艺流程,既适合于边区的物资条件,又满足了近代工业的生产要求。1942年,化学厂建成,生产的产品有酒精、乙醚、硝酸、硫酸、盐酸、雷汞、硫化锑、脱脂棉、硝化棉、硝化甘油、双基药、硝化甘油木粉炸药、雷管、火帽、拉火等。

1942年初,任茶坊兵工厂化工总工程师。1944年"五一"劳动节,在边区厂长暨职工代表会议上,钱志道同志被评为特等劳动英雄,是边区8名特等劳动英雄之一。同年5月16日,《解放日报》以"模范工程师钱志道同志创立边区基本化学工业"为题,详细报道了他的特等劳动英雄事迹。

1946年6月1日,化学总工程师钱志道同志同厂长乐少华同志一起,奉命带领茶坊兵工厂一大批军工干部来东北。同年9月16日到达哈尔滨,于9月底到鸡宁创建军工办事处,任办事处总工程师,组织领导手榴弹厂建设和产品设计试制工作,仅用3个多月时间就成批生产出手榴弹。接着组建炮弹装配厂,生产汞雷、雷管、碰火、底火、引信和五〇掷弹筒弹、迫击炮弹。

1947年8月,他带领一批军工干部选定西东安(今密山连珠山镇)为厂址,创建化学厂(火药厂),任厂长兼政委。

1949年9月调东北军工部专任工程师,为东北人民委员会候补委员。军工部改为东北军工局后任副局长。

1950年6月,他参加由徐向前同志率领的中央军委代表团访问苏联。11月回国后任中央兵工总局副局长。

1951年8月,他参加周总理为团长、李富春副总理为副团长的中国代表团,赴苏谈判有关援助我国第一个五年计划期间重点工程项目等问题。周总理、李副总理等部分同志先期回国,他和一些同志留下来,考察谈判包括有关我国军事工业工程项目。

1953年6月回国后任第二机械工业部技术司司长、部长助理。

1963年任中国科学院技术科学部副主任。1965年任中国科技大学副校长。1977年任中国科技大学北京研究生院副院长。早在1952年,中国科学院成立学部时,他被选为学部委员。1982年,他被中央任命为中国科学院顾问。

1989年9月28日在北京逝世,享年79岁。

汤钦训:任鸡宁军工办事处副主任,是鸡宁军工创建人之一。1915年出生,湖南衡山人。大学毕业。1936年参加革命,1937年10月参加中国共产党。

1937年11月到延安抗日军政大学学习，任军政队学员、政治教员、训练班党支部书记。1938年10月任延安自然科学院研究员。1940年起任延安农具厂、温家沟兵工厂副厂长。1945年任军委军工局炼铁部主任。

1946年6月，他带领一批军工干部来东北建设军工。1946年12月任东北民主联军总后勤部军工部鸡宁军工办事处副主任。1948年11月奉命带领鸡宁军工办事处一批干部和技术工人骨干赴沈阳接管国民党沈阳九〇兵工厂工作。1948年12月任沈阳兵工总厂第二厂厂长（该厂后改称五二厂）。1950年任哈尔滨二一厂厂长、一二〇厂厂长、总工程师。1962年任第三机械部技术司副司长。1972年任三机部科技局副局长。1982年离休，享受副部级待遇。

孙云龙：鸡宁军工创建人之一。1912年生，河北沧州人。在直隶兵工厂、潼关兵工厂、山东兵工厂、太原兵工厂当过工人。1937年参加革命。1939年8月加入中国共产党。曾任八路军供给部兵工厂钳工股长，是延安时期第一支马步枪主要设计和制造者之一，1939年5月1日荣获劳动英雄称号。1942年下半年任温家沟兵工厂钳工股、子弹股长。1943年3月，试制成功步、机枪子弹。同年，用八一迫击炮改装成平射炮成功。1944年5月被评为陕甘宁边区甲等劳动英雄，同时被选为边区总工会会员。

1946年5月初，奉命来东北筹建军事工业。1946年7月，任哈尔滨铁路工厂军事代表（实为鸡宁军工筹集物资器材和设备）。1946年12月任鸡宁军工办事处第二、第三厂厂长，军工鸡宁第三办事处主任兼党委书记，二三厂、五七二厂厂长。后任四二三厂厂长、六二六厂厂长，驻越南专家组组长，三机部外联司副司长，五机部第二生产管理局副局长，兵器工业部第二局副局长。

林世超：鸡宁军工创建人之一。1912年生，河北获鹿县（今鹿泉市）人。1936年6月参加革命。1942年1月加入中国共产党。先后在山西民族革命大学，延安抗日军政大学学习。历任山西抗日牺牲救国同盟会岚县分会秘书、延安留守兵团政治部秘书、文化政治教员。后调军委军工局茶坊兵工厂任政治指导员。

1946年6月来东北建设军工，9月底到达鸡宁，先后任东北民主联军军工部鸡宁第三办事处人事科长、政治部主任、党委副书记；二三厂党委书记，兼中共鸡宁中心县委副书记、五七二厂党委书记。1952年6月任四二三厂厂长、中共哈尔滨市委委员。1957年8月后曾任第二机械工业部西安第三研究所党委书记、陕西省国防工委委员、八四三厂党委书记，陕西省兵器工业局副局长、党组副书记,陕西省政协委员。1983年11月离休。

七、发扬老兵工传统,创建发展军事工业

二三厂在创建和发展中,发扬了抗日根据地老兵工的光荣传统,自力更生,艰苦奋斗,战胜重重困难,生产大批武器弹药,有力地支援了解放战争和抗美援朝战争。

(一)一切为了解放战争的胜利,战胜困难完成建厂任务,早日生产弹药,支援前线

这一指导思想在二三厂创建初期和正式投入弹药生产过程中,在老兵工干部的教育和领导下,使每一名兵工干部、战士和职工都有很明确的认识,从而在工作中产生了巨大的精神力量。在创建初期的严寒季节,在零下30(摄氏)度的寒冷气温中,干部和职工一起,组织建设厂房、铺设管道、破土修建锅炉房,安装锅炉,是何等的艰难啊!但他们战胜困难终于完成了修建任务。收集采购物资器材的干部和战士到边境原日军驻地、机场、弹药库区和各城镇、矿山、顶风冒雪在严寒的冬天里到处奔走,通过各种途径,了解日军投降后的废旧物资器材、机械设备和木材的下落。为了进行收集和采购,联系调拨车皮,组织装车和长途押送护送,不知克服了多少困难。没有煤炭(鸡宁各煤矿均遭破坏停产),自己开矿,建小煤窑,生产煤炭焦炭。冒着严寒风雪,把一百余台机械设备,硬是用人力从专用线拉到工厂里,进行检修和配制零件,修好的设备再一台台安装起来。负责产品、工装、模具设计试制的干部、技术人员、工人,日日夜夜突击任务,终于在1947年2月开始成批生产手榴弹。后来,在生产八一迫击炮弹、五〇掷弹筒弹、九〇迫击炮弹、六〇迫击炮弹的日子里,干部和职工为了多生产各种弹药,支援解放战争,经常工作十一二个小时,有时星期天都不休息。职工为了多完成任务,经常工作到深夜不休息,干部再三劝阻说服,把工人动员回到宿舍休息,可是工人又悄悄回到工房继续生产。

(二)自力更生,艰苦奋斗,勤俭创业,发展生产

二三厂创建时,工厂工房是利用已遭烧毁和破坏的一些日伪机关、日军部队建筑物,在干部带领下,组织工人在严寒的冬天,自己动手,因陋就简,修建起来的。修建厂房没有红砖,就从倒塌的房框残壁拆下旧砖代用。厂房不足就用

木材搭起厂房,用木板钉上墙壁,中间装进锯末等碎料用以防寒作为工房。建手榴弹厂需要修建暖气管道,没有铁管,就组织人员到城子河、滴道等矿区拆废旧铁管,运到工厂再焊接安装。需要新建一个锅炉房,也是从矿区拆下一台旧锅炉装运回来,进行修建安装。在严寒季节修建锅炉非常困难,时间又来不及,就在冻层很厚的地上,挖了一个大坑,把锅炉安装在坑内,顶上架起一个防寒房架,便成为锅炉房。生产迫击炮弹用的发射药,是利用收集来的原日军作演习用的纸头、木头步枪子弹,拆出发射药,进行碾薄,达到规定的燃烧速度,作为迫击炮的发射药。制作发射药包,没有胶质可燃性药包用料,就用白色薄丝绸布,缝制成药包代用,经过多次燃烧发射试验成功。生产迫击炮弹零件用的各种钢材极为短缺,且规格杂乱量少,尾管用的钢料直径小,下料后再一件件锻粗了再用。发射管尾叶和引信扩爆管用钢料,不是厚就是薄,或有钢性或有夹层,钢料一来,就得改模具、改工具,甚至改机器,就是这样克服困难,经过不断改制代用,用以加工成炮弹零件。炮弹装炸药,一半是散装,一半是熔铸成型的,生产环境极为艰苦,溶化 TNT 时散发大量气体和粉尘,进入工房时有强烈苦味刺鼻,呼吸困难,工作几个小时,面部和双手皮肤都变成黄色。穿着的衣服(当时只发给白布做的带袖围裙),两三天就变成褐黄色。在这样极为艰苦的劳动环境中工作,每个职工毫不叫苦,日夜三班连续生产,完成炮弹装药任务。

(三)领导干部、技术人员和工人亲密团结合作,保证完成生产任务

各厂在手榴弹、迫击炮弹、野炮榴弹的试制和铸造、机械加工、成弹装配等过程中,厂领导干部、技术人员、业务员,每天大部分时间都在生产现场,领导组织生产,发现生产中出现的问题及时加以解决。针对生产中的薄弱环节,效率不高、质量不稳、劳动强度大、生产不安全、设备出故障、工具、工装损坏多,材料消耗大等问题,发动工人提合理化建议,提高了生产效率,保证了产品质量,减轻了劳动强度,节约了材料、工具,改进了工装,保证了安全生产。1948 年,仅据两个工厂的统计,经职工提出建议,制造和改进的工装、工具等较大项目 72 项,其中第二厂有 32 项,第四厂有 20 项,制造和改进后,生产效率有的提高 5 倍,有的甚至提高了 12 倍。

(四)在生产中既要有革命的无畏精神,又要有尊重科学技术的严肃态度

弹药生产是火工生产,特点是易烧、易爆,灵敏度极高,一旦引起燃烧和爆

炸，就要造成严重的破坏和伤亡事故。在生产中要经常教育职工知道火工生产的特性及一旦燃烧和爆炸所造成的危害，要求每个职工既要有革命的无畏精神，在生产过程中，在每个岗位上，严守纪律，集中精神，轻拿轻放，稳重操作；又须具有尊重科学技术的严肃态度。对建立的岗位责任制度、质量责任记录制度和检验制度等各项规章制度，必须一丝不苟地严格遵守和执行。每周班会都要把岗位责任制、质量责任制和安全守则执行情况，作为一项重要内容，进行自我检查，开展表扬和批评教育。由于职工有革命的无畏精神，有尊重科学工作技术的严肃态度，有力地保证了产品质量，保证了安全，保证了弹药生产任务的完成。在当时的生产环境和设备条件下，如果军工职工没有革命的大无畏精神，一旦发生事故，弹药生产将受到严重影响。正是因为他们具有革命的大无畏精神，同前线部队战士在战场上打仗一样，在生产中发生爆炸事故和受到伤亡，仍能以正常的秩序、稳定的情绪，连续不断地生产；如果军工职工在生产工作中没有尊重科学技术的严肃态度，没有严格遵守各项规章制度的纪律，各类事故将发生得更多。正是因为军工职工有尊重科学技术的严格态度，严格遵守各项规章制度，才使各类事故发生减少到最低限度。

八、武器弹药的设计和研制

二三厂生产的各种弹药产品，大部分是由延安来的军工技术干部组织设计的。在总工程师钱志道的主持下，由梁富民、周福寿、周尧富、孙书孟等同志组织设计了手榴弹；在汤钦训副主任的主持下，由王立、宋廷良、李震等同志设计了引信和六〇弹产品，经过试制和反复多次试验成功才正式投入大批量生产。设计和研制生产的弹药主要品种有：

1. 木柄手榴弹；

2. 三珠式迫击炮弹引信；

3. 栓销式迫击炮弹引信，也叫100式引信；

4. 六〇迫击炮弹；

5. 猎枪式发射管；

6. 讯号弹；

7. 76.2毫米野炮弹底火；

8. 爆破筒。

九、军工生产遵循的方针和原则

二三厂在创建和发展过程中,根据我军的人民战争思想,总结了抗日根据地老兵工的宝贵经验,在组织设计研制和发展武器弹药生产中,十分重视与遵循以下方针和原则:

1. 一切为解放战争服务。根据这一总的方针,把我军在前方作战对武器的需要,作为自己组织设计研制和发展弹药生产的依据,千方百计地组织几个品种的武器弹药生产,坚决完成任务。

2. 建设专业化生产工厂。二三厂在东北战略后方鸡宁地区选择厂址,按着自身配套的原则,建设四个专业化生产工厂,以开发手榴弹生产为开端,以生产膛弹六〇弹为主,后又发展转变为以生产后膛弹76.2毫米野炮榴弹为主,辅以生产手榴弹、爆破筒、讯号弹、爆破引信、六号雷管和复装五〇掷弹筒弹、八一迫击炮弹、九〇迫击炮弹、一五〇迫击炮弹等弹药,都是按着各产品的技术工艺流程分工,由四个专业化工厂在短期内即达到大批量生产。

3. 科研和生产相结合。二三厂在设计研制每一种弹药品种时,都紧密地使设计和生产结合起来。在试制中,干部、技术人员和工人相结合,及时解决设计研制中出现的问题,大大加快了设计研制和生产的速度与大批量生产。

4. 保证军品质量。产品设计研制,须经反复试验考核,使之确实达到质量要求,适于大批量生产。在研制产品的同时制定考核和改善工艺过程、工艺装备和操作规程。产品研制过程中,基本准备好大量生产的物质条件和培养必要的操作骨干。建立严格的质量责任制度与技术检验制度、抽试制度,在生产中认真贯彻执行,从而保证了弹药产品质量。

5. 重视技术安全与劳动保护。军工产品具有爆炸性,从事这项生产工作的干部和工人,为支援解放战争,保证完成军品生产任务,发扬了"一不怕苦、二不怕死"的革命精神。同时二三厂在当时又十分重视技术安全和劳动保护工作。技术安全是从两个方面做起的:一是在生产质量上必须保证储运和使用的安全,这是通过设计试制、严格检验、严格控制操作规程来实现的。研制期间要求做各种可能引起产品不安全的条件的试验。这种试验条件要苛于实际可能遇到的条件。产品绝对能经受这类试验才能通过。二是在产品生产过程中保证安全,首先是人身安全。主要采取了以下安全保护措施:(1)制定安全守则和各项安全制度。(2)添置机械设备保护装置和火工安全防爆装置。(3)向全厂职工进行安全教育。火工部门每周进行一次、机加部门每半月进行一次教育。教育时以发现的问题或发生的事故为例,结合实际进行教育。(4)实行事故报告制度和安全奖励及事故惩处制度。凡发生燃烧爆炸事故和伤亡事故,各生产股必须及时向厂长报告。各厂必须及时向总厂厂长报告。对事故及时进行分析,找出原因,对责任者进行惩处。对注意安全工作的个人和单位予以表扬奖励。

6.争取时间快出产品,保证前线作战急需是弹药生产的一个突出要求,也是一切为前线服务的体现。可它有时和质量第一、安全第一发生矛盾。不管时间怎么紧,必须保证质量和安全,是主导方面,否则出了问题会失掉更多的时间,造成严重的损失。但也绝不是不可灵活的,有些质量问题是可以安排在"时间"的后面,如防潮问题是军品质量的重要方面,却又是个不太好解决的问题。为了保证前线打仗的急需,二三厂生产的手榴弹、迫击炮弹开始都是先解决质量的其他方面问题,产品具有较低的耐潮能力就投入生产送往前线使用,争取了时间。然后在生产中进行解决提高防潮性能问题。利用了当时当地气候干燥,产品现生产现使用这些条件,争取了时间,快出了产品,保证了前线急需。

7.就地取材,改制利用。当时生产的各种弹药,所用材料严重不足,为了完成生产任务,对仅有的各种材料,千方百计采取就地取材和改制代用的办法。如:多种钢材的改制和处理后使用;发射药利用日军演习用的纸头、木头枪弹拆出的发射药碾压改制代用;炸药是利用日军遗弃的旧炮弹、航弹拆出的炸药代用;各种不同规格的纸张采取多种加工方法加以利用,用于产品生产,并要保证产品达到技术性能要求,使性能和质量达到统一性,以保证正常生产。

8.加强管理,厉行节约。为了保证生产能正常进行和完成任务,当时十分强调要求维护保养好机电设备和工装,节约使用仅有的工具和原材料,保证产品质量,减少废品损失所造成的浪费。为此,对各级干部和工人进行经常性的爱护国家财产和厉行节约的教育。采取有效措施加强了各项生产管理工作,如建立材料、工具交验收发领用制度,半成品、成品周转运输交验保管制度,机电设备维护保养制度,岗位责任制度,质量责任记录制度,半成品盘点制度,生产计划调度制度等各项管理制度,并严格贯彻执行,做到了在生产过程中,加强管理、厉行节约,减少了损失浪费,设备、工装得到较好的维护保养,保证了生产任务的完成。

十、鸡宁党政机关和人民大力支援军工建设

二三厂与中共鸡宁县委、县政府的关系一直是很密切的。二三厂先后隶属于东北民主联军总后勤部、东北军区总军工部领导,属于军队编制单位,驻地在鸡宁,远离哈尔滨总后勤部、总军工部领导机关,有很多问题是中共鸡宁县委、县政府和当地人民帮助解决的。

1. 二三厂驻地和厂址选定,以及与铁路部门、矿务局、电业局等左邻右舍单位区域划分是经县委、县政府和有关单位共同商谈确定的。县委、县政府本着支援解放战争的需要,早生产出武器弹药支援前方,大力满足二三厂建厂各方面需要的要求。

2. 协助查清二三厂周围社会情况、居民情况。县公安局吴德华局长亲自组织干部向工厂介绍情况,帮助调查研究动员了几家不适宜在工厂附近居住的居民迁出。县公安局经常与二三厂保卫部门交流情况,协助工厂处理有关事宜。

3. 二三厂人员来源,一部分是从鸡宁地方介绍参加革命工作的。地方政府根据工厂需要人员的条件,非常认真地严格审查,准时帮助完成招收任务。

4. 工厂职工和家属口粮全部由县粮食部门负责调拨供给。每逢新年、春节县粮食部门还开介绍信,允许二三厂总务部门派人到全县一些产稻农村购买大米,以补助当时供给细粮之不足。

5. 临时紧急性人员支援。有多次从哈尔滨和前线运来大批物资器材、机械设备和废旧炮弹,工厂缺乏劳力卸军火物资。经与县政府联系支援,很快组织居民前来抢卸。有时因前方需要车辆限期卸车,最多时几百人前来支援卸车。有时军品运往前方,军队派人来押车,限期把军品装车运走,需要大量劳力,政府很快派来大批居民,如期完成紧急装车任务,支援前线作战需要。

6. 政府大力协助二三厂解决生活物资困难。当时生活物资困难,工厂发扬延安精神,自己动手,自力更生解决生活上的困难。经地方政府帮助购买了几台榨油机和制豆腐设备,并派人帮助操作指导。帮助购买奶牛和大批仔猪饲养。大力协助解决商品货源,办起工厂内部商店,方便了职工生活需要,解决了当时存在的生活物资困难。

7. 当时处于解放战争时期,前方我军作战打了胜仗,解放了重要城市,县委、县政府都组织有关部门和居民举行庆祝大会,二三厂尽管生产军品任务极

重,但仍积极组织各分厂职工参加大会,会后举行庆祝游行活动,二三厂职工总是排为前导队,队伍整齐人数众多,振奋了县城人民,也鼓舞了我们全体职工。

8. 二三厂召开历届职工立功庆祝大会,都邀请县委、县政府领导同志参加会议指导和讲话,组织庆功队伍庆祝游行时,都到县委、县政府接受县领导同志讲话。军工部组织陕甘宁边区特等劳动英雄赵占魁、大连第九办事处党的好女儿、女劳动模范赵桂兰到厂作英雄和劳模事迹报告会时,都邀请县委、县政府领导同志参加会议,与英雄、模范见面。

9. 每年春节前,二三厂与县政府举行拥政爱民活动,组织军民联欢会,征求政府对二三厂的意见和要求,感谢地方党政机关对军工的帮助和支持。

总之,二三厂在生产建设中得到了中共鸡宁县委、县人民政府和县直各部门及人民群众的大力支持和帮助。军工二三厂贯彻了我军光荣传统,军爱民、民拥军、拥政爱民、军民团结一家人。

十一、党的领导和思想政治工作

(一)党的领导

二三厂创建时即成立了党委,实行党政一元化领导,办事处主任兼党委书记。改为二三厂、五七二厂时,党政分开,设专职党委书记、副书记。党的组织关系前期先后由后勤部党委、总军工部党委领导,后期由中共松江省委和军工部党委双层领导。党委严格执行下级服从上级、全党服从中央的民主集中制原则。同时,注意防止党委包办行政生产工作。党的重要指示和办事处、二三厂的重大问题,都经党委讨论贯彻和决定,并定期向上级党委报告工作,以保证党的方针、政策和指示的正确贯彻执行。

(二)党的建设

1.党的组织机构设置和干部配备。1948年以前,三办党的组织没有公开。1948年党的组织公开,办事处党委和各厂、科室党支部组织机构设置干部配备情况:

党委书记　　乐少华
党委委员　　乐少华、钱志道、汤钦训、曾杰、林世超、孙云龙、梁富民、余侠

第三编
东安根据地军工和军事教育发展历程回忆

平、张增财

党委日常办事机构为政治处，下设组织、宣传、保卫三个科，分别负责党员发展教育、党纪监察、中层干部考核；党的宣传工作和思想政治工作；党的保卫、保密工作。

1948年12月，我军辽沈战役胜利，东北地区全部解放，大批军工干部南调。三办大部分领导干部调往沈阳和哈尔滨担任新职。这时三办的各级领导干部已作了调整并由上级领导机关重新任命，党的组织机构虽没有多大变动，但党组织的各级干部大部分已重新配备：

党委书记　　孙云龙

党委副书记　林世超（兼政治处主任）

党委委员　　孙云龙、林世超、梁富民、周福寿、张增财、赵孝文、李景文

1949年8月，中共松江省委组织部召集鸡西县委马东波、第三办事处党委林世超、鸡西矿务局党委马树良等单位党委负责人在哈尔滨开会。在省委组织部长王伯谨主持下，讨论研究在鸡西成立联合问题。在讨论中，与会人员意见是各单位参加县委（组成中心县委），比成立联合党委好。

9月，经省委批准，成立鸡西中心县委，第三办事处林世超兼鸡西中心县委副书记、孙云龙兼鸡西中心县委常委。

1949年10月1日，根据军工部通令，撤销鸡西军工第三办事处，改称为军工部第二三厂。同时撤销了政治处。办事处下设的4个工厂改称为二三厂下设的4个生产所。科室由3个增加到9个。工厂党委下设5个总支部。党委成员是：

党委书记　　林世超（兼鸡西中心县委副书记）

党委成员　　林世超、孙云龙、梁富民、周福寿、张增财、王子晨、李景文

党委办公室设秘书、组织干事、宣传干事，负责党委日常党务、组织、宣传和思想政治工作。

1951年1月，二三厂撤销原下设的所一级机构编制，将所领导下的各生产股调整合并，设立18个生产部（车间），将4个所所在厂区改为工区。工区不是一级行政机构，但设有党总支部，领导所在工区各生产部的党支部组织生活和各项政治活动。这时党委成员是：

党委书记　　林世超

党委副书记　贾倩云

党委委员　　　林世超、孙云龙、梁富民、张增财、王子晨、李景文、贾倩云

1951年6月,根据中央兵工总局令,二三厂改为五七二厂。根据总局决定二三厂由原生产前膛弹、迫击炮弹改为生产装配后膛76.2毫米野炮榴弹,工厂将原18个生产部,按生产装配榴弹工艺流程生产性质合并成立8个车间。随着生产车间的设立,撤销了原4个工区党总支部的组织机构,改为党委直接领导的8个车间党支部。

2.公开建党,组织发展党员。1948年党组织在职工群众中公开建党,组织发展党员。在干部和工人中,根据自己申请,经考察阶级觉悟高、政治思想进步、努力完成生产工作任务,能密切联系群众的人员中发展新党员92名,党员人数达122名。

从1948年到1952年底,五年间组织发展党员情况如下:

年度	发展党员数	当年党员数	占职工人数%
1948	92	122	7.2%
1949	139	261	15.4%
1950	93	354	18.3%
1951	106	460	19.6%
1952	45	505	22.6%

注:

1.1952年由于工厂搬迁和职工大批外调,当时发展党员较少。

2.当时,每年都有一些职工输送到外单位工作,其中党员调出人数未统计在当年党员人数中。

3.党的组织生活。每周都有一次党的组织生活会,一个月开两次到三次党小组生活会,会开的严肃活泼,在会上每个党员汇报自己的模范作用情况,还根据优缺点和问题,开展批评与自我批评,对模范作用突出的还进行表扬。党员的组织纪律观念很强。每个党员一般每周或两周向党小组口头或书面汇报自己的思想、工作、遵守党纪情况和群众的意见和要求。党支部大会每月一次到两次。支部大会主要是总结上个月党支部工作完成情况和完成生产工作任务及在社会活动中党员模范作用情况,对模范作用好的党员给予表扬,对缺点和问题较多的党员给予批评。同时布置下月支部工作计划。有重要临时任务或党内重要通知时,则临时召开支部大会,向党员传达。党支委会一般每周一次,主要检查对上级党组织布置的任务完成情况和支部工作计划完成情况,研究党员和群众的思想情况和要求,掌握党员和群众完成生产任务的模范事迹和存在的思想问题,及时进行表扬和有针对性地做思想政治工作,对党员和群众在生活上遇有困难问题,要想办法帮助解决。

4.党员的模范作用。每个党员根据党组织的布置和要求,都十分注意自己的模范作用。在完成各项生产工作任务和社会活动中,都要起模范带头作用,不怕苦、不怕累,干危险活、干重活,任务完成得好、完成得多,团结帮助群众、做周围群众的思想工作,反映群众的意见和要求。

(三)思想政治工作

二三厂发扬了我党思想政治工作的优良传统,把广大干部和工人的思想政治工作作为工厂党委和生产行政部门的一项重要工作来抓。由于强有力的思想政治工作,在工厂创建和发展过程中,广大职工的工人阶级思想觉悟有了很大提高,思想上积极要求进步,树立了为解放全中国被压迫的阶级兄弟努力工作,和实现社会主义与共产主义的理想。严格遵守纪律,一怕不苦,二不怕死,坚决完成各项生产工作任务,支援解放战争的胜利。由于有强有力的思想政治工作,职工思想政治觉悟有了很大的提高,极大地调动了生产工作的积极性。当时,一无资金、二无加班费、三无劳动护具,各月份和年度都能按时和超额完成生产任务,是依靠一支有觉悟、有理想、努力学习文化、严格遵守纪律、相互帮助、团结战斗、坚决完成生产任务的职工队伍。全厂的思想政治从如下几个方面展开:

1.配备了一支强有力的政工干部队伍。办事处设有政治处,下设有组织、宣传、保卫科。在各厂设有政治协理员,在党委的领导下,大力开展了思想政治工作。办事处改为二三厂、五七二厂,虽然撤销了政治处,但思想政治工作由党委和下属各党总支部、党支部的各级干部作为一项重要工作去做。

2.有针对性地进行形势教育、阶级教育和理想教育。主要采取开大会或上大课的形式,不断进行形势教育。提高职工对打倒蒋介石反动统治的信心。结合土地改革,开展诉苦运动、挖穷根,提高职工阶级觉悟,自觉地进行新民主主义革命,推翻三座大山。进行国际主义教育,天下工人是一家,革命要互相帮助,放眼世界消除狭隘的民族主义思想,增进中、朝、日民族间职工的团结,学习《共产党宣言》,进行共产主义理想教育,为实现社会主义和共产主义社会目标奋斗。树立全心全意为人民服务的思想,工人阶级只有跟着共产党干革命,才能消灭剥削制度,消除人压迫人的根源。

3.进行党的革命光荣传统教育。要求各级干部处处以身作则。当时向广大干部和工人讲解了中国共产党为什么要建立红军搞武装斗争,中国工农红军是怎样粉碎了蒋介石的五次"围剿",进行二万五千里长征到达陕北的;"西安事变"与抗日民族统一战线的形成;八路军、新四军深入敌后,建立抗日根据地,同日伪军作战,坚持14年之久,取得抗日战争的胜利;"没有共产党就没有新中国",这是千真万确的真理。为了拯救中华民族,救中国,中国共产党人抛头颅、洒热血、坐监牢、受苦刑,把自己置之度外,无所顾虑。谁出卖了东北三省?是蒋介石。谁坚持东北抗日战争?是中国共产党领导下的抗日联军。杨靖宇、赵尚志、赵一曼等许许多多的抗日英雄们,为我们做出了榜样。我们要继承他们的革命精神,把革命进行到底,把工厂办好,把生产搞好,多生产武器弹药供给我军前方部队,支援他们打胜仗,早日解放全东北、全中国!

4. 进行纪律教育。讲解我军的三大纪律八项注意的光荣传统,结合办事处各厂职工守纪律和违纪现象的实际,进行纪律教育,学唱《三大纪律八项注意》等革命歌曲。

5. 组织学习文化和进行社会发展史教育。各厂都按办事处的布置和要求,组织职工在业余时间学习文化,分扫盲识字班、初小班、高小班和初中班。当时没有教科书,主要由自己做笔记,学习情绪很高。进行社会发展史教育,讲人类起源、原始社会、奴隶社会、封建社会、资本主义社会和帝国主义及阶级斗争,将来世界各国必然由社会主义社会所代替,最后进入共产主义社会。通俗讲解历史唯物论、达尔文主义和哥白尼太阳学说,讲无神论。通过学习和教育,提高了文化,了解了社会发展的历史,懂得了辩证唯物主义和历史唯物主义,破除了旧社会宣传的有神论、宿命论和封建迷信思想,树立了革命人生观和共产主义信仰。

6. 开展谈心活动。当时的政治协理员和厂长及以后的党总支书记、所长,党支部书记、车间主任,以及各科长、股长,都经常找工人谈心。有的在工作时间谈,大部分是利用业余时间谈。谈心活动一是对工作有突出成绩的职工,充分肯定成绩,又指出一定要虚心向别人学习,不要骄傲自满,不要脱离群众,要注意团结和帮助周围群众;二是对工作较好的职工,谈心时既要肯定其工作成绩和优点,又要有针对性地指出其缺点和问题,鼓励其更加发扬优点和做出更好的工作成绩,又要使其认识到缺点和问题,注意克服和改正,要团结群众;三是针对思想意识和工作后进、纪律松弛的个别职工,谈心要中肯,不埋没他的工作成绩,有成绩和优点要表扬,并启发他认识自己的缺点和不足,帮助他自己分析根源,使其提高认识和树立信心,指派党员经常帮助,使他们很快进步;四是开展尊师爱徒的谈心活动。师傅多数文化低、旧社会受苦多,学习技术不容易,徒弟尊敬师傅是我国的传统美德。师傅要爱徒弟,在政治上、人格上平等,不能打骂,旧社会虐待徒弟不对。师徒之间要团结共同进步。通过谈心活动,职工的优点和长处、缺点问题和有什么思想及存在的问题,党政组织都能及时了解和掌握,并有针对性地对成绩优点加以鼓励表扬,对思想认识问题和缺点、困难问题,及时加以指出和帮助解决。

7. 组织学唱革命歌曲和歌咏比赛活动。从各厂厂部到办事处,以股为单位组织职工学唱革命歌曲,一般每个单位和个人都能唱20首到30首,有些青年职工能唱50余首。当时学唱的歌曲有:《没有共产党就没有新中国》《东方红》《咱们的领袖毛泽东》《咱们工人有力量》《三大纪律八项注意》《义勇军进行曲》《大刀进行曲》《保卫黄河》《到敌人后方去》《游击队之歌》《在太行山上》《在松花江上》《延安颂》《绣金匾》《南泥湾》《说打就打》《解放区的天》《军民大生产》《全国大反攻》《胜利进行曲》《将革命进行到底》等几十首。开会时,按单位坐在一起。逢会(开会)必唱,逢唱必赛,啦啦队非常活跃,此起彼伏,看哪个单位新歌多,唱得有声势,唱得好,谁都不愿示弱。唱得大家心花怒放,思想活跃,士气高涨、干劲倍增,干部与工人在歌声中情感融合在一起,团结战斗。当时虽然物质生活条件微薄,但精神生活是充实的,歌声中迸发出了大家的心声和朝气蓬勃的革命气概!要战胜一切困难去争取胜利,决不会被困难所吓倒!

8. 开展立功运动和创纪录运动。根据我军开展前线作战战士立功运动的精神,在三办也开展了职工立功运动。1948年7月9日召开了第一届功臣庆功大会。当时主要根据1947年下半年和1948年上半年立功运动中的贡献大小评出立功人员220多人,分为立大功、中功、小功三等。立大功有14人,其中第一厂有鹿养(日籍技术人员)、刘玉祥、关永良;第二厂有秦玉、丁字振;第三厂有安鸿儒、魏文全、王文光;第四厂有邹本岳、李松阳、原德宽等人。立中功的有60人,立小功的140余人。立功主要是以荣誉奖为主,发一本立功光荣册,适当发给一点物资奖品。召开的庆功会非常隆重,还邀请了抗日战争期间延安陕甘宁边区特等劳动英雄赵占魁、中共鸡西县委、县政府领导和鸡西矿务局领导参加了会议。听了赵占魁英雄事迹的报告,各单位领导同志都讲了话,给予鼓励和祝贺。会议期间,为了庆功,办事处和各厂停工一天,组织全体职工参加庆功游行。游行队伍以"建安公司第一届庆功大会"的横幅标语(当时军工部第三办事处对外公开的名称叫"建安公司")和几十面红旗为前导,立功者队伍佩戴大红花在前导队之后,其次是办事处和各厂全体职工队伍,四人为一行,庆功游行队伍浩浩荡荡足有一公里多长。游行队伍先到矿务局接受领导讲话和献花,然后到县委、县政府接受县领导同志祝贺讲话。最后在鸡西县城内游行。当时评选功臣的主要事迹特点是:一是完成生产工作任务有重要贡献;二是工作踏实,任劳任怨,生产工作有改进创造;三是以厂为家,勤俭节约,事迹突出;四是带好徒弟,完成生产工作任务有显著成绩,和群众团结互助好。1949年4月10日至11日,办事处召开了第二届庆功大会。立大功的有34人,立中功的有90余人,立小功有350多人。大会评选出丁字振、秦玉、邹本岳、刘玉祥、魁文全5人为功臣模范。

东北军事工业第一届功臣模范代表大会。军工部第一届功臣模范代表大会于1949年6月6日至18日在沈阳召开。此次会议是总结经验,号召动员全体军工工人为建设新中国国防工业而奋斗的大会。到会者有从全东北军事工业的4895名功臣模范中选出的功臣模范代表49名和来自各军工工厂的职工代表10余人。第三办事处选出丁字振同志为功臣模范代表出席了这次会议。大会选出何长工部长等19人为主席团。在大会上向出席会议的功臣模范代表发了奖状。颁发给第三办事处的功臣模范奖状的有丁字振、邹本岳、刘玉祥、秦玉、魏文全。会议期间民主选举了丁字振同志等20人为出席首届东北劳动英雄模范工作者大会的代表。

开展创新纪录运动。1949年下半年,在办事处各厂开展了创新纪录运动。创新纪录形式,实际是生产竞赛,主要是从生产上评,看谁的产量多、质量好。如有的青年人,没有带徒弟的任务,其他方面也不算突出,但完成任务和质量上都很好,是拔尖的。这就按创纪录给予考虑评定新纪录创造者,分甲、乙、丙三级评定也是对评不上功臣的一些人肯定其贡献的补充办法,以调动工人的积极性。开展这种运动,主要在机加、翻砂、造型、冲压、制箱等非火工生产部门职工中进行。在火工部门考虑到要保证安全生产、防止爆炸、燃烧等事故的发生,未开展创纪录运动。评上的新纪录创造者,在办事处各厂总共不超过100人。

9.组织开展文艺体育活动。办事处很注意组织开展这些活动,以活跃全体职工文化生活,并且有一批积极分子和领导干部参加。各厂逢年过节都组织文艺积极分子排练演出节目,形式有舞蹈、歌曲、双簧、二人转等。有《赤叶河》《兄妹开荒》《十二把镰刀》等话剧、歌剧、秧歌戏等文艺节目。著名导演欧阳山尊、青艺老院长于真同志都在第三办事处蹲过点,在他们的导演下,职工自己演出了话剧《反把头斗争》、歌剧《白毛女》,于真同志自己扮演喜儿。军工部文工团也来慰问演出。办事处和各厂经常参加演出的有刘飞、张长林、朱凤宝、宋乐弟、苑修成、牛青林、陈凤清、王永昌、赵鸣岐、王焚宫、李志、何忠厚、年少军、崔如茹、张圆员、周静、董淑文、张棋、苏文志、吴怀义等人。

有篮球、排球队。每年都与县委、县政府和鸡西矿务局等单位进行友谊比赛几次。篮球队是由汤钦训、陈其羽、余侠平、王子晨、郭力杰等从延安来的领导干部和王永顺等人组成。排球队则由高珍、高凤田等人组成。当时在办事处和各厂都经常组织篮球、排球和乒乓球比赛。1950年新建成俱乐部后,每周演出几场电影。1952年6月在新建的体育场召开了第一次全体职工体育运动会,组织全体职工和家属参加,按规定项目进行了各项比赛,运动会开了两天。

十二、工会、青年团工作

(一)工会工作

1948年,第六次劳模大会后,在办事处建了地区工会,下设组织、生产、文教、劳保、女工委员会。各厂建立厂工会。

地区工会:

主席:陈志明、颜子平(继陈之后)、周福寿(继颜之后)、王秀茂(继周之后)。

第一厂厂工会(后为工区工会、下同)

主席:尚东岭、刘玉祥(继尚之后)

第二厂厂工会

主席:丁字振

第三厂厂工会

主席:安鸿儒、李福贵(继安之后)

第四厂厂工会

主席:邹本岳

1948年刚建立工会时,配备专兼职工会各级干部共42人,从事工会组织的建设和开展工会工作。一是大力组织发展会员,1949年5月召开了第一届会员代表大会;二是组织生产竞赛,开展立功运动和创新纪录运动;三是宣传教育与文体活动;四是开展劳动保护与生活困难救济;五是开展女工工作和家属工作。

当时,每个职工都积极申请参加工会。参加工会是有规定条件的,不够条件的不能批准加入工会。被批准加入工会被会员看作是一件很光荣的事情。三办地区工会历年发展工会会员人数情况如下表:

年度	发展会员数	当年会员数	占职工数%
1948	843	843	4.95%
1949	756	1 599	94%
1950	210	1 809	93.6%
1951	289	2 098	88.7%
1952	98	2 196	98.3%

(二)青年团工作

1948年下半年,在第三办事处建立了中国新民主主义青年团组织。办事处建立青年团总支部。各个厂和办事处机关建立了青年团分总支部。各厂生产股和办事处科室建立团支部。

团总支书记　　颜子平(兼)　　曹东生(继颜之后)

1949年7月1日召开第一届团员代表大会。1951年5月召开第二届团员代表大会。1952年3月各分团总支部改为团总支部,二三厂团总支部改为团委员会。

团委书记　　曹东生

团委副书记　　邵晓晶

在办事处党委的领导下,青年团用马列主义教育团员和青年,提高他们思想觉悟,组织和动员他们完成生产工作任务,在支援解放战争和各项革命斗争中,发挥了积极作用,成为党的有力助手,成为团结教育青年的核心。

第三办事处青年团历年发展团员情况:

年度	发展团员人数	当年团员人数	占职工数%
1948	129	129	7.6%
1949	392	501	30.6%
1950	111	608	32.7%
1951	147	732	32.8%
1952	69	781	34.9%

十三、职工生活福利设施

二三厂在创建和发展过程中,十分重视职工生活福利工作。从1946年下半年开始创建,到1952年底向哈尔滨搬迁前的6年多的时间里,在生产发展的同时,职工生活福利有了很大的改善,生活福利设施的建设较为齐全和完善。

1. 在三办下设的4个工厂先后建成的同时,都建有单身宿舍。在当时的条件下,单身宿舍的建设和内部床、凳等设施的添置都是比较好的。第一厂有3处平房宿舍,二、三、四和厂办处事都各有一栋楼房作为单身宿舍,共有78个大小房间,总面积12 006.8平方米,居住职工21 220人。

2. 家属宿舍125栋,都是平房,共23 369平方米,住职工480户。一些带有家属的干部和老工人都有家属宿舍。甚至刚结婚职工,也能分到家属宿舍居住。家属宿舍主要集中在办事处办公楼的后面北高南低的向阳山坡上,一部分在办事处前面南高北低的山坡上。家属住宅大都有各种树木,特别是住宅前后,有很多樱桃树和杏树。每年"五一"劳动节过后,樱桃树、杏树吐蕊开花,其他树木抽叶放绿,灰色和白色墙壁的住宅整齐对称地坐落其间。道路平坦笔直,纵横成井字形,四通八达,向远处伸展。家属住宅区南北西三面山岗围抱,东临鸡宁县城,居高临下,从南向北望去,是一片粉红色杏花、樱桃花和其他树木的绿叶相映的山庄,颇有诗情画意之感,景色非常优美。

3. 职工食堂五处,其中一厂、二厂、四厂、三厂与办事处(办事处与三厂合用)大食堂4处,办事处设有中灶食堂1处,可同时容纳2 000人就餐。各食堂的桌、凳及厨房设施齐全,内部装饰整洁、卫生、美观。

4. 设有职工医院,有内科、外科、五官科、妇科和X光室、化验室、注射处置室。设有住院处,可收住院患者40人。

5. 俱乐部5处。4个工厂各有一处,用作各厂职工开大会、文艺节目演出。还有小型图书阅览室和克朗棋、象棋、扑克、乒乓球活动室,有篮球、排球场。1950年又建一处新的3 000余平方米的俱乐部,有1 200个座位,可供看电影和文艺演出以及召开职工大会之用。在后厅设有图书馆、阅览室、乒乓球室、各棋类活动室和一个舞厅。各厂俱乐部在业余时间文娱活动都很活跃。在新建的俱乐部对面新建一个体育运动场,四周可坐8 000人,观看场内运动会各个项目的比赛。

6.建浴池5处。办事处和4个工厂,都建有浴池,每天男女职工都可洗澡。在办事处附近新建的一所较大的浴池,有男女休息间,设有120张床(男女各60张),内部设施如存衣柜和休息床等完整齐备,管理严格。职工和家属凭工作证和家属证,免费洗澡。

7.建有职工疗养所一处。疗养所是利用四处日军军官别墅式家属宿舍修建起来的。疗养所院内有很多樱桃树和杏树,还修建有花坛,每年5月初樱花杏花相继开发,是一处花园式脱产疗养所。疗养所一次可容纳疗养人员50人。疗养员一部分是脱产疗养,主要收有害工种工人和身体较弱或有慢性病工人;一部分是业余疗养,主要是各工厂和科室在生产工作上有显著贡献的职工和工作骨干。每疗养期一个月。

8.建有职工子弟小学一处,学生250人。

9.合作社(商店)2处。一处设在办事处附近,一处设在鸡宁县城内。主要经营销售日用百货、布匹、鞋帽、糖果和油盐酱醋等。组织职工入股。据1949年10月统计,职工入股金额达1 948 545 259元(旧币),合新币194 850元。

10.建有一个被服厂和两处理发室。被服厂除为供给制干部、战士制作服装外,还为大部分职工以补贴价制作单、棉服装。仅1948年补贴款2.7亿(旧币)。理发室一处设在第一厂,一处设在办事处附近商店处,均全日为职工和家属人员理发。

第三办事处除十分重视职工生活福利设施建设外,还十分注意抓好职工日常生活福利工作。职工大部分都在大食堂就餐。在1946年到1948年生活环境艰苦的情况下,各个食堂一日三餐,主食有粗粮高粱米、大楂子和小米等,蔬菜主要是萝卜、白菜、土豆。每个星期天和节假日都改善伙食,杀猪、吃大米饭,有时也吃馒头。有时星期天不杀猪,就用粉条、豆腐做菜,改善伙食。各工厂食堂都养猪,开豆腐房,办事处还开粉条场,做出粉条卖给各工厂大食堂。在当时的条件下,应该说职工伙食能办到这种程度,已经下了很大力量,搞得不错了,职工吃得大都比较满意。每个食堂都有伙食委员会,由管理员、炊事班长和就餐职工代表参加。每月两次会议,听取对就餐的意见和研究搞好伙食、副食调剂工作。1949年以后,细粮和副食品多了,职工生活逐步有了进一步改善。

办事处和各厂职工大都住在单身宿舍。在住宿管理上很严格,住宿职工每天轮流打扫住室和走廊。室内、走廊、床和被褥都保持得比较干净,摆放整齐。每个住室都选有室长。住宿职工代表组成管委会,每半个月检查一次卫生情况,进行表扬和批评。职工带物品外出时,经室长和收发室盖章,交给门岗警卫,即可带出。每晚九点钟打铃熄灯就寝后,到第二天早晨打起床铃前,不准在室内大声说话和喧哗,保证有充足的睡眠时间。住宿职工对这些住宿制度都能自觉遵守。宿舍管理井然有序,舒适、安静、整洁。

本文选自康广良、赵二男主编的《鸡西在建国初期》,中共鸡西市委党史研究室1993年10月印,166~243页。

老航校给我插上钢铁翅膀

刘玉堤[*]

一听到"东北老航校"这亲切的名字,我就想起当年飞向蓝天的经历。在抗日战争时期,我15岁参加了八路军,在战火纷飞的年代里,目睹了日本侵略者飞机的狂轰滥炸。我的一位战友被炸伤了,望着倒在我怀里的战友,我暗暗发誓:"将来一定要当一名飞行员,驾驶自己的飞机向敌人讨还血债"。党中央、毛主席就像知道我们的心思,在1941年极端艰苦的环境下,从我军指战员中挑选一批优秀人才去学航空技术。消息传来,群情激奋,我有幸被挑去学飞行。1941—1945年,我们在延安抗大学习科学文化知识,学习革命理论,还学习了俄文。在俄文学校当过木匠,到南泥湾开过荒、种过地、烧过木炭,并每天坚持锻炼身体,为以后学飞行作准备。当时,我们每个人都坚信,总有一天我们会飞上蓝天的。1945年党中央决定在东北建立一所航校,当年10月15日,我们一行

---

[*] 刘玉堤,1938年10月参加八路军。参加过"百团大战"。1946年12月入东北老航校学习飞行,一期乙班毕业。1951年参加抗美援朝空战,击落敌机6架,击伤敌机2架,并创造了一次空战击落敌机4架的战绩,荣立一等功、特等功各一次,被空军授予"一级战斗英雄"荣誉称号。被朝鲜民主主义人民共和国最高人民会议常任委员会授予二级国旗勋章和二级自由独立勋章。

十余人，在常乾坤同志带领下，由延安启程经山西、河北、内蒙古奔往东北。走到张家口，听说刘风等同志已到了东北。为了争取时间，常乾坤同志决定带一部分人坐汽车先走，留下我、吴元任带着他们的警卫员、马匹步行前往。到了承德，受到敌人的封锁，只得又退回张家口。当时我军在张家口设有一个航空站，还有几架破飞机。我们一时走不了，就在那里进行了机务学习，当场务员，学开车，在地面练飞机操纵动作。一待就是半年多，我还获得了机械师的职称。1946年6月东北航校正式开训后，急召我们前往。于是我自己沿着赤峰—开鲁—通辽这条线路直奔牡丹江。路上困难重重，鞋子磨穿了，粮票、钱用光了，兄弟部队执意留我，都没动摇我学飞行的决心，几经周折，历经艰辛，终于来到航校。见到常乾坤校长时，我激动得半天说不出话来。听到甲班已开飞，我坚决请求去飞行队，可是常校长考虑到当时机务人员很缺，见我又有一张机械师的合格证，就把我分配到机务队去维护飞机，那时，我心里真不是滋味。后来，经不住我的软磨硬泡，领导终于同意我改学飞行。当时的东北老航校，在战争废墟上刚刚建立起来，可以说是一穷二白。我们虽然说是飞行学员，却也和组建者们一起，到处搜集日本投降后散落在民间的各种日本飞机的零配件；边学习、边自己动手，在由战俘中教育过来的日本教官的指导帮助下，凑起了几架"英格曼"式初级教练机。

在东北老航校的学习中，我们投入了极大的热情，白天听教官讲飞行理论，练习飞行动作，晚上突击补习文化知识，背记飞行数据。没有教材，就反复学习课堂上记的笔记；没有教具，就自己动手做。记得有一次我感冒了，为了不耽误学习，我一连隐瞒了好几天。没想到，轮到我上飞机时，我一只脚刚跨进机舱，只觉得眼前金星闪烁，就晕倒在机舱里。醒来时，我已被送进了佳木斯医院。住院期间，我心急如焚，为了能早日飞上蓝天，我积极配合医生，由于治疗及时，配合得好，病情逐渐好转，20多天就出院了。出院时，医生开了一张不能参加体力劳动，不能参加飞行的条子，我一出院就把它撕了。回到航校知道同学们都快要放单飞了，心里真焦急，于是赶忙四处找同学讨教，找老师补课，恨不得把一个月落下的功课一下子补回来。我借阅了同志们的笔记本，特别是同学们讲的飞行体会，更是格外留心，一一记在心底。我还爬到房顶上观察飞鸟、星星和地平线，练习目测高度。

1947年金秋时节，教员带着我第一次飞上了蓝天（在东安，现密山）。那次升空令我终生难忘，是老航校给我插上了钢铁的翅膀，在祖国的万里长空我整整飞行了30个春秋。我很留恋当年那不平凡的飞行生涯,更加感谢把我送上蓝天的东北老航校。

本文选自蔡文艳主编的《天南地北密山人》一书,2014年印,第113～114页。

我在东北航校工作的日子

吕黎平*

1945年8月下旬,党中央获悉日本投降后在东北遗留有较多的航空训练设施,便审时度势,不失时机地在那里收集器材,筹建自己的航空学校,为将来建设人民空军培养人才。当时的延安八路军总部有一个负责修建延安机场,接待来往飞机的航空组,成员是常乾坤、王弼、刘风等过去在苏联学过航空的一些同志。于是,中央组织部集中该组成员和我党派往国民党空军学过航空的干部,另外从中央党校、自然科学院等单位抽调一部分干部共30余人,分两批派往东北执行这次任务。在出发前的8月13日,刘少奇同志在接见他们时,指出:我国的东北是日本关东军经营了十多年的基地,估计在那里有较多的航空器材,为创办航校做好准备。任弼时同志说:你们肩负着设法创办一所航空学校,为将来的人民空军建设培养一批种子的光荣而艰巨的任务。航校在硝烟滚滚的战争环境中,在我党创建东北根据地的初级阶段,收集大量的飞机、器材和油料,这的确是一件不容易的事情。虽然缺乏经验,但所有参加创建航校的同志们牢记党中央,"一定要把第一所航校办好"的指示。1946年8月,经"东总"批

---

* 吕黎平,原名吕继熙,曾用名吕济熙、吕继光,1917年生于江西省兴国县。1932年入瑞金红军学校政治营学习,1946年6月任东北老航校飞行教员队队长、航校训练处长。新中国成立后,参加了抗美援朝的空军战斗,被授予一级解放勋章,是抗美援朝中的空战英雄。

准航校转移到东安(密山)。东安曾是伪满洲国的九个省会之一,现属密山市,位于穆棱河畔,东南距苏联国界不足50公里就是一片风光秀丽、面积4300多平方公里的兴凯湖。航校校部设在离东安镇不远的一座日军兵营里。由于战争的破坏,营房设施缺损严重,我们8个人住一间屋,睡双层木床。窗户没有一块玻璃,只好用木板钉起来,屋内没有火墙、暖气。每逢风雪天,雪借风威,透过窗板缝隙往屋里钻,常常在单薄的被上洒下一层细细的雪花,其室内温度之低就可想可知了。有人写诗这样描述人们在艰苦环境下的乐观情绪:长夜风雪吼欲狂,衣单被薄镀银光。壮志凌云聊一阵,当个"团长"入梦乡。吃的也很差,主食几乎天天是玉米加高粱,一星期能吃上一顿大米饭就谢天谢地了,副食是冻得硬邦邦的萝卜、白菜煮的大锅菜,菜汤看不到几滴油星,吃肉更是难得一回的奢侈了。随着残雪消融,大地复苏,我们求飞的心情也躁动得愈加厉害,快5年没摸驾驶杆了,我们怎能不想?前方的战友们还在敌机的轰炸扫射下浴血奋战,我们怎能不急?党中央的深情嘱托经常在脑际回响,我们又怎能不争朝夕?3月底,我们飞行教员队前往五道岗机场,休整道路和跑道、维修营房。五道岗机场距离东安20多公里,经过一个多星期的辛勤劳动,我们终于把800米长、80米宽的沥青跑道平整了出来,同时完成了其他一些设施的修补。4月上旬的一天,我按照程序开车,随着引擎的轰鸣,螺旋桨飞速地旋转,飞机很快拔地而起,邀游在蓝天之中了。在全队飞行员、地勤人员和日本教员的共同努力、密切协作下,经过两个多月紧张的恢复性训练,我们每人飞行30多小时,于6月下旬顺利地完成了原定计划。我在笔记里写下了这样几句话:兴凯湖畔重升空,蓝天复练基本功。敌机残杀仇需报,枕戈待旦看明朝。

1948年1月,中央军委命令,中国人民解放军东北民主联军改称为东北人民解放军,同年3月,航校亦改称为东北人民解放军航空学校。从这时起,航校迎来了新任务,拉开了接收溃逃的国民党空军的序幕。

本文选自蔡文艳主编的《天南地北密山人》一书,2014年印,第129~130页。

东北军工艰苦创业

——鸡西、东安地区的军工发展

陈浩良[*]、韩纪民[**]

鸡西、东安（现密山市）等地位于黑龙江省东南部，日伪曾在此建立伪东安省，属北满东部，距离苏联较近。解放战争时期，这一地区归合江省管辖。1946年6月，东总后勤部在鸡西搞过一个兵工筹备机构，对外称"建安公司"。

东北军工部驻哈尔滨办事处政委叶林带李平、任克等5名干部、1个警卫排和20余名日籍人员，把从哈尔滨搜集来的机器设备及采购材料搬运到鸡西，在日满铁路废墟上建立了手榴弹厂，然后，又在哈尔滨建立雷管厂，供鸡西手榴弹厂用。

1946年7月，东北民主联军军工部部长韩振纪又派副部长郝希英等5人到鸡西筹建办事处，搜集机器，建设兵工厂，为以后发展成为兵工基地打下基础。

1946年9月底，延安军工局乐少华、钱志道等带来30多名干部和80多名日本技工，受东总后勤部委派，到鸡西建立兵工厂。

1946年12月，汤钦训、孙云龙从哈尔滨搜寻到机器百余台搬运到鸡西，还带来一批熟练工人。当时，鸡西兵工的任务是建立手榴弹厂，同时还要视战局变化随时准备撤退。经过多方努力，克服困难，手榴弹厂到1947年3月正式生产，最初由于质量问题部分被追回，到1948年1月，该厂产品质量有效率提高到99.7%，有力地支援了前线作战。

1946年8、9月份，根据中央军委3局的有关决定，东总第二参谋长伍修权、

---

[*] 陈浩良：中国人民解放军军事科学院军事图书资料馆原馆长。
[**] 韩纪民：中国人民解放军总后勤部后勤杂志社原主编。

军工部部长韩振纪、东总司令部3处（通信联络处）处长段子俊等同志共同研究，选定在东安建设"通信联络处后方工厂"。该厂曾经先后称军工部直属二厂、军工部滨江部及东安电器工厂，厂址在东安市区铁路北，利用原东满将官招待所和一些日本人的平房住宅建设成厂房，1946年11月开始建设，1947年初投产。首任厂长程明升（军工部副部长兼），副厂长晋川、席柳溪，工程师周建南。1947年夏，周建南任厂长，罗兴英任政委，席柳溪任副厂长，吴俊扬任副政委，夏仁儒任工会主任。东安的这个工厂辖6个分厂，分别生产无线电收发报机、超短波机、手摇发电机干电池、有线电话单机、总交换机以及作战指挥用信号弹等。东安的这个通信厂建成后也属军工部建制，但在业务上由东总司令部领导，生产任务也由司令部直接下达，韩振纪过问不多。周建南，上海交通大学电机系毕业，新中国成立后任国家机械工业部部长等职；吴俊扬，新中国成立后任甘肃省副省长等职。

刚到鸡西时，同志们各自为战。不久，东总即明确，这里建的兵工厂统归军工部领导。1947年3月初，东北民主联军军工部鸡西办事处正式成立，乐少华任主任，钱志道任总工程师。乐少华，1927年到莫斯科中山大学学习，早在苏区就是军、军团一级的政委，与刘畴西、方志敏并肩战斗，1950年，他任东北工业部副部长兼军工局局长。钱志道，浙江大学化学系毕业，曾在延安军工局担任厂长及总工程师，新中国成立后任中科院技术科学部副主任、中国科技大学副校长等职，他对我国兵工，特别是在火炸药、弹药及导弹推进剂的研制等方面有突出贡献。

军工部发射药厂，按照韩振纪的指示在沈阳孤家子、辽阳一带搜集机器设备，历经辗转，由通化运至珲春，又转经朝鲜迁至佳木斯。1947年春，伍修权率钱志道等10余人选址，决定在东安（密山）建厂，对外称化学厂。

1947年4月，军工部任命钱志道为厂长兼政委，江涛为副政委，周明、魏祖治为副厂长。化学厂于1947年9月建设，钱志道等人率领近200人的队伍，边建设、边生产，制出了大批弹药。1947年9、10月间，该厂改为东北民主联军军工部直属一厂。（魏祖治，新中国成立后曾任国家第二机械工业部第六研究院院长、中航科技公司总经理等职，在我国军用飞机研制方面有突出贡献。）

根据军工部的指示，鸡西办事处设立机修厂，后又设立装配炮弹的装配厂，

1947年冬开始生产。

军工部各厂的建设离不开地方领导的支持,东安地委书记兼军分区政委吴亮平参与勘察发射药厂的建设厂址,经常为所在地军工厂排忧解难,当东安电器工厂遇到困难时,他积极想办法解决原材料并拨给地方库存的车床,使该厂生产得到保障。

1946年8月至1947年10月,鸡西基地人员共1 104名,机器设备235台。一厂生产手榴弹323 100枚;二厂生产炮弹□□□枚(文献中介绍数目不详);三厂生产翻砂弹壳318 000个;四厂生产掷弹筒弹、成品及雷管弹药35万发。

1947年5月7日《伍修权关于东北军区军工部情况的报告》(解放军档案馆276宗1947年32卷2号)对东北军工部初期,即战争形势尚在被动的情况下所做的工作给予比较全面、客观的介绍。伍修权在该长篇《报告》中说:"从哈尔滨出发,先后在兴山、佳木斯、千镇、鸡西、东安、石岘、珲春考察,包括行路计一个月时间,要彻底了解军工部一个地区的工作情形,至少十天半月,自不免走马观花。"

伍修权对东北军工部各基地、各厂的分布、设备、材料、生产、干部作风、工人及组织机构等状况都进行了全面、仔细地考察、分析。其考察的重点是兴山子弹厂、佳木斯和千镇手榴弹厂、鸡西手榴弹厂、图们北十余公里处的石岘手榴弹厂及珲春机械厂。他写道:

珲春机械厂是军工部的精华。

伍修权对军工部各厂工作提出具体的建议,并提出"要求东北局解决的有3个问题"。他讲道:"以上两件事如果拨出5 000万,大体可完成任务。"关于干部,伍修权写道:

"我看到军工部的作风都是很踏实的""大家毫无怨言地埋头工作,但某些干部体力日坏也是事实。"

伍修权还表扬鸡西乐少华、钱志道、汤钦训等。伍修权说:

"珲春高长久、马树良的工作都很好,高对政治工作办法少些,处理问题较迟钝,但在群众中威信很好。"

有关韩振纪的内容,伍修权在这份《报告》中有一大段是这样写的:

"最后该到韩振纪与军工部的组织问题。从我见到的五军团干部中,我认为韩是意识上最好的一个,作风艰苦,老军事干部,懂得些技术而又愿意搞这一套,这是很难得的。上次仓促下命令,以我为军工部长,而对他的工作又没有明文规定,这样在客观上自然使他难于放手工作。为了真正加强军工部的工作,我坚决主张仍以韩为部长兼政委,否则以我这不懂技术的人,直接担起这个担子来,不仅于事无补,真使我有点吃不消,由韩直接负责,由我从旁帮助,这种方式对工作是较为有利的。此事请速决定。"

1947年5月,东北局采纳伍修权的建议,重新下命令,明确韩振纪仍然担任东北民主联军军工部部长兼政治委员,伍免兼职,以东北民主联军第二参谋长身份领导军工部工作。1949年《东北军区军工部三年半来军工发展总结》中较为详细地讲了这个事情。

大量的历史文献说明,在1945年10月,东北军工部机构已经正式成立起来了。韩振纪担任军工部部长那一阶段,是东北军工事业开创、打基础的时期。韩振纪、王逢原等坚决执行东北局和东总的决定,带领东北军工部广大干部、工人,健全机构设置,艰苦奋斗,采取转移、生产、发展、壮大的方针,从无到有,由小到大,由分散到集中,没有条件也要创造条件,仅用了很短时间,就在战争尚处于被动局势下,主动迅速组织、恢复生产,人员、设备、技术和生产规模都有很大的改观,终于形成以珲春为中心的若干个重要军事工业基地,建设了不少兵工厂。他们用心血、汗水和生命铸造了无数武器弹药,源源不断地提供给作战部队,有力地支援了东北及全国解放战争。

在艰苦的战争环境下,珲春和东北军工部各地的兵工厂积累了机器设备和物资材料,为以后大规模军工生产打下了坚实基础。东北军工部还培养和储备了各种人才,这批人以后大都成为我国军事工业和其他工业的领导干部和重要技术骨干。

在东北建设统一的大规模军事工业之前,艰苦创业阶段是必经之路,战略作用重大,在我军装备的历史研究方面决不能被忽略。东北军工战士为人民解放事业做出了伟大贡献,永载史册!

有资料记载:自1946年7月至1947年9月,东北军工部直属兵工厂共生产木柄手榴弹88.3万枚,八一、八二迫击炮弹12.2万发,6号雷管103万个等。修理和改造机床60台,修配变压器、电机等电器247台,还制造了33台设备和

3 222套件工装、工具、量具以及机器零件1 073套件,自制铁钉3 000公斤。

附件:

东北军区军工部关于生产任务与组织机构之初步意见

(1946年12月)

当前生产任务:

根据目前我军装备与需要状况,其生产任务,应以手榴弹、迫击炮弹、掷弹筒弹、子弹为当前生产工作中心,并在可能条件下,供给某些地区手榴弹厂用之雷管及辅助用具。

组织领导:

1. 统一分配生产任务,分散经营,以便于地区被分割后,能独立生产。

2. 根据现有状况,确定两个主要生产地区与一个辅助地区。主要生产地区为:一、东满、珲春、图们;二、北满、鸡西、东安。辅助生产地区为佳木斯及其附近。

3. 军工部本部暂设珲春,下设榴弹厂、迫击炮弹厂、子弹厂、机器厂、翻砂厂、木工厂。

4. 在鸡西设立军工部办事处,暂设榴弹厂(兼制硝酸)、迫击炮弹厂。机器厂暂与迫击炮弹厂合一,将来再分设。翻砂厂、三厂在建制和技术领导上,属于军工部,在行政与政治领导及供给上,因地区距离关系,暂直属后勤部。

5. 在佳木斯设立一兵工厂,下设修械所及榴弹厂,在技术领导上直属于鸡西军工部办事处,行政上与政治领导及供给上,暂直属后勤部。

6. 为便于与后勤部密切联系及传达生产任务,收集资材,在后勤部所在地设立办事处。

明年生产任务之初步规定:

1. 珲春方面:

手榴弹96万颗,平均每月8万颗;

迫击炮弹10.8万发,平均每月9 000发;

掷弹筒弹12万发,平均每月1万发;

子弹 480 万发,平均每月 40 万发;

供给各军区雷管 60 万~80 万个。

2. 鸡西方面:

手榴弹 72 万颗;

迫击炮弹 8 万发;

掷弹筒弹 6 万发;

子弹 360 万发;

供给各军区雷管 20 万~40 万个。

3. 佳木斯方面:

手榴弹 3.6 万颗;

修械:

A、步枪 2 万支;

B、机枪 6 000 挺。

4. 总生产量:

手榴弹计 204 万颗;

迫击炮弹 18.8 万发;

子弹 840 万发;

掷弹筒弹 18 万发;

修械:

A、步枪 3 万支;

B、机枪 6 000 挺。

供给各军区雷管 100 万个。

5. 上述任务仅为成品生产,半成品制造尚未详细列入(如提氯酸钾,用硫酸火硝自制硝酸,制导火索等均未列入)。

此外改造工具、自制机器、筹备发射药的生产,则为完成上述成品之重要工作,当然,所有任务须依整个战局变动与战争需要来增减改变之。

(解放军档案馆 276 宗 1946 年 32 卷 3 号)

1947 年 4 月,我军取得四保临江战役的重大胜利。5 月至 7 月,东北民主联军在夏季攻势中收复城镇 40 余座,东西南北满和冀察热辽解放区连成一片,

第三编
东安根据地军工和军事教育发展历程回忆

我军发展到5个纵队、8个独立师,2个保安旅,还有地方部队,共70余万人。东北的军事工业生产面临一次战略性改变。

孙玉鼎老人回忆:"到了1947年的时候,我记得是总部派了个工作组到珲春来。走了以后,我从韩振纪口里听到一个情况:当时东北的军工厂是分散的,其中珲春一摊子直接归军工部管,另外还有从延安来的一伙人,晋冀鲁豫来的,军工部管不着,北安的、齐齐哈尔的,大连的建新公司。大连地区是苏联接管的,我们不能在那里设立单位,只能叫个公司名。当时,准备把他们这些都统一管起来。总部对军工部长韩振纪说:'你们军工部把这几家都统起来!'韩振纪觉得为难。因为,过去他是从新四军来的,而这些则是各有所属的,特别有部分是从延安过来的,还不好弄。"

统整东北军工事业的任务,东总首长原拟交给韩振纪负责,但由于韩振纪本人从大局考虑,向东总首长提出让贤,建议"请更为适合的同志领导军工部全面"。孙玉鼎老人进一步回忆:

"在这种情况下,东北局决定在哈尔滨改组军工部。部长何长工,政委伍修权兼,韩振纪改任第一副部长,副部长还有一个江泽民。这个江泽民是从苏联莫斯科汽车厂回来的工程师,不是后来担任党和国家领导人的江泽民。好像还有什么人记不住了。[大连]建新公司的经理也是副部长。珲春这伙人改成东北军工部第一办事处。原来的处都改成科,名称不变。例如,伍子玉总务处长改成总务科长;工程处长韩文调到石岘手榴弹厂当厂长;刘桦焕当工程科长,这人后来在一机部,现去世了。我和伍惠民(1952年任广东省交通厅副厅长,1953年病逝)是副科长。这个时间大约是1947年下半年。"

1947年9月14日至10月7日,东北局在哈尔滨召开军工会议,就发展军工生产、保证战略反攻的武器弹药供应等问题进行了研究和讨论。参加这次会议的有:伍修权、何长工、韩振纪、王逢原、高长久、乐少华、崔振东、钱志道、田汝孚、王立、刘正栋、刘元义、肖声远、沈毅、吴云清、王清才、周建南、徐良图等。会议由伍修权主持,开了20多天。

这时,王逢原仍任副部长;江泽民是1948年调来的,他于1921年赴法国勤工俭学,后在莫斯科中山大学学习,1941年回国在八路军后勤部军工局技术处工作,新中国成立后,任国家第一机械工业部部长助理、汽车工业公司副总经理等职;陈康白、钱志道先后曾任军工部总工程师。陈康白毕业于厦门大学、德国哥廷根大学,曾任延安自然科学院副院长,新中国成立后任哈尔滨工业大学校长、中科院秘书长等职。

10月7日,东北民主联军军工部领导机关由珲春正式转入哈尔滨。原军工部的干部大都留在珲春办事处了。据《何长工回忆录》,军工部机关下设办公处、材料处、技术工程处、供给处、部党委办公室和顾问室,后来又成立政治部和工会,高长久任政治部主任,马文任政治部副主任,马树良任军工部工会主任。

据1949年《东北军区军工部三年半来军工发展总结》及相关材料,军工部机关的中层干部有:经理处处长汤池(1955年被授予少将军衔),副处长邹家尤(新中国成立后任国家地质部副部长等职);材料处长崔振东,副处长徐良图、范慕韩;江泽民兼工程处处长(后为原冀热辽军区军工部部长黄锡川),工程处有位科长杨铿,1973年任国家一机部副部长;李如洪(1964被授予少将军衔,曾任国家第四机械工业部副部长等职)任军工部行政处处长,伍子玉(新中国成立后任北京建工局局长等职)任副处长;卫生处处长董楚。

东北军工会议确定由大连制造24万发炮弹供应关内的计划不变。1948年要扩大炮弹、引信、三酸的生产,恢复炼焦厂,制造黄色炸药,仿造子弹机器,恢复扩大安东和南满的有色金属矿,保障大连的军工原料。

这时,东北局对军工部负主要领导责任,主管这方面工作的是东北局副书记、东北人民政府副主席兼东北民主联军副政委李富春。东北民主联军主管这方面的是黄克诚副司令员和刘亚楼参谋长。军工部在经费方面,直接由李富春批准,由东北人民政府财政部支取。军工部党的工作归东总领导。

东北局从财政上拨款180万东北币,折合粮食9万吨。中央军委总后勤部部长杨立三也来到东北,督促弹药生产供应前线。

1947年11月2日,中共中央东北局作出关于军工生产的决定:肯定东北军工部以往的成绩,分析"形势又起了巨大变化"后的客观不足,指出"统一生产、建立党委一元化领导"这一总精神,并提出"东北有工业基础,应当担负支援全国战争的任务"。

何长工部长提出要铲平"山头",在东北民主联军军工部的统一领导下,把分散在东北各地、各单位的军工厂集中起来,先后在东北各地原有基础上成立9个军工办事处。军工部直属的几个大型军工厂都列为部队师级建制。这9个办事处的形成,在哈尔滨东北军工会议前后有密切的发展沿革,是千万东北军工战士创业的一个过程。

第三编

东安根据地军工和军事教育发展历程回忆

东北军工部第一办事处（珲春）

珲春军工基地，自1946年9月、10月建立，经过艰苦创业，已具有相当规模，1947年1月正式列为东北民主联军军工部第一办事处。1947年10月7日，韩振纪再次兼任军工部第一办事处主任、党委书记，马树良任政治部主任。该办事处的机构设置及生产情况上文已详述。

东北军工部第二办事处（兴山）

1947年2月，兴山办事处正式成立，1947年10月7日列为军工部第二办事处，王逢原副部长兼主任，副主任为任忠浩，政治处主任徐之仁。

原在佳木斯的手榴弹厂为一厂，原在通化的炼钢厂为二厂，原在延边的子弹厂分为第三、第四、第五、第六厂。三厂修造机器和生产制造枪弹的专用工具；四厂生产弹壳；五厂生产弹头；六厂装配枪弹。此外，第二办事处还建立一个生产手榴弹木柄和子弹包装箱的木工厂。

第二办事处以生产枪弹为主，原料主要用自己炼出来的钢铁，职工1 700余人，机器320多台，月产复装枪弹120万发。

东北军工部第三办事处（鸡西）

鸡西办事处筹建于1946年6月，1947年10月7日改称为军工部第三办事处，乐少华和钱志道任正副主任，曾杰任政治处主任。孙云龙、汤钦训也曾担任过主任。这几位都是从延安过来的。孙云龙，1944年被陕甘宁边区政府授予甲等英雄称号，新中国成立后曾任第五机械工业部第二局副局长。汤钦训，新中国成立后曾任第三机械工业部技术局局长，为我国兵器工业与航空航天工业做出了突出贡献。

第三办事处所属三个厂，主要生产手榴弹、爆破筒、60毫米迫击炮弹、81毫米迫击炮弹、50毫米掷弹筒弹、信号弹等军工产品。

1947年，鸡西办事处生产弹药4个品种，总产量为99.825万发。1948年生产弹药12个品种，总产量为269.6356万发，还生产了航弹炸药60吨。1949年生产弹药7个品种，总产量为181.3597万发。

1948年，军工部第三办事处主要生产六〇迫击炮弹。全体职工1 800余人，机器370多台，月产六〇炮弹5万发，爆破筒2 000具。

东北军工部第四办事处（安东，现丹东）

1948年4月，辽东军区军工部划归东北军区军工部，主任姜开进、吴云清，政治委员涂锡道。姜开进是延安来的红军干部，吴云清来自山东军区，涂锡道是延安抗大总校来的红军干部,到军工部之前是东北军政大学东满分校校长。

办事处所属工厂有一厂、二厂、木工厂。一厂建在南大营,负责修械和弹体翻砂铸造、机械加工、冲压焊接等;二厂建在东大营,负责炮弹总装;木工厂负责生产枪托和炮弹包装箱。

此后,第四办事处又合并重组成六〇迫击弹体厂、引信厂、炮弹装配厂,职工达4 000余人,机器约600台。第四办事处月产六〇迫击炮弹3.5万发、九二步兵炮弹1万发。1948年7月,第四办事处根据军工部下达的任务,开始试制和生产八一迫击炮弹。同年10月,第四办事处撤销,改为北安炮弹总厂,归第五办事处管辖。

东北军工部第五办事处(齐齐哈尔)

由新四军三师军工部沿革至西满军区军工部,1947年10月归东北军工部建制。1948年4月改称东北军区军工部第五办事处,生产任务以六〇迫击炮弹为主。田汝孚任主任。

第五办事处下设机器厂、装配厂(炮弹)、制材厂及修械所,列为一分厂、二分厂、三分厂、四分厂,后来又接收了原属辽西军区的洮南修械厂和原北安第四办事处(改为北安总厂)。职工约2 000人,机器340多台,月产六〇迫击炮弹4万发、八一迫击炮弹2万发,修枪500余支,到年底共生产六〇迫击炮弹15.1610万发,以及大量手榴弹、爆破筒。

东北军工部第六办事处(牡丹江)

1947年10月,牡丹江军区炮兵工程处划归东北民主联军军工部领导,改称军工部第六办事处,主要任务是修复火炮。主任沈毅,政治委员许兴。沈毅,留学法国的弹道专家,曾任国民党第三战区少将专员,解放战争初期参加起义。许兴,曾在瑞金红军学校任指导员,抗战初期任军委后勤部延安荣誉军人学校校长。

1946年至1948年年底,牡丹江第六办事处先后修理过八二迫击炮、九二步兵炮、重迫击炮、战防炮、山炮、野炮、榴弹炮、高射炮、加农炮等,共1.7911万门,装备了7个炮兵师和野战纵队的炮兵团。

1948年12月,第六办事处撤销,所属修炮厂改为北满分部直属四厂、五厂。

东北军工部第七办事处(吉林)

1948年8月16日,东北军工部在吉林市成立第七办事处,韩振纪兼主任,张广才任政委。张广才是位老资格,曾在红四方面3个军都当过政委,1955年任武汉军区副政委,同年被授予少将军衔。第七办事处主要复装九二步兵炮和山炮炮弹。

吉林机器局是清末建立的大型军火工厂。1900年,该厂被沙俄侵略军毁掉,1905年改建为吉林造币局,民国后张作霖改建军械厂,1945年日本投降后,国民党改为吉林保安司令部修械所。1948年,吉林解放,东北军工部接管该处,主要生产八二及六〇迫击炮及炮弹,职工1 150人,机器台330余台。

东北军工部第八办事处(哈尔滨)

该办事处其前身为1946年6月成立的东北军工部驻哈尔滨办事处,主任王盛荣(原崔振东),政委叶林,副主任丁武选。王盛荣是大革命时期的老党员,到苏联莫斯科中山大学学习过,苏区时曾任中革军委委员,到东北之初曾任齐齐哈尔市委书记,建国初曾任中南工业部副部长,"三反"时曾出过些问题,后来平反了。丁武选是红四方面军老同志,在苏区时曾任独立二师师长兼川陕省省保卫局局长,新中国成立后任武汉军区军事法院院长,1955年被授予少将军衔。

1947年10月,军工部为加强对哈尔滨市军工生产的统一领导,决定撤销哈尔滨办事处,成立实验总厂。

实验总厂设有8个附属工厂:直属厂,承担六〇、八〇迫击炮弹的弹体、尾翅的加工;正记翻砂厂,翻砂铸造六〇、八二迫击炮的弹体;星记工厂,由哈尔滨办事处技术室扩建而成,承担各种炮弹的总装;胶木厂,生产胶木引信、扩爆管等;联合一厂,生产迫击炮弹尾管、尾翅、弹夹、扩爆管等;联合二厂,生产炮弹引信底火座及各种铜件加工;联合三厂,生产弹体。

1948年10月,军工部决定在哈尔滨实验总厂的基础上再次成立军工部第八办事处,辖有实验总厂、星记工厂、联合一厂、联合二厂、平房厂,还包括动员联合进行军工生产的私营各厂。

1949年1月,军工部迁到沈阳,同时,在哈尔滨成立军工部北满分部,乐少华任主任。3月28日,第八办事处撤销。

东北军工部第九办事处(大连)

主任朱毅,政委李一氓(中共旅大区党委副书记兼)。这个办事处在东北军工部序列中较为特殊,其成立过程前文已述。朱毅,曾任华东局财委副主任,新中国成立后,历任国务院参事室副主任等职。李一氓,曾任苏皖边区政府主席,新中国成立后,任中联部副部长、中纪委副书记等职。

建新公司接管了一批日本人遗留的企业,下属:大连机械厂、大连炼钢厂、裕华厂、宏昌厂等单位，职工8 000余人，机器970多台，月产炮弹钢350多吨、发射药30多吨、引信2万个、装配七五山炮弹3万发，主要装备供应到华东前线。

1947年11月7日，李富春同志在哈尔滨市听取华东局的同志汇报时决定：从1948年起，大连建新公司所需经费全部由东北局负责，生产的弹药全部运往华东，旅大地委要全力支持建新公司的生产。1948年1月，建新公司归属东北军区军工部，被列为第九办事处，对外仍称建新公司。1948年秋，中央军委电令：建新公司改属中央军委领导，委托东北军区军工部代管。

军工部直属一厂和二厂

直属一厂设在西东安（今密山西9公里处），是发射药厂；

直属二厂设在东安（今密山），生产通讯器材、手摇马达、收发报机等。

以上两个厂子的情况前面讲过，干部变动不大，此处不再重复。军工部还曾先后在其他一些地方设过办事处，例如通化，负责人孙德山等。

本文选自陈浩良、韩纪民著《开国中将韩振纪》一书，解放军出版社，2015年11月版。

第四编

东安根据地土地改革运动工作回忆

第四编 东安根据地土地改革运动工作回忆

开展反奸清算斗争的回忆

白如海[*]

1946年4月,中共鸡宁县委成立后,根据1945年5月4日中共中央"关于反奸清算减租减息"的指示精神,我和暂住鸡宁的中共东安地委书记吴亮平研究,决定抽调人力组织工作团进驻农村开展反奸清算斗争,进行减租减息。当时县委、县政府机构不健全,大部分干部都是原东进工作委员会的,共抽调30左右人进驻哈达、城关、滴道、鸡冠(六甲)4个区。工作团长由我兼任,哈达区由王拴石负责,城关区赵洪峰负责,滴道区董殿奎负责,鸡冠区(六甲)吕伯泰负责。在工作团组建的会议上,地委书记吴亮平讲话后,我就下步工作进驻部分区的工作任务、指导思想和方法步骤等问题作了部署。当时主要任务是清算斗争配给店、粮食加工厂和大地主,解决粮食问题。我记得滴道区斗争了滕小胡,哈达区斗争了沈子君,平阳站斗争了张高丽(外号)等一些囤积粮食的地主、配给店和粮食加工厂老板。没收了他们的粮食、财物分给了贫雇农,解决了吃饭问题和地方部队的粮食供应。工作团刚刚开始工作,同年7月份,李尔重率领中共东北局东安地区工作团到鸡宁进行土地改革工作。县委组成的农村工作团合并于东北局鸡宁工作团,全面进行土地改革工作,发动群众,开展反奸清算斗争,平分土地,建立巩固的农村根据地。

本文选自王金文、王晓廉、隋业勤主编的《鸡宁土地改革运动》一书,中共鸡西市委党史研究室1991年3月印,第50~51页。

---

[*] 白如海:1945年12月任中共东安地委副书记,1946年4月任中共鸡宁县委书记。

参加鸡宁县土改工作的回忆

马东波[*]

我是响应党中央关于"抽调大批干部建立东北革命根据地"的号召,于1946年4月从延安出发,历经两个多月的跋涉,于6月中旬到达哈尔滨。休息几天以后,听取了中共中央东北局领导同志作的动员报告,中心内容是要组织土改工作团,深入农村,通过清算斗争没收地主的土地,分配给农民,解决土地问题,建立农村革命根据地。这是一项具有战略意义的重大决策。合江省东安地区土改工作团是由陈伯村、李尔重、于杰三位同志任正副团长。到中央在东北集中了10位中央委员,抽调了1.2万名干部,派了10万军队。东安又一分为二,一部分留东安,一部分到鸡宁县,我被分配到鸡宁县土改工作团,团长李尔重。我们鸡宁工作团人员由三部分组成:延安来的一部分老干部;东北局从机关、报社、画报社等单位抽调部分干部;40多名东北大学学员,加上县里原来的部分干部共90多人。东北大学的学生是由孙平和尹光同志带队来的。他们晚到几天,约在7月18、19日到。休息两三天,即召开全团大会。先由县委书记白如海同志向工作团介绍了东安地区和鸡宁的政治经济形势,虽然大的土匪团已被我军打垮了,小股土匪仍很多,人民的经济生活很困难等情况。再由李尔重同志作动员报告。根据工作需要,又划分为平阳镇、滴道、恒山区三个分团。平阳镇放的力量比较多,李尔重同志亲自坐镇,以此为点,先取得经验,以推动全面。开始时我也在平阳镇工作一段,不久我和肖梦、田亚东还有六七名东大同学,到下亮子开展工作。

---

[*] 马东波:时任中共东北局东安工作团鸡宁工作团副团长,中共鸡宁县委副书记、县长和书记等职。

第四编
东安根据地土地改革运动工作回忆

清剿土匪　稳定民心

鸡宁县的地理特点是距离中苏国境线较近，又是靠山区或在山区里，是地富伪警宪武装土匪隐藏之地，所以土改开始进行时，一面发动贫雇下中农进行土改，一面还得组织武装打土匪。为保护土改工作顺利开展，县工作团从民主联军中调了一个连（朝鲜族）对工作团在土改时进行武装保护，工作团给部分同志也发了枪。我们一到鸡宁就听说滴道区的区中队武装叛变，杀了我们的干部逃到山里去了。所以在进行土改时，大家随时都得提高警惕。平阳镇工作团团员戴莹同志带领画报社阎士臣同志和东大学院王树藩同志在项家屯发动群众开清算斗争会时就被包围了，在战斗中阎士臣同志腿负了伤。下亮子工作团肖梦同志带领田亚东、徐炽、赵宪民等同志，在三排村发动群众，晚上也被土匪包围了。工作团的同志坚决抵抗，民主联军闻到枪声前去救援，把土匪打跑了。我们工作团在下亮子发动群众进行土改时，有一次我们和民主联军都被土匪包围了，民主联军和我们坚决抵抗，经过一夜的战斗，把土匪打跑了。牺牲了一名民主联军战士。事后查明，伪村公所所长张祥是个两面派，暗地里勾结土匪，夜间来偷袭，包围工作团，打民主联军，抢村公所的枪。根据张祥通匪和任伪村公所长时的罪恶，召开群众大会。在悼念牺牲战士的同时，公审了张祥。群众愤恨已极，高呼"血债要用血来还"！最后把张祥处决了，大快人心，鼓舞了贫下中农的斗志。1946年冬，经过侦察，摸清土匪老窝在南山沟里。由李尔重团长亲自带队，带领民主联军和部分基干民兵武装进山剿匪。这一次把这股30多名残余土匪连窝端了，打死一部分，活捉一部分，经过审讯，在平阳镇召开了公审大会，将两名罪大恶极的坏蛋枪毙了。其余的经过教育低头认罪释放了。在这期间东北最大的土匪头子谢文东、李华堂已被我们正规军抓获，流窜在我们这一带的小股土匪也被消灭了。从此，土匪的气焰被彻底镇压下去，为土改顺利进行扫清了道路。

宣传党的政策　开展土改运动

土改工作是根据中央、东北局及省委对土改工作的指示进行的。这次土改任务是要把地主的土地、房屋、财产和富农多余的土地没收后，平均分配给农民。地主富农也人人有份,不过土地的质量比贫下中农要差些。这和抗战时期对地主实行减租减息不同,是要彻底废除封建、半封建的土地制度。工作团的纪律要求很严,工作团下乡,开动员会时就宣布:工作团下去要住在贫雇下中农家,做到同吃同住同劳动,要遵守三大纪律八项注意,强调了不允许贪占群众的斗争果实,土改工作期间不许谈恋爱,更不许和地主女儿谈恋爱。鸡宁县长期受日本帝国主义统治,又有国民党地下先遣军的反动宣传,工作更加艰巨,必须深入发动群众。既要宣传共产党领导八路军、新四军,坚持抗战,打败日本帝国主义的事实和宣传解放战争取得的胜利,还要反复讲广大贫苦农民受剥削受压迫的痛苦,要翻身求解放就得自己起来闹革命的道理,以解除群众对共产党八路军不了解,怕变天等思想顾虑。在发动群众过程中,经过大会小会反复宣传党的土地政策,帮助贫下中农算地主恶霸的剥削账,提高觉悟,起来揭发批判地主恶霸伪警宪特的罪行。一开始有些群众对工作团不敢接近,特别是土匪没有消灭之前,我们走家串户、进行访问时,有的群众看见我们从前门进去,他便从后窗户溜走,躲着我们。经过反复宣传和斗争实践,群众看到土匪肃清了,不怕变天了,地主势力也倒了,又分得粮食、衣物等斗争果实,特别是看到工作团纪律严明,讲话办事都是为了贫下中农群众利益的,于是,贫下中农逐渐被发动起来。先组织积极分子队伍,然后再组织基层农会,成立区农会来领导土改运动。对积极分子,经斗争实践考验,再从中挑选部分发展为党员,从而建立了农村党支部。为了保卫斗争胜利果实,镇压反革命,选积极可靠的年轻人建立了基干民兵队伍,区成立中队。区中队开始由农会领导,待区委、区政府成立后,就由区委、区政府领导。记得有一次在平阳镇的八角大戏院里,召开全区规模的诉苦斗争大会,平阳镇、下亮子各区村屯全体农会会员和基干民兵都有组织地参加大会,恒山、滴道区派积极分子参加。有的身背大枪,有的手拿红缨枪,威风凛凛,大长了人民群众志气。在诉苦大会上,受害群众纷纷上台,控诉大恶霸隋××等人的罪行。根据他们的罪恶事实和群众的要求,这次把隋××就地正法了,大快人心,伸张正义。这次诉苦大会,对全县震动很大。群众说:"共产党真是为人民办事的"。大会以后,各村农会组织贫下中农纷纷开展清算运动,由农会自己领导,敢于和地主伪警特务面对面地斗争。把清算出来的粮食、衣物、车马、农具分配给雇农、贫下中农,挖出浮财,金耳环、金镯子上交县财政,后期平分土地、房屋。平阳镇和下亮子两个区的土改工作基本告一段落,即从骨干积极分子中选举产生并建立健全了区委、区政府、区农会、区中队,开始转入正常工作。在总结经验基础上,1946年九十月间,从工作团中抽出大部分力量,带上积极分子,进驻新兴区、哈达区、东海区、城子河区、兴农区、城关区,加上恒山、滴道区,土改工作就在全县全面铺开了,直到1948年春全县土改工作全部结束。

建党建政　巩固土改成果

为了适应土改斗争的需要,工作团一进村就注意发现培养积极分子,选拔干部,发展党员,建立党支部,配好村干部,建好区委、区政府的领导班子。这是工作团撤出之前必须完成的任务。土改工作进行中秘密发展了一批党员。到1947年初,全县除兴农区外,各村、区都先后建立了党的组织和政权机构。为巩固土改成果,各区工作分团撤出前都安排了一个老同志(抗战时的干部)暂担任区委书记,区的党、政干部都是土改中培养出来的积极分子,如李逢春、姜裕、余家骥等很多同志,以后都成长为领导骨干。1948年初,根据省委指示开始搞了公开建党,方法是"自报、公议、党批准"。这一次全县发展了一大批党员。发展一批,巩固一批,使我们的党在鸡宁地区牢牢地扎下了根。与此同时,在李尔重同志领导下,也特别注意抓了工作团干部的自身建设,一开始就对土改工作团的干部提要求,发扬党的优良传统和艰苦朴素的作风。在1946年与1947年冬的春节前后,两次把工作团干部全部集中起来,组织学习和总结工作,开展批评与自我批评,检查个人在土改斗争中的阶级立场,实际是进行了小整风。通过土改斗争实践还从农民积极分子中选拔了一批脱产干部参加了土改工作。在工作团中也发展了一批党员。健全了县委的领导班子,县政府各科也充实了人员,县公安局、县大队也扩大了编制。1947年三四月间,按地委的要求抽调了工作团大部分同志先后到宝清、虎林、饶河、密山、勃利县去开展土改工作。这时,我离开城区到县委工作了。

发展生产　支援前线

1948年春,土改运动结束,县委、县政府的主要任务是发展生产、支援前线。发动群众,组织群众开展农业大生产运动。组织互助合作的变工队,换工插具,广大贫下中农怀着翻身与当家做主人的喜悦,搞起生产热火朝天,颇似抗日战争期间解放区大生产运动那样轰轰烈烈。在搞好农业生产多打粮食的基础上，又在冬闲时，大搞副业生产，进山伐木头，在雪地里用爬犁从山上往山下拉。我也曾和他们一道进山，穿上东北有名的牛皮乌拉，垫上乌拉草和大家共同劳动、共同享受翻身的农民的喜悦。搞副业生产，增加了群众收入，又引导农民大办农村供销合作社。不少农民把农业、副业收入的钱，拿出来入股。平阳镇、平阳站，两个供销合作社办得比较好，在省里介绍了经验。根据贯彻省委对发展城市工商业的指示，城区工作一方面是抓恢复城镇街道秩序，在城区和镇郊发动群众，清查逃来的恶霸地主和伪警察、特务等。镇部也动员农民参军，记得在镇西头体育场召开过欢送青年参军大会，参军青年胸前戴着大红花，骑着大马，光荣地参加了县大队和野战部队。另一方面是组织群众发展手工业生产，如小型铁工厂、皮革、被服、鞋帽、粮油加工等生产。恢复商业，逐步繁荣了市场。记得县里为了自给，解决吃饭穿衣经费开支等问题，在南山还开了个小煤矿，除供给自己用外，也外销一部分。县里还成立一个贸易公司，由赵鸿峰同志任经理，曾到密山县当壁镇和苏联进行贸易，以我们的豆油来交换他们的食盐等产品。城镇工商业的发展，对农业生产起了很大扶植、促进作用。为了鼓励农民生产的积极性，于1948年冬召开了鸡宁县第一次农业劳模大会，表彰了劳动模范，给劳动模范们戴上了大红花。农民翻身不忘共产党，积极参加支前工作。1948年四五月间，大家听到我们要解放长春这个消息时，非常高兴，县大队和各区中队的战士们纷纷报名，上前线打老蒋。全县一次就组成一个独立团，由周天浩同志任团长，王拴石同志任政委奔赴前线，参加攻打长春的战斗。为了支援解放战争，鸡宁的粮食、饲料成列车运往前线。全县还动员了400余名民夫，组成一个由张福善同志带队的后勤支队，分三个大队，有车马、担架等。当时的口号是"好人、好车、好马上前线。"

　　伟大的土地改革运动，促进和完成了农村根据地的建设，劳苦农民群众，翻身做主人。解放了生产力，发展了生产，支援了解放战争，也锻炼了一大批干部，迎来了新中国的诞生。时间虽已过去了40多年，每每回忆起这段往事，仍历历在目，看今日祖国的飞跃发展，更是来之不易，也更激励我们勇往直前。

　　本文选自王金文、王晓廉、隋业勤主编的《鸡宁土地改革运动》一书，中共鸡西市委党史研究室1991年3月印，第52~59页。

第四编

东安根据地土地改革运动工作回忆

发动群众　建立巩固的根据地

徐少甫[*]

1945年10月10日,毛主席到重庆与国民党谈判,签订了国共合作《双十协定》。1946年4月,国内形势发生了变化,国民党军队从辽宁省葫芦岛登陆,占据了辽宁、吉林一些大城市,还派人员到长春去指挥,企图占领全东北。党中央根据形势的变化,派20余名中央委员和候补中央委员带大批干部挺进东北,开辟农村根据地,准备与国民党长期斗争。我是于4月从延安中央党校随中央派出的东北干部团到哈尔滨,东北局将大批干部派到农村。派陈伯村为团长,李尔重为副团长(后增加于杰为副团长)组成中共中央东北局东安工作团,到地处中苏边境有战略意义的合江省东安地区通过土地改革建立根据地。

中共东北局东安工作团到达东安后,分为密山、鸡宁两个工作团,李尔重率鸡宁工作团于1946年7月21日到鸡宁县平阳镇,以平阳镇为点,同时又组成滴道、恒山两个分团。孙平任滴道区分团长,我任副团长,不久孙平调走了,我任团长。我们分团由延安党校来的干部、东北大学学生、原县委工作团和进行工作后吸收的当地积极分子共四部分人组成。于7月21日正式进滴道区开展土地改革运动。

工作团的任务和指导思想是明确的,但如何进行实际工作没有经验,于是,我们两名分团长带工作组分别进驻柳毛、兰岭进行试点。在试点工作中不仅摸出了经验,训练了干部,而且培养了一批贫雇农积极分子队伍,壮大了工作团的力量。试点工作后,我们组成若干个工作组进驻各村屯,全面铺开土改工作。工作团进村后,吃住在贫雇农家里,不准住其他人家里。规定的纪律是严明的,

---

[*] 徐少甫:时任中共东北局东安工作团鸡宁工作团滴道区分团长。

现在回忆起来,确实是铁的纪律。主要做法是:

一、访贫问苦,扎根串联。进村后挨门逐户访问雇贫农,通过唠家史进行宣传教育,提高农民政治思想觉悟。工作开始时群众不敢说话,对我们不摸底,"滑舌子"(二流子)跑前跑后,跑得积极,这些人是两面派,地主狗腿子。我们把苦大仇深的雇贫农培养为骨干,利用骨干积极分子替我们宣传串联,群众逐步发动起来,调查摸底工作就好做了。谁是依靠对象,谁是地主、富农和汉奸坏蛋的阵线就搞清楚了。

二、建立农民会组织,开展反奸清算斗争。根据中共中央东北局的要求,工作很紧张,为争时间抢主动,夜以继日。群众发动起来后,很快就把各村农民会组织建立起来,由农会主持召开揭发控诉恶霸地主、汉奸坏蛋的罪恶事实,斗完后把坏人押起来了,这时群众不是观望态度了,拥护和靠近共产党派来的工作团,清算斗争的劲起来了。贫雇农团到被斗争的地主家没收财物,经调查掌握,地主不单纯是经济剥削,都有政治问题。一般都有枪,与伪警官吏都有密切关系,利用伪官吏权势来保护他们的统治地位和剥削利益。所以在反奸清算斗争阶段,与地主、汉奸、坏蛋斗,还要拿起枪杆子与土匪斗,两个斗争交织在一起。有一天我们在团山子村斗完地主,第二天100多土匪进村包围工作团,基干民兵保护工作团同志,地方部队在山口与土匪交战,土匪被打散了。对俘虏的无罪恶的土匪经教育后放回,汉奸坏蛋押起来继续审查处理。

三、分果实、分土地。通过诉苦斗争大会,对群众阶级觉悟起到了启迪作用,雇贫农报仇情绪高涨起来。实践使我体会到:群众一旦发动起来,斗争诉苦大会上他们便轮着发言;组织贫雇农团,他们主动报名参加,到地主家没收财产不用动员,分果实分什么他们要什么,基本上没有为此而争吵打架。清算斗争基本结束后,开始丈量土地,登记造册。按照分地规定,实现了"耕者有其田",农民不仅政治上当家做主人,而且经济上也翻了身,分到了土地、房子、牲畜、农具、粮食及衣物。

四、总结经验教训,"煮夹生饭"。1946年底至春节期间,土改工作各阶段任务已基本完成。各区分团都到县里集中整训,总结前段的工作经验教训。根据东北局和省委的指示精神,工作团全体都各自检查了阶级立场和工作中存在的问题。归纳起来,一是发动群众不够;二是农会、基干队伍不纯,混进了两面派的二流子，造成组织不纯；三是斗争地主不彻底等方面问题。回村后开始"煮夹生饭"重新发动群众，整顿农民会组织，即开始"砍大树""扫堂子""挖浮财"。后来打破了区、村界限，并进城挖浮财，出现了过头和违反政策的问题，侵犯了中农和工商业者利益，影响了商品生产和市场物资供应，后来又进行了纠偏。

鸡宁土改工作是有成绩的，贯彻执行了"团结多数、打击少数、利用矛盾、各个击破"的方针，由于政策掌握得比较准，没有多大偏差，所以，在"煮夹生饭"阶段搞了一下复查就结束了。调查摸底搞得很细，各阶段成分搞得很准。剥削行为达到25%以上定富农；25%以内定富裕中农；无剥削行为者定中农；地主纯属剥削不参加劳动。

鸡宁县各区土改进度相差不大，到1947年2月前后基本上都结束了，转入政权建设，区、村建立人民政府。与此同时，党的组织在秘密发展党员的基础上，公开建立了区委会和村党支部。滴道区土改工作团组长赵生晖任区委书记。

五、开发农业大生产运动，巩固根据地。区村党的组织和人民政权建立后，开始抓生产了，帮助农民搞互助，农民当时分的牲畜、农具不齐全，怕种不好地，搞换工插具，也称变工队，掀起了翻身后农民大生产运动。土改后的农村出现了新天地。

1947年4月，鸡宁土改工作团除了留在县、区任职的同志外，大部分到宝清、虎林等县进行土地改革工作，我带队到宝清县。

本文选自王金文、王晓廉、隋业勤主编的《鸡宁土地改革运动》一书，中共鸡西市委党史研究室1991年3月印，第59~62页。（隋业勤整理）

关于鸡宁土改中划阶级定成分问题

张进学[*]

我们鸡宁工作团是属于东北局东安工作团的一部分。东北局东安工作团团长是陈伯村同志,副团长是李尔重同志(兼鸡宁工作团团长)和于杰同志。几位团长、副团长都是高水平的,有丰富实际领导工作经验的同志。这个团又是在东北局"七七决议"之后进入鸡宁的,大家思想非常明确:一定要为东北人民办好事,要使当地劳动人民亲身体会到,共产党是为穷苦的劳动人民服务的。我们工作开始前,又认真地学习了中央的"五四指示",把"五四指示"的精神作为当时开展农村发动群众的主要依据。当时还讨论了何伟同志给东北局的信和马宾工作方法,因此对进入农村后如何访贫问苦、如何扎根串联,有了一定认识。当时团里为了使大家避免找错了访贫问苦、扎根串联的对象,在工作团的干部中还传达了井冈山土改时期关于划阶级定成分的历史文件。使大家知道什么样的人才是贫雇农(当时称贫雇农,不称贫下中农),什么样的人是中农,什么样的人是地主富农,这在当时像我这样没有地方工作经验,而又受华北抗日时期统一战线影响很深的人,学习这些文件,真是如获至宝。这些文件在很长一段时间是我们工作的依据。当时我们虽未进行划阶级定成分,可我们工作团的干部就是根据这些精神访贫问苦,选择根子,组织农民群众队伍的。由于上述原因,我们当时建立的农会,选举的政权,绝大部分是掌握在贫雇农手里的。当然其中也混进了少数二流子,或不太好的人,但这是极少数,很多第一批根子都成了后来县区骨干和支援南下的骨干。

关于在群众中划阶级定成分的问题。鸡宁土改分过两次土地。第一次是

---

[*] 张进学:时任鸡宁土改工作团成员,新兴区首任区委书记。

第四编
东安根据地土地改革运动工作回忆

在1947年春耕以前,是在反奸清算和反霸斗争之后,初步建立了农会和发展了一些党员之后进行的。当时未在群众中搞阶级定成分,但工作团干部和群众中的积极分子骨干,根据井冈山的文件精神,研究过哪些人是什么成分,而且是按此分配了地。由于当时的干部群众情绪影响,实际上是搞了贫雇农分好田,地富其他人分坏田,而且不是按人平分土地的原则。

中央土地会议之后,土地法大纲公布。在平分土地之前(大约是在1947年冬至1948年春),我们花了较长的时间在工作团干部中和农村干部中认真学习了土地法大纲和有关划阶级定成分的文件。这一学习比较全面地领会了文件精神,统一了思想,然后发动群众进行了划阶级定成分的工作(当时由于群众情绪,这一工作没有让地富及一些不好的人参加)。现将我记得的划阶级定成分的原则概述如下:

1. 雇农:扛长工,或主要从事月工或零工,没有土地或其他收入,生活贫困定为雇农。

2. 没有土地,主要以自己从事劳动为主要生活来源或有时卖些零工生活的困难者,定为贫农。

3. 从事产业、工矿业劳动或在农村从事手工业劳动,没有生产资料,生活贫困者,定为工人。

4. 自己有土地或没有土地(鸡宁一带有很多地区土地是掌握在日寇或汉奸及其伪政权手中),主要靠自己劳动自给自足,或极少量雇些零工,不占多大比重,生活尚能过得去,能达到低水平温饱者,定为中农。

5. 自己有土地或租种土地,主要靠自家劳动力耕种,有时雇些月工或零工,但雇工一年不超过一个整劳动力者,生活较为富裕定为上中农(后来称富裕中农)。

6. 主要劳动是自己家里人承担,虽家庭主要劳力靠自家人,但雇佣一个或一个以上雇工者,生活较富裕可定为小富农(这一条我记得是东北局附加的)。

7. 家里有少量土地,但无劳动力因而将土地出租靠吃地租生活,但生活并不富裕,其生活水平只相当于中农上下者,其待遇基本按中农看待。

8. 自有或租种土地,有一个以上的人参加劳动或一个人参加主要劳动外还有人参加经营管理,主要劳力靠雇工耕种,生活相当富足者定为富农。

9. 家庭生活来源主要靠地租生活,不参加主要劳动,或靠雇工种地,本家里无人参加主要劳动,生活富足水平超过中农者定为地主或经营地主(在我们新兴区的地主多为经营地主)。

10. 出租土地,又开买卖,收入各50%左右的生活富足者,定地主兼资本家。

另外还有流氓无产者和小业主,因当时很多人不愿定这个成分,在我们这里没有定这种成分的。还有的人当教员,本可定自由职业者,群众坚持跟家里定,也大都没有单独划出来。

在群众中定成分大都是先在村干部、党员和积极分子中先一家一家对照讨论,在讨论前由于反复讲清楚一定要公正,不能走私情,对群众认真负责,不能隐瞒,因此大家都认真讨论。由于工作团对各家底细也很清楚,一般弄错的很少,只是在上中农和小富农中有的弄错,也有把小土地出租者拔高了的。

在这些骨干中讨论统一后,拿到群众大会上讨论划定(地、富及敌我矛盾者不参加),一家一家念,给大家定。大多同意骨干讨论会的意见,也有少数不同意的,经过再调查,如果不同意见正确就改过来。这样做使大部分成分定得基本上是符合实际的。但由于干部和群众对剥削两字很厌恶,因此有些剥削的富裕中农划成小富农了,个别的还有划成富农的。这部分上中农大多是好的劳动农民,因而影响了中农的情绪,许多中农怕自己富了也挨斗争,后来在1948年春上级党委发现了这一问题,在鸡宁开展过一次纠偏运动。这方面李尔重同志做了大量的说服工作(因为很多干部和群众骨干不通),他反复说明侵犯了中农利益,不仅一般中农今后劳动积极性会受影响,而且劳动好的老实贫农也不敢劳动致富了,这样对社会财富增长是不利的,这会影响农村走共同富裕的道路。开始我也并不全通,后来冷静下来反复思考这确实是个大问题。因此我们回区后,发动党员、区村干部、积极分子反复学习讨论。到村里纠偏时,财产退了些,但退的并不多,而大多是向他们赔礼道歉,改定了成分。这些被定低成分的人,大多数都很受感动,后来生产积极性很高。由于我们新兴区这一工作做得比较认真,再加上党员干部的带头,1948年全区的生产形势较好,孤山村还被评为全县生产模范村。

本文选自王金文、王晓廉、隋业勤主编的《鸡宁土地改革运动》一书,中共鸡西市委党史研究室1991年3月印,第63~67页。

忆兴农区土地改革运动

李 钧[*]

每当听到或看到党关于密切联系群众的号召和决议,总会激起我对战争年代和土改中,党和群众鱼水关系的回忆。在那些岁月里离开了群众是寸步难行。现在我们是执政的党,同样不能脱离群众。党中央六中全会的决定是非常英明正确的,它告诫我们在建设社会主义时期,在改革开放的年代,必须发扬我党密切联系群众的优良传统。

44年前,我和新四军五师的部分同志,从中原突出重围,历尽千辛万苦来到东北局。1946年10月,被分配到鸡宁县委任组织部长。当时东北局为建立巩固的东北根据地,组织了大批土改工作团深入农村进行土改。鸡宁的土改工作在中共东北局东安土改工作团鸡宁工作团团长李尔重同志的领导下,于1947年4月底结束,但还剩下一个离鸡宁县城60多里的兴农区没有进行土改。这是个四面环山,几县交界的边远山区,有一部分朝鲜族群众也住在这里。

6月间,县委组织了20多人的土改工作队,由我带领进驻兴农区。我将工作队员分派到10余个村子后,即和孙应孝同志住进了封建势力最大的王家村,以便从这里打开突破口,推动全区的土改工作。当时,虽然日本投降了,大部分地区已搞了土改,但由于兴农区地处偏僻,又是几县交界处,地主恶霸和封建势力较猖狂,治安情况也不好,夜间经常会听到零星的枪声,加上群众对我们不了解,都躲得远远的。在这种情况下,如果我们不深入到群众之中,以实际行动取得他们的信任,将寸步难行。为了迅速打开工作局面,我们首先访贫问苦交朋友,群众怕地主恶霸,我们则避开地主,到"穷窝""马架"去接近他们,讲当时的形势,宣传革命道理,启发他们对地主的仇恨。渐渐地,贫苦群众看到地主恶霸

---

[*] 李钧:时任中共鸡宁县委组织部长。

失去了敌伪这个靠山,我们又一心一意为他们着想,就开始接近我们,有话也敢讲了,使我们摸清了村里穷户和富户的情况。在此基础上,我们则开始扎根串联,找到村里最穷的、仇恨最深的农户住下来。我当时住的那户老乡家里,连炕席都没有,棉被似渔网一般,孩子到了冬天还穿不上棉衣,我们就和这些苦大仇深的农户算劳动账,算富户的剥削账,讲为什么受穷,启发他们的阶级觉悟,使他们坚定了翻身当主人的决心,然后再通过他们去串联其他的贫雇农,像滚雪球一样,使穷人连在了一起。

穷人要翻身,必须组织起来。当穷苦的农户逐渐懂得了这一道理后,我们就帮助他们建立贫雇农小组,开始建立一个,然后建两个三个,在建了若干个后,全村就成立了贫雇农团,并选择一些苦大仇深、表现好的青年成立了基干队,配给武器,组成了穷人自己的武装,为斗地主、分田地打下了基础。紧接着,是划定阶级成分。首先是自报,然后群众评议,农会讨论。在这期间,我们注意掌握划分标准,特别是中农与富农间的界限,把剥削总收入不超过25%的划为中农,最广泛地团结了广大群众,明确了阶级阵线。

斗地主、分果实是土改的高潮,贫雇农终于盼到了扬眉吐气的一天。村里召开了斗争大会,斗争的主要对象是恶霸地主,一些小地主、富农也去陪斗,我们号召贫雇农"有冤申冤,有仇报仇"。当时群情激奋,纷纷倒苦水、诉冤情,很多苦大仇深的贫雇农冲上台去打恶霸地主。在民情难扼的情况下,我们还多次上去解围。斗争会后,镇压了一个罪大恶极的地主,这下,贫雇农的情绪更高了,跟党闹革命的信念更坚定了。于是,我们乘胜前进,将地主的房屋、粮食、家畜、农具、浮财等分给了广大贫雇农。苦大仇深的多分、分好的、分大件的,对地主则净身出户,贫雇农搬进地主的大院。在分土地时,先对土地丈量、计算有多少贫雇农,每户应分多少,然后按苦大仇深的分离村子近的、分好地的标准,分配了土地,实现了"耕者有其田"。贫雇农高高兴兴地将写有自己名字的木牌埋到已分到的土地上。为改造地主富农,也给他们分土地,但分离村子远的、差的地。

在斗争中,涌现了一批土改积极分子,我们在后期发展了一批积极分子入党,成立了支部,并将贫雇农组织起来,建立了农会和村政权,留下了不走的工作队。

王家村的土改建设告一段落后,将孙应孝同志留下做巩固工作,发展生产。

我便搬到了黄家店。这是个小集镇,也是整个区的政治、经济中心。我住在一个朝鲜族群众的家里,这里的朝鲜族大多种水田、吃辣椒,与我们的生活习惯差不多,妇女大多识字,待人接物很有礼貌。这时,全区土改已进入尾声,我们在各村土改建政的基础上,召开了全区贫雇农代表会,成立了区农会,建立了区委、区政府和区中队。经过近半年的努力,我们依靠群众胜利地完成了土改工作,也与群众建立了深厚的感情。群众真正感受到共产党是穷苦人的党,是替劳苦大众说话办事的。当我们离开兴农区时,群众都恋恋不舍,自发组织起来夹道欢送我们,朝鲜族群众还送我手帕等礼物作纪念。

本文选自王金文、王晓廉、隋业勤主编的《鸡宁土地改革运动》一书,中共鸡西市委党史研究室1991年3月印,第68~74页。

家乡的土改斗争片断

张蕴英[*]

惊天动地的土地改革运动已经过去40多年了,由于父母常和我们讲土改过程中的人和事,所以家乡的土地改革运动,我还记忆犹新。特别是我搞中共党史资料征集工作以来,80多岁的老母亲更是愿意和我谈八路军、剿匪、土改、参军支前等过去的事情。妈妈讲到高兴时,还能对孙子、重孙唱起"东方红""没有共产党就没有新中国""解放区的天是明朗的天"等歌曲。现在伯父母、父母和当年土改工作队的许多老同志都故去了。我把家乡土改活动片断记下来,祭奠先人,教育后人。

---

[*] 张蕴英:中共牡丹江市委党史研究室工作人员。

1946年春天,我的家乡——密山县半截河镇(后改为三区、向阳区、现在是鸡东县向阳镇),来了八路军和延安的革命老干部。他们进行了英勇顽强的剿匪斗争,建立了民主政权,同时派工作团下乡,开展了轰轰烈烈的土地改革运动。我的大哥哥大姐姐们都参加了土改工作队,小哥哥小姐姐们参加了儿童团。我也常跟他们跑来跑去。那年,我刚4岁。

半截河镇有一丈高的土城墙围子,下面是五尺多深的壕沟,东南西北四个门通公路。为了防止土匪进镇里骚扰,抓逃跑的汉奸恶霸等坏蛋,四门设岗卡、验路条。白天,由妇女儿童团轮流站岗,晚上有自卫队巡逻。哥哥姐姐们站岗时,常常把我带去玩半天。家里也常有八路军、工作团员出入。他们到我家里借家什用,在我家开座谈会,还经常给我家扫院子、挑水、劈柴。妈妈也常给他们缝补、洗衣裳。妈妈从小在父兄的教育下,刻苦自学,有一点文化,能看书,好讲古典故事,并且贤淑慈爱,乐于助人。邻里亲朋都和妈妈处得好,有事愿求妈妈帮忙,和妈妈商量。工作团张刘俊就三番五次动员妈妈当妇女会主任。妈妈说,孩子小,家务重,爸爸已经参加了县里的粮食工作,她不能再去参加工作了,一再推辞。但是妈妈参加土改时期的各项工作都是很积极的,开会、学唱歌、晒干菜、做军鞋、站岗放哨等等,带动了妇女群众参加革命活动。

事有巧合。15年后,我刚中师毕业分到中心小学任教,公社党委就选中我当妇联主任。因为学校不放,家里也不同意,党委副书记刘焰就做了学校工作,又到家里做我父母的工作。刘焰和我爸妈谈了土改的事情。他当年也是土改工作队长,曾任依兰县的一个区长。妈妈说,让女儿代替她参加革命工作,所以我从此改了行。

1946年夏季的一天,工作团在半截河街东3里多远的居仁村(红星村)召开公审恶霸地主王忠的大会,要求街里的群众都去参加。恶霸地主王忠,伪满时就勾结日寇欺压百姓。东北光复后,他又给大土匪谢文东筹粮纳款,欢迎接待谢文东率领的土匪队伍,支持谢匪攻打鸡宁、密山的我人民军队和民主政府。

公审大会的会场设在居仁村小学的操场上,搭了个台子做主席台。会场的四周,通街里和各屯的几条公路,每隔不远就站一名持枪的八路军,维持秩序,防止土匪来劫会场。会场上,各屯的群众分别聚在一起,席地而坐。各村以妇女会、儿童团、自卫队为骨干,此起彼伏地拉歌子。这时,主席台上一个人宣布开会。他还讲了注意提高警惕,防止坏人破坏等事项,接着就大声喊:"把恶霸地主王忠拉出来!"于是4名基干队员,每两个人架一个五花大绑的罪犯来到主席台前。一个是地主王忠,另一个是原贫农会长,腐化堕落包庇地主王忠的坏蛋白掉下巴(绰号)。王忠的头上扣一个破铁壶,上面是一个白纸糊的大尖帽子。姓白的头上也戴一个高帽,是陪绑陪斗的。许多人争先恐后地到前边控诉恶霸地主王忠的罪恶,一边哭,一边控诉,呼喊口号的声浪响遍整个村庄,在原野上回荡。"枪毙王忠!""枪毙王忠!"愤怒的人们异口同声地喊。邻居嫂嫂的小男孩与我同岁,也举起双手跳着喊:"枪毙王忠!"大会主席团根据王忠的罪恶和群众的要求,决定枪毙王忠,立即执行。出名的乡绅、胖胖的大地主王忠完全失去了昔日的威风,瘫成了一团,像条死狗一样被拖出了会场,同时姓白的也被拖了出去。真是大快人心!各路队伍唱着歌离开了会场。不多日子,杀害蒙化村(向前村)农会主任的大地主、大土匪头子赖大肚皮(赖明发),从山里被抓回来了,在公审大会上被处决。人民当家做了主人,真是扬眉吐气。

　　反奸清算,斗争恶霸地主富农的胜利果实很多。金银首饰归公,土地牲畜粮食等生产资料按等分配,其他衣物等生活用品每次分配都排号,各取所需任选3件或5件。我家是贫农,又是土改干部的家属,每次都排在前几号。我妈从来都不要,说让更贫困的人家去选吧。一次散会后又分果实,妈妈仍是什么都不要,经过那一堆堆衣物旁边,领我回家。我看那花花绿绿的衣服真好看,就扯着妈妈的手不走,说:"妈妈,我要那件新衣裳!"工作队的同志马上挑一件花衣服递给妈妈说:"嫂子,拿去吧!给孩子改件衣服穿。"妈妈当作一件礼品收下了。我家分得靠街南边的两垧地和一头牛,还有些粮食。哥哥们小,爸爸又不在家,妈就把牛给别人饲养,换工插秧种地。铲地、割地时,妈把我们全带到地里去干活。种地和打场,就请人帮忙,给人家些粮食,或者找给人家工钱。

　　土改斗争不断深入发展。1947年又进行砍挖斗争,挖出了许多金银财宝。有一天,工作团领导对妈妈说,在斗争一家大地主,取出金银首饰时,他家说是你亲戚,有的首饰是防土匪抢劫,替你保存的。分果实时,你什么浮产都不要。如果确实是你在那存放的首饰,工作团已讨论决定,让你去认取。妈妈很伤心地说,那是五六年的事了。这家地主是个远房的亲戚。那年土匪闹得很凶,就把祖父母留给的金首饰,还有孩子的银锁都用手绢包着,由亲戚拿去寄放到他家里了,他家有大院、有角楼、有炮手护院。土匪闹过后,亲戚的首饰取回来了,说我的首饰被土匪抢走了,只拿回来个手绢。要赔我一点钱,我没要。土匪抢去的东西,怎能让人家赔钱呢?寄放东西还得搭人情呢。那首饰做工比较讲究,是早年北京的产品,有人要仿造,这里的金银匠看过,都说做不出来。心里明知首饰被地主家扣留了,也不敢问。以后也看见他家姑娘出嫁戴过。算了,就当土匪抢去了! 妈妈仍坚决表示不去认领首饰,不要了。妈妈说,已分了土地和牛,爸也参加工作了,生活好起来了,很感谢共产党领导的工作团同志。

为了保卫胜利果实,支援东北解放斗争和解放全中国。妈妈和许多妇女一样,起早贪黑做军鞋、补袜子、晒干菜,挑选最好的粮食送公粮。每次送公粮都由邻居刘半斗(外号)叔叔用大马车给捎到 25 里外的永安火车站,开回票据交给妈妈。大伯、二伯、五伯家也都分得了土地牲畜和车辆。大伯曾是地主家的老长工,给地主种地兼管果树园。土改时果树园就交给了大伯。果园曾是二哥等人革命工作的秘密集会点,土改后,成了我们这群孩子的乐园。不久,二哥三哥都到省里工作去了,四哥五哥参军上前线,接着参加干部团随军南下,去解放全中国,后来又参加了抗美援朝。南下后期,二哥留在南昌,三哥留在沈阳。五哥获得一帽兜奖章和纪念章,伤残回到故乡。他们南征北战,从疾风暴雨似的土改斗争和枪林弹雨的火线上闯过来了,立下了汗马功劳。三哥和五哥都在史无前例的"文化大革命"这场运动中,被迫害死了! 老大哥曾给土改工作队当过联络员,并带枪保卫过工作团的领导同志,后因身体有病,未能继续参加工作。

每当爸妈给我们讲土改的事情时,老大哥总要补充许多情节,还常说当年土改工作队的谁在中央、谁在地方工作,在报上看到了名字。老大哥一生未婚,年过七旬故去了。

1975 年,曾在大伯家靠山屯当土改工作团长的谭云鹤,来牡丹江地区工作,我受二哥委托去看望他。他深情地和我谈起土改的情景,还问起伯父伯母和老大哥等许多人和事情。

40 多年是历史的瞬间,在人生可是半辈子了。人事沧桑,变化很大。我们这些中年人,担负着承上启下、继往开来的重任。我们要发扬艰苦朴素的光荣革命传统;教育后代爱祖国、爱人民,建功立业,为继承老辈的革命事业而努力工作。

本文选自王金文、王晓廉、隋业勤主编的《鸡宁土地改革运动》一书,中共鸡西市委党史研究室 1991 年 3 月印,第 87~92 页。

目前生产变工中的问题

（1947年）

李尔重[*]

一、恒山区义安村的变工问题引起我们注意

恒山区义安村向来被了解为生产变工比较好的村子，但从来未曾到组里地里会员里去看过。7月19日去看了一次，虽然检查不详细，但发现些问题。

顾德发本是鸡宁县全县头等生产模范，一直认为他那个变工队是很健全的，这次却发现在铲二遍地时，他那个变工队垮了。垮台的原因据顾德发自己讲是由于天下雨下得紧，地里草长得快，个人都想先铲自家地，没有办法你东我西各干各的去了；又因为恒山街里演戏，这个去看，那个去看，顾德发管不了。顾德发很泄气地说："说人家也不听，也没办法。"顾德发变工队实际上是垮了台——在铲二遍时。

十组变工组长王玉林，他本人有个老婆，是残废，他要侍弄地还要做饭，他被选为变工组长，可是不参加变工。他说得很坦白："我是灶王爷上天有一句说一句，我那组在铲二遍地时，才弄在一起，以前说有变工队，根本未在一起干活，上边来开会我就参加，回去我就跟他们说，说完了还是各干各的，直到如今，我本人也还没跟他们一起干活，我把着账本给他们记账——这个事是从前不知道的。"

朱老太太的女变工队，从前也被认为是很好的。那天到朱老太太家，老太太趟地犁杖才回来，她叹息着说："这时候犁杖可不容易，我们这副犁杖还是从西沟找来的呢，人家有犁杖的都是先给自己趟，我找来这副犁杖趟完了还得给

---

[*] 李尔重：时任东安土改工作团副团长，中共鸡宁县委书记。

我姐姐家趟呢!"——这就是说她那个变工队,并没有解决人工换畜工的问题。她这个变工队说是13人,记工不记分。有一天看到她们5个人在一起薅地,这5个人中有两个小姑娘两个老太太,还有朱老太太自家小姑娘一个人,下晌就可以薅完,这时把其余人都打发回去了,可是也没有记工——这里表现着记工不严格。

高徐氏也有个女变工队,说来也不错。高徐氏本人确实起早贪黑勤劳下地,可是她主要是个人活动,她并没有领导变工队一起干活。

义安村为了解决食粮和牲口料的困难,曾由顾德发首先发起,把剩余的人力畜力组织成生产车,上山拉木头,大家给赶车的侍弄地。赶车的人拉木头赚来钱,用钱还工价,就解决大家的困难。后来据说各组都是这样干的。后来检查到十组,十组孙永全弄了一辆车上山拉木头,可是他自家还有劳力,家中地就不靠别人管,结果孙永全是自己干自己的事,和大家毫无关系。

义安村的二等坏蛋、胡子窝主胡振清也参加在变工队内。

当检查工作的同志到义安村时,义安村杜会长就招待,就讲本村变工队如何整齐、如何记分记工,并要把工账拿出来看。到晚上召开各变工队长、队员开会时,有的队员就说我们没有记工,各人心里记。组长还未等队员说完,马上抢过去说,我们记工也记分。第二天太阳已经老高了,检查工作同志随杜会长出去,还见有些人才下地,有的还没有出门。检查工作同志问:"为什么下地这样晚?"答:"他们都是去铲远处地去,吃饭才走,所以晚些。"在地边上走着,沿路上有些地铲得不好,有些二遍还没有铲完。有同志问:"怎么还有这么荒的地?"答:"他们都忙着铲远处地,村边上地都不大注意,里边的地可干净了!"转来转去,看不到一个集体铲地的。有同志问:"怎么没有一个整个变工队铲地呀?"答:"二遍铲完了大家都侍弄秋菜,园子地块小,都是各干各的,铲地还是大家一起变工。"检查工作的同志一抬头看见一个人在那里铲地,顺手一指又问:"你看那铲地的怎么是一个人铲呢?"答:"那是村头上星星点点的地不值得大家一起铲,铲地没有不是一块干的!"问:"今天还有没有一块铲地的?"答:"有。"问:"那找一个咱们看看怎样?"答:"都往岗那边去了,离这还有15里地呢!"视察回来,杜会长逢人就埋怨:"怎么铲地不先把路两旁的铲好,看着多不好!""往常到处是变工队,偏这两天眼前一个也没有!"——这就是应付检查的典型一幕。

义安这件事情,说明了只听村干部报告,不亲自到群众中去看,便自欺欺人的自满,实际上是毫无根据的,是当前生产变工中领导上的最大障碍。

二、再打开全县一些村子看一看

自从义安村一些问题发现之后,使我们大吃一惊,感到类似义安村这样的现象一定不少。于是号召各区书记亲自下乡检查一个比较好的村子,看到底怎样,各区负责同志大体上都这样做了一下子。在这个检查当中,发现了许多好的村子,如滴道的团山子、新兴区的孤山子、平阳区的富国屯、城区的鸡冠山、恒山区的丰乐村等变工生产自始至终集体做,记工记分都有成绩,也有许多好经验。同时,也发现了更多的不能令人满意的事实——从前所不知道的事实。这事实证明了自满是自欺欺人。领导的责任是翻开这些问题交给群众去解决,现在把这些事翻出来给大家看一看吧:

滴道区在铲头遍地时普遍未变工,平阳区铲二遍地时约有一半村子在变工,平阳站所说区干部来检查,有的变工队便造假工账专留给来检查的人看,哈达区也发现四五组有临时造假工账的现象。新兴区新立屯有一个组听说要来检查生产,他故意把地头上铲得很干净,地里头荒着不管,被发现之后,问他为什么,他说:"地头荒不好铲,先把地头铲了,里边就好办了。"

和坏蛋在一起变工的现象还很多,如义安村的胡振清、兴农区西大坡的陈万等(古语这点未认真检查)。最典型的例子是新兴区的新立屯,有一个变工组长率领着十六七个人去给新立屯土地管理人马洪均家去铲地,说这是一半人情一半送,新立屯有七八垧地荒得草比苗高。

为了掩藏假变工现象,村级干部中的落后分子,是玩了许多花样的。有造假工账的,还有的村子见到区上干部一来,一边招待,一边派人集合人下地。如果你要看变工队,马上派人领你去看,说有变工队而看不到集体变工时,村子应付的套话大半是:"都钻在苞米地里去了""都到沟里去了,离得还远呢""现在种秋菜,这些天各人干各人的"。只要区干部一到村中就有许多能讲能拉的干部围上来,给你报告一遍,官僚主义的同志听了就很满足。有许多同志只愿听到报告好处就不想去发现问题,以一问就走,谁走谁上当。

丰乐村在铲头遍地时,记工没有账,记在各人的心里,后来结算,工数记不清,有的勉强记清工数,又闹不清是在哪块地里用的。因此找不清还工的主人,弄来弄去算不清,最后没办法,还是采取了折中的糊涂办法,按地补多少分别摊付工数。

大荒地头等劳动模范赵中凤变工队原来也不错,这次检查也垮了,原因有一部分是由于他顾及他的女孩子和别人变工,人家给她薅地可以,她给人家薅地就不可以。大荒地的变工队几乎全部垮了,原因是雨下得急,各顾各,要先铲各家地。吃饭吃不齐,有的记账不清,有的根本没有记账,村干部光下命令不解决问题,越弄越乱。大荒地也组织了妇女变工队,却由武装委员李春辉领导。妇女下地他也不去看,在家里给人家划分记工账,妇女们就有很多意见。大荒地的二遍地到7月底还未侍弄完,谷子地荒了许多——这之前,咱们却以为大荒地变工不错。

小恒山的第七牌还不知道变工是怎么回事情。

鸡冠山变工队感到记工不难算账难,他们的账几天算不清。

许多真正老农提出:铲四趟四是吹牛,谷子还可以铲三趟三,豆子有的可以铲二趟三,苞米大半只能铲三趟二,因为长得太高了。——所以无根据地叫喊铲三趟三,或铲三趟四,已经是不切实际的了。

以上这些现象告诉我们:

(甲)变工中有许多严重问题存在,但由于我们的主观自满,却统统放过去了:以前我们以为普遍地在变工,其实并没有普遍变工;以前以为几个好变工队没问题,现在看来也有问题;以前以为记工大体上都在做,记分不严格,其实连记工也没有认真普遍地做;以前以为坏蛋们不会参加变工队,其实有些人混在变工队中;以前以为铲三趟三不成问题,现在看来实在成问题;以前以为妇女变工中没有什么,其实也有问题等事实都和主观想象的不同。

(乙)这些问题不解决,就不可能把生产提高一步,我们将遭到惨败。

三、问题的根源与危险性

造成这些问题的主观原因,就是由于领导上的自满,不承认有问题,不肯到下边去检查。

造成这些问题的客观原因是:第一,政治上的原因,坏蛋打得不彻底。他们还把持着主要生产手段(牲口粮食),穷人就不愿和他变工;坏蛋乘机钻入变工队进行挑拨,如黄家店西大坡的陈万便利用农会主任在工作方式上一些简单方式的缺点,挑拨大家反对农会主任,就顺手把变工队搅散了。新立屯变工组长率人帮土地管理人(坏蛋)铲地,大家也不顺心,变工队也就垮下来。

第二，经济上的原因。义安村孙永全有人力也有畜力(两个马)，是个中农，他发现了自家套车拉木头可以赚钱，自家人力侍弄地也足够用，不需和别人搭伙干，所以，他自己弄上一辆车自己干，便脱开了变工队的组织。有些中上户人家人力畜力不缺，他们就觉着自己干划算，弄着弄着就自己去干。

第三，穷人脑筋不开。在基本群众已经处于优势地位的村子便不能掌握两利原则，照顾中农，人工畜工互换，使畜工吃亏太大。另外，就是基本群众还不了解翻身之后，变工互助是唯一的发财之路，还不肯积极参加变工队支持变工队，变工队垮与不垮，认为和自己没有什么关系，对于变工队本身一些技术问题也就不上心研究改进。

第一种情况主要表现在群众斗争夹生的地区，第二种情况和第三种情况大半存在于翻身斗争较好的地区。

正由于以上种种情况的存在，许多变工队有名无实，一批土地已经被遗落荒芜，或半荒芜。这些问题，未被干部了解，思想上认为太平无事，变工队将继续垮下去，土地将受到很大损失，这就是当前的危险。

四、深入群众检查运动，消灭翻身斗争中的夹生现象和变工生产中的夹生现象

为了把变工队组织提高一步，打破现在的停止或垮台现象，把现在已经存在的荒地或半荒地抢救出来，主要的一件事就是组织群众性的大检查运动，让所有干部和群众看清生产中的问题和给我们穷人翻身立业的损害。大家积极起来，从彻底消灭夹生饭当中，从彻底改进变工组织领导中，挽救已经遭到的损失。

不看具体环境，只想从变工队本身去提高变工队的工作，在与坏蛋斗争不彻底的村子是不可能的。因为基本群众知道自己变来变去还是吃亏，因为坏蛋掌握了主要生产手段(牲口粮食)，有足够力量支配穷人。在这个矛盾下基本群众生产情绪不会高，生产搞不好。因为在这种村子里，坏蛋往往都还或明或暗地把持着村中大权。如新立屯替坏蛋铲地的变工组长，也不可能领导穷人翻身发财。

把中农当为变工队中的领导骨干还是不好的。因为他们有着比穷人稍为深厚的生产基础，当变工队一有变故，给他们生产上增加困难时，他们的想法将

不是如何让大家协力、求得自救的办法，而首先要想他们自己如何干可以不吃亏。由于他们有较多的本钱，他们不需要从领导穷人开脑筋、提高生产上去解决自己的生产问题。在穷人表现涣散时，他会首先离开变工队，继续其一贯的（自给、自足）生产方式。义安村孙永全的脱开变工队便是一个例子。领导干部是基本群众，如肯负责，那个村或队的生产搞得就好，如平阳区的富国屯、新兴区的孤山子、哈达区的东风村等都是如此。

给群众开脑筋在当前还是一件大事。第一件要打破群众的自满思想。他们看到了今年地比往年干净，庄稼比往年出色，以为"不铲三遍也比往年强"，"变工不变工也没多大关系"。第二要继续让群众认识变工的好处。变工的好处，虽然已表现得很明显，穷人变工变得好，发财一定发得好，虽然这已被一部分人体会了，但还有一大批人不了解，必须继续讨论教育。第三，要群众认识节省余力组织副业生产的重要，打破群众"有了粮食不顾穿衣"的思想。

再次就是大力注意帮助生产模范的发展，他们已经成为各村各队生产变工的旗帜，大部分都在进步着。但他们许多遭遇到了困难，自己解决不了，如顾德发、赵中风等，如不及时帮助，将影响许多人或队的生产情绪与信心。

变工队本身记分、记工、算账、吃饭，组织大小单位副业生产变工办法，变工队中的组织成分，变工队生产竞赛与检查，仍然是很复杂、很细致、问题存在很多的事情，仍然是在大多数变工队中没有适当解决的事情。区中领导干部应该抓住一个村或队好好研究解决，取得经验，教育全区变工队。

本文选自王金文、王晓廉、隋业勤主编的《鸡宁土地改革运动》一书，中共鸡西市委党史研究室1991年3月印，第161～169页。

第四编
东安根据地土地改革运动工作回忆

消灭夹生饭与生产相结合

(1947年)

李尔重[*]

一、夹生地区生产中的主要问题在哪里

夹生地区生产的主要问题,不是组织细密,记分细密,是因为在这种地区生产手段(牲口粮食用具)大部分都还掌握在坏蛋的手里。坏蛋出一副犁杖耕一天地够一个穷汉跑几天(换五个工),趟一天地够一个穷汉干两天半,所以夹生地区是坏蛋有牲口有粮食,不用动弹,地可以种好。穷人参加变工队,变来变去逃不出人家的手心。

因此,在这种地区,不了解坏蛋的统治,不拿出他所掌握的牲口、粮食给穷人,穷人生产情绪不能高,穷人心里明白,参加变工,发财也发不到人家前面去。

所以,夹生地区生产目前的主要问题是,要经过斗争,把牲口、粮食、农具弄到穷人手里去,这样才能解决生产问题。夹生地区的现实问题是,坏蛋的粮食与牲口农具很充裕,过得很舒服。穷人呢?虽然分了地,但粮食不够吃,牲口不够用,有个一头两头,饿得皮包骨干不了活,人家的又肥又胖,换工来铲地,拉脚换钱买豆饼。

二、我们的错误是没有听取老百姓的意见

老百姓曾经提过这样几种意见:

第一种,"翻身!翻来翻去,还是跑不过人家!人家的金镏子金钳子多着

---

[*] 李尔重:时任东安土改工作团副团长,中共鸡宁县委书记。

呢! 人家又有牲口,两年三年又是个大户! 穷人有啥呢!"

第二种,生产变工组织起来了,咱们问:"组织起来了么?"答:"组织起来啦!""在一起干活吗?"答:"在一起!""记工记分了么?"答:"记啦!""这样好吧? 能发财吧?"答:"能,咱们也过惯穷日子啦! 发财,发不发吧! 吃着粮食就行啦!"一股子懒洋洋的劲。

这两种意见,都说明了夹生地区的穷人们,在生产中的痛苦是粮食不足,牲口不够用,还工还不起。

我们没有把这些问题放在第一位,以为这些地区和工作比较成熟的地区一样,只要组织起来,换工记分弄得细,就可以解决生产问题。穷人如果没有彻底翻身,那么只从变工互助本身去发财致富,是不可能的。

我们错就错在没有在夹生地区去深入斗争,进一步解决生产手段的转移,而花了主要力量去记分记工。不怪老百姓没兴趣,开着会就睡觉了。

城子河大坏蛋姜焕,几石粮食放着,城子河老百姓穷户没粮食;太平乡张玉岐坏蛋家的牲口拉脚赚钱,穷户人家趟地没牲口,还不起工——这就是这两个老百姓在变工时没有兴趣的原因,这就是老百姓不愿意密切和咱们工作团同志来往的原因。

三、不怕时间少,就怕老百姓不高兴干

多少次会上,干部提出来的困难都是:老百姓忙着下地,不愿开会,没有时间。其实这并不是根本原因,有这样的事实可证:在冬季斗争的时候,许多老百姓柴也不打,家也不顾,到处抓坏蛋,分斗争果实,抽空子解决烧柴困难。为什么那时干得这样有劲? 大家有一个想法,要出气,要拿回东西,现在咱们把生产孤立起来,以为变工生产是头等大事,实际上是抓住了虱子丢了牛,我们很容易被一些坏蛋吓住,说是:"过不了啦! 地还侍弄它干什么!"把地扔下了,其实即使暂时扔下了(实际上扔不了)几家坏蛋的地,又有什么了不起? 只要能达到解决穷人问题,高了兴,把大批土地侍弄好,算总账是好的。我们只看到穷人斗争会误工,而没有看到穷人斗争得到粮食、牲口、工具之后,少出去还工,将来有更多力量侍弄自己的土地,穷人斗争出了气,提起了精神,工作日子短些,活也少干不了。"没有时间""累呀!",这是穷人光开会,解决不了问题时的表现,开会是能解决吃粮、牲口困难的会,是出了气又得好处的会,老百姓一定会干。

事实是这样的,咱们忙着提倡变工组织,老百姓忙着提议:"老姜家还有许多粮食,要走了呢!""老杨家还有几石小麦呢!"(城子河),"老张家还有三头牲口呢!人家还是有办法!"(太平乡老百姓对坏蛋张玉岐的论调,我们只说记得的)。

所以,老百姓没兴趣,基本上不是时间问题,而是由于没有从斗争中解决切身困难,才不感兴趣,不肯出力干。

四、应该这样引导群众斗争

工作计算的出发点,应该是在生产紧张条件下,应如何斗争。

那就应该是:为了解决群众生产中的困难而斗争。那就是从斗争中拿出牲口、粮食,其他浮产、土地,解决群众困难,提高群众生产力与生产热情。

这就要和群众研究解决目前生产中困难的办法,使群众了解为什么坏蛋家有吃有用,咱们吃不上用不上,咱们要出气,要把东西拿回来解决问题。

这就要在群众斗争的热情中,去爱护自己土地生产,这是比较容易办到的。

这就要不怕坏蛋的叫喊,这就要彻底反对为了组织变工而变工的错误看法,这就要彻底肃清为组织变工,而限制而劝阻群众不要行动(在新兴屯有这种现象)的办法。

还是要大胆放手,让群众行动起来,既消灭夹生饭,也解决生产问题。

本文选自王金文、王晓廉、隋业勤主编的《鸡宁土地改革运动》一书,中共鸡西市委党史研究室1991年3月印。

难忘的 1946 年

赵志萱[*]

东北局土改工作团之一——东安地区土改工作团是在 1946 年 7 月集中到东安地委的。地委书记吴亮平同志和他的爱人杜凌远同志都是我们在延安时的老首长和战友。经过从西北到东北的漫长行军,又在东安相聚,为了贯彻党中央关于建立巩固东北根据地,发动群众,开展土改运动,我们又并肩战斗了。

工作团共 200 余人,有 80 余名根据地来的老同志,还有百余名东北大学的学生。我们这个团阵容较大,干部素质较好。土改,对我们是一个全新的任务。东安,对我们是完全陌生的地方。日寇勾结当地的地主武装,统治人民 14 年;日本投降了,地主武装又和土匪武装勾结起来,摇身一变成了"中央军",继续压榨劳动人民,东北同胞仍然在水深火热之中。工作团当时的第一课就是学习土改政策,明确土改的阶级路线是依靠贫雇农,紧紧团结中农,争取富农,争取或孤立小地主,集中力量打击恶霸地主。

我和高曙晖同志任工作组组长,后来邵宇同志也到我们组里担任组长,还有一位黄定山同志是广东人,爱照相,其他 6 名都是东北大学的男女同学。我们这一组,被分配到密山县半截河区居仁屯。

一、访贫问苦

挨门串户,访贫问苦,宣传共产党是为劳动人民翻身求解放的党,宣传土改是贫雇农翻身得解放的唯一出路。

开始贫雇农不相信我们,不相信真有这样为劳动人民谋幸福的党。但是很快苦大仇深的贫雇农开始靠近我们了,让我们在土炕上坐,让我们讲革命的道

---

[*] 赵志萱:时任东安根据地土地改革干部,后任勃利县委组织部长。

第四编

东安根据地土地改革运动工作回忆

理。一会儿就有小孩子的脑袋钻进门缝里观望,一会儿孩子们又找来他们的爷爷、爸爸,后来也有一两位妇女,悄悄地蹲在墙角里"听讲"了。就这样,一个星期左右,我们就打开了局面,团结了一部分贫雇农。这时,我们有了群众基础了。我们工作组一到哪儿,就是一窝人。晚上,在我们住宿的小学校里,贫雇农川流不息。我们老同志和东大的新战友在和群众串联中,增强了阶级觉悟,增长了智慧和才干。贫雇农一个连一个地"诉苦",对我们是最深刻的阶级教育。居仁屯一贫雇农告诉我们:多少年来我们贫雇农牛马不如地劳动,生在这块土地上,死在这块土地上,终生不得温饱,最后的一小块祖坟地也被地主夺去了,地主老财躺在炕上抽大烟,筑起土围子,四周设有哨,日本人来了他当汉奸,国民党中央军来了他当区长,终生不劳动,吃鱼肉,穿绸缎,骑在我们脖子上!

"我给地主王忠家扛了十年活,我爸爸给他干了一辈子,最后死在地里,连块席子都不给,就光着身子埋进土。我13岁就给王忠拉来还债当半拉子!吃的是糠窝窝,干的是全劳力,王忠还口口声声说,狗崽子小王臣,咱们都姓王,看在这份面子上,我才养活你!"

这样的诉苦,最后总是说的人痛哭失声,听的人个个落泪。我也是含着眼泪向王臣说:"算一算你们祖祖辈辈给地主王忠干活的账吧!到底是他拿猪狗食养活了你,还是你拿血汗肉养活了他!?"

这个13岁当半拉子,现在已经20岁的壮小伙子,忽地站了起来,举起双手大喊出来:"共产党,我一定跟你干革命!工作组,我决心跟你们斗地主!"

就是这样,恶霸地主王忠家有多少地,有多少房,枪支有多少,银圆埋在哪儿,几个少爷跑到哪儿,他有几房小老婆,长工里有几个是贫雇农……群众公开地秘密地把地主的情况弄得一清二楚,全告诉了我们。

半夜了,也有人来轻轻敲着窗户说:"王忠抹黑就外出了,约莫着是去找×××了。"

妇女也动起来了,开头,她们都拉后腿,怕自己的男人闯出乱子。但是不久,我们女同志就找到了陈寡妇家,这位40岁的妇女,明德屯啥事都知道,并且她家很快成了我们贫雇农妇女的集合点。散会时,天黑了,她们总是三五成群地把我们护送到小学校,一直看着我们进了屋,她们才放心。后来陈寡妇的儿子,当了本屯第一任武装委员。

当了14年亡国奴的贫雇农,深受几重压迫和剥削,一旦明白了"谁养活谁"的真理,翻开这一家一本的血泪账,埋在心里的深仇大恨,一旦掘发出来,真是一声惊天动地的春雷,一场以贫雇农为主体的群众性的反地主、反恶霸、要土地、要生存的斗争之火,迅速地燃烧起来了。

二、组织农会

　　这一号召一提出来,就受到贫雇农的拥护,贫苦人要求"革命",只有组织起来力量大。由谁来挑头呢?会不会变天呢?共产党能呆长吗?能治得了地主吗,等等。这一切怀疑,是筹备农会前必须解决的重要问题。我们在小学校里办起了"贫农夜校",这是不挂牌、不起名、不知几时上课,不知几时下课,没有固定老师,没有固定学生的"学校"。每天,天黑了,三三两两的人就向小学校移动。这里是一个吸引贫雇农的大课堂。用唠家常的方式,一个一个问题地争争吵吵。争执不下时,就会有人说:"让工作组同志说说吧!"我们就此开课了。从劳动创造财富,到劳动创造世界,谁应该是世界的主人,为什么劳动者永远受剥削、受压迫,一直说到共产党的性质、任务。今天为什么要土改?这是土地还家!地主甘心吗?一定不,那么就要我们贫雇农组织起来,把政权拿到手,才能保住咱们劳动人民的天下。我们就是这样一夜一夜地讲革命道理。人们从不中途散去。一天,丁木匠举起一根细树枝,一下子折断了,又拿起一根粗树枝,怎么折也折不断。他说:"乡亲们,工作组讲组织起来的道理,就是这么个理,团结起来力量大!"几个小伙子带头鼓起掌来了。

　　贫农会要成立了,老老小小、男男女女都来了,大家瞪着眼,看有没有混进富农地主的狗腿子。开选了,一个人发5粒黄豆,每位候选人身后放一个碗,群众在候选人身后向他拥护的候选人碗里投豆粒。最后,群众推选工作组的同志数候选人碗里的豆粒,公布当选的农会委员,记得是当长工的大高个子陈××当选了农会主任,陈寡妇的三儿子当选了武装委员。

三、地主斗争会

　　组织起来的农会,气势很壮,听到别村已经斗了地主老财,分得了土地、粮食、牲口,还有浮财,居仁屯的农会自己提出来要斗王忠了。

　　经过几天的准备,开会之前,通知了半截河街上和明德屯的群众都来参加会议,把王忠从看押的地方带到会场上,群众高呼口号"打倒恶霸地主王忠!"王忠脸色全白。斗争大会开始了,群众的控诉一个接着一个,一件件血衣,一张张卖身契,血淋淋的事实激怒了每一个人,震天的吼声把王忠的老婆吓得躺在地上打滚,王忠更是落魄失魂,群众在愤怒之下一致要求枪毙王忠。工作团接受群众的要求,宣布对王忠当场执行枪决。王忠家的大门打开了,仓库打开了,有粮食、箱子、衣服、银圆,还有枪支武器,贫农会委员们正在忙着登记和分配。一串串的鞭炮齐鸣,烧地契的火焰照笑了每一个人的脸。

四、土地还家

天上星星还在闪烁,人们已经欢天喜地地集合了,一家老小,打头的举着一块木牌子,写着自己的名字,地头上已经有了贫农会的委员们在丈量土地。

分地了!锣鼓喧天,分得土地的贫雇农在自己的土地上深深地埋上写有自己名字的木牌子。白发苍苍的老人跪在地上,双手捧起一捧土,看着,看着,放声大哭起来!家人都上去拉老人,儿子喊:"爸爸,这是土地还家啦,这是咱家的土地了!"

老人站起来,搓搓眼泪找工作组,一下子拉住我的手,"共产党真是咱们的大救星啊!"泪光里闪出他老人家醉心般的欢笑。

五、人民子弟兵

一个村、一个区的贫农会成立了,村、区的政权成立了,还有什么叫人民不放心呢?就是枪杆子啦!宣传工作容易做了,真是召之则来,县大队要招人民子弟兵了。

一朵朵大红花,束束大红布,披戴在还带有稚气的子弟兵胸前。他们雄赳赳地挺着胸脯,踮起脚尖,都怕自己个头小,当不上县大队子弟兵,留在村子里。长辈和孩子们围前围后,千嘱咐万嘱咐地和自己的儿子话别,可是没看见一个小伙子掉泪,他们一行行一列列地迈开大步,欢天喜地地到密山县人民政府报到了。就是这样一批批开赴前线。

六、建党

在居仁屯两个多月,这里发生了天翻地覆的变化。逃跑上山的土匪头子赖明发,被翻身农民自卫武装和工作团联合搜山抓获了。第三天经中共东安地委书记吴亮平批准召开公审大会,在会上被愤怒的群众用扎枪扎死了。群众兴高采烈,对土匪不害怕了。

变工互助组有了雏形;小学校开课了,念的是翻身得解放的书;秧歌队扭起来了,唱的是《东方红》;贫苦农民搬进了地主大院,小伙子扛枪当了子弟兵。这一切看得见的活动后面,还有一件工作在秘密地进行着,就是建党。

每一个要求入党的积极分子都是和我们单线联系。在我们向他们讲共产党的性质、任务、纪律等的时候,和我们在一起战斗两个多月的东北大学的同学们也正在改造世界中改造世界观,他们一个个秘密地向我们要求入党。记得六七位东大同学中只有一位叫管亮功的女同学是党员。不久,李坦、潘志、李世义等同志被批准入党了。当他们从区上参加入党宣誓回来的时候,和我们拥抱在一起,紧紧拥抱在一起。那时同志之间的情感,那几位大学生英俊的面庞,随着时间的流逝,却深深地印在我的脑海,永久不能忘怀。我想念着居仁屯那些父老乡亲,想念曾并肩参加土改的那些战友。从此,这些新入党的知识分子干部就成了发展贫雇农入党的"老"党员了。

居仁屯第一批入党的有5人,有农会主任大个子陈,还有老木匠丁汝善,成立了党的支部委员会,公推丁木匠当党支部书记。

七、告别

短暂的两个月,却使这里发生了天翻地覆的巨变:几千年的封建统治被推翻了,骑在人民头上无恶不作的地主恶霸、流氓、伪警宪特被镇压了,劳苦人民群众获得了生产资料,崭新的社会制度开始建立,人民成了这个新社会的主人,祖祖辈辈给地主当牛马的贫雇农扬眉吐气、欢欣鼓舞。

土改工作队召开了居仁屯全体共产党员、积极分子、武装基干民兵会议。在夜校里教识字唱歌的东北大学的学生,经常给他们画漫画的美术家邵宇和他们有说有笑。我主持会议。高曙晖首先讲话,他说根据中共东安地委和工作团决定,为尽快建立起巩固的东北根据地,支援前线,保卫胜利果实,工作队即将奔赴新的地区进行土地改革,那里的贫雇农阶级兄弟正在亟待盼望我们去解放他们,帮助他们翻身。一时间,欢乐的气氛消失了,会场沉默了,那几位党员眼睛红了,眼泪在眼圈滚动着,他们是多么不愿意听到我们要走的音讯啊!高曙晖同志这位来自延安中央党校的红军老战士见此情景也讲不下去了。邵宇同志接着说了下去,我们即使走了,也不会走得很远,以后还会经常回来看同志们,就是走远了,还可以互相通信。上级党组织已经决定,把我们队的刘俊留任半截河区指导员,他是延安来的老干部,既有地方群众工作经验,也有军事斗争经验,有重要问题多向刘俊指导员请示。我最后劝同志们要克服农民阶级本身固有的狭隘、保守思想,保持与人民群众的联系,与群众同甘共苦,为支援前线,为解放全中国而忘我工作。希望他们到群众中间向全村的贫雇农说明、转达工作队的意见。

留给你们一张告别照片,做个永存的纪念吧!

分别了!夜校的姑娘们、媳妇们,还有上了年纪的老大妈,恋恋不舍拉着我们工作队女同志的手,流着眼泪,不肯回去。最后挥手和他们告别的时候,我再也抑制不住自己的感情了。多么好的东北根据地人民,多么好的东北根据地的姊妹同胞,她们为了辽沈战役的胜利,为了平津战役的胜利,为了渡江战役的胜利,为了全国人民的解放,曾经送走了自己的恋人、丈夫,送走了自己的优秀儿女。

在不到两年的时间里,经过土改的东安地区就送走了 26 000 多名自己的优秀儿女参军参战,自盘古开天地,有哪个朝代和政府与人民结下了这样的感情,唯有全心全意为中国大多数人谋利益的中国共产党人做到了!党和人民这种鱼水深情是多么令人怀念、发扬光大啊!

党的儿女们就是这样完成了土改任务。

八、后语

一年以后,我又回到了密山半截河,半截河区已经更名为向阳区,居仁屯的党支部书记丁汝善(丁木匠)当了区长。

从 1946 年到现在 34 年过去了,我是多么想念那里的人民,多么想看看那里发生的巨大变化啊!

1980 年 11 月 20 日写于北京木樨地

本文由中共密山市委党史研究室习学艺提供。

中共中央东北局土地改革工作团在密山

（1987年12月5日）

许光庭[*]

1946年，我们与国民党反动派，谁胜谁负未定，我军准备坚持在北满打游击。党中央决定，建立巩固的东北根据地。首先从背靠苏联的地区开始。东北局动员千名干部下乡搞土地改革。1946年7月1日党的生日这一天，在哈尔滨铁道俱乐部召开动员大会，林彪做了动员报告。会后组成了几个土地改革工作团，分头奔赴东山里进行土改。据我所知道的有：

1. 由于杰同志为土改工作团团长，许光庭为副团长，进入密山沿公路线由二人班到兴凯湖。

2. 由陈伯村同志为团长，李尔重同志为副团长的土改工作团，由半截河永安沿铁路线到虎林转宝清。

3. 由陈刚同志为团长，张力克同志为副团长的土改工作团，由桦川到集贤。

我们之间没有隶属关系，在一起开过联席会。

牡丹江地区也有土改工作团，由张林池同志负责，详细情况不清。

我这团，是由长春撤出来的两个工作团合并而成。在哈尔滨林枫同志面示：由于杰同志为团长，我为副团长，人员合并编成六个队，共有百余人，全是老解放区来的。由哈尔滨出发，先到佳木斯市领取服装和枪支弹药以及其他物品。由佳木斯市出发时，增加了东北大学学生46名。到了林口，又有东大第二批学生来参加土改工作。在鸡西（鸡宁）听了高岗的报告，我们这个团约在

---

[*] 许光庭：曾用名王健。河北宁河人。1934年加入中国共产党。先后担任中共天津塘沽地区支部书记、特别支部书记，东北军地下党支部书记，中共中央出版发行部发行科副科长等职。时任中共中央东北局土改工作团副团长。

第四编
东安根据地土地改革运动工作回忆

1946年7月中旬进入密山地区。

于杰同志带王大军、洪澍和吴金鹏同志三个队进入二人班区,我带李春菴、王敬民和张树先同志三个队进入三梭通区,各队分为若干组,进入各屯,逐步地开展工作。对队员要求:只准住贫雇农家里,不准住地主、富农家;贫雇农做什么饭,就吃什么饭,不准挑食;对群众严守三大纪律、八项注意。当时群众对我们不了解,有顾虑怕我们待不长,信不着,不敢干。我们当时是放手发动群众,宣传党的主张和政策;讲解大好形势;说明我们土改工作团的宗旨,使群众了解我们,打消种种顾虑,才能成立农会,领导开展反霸清算斗争。步骤是:宣传鼓动,开展诉苦运动:1.诉当了14年亡国奴受凌辱之苦;2.诉受恶霸警察宪兵欺压之苦;3.诉受地主封建剥削之苦;4.诉没有土地之苦。提高群众觉悟,成立农会,由农会领导进行斗争,丈量土地,清查牲口、农具以及浮物。按人口分配土地,按贫困程度分浮物。政策是中农不动,富农拿出多余部分,地主分次田。成立民兵武装,保卫胜利果实,建政建党,成立妇联、青年会等群众组织。

当时的政策是依靠贫雇农(包括佃贫农),团结中农,孤立富农,打击恶霸地主,肃清敌伪残余,包括宪兵警察、汉奸以及狗腿子。在三梭通区公审曹大架子(本初)的群众大会上,群众乱枪捅死曹大架子。他是敌伪分子,又是国民党的先遣军师长,公审曹大架子大快人心,证实共产党是站在广大群众一边为民除害的。从群众的情感和行动看,群众是发动起来了。

在整个运动中,从开始就注意物色和培养积极分子,准备建党建政及成立民兵武装和群众组织的领导干部,建政选举村长和区长。因文盲多,用投豆方法选举。在被选人身后放一个碗,选民手拿一把黄豆,赞成谁就在谁的碗里放一粒黄豆,不赞成就不放,最后数豆粒,谁的多谁就当选。逐级民选成立了各级政府。民兵组织,村为小队,区为中队,并成立了党支部,成立区人民政府。工作团留下一名队长或副队长级干部为区委书记。二人班区留下王明周同志为区委书记,三梭通区留下张树先同志为区委书记,全部配备完毕把区交给县委县政府验收,验收后工作团就转移至新区。

我们完成二人班和三梭通两个区的土改任务后,在密山休整了几天,同时和吴亮平同志计划下一步的工作,最后定为开辟马家岗和杨木岗两个区。这两个区完成后密山全县土改就完成了任务。这两个区是老土匪窝,尤其杨木岗,从清朝末期到主政和后来的伪满时期都没肃清,其余和二人班、三梭通的情况大同小异。

于杰同志带原来三个队去马家岗区,我带原来三个队到杨木岗区。这时工作团扩大了,带出二人班和三梭通的积极分子几十人,工作团人数达到300余人。当时正赶上严冬,困难很多,关里来的同志没经过这样的严冬,住在贫雇农家里,室温很低,加上时刻防备土匪袭击,还要站岗放哨,全不脱衣服抱着枪睡觉。同志们精神紧张,生活艰苦,缺乏营养,忍受着严寒,但同志们热情很高,工作很积极。在杨木岗向土匪发出通告,要求他们改恶从善,交出枪支从宽,否则决不宽恕。结果有人交出3支步枪和200多发子弹。同志们告诉他们不追究以往,以后再犯,严惩不贷。我们没遭到土匪干扰和袭击。其余根据预定计划,按二人班和三梭通的模式完成了土改任务。最后马家岗区留下李中山同志为区委书记,杨木岗区留下周希有同志为区委书记,移交给县委和县政府。我们奉命转到勃利地区。

我们完成了四个区的土改任务,广大群众皆大欢喜,各区均开了庆祝胜利大会,高兴地说:"共产党领导我们翻了身,掌握了印把子,握住了枪杆子,又有了土地,这才是真正当家做了主人,感谢共产党,誓死保卫胜利果实。"

在这值得一提的是,当我们进入杨木岗前几天,有一位三五九旅的王参谋孤身闯入土匪窝。土匪们正在喝酒吃饭,王参谋提着枪堵住了门口,喊交枪从宽。土匪们慌了神,从后窗逃窜了。从此就传开了老八路真厉害,惹不得,他把土匪镇住了,同时把我们这些老八路的声望也提高了。我们开辟杨木岗的工作,应有王参谋一份功劳。可惜我没见到他,又没留下名字,只知道是王参谋。希望写县志时不要忘记这位传奇人物。

关于甘重斗同志曾任过东安地区专员一事,据我所知,好似有误。我们在密山完成土改后,到了林口,经东北局介绍甘重斗和林火(韩冰野)以及东影的张新实、伊林、于蓝等同志来我团考察和体验生活。这样甘重斗同志似乎没担任过东安地区的专员。望核实。

至于我们工作得如何,1965年冬,在哈尔滨见到于杰同志(黑龙江省委书记处书记,主管农业),我问过他,我们在密山工作如何?他说还可以,没有大错误、大的偏差,我说叫后人评说吧!

本文由中共密山市委党史研究室刁学艺提供。

第五编

东安根据地大生产支援前线工作回忆

第五编
东安根据地大生产支援前线工作回忆

鸡西(鸡宁)大生产运动

陈 浚[*]

1948年2月11日,我继李尔重同志之后担任鸡宁县委书记。当时,东北战场的后方根据地党的中心工作正从平分土地运动转向大生产运动。根据我保存的在任职期间(1948年2月到9月)代县委起草的文件,还能看出全县大生产运动的轮廓。

1948年2月开始,遵照东北局和牡丹江省委的指示,县委即着手准备春耕和纠偏两项工作。

3月到4月上旬,分别召开了县区村各级党组织的会议,各区的农民代表大会、村民大会,了解和讨论春耕中的困难,动员备耕,并对斗错了的中农进行退赔,澄清农村中的混乱思想,稳定群众生产情绪。

4月13日,县委做出了《关于加强生产的决定》。宣布平分土地运动胜利结束,不再进行分地分浮财的斗争;定了保障地权、财权、人权的政策;提出全年增产粮食12%的目标。全县计划开荒300垧,争取达到在交余粮、完成购粮任务之后,人够吃,牲口够喂,粮食还有余,为来年发展生产打下基础。

经过一个多月的政策宣传,进行纠偏,深入动员,群众生产情绪由不安而稳定、日渐高涨。到4月中旬,已种麦1828.6垧,开荒733垧,基本上解决了春耕生产的困难。各区经过发动群众,群众自报,开荒的数字已超过3 000垧,并有了信心。在畜力方面,除贫雇农分得6 400多头外,又用农贷、斗争果实,买了700多头。按原计划开荒3 000垧,至少须有洋犁200副,现已组织起洋犁306副(一套犁要6头牲口,一天可开荒7亩)。经过突击,绝大部分粪肥已送进地里,如滴道区七厢、兰岭等6个村,5天的送粪计划,两天完成。仅七厢一个村,4月16日就送出1 179车;光华厢一个村,两天送粪800多车。互助变工已开始

---

[*] 陈浚:1948年2月至1948年9月任鸡宁县委书记。

组织起来。

纠偏工作,主要是把错划为地主富农成分的中农,普遍改正,并进行了退赔。如下亮子区对100户错斗中农,退出牲口67头,粮食20石,农具衣物等价值2 000万元(旧币),打击面缩小到总人口的8.9%。滴道区为160户错斗中农,退还牲口187头。群众从事实中认识到共产党说话算话,斗错就纠正,该退赔的就退赔。这不仅使中农的情绪有明显的转变,也促使贫雇农相信党的劳动致富的政策,减少了对发展生产的顾虑。

4月下旬,召开了区委书记、区长联席会议,布置5月份全力种大田,并提出在春耕完成到夏锄开始之间,突击开荒。

5月20日,全县大田除洼地外,全部种上。新播种谷子、玉米、高粱24 425垧。鸡林一个区已播种稻田4 105垧,大大超过了原计划,加上机关开荒435垧,共开荒5 429垧,扩大耕地占全县耕地总面积49 998垧的12.4%。这个成果,显示了翻身农民蕴藏着巨大的潜力,为实现增产计划提供了可靠的基础。往后就是保证种好,管好收好。以一副犁杖为主的互助交工队已普遍组织起来,初步发挥了集体劳动的优势。妇女打破过去不下地的旧习俗,参加农业劳动的日渐增多。新兴区有一份十分有说服力的材料,其中说当地男整劳力1 900个,参军走了500个,1 270个女劳力组织起来879个,折合起来,增加了男整劳力的三分之一。

5月上旬,县委推广了滴道区开展劳动竞赛的经验,号召开展劳模运动,评选春耕的模范村、组、个人和干部。6月1日至5日之间,各区分别举行了劳模大会,进一步掀起了生产热潮。

6月提出争取大田三铲三耥,豆子二铲二耥,多打粮食的号召。县区加强了对落后村的领导,并结合"铲耥",继续发展新党员。播种早的村,开始铲头遍。可是由于天冷,有1 200垧地里的种子没有出芽,粉了,有两个区遭受雹灾,县委布置了补种补苗。

7月是夏锄最紧张的一个月,在头遍铲完的有利形势下,县委要求,第一,抓紧铲二遍;第二,动员和组织男女老幼齐下地,争取三铲三耥。由于遇上了连阴雨,到7月上旬,二遍进度受到严重影响,铲二遍的不过三分之一到二分之一。县委发出紧急指示,要求干部深入小组,克服一切困难,同群众一起,组织抢铲抢耥,随铲随耥,雨天铲沙地,晴天铲洼地,终于战胜了天时所造成的困难,8月初完成了夏锄。

8月中旬,村、区、县三级先后召开了干部、劳模会议,总结夏锄工作。据全

第五编
东安根据地大生产支援前线工作回忆

县统计,三铲三趟的大田达到12 114 垧,二铲二趟的11 800 垧,豆子二铲二趟的达到6 064 垧,铲趟一遍的大田和豆子1 203 垧,荒了的只70 垧,创造了历史上的新纪录。群众反映,过去全县最大的地主,也没有铲三遍以上的。今年(1948 年)咱翻了身,组织起来力量大,铲上了三遍。群众说"穷人翻了身,互助变工好,领导催得紧",概括了夏锄胜利的原因,到处可以听到人们说:"今年要不变工,非扔地不可","过去不用说开的荒,就是老地也得扔"。东海区新安村,1946 年种地350 垧,荒了100 垧。1947 年种了500 垧,也荒了近四分之一,今年种熟地700 垧,开荒30 垧,都铲出来了,荒了的只7 垧。群众还赞扬说:"今年不一样了,开会就研究生产""区上县上干部,见面就讲铲地","干部下来没有官架子,跟咱一起干活"。

到挂锄时节,已丰收在望。

我过去长期在党报工作,听得多,看得多,写得多,都没实干过。我要求到县里工作,并非想改行,而是试图检验一下,党报工作的理论是否切合实际,探索党报怎样能够有效地密切结合实际,也指望从实际工作的岗位上,研究全党办报的方针。一方面,作为县委的一个成员,如何主动利用报纸,推动工作;另一方面又能设身处地,从编辑部的角度,探索怎样能更好地贯彻执行党办报的方针。在我达到预期的目标之后,我就又主动要求回到党报工作。这里只想根据当时积累的材料,就鸡宁县委领导生产运动的过程,作些回叙,补上鸡宁党史中的一段。

党的领导,保证了工作重点由平分土地运动转为大生产运动。

从1945 年9 月,日本帝国主义无条件投降,东北光复,到1948 年2 月,胜利完成土地改革运动,鸡宁县经历了两年半的大动荡。剿匪斗争,反奸清算,没收和分配敌伪土地,贯彻"五四"指示,大胆放手,发动群众,砍挖运动,查夹生饭,直到为实行土地法大纲、发动对封建半封建剥削制度的总攻、消灭地主阶级的平分土地运动,广大农村发生了翻天覆地的大变化,基本群众有了地、有了粮、有了牲口、有了住房,孕育了劳动致富、兴家立业的无限热情,渴望"稳定世道,不再翻来覆去,能过上安生日子,好好生产"。因此,东北局对东北战场的后方根据地提出集中一切力量,开展大生产运动,既适应全国大反攻和解放全东北的战争需要,也符合广大群众的根本利益和愿望。但是,要实现这个重点的转变,却是十分艰巨的。由于平分土地运动后期,"左"的错误,也在鸡宁造成了一定程度的思想混乱。普及全县的大扫荡,严重侵犯了中农利益,地主富农全部净身出户;审查干部,乱扣乱打。违犯党的政策,不但使中农,就是贫雇农心里也不托底,害怕再斗再分,对于大生产顾虑很多。有些好吃懒做的二流子,更不肯下力劳动,一心想着秋后再斗再分,连自己的地也认为应由地主富农给耕种,他们虽然人数不多,但是思想影响不小。而地主富农更是心怀不满。因此,能不能顺利从平分土地运动转为大生产运动,县委的领导就成为决定性的环节。

为统一领导思想,县委首先认真学习和讨论了东北局和省委有关结束平分土地运动、开展大生产的决定和指示,认识这一工作重点转变的重大意义,下定决心把全部力量集中到领导生产运动上来,并结合鸡宁实际情况,分析了有利条件和现实困难,坚决贯彻执行东北局和省委的方针政策。在进行备耕工作的同时,解决纠偏问题,为打好春耕生产第一仗,做好物资和思想的准备工作,经过一个多月的努力,县委研究总结了3月上旬至4月上旬的工作之后,于4月13日做出关于加强生产的决定,在全县公布的同时,报告省委批准后,发表在《牡丹江通讯》上。"决定"强调了开展大生产的意义:"各级同志要进一步认识到这是当前战争的需要,必须以后方生产的大胜利,配合前方的胜利,争取早日解放全东北,打进关去,消灭蒋介石";反复说明"共产党领导群众翻身的根本目的,是为了消灭封建和半封建的剥削制度,斗倒地主,人人可以勤劳致富,兴家立业","全县各级党组织,要以高度的责任来领导生产,要着重解决群众的思想顾虑,保证完成今年的生产计划,支援前线,并使翻身农民打下兴家立业的基础";"当前最紧迫的任务是贯彻执行东北局和省委关于集中一切力量,统一步调,领导春耕生产的指示,以及纠偏和团结中农的指示"。"决定"中宣告结束分地分浮斗争,因为土地改革的任务已经完成,今后决不再斗争。保障地权,不再分地,分发地照;保障财权,无论贫雇农分得的或地主富农隐藏的财物,任何人一律不得侵犯。除现行犯外,捕人得经县政府公安局批准,由政府执行;禁止肉刑打人,杀人必须经过省政府批准。宣布了对开荒的政策,开出的荒地,归私人所有,同样发给地照;进一步贯彻团结中农的政策,并要给中农以一定的政治权利,各村农会代表中,也要有三分之一到四分之一的中农代表,农会委员中也要有中农。坚决反对好吃懒做,要改造二流子。地主富农不再靠剥削,自食其力,劳动起家,也决不再斗争。没有挖出来的浮财,可以拿出来做生产资本,也决不再斗再分。

在打消思想顾虑之后,县委又先后宣布了组织起来的政策,坚持自愿两利、等价交换的原则;奖励生产,开展劳动模范运动的方针政策,逐步巩固与提高了群众的生产积极性。

从备耕工作开始以后,县委对大生产运动抓得很紧很紧。县委以抓紧区委

第五编
东安根据地大生产支援前线工作回忆

的工作来推动全县运动的平衡发展,逐月召开区委书记、区长联席会议。每次会期两三天,检查前个月的工作,研究全面情况,指出工作中的优缺点,执行政策中的问题,总结经验教训,讨论和决定下一段时间的工作重点,如突击送粪,全力开荒,保证种好大田,战胜自然灾害;组织抢铲,抢耥,等等。如4月14日,作了一个月生产的总结,6月2日作了春耕总结,8月份作了夏锄总结。县委不断根据生产进度和发现的新问题,做出必要的部署,如在大田即将播种完毕,5月16日发出《全力突击开荒,争取超过计划的通知》;遇上连阴雨,6月18日发出《关于抢铲耥的通知》;7月3日《关于深入小组,保证三铲三耥的通知》。县区领导干部经常到各村检查工作,帮助工作,并将发现的问题和经验教训,及时通报全县,如4月24日发出的《滴道区领导生产的初步检查》,5月25日批转了新兴区委上报的《村选劳模的几个问题》,城关《朝阳村新的劳动态度》。县委做到了集中一切力量,高度紧张地领导大生产。

县委和区委为加强党的领导作用,十分重视发挥各村党支部的作用以及党员的模范带头作用。

经过平分土地运动,在农村中公开建党,全县农村党员发展到1 122人,普遍建立和健全了各村的党支部。在翻身斗争中发展的新党员,都是群众所公认的先进分子。这些党员,工作热情很高,同群众联系密切,能够真实地反映情况和群众的思想情绪,事事带头干。这次大生产运动在很短时间内就发动起来,党支部和党员起了主要作用。

县委区委部署工作,都要经过村支部,由支部讨论,领导全村党员把上级党委的部署、要求,变成广大群众的行动。孤山子支部,在全村开荒34垧的计划完成之后,还有余力和时间,但在种完大田以后,群众满足了,用了洋犁。党支部决定多开荒,召开了支部大会,仔细讨论,提出办法。村里的第三变工组党员最多有75人,过去工作最好,这次为争取多开荒,决定仍由这个组带头。这个组的党员同群众一起商量,计算了人力畜力和时间,提出还可以开荒4垧。可是,荒地里的草已长茂盛了,有一尺多高,群众犯了难。党员就主动担当最吃力的扶犁手,克服了困难。另外几个组的党员,积极配合,带动各组向第三组学习,就这样,又带动了全村多开荒十几垧。

农村支部建立了经常的组织生活,定期开会,检查党员的工作、思想和作风,党员群众的关系,发扬党员的模范带头作用。孤山子有个女党员,好发脾气,群众有意见。在支部会上,对她进行了批评和教育,逐渐帮助她克服了缺点。在开始修水坝的时候,天气还冷,水凉,她第一个跳下去,带了头。女党员宋芝兰就把孩子托给别人带，首先参加了生产，推动了全村妇女普遍下地。宽勋乡的党支部，在全区支书会上，介绍了他们领导群众大生产的经验，发挥了示范作用，推动全区超过原计划开荒690垧。朝阳村党支部领导全村开荒120垧，也成为推动全县超额完成开荒计划的一个先进典型。光华乡支部书记郭连朋，对党支部、党员发挥作用深有体会地说："现在工作好做多了，每项任务部署下来，总有一股力量，在推动运动前进。"检查起来，凡是大生产运动搞得好的村，都是支部领导强，党员多的村，比较落后的，也是支部工作较薄弱的村。

县委从春耕开始，就提出要重视通过政权来做工作，县委和区要把精力主要放到研究工作、掌握方向和政策、教育党员和群众上。许多具体工作，在方针、政策明确之后，通过政府去做。6月9日县委在春耕总结工作中，更明确强调了这个问题，指出了在备耕和春耕运动中，县区政府起了重要的作用，组织各区村到外县买牲口，换稻种豆种，组织粮食的互相调剂，发放了农贷。为开展劳模运动，由县政府发布告，拨奖金，主持各区劳模大会。

春耕紧张阶段，县政府动员全部机关干部，下乡检查和帮助工作。对于改造二流子，监督地主生产，都由政府出面，依法办事，更加有力。追查谣言，镇压特务造谣破坏生产的活动，也靠了政权的威力。县委一再指出，各级党组织要改变一切由党委包办的作风，有意识地树立和扶植政府的威信，要破除那种瞧不起政府的工作人员，或者把政权机构只当成党组织的附属机构的观念，要尊重和重视政府法令、指令。注意发挥政权机构的作用，也是县委加强对大生产领导的一个重要方面。

鸡宁县从平分土地运动，顺利地转向大生产运动，是由于坚定地执行了东北局和省委提出的任务，符合革命战争和群众的利益，赢得了人民的拥护；是由于坚决贯彻执行了党的政策，纠正了违反政策的错误，调动了人民的积极性；是由于全县各级党组织思想一致，行动一致，发挥了党的领导作用，发挥了党员的模范带头作用，发动了全县人民群众的结果。

本文选自王金文、王晓廉、隋业勤主编的《鸡宁土地改革运动》一书，中共鸡西市委党史研究室1991年3月印，第78～86页。

我党北满根据地的后方工业基地
——鸡宁矿区

陶 智[*]

1945年日本投降后,国民党在进攻关内解放区的同时,在美帝国主义援助下经过陆、海、空三路向东北大举进兵,并攻占了已被人民解放军解放的山海关、锦州等要地,妄图独霸东北。1945年12月28日党中央指示"我党现时在东北的任务,是建立根据地,是在东满、北满、西满建立巩固的军事政治的根据地"。陆续派出中央委员、候补中央委员20名、干部2万名和11万大军开赴东北,同国民党反动派展开"针锋相对,寸土必争"的斗争;提出"让开大路,占领两厢",放手发动群众,壮大人民力量,建立巩固的根据地,逐步消灭敌人有生力量,最后解放东北全境的英明决策。

1946年上半年,长春失守,南满成了国民党统治区,北满一些地区被蒋介石委任的所谓军长、师长领导的反动武装所占据,活动猖獗。1946年6月东北局和东北民主联军总司令部根据当时斗争形势发展,"充分证明北满——特别是合江及牡丹江地区,为我党在东北最基本的战略根据地",确定把黑龙江省南部之粮食、资财向北转移,把鸡宁矿区作为北满根据地后方重要工业基地之一。

一、鸡宁矿区的战略地位

位居北疆的鸡宁矿区沟岭丘陵连绵,山势起伏和缓,有山地、漫岗、沙谷平原。矿区北部、南部环山,东北部低平,呈马蹄形,丘陵漫岗分布比较广,地势由西向东北倾斜,中间为狭谷地带。东南与苏联接壤。这些地理环境既有利于进

---

[*] 陶智:鸡西矿务局史志总编,负责编写了1906年至1986年时段的鸡西矿区发展史。

攻,也有利于防御,是攻、守、战的好地势。历史上有很多军团在此驻防和进行驱逐外患的战斗。

伪满时期日本人把鸡宁地区作为战略要地。1941年2月,日本关东军第七军驻扎恒山、柳毛等地;1942年6月日本关东军驻扎鸡宁;8月日军组成鸡宁宪兵队本部;1943年7月在城子河矿白石砬子建立战谍掩护队(对外称市莱作业队),以加强对矿区的监督和统治。

1945年8月12日,苏联红军从鸡宁南百余公里处袭击日军,苏联远东第一方面军第三十五军进驻鸡宁街,同时进驻各煤矿。

伪满时期日本人把鸡宁矿区作为重要工业基地加紧建设,1932年3月成立伪满洲国,1933年2月就着手筹建林口经鸡宁到密山的铁路,1934年5月踏入鸡宁煤田,1935年4月在滴道街成立密山炭矿,1935年12月15日鸡宁铁路通车,接着就在鸡宁成立矿机株式会社和黑铅株式会社。经过七年的疯狂建设到1940年密山炭矿年产达到129万吨,居伪满当时28处重点煤矿的第四位,屡受"嘉奖"。1941年从人、财、物方面加强武装鸡西各煤矿,搞"大出炭",拼命增产,支援其所谓的"大东亚圣战"。当年产煤217万吨,成绩显赫一时,到1944年年产煤290万吨。鸡宁煤炭既供伪满的鞍山、本溪钢铁公司之用,又向日本内地、朝鲜等地输出。日本投降不久,鸡宁矿区的丰富资源又吸引来百余名白俄矿商,倒运各煤矿储煤。佳木斯、牡丹江的地下国民党也派员到鸡宁建党、建军。

鸡宁矿区的战略地位和丰富的物产资源是建立北满后方工业基地的基础,特别是当关里国民党军队侵入沈阳、长春向哈尔滨进犯,东北局准备让出哈尔滨与国民党打持久战时,迫切需要后方补充足够的兵源和供给军需物资。那时的东北解放战争、铁路运输、工业生产和人民生活极度缺煤,发电厂、火车头都曾烧黄豆,许多工厂因缺煤停工停产,哈尔滨民主政府的一些机关和居民竟烧木杆子和豆饼取暖。而当时东北境内的煤矿只有北满的鸡宁和鹤岗两个大矿区所属于共产党控制区域。鹤岗矿区邻近佳木斯,已于1945年底被共产党领导的哈尔滨铁路局接管,所以东北局又选择背靠苏联、发展工业生产有较好条件和基础的鸡宁、密山等地区建立北满后方工业基地,在兵源、物资上支援前方的自卫解放战争。先是在中共东安地委副书记兼专员白如海的领导下,经过半年的战斗,东北人民自卫军鸡宁独立团解除了鸡宁地区的反动武装,攻克了密山。1946年4月东北民主联军宁安三支队东征剿匪进驻鸡宁,鸡宁矿区始得安宁，为党接收和恢复矿区生产运输创造了有利条件。

二、东北局派员接收鸡宁矿区

党领导的东北经委会于1946年6月在哈尔滨成立东北经委会工矿处（在哈市道里区办公），统管东北所有的工厂、矿山、森林等。东北局领导陈云同志亲自委派吉黑军区后勤部长、军分区司令员刘向三任工矿处处长，派东北军区后勤部参谋长孙然和东北军事工业部副部长郝希英同志为工矿处副处长。1946年7月初，刘向三、孙然、郝希英和总务、会计、警卫人员及孙然夫人等乘火车到鸡宁县城，住在穆棱河南沿（今祥光路）的两层楼房里，即东北工矿处在鸡宁的办公地点。孙然向县政府出示东北经委会命令，申明接收鸡宁地区伪满满炭的所有煤矿和工厂，包括当时伪满留下的东风公司机械厂，鸡宁制作一所、二所（后合并为鸡宁煤矿总机厂），鸡宁、滴道两个发电厂、柳毛石墨矿等。鸡宁县工矿局副局长陶宜民提出，县里也要办煤矿。孙然回答，县里要干可以另开小煤矿。1946年9月1日东北工矿处正式接收鸡宁矿区的矿厂。至此，东北工矿处即进入各矿厂。接着就大批调进曾在延安和山东等革命根据工作过的老干部150名左右，其中在鸡宁矿区工作半年到三年的有100多人。当时有的老干部在矿区内一个月就要变动几个地方、变换几个职务，昨天当干事，今天当矿长，明天又去当科长，哪用哪到，不挣工资，全是供给制，没有人计较个人得失。

1946年秋冬到东北工矿处机关工作的有卜凡（人事科长）、向阳（秘书）、田坤（工作队长）、游金臣（总务科长）、聂春荣（工程师）、丁芸（女、材料科长）、段玉表（女、妇运负责人）、张涛（秘书）等；到矿上去接收的，恒山矿是杨剑平、吴良俊、李华楫、张明云等；麻山矿是任弼绍、李尚金、张福柱、刘佐魁、赵屏等；城子河矿有任移山、高建明、姜明和等；滴道矿有唐楠屏、裴慈云、鲁流义、纪淑珍等；机械厂有刘国威、吴良奇、于恒等；去鸡宁军工厂的是乐少华；去发电厂的有方刚等。这30多名老干部主要是接收矿厂，组织装运贮煤，恢复煤炭生产，建军工、化工厂，生产炮弹、手榴弹、炸药、雷管、火柴等，解决前方急需，地区大、工作多，老干部仍然适应不了实际接收恢复矿厂的需要，刘向三找到东北局陈云、伍修权、王首道等领导要求向鸡宁矿区派领导干部。故于1946年冬和1947年春季东北局又增派热辽军区军工部长张珍、东北财经委工业部副部长程明升为东北工矿处副处长，协助孙然在鸡西矿区工作。东北局从山东、哈尔滨等地抽调30多名干部支援鸡宁矿区,陈一明、陈平中到发电厂,罗光泽、黄育中到麻山矿,罗维、彭炳坤、刘宏忻、黎照模、王正藻、刘学谦、张广华、尹天述、张定一、孙铁轮、祁俊、孙润生、刘秉臣等到滴道矿,王珣、仇甲、周世俊、吴文英到城子河,杜培毅到恒山矿,韩时珍、尹学瑞到滴道矿火药厂工作。

1947年3月以中央候补委员陈郁为首的老干部从桦南、勃利、依兰结束土改开进鸡宁矿区搞民主改革。他们去恒山矿的有徐宏文、夏朗、何水、李惠、程家玉等,在恒山矿开办东北工人学校的有袁博之、杨治泰,随陈郁住在恒山矿工作的有韩春、丛川源、寇冠、赵伯川、吴荣等,去城子河炼铁厂的有张春长,去煤机厂的有李宗岱、于太成等,去发电厂的有梁平,去滴道矿的有杨长春、冯振绿、江维华、李凤友等。

1947年3月25日成立东北工矿处鸡西办事处,处长孙然,副处长郝希英、张珍、程明升。

1948年7月3日成立东北工矿处鸡西(鸡宁)矿务局,领导恒山、滴道、麻山、城子河煤矿、柳毛石墨矿、鸡宁煤矿总机厂等。局长李华楫,副局长杨长春(兼)。7月6日矿务局召开第一次工矿会议,20日结束。会议由局长李华楫致开幕词并做会议总结,会议讨论通过了《暂定坑内规格》《矿务科业务标准》等决议。

1948年6月初,陈郁找杨长春谈话,筹建中共鸡宁矿区委员会,并调在城子河矿搞民主改革的周世俊(女)为组织部长,搞建党工作。10月5日成立矿区党史委,由杨长春任党委书记、李华楫(兼)任党委副书记。10月22日向东北工业部报批七名矿区党委委员,他们是杨长春、李华楫、鲁流宜、吴良俊、徐宏文、张春长、高见明。

1948年5月5日成立鸡宁矿区工会,杨长春兼任主席,副主席夏朗。

1949年6月1日成立中国新民主主义青年团鸡宁矿区委员会,书记:王珣。

当时到鸡西接收各矿厂的有哈尔滨铁路局、东北民主联军宁安三支队、松江省委、白俄(以中长铁路之名)和东北工矿处。在接收时间的认定上多不一致。笔者认为,应以东北经委会领导下的东北工矿处和工矿处承认的接收时间为准,即

1946年9月1日接收恒山煤矿;

1946年9月15日接收穆棱煤矿;

1946年11月1日接收麻山煤矿;

1947年2月1日接收滴道煤矿；

1947年2月7日接收城子河煤矿；

1946年9月1日接收鸡宁电业局；

1946年9月1日接收鸡宁煤矿机械厂；

1948年5月15日接收柳毛石墨矿。

上述接收时间除穆棱矿和柳毛两矿接收时间有待进一步考证核实外，其他矿厂的接收时间是1949年7月28日的矿区党委扩大会议上确定的，基本是从正式挂牌办公之日起算正式接收。事实上东北工矿处于1946年7月初即从鸡宁县工矿局接收了鸡宁矿区，经过一两个月的筹备才正式开展接收恢复工作。

按照陈云同志的指示，东北工矿处鸡宁矿区应把工作重点放在搞好贮煤运输上，其次是抓好恢复生产。当时东北工矿处向矿区职工提出"多出煤炭，支援前线，战争打到哪里，火车就开到哪里，煤炭就供应到哪里"。从1946年10月到1947年3月全矿区共装运贮煤32万吨，有力地支援了军工民用对煤炭的需要。

1947年3月，工矿处提出恢复生产第一的方针，就是多生产煤炭支援前线；7月，根据矿区职工存有临时思想，在生产中，只拣条件好的地方采煤，提出了长期打算的方针，同时发动群众反霸除奸，搞好民主改革，巩固矿山政权；改善职工生活，依靠工人知识分子恢复矿井，开展劳动竞赛。

矿区职工"在物资困难条件下，历经两年多努力，到1948年末，全部完成矿山坑口恢复及机械的建设工作，奠定了正规生产及走向企业化的道路"。1946年9月接收时，整个矿区只有五个井口能够生产。到1948年末生产井口达到59个，其中新建的两个。恒、滴、麻、城四矿原煤产量，1946年9月—12月为3.8万吨，1947年为89万吨，1948年生产达206万吨（东北经委会给的任务是203万吨）。从1946年9月开始，包括穆棱矿全矿区生产煤炭332.7万吨，装运贮煤286.2万吨。当时东北工矿处处长刘向三在1985年回忆这段工作时说，若没有鸡宁矿区那么快地装运贮煤和恢复生产支援前方，锦州也不能那么快就解放。鸡宁矿区为解放全东北做出了很大贡献。

三、党在矿山遭毁灭性破坏和极混乱中接收恢复各矿厂

1934年日本人侵入鸡宁矿区，到1945年7月已建成滴道、城子河、恒山、麻

山四处煤矿、柳毛铅矿和滴道洗煤厂、发电厂、鸡宁制作所(矿山机械厂),不仅从鸡宁矿区掠夺走 3 000 多万吨煤炭,还在各矿厂驻扎军、警、特、宪数千人,摊派"劳工"抓"浮浪",设立司法矫正辅导院、训练所、康生院、报国队等集中营,残酷镇压数万名伪满抗日的中国人。仅在 1941—1945 年 7 月间丧生在万人坑、炼人炉和日本监工刀棒之下的矿工就达万人以上。日本侵略者在鸡宁矿区犯下的滔天罪行,真是罄竹难书。直至 1945 年 8 月初他们已经彻底失败面临危亡之时,仍做最后垂死的挣扎,日本侵略者心毒手狠,撤退前对矿山进行了有组织有计划大规模的破坏活动。1945 年 8 月 7 日至 10 日期间,矿山的日本人按照关东军司令部的部署,纷纷开会,布置撤退。除穆棱矿外,各矿都由日本人组成 20 人左右的破坏队,他们背着枪,扛着火药到井口和机械房,炸毁井口门和绞车、风机、电动机等机械。爆炸声此起彼伏,昼夜不断。破坏队放火烧毁厂房和办公室。有些日本人的甲级住宅、配合所、仓库被其放火烧着了。被破坏的设备房屋共 1 169 件,价值 439 万美金。

这里仅记滴道、恒山两矿遭毁简况。

1945 年 8 月 7 日晚,苏联红军飞机追袭日军,轰炸西鸡西车站和滴道发电厂附近区域。8 月 8 日苏联红军飞机在滴道上空扔传单,矿本部机关人员钻进防空洞。日本人及其家属开始做撤退准备,并向备好的专列上集中。8 月 9 日晨,日本矿长富坚一郎命令劳务课的日本职员四弯和暖泉采炭所劳务系外勤三齐,各带四五个日本人分别对河北、暖泉两个采炭所所辖坑口做退却前的破坏。他们带枪拿着炸药逐个坑口地进行破坏。日本人把捆好的炸药塞进绞车的电动机和压风、主扇的油箱内,一声巨爆即成废物;放火焚烧办公室、配给所、仓库;把变电所的变压器油倒出,放火焚烧,从变压器、配电盘到整个变电所和发电厂全部报废。破坏现在河北变电所时,井下还有工人干活。滴道矿除了水深地外,其余矿山机械设备全部遭破坏,至此,全矿停产,工人失业。

1945 年 8 月 7 日,恒山矿的日本人把家眷集中送到鸡宁区(盘道岭右侧),然后炸毁了恒山至鸡宁的铁路大桥。8 月 8 日上午,苏联红军飞机扫射了鸡宁。当晚日本人组成破坏队,分成五人小组,每组三四个人。破坏者把捆好的炸药放到坑口门里边的棚子上边,一声巨响,矿井巷道塌陷,爆炸声一直响到夜里。全矿四个采炭所 20 来个坑口和水平洞,除山南西部坑口外,有 16 个坑口被炸毁,一般冒落长达 50 多米,最浅的是 20 多米。矿本部机电厂仅存两盘烘炉、一把老虎钳子,其余厂房全部变为平地,破坏面积达 14 280 平方米。山南、小恒山、鸡宁采炭所的变压器和矿本部变电所全部被捣毁。

在破坏矿井设施的同时,各矿的日本人都调集逃跑专用的火车、汽车、马车。将其家属妇女、儿童大部分送上车走了。临走时只准带吃的,室内家具、衣物等大部分东西被他们烧掉。有的日本人到老君庙出家了,有的躲藏来,还有来不及出走的和当地开拓团的二百来名日本人逃到麻山土顶子一带,集体自杀了。矿工和家属们纷纷出动,在苏军支持下,用缴获的枪支追剿潜逃的日本人。顽固抵抗的日本人当即被打死。在滴道矿地道公路两侧和路西铁路两侧、西面水壕沟和稻田地里有二三十具日本人尸体在阳光下曝晒。

这就是侵略鸡宁矿区的日本人的可耻下场。

1945年8月12日,苏联红军进驻鸡宁县后,各煤矿的日本人及主要汉奸走狗都畏罪潜逃,剩下的也都躲藏起来。密山株式会社及各矿厂机关多被放火焚烧,整个矿区都处于无人管状态。家住巴彦、五常、林口等地的各把头大柜、报国队、训练所工人,离矿返籍,家住热河、山东、河南等地的工人走不了,就联合"抱团",他们仍住在大房子里,靠砸日本人留下没烧着的仓库里的大米、白面、大麦、食盐维持生活,或到附近农村打短工维持生活。部分矿工和当地居民趁混乱之机到矿厂拆卸机器零件和厂房上的铁瓦、木料、门、窗等用于建房或到市场上出卖,矿区设施进一步受到严重损失。8月15日伪鸡宁县行政科长主持成立维持会和"鸡宁游击总队",9月12日成立鸡宁县临时政府,各矿厂也由当地伪满的头面人物成立维持会、保安队(团)等,实行所谓"自治"。10月中旬共产党领导的东进工作委员会在鸡宁地区开展活动。1946年初,佳木斯和牡丹江的国民党也派人到鸡宁活动。这是鸡宁矿区历史上最混乱的时期,反动的"军""团""会"为争夺地盘,相互攻击,凭武力强占矿厂,招骗青年矿工为其效劳。

在矿山遭毁灭性破坏和社会秩序极为混乱的局势下从延安、山东等地来的共产党员们接受党的派遣,冒险进驻矿山,开展接收、恢复生产和支援前线工作。各矿厂的局势和接收情况不同,分别记述如下:

恒山矿:1945年8月11日,苏联红军进驻矿山,当时生活困难,等待就业的矿工们到邻矿的关东军驻地去捡"洋捞"(衣物、食品等)或到农村打短工。矿上一些零散人员和农民把矿山地面上用的15马力以下的电动机全部盗走,变压器里的油被倒去引火。长生采煤区大把头郭刚弄来几条枪,成立了"郭团",为榨取财物,任意拷打矿工。山南采煤区潜伏的国民党特务佟某组成保安大队,任命了"营、连长"。10月9日,鸡宁采区的大把头王寿山以保护矿山设备维护秩序为由和开过妓院、饭馆的张柏彦、徐文浩等在恒山组成地方维持会、慈善会和公安局,网罗20多人组成保安大队。王任维持会长和慈善会长,摆香堂,招徒弟,搞"家礼教"活动。全矿各采区工人都参加了维持会。维持会的大小头目为饱私中囊,他们设赌场、会局,拆设备机件、割电缆、贩运储煤。山南区部分工人自发组织起来,日夜巡逻,站岗放哨,保护机器厂房、看守煤场、仓库,有些工人还把能拆下的重要机械零件藏到安全的地方,等待八路军接收。1946年2月初,白俄基斯金、米谢夫以中长铁路的名义接收恒山煤矿,在山南东部、鸡宁区二井、小恒山区四井搞恢复生产的调查,重点是组织百余人往火车上装贮煤,运到外地去贩卖。7月白俄被陶树伯赶走。

1946年5月初,东北民主联军宁安三支队侦察科长高星派参谋陶树柏进驻恒山,经与当时主事的王寿山谈妥于1946年5月16日签字正式接管恒山煤矿鸡宁区。陶住黄泥河子镇(位于鸡宁区西南三华里)街里小楼,当时全矿有532人,日产煤炭80吨左右。时常遭到地方土匪与谢文东残部的袭击,晚上抱枪合衣而卧。陶树柏领导建立了恢复生产指挥部,设立工务、机电、运输等三股,组织60多名矿工开始恢复鸡宁采煤区生产。

1946年6月东北局领导伍修权、何长工、陈云等先后到鸡宁地区视察工作。陈云到恒山矿了解恢复生产时对陶树柏说,东北财经委员会已经研究决定,煤矿都归东北工业部统一管辖,当前的任务,一是抓紧运贮煤,支援哈尔滨工厂尽快开工生产;二是积极恢复生产,多出煤炭,支援解放战争,任务很艰巨,一定要好好工作。7月8日在鸡宁矿老街基俱乐部,以无记名投票选举陶树柏为矿长和三个科长,7月中旬开始恢复山南区东部、生长区三坑,鸡宁区二坑;同时组织人力抢修黄泥河子铁路大桥,发动600多名工人、职员装运贮煤。人们先用马车把各坑口的贮煤拉到矿本部选煤厂,再用土篮装火车运往前线。大家冒风雪严寒日夜苦战,冷了喝口凉酒,饿了啃口冻苞米面饼子。

1946年9月1日工矿处派吴良俊等人接收恒山煤矿。陶任矿长(11月工矿处派杨剑平任矿长,陶任副矿长,1947年初陶离矿)、吴为工矿处代表(人事科长、党支部书记)、王选忠、侯建勋、李春亮、王宝山、胡铁南、彭秉坤、李华辑、苏政文等任各科科长。在鸡宁区成立了恒山煤矿工会,选老矿工胡元增为主席。针对当时世面混乱人心不稳的局势,在第一次工会大会上发动群众公审枪毙了恶霸家礼教头子刘希广,稳定了人心。10月中旬东安地委派马东波率领工作团进驻恒山矿帮助搞反霸除奸,挖坏根运动,在鸡宁区错杀了伪满鸡宁采炭所现场员林学山(大连工程学院毕业的技术员)。当时的工务科长李华楫发动矿工修复机电工厂,修造20台车床。1947年3月装运贮煤结束,共运出煤炭18万吨。1947年4月陈郁率工作队进驻恒山,与马东波领导的工作团结合为一体,领导工人及家属搞翻身运动,精简矿机关机构,部分职员下井生产。1947年10月1日接收张新区采炭所。到1948年末全矿应该恢复的21个生产井口全部恢复生产,全矿在籍职工5 429人,全年生产原煤9万多吨,比1947年提高97.8%。

滴道煤矿(含滴道洗煤厂):

1945年8月11日苏联红军进入滴道煤矿和洗煤厂,10月16日自称中长铁路煤木处长的白俄郭洛郭夫,以苏联红军司令部名义接收该矿,并从穆棱矿调来白俄乌洛维赤当矿长,以搞矿井恢复生产为名,实际是组织工人装运储煤,向哈尔滨等地贩运。在此同时,矿区居民和附近农民将滴道洗煤厂内的轻型设备如电动机、减速机、托滚、轴承、运输皮带、传动带等拆卸运出厂,四外叫卖。白俄以苏联红军司令部和中长铁路的名义把铁路加宽,使用苏式机车和车辆把厂内储存的落地煤和大批机电设备、钢材、木材等装上火车(恒、滴、城、麻四煤矿和发电厂、机械厂的部分设备、器材也被俄人运走),致使洗煤厂内斗子落架,小型设备荡然无存,整个工厂陷于瘫痪。

1946年5月松江土改工作队到滴道矿,队长胡炳岩带领队员挨门串户到矿工家里谈心,在宿舍跟矿工同吃同住,宣传共产党的政策,培养一批干部,在河北、暖泉、西安地区成立一支70多人、60多条枪的基干自卫队,队长有杨玉林(原滴道矿副矿长)、李树坤等,保卫矿厂,参加林口、刁翎大通沟等地的剿匪活动,曾在青山大房子饭店活捉3名土匪,缴枪3枝、马一匹。1947年2月这支基干队获得模范民兵的光荣称号,并由滴道区长谢生颁发奖状。

在工作队领导下,1946年6月在滴道成立了河北工农总会(会长陈子章),开展反奸除霸、恢复矿井工作。同年12月5日滴道煤矿第一个党小组秘密成立(组长郝金安,成员有陈子章、杨玉林)。

当时白俄在滴道矿以中长铁路名义在贩运贮煤、赖着不走,还不给工人开工资。1946年12月16日东北局领导李立三,在刘向三陪同下乘专列到滴道矿撵走了白俄。

1946年12月下旬,东北工业委员会秘书长伍修权派哈尔滨铁路局副局长唐楠屏接收滴道煤矿。哈铁苏方军代表通知了驻滴道矿苏军代表,唐带警卫人员乘专列于12月来到滴道矿与驻矿苏军取得联系。听取陈子章、郝金安、杨玉林及工作队的汇报。唐以铁路局领导身份接管滴道煤矿,向中长铁路局要来油、盐、布、米等生活用品运到矿上救济矿工及其家属,组织职工群众装运贮煤,支援前线。1947年2月1日唐召集干部会议,手举哈尔滨铁路局命令成立滴道矿务局,唐任局长,由唐任命科长、主任、连长、区长等20来人。2月7日召开全矿干部会议研究恢复生产事宜,修复矿厂机械,恢复了部分生产井口。筹办一处有5名医务人员的医务所(后发展成为矿务局总医院),发动职工集资成立5个职工合作社,解决职工生活困难。

1947年5月滴道矿归属东北工矿处,改称滴道煤矿,唐任矿长,杨长春任副矿长兼人事科长(党支部书记)。张仲九、陆宜、沈钟元、裴慈云、彭炳坤、尹天述、黎照模、罗维(1948年6月任滴道矿长)任各科科长。全面投入恢复生产和运输贮煤的支援前线工作。

麻山矿:

1945年8月10日,全矿停产,9月末地下党领导的五林(今林口)县政府派县武装队长刘汉武到麻山矿。他以麻山矿为中心,动员麻山、奎山、安山一带青年参军,发展大同盟,并收缴敌伪残留的零散枪支,10月被林口、麻山两地的反动势力合谋杀害于矿五井后山。1946年2月,原中长铁路满泰公司账房受苏联红军领导部指使,派穆棱矿俄人斯密尔诺到麻山矿与伪满挺进队长刘荫锷串联外运遗留的储煤,并计划创造条件恢复生产,部分工人被召回参加运煤。6月(农历五月十七日)遭中央胡匪郎亚斌抢劫,俄人回穆棱煤矿,运煤中止。7月以刘荫锷、卓仁(伪满时期报国团团长)为首组建麻山煤矿工人会,下设总务、事业两个部,55名工人参加。刘在日本矿长神尾要逃跑那天,鼓动工人逼着神尾打开金库,发给每人80元伪币,然后放走了日本矿长。刘自称是安清邦"戎"字二十三辈,是矿区较大的辈数,刘借此在矿上大兴"家礼",大摆香堂,收有八大弟子,都在他领导的工人会中担任要职,刘还纠集30多名伪宪兵、警察成立有20多支步枪的矿井队。把伪满的"刘家大柜",改称"工人会",称霸麻山矿。

1946年8月13日五林(林口)县政府下令接收麻山煤矿满泰账房,同时指使工人会组织装运贮煤支援前线。当时到矿上要煤的机关很多,车皮不足,经常发生"抢煤车"现象,五林县又下令禁止。

1946年8月30日东北铁路总局陈云派高庆林驻麻山矿负责联络煤炭运输事宜。

第五编

东安根据地大生产支援前线工作回忆

1946年9月4日东北民主联军总司令林彪手谕到麻山矿,要求支援雷管5万枚以应急需。

1946年9月5日麻山矿工人会复函无雷管,有部分土火药支援了民主联军。

1946年10月东北工矿处派任弼绍去接受麻山煤矿,因刘荫锷团伙及其武装控制矿山,任弼绍、赵屏、张福柱率众先抵距矿6公里的东麻山街,暗中到矿上访贫问苦,直接找刘商谈与其合作。刘的爪牙和当地反动武装昼夜寻机暗杀接收人员,任弼绍等彻夜和衣抱枪而卧,有时一夜换好几个地方。组织苦大仇深的工人,瓦解刘的反动势力,经过月余战斗培养出刘柱、刘景清等工人干部。11月1日任、赵、张等正式进驻麻山矿,任弼绍任矿长。同时,合江工作团第一队队长于杰、李春庵,组长冷静进矿,与任配合搞反霸斗争。刘荫锷借口是工人选举他当会长管理矿山的,不肯放权。12月9日以去鸡宁开会商谈煤价之名,在鸡宁站扣押刘荫锷,立即解散刘的反动矿卫队,建立工人民兵武装,把20多名有罪恶的坏蛋扣住,召开群众诉苦大会。1947年1月由林口县公安局出头召开公审大会,枪毙了刘荫锷;2月又枪毙了刘的帮凶卓仁等7人,对20多名坏蛋、爪牙进行了斗争。有34名清邦家礼分子"跳槽"(退出家礼教)。伪警察、土匪、国兵、小偷等八九十人坦白交代问题。向贫苦矿工分配斗争果实28万元(东北币)。1947年3月7日成立了麻山煤总工会和所属三个分工会,秘密成立了党支部。

1946年11月到1947年9月任弼绍任矿长兼矿务科长,工务科长刘佐魁、副矿长兼人事科长罗光泽、总务科长李尚金。

任矿长带领矿工凭借4副土篮、2把镐头、4盏嘎斯灯、1台旧6尺车床、2把台式虎钳子、1盘烘炉,开展恢复生产支援前线工作。

副矿长李尚金曾参加中国革命的两万五千里长征,到矿与矿工一同参加各种劳动,在一次卸坑木时,他左食指被挤折,警卫员连夜下乡为他弄药敷治。他和工人铺挨铺地住大房子,搞粗粮细做,处处关心矿工生活。

1947年3月下旬,变电所变压器烧坏1台,任弼绍、刘佐魁等赶到现场,时逢天降大雪,任、刘、赵、李等老干部献出个人毛毯搭成工作棚,电工连夜拆卸检查,接好线圈后用煤焦代替干燥室干燥,用豆油代替变压器油。奋战7昼夜,修复变压器。经7个月奋战,共排出积水12.5万立方米,挖出淤泥5千多立方米,使淤塞停产的七个坑口相继复产。

城子河矿：

1945年8月9日，日本人炸毁矿井、厂房机械，矿工流离失所。8月13日伪满的城子河矿工程大队长陈或文、矿卫队班长潘润汉等纠集把头、伪警察和地方上的无赖，组成二三百人的"自卫团""保安队"，骚扰矿区。曾骗取东北抗日联军第八军军长、后投降日寇的城子河矿大把头谢文东趁乱而起，他聚集了两三万人（号称十万兵将），自任师长，并被蒋介石委任为"中华先遣军军长"，四处抢掠民众。1946年3月，城子河小学校国民党员于克英等3人成立国民党党部，自任书记、县长，并设组织、宣传、情报、文书、干事，召开秘密会议，发展十名党员，制作国民党的党、政、军三块牌子，妄图在矿山进一步发展党羽，准备在接收城子河煤矿后接收鸡宁县。4月中旬因共产党领导的三支队开进鸡宁街，驻各煤矿，故于7月自灭。

东北工矿处派高见明、任移山、姜明和于1947年2月7日接收城子河煤矿，1947年4月10日任任移山为城子河矿矿长，裴慈云、高见明分别为矿务、工务科长。开始有组织地领导工人恢复矿井。1947年7月20日陈郁派夏朗、仇甲、王珣、周世俊（女）、田坤、向阳等组成工作团住城子河二太堡小学校开展反奸复仇运动，组建矿工会、党支部。1948年完成矿井恢复和体制建设任务。

穆棱矿：

1945年8月9日，苏联出兵打击日寇途经穆棱煤矿时，留部分军队在矿路事务所设前沿司令部，大部队向麻山、林口挺进。驻矿苏军利用矿原有生产机构，在停产4天后就恢复生产，供应牡丹江、哈尔滨铁路战时军运煤，同时征用矿区火车，去鸡宁、林口、勃利、牡丹江、哈尔滨为战争服务。苏军进矿逮捕了日本关东军驻矿特务机关长松本大尉及以矿长保保夫为首的60多名反苏分子和汉奸特务，并送苏联受审。从此，结束了日俄合伙垄断穆棱煤矿的局面。苏联撤走后，穆棱煤矿在中共穆棱县委和工作团的领导下，坚持煤炭生产和斗争。

1946年9月，中共松江省委派陈慕华（女）、钟毅接收并分别任穆棱煤矿党代表和军代表。陈、钟深入矿工和家属群众中访贫问苦，宣传共产党的方针政策，积极配合中共穆棱县委于1946年7月派到矿上以郭坦为首的工作团，发动群众向残酷压迫和剥削矿工的满泰大把头王子钦等人开展斗争。

受压迫的矿工诉苦揭发把头的罪恶，公审镇压恶霸、汉奸。在党、军代表领导下筹备穆棱矿总工会，于1946年11月25日召开第一次职工代表大会，选出姜培公等13人组成穆棱煤矿总工会，各井、科成立8个分会。

军代表兼矿长钟毅经与矿有关人员研究,将旧有的所、股改制,改为矿、科制,实行矿长负责制,将原存的四股一室二厂改为六科一厂。选拔政治觉悟高又有才干的职工担任科、厂、井、段的领导。

当时矿上严重缺粮,党代表陈慕华帮助矿总工会派人去外地购粮,解决口粮后,她又发动职工用"献工出煤"的钱集资成立职工消费合作社,使职工生活有了保障,并将持续20多年的井下12小时工作制改为8小时。她带领职工和学生平操场800多平方米,并组织小学开课。

在党、军代表的组织领导下,1948年原煤生产为30.2万吨,比1947年提高65%,比1946年提高156%。1948年5月,陈、钟二人调转工作,职工上书挽留未准。临别时,几千名矿工和家属步行3公里多路送到火车站,含泪与陈、钟告别。

1948年穆棱煤矿隶属于设在哈尔滨市的中长铁路局煤业处领导,生产经营、劳动人事均由哈局统一管理,领导原则、一切规章制度和管理措施都是沿用苏联的。矿长、总工程师、会计师均由中国人和苏联人双方共同担任。按中苏规定,中长铁路移交中国政府,因此穆棱煤矿于1952年4月移交给哈尔滨铁路局管辖。矿上苏籍领导和专业人员于1953年6月和1954年8月携家属共350人分两批遣返苏联。

1952年12月中央人民政府财政经济委员会批示,为便于企业专业化管理,于1953年1月将穆棱煤矿划归鸡西矿务局领导。自1953年至1985年,在穆棱煤矿归属鸡西矿务局的33年间,新建立了四、五、六、七井,改扩了二、三井,报废了一井。年产量由1952年的54万吨提高到1985年的150万吨,增长两倍。

四、驱走白俄——李立三视察鸡西(鸡宁)始末

1945年秋冬,趁矿区没有主管部门的混乱时机,白俄矿商占据穆棱煤矿并以中长铁路或苏联红军司令部的名义踏进恒山、滴道、麻山煤矿,他们组织群众装矿井贮煤向哈尔滨等地贩运,长达一年多的时间,光捞钱不干事。白俄想长期占据鸡宁各煤矿。东北工矿处处长刘向三把这些情况向东北局领导汇报并建议,从白俄手中把矿权收回来;有人主张把煤矿都交给中长铁路管。刘向三坚持不交,要求东北局派人下去调查,李富春同意刘向三的建议,把煤矿收回来由中国人来管,于是东北局决定派李立三和刘向三一同到鸡西矿区调查解决。

李、刘带一个警卫排乘专列于1946年12月14日下午到达鸡宁站,没有下车,电话通知工矿处副处长孙然去恒山汇报,专车直达恒山时天已黑。李、刘先到工人住的大房子里,打听工人的吃、穿情况。当时前方急用煤炭,工人连夜装火车,李、刘到装车点去看,车站上没有站台,靠工人搭踏板,用筐抬煤装车。当晚零下四十来摄氏度,李、刘穿皮大衣还感到冷,他们看到工人多数还穿着更生布做的灰服,冷了想喝口酒暖身子,可是没有酒,地方烧锅都停了。刘向三当即派人把哈尔滨日本人留着开飞机用的酒精调出来兑成酒,发给鸡西矿区工人喝酒御寒。

第二天孙然和他的秘书向阳到专列上向李立三、刘向三汇报,提出恢复生产不仅缺少物资也缺人;向前线运煤,人工装车,天气冷无棉衣;还缺粮、油、盐,困难很多。李、刘当即答应尽力给予解决,回哈后大量向鸡宁矿区调集人力、器材设备和粮油等生活物资。

李、刘要到基层看看,当时的恒山矿区域东西十多公里(从现在的张新到十坑干校),南北也有四五公里。恒山矿领导住在恒山街里,到矿上班或去采区检查工作都是步行,只好花一万多元买一批马拉车,作为吴良俊、李华楫等领导的交通工具,去井区一趟就走两小时。1946年12月初工矿处调给恒山矿一辆旧汽车,从鸡宁往恒山开,中途就坏了。矿领导仍是坐马车或步行上班,隐蔽的土匪也不断出来抢劫。李立三、刘向三只好步行在矿上视察,找李华楫谈恢复矿厂机械电气设备的领导方法,指出更多走群众路线;找党支部书记(矿人事科长)吴良俊、工作组长马东波等人,就枪毙林学山一事进行座谈(吴等人不同意毙林),李立三指出,今后应以组织发动、领导群众改造这些坏人为主,不能动不动就杀人;工作重点要转入生产,在生产中发动群众,要树立行政威信。这次座谈使工作组和矿领导的不同观点、不同做法都统一到恢复生产、抢运贮煤工作上。

12月15日夜,在鸡宁矿区俱乐部里,没坐处,几十名干部和群众都站着,处、矿、科领导和吴炳寰等少数职工参加此会。李立三先讲战争形势很好,煤矿工人生产运输煤炭支援前线对东北解放战争起了很大作用。接着提出要正确开展反霸斗争,要杀那些罪大恶极血债累累的坏蛋。要加强职员和工人的团结,工人和职员都是劳动者,互相合作才行。这次会开到后半夜才结束。第二天,原来挂的"工会"牌子换成了"职工会",职员也和工人一同排队分斗争果实了。

李、刘在恒山得知,恒山的白俄已被陶树柏撵走;穆棱矿虽有白俄,但已被陈慕华接管,中国人掌握穆棱矿权;麻山矿白俄被土匪抢劫后逃跑了。只有滴道矿区白俄闹得最凶。

1946年12月16日李立三、刘向三的专列开进滴道矿洗煤厂铁路专用线,李、刘在孙然的陪同下先到大房子看工人的生活,然后去看矸石堆,有四五十万吨,白俄正在将其大批装车外运。李、刘步行走访矿工和技术人员。中午,李、刘在专车上召集了一个有矿厂各行各业人员参加的座谈会,于学孟、李凤岐等20多人到会,反映白俄矿长调集白俄工程师、财会等几十个管理人员把持矿上各个部门,口头上说是恢复生产,实际未动工生产,他们不下井,整天叫工人装运贮煤和矸石,他们拆卸了矿厂大批机电设备,连同伪满遗留的木材、钢板、电柱等物资一起装火车运走。工人光干活不开支,经交涉每月只发给30斤高粱或苞米,对工程技术人员发给两三千元红军票子。职工生活很苦,与会人员要求民主政府接收滴道矿,自己管理。

李立三问与会者:"你们能管得了这个煤矿吗?"众答:"能管好"!

李立三说了声"好!"便当即通知他们下午再开会,这个会开了两个来小时才散。

下午,四点来钟在守山寮(白俄办公地方),白俄去了几十个人,中国职员矿工也去了几十个人,总共七八十人。

李、刘进屋看见到处都有白俄人把门。先听几个白俄矿长逐个汇报,有翻译。那矿长汇报用俄语,李立三给刘向三翻译,用俄语与白俄对话,李说到生气的地方还拍桌子。那矿长开始挺硬气,被李立三据理批驳,压下了他的威风,坐在小方凳上不吱声。

李立三向与会中国人说,他对白俄矿长说,这个矿是中国人民的财产,不属于中长铁路;我们要接收,你们要退出。白俄矿长说,他是中长铁路红军司令部派来的,没有命令不能走。李立三说,我是中国人民的全权代表,也是中长铁路的中方代表,中长铁路在我的管辖之内。我来的时候已经召集红军司令部开了会,都问过,他们不承认有人派你来。我命令你退出,给你三个月时间准备移交。那矿长只好答应下来。

这个会开到晚上八九点钟才散。就这样把白俄撵出了矿区。李立三对刘向三说,"你在哈尔滨说的对,煤矿这些情况很严重,我相信我们中国人是能够管好矿山的!"12月17日,早4点多钟,天不亮专列从滴道站出发,到麻山矿是白天,专车停了两三个小时,麻山矿土匪闹得厉害,矿长任弼绍陪李、刘到矿厂看看就又回到专车上,任弼绍向李立三汇报,要枪毙几个人,李、刘回答说,你们是企业,不能杀人,罪大恶极的汉奸不枪毙是不行的,但要有手续,要经过地方政府公安部门出面处理。还嘱咐任弼绍要搞好矿山的工作等。接见结束后,专列离开鸡宁大地。

五、从外市县向矿区调集人力

1946年9月接收鸡宁矿区时,恒山矿有500多人。1946年秋冬,从哈市调来1000多人。到1947年初,各矿厂共有3180人(不包括穆棱矿),其中最多的是滴道矿1200人,麻山、恒山矿是六七百人,城子河矿200来人,发电厂400来人,机械厂只有60多人。按当时恢复生产需要的劳力相差悬殊。尽管当时在附近村镇招工和精简地面辅助单位的人员充实采掘生产,但仍然严重不足。

东北工矿处处长刘向三和负责矿区民主改革的中央候补委员陈郁共同研究,多方采取措施,为鸡宁矿区调集矿工万余人。

1947年4月底从勃利送麻山矿177名犯人,有伪警察、宪兵、特务、土匪、小偷等。老工人对这些犯人称"新工友",白天干活和老工人一样领工资,晚上给他们上政治课、念报纸、讲干活赎罪。"五一"节矿里开竞赛大会,"新工友"进会场时,众人鼓掌欢迎,喊"欢迎新工友!""新工友"说,共产党对咱们还挺好,不好好干活可亏心哪!所以他们和老工人一样制定立功公约,其中有一条是"比老工人多出煤",还有"互相帮助,彻底坦白,革面洗心,悔过自新,学做好人,不逃跑"。1947年7月邻矿农村搞"大扫荡"斗争,有几个有罪恶的"新工友"怕挨斗,逃跑被抓回。"新工友"们说逃跑的人损伤了犯人的名誉,要求枪毙他们。后经教育,逃跑人立下保证,重新做人,又放他们归队。犯人们见此更受感动,从此都安心工作,表现好的给减刑。不久,有家的都把家搬到矿上落户,独身的也在矿上成家了。

重点工作是组织有技术的老工人向新工人传授安全生产技术,使新工人尽快增加工资收入,提高生活水平。一名老工人都带几个新工人,新老工人在一个场子里干活,工资平均分配。为了提高新工人生产技术,老工人不怕吃亏,认可自己少收入,也让新工人满意。麻山矿老工人王选才带三个新工人刨煤,教他们刨镐、打眼。新工人打锤,他掌钎,被新工人一锤打在胳臂上,王忍住痛,仍耐心教新工人握紧锤把,对准钎杆顶端稳准狠地打。头几天一个班只出三车煤,比定额少三分之二,王将三车煤全让给新工人,自己算白干。新工人受感动加紧学习安全生产技术。麻山矿工会有的干部搬进宿舍,和新工人同住,教安全生产知识,要他们扎根煤矿,为建设新中国立功。天冷了,矿上先发给新工人棉衣。棉衣不够,坑长刘友、张庆来等人把自己的棉衣给了新工人,保证他们上满班。矿、坑领导干部和老工人的关怀、照顾,使他们消除了疑虑,很快提高了生产技术水平。以恒山煤矿为例,1947年7月全矿有镐手1 023人,其中新工人273人,平均每工刨煤1.8吨;9月,新工人增加到937人,老工人比7月份减少10人,平均每工刨煤1.96吨。9月比7月效率提高9%。

1947—1948年,矿区在劳力不足,又要加紧生产煤炭支援解放战争的情况下规定每月1日和16日为公休日,并对出勤好的实行奖励和作为立功条件之一。实行这些措施,职工出勤率由1947年的60%左右,提高到1948年的85%左右,其中采掘出工出勤率是73%～79%,全员工达88%～94%。

整顿劳动组织,充实采掘一线。随着各矿坑口工人的增加,出现了杂工比重大,采掘工少的现象。如恒山矿鸡宁区,1947年7月光各坑口事务所里的管炮、送生产日报、烧水等杂工每坑口就有12人之多,该区对此实行了全面整编,裁减坑上事务员和杂工,充实坑下采掘运搬。经过两个月的工作,坑外工由58.2%下降到32%,坑内工由41.8%增加到68%,产量提高51%左右。矿区各矿以恒山矿鸡宁区为典范进行了两次全面整编,使坑内刨镐手(指采煤、掘进的)由占全员工的53%,第一次整编上升到60%,第二次整编上升到77%,其他人员则由47%第一次整编下降到40%,第二次整编下降到23%。

坑上坑下的工人比重正常之后,又抓了劳动力的组织,合理利用,如有的安排班次不适当,很多人挤在一个场子里,有劲使不上。采取了在场子面充足时搞两班制,每班干9小时,在缺少场子面时,即改两班为三班制作业,以减少窝工浪费,增加煤炭产量。滴道矿河北一坑由两班制,改三班制后,日产煤炭由180吨提高到294吨,提高63%。在条件比较困难的如水大、顶板破碎的工作面则采用四班作业。将过去的刨(煤)和运(煤)分开干改为刨运统一,实行综合作业。

在调集劳动力和加强劳动管理的同时,加强工人骨干的培养和提拔重用,让真正的工人掌权,当家做主人。刚接收时,矿、科是老干部领导,基层掌权的现场员、干事等尚有部分小把头或小特务,仍用伪满那套办法管理工人生产。1947年4月工矿处检查恒山矿发现多头领导,指挥不统一,比如领导生产的现场员、检煤员归矿务科领导,监督生产和组织工人的生产干事归工会领导,开绞车、看水泵和机电修理人员归工务科领导,头多,指挥不统一。

经在鸡宁区五坑改革试验的有效办法是,把坑口的现场员、检煤员、生产干事一律撤销下井采煤,由工人酝酿后开会选举坑长,各专业科、股对其所属的在坑口工作的专业人员由行政领导改为业务指导,所有的事务人员和技术工种统一由坑长领导。选坑长的条件是:历史清白,政治上无问题,坑内外的活都明白,能领导生产;在工人中有威信,说话有人听。按照这些条件,每坑选出坑长三人,由矿长委任。正坑长统一领导全坑,两个值班坑长分白班、夜班轮流值班,处理当班发生的所有问题。对在伪满做过事的旧职员和技术人员争取好的,利用他们。经过这次工人民主选举,全矿区从工人中共选拔了生产组长以上干部1 136人(其中组长855人、坑股长248人、区长14人、科长19人),选出职工会组长以上干部808人,(其中组长592人、坑股级95人、区科级78人、矿厂级43人)。这些人都是生产领导中的骨干,是从诉苦翻身运动中的积极分子中选拔的,是最可托付的依靠力量。

六、从外市县和朝鲜向矿区调集器材

日本投降时,鸡宁矿区铁路、公路、矿井都遭日本人的破坏,未遭破坏的重要设备被苏军以"战利品"的名义搬走了一些,剩下的设备材料又被当地人拆毁,这给矿井、工厂、恢复生产带来了重大困难。伪满时期,鸡宁仅有的一个规模有三五百人的机器厂(鸡宁地区给矿山设备做维修服务的)也瘫痪了。至于木材、工具、油脂等材料就更无着落。而当时东北局指示,鸡宁、密山这个大后方需要准备三至五年的材料设备。对此,东北工矿处采取的解决办法是:

1. 从外调拨

刘向三坐镇哈尔滨调用火车,把哈尔滨地区的机器、材料、油脂、粮食、布匹、日用品等成列火车地向鸡宁矿区运送。

1946年9月,东北工矿处在哈调集服装、被褥和生活用品,装十几节火车皮,由丁芸带战士押运到鸡宁。10月份,刘向三派游金臣去东北民主联军司令部求援,政委刘亚楼写信给总司令林彪帮助解决。林彪亲笔写批件,命令哈市

第五编
东安根据地大生产支援前线工作回忆

军管打开秋林公司仓库，凡是工业上用的设备材料都可以装火车运给鸡宁煤矿。游金臣领人装了一火车工具，不幸押火车的战士抽烟着火，把整个火车都烧了，押车的被枪毙。游又拿着林彪的批件到白俄管辖的哈尔滨偏脸子铁道工厂去，调出一些机床设备，调来一百多名日本人当装卸工，开始他们顽抗，不干活，游强迫他们把所需设备材料全装上火车运到了鸡宁。接着，游又去牡丹江经铁路局政委郭洪涛批准调给鸡宁四火车木材、一火车衣服。装上火车走了一夜还没上大观岭，游用手枪逼着不听命令的白俄司机挂上两个车头才把火车开上岭去。又去梨树沟子调来一火车火药雷管。这些材料虽然不多，可当时却解决了恒山矿的停产和其他矿恢复的急需。游金臣又返哈尔滨、牡丹江等地为鸡宁矿区采购更生布、半更生布、解放牌布、五福牌布（全是洋纱）、斜纹布。还从苏联进口一些衣物和布匹。

为装备鸡宁矿区，在哈尔滨采取军事征用的办法调集物资给鸡宁。1946年冬，由王珣、聂春荣、于恒等筹办，将哈尔滨江北造船厂、香坊油脂厂比较精密的机床设备和原材料，阿城糖厂的机械设备拆迁到鸡宁矿区。在哈市三十六棚工厂组织工人献工一个月为鸡宁突击制造一套生产火柴的设备。还有冬装、被服，几百袋白面，几麻袋钞票（东北流通券）装了两火车皮运到鸡宁矿区。

1946年秋冬，刘向三请示李富春，将1946年初我军从辽宁撤出时，运到朝鲜平壤等地寄存的一些矿厂的重要设备，包括鞍钢的一批物资运到鸡宁矿区，用于恢复生产。李富春写信派曾任延安自然科学院教师、关中（陕甘边区）炼铁厂厂长的张定一去朝鲜。张定一持李富春的信带两个人去静安、临江等地。住在临江的陈云、萧劲光看了李富春的信，向吕东和物资局的郝某作了安排，吕东又给张定一写了介绍信，到各地仓库里收到一些器材，全运给鸡宁矿区，这才使鸡宁矿区的机电、运输皮带等设备基本全了。张定一又带人去朝鲜平壤、新义州转了半年，于1947年3月从朝鲜装了两火车皮机械设备，运到鸡宁矿区。刘向三带着警卫员贾玉明到朝鲜把南满在朝鲜寄存的一批钢材设备运到鸡宁。刘向三回到哈尔滨又收集和制造了大量的锹、镐、酒精、酱油等运到鸡宁矿区。刘向三派游金臣拿金子向商人购买日本和服等衣物，发给鸡宁煤矿工人做衣服。

1947年4月，陈一明、王珣从鸡宁出发经牡丹江、图们转到大连购买发电厂用的仪表等器材，从大连装船运到朝鲜卸下又装火车，经图们到牡丹江运回鸡宁修复发电厂二号发电机组，并仿一号发电机为二号发电机做了调试机。

2. 献纳收购

在日本人撤退后的混乱时期，矿厂周围和城镇的居民到工厂车间、机械房和各仓库，拆卸、搬运一些资材储存起来。地方上的一些工厂、商行也储存一些器材物资。1946年秋冬和1947年春季，除在哈尔滨、阿城等地设立办事处采购器材外，工矿处材料科长丁芸领人到鸡宁、林口、穆棱、八面通、虎林、密山、牡丹江等地向市县政府求援，并在街巷市场上收购恢复矿厂生产所需要的各种器材。货主见丁芸等人穿的灰色或黑蓝色的延安干部服，都不敢出卖。后来丁芸等人打扮成商人，用布袋装着大量的东北币很快就收购到嘎斯（电石）、铁线、铁瓦、水泥、油脂、盘园、机油、玻璃、钢材、电器、砖、瓦、电动机和防寒衣帽等物资，还收购破铜烂铁和炮弹壳、坦克车链等送机械厂回炉加工配件和工具。收购到的物资，远道的装火车、近路的用马车及时运到各矿厂投用。

在各矿厂及附近街村发动群众搞公物还家的献纳器材运动，给予奖金或出价收买。工人自觉主动地把拆拿矿厂的电动机、铜线、运输皮带、变压器、锹、镐等设备工具献纳给矿厂；有些工人主动去附近村屯搜集百姓拣去的各种器材设备，寻找散失器材，多数人不要报酬。

当时奇缺的是木材。丁芸、游金臣等人到牡丹江、南岔、伊春等地林业局求援一大批木材，仍不足用。丁芸又带二十几名战士深入到代马沟、磨刀石的深山里建立两处林场，在当地招工上山采伐，发给工资。土匪出山干扰采伐，丁芸增派一个连（全是朝鲜族人）进驻两个林场，击败土匪袭击林场，俘虏二十多人经教育后遣散，使大量木材成列车地运进各矿厂。

采集的物资逐渐增多，就在鸡宁城郊选择一块荒地建一座大型器材仓库（即现在的矿务局仓库），库房里堆满后又在库房外堆垛大量器材物资，为避免丢失，用铁刺线把仓库围上（后来设上电网），一切物资都经过仓库运进运出。丁芸由机关搬进仓库院里住。人称仓库是"丁家大院"。由刘旭久、韩久根、常洪、聂海龙、何来水、邢祖仁和日本人园田办理器材分门别类登记建账工作。

3. 办厂自造

在组织外进、收购、献纳器材的同时，恢复机械厂、新建化工厂、修建炼铁厂。

①修复机械厂：1946年冬，吴良青、隋振东、刘国威等搞机械出身的老干部到鸡宁。工矿处出钱向鸡宁县政府购买日伪经营过的机械制作所。对其破烂不堪的厂房和机械，进行修复。经过修复有两三台机床和两辆破汽车能开动，

第五编

东安根据地大生产支援前线工作回忆

到1947年春从哈尔滨等地搬迁到鸡宁的机器设备经技术工人的修理,逐渐完善至有几台车床、钻床和一吨重大锤。经过半年的武装,机床由6台增加到22台,可以加工制造一些机器和工具,已制造嘎斯灯1 479个、铁锹1 507把,道钉13 670个、修复矿车130辆,解决了矿厂恢复生产的急需。

②新建化工厂:1946年11月由曾在延安搞过军工化工厂的老干部韩时针押运七八个火车皮到鸡宁站,车里装的是拆迁阿城糖厂、酒精厂、火柴厂的机器和在哈市加工的机械配件。邸青山、徐行、马凤森等五六十名技术工人也随车到鸡宁。孙然决定在鸡宁街靠河边的两座木制妓女楼上办火药厂。解决前后方都急需的火柴和火药。韩时针领人打开楼房间壁,安上几台机械就把楼板压弯了,最后选定在滴道河北旧矿灯房和附近的几栋平房里办起东北红星化工厂,归东北工矿处领导。

刘向三批给韩时针200元红军票,韩在哈市破烂市上买来十几麻袋有关化工专业的技术图书资料和机械设备零件、化验仪器等。那时的技术图书计价也不论本,是用秤称,一斤才几分钱。化工厂厂长办公室,也是化验室、图书室、会计室、宿舍。

这个化工厂对当时的矿厂恢复生产急用的火药、雷管和整个北满急用火柴至关重要。中央和东北局的领导王首道、李立三、陈郁等都亲临化工厂指导。

张珍、王珣、张定一等曾在延安搞军工化工的老干部到这个化工厂指导建厂和生产技术。韩时针、尹学瑞先后任化工厂厂长,邸清吉任总工长。化工厂下设火药雷管和火柴两个厂(对内称车间)。

火药雷管厂厂长(当时称管理员)姜月华(女,也是化工厂党组织负责人),全厂有一百多名工人。雷管工段长法玉,炸药工段长王桂荣。当时最困难的是缺原料,特别是TNT和黄色炸药非常难买。张珍、韩时针组织工人到伪满军营旧址和打过仗的地方找炮弹,把弹药抠出来和硝铵混用。用木材制作机器,制造大量的火药(当时称炸药)、雷管和导火线,都是用土法制作的。比如做导火线,是先用纸把药包上,外面缠上纸绳,再包一层牛皮纸,涂上沥青油再包层纸,由化工专家张珍指导做火药、雷管,雷管外皮也用牛皮纸卷,里边放上铁帽,加漆片,最后做好电雷管。1947年5月到1948年末,每天生产火药7 000卷,雷管10 000发,导火线5 000米,供给恒山、滴道、麻山、城子河等煤矿使用。

火柴厂厂长刘秉臣,全厂职工一百多人,分包装、旋片制杆、修理、木工四个工段。做火柴用的木材是矿井扔的坑木头,主要设备有排杆机、旋片机、切片机、划印机、卸杆机,火柴盒皮和商标纸是在哈尔滨切成和印刷的,拿回厂贴糊,全是土办法手工操作。使用的主要原料有水胶、磺磷、糊粉、玻璃粉、碳酸钙、盐酸、防潮剂等,制出的火柴三年内不能自燃。火柴头上沾腊烘干后一百根装1盒,10盒1包,240包1箱,每天生产火柴50箱左右,商标名称为"福利牌",销往哈尔滨、牡丹江、佳木斯、齐齐哈尔,这四大城市都设有"东北红星化工厂代销处"。仅哈市就有十几家代销处,各县也给代销。警卫员小刘专管发货、收款,用马车把火柴从滴道矿河北拉到滴道火车站发往各地。

当时的红星化工厂原料有部分是在当地收购的,滴道镇一家居民在关东军驻地挖出一些铁罐盒,里面装的紫红色液体油物,欲卖给化工厂做原料,先送一盒样品放在厂长室的窗台上,厂长、警卫员接触此物中毒,皮肤腐烂,经化验,证实是日本人用的毒瓦斯。中毒者经用啤酒清洗后长出黑斑才得救。送样品那家居民和邻居用此物涂刷棺材,有十几人被毒死了。

从哈市监狱送到煤矿劳改的国民党特务郝某,趁到化工厂仓库搬运炸药之机把一枚定时炸弹放在装有两吨炸药的成品库里,炸毁三栋房子和库存炸药,部分工人受伤。当即破案,将郝某枪毙。

③修建炼铁厂:当时北满的军工、矿、厂都迫切需要钢铁,消耗生铁的数量日增,残留的生铁和废旧机器消耗殆尽,恢复鸡宁矿区生产和整个北满地区都需要建设炼铁厂。东北工矿处派工程师聂春荣和在延安搞过炼铁的张春长先到麻山调查铁矿资源,虽然品位低些,但还可以用,焦炭当地有煤烧炼,所以东北工矿处决定修建城子河炼铁厂。此厂是在一片荒草地上,日本人打了两个高炉底座,还备有部分30米高的高炉设备,没有任何图纸资料。从1947年冬开始聂春荣、张春长和当地技术人员重新设计,并将放置在西鸡宁火车站的高炉设备运到现场,组装高炉,鸡宁煤矿总机厂为高炉制造鼓风机(由德国籍工程师设计的);当地的建筑技术干部唐昆、马明良负责修建厂房、办公室和宿舍;荣升秀负责电气、钳工和火焊;赵洪起等十多人负责起重装吊,经过近一年的努力,炼铁厂基本建完,备好矿石等原料,这时南满解放,鞍山和本溪两个大钢铁厂已恢复生产,此厂没有开炉。1958年"大跃进"和1972年左右,这个厂曾开炉炼铁供煤矿和地方工业使用。

七、两次修复鸡宁和滴道发电厂

伪满时期，鸡宁地区有滴道、鸡宁两处发电厂，日寇遗逃时均遭破坏，因此，在接收恢复矿厂生产运输中急需尽快修复电厂，保证供电量。东北工矿处曾找苏联人包工，因为所需材料解决不了而终止。1946年10月，东北工矿处选派曾在承德发电厂工作过的延安老干部陈一明带领几个从哈尔滨招的日本人到鸡宁，其中有日本早稻田大学毕业的沟口茂男工程师，曾在牡丹江发电厂工作过，是个内行；还有老水野、小水野等军工厂的发电厂的钳工。陈一明接任发电厂厂长（首任厂长是三五九旅派的科长方刚）。

鸡宁电厂原有3台发电机械，2号机、1号机均被日本人炸坏了，剩下3号机，经方刚组织人修理能够发电，后被一个沉雷击坏。为了修复3号机，陈一明领着工人自做云母片用于绝缘，自做软木垫搞耐压试验。用刷桌子的油漆刷到绸布上做绝缘带，还用棉花籽油、柴油等当燃料发电。终于在1946年11月修复发电机了，但经常出事故，三两天停电修理。

1947年元旦夜，又停电，长时间修不上，东北工矿处派工程师聂春荣赶赴现场检查，是因指挥不当，在发动汽轮机组时烧坏了主轴的轴瓦，锅炉也不能烧了，造成全矿区停电，水泵停运，矿井里的水抽不上来，不能出煤；军工厂机器不转，手榴弹停产，情况十分严重。由于主轴瓦没有配件，需要重新挂瓦刮研、重新安装。更严重的是没有起动发电机组的发电装置，必须先恢复滴道发电厂，提供起动汽轮发电机组需要的电力。而这需要6个月时间才能完成，因此，将严重影响煤矿生产，影响支援前线。

时为零下30℃多摄氏度，电厂全部管道都冻结。日本人用水泥把管道全铸死，管路通什么地方不知道，也没有留下一张图纸、一份资料。伪满时期日本人在发电技术上从不培养中国工人，所以鸡宁电厂的工人中没有能胜任发电和挂瓦技术的。懂得电厂技术的日本人全走了，只有从牡丹江来的沟口等3名日本人。聂春荣、陈一明与沟口共同商定了恢复电厂的具体方案，陈一明领导沟口等人筹备修复鸡宁电厂，聂春荣领几位老干部先修复滴道电厂。

早在1946年冬，张珍到滴道电厂查看，有两台电机的锅炉被日本人炸坏。把隐藏在防空洞里的日本电业所长找出来，他说"是奉关东军司令部命令炸的"，表示愿意立功赎罪，但他说"过去发电机坏了，需要运到日本东京去修理，在这修理不了"，经多次教育他参加了修复工作，把两台炸坏的发电机拆卸后重新组装一台，经十几天工作，修好发电。张珍被调出搞军工。

1946年末滴道电厂出事故又停电。聂春荣到滴道电厂检查，是汽轮机坏了，图纸、资料全都没有，电厂人说需要半年时间才能修复。聂组织工人熟悉发电机构造和各种部件功能，边学边干，重点解决了安装主轴的调整工作，正确地解决了主轴的弯曲偏心率。经过一个多月努力比预定时间提前4个多月使滴道发电厂发了电，为修复鸡宁电厂创造了条件。聂带技术骨干返鸡宁集中全力修复鸡宁发电厂的汽轮发电机组。滴道发电厂的供电解决了鸡宁电厂锅炉生产、厂房取暖、管道解冻和起重机运转等问题。汽轮发电机组的拆卸修理，一些技术问题与日本工程师共同研究，解决了最难修的轴瓦。老工人献纳出挂瓦需要的乌金。挂瓦是手工操作，这种操作技术那时的中国工人全不会。经多次教育，日本技工才把挂瓦的技术教给了中国人。在发电机组安装时又解决了意外的主轴弯曲偏心率问题。最后一关是起动，起动时机械转动必须跳过每分钟2 750转的危险速度，前次就是因为没有跳过这个危险速度烧坏了轴瓦，这次起动，厂长陈一明督导，老工人岳会川操作，在场的中日工程技术干部都很担心，起动汽轮发电机时从低速慢慢升高，将到危险转数时，吓得岳会川满脸流汗，他立即加快运转速度，终于跳过2 750转，稳定在每分钟3千转上，前后经过两个多月的修理终于全部完成了滴道、鸡宁各发电厂的两台发电机组的修复任务，于1947年3月10日开始正常送电。

当时的电厂机械破旧，昼夜都出故障。为此聂春荣从工矿处大楼搬进电厂变电室里，随时处理机械故障。为了后继有人，使两个电厂正常送电，聂、陈培养出一批技术骨干，亲自给汽轮发电机组的维修工讲机械结构和安装技术，教给锅炉工和运转工操作技术，向发电、变电、输电工传授理论和操作技术。使各重要岗位上的技工都能独立操作，并由他们去当小先生又培养一大批骨干。

接着聂、陈又组织恢复鸡宁电厂第二台汽轮发电机组（其机械配件是刚从朝鲜运到鸡宁的），作为备用，以保证正常供电。他们从两个电厂抽出一部分技术工人与日本技工共同努力，仅用一个来月时间就顺利修复，使正常发电得到保证。

当时，发电和铁路都争用优质煤，优质煤炭供不应求。由于当时电力供过于求，发出的电力多，造成巨大浪费。所以电厂采用劣质煤发电，中国人不会烧锅炉，就办学习班，学运转球磨粉煤面、输煤粉机和送风机等操作技术，终于用劣质煤取代了优质煤发电，人员也由60人减到30人，每月可节约好煤75吨，还有油、柴等物资，节约总价值达1 675万元(东北币)。

八、恢复矿井生产和修复机械设备

从1945年8月日本人炸毁矿井厂房设备，经1946年秋冬到1947年春已达一年半之久，坑内长期失修、被淹，部分支柱腐朽，加上失业者入坑拆卸坑木烧火或盖房，使坑内巷道普遍塌陷，顶板冒下。当时的现场条件如此，又缺少技术人员、缺图纸材料、缺机器设备，恢复矿井生产确实艰难。

工矿处孙然、郝希英亲自领导并组成有日本工程技术人员参加的三四十人的调查组深入恒、滴、麻、城四矿的井区(车间)，逐台设备进行调查登记，全局设备被破坏1 169件，其中变电所6处全被破坏；绞车81台，被破坏79台；水泵161台，被破坏137台；压风机40台，被破坏7台；电动机678台，全被破坏。尤其是矿井内破坏得更为严重。各矿坑口门多数被炸塌陷，坑内水一直淹到坑口门。坑外的机械设备，有的荡然无存，有的剩些空壳，当时是满目凄凉，一片废墟。

各矿厂和密炭会社的建筑物包括医院、学校等均遭到炸、烧、拆的破坏。1947年初，经东北工矿处调查，矿区建筑被破坏的办公室、工厂、仓库、病院、俱乐部、澡堂、住宅、学校、伙房供1 018座，总面积达173 074平方米。

面对这种残局，对如何恢复生产，出现三种态度：伪满时期在矿上工作过的工程技术人员认为，在这个残破基础上恢复生产至少也得三五年，恢复旧坑口，还不如建设新井口来得快；招聘的23位日本工程技术人员认为，就这破烂摊子，全部恢复生产得十几年；老工人讨论认为，只要有正确的领导，我们工人有的是干劲，一年就能恢复生产。

孙然、郝希英等领导，经过多方面研究，决定发动群众，调动各方面的积极因素，力争在一两年内全部恢复正常生产。为实现这一目标，东北工矿处向各矿厂配备了以延安老党员老干部为主的领导班子，挑选了有大专文化程度的老干部任矿长、矿务科长。他们认真组织老工人、职员、工程技术人员座谈，提合理化建议，并同他们一起到现场考察，按照坑口、设备被破坏的程度，本着先易后难的原则，一一地确定了恢复井口和修复各种机械设备的顺序。一些工程技术人员如马龙图、于学孟、李凤岐等还主动提供图纸资料和技术设计方案。工人则提供现场劳动的经验,并使出全力恢复矿山。

恢复矿井的首要工作是清除灌满矿井的污水和淤泥,动员机修工全力修复水泵,先备足坑木、电线等急需必要的器材。老干部带头下井打捞淹没在矿井里的水泵、电动机等设备。麻山矿政委罗光泽(后为副局长),在恢复三井时,井下水深且凉,他先跳进水泵窝子里,在没腰深的刺骨的冰冷水中打捞设备,棚棚子。新干部和工人也随着下水猛干。各矿井都这样地先打捞和修理水泵,集中水泵抽水,先将井下水抽干,然后棚棚子;有些地方因为水被抽干而坍塌,矿工们便站在齐胸深的凉水里凭脚趟、手摸、棚上棚子,然后再抽水,才控制住塌陷。

当时的电,时有时停,特别是1947年初,连续两三个月停电,水泵、绞车不能运转。矿工们就用人工搬运材料,用土篮装满水淋淋的淤泥,爬有陡坡挑出坑外。恢复出一条巷道,就立即组织工人复工,掘进、采煤一齐上,全是一镐挨一镐地刨。镐头有3斤、3.5斤和4斤的三种,镐尖是四棱的、下货多、块大。都是自己刨煤,自己运输。到1946年底,恢复生产井口11个;到1947年全矿区生产井口增加到25个;到1948年末增加到33个,包括新建2个井口。另有24个井口也接近恢复完工,1946—1948年全矿区恢复绞车13 287米,恢复平巷21 770米,排水量80多万立方米,为开拓掘进和恢复生产创造了条件。

到1948年末全局原煤生产平均日产达到6 690吨,与伪满时期密山炭矿株式会社的全社平均日产比只差800多吨。

在恢复矿井生产的同时,矿、井、厂同时修复。

接收当时,受破坏最重的是城子河矿,全矿无一部完整的机械,无一间完整的工房。四个矿总共有11部工作母机,一些老虎钳。对此,先收拾破烂,恢复动力和工具机。滴道矿发动职工群众献纳器材;麻山搞回收器材活动,给奖金或作价收买,几天就收集一大堆器械;恒山机电恢复较快,四个来月就大体完成,并帮助城子河、麻山修复工具机3台、变电所一处。接着各矿厂就着手矿山机械的修复。到1947年底,四个矿工务科都有变电所、机械工厂、电气工厂,能自修矿山各种机械。在修复机电设备中,工人们积极想办法改进或创造代用品,比较重大的技术创新有30多项。如,恒山马玉吉、滴道刘裕厚用碳沫做素粉修理电话机,滴道赵正锡制造瓦斯棍做电焊条,解决了恢复工具的急需。到1948年末,修复绞车、卡机、扇风机、压风机、水泵等机械设备共453台,33 386马力;修复水选机两台(恒山、城子河各1台),每台年选煤能力为150万吨;修复滴道矿水洗机1台,年选煤能力为150万吨。

九、恢复和增建生活文化设施

伪满煤矿的生活福利和文化娱乐设施，多是为日本人和极少几个上层中国人服务的，那时待遇差距特别大。在工资上，工人与干部相差几倍（一般技术工人出满勤时，月工资40元左右，矿、课长200元左右）；在住房、浴池和吃、穿物资配给上，也都有日本人、中国高级职员、一般职员、大小把头、监工和一般工人之分，工人中又有在籍工、把头工（分里包工和外包工）、报国（队）工、浮浪（电网）工之分，享有不同的待遇。如滴道矿长独住一栋二层楼，课长家住两三室的高级住宅，日本独身职员住"寮"（有单间的宿舍）里，全吃细粮，穿的是礼服呢的"协和服"或毛料西服，极个别的中国人吃住条件和日本人差不多。在籍职工和把头工，一般住在少数砖瓦、多数秫秸草坯房里，吃的全是粗粮、穿的是粗布或更生线衣，年节偶尔配给几斤细粮。伪满末期（1943年之后），配给矿工橡子面，而报国队、康生院、训练所、矫正院等多数被关押在电网里的工人其处境最为悲惨，五六十人或上百人住在一栋对面铺的大房子里，没有铺盖和枕头，穿的是更生线的"号衣"（有灰、黑、绿色），或围以水泥袋和草袋片，吃的一贯是高粱米、窝窝头、橡子面等粗杂粮加稀菜盐水汤。在文化娱乐上日本人和中国上层人物有专用娱乐所舞厅、俱乐部、相扑（摔跤）、网球、料理馆（半饮半宿的类似妓女院的饮食店）。在医疗卫生方面，有专供日本人用的医院、浴池，一般职工则去公众戏院、浴池、医院（有的采区工人是到指定的中医药铺去看病）。被关押在电网里的矿工什么也享受不到，长年住在阴黑潮湿、虱子、跳蚤成群的大房子里，有病被送到号房等死。

1945年8月12日各煤矿全部光复，这些等级制度全被废除，人们可以自由生活。但是，生活和文化设施全遭日本人破坏，生产停顿，粮物也间断了供应，严重威胁着矿工生活，不少人因为当时矿上没有吃、穿、用的而离矿，或去矿附近村镇卖工谋生。

1946年9月，东北工矿处接收鸡宁矿区后，抓的第一件事就是解决矿工们的生活问题，派人雇车在邻近村镇购进大批粮食和蔬菜，解决矿工的燃眉之急。刘向三在哈尔滨为鸡宁矿区采购生活物资，用成列火车运进粮食500多万斤、盐20多万斤、豆油30多万斤，各种布匹20多万尺，还有大量的衣物和日用杂品等，公家还拨出6万市斤棉花给矿区妇女纺纱织布。这对当时仅有数千人的鸡宁矿区来说真是雪里送炭,普度众生。各矿厂也都派出一部分人采购生活物资。经过半年多努力,矿工生活迅速得到改善,每星期可吃上三四次大米,公休节日能吃顿白面,过年能穿套新衣服。1946年春节时,有些工人连煎饼都吃不上,到1947年过春节时供给工人大米、白面,矿工家里吃上了饺子。

此期间,特别使矿工们受感动的是,从延安、山东等地到鸡宁各矿厂工作的一百多名老党员老干部,都和矿工群众一样,多数老干部住在大房子里,和工人吃一样的饭菜,一起参加生产劳动,过着同甘共苦的生活。

在改善矿工吃穿问题的同时,各矿厂都组织几批建筑施工力量修复和新建职工住宅,将原日本人住宅改建为办公室和职工住宅,被烧毁的住宅和厂房全部修复利用。到1948年初共用1.6万多立方米木材修复职工住宅共166栋、厂房34栋、机器房25栋、办公室9栋。

各矿修复和新建了医院、合作社、学校,实行抚恤制度。

恒山与滴道开始接收时就建立了医院(用日本和俄国人的医生护士)。恒山花5万元(东北币)收买恒山街同仁医院做矿医院。麻山开始建立了一个临时医务所,后又增设疗养室。城子河矿先是用日本医生和护士设一诊室,后接兑了鸡宁街一个医院与诊室合并建立矿医院。1947年这四处医院内科诊治患者6 789人次,外科11 786人次(其中工伤1 582人次)。完全治愈的患者,内外科共有4 463人次,工伤死亡26人,病死21人。支付药材费352万元(东北币)。1947年春、秋两季全矿区开展了群众性大扫除,清除粪便垃圾。10月12日发现鼠疫传染病后,各矿、厂立即成立防疫委员会,设情报组、检查组、警卫组、预防组、治疗组、注射组,动员清扫,奖励扑鼠。工矿处从哈尔滨市购来大批防疫注射液,发给各矿、厂,对职工群众进行两次防疫注射。虽然阻止了鼠疫蔓延,但仍有些人受害,主要是缺少医生和药物,治疗不及时。曾任恒山、城子河矿工作队长的年仅27岁的党员干部田坤就是在这次伤寒瘟疫中被夺去生命的。各矿厂以单位投资为主吸收职工群众入股建起了商店与合作社,向职工出售生活必需品,免受商人高价剥削。麻山矿按居住区建立四个民办公助的合作社;城子河矿先办一个完全公办的供销商店,后又办一个合作社,从斗争果实中抽出141万元(东北币)作为股金,工会会员各入三股(每股500元),经三个月经营获纯利113万元;滴道矿先在西安区从斗争果实中集30万元办起合作社,接着又在河北、暖泉等地区职工集资970万元,建起6个合作社;鸡宁地区和恒山矿也都建起了合作商店。这些合作商店都有管理委员会,由社员(股东)推选负责人，社员参加管理。由只卖黄烟、毛巾、肥皂、酱菜，发展到米、面、油、豆腐、粉条等加工作坊。

各矿、厂普遍恢复建立职工子弟学校，滴道矿建起 5 所小学。到 1947 年底，全矿区有 11 所小学，分四个年级，学生 519 人，男生占三分之二，教师 20 人，教材是矿教委会新编的课本和《三字经》《百家姓》等。学生参加宣传、站岗放哨、查户口和卫生清扫工作，选年龄较大表现好的学生到机关当办事员。在职工群众中经调查，能认几个字的只占 13%，因此各矿都设立职工和家属妇女夜校，读书识字，学政治常识，并办起新闻小报。当时出刊的小报有《鸡宁矿工》等 5 种，通过这些小报交流经验，表扬批评，传达指示，宣传党的方针政策。

各矿组织了业余文工团，配合工人运动演出歌剧、话剧、扭秧歌、教唱歌。从延安到鸡宁的作家李纳（女）在恒山、滴道矿体验生活，写出散文《张正喜》《煤黑子当矿长》《一件棉袄》《矿工需要文艺》和小说《煤》《出路》等，发表在《东北画报》上。从延安来的专业作者张明云，1946 年秋到鸡宁恒山，住在山南区大房子里，工人给他找来破旧衣服，腰上跟工人一样系着麻绳，一同下井干活。工人看他实实在在的，都愿意向他提供素材，张明云边搜集素材边写作，在鸡宁的一年多，他创作了十几篇小说、诗歌、散文、通讯和文艺演唱材料。其中有鸡宁通讯《山南煤矿的工人们》、诗歌《让我们高声歌唱》、散文《鸡宁翻身工人的文娱生活一瞥》《一个工人唱本的排演》等，发表在《知识》杂志和《东北日报》上。

在开展文艺创作的同时，组成了以老干部陈平中（女）为团长的文工团。主要演员有王长厚、关志贤、付亚东、王永和等同志，包括乐队总共 30 来人。陈平中和陈郁的警卫员去哈尔滨买回一些乐器，用现成的或李纳、张明云编写或改编的剧本排戏。1947 年春节期间，在矿区演出后，还由袁溥之带队到鹤岗演出，其中演出的《白毛女》一剧，使全场观众哭成一片，起到了较好的教育作用。

本文选自王金文、周桂芬主编的《鸡宁大生产支援前线》一书，中共鸡西市委党史研究室 1993 年 4 月印，第 26~73 页。

解放战争时期的鸡宁工运

王 珣*

我是1946年8月从华东局调往东北的,当时参加了林枫同志领导的工作团在绥化搞土改,1947年1月土改结束,我调到东北局城工部。当时的东北局在哈尔滨,彭真同志找我和一些同志谈话,要我们去搞工人运动、建设工厂和矿山。根据彭真同志的意见,我们到了东北工矿处。那时东北工矿处主要管鸡宁矿区。到工矿处后,张珍同志向我们介绍了矿山的特点和工人受压迫的情况,以及当时东北解放区面临的困难。因为没有煤,火车不得不烧豆饼,工厂无法恢复生产,真正体现出煤是工业的粮食,因此要我们到鸡宁去发动群众,建设矿山,恢复生产,支援前线。我们于3月12日从哈尔滨到了鸡宁,当时有仇甲、王××和我,都是山东大学的,黄宇中是延安自然科学院的,我们一共四人。我们是晚上到达鸡宁的,夜间的鸡宁真是万家灯火,城市很大,第二天一看周围都是山和烧坏的房子。鸡宁工矿处孙然同志和我们谈话,主要内容是发动群众,恢复生产,支援前线。我和仇甲分配到城子河矿,王分配到滴道矿,黄宇中分配到麻山矿,我们四人都是做群众思想工作的。我开始在城子河矿,以后调回矿区党委、矿区工会。在当时的发动群众、恢复生产、支援战争的斗争中,做了以下工作:

一、教育群众提高觉悟

我们到城子河矿后,经过初步了解,当时群众的思想是:八路军好,就怕长不了;一些有错误正统观念的人还想让国民党来;群众对我党不了解,因为苏联

---

* 王珣:时任中共鸡西(鸡宁)矿区宣传部长。

第五编
东安根据地大生产支援前线工作回忆

红军来鸡宁时有的作风不好,给群众留下坏的影响。职工群众对共产党没有认识,斗把头也斗不起来,把头还管着工人,虽然不叫把头,但还起着作用。

怎样发动群众？有不同的做法。

我们认为煤矿工人受压迫是很深的,只有到群众中去和他们打成一片,才能够了解他们和取得他们的信任。于是我们就住在工人家中,和他们在一起生活,一起掌子面干活。工人对我们不了解,又怕我们站不长,所以一开始什么也不愿和我们谈。我住在袁广先家,住了两个月什么也没谈出来,后来到二太堡找王振祥,他也不说什么,以后又找了尹秀培、尹秀实、尹秀康哥三个,还找了王文和,和他们一起干活,一起唠家常,给他们讲革命道理,使他们逐渐有了觉悟,并得到他们的信任。然后再通过他们做工作,团结了大批工人群众。

当时党还没有公开,我把尹秀培、王振祥、袁广先发展为第一批党员,然后把他们送到袁大姐办的工人学校去学习,后来以他们为骨干,发动工人诉苦,提高广大职工的阶级觉悟。

通过诉苦运动,使大家懂得了鸡宁煤矿工人灾难深重。在旧社会鸡宁煤矿工人大部分是把头从山东招工招来的破产农民。招工的把头欺骗他们说当矿工如何如何的好,吃得好、挣钱多,一些破产农民就上了当,跟着把头到青岛,一到青岛就给看起来。从青岛押到大连,在大连上了火车,把头拿着棒子在车门口把着,一直拉到鸡宁。这些把头实际上是人贩子,被他们骗来的人住在一太堡、二太堡等地,住的是高粱秸子的房子,睡的是大通铺,由把头管他们吃饭、干活,受把头层层剥削。煤矿工人的再一部分是被抓来的八路军战士和一些不服日本人管的工人。这些人都送到二太堡的矫正院。进矫正院的人是两人一条裤带、两人一双鞋、上下班轮流穿。就是不进矫正院的工人也都失去自由,工人有了病,把头说摸摸脑袋硬不硬,脑袋硬就得上班干活。由于受日寇和把头的剥削压迫,广大工人最后落得一无所有。王文和到鸡宁多年连一双鞋都没有,拾了一块猪皮朝外包着脚当鞋。

经过诉苦运动后,工人发动起来了,青年工人尹秀培、尹秀实和李时顺、王振祥等人一下班就来找我们,什么事儿都告诉我们,张口王同志、闭口王同志,非常亲热,和我们感情越来越深。有一次在井下干活遇到偏帮,在紧急关头有个工人大喊一声,使我避免了一次生命危险。群众的觉悟提高了,成了我们的知心人,我们的工作也打开了新的局面。

二、组织群众开展斗争

在群众发动起来后,开办了训练班,把群众中的积极分子集中起来学习,使他们成为领导群众进行斗争的骨干。在他们的带动下,除奸反把头斗争轰轰烈烈地开展起来了,开大会开到深更半夜,口号喊得震天响,群众纷纷起来揭发了日伪汉奸把头剥削工人、欺压群众的罪行。根据群众的揭发,经过调查核实,报上级批准镇压了几个罪大恶极的汉奸把头。斗完把头后,我们还开办了小学、办了合作社,卖油盐酱醋等,还开了三个煎饼铺,方便了职工群众生活,受到广大职工和家属的欢迎。

三、领导群众恢复生产

城子河矿的广大职工群众,通过反霸除奸提高阶级觉悟后,就更加积极地投入恢复生产的斗争。各个井口都取消了把头制,民主选举了坑长,成立了民主管理委员会。工人成了矿山的主人。根据陈郁同志提出的"让工人当家做主,全心全意依靠工人阶级恢复生产"的指示,我们发动工人,克服困难,一点一点地把坑口恢复起来。当时的条件是很差的,没有安全灯,工人们只有拿着嘎斯灯下井。绞车被日本人炸毁了,绞车房给烧了,电动机被农民拆走了,选煤厂的皮带被割去做鞋底了。当时摆在我们面前的一个很紧急的任务就是收集能用的机械设备和工具。于是我们就动员职工献纳器材,广大职工把自己拣到的,收集的各种工具器材毫无保留地捐献出来。同时又采取收买的办法,把农民手中的各种器材买回来。我在东海买了一台大电机,因为太大太沉压破了毛驴车,费了很大劲才拉回来。有了器材和工具就加快了恢复矿井的速度,井下、井上的机械设备都修复了,小火车也叫了,绞车也转了,各井口的生产也逐渐正常了。在恢复生产中工人们不怕苦、不怕累、不怕死,表现了极大的勇敢。有个坑长叫李田,还没结婚,在一次瓦斯爆炸时牺牲了。这个同志非常好,特别老实能干,对于他的死大家很惋惜,很多人都流泪了。我们隆重地给他送葬,使工人们很受感动,从而也激发了大家的生产干劲,在生产中大家都拼命干。

四、发动群众开展竞赛

各矿生产恢复以后,为了更好地支援前线,在全矿区掀起了立功竞赛和创纪录运动的新高潮。开始搞竞赛困难较多,因为送到井下的高粱米饭太稀,吃了不抗饿,影响工人情绪。后来用苞米面做大饼子、烙煎饼,竞赛就赛起来了,以后烙饼、煎饼都吃完了,没有吃的又赛不下去了。但是由于群众发动起来了,虽有困难,竞赛还是坚持下来了。当时的立功运动是有条件的,立大功和小功的人数很多,由于开展了立功和创纪录运动,1948年的生产形势很好,超额完成了任务。在立功运动中工会的主要工作,一是抓先进经验的推广,二是送流动红旗。送流动红旗是弄个小马车带着锣鼓,到各矿去送。

五、陈老的关怀

在恢复鸡宁矿区生产的斗争中,陈郁同志坚决执行党中央提出的全心全意依靠工人阶级的政策。他的指导思想是依靠工人阶级当家做主,从工人阶级中培养干部提拔干部来发展我们的事业。陈老说,鸡宁有上万名工人能没干部吗?可以培养吗!1947年成立了东北工人学校,袁大姐是校长,方瞳、马世昌、杨登山、彭斌、温美富等同志都是从工人学校出来的。同时还成立了工人文工团,开始是陈平中任团长,文工团在坑口演小戏、唱大戏,还演过《白毛女》,可以说是中国煤矿第一支乌兰牧骑式的文艺队伍。这个文工团发展成今天的中国煤矿文工团。除了工人学校外,我们还办了职工业余学校,李华揖是校长,我是副校长。在滴道还办了一个训练班,我每天坐火车到滴道去上两堂课。

陈老对培养我们这些青年干部是很重视的,他非常关心青年干部的成长。他早上四五点钟就起来学习,同时也把我们叫起来让我们学习。他对青年干部根据不同的对象用不同的方法进行教育,我和夏朗没少挨他批,我们这些小青年当时岁数都不大,陈老没有别的要求,只要你把缺点统统谈完,谈完以后就去干工作。在陈老的关怀和培养下,鸡宁矿区的青年干部对鸡宁煤炭事业的发展起了很大的推动作用。陈老也教育我们去重视培养青年干部,所以我们也培养了一批青年干部。鸡宁的干部为什么都很年轻,就是当时重视培养青年干部的结果。

六、建立矿区总工会

　　1948年5月成立了鸡宁矿区总工会,主任是杨长春,我是文教部长,常忠义是组织部长,以后是綦敦郑。矿区工会成立以后,主要的任务是深入下层调查研究,第一是发展生产,第二是给工人群众解决福利问题,搞保健站,搞工人之家,搞家属委员会,搞俱乐部、图书馆等等,还上文化课,每周学3次。当时所有干部都到群众中去,不管是党的、政的、工会的、青年团的,都到井下去,到工人宿舍去,越是节日去的越多。白天下去,晚上回来总结。当时党委也没有几个人,组织部3人,宣传部3人,矿区工会7人,团委5人。以后还建立了学习制度,早上6点一拉铃就学习,8点正式上班,没有闲扯的,一直干到下班。

　　鸡宁的工会从成立以来就抓生产、抓生活,这么多年来是有进步的。鸡宁的工人阶级在恢复生产、支援战争中贡献是很大的。鸡宁在当时是我国煤矿圣地,应该写本书让我们的子孙后代都知道我们鸡宁煤矿工人对革命战争的贡献。

　　本文选自王金文、周桂芬主编的《鸡宁大生产支援前线》一书,中共鸡西市委党史研究室1993年4月印,第74~79页。

依靠工人群众　进行反把头斗争

冯振禄[*]

　　1945年8月15日后,陈郁同志奉命从延安到达沈阳。当时我在陈郁同志领导下在沈阳搞工人运动。11月撤出沈阳后,我们到辽西、辽北一带开辟工人

---

[*] 冯振禄:时任鸡宁矿区工运活动负责人。

运动。1946年4月在郑家屯同延安来的职工大队的袁大姐（袁溥之）、杨长春、夏朗、梁平、何水、尤达、李宗岱等同志会合。4月下旬到长春工作。5月下旬撤离长春后，按照东北局的指示，陈郁同志率领我们和在沈阳建立的两连工人武装部队到勃利县和桦南县，进行剿匪、土改、建立农村根据地，支援解放战争。

1946年底到1947年初，我军在东北连续进行了"三下江南、四保临江"的战斗，并取得了重大胜利，迫使东北国民党军队转入守势，我军则完全转入主动。我军胜利前进，解放区步步扩大，根据地巩固发展，需要大量物资支援，恢复和发展工业生产成为当务之急。但是，发电厂发不出电，大批工厂开不了工，火车烧豆饼、木头样子，跑不快路，爬不上坡，城市人民做饭、取暖也很困难。东北局领导认为，关键是缺煤。有了煤炭，电厂、工厂、铁路就活了，全局也就活了。1947年2月，东北局决定调陈郁同志到东北生产委员会任副主任，首先抓鸡宁、鹤岗两大煤炭基地恢复生产。我们大部分人也从勃利、桦南调了出来。1947年3月上旬到了鸡宁。我们到鸡宁以前，东北工矿处的刘向三、孙然、任弼绍、杨剑平、唐楠屏、吴良俊等同志已经接收了鸡宁矿区，开始恢复生产。

我们到鸡宁后没有几天，胡宗南就侵占了延安，谢文东等残匪经常到矿区外围骚乱，日伪留下来的残渣余孽在暗中搞破坏活动，造谣说："国民党中央军把他们赶得没有地方去了才退到这里来。他们长不了。"伪满的宪兵、特务、警察、汉奸、把头基本上还没有动过，仍然压在群众的头上。当时东北敌我斗争的胜负大局未能明确看出，广大职工害怕我们站不住脚，不敢和我们接近，也有的人认为共产党八路军打仗行，对能不能管好企业，持怀疑态度。人们的思想是很复杂的。给我印象很深的一件事就是，在滴道通过民主选举的一个工人矿长高敦水说的话。我们刚到滴道时，在办公室外面的墙上用白灰写了一条标语："工人阶级要永远跟着共产党走"。字写得很大，很醒目。从标语本身的词句上看是没有什么问题的，但是有的人对这条标语的含意有误解，再加上反动分子的造谣威胁，使高敦水产生了为难思想。有一次我和他谈话，主要目的是要介绍他入党。他说："共产党真好，把我们当人看，领导我们翻了身。可是我有老婆孩子累着，没办法。如果没有老婆孩子的话，你们走到哪里，我就跟你们到哪里。"他理解的跟着共产党走不是在党的领导下干革命工作，而是从直观的意义上去理解。在这种情况下，工作开展是很困难的。因此，我们就分散开，住到工人住宅区里,深入到井下,大房子里,一边参加生产劳动,一边访贫问苦交朋友,启发工人的阶级觉悟,揭穿敌人的谣言,讲解放战争形势。广大群众眼睛雪亮,很快就看出来共产党的干部是与他们同心的,是真心实意帮助他们谋求解放的,在很短的时间内,我们就和工人群众打成了一片。

我们到滴道时,河北、暖泉、中暖等各井区基本上都恢复生产了。但工人的生活还很困难,更主要的是在政治上没有真正得到解放。我们后来的同志都是搞工人运动的,对这个问题看得较清楚,而先到的同志,去了后先抓生产,这当然是对的,但是在煤矿主要依靠什么人的问题上曾有过不同意见。

我和杨长春同志在滴道矿工作,有一次准备召开公审大会,这个会事先都准备好了,第二天就要开会了,但因工矿处的一位领导同志不同意,使会议暂时没开成。后来我们打电话向住在鸡宁的陈老(陈郁)请示,陈老说:必须放手发动群众,不发动群众,工人在政治上得不到解放,我们是站不住脚的。彻底清算汉奸把头的罪恶,废除把头制度,搬掉压在群众头上的"石头",使工人抬起头来,真正当家做主人。有的同志接触群众少,怕搞乱了影响生产,对我们的做法一时还不大理解,是可以想得到的。要尊重他们,多商谈。我也与他谈谈。后来会还是开了。开会时,那位领导同志也去看了。河北区工会主任陈子章是工人法庭的主席,主持大会。当时工会是很威风的。会场气氛很严肃。工人自卫队荷枪实弹,上着刺刀,看押被公审的人。很多工人争先恐后上台,悲愤地控诉把头、汉奸的种种罪恶。会场上爆发出一片痛哭声,要求处死汉奸把头的口号声不断。最后,根据被审人的罪恶,在群众的强烈要求下,大会宣布予以枪毙。那位领导同志在散会后感慨地说:在伪满,煤矿工人受的压迫太重了,遭的苦太深了。我们是感受不深的。不把工人发动起来,斗倒这些坏蛋,工人就不能真正当家做主,我们就没有依靠,矿山也难以管好。

那时,滴道矿日伪统治时期留下来的管理机构、制度和人员,基本上还没有大动过。还是依靠原有的人员,甚至把头管理矿山。日伪统治下造成的职员和工人之间的矛盾还没有解决,有的矛盾还很深。开始,我们一些同志对煤矿中职员和工人之间矛盾的特殊性不大懂得,体会不深。在日寇统治下的煤矿里,中国的职员、工人都是亡国奴,都受压迫剥削,但是,因为所处的地位不同,情况也就有很大不同。在日寇眼里,中国的职员也是二等人、三等人,但"煤黑子"是

"臭苦力",是不如牛马的工具,是不被当人看待的。有的职员也是这样对待工人的。中国职员的情况也很不同,有些人是接近工人,同情工人的,是同工人站在一起或帮着工人对付日本鬼子和封建把头的;有些人则是在"劳务系"帮着日本鬼子直接管理工人的,其中有些人很恶劣,工人很痛恨他们;把头手下"看房子"的先生也很不同,有的紧贴着把头,想尽办法出坏点子剥削克扣工人,甚至打骂工人;有的虽然没有什么大罪恶,但平常紧跟着日本鬼子的屁股后边转,头戴"战斗帽"、身穿米黄色卡其布协和服,提着榔头棍子,连走路也学日本鬼子的样子,日本鬼子打骂工人时,他们也跟着咋呼,有时甚至动手打人。工人对他们很讨厌,骂他们是"捅洋屁股的",至于那些"外勤",牵着洋狗,提着镐把,脚穿胶皮靴,腰里挂着手铐子,随意敲诈勒索,抓人打人,奸侮妇女,无恶不作,是日本侵略者的狗腿子,有的就是特务,群众非常痛恨他们。即使是一般职员、技术人员,在思想认识没有改造端正之前,由于旧社会的传统偏见,往往有个通病,自命清高,瞧不起"煤黑子",同工人在感情上格格不入,对于由工人当家,做领导干部,内心里不通,不服气。工人对他们也往往另眼看待。记得,有一位股长给我写了一封信,表白自己虽在"劳务系"当了多年职员,是"出淤泥而不染",但他认为工人没有文化,干活卖力可以,要管事,还得"识文断字"的人,这也表明,真正"出淤泥而不染"者恐怕不多,即使有,也不能不多少沾点"腥臭味"。虽然那里的小把头大都去干活当工人了,但那些大把头、汉奸、宪兵、特务、伪警察却并不那么老实,有的摇身一变隐藏起来,不甘心失败,暗地里造谣破坏,企图变天;有的逃到外地,勾结国民党土匪,为非作恶,有的假装积极,还受到重用。滴道矿从鹤岗请来一个煤师,就是个大把头。我们刚到,谁是汉奸,谁是把头,并不知道,谁有什么问题,也不清楚。工人瞪着眼看着我们,看你们共产党来了对工人是什么态度,对那些人又是什么态度。在广大群众尚未发动起来,好坏人没有分清,职员没有得到教育并改变态度,他们和工人之间的矛盾还没有得到适当解决的时候,如果一屁股坐到他们一边,广大群众就不能理解,难于相信我们,职员也受不到教育,职工团结也就无从谈起,整个工作也就难于做好。我们有的同志就是在这个问题上吃了亏。

经过一段深入细致的调查研究和阶级启蒙教育,广大工人和许多职员逐渐看清了我们的态度,相信和敢于靠近我们了,群众很快就发动起来,一场轰轰烈烈翻天覆地的民主改革运动开展起来了。斗倒了罪大恶极的汉奸、大把头,清算了有很大民愤的特务、宪兵、伪警察的罪行,把好、坏人分得明明白白。长期被压在十八层地狱里受奴役、遭侮辱的煤矿工人和家属倒出了满肚子苦水,抬起了头,直起了腰,政治上获得了解放。广大正直的职员、技术人员也扬眉吐气,心情舒展了。过去有毛病的人也受到了教育,打破了隔阂,出现了真正的职工团结,在党的领导下,一起当家做主,成为矿山的主人。日寇、汉奸、封建把头奴役屠杀中国煤矿工人的人间黑牢狱,变成了人民的新矿山,广大职工放声高歌"解放区的天是明朗的天""没有共产党就没有新中国",欢天喜地闹革命、忙生产,支援解放战争。

　　群众阶级觉悟提高了以后,就迸发出无限的智慧和力量。他们对是非界限、好坏人区分得很清楚。在运动中,对正直的广大职员、技术人员和没有什么大问题的小把头等并没有伤害。也有个别人被群众斗了一下,虽然按政策是不应该的,但被斗者本身也并不是毫无问题的。陈郁同志和工矿处的领导同志十分注意这个问题,但是有的人本身有问题,在没有做出认真检查交代前,是难得到群众谅解的。我们还是耐心向群众作解释,认真做保护工作。有时为此还被群众误解,受埋怨。

　　群众发动起来以后,很多事情都用不着我们去操心。那时,一些把头、汉奸、特务跑到什么地方去了,我们并不清楚。群众在一起揭发,通过多种关系就弄清了去向,有的跑到哈尔滨、牡丹江,有的隐藏在矿区附近。工人们自行组织起来,几个人一伙,自己凑钱作路费(那时工人生活是很困难的),去把那些家伙弄回来,交给工会陈子章他们去管理。他们的办法多得很,叫作"以其人之道,还治其人之身"。他们说,"伪满时,他们用什么办法治咱们,咱们也用什么办法治他们"。罪大恶极的,工人自己动手打脚镣给他们带上了,罪恶小的,也不能白吃饭,叫他们干活,去焦子窑装火车,每天必须干完规定的活儿。当时,鸡宁县政府不管煤矿的事,被工人法庭判刑的,没有地方管着,就让他们找几个人作保释放。第一,不能让他们跑掉。第二,监督他们好好劳动改造。表现好的减刑,坏的加刑。这些人一般都不敢再发坏。弄清一个,处理一个,并且也没发生什么冤案。这说明,工人翻身后阶级觉悟是很高的。

　　在反把头斗争和生产竞赛中,涌现出大批积极分子,也鉴别了每一个人。

第五编
东安根据地大生产支援前线工作回忆

在这个基础上,调整充实了几个区工会和某些区、坑的干部,还建立了工人武装自卫队。东北工矿处在恒山建立了工人学校。各矿、厂(还有外地、外单位),把职工中涌现出来的积极分子一批一批地送到学校培训提高,为革命培养了大批干部。当家做主的广大职工,政治热情非常高,劳动干劲特别大,什么苦,什么累,都不在话下。上班生产,下班开会、学习,很紧张。工人们自豪地说:"上班闹革命,挖煤炭,支援前线;下班闹革命,挖蒋根,巩固后方。"

伪满时期,日本鬼子和把头把工人剥削得精光,穷得叮叮当当的。我们才到鸡宁时,生产刚开始恢复,解放区还处在困难时期,职工的生活很苦。吃的苞米面是从哈尔滨运来的,里边还掺了百分之二三十的豆饼。连工人下井穿的水袜子也难以保证按时供应,衣服供应更是困难,住的都是破土房或大棚子。当我们公开向职工讲这个问题时,许多人都感动地说:"共产党把我们当人看,领导我们翻身解放,不管吃什么,只要能吃饱肚子,就心满意足了。"工矿处的领导同志千方百计想办法,到1947年冬,工人的生活才有一定的改善。生产方式是很落后的,器材、工具十分缺乏。岩石掘进工像石匠一样,一只手拿着钎子,另一只手拿着小榔头,把嘎斯灯挂在墙壁上,用榔头一锤一锤打眼。放炮,没有雷管,装上药,接上一个炮引子,用嘎斯灯一点,然后跑得老远,等它自己响,这是很危险的。采煤,完全用手镐,一镐一镐地往下刨,出一吨煤真不容易。在那样困难的情况下,恢复生产,多出煤炭,支援前线,靠什么呢?就是靠政治,靠党的领导,靠群众的政治觉悟。经过这场斗争后,矿山发生了天翻地覆的变化,职工抬起头,挺直腰,扬眉吐气,成了矿山的主人。伪满洲国遗留下来的汉奸、特务、警察、大把头等残渣余孽,被彻底扫荡,人民矿山的天真是明朗的天了。

在这场斗争中,我们的工作也是有错误的,就是打击面宽了点,有点扩大化了。原因是多方面的:从主观上讲,我们思想上有片面性,缺乏经验,对政策把握不严,工作做得不细,感情上同情矿山工人的深重苦难,对群众的某些过火行动抱谅解态度未及时纠正。从客观上讲,在旧社会,煤矿是最黑暗的地方,而在日寇长期统治下的伪满洲国的煤矿里,更是集中了中国买办奴隶主、汉奸,日本特务、宪兵,伪警察的罪恶。中国煤矿工人和他们的妻子、儿女遭受的苦难、损害和侮辱太深重了,哪一个没有血泪账,哪一个煤矿没有"万人坑"。被屠杀坑害死了多少人啊!他们恨死了日本法西斯强盗、汉奸把头和给日伪帮忙、帮闲的那些人。未身经感受的人是不容易体会到他们的深仇大恨和思想情绪的。还有,当时东北敌我斗争的胜负大局尚未明朗,而且敌伪残余、会道门黑社会势力也在大肆活动,散布谣言,恐吓群众,阴谋"翻把"报复。在这种情况下,斗争的尖锐性是可以想到的,死里逃生的奴隶们要报仇,要做人、要解放,在斗争中发生某些过火行动也是可以理解的,不应该大惊小怪。

1948年2月至3月,东北局在哈尔滨召开了东北职工工作会议,总结了职工运动的经验。陈云同志和李立三同志作了指示,肯定了成绩,纠正了缺点。鸡宁矿区的职工运动和生产工作也更健康地向前发展。

本文选自王金文、周桂芬主编的《鸡宁大生产支援前线》一书,中共鸡西市委党史研究室1993年4月印,第80~88页。

来到鸡西(鸡宁)的前前后后

朱学范[*]

一、到解放区

1948年的新年是一个难忘的新年。刘宁一同志从巴黎来到伦敦,送来了一个极大的喜讯,他兴冲冲地通知我:"接到党中央的来电,欢迎你到解放区去,决定我陪同你去。"我知道了自己的愿望就可以得到实现,就要到向往已久的解放区去,同正在为解放全国的工人和人民而英勇奋斗的解放区工人并肩战斗,心头的喜悦是无法形容的。

---

[*] 朱学范:中国爱国民主人士,工会活动家。曾任中国国民党革命委员会主席等职。

第五编

东安根据地大生产支援前线工作回忆

1月8日,我在离开伦敦前,发表了一个声明:"当此1948年开始之际,我要指出目前国内与国际严重形势以及我们工人今后的斗争任务。"

我们生长在国民党区的每一个工人都遭受着蒋政权的特务残酷压迫和美帝国主义的无情蹂躏,我们工人的生活深深地陷于饥寒恐怖的深渊,这种情况我们工人再也不能忍受下去!

蒋政权由于军事及经济的失败,面临最后崩溃的危机,竟不惜加强他卖国内战独裁的统治。对内解散民主同盟,摧残民主运动,逮捕与杀害大批工农青年群众。对外接受魏德迈计划,出卖中国主权予美帝国主义。什么是魏德迈计划?它是马歇尔计划的一部分,它是华尔街独占资本家统治世界政权的一部分。我们只有彻底反对并击败魏德迈计划以及马歇尔计划,才能完成中国的独立、和平与民主。

由于中国人民力量的日益强大,我们深信蒋政权在不久的将来,一定崩溃,美帝国主义殖民地化中国的阴谋一定失败,处在目前的时局中,只要敢于斗争,我们工人的光明前途,才一定能够达到。

因此,我们以万分热忱号召全国工人采取有效的行动:

一、拥护消灭蒋政权的民主革命运动;

二、拥护及帮助农民实行土地改革,彻底废除封建制度;

三、拥护一切为民主而斗争的政治力量,来造成中国人民的爱国统一战线;

四、反对魏德迈及马歇尔计划。按照这条道路斗争下去,我们就能有解放中国工人的伟业及获得最后胜利。

我把这个声明送交世界工联的刊物发表,让世界工人了解中国工人的斗争任务和实现斗争任务的决心和信心。新华社驻伦敦记者把这个声明发往国内广播。之后,我就动身前往布拉格,等候刘宁一、俞志英一起经过苏联回国。我们到了莫斯科后,受到了苏联工会中央理事会主席库兹涅佐夫的热情招待,在莫斯科逗留了一星期,就乘火车经过西伯利亚到了奥德堡,跨过边境,从满洲里到达哈尔滨。那是1948年2月28日,又是一个难忘的日子,我受到了东北解放区的党和政府的热烈欢迎,第二天,我给毛泽东主席和周恩来副主席发了电报:

毛主席、周副席主席鉴:

学范巴和宁一兄到了哈尔滨,在巴黎时,看到毛主席关于《目前形势和我们的任务》的报告,范完全同意并竭诚拥护这一彻底粉碎蒋政权、驱逐美帝国主义,实行土地改革,组织真正的人民民主的联合政府,完成独立民主和平的革命的英明主张。所以范决心到了解放区参加这一历史的斗争。范深知这一行动，不只是个人的问题，更相信还有不少真正孙中山信徒和广大的爱国人士，都要向这一方向前进，并肩作战，在你们的领导下，斗争到底，获得最后胜利。谨向你们致以革命敬礼！

朱学范
1948 年 2 月 29 日

3月4日我非常荣幸地接到了毛主席、周副主席的复电：

朱学范先生：

接29日电示，欣悉先生到达哈尔滨，并决心与中国共产党合作，为中国人民民主革命的伟大的共同事业而奋斗，极为佩然。我们对于先生的这一行动，以及其他真正孙中山信徒的同样的行动，表示热烈的欢迎。

中国人民民主革命的敬礼！

毛泽东　周恩来
3 月 4 日

毛主席、周副主席的复电给了我极大的鼓舞，我决心同解放区人民为推翻蒋政权，解放全中国而奋斗到底。当我踏上解放区土地时，立刻感到这里有着一种不可压抑的力量和蓬勃的朝气，这里完全是一个充满着希望的崭新的社会。我要了解、熟悉这个新社会，从已经翻身当了新社会的主人的工农大众中汲取力量。因此，我到农村、工厂、煤矿去参观，学习了一段时间。

二、向工农大众学习

1948年五六月间，我在绥化县双河区刘家乡住了十天，又到了佳木斯、牡丹江、鸡西（鸡宁）参观了恒山、滴道两个煤矿，滴道、鸡西（鸡宁）两个发电厂和其他十几个工厂，一共花了40天时间。

在农村我亲眼看到了农民有土地，有了房子，有了牲口，每户农民还有副业生产，养了十来只鸡，一两口肥猪。农会的主任和委员都是民主选举的，他们抱着为人民服务的思想，处理生产、卫生、教育、自卫、参军等工作，起早贪黑，东屯跑到西屯，不辞辛劳。刘家乡农会主任王玉廷对我说："现在没有地主来压榨我们了，我们都为自己做事，辛苦一些算啥！"农民说：我们要增加生产，支援前线，打垮老蒋，保卫家乡。他们的这些心里话，使我明白了解放区广大农民所以有

第五编
东安根据地大生产支援前线工作回忆

这样高昂的劳动积极性和政治热忱的根本原因。同蒋管区农民流离失所、怨声载道的苦难生活相比，简直是天壤之别。我在伦敦的声明中号召全国工人"拥护及帮助全国农民实行土地改革，彻底废除封建制度"，这是我接受了中国共产党的新民主主义革命纲领才这样说的，当时还没有实际体会。我在绥化县农村生活了十天，与农民、农民干部朝夕相处，倾听了他们的心里话，看到了翻身农民的愉快生活，看到了他们都是生龙活虎似的在田里侍弄庄稼，运送粪土，看到了翻身农民骑在马上，满脸显出英勇杀敌的神气。所有这一切，使我对实行土地改革有了亲切体会，使我的心和广大农民的心连在一起了。

在佳木斯、牡丹江、鸡西（鸡宁）同工人在一起，使我结识了不少工人兄弟。第二煤矿区机械所的一位老工人对我说："'八一五'光复时候，这里厂房被日本军毁了，机器坏了，不像一个工厂了。我们在民主政府号召下，大家动手修建，机器又转动起来了。"另一位工人自豪地对我说："你看见那所泥墙壁厂房了吗？那是我们新建的。"这个工厂除了开始担任修理矿山的机件任务外，还能制造矿上用的瓦斯灯、煤车了。我在第一煤矿区里，了解到当时劳动生产率已经比伪满时最高生产率超过了40%，就问李矿长李华辑你是用什么高明办法，来提高生产率的？他回答我："我们一切靠群众，克服困难靠群众，增加生产靠群众，管理靠群众。"他的话使我得到了很大的启示，开始对常听说的"群众路线"有了初步认识。

我在第一、第二两个煤矿区里，看到矿工们都在参加竞赛立功活动，没有看见过一个矿警，不像蒋管区的矿山，满布着矿警。我观看了第一矿区的矿工表演的《白毛女》歌剧，听了矿工用深厚的感情演唱"没有共产党就没有新中国"的歌声。矿工们的这种欢乐，立刻感染了我，打动了我的心。解放区的天是明朗的天，生活在这个新天地的工人，是真正幸福的人。

我从鸡西（鸡宁）回到哈尔滨后，写了《新东北的新气象》一文，介绍这次参观学习的观感。新华社在6月22日播发了这篇文章。以后，我就投入到召开第六次全国劳动大会的筹备工作中。

本文选自王金文、周桂芬主编的《鸡宁大生产支援前线》，中共鸡西市委党史研究室1993年4月印，第152~156页。

抓紧能源开发　支援解放战争

罗光泽[*]

一、下鸡西（鸡宁）矿区

　　1947年春,东北局决定我仍然搞工业,同陈郁同志一起去鸡西(鸡宁)矿区发动工人,搞群众运动。东北局组织部索之连同志对我说:现在战争急需用煤,还是搞煤矿管理吧。他把我介绍给工矿处的处长刘向三同志。

　　不久,刘向三同志要我和他一起,把一些工人送到鸡西(鸡宁),到了鸡宁,就又返回到东北局。回到哈尔滨后,东北局当时的负责人彭真同志找我谈话。一见面我就首先检讨自己说:"我来回鸡西(鸡宁)跑了两趟,没做多少工作,现在军事上急需用煤,组织上分配我去搞煤,我还不想干,这是不对的。"彭真同志听了,点了点头,问我在延安时干什么工作,来东北后又干什么工作,听说我在通化煤矿工作过,便说:"你搞过煤矿,是内行了,还是到鸡西(鸡宁)搞煤炭吧,很需要。"

　　于是我又回到了鸡西(鸡宁)。

　　鸡西(鸡宁)矿区,位于黑龙江省东部,具有60多年的开发历史,埋藏量约为□□吨,是丰富的能源基地。经日寇14年的残酷掠夺,已使矿区遍体鳞伤,日寇逃跑时又有计划地进行了大破坏,井口损失轻者70%,重者95%。但我们有信心尽快把它恢复起来,让它为支援解放战争服务,为人民生活服务。

---

[*] 罗光泽:参加过长征的老干部,1947年到鸡西(鸡宁)麻山煤矿工作,1954年任鸡西矿务局副局长。

二、枪决地头蛇，还我矿山权

早在1946年八九月份，东北人民政府在鸡西（鸡宁）矿区建立了鸡西（鸡宁）工矿处。当时工矿处只接管了恒山、滴道、城子河等煤矿，因麻山煤矿距鸡西（鸡宁）较远，还没来得及前去接收。

这时的麻山煤矿，还被大把头刘荫锷统治着。刘荫锷是伪满军队中的中校军官，退役后在伪满军事部的支持下，将检查"国兵不合格的所谓'国兵漏'组成的挺进队（伪满制度，每一个适龄青年都要当'国兵'，检验不合格者都要'勤劳奉仕'，义务劳动三年），带来麻山煤矿参加劳动"。刘荫锷任大队长，实际是个残酷剥削工人的大把头。他的挺进队，也是按反动军队的办法来统治的，上班下班升井入井都要列队集体行动，控制十分严格。后来为了扩大实力，又派人四处招工，骗来破产农民为他效劳，进行剥削压榨。

日本投降后，他又摇身一变，成了反日本人的"勇士"。趁日本矿长神尾要逃走的那天，鼓动工人逼着日本矿长打开金库，发给每个工人80元伪币。他又在暗地放走神尾后，唆使其爪牙到处鼓吹他的"英雄事迹"——敢于逼迫日本矿长给工人开工资，来显示他有"民族气节"。相继，他又端出了帮会这个"法宝"，自称是"安清帮"（家礼教）里"戊"字二十三辈，是"家礼"中最大的辈数。于是他大兴"家礼"，大摆"香堂"，竭力扩大他的帮会组织，二十四辈、二十五辈的徒子徒孙，前簇后拥，好不威风。他的八大弟子，都担任了矿山要职，把麻山煤矿原有的大小把头和工人，全都笼络控制在他的手下，由他独揽大权，称霸一方，成了麻山煤矿名副其实的地头蛇。

他开始向林口一带偷运储煤，大发横财，还纠集了30多名伪宪警人员，成立了一个有20多支步枪的武装矿警队。从此麻山矿便成了刘家的天下。

在这一带活动的土匪头子郎亚斌，有国民党的任命，又依仗武装势力为非作歹，残害人民，无恶不作，人们叫他们为"中央胡子"。因为他自封团长，所以人民也叫他们为"狼团"。刘荫锷与"狼团"相互勾结狼狈为奸，多次抢劫矿山，鱼肉乡里。依靠"狼团"的势力，刘荫锷有恃无恐，奸淫掠夺，敲诈勒索，为所欲为，给麻山人民造成极大的灾难。

我鸡西（鸡宁）工矿处正式接管了恒山、滴道、城子河等煤矿以后，不能不使刘荫锷感到震惊。为了稳住阵脚、对付我们，狡猾的刘荫锷又另换招牌，假借民意,组织了一个什么"工人会"。他密使其徒子徒孙、以威胁利诱的手段,强迫工人投他的票。所谓"民主选举"的结果,刘荫锷为会长,原伪满时期的报国团团长(大把头)单仁为副会长。"工人会"下设两大部,一是总务部,负责总务人事;一是事业部,负责运输和付煤事宜。刘荫锷将把头统治机构"刘家柜"改为时髦的"工人会",换汤未换药,名变实没变,仍然还是剥削工人的老办法。

1946年9月下旬,负责接收麻山煤矿的任弼绍、张福柱、杜新田等7名同志组成的工作组,赤手空拳地来到东麻山住下了。刘荫锷闻讯后不敢公开反对,却指使喽啰们四处探听风声,暗中破坏我们的接收工作。命令凡是"工人会"的人,不准窝藏生人,不准私自去东麻山(当时工作组驻地),不准和工作组的人接触,不准参加他们的会议,并要求手下的人注意工作组的活动,及时向他们汇报。

工作组的同志们早就对刘荫锷有所耳闻,又经过原煤矿工人积极分子刘柱同志的介绍,对他的狡猾阴险更加了解,但他在矿里还有一定势力,不少矿工暂时被他蒙蔽欺骗,还分不清谁是谁非,所以不能打草惊蛇,还得利用他恢复矿山。

1946年11月1日,工矿处正式任命任弼绍同志为麻山煤矿第一任矿长,开始正式接收麻山煤矿。

任弼绍同志到任后,很有礼貌地拜访了刘荫锷,同时提出改组"工人会"的意见,说明改组的好处和必要性,并保证给正、副会长一定的工作和报酬。但刘荫锷不肯交出称霸矿山的印把子,百般狡辩,托词推诿,什么"工人会"是工人自愿组织起来的,会长是工人民主选举的,个人不便做主,等等。既然刘荫锷顽固坚持,也只有暂时作罢,维持现状。刘荫锷却在背后扬言,说什么"有我刘荫锷,就没有他任弼绍,有我'家礼'八大弟子和'工人会',你八路军就别想接收麻山矿!"

当时麻山矿因受破坏,不能马上生产,但矿上有日寇遗留下来的10多万吨储煤需要外运。为了及时地支援解放战争,矿上决定,由工人计件运输,说明运出一吨煤给多少钱,多运多拿钱。

运煤开始后,每当我们的领导同志外出开会或因事离开煤矿时,刘荫锷就煽动,威胁工人停止装车运煤,造成停工停产,在停运期间的工资,刘荫锷宁愿自己掏腰包付给工人。许多工人被他笼络住了,称他为什么大哥、大爷。当时火车用煤紧张得很,由于煤炭不足,有的火车烧木头、烧豆饼。东北铁路负责人吕正操同志亲自出马,催调煤炭。可就在这时,刘荫锷又煽动工人闹事,有预谋地砸坏了装车用的煤溜子,使储煤难以外运。一系列的事件更加引起了同志们的警惕。

这时,刘荫锷派往长春(当时被国民党占据)向国民党党部要求给予委任的亲信回来了,带回了国民党吉林党部的正式任命状、反共宣言和其他秘密指令。刘荫锷在有他八大弟子参加的秘密会上宣布了国民党吉林省党部的任命和有关指示后,高兴地说:"从现在开始,本人正式接任麻山煤矿矿长职务,自即日起宣布正式就职。"利令智昏的刘荫锷又根据指令要求,具体研究了要在三天后发起暴动的行动计划,要把以任弼绍为首的八路军干部和积极分子一网打尽。

他们一面派人与郎亚斌联系,请"狼团出兵接应,共谋大业",一面立即煽动工人罢工,制造混乱作为内应。于是徒子徒孙四处活动,搬弄是非,制造矛盾,鼓吹不明真相的工人要求计件运煤的单价涨价,闹得煤矿乱哄哄的,给装运储煤造成困难。

任弼绍同志知道,这又是刘荫锷从中捣鬼,便定下调虎离山计,邀请刘荫锷商量运煤单价问题,刘荫锷假装为难地说"我虽是工人会的会长,但运费太低,我也交代不下去。"最后任弼绍同志说:"你我两个人的意见都不一定正确,我们是不是到鸡西(鸡宁)工矿处共同研究一下,上边怎决定,我们就怎么执行,你看怎么样?"刘荫锷心想不去,又担心引起我们对他的怀疑,暴露暴动计划,同时暴动在即,也想去观察一下鸡西(鸡宁)的动静,于是满口应承下来,当晚就和任弼绍同志一起上了去鸡西(鸡宁)的火车。

到了鸡西(鸡宁),一出票口,几个武装的公安战士便将刘荫锷扣留起来,任弼绍同志当即向麻山煤矿打电话,要工人纠察队立即逮捕刘荫锷的八大弟子及其亲信。

刘荫锷和他的爪牙被捕的消息像闪电一样,迅速地传遍了麻山煤矿,矿工们无不拍手称快。

刘荫锷被关押起来以后,仍贼心不死,继续进行活动。如向他们一起在押的大弟子贺常言说:"常言,我没有做完的事,你要继续去完成,看来我是活不成了,如果我死了,你要给我报仇……"他们的秘密活动被工人发现,上报给领导机关。

相继,上级又向麻山煤矿派来了刘佐魁、赵屏、田引擎等同志参加工作,密山地区派来了工作组,铁路部门派来了一个连的武装,经过一系列工作,把群众发动起来了，开展了轰轰烈烈的"反霸除奸"斗争，又叫"挖坏根"的工人运动。这一运动，声势浩大，斗倒了伪警宪特和压在工人头上的封建把头。工人真正成了矿山的主人。

有一次，李立三同志来鸡西（鸡宁）麻山一带视察工作，住在火车上。任弼绍同志去向立三同志汇报这里的斗争情况，提出要枪毙罪大恶极的刘荫锷等几个人。李立三同志指示说，你们是企业，不能杀人，要与林口县公安机关联系，由他们出面处理。

一个雪花飘飞的上午，麻山煤矿在通往五坑的桥洞上边，召开了群众公审大会。千百双冒火的眼睛怒视着刘荫锷等这些恶贯满盈的罪魁，愤怒的吼声此起彼伏，群众齐声高呼"枪毙刘荫锷还我矿山权！"在工人群众的强烈要求下，公安机关枪毙了与人民为敌的刘荫锷、单仁、李国印等三人。顿时人心大快，过去对他们敢怒而不敢言的人，今天个个扬眉吐气，大长了工人阶级的志气，大灭了敌人的威风。于是，工人们恢复生产装运贮煤的积极性大大调动起来，提前完成了任务。

三、废除把头制矿工做主人

1947年三四月份，我被分配到麻山煤矿任政治矿长，主管党务工作及工会工作。

矿长任弼绍同志是从延安来的老干部，主管全矿行政管理和生产建设工作。当时机构简单，矿下只设总务、矿务两个科。总务科是由来自延安的老红军李尚金同志任科长，矿务科长是刘佐魁同志。其次，还有几个股。人事股长赵屏，机电股长田引擎，供应股长张福柱，教育股长黄育中，这些都是从延安和其他根据地来的干部。此外还有一些是伪满任职的原有人员。

麻山煤矿由于日寇投降时的大破坏，已是千疮百孔。坑口被淹，蒿草遍地，井巷的木架棚子滋生了片片白毛，不断发出一股股霉烂的气味。虽然经过一段时间的恢复，但仍处在停产或半停产的状态，主要生产任务，还是向外装运储煤。当时没有什么机械，全凭工人的体力。他们在一坑的高坡上往下放煤，先把煤装进矿车，然后再往下放。由于坡度大，速度快，有危险，工人们用一根木棒卡在车轮上做闸来控制速度。尽管他们用尽全身力气，矿车带着工人仍然像飞一样疾驶而下，一不小心就会造成严重事故。

第五编
东安根据地大生产支援前线工作回忆

工人们装运储煤这项工作既危险,劳动强度又很大,而他们的生活却仍然是很苦的。我一到东北后,就听说煤矿工人的生活最苦,他们在伪满时,每天工作十多个小时,还填不饱肚子,穿的是麻袋片,吃的是橡子面,但没有亲眼见过。我来到麻山煤矿时,还有积存下来的橡子面,我尝了尝,又苦又涩,糊在嗓子眼,咽也咽不下去。工友们告诉我,过去吃这东西,吃了还拉不出来。现在工人们虽然不吃橡子面了,但留存下来的霉苞米面,也非常难吃,吃后还跑肚拉稀。看到煤矿工人的生活还是这样的艰苦,我心里感到很难过。工人群众在政治上获得了解放,在生活上也必须得到改善,我决心要把工人的生活搞上去,把它作为第一大事来抓。

我找伙食管理员刘凤祥同志商量,让他千方百计把伙食搞得好一点,让工人们吃好吃饱。他很快买回来煎饼鏊子,把发霉的苞米面掺点黄豆和杂粮摊成煎饼,把领来的小米或苞米楂子熬成粥。就这样简单地调剂一下,工人们都非常高兴,吃得很香,觉得生活大大改善了。

矿区附近的林口县有个大烧锅(伪满时期的酿酒厂),现在停烧了,我们又从那里弄来积存的谷子、高粱,分给各家各户。这时,职工们都高兴极了,觉得共产党、八路军真是为工人阶级劳动人民谋利益的。现在既不受压迫,又能吃饱肚子,都从心里感激共产党。

我们在保证支援解放战争的前提下,又将部分储煤运往苏联,换回粮食布匹之类,放到合作社,通过商店分配给全体职工。工人们暂时没有钱买,或者钱不够,都可以由坑长开条子,赊账把布买回家去。有的家属捧着崭新的紫色斜纹布时,高兴得流下了眼泪。穿了多少年的更生布,没法洗,没法补,如今可以穿上棉布了,怎能不激动万分呢!现在麻山煤矿已经退休的老工人们回忆起那时的情况说:有一次每户分到5斤白高粱米,吃起来比现在吃饺子还要香呢!

我和黄育中同志都是搞教育和发动群众工作的。我们天天深入到工人群众中去,同工人交朋友,搞串联,寻找基本群众和发现积极分子。我们和工人一起下井参加劳动,升井后,又到工人大房子里同工人一起吃饭、休息、促膝谈心。

工人大房子,是用碎砖或土坯砌成的,地处偏僻,距居民区和井口都很远。那时住大房子的工人,大都是外地来的独身工人,有的是被抓劳工抓来的,有的是被把头招工骗来的。他们的生活最苦,受的剥削最重。在日本侵略者和伪满把头的统治下,吃的橡子面或发了霉的苞米面,里面还有沙子、石子、耗子屎,"五味俱全",穿的是麻袋片、洋灰袋子纸,不用说盖被铺褥,连个枕头都没有,只能枕个砖头、木块,卷曲在土炕上勉强过夜。特别是冬天,更加难熬。大房子里虽然烧起一堆煤炭火,但房子四面透风,人们仍然冻得浑身上下直打哆嗦。工人们说:"前面烤煳了,后面冻木了;后面烤焦了,前面又冻僵了。"夏天,工房里阴暗潮湿,成了虱子臭虫跳蚤的乐园,蚊蝇更是成群地飞来飞去,絮絮不休。传染病蔓延开来,工人们病得行走打晃,把头还用镐把逼着下井,或不等病人咽气,就将其抬出去,扔进了万人坑。当时在矿工中流传着一首打油诗:

吃的橡面窝窝头,
穿的麻袋片片头,
住的窝棚露日头,
枕的是块木头头,
下井刨煤没有头,
歇会就要挨榔头,
死了扔进万人坑里头。

这正是伪满矿工苦难生活的真实写照,人间地狱十八层,伪满矿工生活在最底层。那时候,工人想逃也逃不出去,工房的周围拉着铁丝网和电网,实属上天天无路,入地地无门。多少工人在电网上死去,在狼狗嘴里丧生啊!现在解放了,当家做主了,生活改善了,比比过去,真是新旧社会两重天啊!

有一次,工人老刘头病了,几天没吃饭。我到大房子去看他,特意让伙房给他熬了点大米粥。没想到一碗大米粥,却引起了这位老工人的无限感慨。他叹息地说:"我现在是个人了,能吃上大米了。5年前工人刘麦来就因为一碗大米粥弄得家破人亡啊!"

我赶忙安慰他:"别想那些伤心事了,好好养病吧!"

"罗政委,我不说说心里难受哇。我和刘麦来在一个掌子上干活,他死得冤,不说说把这口气吐出来,这碗大米粥我怎么能咽得下去呢!"

"那你就慢慢说吧,别着急。"

老刘头点点头,于是沉痛地说:"有一天,我和刘麦来正在刨煤,忽然从顶板上落下一块石头,砸伤了他的后背。我们几个赶紧把他送回家去。他疼得不能起炕。那时候哪有钱治伤啊。大伙四处打听,给他讨了个偏方,才慢慢好起来。可是没等好利索,把头就逼着他上班了。"

第五编
东安根据地大生产支援前线工作回忆

"结果下井不两天,伤口又累犯了,口吐鲜血,发起高烧。两三天,一点东西也吃不下去。邻居们看他那瘦弱的样子,可怜他,偷偷弄了一点大米送去,他娘给他熬了一碗大米粥。偏也凑巧,还没等吃,那个姜外勤(把头的打手)又来催促刘麦来下井。他拎着一根打棍,一进屋就骂:'刘麦来,你他妈的病早就好了,还在家里泡什么蘑菇,不去下井?'"

"麦来他娘一见姜外勤来了,急忙迎上去说:'姜先生来了,快请坐吧!麦来的病又犯了,成天吐血呢!'"

"'吐血?'那个姜外勤冷笑着说:'脑袋骨还硬,就得上班!'他一边说一边朝刘麦来走过去,没想到放在炕头上的那碗大米粥被他发现了。这小子这下可抓住了把柄了,他把眼一瞪说:'吃大米是经济犯,你不知道吗?'"

"麦来娘一看坏事了,跪在地上哀求说:'姜先生,请你高高手,放了我们这一次吧!'"

"'放了?你们违犯国法,我有什么办法。'"

"刘麦来不服气地说:'就兴你们吃大米,我吃就不行,这叫什么国法?'一句话惹得姜外勤恼羞成怒,举起棍子就朝刘麦来没头没脸地打来。麦来娘急忙拦住说:'姜先生,请你消消气,他顶撞了你,都是我没管好,他还有病,要打,你就打我吧!'"

"这个姜外勤可太狠毒了。他说:'那好呀,我的棍子今天可就不客气了。'说着就朝麦来娘打来。刘麦来实在憋不住了,他大喊一声:'住手!'咬着牙爬下炕来,护着他娘说:'姓姜的,大米是我吃的,有我挺着,欺负一个老太太有什么用!'姜外勤把眼一瞪:'那也好,你娘没教育你,今天我来教育你!'"

"说时迟那时快,还没等麦来娘爬起来,只听一声惨叫,刘麦来口吐鲜血,昏倒在地,人事不省。第二天,就由于这一碗大米粥,抛下母亲和弟弟妹妹,离开了人间……"

老刘头端着大米粥,眼眶里盈满泪水,沉默了好一会儿又说:"若不是有了共产党,我敢在这么多人面前吃大米粥吗!"

我又安慰他说:"别太伤心了,这样的日子不会再来了。现在你得好好养病,好日子还在后边呢!"

老刘头一提起这些旧社会的事,就勾起了其他工人们的辛酸往事。有的讲林把头到许家去敲诈勒索,用开水把许怀森娘前胸烫起了一片水泡;有的说宪兵王兆华要了个私生子,强逼矿工送礼祝贺,姜作周拒不送礼被诬陷反满抗日,投进了监狱……

这个也讲,那个也说,工人大房子不知不觉地形成了一个痛斥阶级仇民族恨的诉苦会。工友们那一桩桩一件件非人的苦难遭遇,使得我心里滴血,眼里止不住泪水。万恶的旧社会吞噬了我们多少的兄弟姐妹啊!

为了进一步提高工人群众的阶级觉悟,我们又因势利导,除了个别的或小规模的控诉会外,还组织了全矿性的大会。发动苦大仇深的工人、家属,在大会上揭露旧社会的剥削压迫,鬼子、把头、特务爪牙的凶狠毒辣。字字血、声声泪的控诉,震撼了工友们的心,促进了工友们的觉悟,更激发了他们对旧社会的强烈仇恨和对新矿山的无比热爱。

工友们对旧制度无限愤怒的火焰燃烧起来了。1947年7月7日,鸡西(鸡宁)工矿处召开了全矿区劳动模范大会。我们麻山煤矿也派代表参加了。会上领导同志传达了全国总工会的精神,表彰了全矿区的劳动模范。工人代表发言的时候,讲到旧社会矿工所受的迫害,又勾起了工人们受欺压的往事,一时间,群情激昂,高声喊叫着把坏人拉出来。这是一股强大的不可抗拒的力量,于是把一个个漏网的坏蛋从会场的人群中拉了出来。其中有城子河矿的金子铭(半拉天),有恒山山南区的"南霸天"。这些过去耀武扬威骑在工人头上作威作福的败类,耷拉着脑袋跪在工人们的面前。他们的罪恶太大了,作的孽太多了。工友们痛斥他们的罪行,复仇的愤怒再也抑制不住了,大家拥上前去,拳打脚踢,把这些坏蛋打得死去活来,有的当场被打死,有的被依法枪毙。

在工友们怒不可遏的情绪下,又深入猛追,把伪满的高级职员马龙图、麻山煤矿已经启用在工会中管理生产的霍启文等,也都在会上揪了出来。这是我们事先没有料到的。有人说马龙图给国民党送过矿山井巷图,还打死过人,有人命。人们拥上去,有的举着皮鞭要打,有的瞪着眼睛质问。我们觉得,他虽在伪满时期为日本人服务过,但只是搞技术工作,不和工人接触,没有做过什么伤天害理的事情,不能不分青红皂白地乱斗。工人们揭发霍启文过去"拉帮套",夺了别人的老婆。于是知道的上去就打,不知道的也上去乱打,并且有人大声地提出:

"怎么处理他们?"

"枪毙!"下边一声雷。

我们一看事情不妙,就出来劝阻。可是已经形成的工人革命怒潮,一下子是阻止不住的,又不好泼冷水。老干部们出面保护也不行,有的领导同志还因工友一时收手不及挨了打。在这种情况下,我们研究了一个办法,由主持大会的我和麻山煤矿工会主任刘柱同志出面解决,刘柱同志大声地问群众说:

"工友们,马龙图这个人的问题很大,还有很严重的问题,他后边还有不少的人,都要和他们算账,先留着他,把他关起来,等调查清楚了再对他严加处理!行不行?"

"行!"群众同意了。

"好,把他押下去!"刘柱发出了命令。

于是矿山警卫把他押走了。

对霍启文,我们认为,从接收麻山煤矿以来,在恢复生产中,他一直表现较好,做了不少工作。如果有问题,还需要查清。便由刘柱又向群众提出:"霍启文的罪行是严重的,应该枪毙。他是在恒山黄泥河子犯的罪,他在麻山煤矿有没有做坏事呢?我们准备把他带回麻山矿,查证清楚,再开群众大会处置,同意不?"

"同意!"工人们齐声响应。

会后我们把他带回了麻山。

就这样,我们把马龙图、霍启文保了下来。经过调查,马龙图并没有什么重大问题,应当发挥他的技术特长,帮助恢复矿山生产。霍启文后来经过批评教育,认识了过去的错误,感激党和工人的教育,在工作上更有劲了,成了后来恢复生产的骨干。

矿工们随着阶级觉悟的提高,主人翁感日益增强,生产积极性也空前高涨。有的工人由于矿井没有通风设备被炮烟熏得昏倒了,爬起来继续干;有的得了病,领导劝说,也不肯休息。工人们个个干劲倍增。

在技职人员中,虽然我们多次交代政策,但还有不少工程技术人员,伪职人员,仍然背着沉重的思想包袱,对工作缩手缩脚,这对恢复矿山很是不利。于是我们就在全体职工中,开展一次放包袱(也叫"割尾巴")的运动,特别是对工程技术人员和职员干部,号召他们把在伪满时期做过什么亏心事,给敌人效过什么忠,有什么问题,都要自己坦白,向群众交代。只要把问题说清楚,能认识上去,分清是非,划清敌我界线,就是好同志。同时也向广大群众宣传,他们过去为敌伪效劳,也是由于那个社会造成的,个人无法完全避免,虽有错误,也不能全由他们自己负责。他们交代清楚了,就要把他们当自己的人看待。

有一个技术人员,过去做了些对不起工人的事,不敢交代,思想负担较重,问题总也交代不清。工人们气愤地把他的衣服剥下要打,我们看见了,赶快上去把衣服又给他穿上,并说服工人群众要认真按政策办事,不能打骂,不许体罚,要摆事实讲道理,使他们心服口服,后来这个技术人员主动地交代了自己的问题,受到了群众的欢迎。

"割尾巴放包袱"活动开展起来了,绝大部分技职人员都放下了思想包袱,与工人一起投入到恢复矿山生产的斗争中去。

经过一系列实际问题的解决和诉苦,挖坏根、割尾巴、放包袱等政治运动,把骑在工人头上的封建把头、伪警宪特打翻在地,把压迫剥削工人的那些枷锁和制度也都统统粉碎。职工们的政治思想觉悟大大提高了。真正成了矿山的主人,在恢复矿山生产的斗争中,不畏艰苦,不怕困难,忘我劳动,成为我们麻山煤矿的主力军,许多人后来还成了我们党的各级干部。

四、恢复生产 支援前线

在痛斥阶级苦民族恨提高工人觉悟的同时,我又动员全矿工人、干部和技职人员,积极恢复矿山生产。全矿上下,热火朝天地大干起来。

麻山煤矿与鸡西(鸡宁)其他各矿一样,在东北光复后,被破坏得非常严重。日本鬼子离开矿山时,对生产设备进行了一次大破坏,后来又遭受中央胡子的几次洗劫,加之在无政府时期,当地老百姓和部分矿山工人,把凡是能拿走的东西,全都拿走了。后来的人,就拆房子,下门窗,抬房梁。由于停产时间较长,没有及时维修,井口的绞车道部分塌陷,有的井口已被积水淹没,幸存无几的厂房也门窗皆无,积满灰尘,挂满蛛网,一片荒凉。据清产办公室统计,当时能够利用的生产工具,只有四台破旧的绞车、四个嘎斯灯、两把镐头和四副土篮子。

就是在这样的条件下,我们开始了矿山生产的恢复工作。

恢复井口遇到的第一个困难,就是排出井下积水,因为没有排水机械,全靠人力一担一担地往上挑。井下的积水长年不见阳光,不但水温接近冰度,而且杂质很多,坑木腐烂,臭味熏人。但是工人们没有在困难面前低头,而是怀着翻身做主人的无限喜悦心情,以顽强的毅力,为排出井下的积水进行了不屈不挠的斗争,我们也挽起裤腿和他们一块排水。工人同志们看到我们来了,总是拦着不让干活。我说我也是劳动人民出身,背过煤。他们看我年纪不轻了,怕我累坏了身子,我拿起木桶,他们抢了去,操起扁担,他们又能夺走了。我只好对他们说:"劳动不但累不坏身子,相反还能锻炼身体,使身子骨更结实,我是煤矿的矿长,不让我和工人一起干活,还算什么矿长,那又怎么能当好矿长呀!"

"过去的日本矿长,一年到头,不用说干活,我们连见都没有见过,你可真是咱们的好矿长呀!"有的工人说。

"日本人统治时代,我们做奴隶,受压迫,现在咱们是新时代的主人了,矿长和工人都是一样的同志,只是分工不同罢了。你们不让我干活,不让我懂得煤矿的生产劳动,是不是想罢免我这个矿长呀?"

我们说说笑笑,很快就和三坑的工人混熟了。他们热情地告诉我煤矿的生产过程,教给我怎样向外排出积水。休息时,年轻人又围拢来要我讲长征、抗日的故事。哪知他们听上了瘾,晚上到工人大房子去时,还一个劲地让我讲。年轻人听了感叹地说:"比起长征的艰苦,咱们排出积水这点困难算得了什么呀!"

井下支撑巷道岩石的木架棚子,大部分已经朽烂,只得一边排水,一边修复棚子。工人们不但要冒着盆泼似的顶板水(井筒上面的渗水),有时还要泡在齐腰深的水里干活。浑身衣服全都湿透,冻得实在受不住时,就跑出来喝几口烧酒热热身子,或围着炉子烤烤冻僵的手脚,又很快跑回去继续干。有的工人得了感冒,也不肯休息。我们劝阻也不听,还说:"这算什么病呀,过去病得比这重多了,把头还用小榔头逼着下井,现在给自己干活,这么点小病也躺在家里,还算什么主人呀!"有的说:"你们长征的时候,得了感冒还能躺下不走吗?"

工人们这样的干劲和主人翁的责任感,使我们从心眼里感到高兴。多好的工人啊!正如革命领袖说的,人们一旦掌握了革命真理,就会产生改天换地的力量。

后来,吉林省蛟河煤矿的机械设备,因为战急情况的需要,转移支援麻山煤矿一部分,这才有了一些提升机械和采煤工具。矿工们又从井下积水中打捞出一部分,经过工人的修复,有的也能为矿山的恢复贡献力量了。但是,与矿山全面恢复的需要相比,仍然是很少很少,许多生产程序还要靠矿工同志们的体力劳动。如采煤都要用镐往下刨;岩石巷道掘进,要用手把钎子打眼;装煤装岩,都是用铁锹干活;井上井下的运输,都是人力推车,其他的背背扛扛就更多了。

三坑恢复生产时,由于敌伪时期掠夺式开采不搞维修而遗留下来的冒顶处很多。流沙从缺口处源源流向绞车道,如不及时处理,就会阻断提升运输。在机械设备少,工具器材缺的情况下,处理这样的冒顶流沙是不容易的。我们组织工人用简单的方法,边堵边在外运沙。但堵也堵不住,运也运不完,成了当时三坑的拦路虎,真是急坏了人。

工人们在流沙中奋战,不畏寒冷,坚持战斗。许多体弱多病的老工人,不顾领导和工友们的一再劝阻,仍然积极参加运沙。一位被把头打坏右臂的老林头,也在流沙中挥锹不停。我问坑长刘景清,怎么还让老林头来干这活,他说:"谁能劝得了他呀,他说罗政委都来运沙,我怎么能闲着。"我听了这话,过去把老林头的锹夺了下来,对他说:"老林呀,你的胳臂不方便,年纪又大,哪能干这个重活呢?你就是什么也不干,谁也不能攀你呀,如果你实在闲不住,就找点轻活干嘛!"

"政委,看你说的。"老林头诚挚地说:"任务这么紧张,俺能待得住吗!眼瞅着这流沙不断地往外涌,不治住它俺心里难受的慌噢。"

他拉了拉我的手,又深情地说:"把头把我的胳臂打断了,看我不能干活了,就一脚踢开不管了。那时候我是叫天天不应,叫地地不说话呀!多亏共产党八路军来,救了我这一条老命,给我吃的,给我穿的,给我治病。你和矿上的领导还三天两头地到大房子来看我,问我吃饱没有,有什么困难,从前我连做梦也想不到呀!"

说到这里,老林头激动得流下眼泪。我赶紧安慰他说:"咱们共产党就是解放劳苦大众的,我们工作做得还不够,慢慢地生活会更好起来的。"

他用袖子擦了擦脸上的泪水,又说:"我老林头今天是个人了,可不能忘恩负义呀!"说完夺回他的铁锹,又跳进流沙堆里干了起来……

因为当时材料缺乏,制服流沙不易。我找到刘景清和派来专门制流沙的技术员杜锡山问:"就找不到制止流沙的办法吗?"

"办法是有,缺少物资材料怎么堵呀!"刘景清为难地说。

"得用什么材料?"

"需要大量的木材和板皮。"技术员不安地说,"在水泥很缺的情况下,也只能用木材了。"

"那可不行。"我说,"各个坑口维修坑道和生产架棚,木材都不够用,哪能用它来堵流沙呢?"

"是呀,所以我们都愁得不得了。"刘景清愁眉苦脸地说。

我忽然想起,在我们四川老家,经常把树枝捆成捆,用来垒房子,不知在这里能不能用上,便对他们说出了我的想法。杜技术员听了眼睛一亮,说:"这倒是个代替木材的好办法,不妨试一试。"他们上山砍来枝条,把枝条一捆一捆编排起来堵上去,试验的结果,比什么材料都好,于是,就这样把流沙治住了。

相继五坑也恢复了生产。这时全矿投入生产的已有一、二、三、五共四个坑口。当时,生产工具和原材料都不足,条件是非常困难的,而且越来越突出了。我们出去通过哈尔滨贩木样和煤炭的松光号商店,帮助我们购买一部分,又通过过去的老熟人从个别工厂里讨要一些。因为战争尚在进行,外货运不进来,没有卖矿山机械器材的地方,所以有钱也没处购买。没有别的办法,只有依靠群众来克服困难了。我们向工人群众讲清我们的困难,号召大家共同想办法、自己动手来解决问题。于是工人上山割条子,再组织妇女老人编土篮子;上街买罐头盒子,焊成嘎斯灯(里边装上电石,加水发出瓦斯,点燃后发出火光)用以照明,工人在井下才能操作;开掘岩石巷道靠手镐刨是啃不动的,就去把兵工厂用过的臭火药买回来,用热炕烘干,加上锯木面子,再用纸卷起来,浸上电油(沥青),送到井下去作爆破岩石用。就这样,职工们创造了许多解决生产困难的好办法。

为了进一步解决这个问题,我们研究决定和工会发出联合通知,号召全矿职工、家属、机关、学校和近郊农户,掀起一个献纳矿山器材的运动,将无政府时期流落到各家各户的工具器材等物统统收回来。我也多次到工人中、家属中开会动员,说明恢复生产没有器材不行,矿山不生产,工人生活不好改善,支援解放战争也就成了空话。职工们觉悟很高,他们闻风而动,在麻山煤矿立即掀起了一个公物还家献纳器材的群众运动,把开小磨坊用的电动机,准备做鞋底用的皮带,以及钎子、搬子、钳子、钢筋、钢管、嘎斯灯、土篮子、锹镐等等,全都献了出来。家属同志也不肯落后,把原来矿山的桌椅板凳等器物,也都献纳出来,集中到一起。住宅区里一堆堆的器材物资,像一座座小山。家属干部谷英春不仅动员家属积极捐献,还组织了义务回收队,到附近农村去宣传,也回收了一部分矿山工具器材,既支援了煤矿恢复生产,又教育了农民群众。

由于零星器材回收了,机电修配厂又恢复了从坑内积水中打捞出来的水泵、风泵等,初步缓和了设备不足、工具缺乏的困难。

接着我们又着手恢复七坑。七坑坐落在东明屯,全坑400多人,从坑长到工人全是朝鲜族。我们到矿山后,虽然也派人去过,但那里距矿山较远,语言不通,特别是生产仍然被坏人把持着,工人还受压迫,生活得不到改善。我们反复研究派谁去才能扭转这种局面,最后决定派原三坑坑长刘景清同志到七坑任坑长。临去时我一再嘱咐他:"日本帝国主义统治时期,给我们留下了严重的民族隔阂,这给你的工作一定会带来很大的困难。你去了以后,工作要细致耐心,注意民族政策,在群众没有发动起来之前,对原坑长和其他人的问题,暂时不要去触动,不要操之过急,更不能采取粗暴的办法,防止坏人破坏,影响民族团结。"

果然不出所料,刘景清到那以后,原坑长、工作人员以及当地小学校长对刘景清非常冷淡,把他抛在一边,没人搭理。有什么也不与他商量,而是背着他直接来矿里请示汇报。有一天,小学校长来找我谈问题,我严肃地对他说:"你回去告诉金坑长和其他工作人员,七坑新任坑长刘景清同志,是我派去的全公代表,有事都要直接找他商量,不必再来找我。刘坑长本人解决不了的问题,由他来找我。"这次谈话以后,刚过两天,事情又走向另一个极端。一直没人理会的刘景清坑长,他的办公室忽然热闹起来了,矿工和家属每天都挤得满满的。这个要粮吃,那个要咸菜,这个要穿的,那个要住的,有的还要求修缮房屋,要求派医生治病,可就是没有一个人要求参加生产恢复井口。我得知这一情况后,也觉得里边有文章,是金锡典等人捣鬼。我对刘景清说:"我给你派个朝鲜翻译,让他帮你深入群众,多宣传我们的政策和主张,从抓思想抓生活入手,把群众发动起来。只要群众跟着我们走,什么事情都好办了。"

刘景清这位工人出身提拔起来的干部,工作热情高,进步很快。他天天出入工棚和家属住宅,问寒问暖,调查研究。他发现该村由于伤寒病流行,许多人都病倒了。他们一没钱请医生治病,二没钱买柴米油盐,甚至有不少人连过冬的棉衣还没有着落,所以都没有心思上班。而原来的坑长对这一切不管不问。刘景清向我汇报以后,我们立即派出矿山最好的医生,不到半个月,可怕的伤寒病便扑灭了。当时矿里储备的小米很少,是留给病人和产妇用的。我们还是决定拿出一些米调给朝鲜族年老病弱的同志食用。又想尽办法给他们赶制了一批过冬的棉衣送去,他们高兴极了。从此,刘坑长的信誉在七坑朝鲜族同胞中建立起来了。他们从切身体会中感到党的温暖,认识到共产党是各族人民的解放者和救星,于是他们和矿山更加一条心了。他们纷纷揭发原坑长金锡典等人破坏政府威信,挑拨民族关系,压制民主,冒领工资,孤立刘景清坑长,给他制造困难,企图把他轰走等罪行。我们根据群众的揭发进行了核实,又根据他们的认识和态度,分别给予了适当的处理。

七坑工人的生产情绪空前地高涨起来,过去因病没上班和不愿上班的工人,都纷纷要求分配工作。按当时七坑的生产情况,150名生产工人已经足够了,一下子400多人要求工作,确实容纳不下。当时五坑已经恢复生产,正缺工人，我让刘景清同志把大部分工人分配到五坑去。可是谁也不肯去，这个说家里有病人需要照顾，那个说离家太远走不起路。眼看着大部分工人分配不下去，使刘景清坑长非常为难。他愁眉苦脸地找到矿里来向我说明这些情况，我们一起分析了一下，觉得有许多工作没有做到家。

工人不愿去的原因，是否有三个顾虑：一是他们在东明屯住了多年，不愿离开老地方；二是刘景清坑长已经取得了工人的信任，他们担心调到别的坑口，难以遇上像他这样好的坑长；第三，也是最主要的一条，就是历史造成的民族隔阂。他们不习惯于和五坑的汉族同志一起工作。这样就必须反复地做工作，针对他们的顾虑，向他们宣传民族政策，说明在共产党毛主席领导下的革命大家庭里不分地域，不分民族，全是一家人。不管调到哪里，党的政策是一样的，领导也都是一样的，不会有不同的政治待遇和生活待遇，等等。我对刘坑长说："只要大家的思想认识高了，事情就好办了。"

为了照顾朝鲜族工人对刘景清同志的信赖，我们又决定刘景清同志兼任五坑坑长。

刘景清同志回去向七坑工人反复宣传，做了许多工作以后，工人们思想通了都自愿到了五坑。后来不少朝鲜族同志在生产中做出了很大的贡献，不少还光荣地加入了中国共产党，成为我们各项工作中的骨干分子。

麻山煤矿的生产恢复了，一列列火车载着优质煤炭源源不断地送往各地，有力地支援了我军的战略大反攻。

本文选自王金文、周桂芬主编的《鸡宁大生产支援前线》一书，中共鸡西市委党史研究室1993年4月印，第157~180页。

鸡西(鸡宁)矿工的贡献

杨长春[*]

东北三省是旧中国的工业基地,重工业占全国的 90%,产业工人占全国的三分之一。有煤矿 80 余座,职工 30 余万人。1931 年日本侵略军发动九一八事变,由于国民党不抵抗,使日寇野蛮侵占东北三省,我三千万同胞在日寇的铁蹄下当了 14 年亡国奴。

1945 年日本帝国主义投降后,中国的政治形势发生了根本性的变化:对外民族矛盾下降,国内阶级矛盾上升。蒋介石在美帝国主义支持下发动内战,抢夺胜利果实。在政治、经济和地理上具有特殊战略地位的东北地区成为敌我必争之地。蒋介石在大举进攻关内解放区的同时,派遣 26 万军队妄图独霸东北。我党中央和毛主席对东北十分重视,派了中央委员、中央候补委员 20 名、干部 2 万名和 10 余万大军开赴东北,同国民党反动派展开"针锋相对,寸土必争"的斗争。东北人民在党中央和东北局的领导下,在全国各解放区的大力支援下,浴血奋战三年,最后经过 1948 年冬的辽沈战役,彻底歼灭了东北的国民党军队,解放了东北全境。

鸡西(鸡宁)煤矿地处中苏边界,是我国东北的重要煤炭基地之一。鸡西(鸡宁)矿区工人阶级在东北解放战争时期,在煤矿生产的恢复中艰苦奋斗,英勇牺牲,做出了重大的贡献。

我作为这一革命历史时期的见证人,许多事情至今难忘。应约特写下回忆录于后。

---

[*] 杨长春:曾任中共滴道煤矿总支书记。

第五编

东安根据地大生产支援前线工作回忆

一

党中央十分重视东北的工业生产和工人运动。日本一投降,中央派到东北的20名中央委员、中央候补委员中,就有我国工人运动的著名领导者彭真、陈云、李立三、陈郁等同志。中央组织部和中央职工运动委员会从陕甘宁和各解放区抽调了大批搞工业和工运工作的干部赶到东北工作。

我被调到职工一大队。一大队是由党中央组织部和中央职工运动委员会按党中央指示,从延安和陕甘宁边区各公营工厂和中职委机关抽调的99名干部组成的,故称"九九大队"。队长张克力,副队长徐宏文、何水和我(并兼党支书)。任务是去东北协助陈郁同志接收工矿交通企业,开展工人运动。在陈郁同志直接领导下,我们同原在沈阳、长春等地搞工人运动的一些同志一起,先后在长春市、勃利县、桦南县、鸡西(鸡宁)煤矿等地区,发动和组织工人、农民群众参军参战,接收工矿企业,进行反奸清算,进行土地改革,剿灭土匪,建立人民政权、人民武装和党、团、工会、农会组织,开办学校,恢复和发展工农业生产。参加这场伟大的斗争,我们经受到新的锻炼,学习到新的本领。

二

1946年底到1947年初,我军在东北战场连续进行了四保临江、三下江南作战,给东北国民党军队以沉重打击,迫使敌人停止战略进攻,转入守势。我军则完全转入主动,扭转了东北战局。

我军的胜利前进,解放区的日渐扩大,根据地的巩固发展,都需要大量物资支援,迅速恢复和发展工业生产成为当务之急。东北局号召全党把领导生产作为领导群众运动的最中心工作,积极组织力量,全力准备大反攻。为了加强对工业的领导,东北局于1947年2月调在合江省依(兰)、勃(利)、桦(南)地区担任地委书记的陈郁同志到东北生产委员会任副主任,并把在这个地区工作的原职工大队和曾在沈阳、长春搞过工运工作的大部分同志也调出来,随陈郁同志一起搞工业和工运工作。

当时,工矿企业和交通运输设施都遭到严重破坏,许多电厂发不出电,工厂开不了工,火车和发电厂烧豆饼和木头样子。城市人民烧饭、取暖用的燃料也很困难，领导上认为，关键是缺乏燃料，有了煤炭，工厂交通运输就活了，全局也就活了。于是就决定首先大力抓鹤岗和鸡西（鸡宁）两大煤炭基地，迅速恢复生产。

陈郁同志带领我们于1947年3月到达鸡西（鸡宁）矿区。我们这些同志分到各矿厂去，共同参加发动群众进行民主改革、恢复生产和建立党、政、工、青、妇等组织的工作（我们初到矿、厂的一段时间，是党务、生产、工、青、妇、群众运动一齐抓）。

伪满时期，鸡西（鸡宁）煤矿在东北地区是仅次于抚顺、阜新的大煤炭基地之一。1944年，曾生产原煤321万余吨，有职工14 400余人。滴道矿曾有14个坑口出煤，年产原煤七八十万吨，还有选煤厂、焦子窑，共有职工近万人。

滴道矿同其他矿一样，在日寇逃跑时遭到了有计划的大破坏，矿厂全部停产，加上"中央军"胡匪侵扰，职工生活陷于水深火热之中。地方土改工作团滴道区工作队发动职工群众，初步进行了反奸清算斗争。1946年10月，建立起党支部，鲁流义同志为支书，成立起矿工会，主任是陈子章。1947年2月，东北工矿处接收了滴道矿，唐楠屏同志任矿长。

在刚接收后的一段时间里，主要力量是抓恢复生产，安定职工生活，还未能深入发动群众，进行民主改革。加以东北战场上敌我胜负大局未定，"中央军"胡匪侵扰，日伪的残渣余孽和反动会道门造谣破坏，广大职工中的思想比较混乱。一是对共产党不了解，怀疑能不能站住脚，能不能把压在他们头上的汉奸、把头、日伪残余势力铲除掉，尽快恢复矿山生产，并解决粮、布和食盐等急需品。二是因受国民党反动宣传影响，错误认为是国民党蒋介石的"中央政府"领导抗日，不提中国共产党、八路军抗日。因而有些人有盲目的"正统"观念，认为国民党蒋介石是"正牌"中央政府，又有美国支持，力量大，而共产党、八路军是"杂牌"，力量小，认为斗不过蒋介石，因而对国民党有幻想。三是由于历史上沙俄侵占我东北，虽然苏联红军帮助我们打败了日本关东军，但进入东北的苏联红军又拆运走了一些工厂矿山的机电设备，个别人的纪律也不好，致使很多人对苏联红军不满，并且还由此引起对我党政策的一些误解。四是还有封建迷信思想的影响，矿井口供有老君庙，工人下井前要烧香祷告，祈求神灵保佑，并认为矿工在井下被砸死是"命中注定"，多挖煤是"碰了好运气"。这些落后思想还严重束缚着矿工及其家属。因而需要我们做大量深入细致的宣传教育工作，才能澄清职工的混乱思想，以安定人心。

第五编

东安根据地大生产支援前线工作回忆

工作从何入手？陈郁同志在初步了解情况后指示：要放手发动群众，开展反把头斗争，对矿山进行民主改革，使广大职工在政治上翻身，成为矿山的主人，加快恢复生产的步伐。

我们来滴道矿的同志，分别深入到焦子窑、暖泉、河北几个井区，与工人同住同吃同劳动，到工房子、职工家、井下、工地访贫问苦，调查研究，同职工谈心交朋友，进行阶级教育，讲解放战争的形势，启发职工的政治觉悟和斗争积极性。

陈郁同志又根据东北局指示的精神，指出人民政府接收敌伪矿山后，要千方百计把无吃无穿无住的煤矿工人及其家属从死亡线上拯救出来，要依靠工人阶级来管理矿山，决不能让把头当干部。必须放手发动群众，开展反把头斗争，肃清敌伪残余势力，让职工自己解放自己，做矿山的主人。对罪恶极大的汉奸把头和敌伪分子，报经政府批准予以惩处。要改革日本鬼子压迫工人的管理机构，彻底废除把头制度，否则，工人就不能真正翻身，生产力就不能解放，恢复和发展生产也就没有可靠的基础。

矿工们虽然对汉奸把头恨之入骨，但是，反把头斗争也不是一下子就能开展起来的。日寇汉奸长期的残酷统治，使广大群众的精神压力非常沉重，而且当时整个东北战场上我胜敌败的形势尚未明朗，加上矿区的敌伪残余和反动会道门分子大肆造谣恐吓，害怕反把头斗争搞不起来，搞不彻底，留下祸根，万一"变天"，遭受报复。我们就和已经发动起来的积极分子，分头深入群众，到井下、职工住宅，通过个别谈、开大小会向矿工群众进行启蒙教育，讲解政治形势，宣传党的主张，揭露敌人的谣言，由小而大召开诉苦会，控诉日寇、汉奸把头、伪警察、宪兵特务残酷压榨和屠杀矿工的滔天罪行。长期埋在广大职工和家属心中的仇恨烈火终于烧起来了。要报仇雪恨，要翻身做人，清算敌伪血债，斗争汉奸把头和敌伪残余势力的革命烈火，迅速烧遍了全矿区。那时，前方不断打胜仗，每打一次胜仗，职工们就掀起一次生产高潮。工人们提出"上班抓生产，下班挖蒋根"，职工和家属纷纷起来揭发抓捕民愤大的汉奸把头和伪警宪特。一些工人自己凑路费，三两人一伙，把逃到城镇、附近农村，以及伪装积极混进我们部队当了军官的把头和伪警宪特抓回来，进行批斗。对罪大恶极的，组织工人法庭进行公审，报经人民政府批准，给予不同的惩处。

经过这场斗争，矿区发生了天翻地覆的变化。往日被压在社会最底层的奴隶——"煤黑子"，抬起了头，直起了腰。广大正直的职员、技术人员也吐出了霉气,心情舒畅,成为企业的主人。过去倚仗日寇势力作威作福的汉奸把头和敌伪残余分子,受到了应得的惩罚。

广大职工的阶级觉悟提高后,对是非界限、好人坏人区分得很清楚,他们对一般的职员、技术人员以及没有什么重大民愤的小把头并没有伤害。但也有个别管理人员和技术人员受到冲击,被群众批斗了,因而影响到其他技术人员、职员的情绪和积极性。为什么会发生这种情况?主要是我们领导运动的人有"左"的思想情绪。我们深入矿工群众后,被矿工们的深仇大恨所感染,就以感情代替政策,没有认真加以研究,严格区分矛盾性质,掌握政策界限,及时地向群众进行政策教育,以致在暴风骤雨般的群众运动发动起来后,领导有些失控。当然在群众中个别动机不纯想乘机搞私人报复的人也不是没有的,但那是极少数的。另外,被群众冲击的人本身也确有这样那样的一些问题,在没有做出认真检查和讲清楚之前,难于得到群众谅解。我们发现这个问题后,注意了对群众进行解释和说服,对某些技、职人员做了保护工作。1948年2—3月,东北局在哈尔滨召开了东北职工运动工作会议,总结了接收敌伪工矿企业后工人运动的经验,纠正了工作中主要是"左"的错误,同时也指出了右的倾向,指导工人运动更健康地发展。

经过这场运动,广大职工在政治上翻了身,解脱了长期沉重的精神枷锁,提高了阶级觉悟,极大地激发了政治热情和劳动热情,涌现出一大批积极分子,也比较清楚地鉴别了职工队伍,为改革生产管理机构,发展和健全党、工会、青年团、妇女会组织,准备了较好的条件,加快了恢复生产的步伐。

彻底废除了把头制度,改革了伪满遗留下来的管理机构"劳务系",调整了一些科室领导人员。民主选举高孰水、翟凤亭为副矿长;选举积极分子担任滴道中央、河北、暖泉的区长及各坑坑长和生产班组长。矿和坑口建立了生产管理委员会,由各单位的党、行政、工会的负责人员及技术人员和有威望的老工人参加,统一领导生产、生活和教育等重要工作,在党的统一领导下,新老干部、技术人员和矿工代表团结合作,当家做主,带领群众管好自己的矿山。

在反把头斗争胜利的基础上,开展了劳动竞赛和立功运动。在反把头运动经过4、5、6月高潮之后,转向开展劳模运动,先评生产采煤能手,再评劳模。由于劳模条件高,时间又长,暂时不能普遍调动广大职工积极性。我们在《东北日报》上看到解放军战士在前方立功的报道,受到启发,想在职工中开展生产立功运动。滴道河北一坑青年采煤能手张正喜最先赞成开展生产立功运动,他主动

第五编

东安根据地大生产支援前线工作回忆

找了高埶水、王全孝、刘瑞全、魏有芳、王立顺等人说:"前方解放军战士立功打老蒋,我们在后方多出煤立功打老蒋不一样吗?"我听到他们的议论,又向他们介绍,在抗日时期中国共产党在延安兵工厂开展赵占魁运动,各个抗日根据地热烈响应,都以新的以厂为家的主人翁态度展开劳动竞赛,增加生产,有力支援抗日战争的经验和做法,大家听后更受鼓舞,决心要带头投入立功竞赛,并在本井试行。开始大家没经验,怎么订立功标准条件? 下班后开职工会讨论,提出要团结互助,带领好新工人,开会要积极发言,每月超产百分之十记一小功,连续三个月记一大功,每三个月满勤记一小功,还要不违反安全规程。每日有统计员登记,每周小评,井口每月一大评,谁立功登记在立功簿上。河北区经过7、8月两个月立功试点,由日产300吨,提高到500吨。后报请鸡西(鸡宁)办事处领导,同意在滴道矿全面推广。接着在中暖区由苗子文、翟凤亭、老齐头、常忠义在西安区炼焦场,张金堂在机电,以及在木工、地质测量工等技术职员中普遍地开展起来,连职工家属也发动起来投入立功运动。经过讨论犯人也可参加立功,根据犯人立功大小建议司法部门给予减刑提前释放,转为正式工人。只要对矿山恢复生产有所贡献,不分民族、国籍人人可以立功,事事可以立功,个人、集体均可以立功。只要完成本职任务就可以记优点(红点),十个红点记一小功,三小功合一大功。井口一月一评,区两个月评一次,矿是三个月到半年评一次。小功由井口评定,大功由区定,特功由矿定,逐级上报审批。评功领导有井口、区、矿三级党、政、工和积极分子代表参加。全矿经过两个月立功运动,井上井下职工和科室管理技术人员增进了团结。测量技术人员于学孟被评一大功,新提拔的党、政、工干部得到了锻炼,有劲向一处使,按各自分工,均以新的主人翁态度,完成并大大超过生产任务和提高效力。因而得到陈老和工矿处刘向三、孙然等领导的赞同,并号召在鸡西(鸡宁)全矿、厂开展立功运动。1948年2月,恒山、麻山、城子河、柳毛铅矿、机械厂先后开展了立功运动。同年4月,全矿区掀起了立功竞赛高潮。到8月第一次评功劳模会有8 162人立功,其中立大功3 268人,还有班组并股科室单位百余个,发明创造80余人。立功运动有广泛的群众基础,这是继承延安兵工厂发起的、在各抗日根据地推广的赵占魁运动,是以厂为家、艰苦奋斗精神在新的条件下的运用。

日寇统治下的伪满煤矿,生产方式非常落后,根本没有什么采掘机械。日本投降时,又进行了严重破坏。恢复生产时连镐头、铁锹也不够用。采煤完全靠用手镐刨;岩石巷掘进就更艰苦,手把钎子一锤一锤地打眼;放炮没有雷管,只好用炮引子，冒险放明火炮。井下没有安全灯，只好一人一盏明火嘎斯灯，这在瓦斯含量很高的矿井里是十分危险的。出一吨煤，掘进一米巷道，真是不容易。在这样困难的条件下，要加快恢复生产，多出煤炭支援解放战争，靠什么？就是靠共产党的领导，靠广大职工高度的政治觉悟和主人翁的劳动热情。当时职工出勤率达95%，全员效率由伪满1944年的0.3吨提高到0.44吨。恢复开设24个矿井后，年产原煤达到499 000吨。为了支援解放战争，广大职工在劳动中不讲报酬，许多人还义务献工。生产和维修的工具器材都极为缺乏，想购置缺乏资金，也来不及，就不得不发动群众献纳器材或动手制造。许多职工和家属把过去捡拾保存的工具器材无偿交给矿上；不少人还自动到井上井下四处搜集有用的东西交给公家。暖泉区的木工老齐头，儿子参军在前线牺牲，他忍住悲痛，不顾年老，积极劳动，并献出风镐、风带、大锤、铁锹、卡巴线等许多东西。搬运工人仲迹双挖掘献出矿车用的铁插销五马车之多。这对解决器材困难起了很大作用。

　　日寇和汉奸、把头，把工人剥削得精光，日本投降后又有"中央军"胡匪的洗劫，广大职工，特别是工人的吃穿住用更加困苦，许多人连一件囫囵的更生布衣服和不露脚趾头的鞋子都没有。当时，整个解放区的物资供应也很困难。东北工矿处领导同志千方百计想办法，经人民政府批准调运来20万尺棉布、500万斤粮食、30万斤豆油、20万斤食盐等物资。由各矿工会组织职工家属开办了缝纫厂，为衣不遮体的职工赶制棉衣。还将粮、油、盐、水袜子等生活用品，交给由职工选举信得过的人管理的消费合作社，按平价卖给职工。又利用废旧坑木为职工修盖了一些住房。对不合理的工资制度（科室人员比直接生产人员工资高，井上人员比井下人员工资高），进行了初步改革。采煤、掘进、支柱等工种，能计件或包工的改为计件或包工，井下工比井上工的工资高25%，采掘工更高些。这不仅从经济上鼓励了职工下井并到采掘第一线劳动的积极性，也有利于改变人们某些传统的陈旧观念。到1947年秋冬，职工的基本生活有了改善，保证了生产的正常进行。

　　1946年初，鸡西（鸡宁）的厂矿还没有统一的接管机构，尚未恢复生产；地方土改工作团和人民军队到达鸡西（鸡宁）后，在矿区初步发动群众，进行反奸清算斗争，发展了少数共产党员（滴道矿8人，恒山矿12人，麻山矿2人），建立了党支部和工会的架子。1946年7月以后，东北工矿处鸡西（鸡宁）办事处先后接管了各矿、厂，陆续调来了一大批党员干部，职工中的党组织也有了新发展。1947年5月,矿区正式建立了中国共产党总支部委员会,统一领导各矿、厂的党支部。在反把头和清算斗争中,党组织迅速发展,到1947年底,全矿区已有党员338名,较大些的坑口,都建立起党的分支部或小组。1948年初,经上级党委批准,滴道矿党支部改为党总支,开始时我兼任总支书记,后提拔河北二坑党支部书记王立顺担任总支书记。1948年10月,遵照中共合江省委指示,成立了中共鸡西(鸡宁)区委员会,委员有李华辑、王珣、周士俊、张春长和我等人,由我担任书记,王珣担任宣传部长,周士俊为组织部长,纪淑珍为妇委书记。从党委到支部都设立了专职党务工作干部,改变过去党、政、工、妇干部互相兼职一揽子抓的工作方式。1949年5月26日,召开了第一届鸡西(鸡宁)矿区党代表大会,正式选举成立了矿区党委会。此时,各矿、厂已有6个党总支,32个党支部,1 118名党员,占正式职工总数的7.5%。其中的老党员,大都经过革命战争的锻炼;新党员都是从激烈的阶级斗争和艰苦的劳动中涌现的积极分子。许多人入党后又经过工人学校、党训班或合江省党校的政治训练,参加了1947年和1948年两次整党教育,绝大部分表现良好,在政治斗争和生产建设中不怕苦、不怕死,具有大无畏的自我牺牲精神。如滴道矿的苗子文同志,在恢复中暖六坑的抽水过程中,别人干了一个月未见大效,而他在井下,两腿泡在没膝深的冰凉的污水里,顶着大雨般的淋头水,坚持三天三夜不离岗位,实在困了就在井口歇一下,连续干了三天,抽干了水,使生产得以恢复。五坑采煤工刘开高同志,过去曾在井下被砸伤过,这次他带领几个新工人抢采一个危险工作面的煤炭,新工人不敢靠近,他靠住掌子头说:"要塌先砸我。不要怕,快干。"几个人上去猛干,抢采完煤,他叫新工人先出来,自己跟在后面,刚离开,就冒了顶。几个新工人都说:"共产党员是好样的!"各矿、厂都有一大批优秀党员,用自己的模范行动团结带领群众战胜困难,支援前线。在近三年的时间里,有2名老党员、9名新党员在生产和工作中光荣牺牲,有22名新党员因公受伤致残。我们将永远怀念他们,学习他们献身革命的精神!

同时也有7个人因为犯有贪污腐化的错误或作风恶劣,严重脱离群众,被开除出党。中国共产党就是在不断吸收新鲜血液,同时又清除有害渣滓的斗争中,使党的肌体健康发展,团结带领广大群众不断前进,胜利完成各个时期的革命任务的。

全矿区统一的工会、青年团、妇女会组织也先后成立了。各矿、厂的基层工会组织和人员,在反把头运动中进行了必要的调整和充实。运动胜利结束后,滴道矿在1947年8月,机械厂在9月,麻山矿在1947年3月,恒山矿和城子河矿在4月,先后召开了职工大会或职工代表大会,正式选举产生了矿、厂级的工会组织。在此基础上,1948年5月5日召开了全矿区第一届职工代表大会,选举了吴良俊、孙贵山、常忠义、王珣、綦敦郑、李子彬、李玉山、纪淑珍、中西(日本人)、杨长春等30人为鸡西(鸡宁)矿区总工会执行委员,并推选杨长春为主任,孙贵山为副主任,常忠义、刘学谦为组织部正副部长,王珣为文教部长,李子彬、綦敦郑为福利部正副部长,李玉山为青工部长,纪淑珍为女工部长。还选举了出席第六次全国劳动大会的代表孙然、徐宏文、杨长春、张正喜、姜立顺、张德贵、王振祥、袁溥之等9人,列席代表孙贵山、孙少南。这时,已有矿、厂级工会6个,矿井、车间分工会29个,会员9 515人,占职工总数的16%。

1949年6月,召开了矿区毛泽东青年团代表大会,选举产生了以王珣、李玉山为首的矿区团委会。共有团总支四个,团支部32个;团员1 030人,占青年职工总数的16%。

1949年2月,召开了矿区妇女代表大会,选举产生以纪淑珍、孟桂兰为首的妇女会;已有矿、厂级妇女会7个,会员5 149名,占矿区妇女总数的75%。

工会、共青团、妇女会在各级党组织领导下,在反把头斗争、恢复生产、开展劳模立功运动、动员参军、慰劳军队和军烈属,以及解决职工生活福利问题等方面,都发挥了很好的作用,为支援解放战争做出了贡献。

为适应革命形势发展的需要,1948年初,东北行政委员会成立了东北工业部,统一领导管理东北的工矿交通企业,撤销了东北工矿处;7月,撤销了东北工矿处、鸡西(鸡宁)办事处,成立鸡西矿务局。李华辑任局长,杨长春任副局长,统一领导管理恒山、滴道、麻山、城子河、张新等煤矿及滴道洗煤厂、柳毛河铅矿、鸡西(鸡宁)与滴道两个发电厂、煤机厂、炼铁厂、滴道雷管火药厂等单位的工作。1948年底,职工已发展到19 200余人,各项工作已基本走上正轨,东北解放区的这个重要煤炭基地已经恢复起来,并有了一定发展。

三

日本投降后,我党领导的革命斗争,由同日本帝国主义的民族矛盾为主一下子转变为同以蒋介石为代表的大地主大资产阶级的阶级矛盾为主,我们的思想一时还跟不上。1946年7月,东北工矿处鸡西(鸡宁)办事处在接管鸡西(鸡宁)各矿后的一段时间里,由于外来的干部少,尚未能深入调查研究,我们对搞大型煤矿还不懂;对日寇、汉奸长期统治遗留下来的煤矿的阶级状况及其斗争的特殊性不甚了解;对于依靠谁、团结谁、反对和打击谁,认识上也不是很明确的;又加上用煤急,就利用原有的机构、制度和管理人员恢复生产。在地方土改工作团及政府共同领导配合下,经过工农诉苦,先后处决了恒山矿大把头徐维浩、麻山矿大把头刘荫锷。滴道矿大把头毛振升畏罪逃跑,参加谢文东部中央胡匪后在刁翎被俘处决。但是,工人阶级觉悟、地位,旧的管理机构、制度,汉奸把头和敌伪残余势力的影响等状况还没有大的改变。

1947年3月,陈郁同志来鸡西(鸡宁)后,经过一段调查研究,发现伪满遗留下来的旧机构、制度还没有根本改变。原骑在职工头上的汉奸把头及伪警宪特分子,或者隐蔽起来,暗中捣乱破坏,或者摇身一变钻进管理机构,担当领导职务,有的还钻到我们的军队、城镇企业内得到信任和重用。广大工人和正直的职员、技术人员在心理上和精神上受的压力很大,对共产党也还不大信任。群众议论:"说是解放了,可在上边管事的还是那些人,我们还是光管在下边干活。"在这种情况下,广大职工就不可能有自己是矿山主人翁的感情,政治热情和劳动积极性就发挥不出来。要想迅速恢复和发展生产,就必须放手发动群众,起来同汉奸把头及敌伪残余势力进行斗争,彻底摧毁他们有形的和无形的统治,建立起职工当家做主的新秩序,切实提高职工——特别是工人的社会地位、政治地位和经济地位,使他们获得看得见的利益。煤矿进行的这场以反汉奸把头为主要内容的民主改革运动,是完成民主革命不可缺少的重要一步。这是一场极为深刻的革命斗争,既要解决敌我矛盾,也要恰当解决一些职、技人员同工人之间的人民内部矛盾,还要改变人们一些错误的传统思想和偏见。鸡西(鸡宁)矿区经过这场运动,基本上较好地实现了这个目标。

随着解放战争的胜利和矿区工作的发展以及干部地位的变化,在某些新老干部中也滋长起了骄傲自满情绪和歪风邪气。如有一个矿长,在有群众喊他"×矿长万岁"时,自己并不觉得是问题,不予制止和解释。有的同志坐在办公室,不深入群众,不调查研究,乱发命令瞎指挥。有的害怕在煤矿工作艰苦、危险,要外调、转行。有个人坐着马车,手有榔头棍,东游西转,引起群众很大反感。个别人利用职权贪污腐化,影响极坏。陈郁同志根据东北局关于整党指示的精神,结合鸡西(鸡宁)矿区党务工作的具体情况,及时组织大家学习,开展批评,进行整风,并加强各级党组织的工作,严格党的纪律和组织生活,建立经常的政治思想教育工作，不断提高党员——特别是党员干部思想的觉悟，更好地保证了矿区各项工作的发展。

四

鸡西（鸡宁）煤矿全体职工和家属，在中国共产党领导下，发挥工人阶级的主人翁精神，靠自己的双手，战胜了无数艰难困苦，有的同志还献出了宝贵的生命，在被破坏的一切废墟上，迅速恢复了生产，为支援解放战争和建立巩固的东北根据地做出了积极的贡献。全矿区煤炭产量，从1946年的15.6万吨，增长到1947年的108万吨、1948年的236万吨。劳动生产率直线上升，全员平均日产煤量，从伪满时最高的0.3吨提高到1948年的0.55吨。在没有采掘机械，全靠手刨、锹装的条件下，达到这个水平是来之不易的。一列列火车，满载着鸡西（鸡宁）矿区的煤炭和广大职工及家属的深情厚谊，给前线将士和解放区人民送去了动力、温暖和光明，有力地支援了解放战争和生产建设。

在恢复生产和民主改革运动中，积累了成功和失误两方面的宝贵经验。譬如，怎样接收敌伪工矿企业。矿区解放初期，暂时按旧有机构、人员、制度，尽快恢复生产，是必要的。但以后派去干部初步掌握企业领导权，就要深入调查研究，还必须放手发动职工群众进行民主改革，彻底摧毁敌伪残余势力，废除压迫剥削职工的把头旧制度，使广大职工当家做主，并依靠他们管理企业。决不能依靠旧的把头管理制度、人事制度和压迫职工的人员来领导管理生产。在民主改革中，要严格区分敌伪残余势力、汉奸把头同一般职员、技术人员的界限，要具体分析和正确对待各种不同的职员以及某些人的不同问题的性质，恰当地处理技、职人员同工人之间的矛盾。既要彻底清除有罪恶的敌伪残余分子，废除把头制度，使工人在政治上得到解放，又要能教育、团结广大职员，保护那些愿意为人民服务的技术人员，达到职工团结合作。要积极从广大工人、职员和技术人员中培养、提拔大批同群众血肉相连的干部到各种领导岗位上来，这样我们才能站稳脚跟，实现真正的领导。还要建立各级民主管理委员会领导、管理和改造企业等等。这些经验，对后来新接管的东北的以及全国的煤矿企业，都有可供借鉴的意义。

在这三年中，共培养、锻炼出了1 500余名干部。近百名从老解放区去的干部，受到了新的考验和锻炼，学到了管理大型厂矿企业的基础知识，许多同志成为领导新中国煤炭工业的重要骨干力量。新从职工中成长起来的大批干部,不仅担负了鸡西(鸡宁)矿区党政工青妇组织的各级领导责任,领导着矿区生产建设的巩固和发展,而且在全东北解放战争胜利前后,就有300多名调去支援新解放区的工矿企业。全国解放后,一批批的同志奔赴全国许多新矿区支援建设,有些同志,则被调到东北或中央的煤炭工业的行政或工会领导机关工作。

鸡西(鸡宁)矿区的工人阶级,自1946年开始,在东北解放战争中,恢复生产中,艰苦奋斗,英勇牺牲,为新中国的诞生曾做出重大的贡献。历史将永远铭刻着他们的功绩。我们今天应当很好地总结这段历史,吸取有益的经验,发扬优良的革命传统,为我国四个现代化的建设,为建设有中国特色的高度物质文明、精神文明的社会主义强国做出更大的贡献。

本文选自王金文、周桂芬主编的《鸡宁大生产支援前线》一书,中共鸡西市委党史研究室1993年4月印,第181～197页。

鸡西(鸡宁)发电厂是怎样恢复的

陈一明[*]

(一)

1946年11月,组织上把我从哈尔滨军工办事处调往鸡西(鸡宁)修复发电厂。

那时候鸡西(鸡宁)发电厂有2台发电机,3台锅炉,但都在日本人逃跑时被破坏了,发不了电。当时鸡西(鸡宁)发电厂由三五九旅的方刚同志在那里负

---

[*] 陈一明:当时修复鸡西(鸡宁)发电厂设备的主要负责人之一。

责,正积极组织工人为恢复发电想办法。他们在冷却塔下找了一些浮在水面上的透平油,再加入一些变压器油进行过滤,作润滑油用,工人们很辛苦。

我到了鸡西(鸡宁)后,就察看电厂被破坏的情况。鸡西(鸡宁)发电厂有两台15 000千瓦石川岛汽轮发电机,在当时来说,是比较大,比较新的。日本人舍得下功夫搞这么大的电厂,除了用来掠夺煤矿资源外,还想在东安(即密山县)一带与苏联交界的地方建立电网,想发展到6台到9台发电机。在他们的梦想破灭时,疯狂地把两台发电机组破坏了。2号机的线圈被放火烧了,两台机器内的透平油全部放掉了,调速器也拆掉了。3台锅炉安装好2台,3号锅炉没建完。

要恢复电厂,首先在技术上要解决哪些问题呢?第一,发电厂的汽轮机调速系统和油系统要恢复起来。第二,锅炉起动缺乏电源。锅炉上水要开启给水泵,240马力的水泵是很大的,还要开动球磨机,也是200多马力,由于起动时电流很大,开了球磨机,就不能再开给水泵,用给水泵就不能用球磨机。另外还有送煤机、引风机等都要用电,所以,这时缺这少那,非常困难。

汽轮机起动要求在通汽暖机的情况下进行,等温度均匀以后才能起动,如果不是在暖机的情况下开启,就会因温度不均,使汽轮机的大轴造成弯曲而损坏。在这种缺乏起动电源的情况下,我们就采取了交替起动的办法,虽然机器起动了,可以发电,但没有彻底解决起动问题,只是暂时解决恢复煤矿生产的需要。之后,在一次起动中机器还是出了毛病,轴瓦烧了。

(二)

起动电源是滴道发电厂供给的,该厂情况也不佳,一台3 000千瓦的发电机被雷击起火,使一头的发电机定子端部线圈烧毁,不能使用。滴道还有一台1 000千瓦的发电机,日本人撤走时,在汽轮机检查孔里放了手榴弹,把叶片炸了,拿掉几片坏叶片,尚能继续使用,但发电量已达不到1 000千瓦,大概能达到600千瓦,再扣去本厂用电,能送出电力不足500千瓦,不能满足鸡西(鸡宁)发电厂的起动需要。为了解决这个起动电源问题,我到滴道去修复那台烧毁了的3 000千瓦的发电机。

那时修理电机最大的困难就是缺乏所需要的材料,那时没有绝缘布,我们只好用茧绸布代替;没有云母绝缘材料,就靠我们自己加工,找来天然云母片,把它揭开,两面贴上很薄的纸,再裁成一条一条的云母绝缘带,经过耐压才使用上去。

经过两个多月的紧张劳动,3 000千瓦的发电机修复了。详细的修复内容很多,什么原材料加工、焊接线圈安放绝缘材料,刷上绝缘漆,电热风干燥,干燥完后经过试验耐压就可以使用了。在修复3 000千瓦的发电机时,遇到的最大难题,就是这个汽轮发电机是两头转的,一头发电机取下来修理后,汽轮机的两侧都要重新找正。两端的叶片一个套一个精度极高,很难找正。为了克服这个困难,我们把一头卸下来,把另一头紧固以后,再恢复它重新运行。那时很多人感到重新找正太困难,不容易搞,没有把握。但我们那时硬是自己动手,克服一个又一个困难,搞成功了。修完以后,一次性发电成功了,结果令人满意。

(三)

在修复滴道3 000千瓦发电机时,鸡西(鸡宁)的一号发电机轴瓦坏了。原因是两个:一个是油不行,透平油不足,加入了变压器油代用,油腐化了。一个是起动时太冒险,上完水后又开球磨机,又点火使蒸气升压,在这样的矛盾中间,急于起动,升转太快,加上油液腐化,就把轴瓦烧了,当时没有备件,确实非常困难。煤矿需要电力抽井下积水,又临近过大年,各地都呼喊:"快给我们亮一下吧!"但实在没有办法,手头只有500千瓦起动电源,必须想方法设法保存这个电源。只好起早贪黑抓紧时间抢修3 000千瓦发电机。一直到1947年春,我才回到鸡西(鸡宁)发电厂,当时鸡西(鸡宁)电厂正在修理发电机后边的轴瓦。这个轴瓦是很大的,励磁机到发电机之间的一个大瓦,这个轴瓦烧了。要加工这么大的轴瓦,鸡西(鸡宁)当时没有这样的加工设备,而且精度要求很高,怎么办呢?我们的工人在聂春荣工程师领导下,想办法用大铬铁焊补,就像电视机扫描一样,用钨金一个点一个点地焊上,缝隙接近于零(无限小),焊上以后,用手工将它刮成轴一样大小的弧形。这件事情在战争时期,在那种困难的情况下,是特别不容易的。用手工一点一点地搞出来完全是逼出来的办法。

修理一号发电机,克服了许多难以想象的困难,修完了以后,安装上就一次使用成功。当这次修复好15 000千瓦的一号发电机后,生产就灵活了,要用大的就有大的发电机,要用小的就有3 000千瓦的发电机,东安、恒山、城子河和麻山的用电都保证了。接着就修复第二台15 000千瓦的汽轮发电机组。

修理二号机时,需要自制调速机的主要部件,我们把一号机的调速器的重量称了再称,因为它有个自身重量上下活动来调节油量,使离心砣和转速保证稳定在每分钟三千转的高速运转,要求精度极高。至于修理二号发电机烧坏的线圈,已有了滴道修 3 000 千瓦发电机的经验,进行得比较顺利,所以二号机也就很快地修复了。

困难一个接着一个,发电机修好了,锅炉漏水又摆在我们面前,这个困难也不小,锅炉腐蚀渗漏,很不好解决。防止锅炉漏水要用化学药品处理水,日本人当时也尚未解决。我们处在战争的年代,没有水处理设备和化学药品,更没有现在的阴阳离子,只好采取两个办法:一是连续补焊,利用旧锅炉维持生产;另一个办法是抓紧抢建新锅炉。我们克服了吊装、起重、焊接、试压等一个又一个困难,新锅炉建成了,投入运行第一次就成功了。这样就保证了鸡西(鸡宁)电厂持续的正常运行,地区供电问题比较彻底地解决了,这对于恢复发展鸡西(鸡宁)的煤炭生产,恢复东北工业生产和解决哈尔滨市人民生活用煤起了一定的作用。鸡西(鸡宁)发电厂对解放东北,对军工生产,对人民生活是有贡献的。

鸡西(鸡宁)发电厂恢复后,就支援镜泊湖发电厂的修复发电机工作,接着又支援了哈尔滨电厂的发电机修复工作。

(四)

我在鸡西(鸡宁)电厂工作时,梁平同志当政治指导员,袁大姐(袁溥之)也在电厂工作过,他们都在抓工人的学习,提高工人的阶级觉悟。工人在那种困难的情况下,不但恢复了生产,而且成长得很快。开始时,工人对我们共产党的认识不清楚,对在共产党领导下国家能够独立,工人阶级能够当家做主,能够自己管理自己的国家,能够办好电厂和其他一切事业不敢相信。但在他们与共产党的接触中,在梁平、袁大姐的热情帮助下,很快地提高了觉悟,并且有些同志很快地当了领导干部,当了电厂的厂长。像鸡西(鸡宁)现在的王厂长就是那时从工人中培养起来的。还有个工人现在在大连附近瓦房店重型机械厂任党委书记。当时的汽机工人辛树林现在是牡丹江电业局局长,还有很多工人,都是那时在困难的环境下,锻炼培养起来的。

1948 年 4 月,我在哈尔滨开会,当听到小丰满解放的消息时很高兴,大家的情绪都十分高涨。当时晚上 11 点,我正入睡时,有人来把我叫醒,通知我:组织决定我到小丰满电站去接管。我立即起身,打好背包,乘12点的火车去吉林小丰满,我就是在这样的情况下,告别了鸡西(鸡宁)发电厂的。

本文选自王金文、周桂芬主编的《鸡宁大生产支援前线》一书,中共鸡西市委党史研究室1993年4月印,第198~202页。

我的回忆

孙少南[*]

(一)煤矿工人在伪满时的悲惨遭遇

我是1941年5月招工从天津来到密山的,密山在当时是伪满东安省的东安市。

1937年七七事变后,华北被日寇侵占,到了1941年,日寇加紧了对解放区的扫荡和对沦陷区的奴役,广大人民群众处在水深火热之中。因失业家中生活极其困难,日子过不去,我便走上"闯关东"的道路。

1941年4月从东北来的把头在天津招工,他们当时说得很好,说是到了东北吃的是大米白面,住的是洋楼,每天的工钱是三四块银洋,干上一年就送回来。当时因为我们在天津失业无路可走,报名当了劳工。报名后把头就给了10元钱做路上生活费,办理登记手续,再不准自由行动了。从此后,这10元钱就成了套在我们脖子上的枷锁,使我们失去了自由,想不干把钱退回去也不行了,无可奈何,只得跟招工把头去东北。

我们先是从天津上船到大连。在天津上船时,每人都填了卡片,按了手印,

---

[*] 孙少南:时任小恒山工会会长、清算委员会主任。

把长头发全部剪掉,到大连下船时,逐个对照卡片进行审查,问每个人的姓名、年龄、籍贯。当时问到是哪里人时不让说是中国人,叫说是满洲人,有很多人因为说是中国人而挨了打,有个同伴越说自己是中国人越挨打,最后别人告诉他,让他说是满洲人才不挨打了。这时我们才知道受了骗,被卖了劳工,但后悔已来不及了。

接着我们又从大连上了闷罐车,走了好几天,一直拉到伪东安省东安市,下火车后又到了清水组,让我们在这里给日本关东军大营修马路,从此开始了被奴役的生活和繁重的劳动。

我们从天津来的有200多人,都住在大席棚子里,初来乍到,对这里的生活很不习惯,虽然已到5月,但气候还是很冷的。席棚子里没有炕,只有用小木杆搭的床,上面铺了些洋草,这就是我们睡觉的地方,晚上只有一条线毯当被子盖,常常冻得睡不着觉。吃的是高粱米,没有菜,只有一点点用盐水泡了的干萝卜丝当菜吃。但是,干活却是很累的,天天早上3点出工,晚上9点收工,每天要干18个小时的活。劳工们说:"要吃清水组的饭,就得拿命换。"我们在这里辛辛苦苦干了3个多月,一个钱不给开,说是年终一起结算。我们从天津来时都穿着单夹衣,到这里后气候很冷,天天挨冻,再加上吃得不好,干活又累,连冻带饿,连累带病,所以死了很多人。工人们无法忍受,没有活路了,只得逃跑,所以来时的200多人,经过几个月的折腾,有的死了,有的逃跑了,最后只剩30多人。

当时我没有跑,还幻想着年底能挣几个钱好回天津。可是谁知道我们没有跑的人却更倒霉了。有一天把头把我和一个姓罗的工人找去了,他问我们工人都跑到哪里去了。我们说我们不知道,把头说是你们让跑的,跑到哪里去了你们知道。于是就把我们二人绑起来打,要我们说出工人都跑到哪里去了,我们说不出来,把头就把我们往死里打,我们根本不知道工人都跑到哪里去了,所以也实在说不出来,最后没有办法,让我们下保证,保证我们不跑还要看住别人不跑,就这样,才把我们两人放了。

从天津来的劳工中,我有几个好朋友,有罗振邦、张德俊、李志新等人,我们4人一合计,在这里继续干下去没有个好,不逃跑就得死在这里,逃跑也许还有一条生路,于是我们暗中做准备,下决心逃跑。我们一人准备好一把铁锹,把锹头磨锋利,安得结实,钉上钉子,使锹头不易掉下来。在一天早上出工时,我们把线毯围在腰间,在上工的途中乘机逃跑出来。当时我们想,如果把头和鬼子追来,我们就以死相拼,拼个你死我活,决不能让他们抓回去,抓回去就活不成了。就这样,我们逃出东安市。

我们4人逃出来后,不敢走大路,只得走山路走小路,穿青纱帐,一天才走20来里路,天黑到了黑台村,找了个小铺子买了点吃的,不敢住店,在村边的一个草垛里睡了宿。第二天一早离开黑台,继续往前走,中午到了永安乡,在一个老百姓家里要了点饭吃,吃了又走,到天将黑时走到城子河。当地的老乡告诉我们,要我们不要往城子河矿去,那里经常抓人,抓去就送矫正院,一进矫正院就出不来了。我们在村边上看瓜的窝铺里住了两个晚上,让当地的老乡帮助我们想办法,让我们到鸡西(鸡宁)。当时通往鸡西(鸡宁)的城子河大桥由日本兵把守,来往行人要检查居民证,没有居民证的就抓起来送城子河矫正院。当地老乡每天早上赶着小牛车拉着柴到鸡西(鸡宁)去卖草,在老乡们的帮助下,我们4人分别帮老乡各赶一辆小牛车,到鸡西(鸡宁)卖柴,把守大桥的日本兵一般不检查赶车的,就这样我们混到鸡西(鸡宁)镇内。

当时的鸡西(鸡宁)镇内,只有一些小店铺。镇内外包工招工的很多,我们打听了一些有关招工的情况,被柳毛装沙子场的毛把头招了工,于是我们就跟着毛把头来到柳毛装沙子场。毛把头给我们每人10元钱做零花钱,我们就开始给毛把头干活。沙场的活也是很累的,但还能挣着钱,半个月开支一次,一次能开60来元,扣除饭费还剩20来元,买点衣服、鞋袜和日用品所剩也就没有多少了。我们在装沙子场从8月干到冬天,因为冷沙子不能装了,我们没有活干了,只好闲待着,有时找点零活挣几个伙食钱,勉强对付着过,想等到明年开春再找活干。

有一天下了大雪,刮大烟泡,我和张德俊到山脚下去撵野鸡,一只野鸡飞过铁路,我们越过铁路去追,被看铁路的护路队看着了,把我们二人抓到护路队。说我们是破坏铁路的,我们说我们是装沙场的工人,护路队大部分是日本人,他们非要把我们送到鸡西(鸡宁)护路大队,我们说我们装沙场的沙子都是卖给铁路用的,我们确实是沙场工人,若要不信可问沙场的把头。经护路队和沙场联系,由沙场的把头和日本人说情才把我们二人放了,从此后再也不敢在铁路边上走了。

由于没有活干成天待着心里很苦闷,更重要的是不干活挣不了钱,吃饭成了问题,所以还得想法子找活干。1941年末,经人介绍,我们4人来到黄泥河子(即现在的恒山区),在黄泥河子的鸡西(鸡宁)矿外包工张佩成把头那里干活。

我们干的是井外运煤的活,挣的是日工资,每天两元,吃的还可以,每月伙食费12元,衣服鞋都是自己买,有时大出炭时还配给一些衣服、烟、酒,但大部分被张把头克扣了。

我在张佩成把头跟前干活干到1942年5月,受到把头的剥削,也没挣几个钱。张把头剥削工人手段是毒辣的,方法是各种各样的,剥削的主要方式有:

1. 从工人挣的工资中十抽一,也就是抽10%；

2. 从日本人那里领来的配给品不发给工人,而是拿到郭小鬼商店高价卖给工人,如一双胶鞋配给价是四五角钱,卖给工人是两元钱,单衣、棉衣都是以增加三四倍的价卖给工人；

3. 从伙食中取利,12元钱的死伙,有8元钱足够,4元钱就落到把头手中；

4. 设赌抽头,十抽一；

5. 死亡的工人、逃走的工人遗物遗款都被把头收去；

6. 每个工人上一个班,把头得手挡钱五角,工人上班越多,把头得钱越多；

7. 以工人名义办的吸大烟证,把头领出大烟证,高价卖给工人,一个大烟证就挣一元钱。

由于受不了张把头的层层剥削,到6月份我们就换了地方,到黄泥河子街里的"真田水道组"沈把头那里干活,挖水道,到井下铺设水管道。沈把头对工人的剥削稍轻一些,也是从工资中抽10%,以工人名义领的粮食和配给品也能发给工人一些。吃饭是活伙,按顿记账,月末结算,工人比较自由。住的地方有火坑,也比较好一些。干活是包工计件,一延长米水道1.5元,一人一天能挖五六米,一天能挣8至10元,但到冬天就不能干了。

到了1942年末,罗、张、李三人提出要上沈阳,然后回天津。我在当时虽然存了100多元钱,但要回天津一路也就花光了,所以也没脸回去。后来他们3人走了,我留下来,我和沈把头的工人一起到小恒山区在日本人赤海包的小恒山四井二斜新开井干活,以后又到鸡宁报国队刘忠凡把头那里干活,在井下采煤、掘进、蹬勾,后来又给恒山街回民饭店顶出劳工,在鸡宁报国队五井二斜蹬勾,一直到1945年东北光复。

为了配合当时的除奸反把头斗争,陈郁同志提议,建立工人文化团,搞一些工人群众喜闻乐见的形式来宣传教育广大工人群众。根据陈老的提议,1947年下半年在工人学校第六期学员中抽出一些年轻、有文化有文艺爱好的同志,成立了东北工人学校文工团。当时我担任了文工团团长。文工团的同志们以通俗易懂的秧歌剧,说说唱唱的形式,短小精悍自编自演的节目,深入到各矿井。当时演出的节目有歌剧《白毛女》,自编新剧《矿山泪》《血泪仇》以及教唱《没有共产党就没有新中国》等歌曲,深受广大群众的欢迎,激发了职工和家属对汉奸、把头的仇恨,有力地配合了除奸反把头斗争的深入发展。春节前后,我们曾经到鹤岗演出,很受欢迎。这个文工团以后成为"东北煤矿文工团",全国解放后成为"中国煤矿文工团",也就是现在的"中国煤矿文工团"。

每当我回忆起这段斗争历程时,许许多多生龙活虎般的文工团团员们,不时地跳跃在我的眼前,这支乌兰牧骑式的中国煤矿文工团,为矿山的除奸反把头、恢复生产、支援全东北的解放事业,立下了汗马功劳。

我在小恒山当了三年劳工,亲身体会了煤矿工人的悲惨生活,亲眼看到煤矿工人在政治上受压迫、在经济上被剥削的情景。广大的煤矿工人在日本侵略者和伪满汉奸把头的奴役下,衣不遮体,食不饱腹,没有人身自由,过着牛马不如的生活。

小恒山区的煤矿工人来自以下几方面:

1. 把头从关里招骗来的。有大把头张汉臣的8000号,有把头吕福亭的6000号和张金堂、陈鹤亭的6000号(注:"8000号"、"6000号"是指把头的代号)。这些工人大部分都是带家属来的,少数是独身工人,住在大房子里。

2. 从各地来的"勤劳奉仕"报国队。有巴彦县报国队、宁安县报国队、鸡宁县报国队、热河哈尔右旗报国队。报国队的工人组成:

(1)从农民中要的民工;

(2)国兵漏;

(3)工商业户雇来的劳工;

(4)在当地招雇的有技术的工人。

这部分人除大小队长带家属外,其他都是独身工人。报国队按部队的班排连建制,上下班都集体行动。

3. 外包工。其形式有:

(1)日本人直接从煤矿包下来的,然后再包给把头;

(2)外包工把头和报国队从矿上包下来的;

(3)小把头从大把头张汉臣处包下来的。

4. 矿上的在籍工包括:

(1)常役方:也称大票,是一些有煤矿技术的木匠、铁匠、放炮员等。

(2)常役夫:是一些马夫、杂工之类的工人。

小恒山区的煤矿工人和其他煤矿工人一样,受着日本侵略者和汉奸把头的残酷的剥削和压迫,工人在政治上没有自由。一些被招骗来的和出劳工的人来到矿上后,只能在指定的范围内活动,因为这些工人没有什么证件,上街有被抓"浮浪"的可能,把头也经常吓唬工人,说谁要上街就会被抓"浮浪"。所以工人哪里也不敢去,就是在矿内。伪警察、特务及其狗腿子很多,还有矿警,他们看见工人不顺眼,工人就得挨他的打,这是经常的事。工人不能说对矿上不满意的话,否则就说你是政治犯,说你反满抗日,就把你抓走送到矫正院。所以工人连话也不敢随便说,说话时先要看看周围有没有生人。工人是不准吃大米的,吃大米是经济犯,工人有病弄点大米吃,如被特务发现,就会被抓走。有一次我和一个姓张的工人去上街,在街上买了件衣服,洗了个澡,想再去理个发。进了理发店一看,人很多,并有伪警察队的特务王小个子在那里,我们一看不好就往外走。这时有人喊我,说后面有人叫你,我们就站下了,一看是王小个子。他问:你是哪的,我说是鸡宁报国队的,他说你的证明呢？我就把劳工票给他。他说:你为什么看见我就走,一定不是好人,跟我走,于是就把我们二人带到"南洋酒社"(特务和伪警察集中的地方)。他问我:你认识字吗？我说认识不几个。他说你带支钢笔装什么相,把你的劳工票放在这里,叫你们把头来取。当时我想:我往回一走,他再派人把我抓回去那就更遭了,我没有证件,他就可以任意处理我。因此我就给他说好话,让他把劳工票给我。在场的别人也给我讲情。他又问我,你认识我吗？我说不认识。他说:"我告诉你,我叫王奎山,说着把特务证掏出来,又说:给你看看,不是唬你,今后认识我点吧。"接着把劳工票还给我们,我们就赶紧跑回小恒山了。

在日伪时期,工人的生命和安全是没有保证的,无缘无故被抓去的人是很多的,被抓去的人有的被叫作"浮浪",送到电网里去;有的当作政治犯,送到矫正院;有的当成吸大烟的,送到康生院。汉奸把头可以给你加上任何罪名,想送你到什么地方就送到什么地方。

煤矿工人在经济上受的剥削是很重的,就拿外包工的把头剥削工人的情况来看,也是很惨苦的。小恒山大把头张汉臣从关内招骗来的工人,都住在用高粱秆搭的大房子里,带家属的也住独身大房子,通长大炕,一面儿住十来家,两家之间用破席隔着,对面炕的一个大房子住20多家人。

工人被招骗来后就上班,干二三年也开不到支,挣不了钱。每天上班到大

第五编
东安根据地大生产支援前线工作回忆

柜上领饭票,用饭票到大伙房领饭拿回去吃。吃饭用饭票,买日用品用大柜发的票,工人根本见不到钱。从张汉臣家乡招骗来的工人李应龙一家5口人,给张汉臣干了3年活,不但没有挣到钱,还把家乡的二亩地给张汉臣还了债。工人在把头的剥削下,干不完的活,还不完的债。不但带家的工人挣不到钱,就是独身工人也是一样挣不到钱,因为把头剥削的形式是多种多样的。工人中有两三口人家,有一个强劳力干活,只能维持最低生活水平。人口多的人家是顾了吃顾不了穿,孩子们没有衣穿,甚至赤身露体,大人们穿的破衣是补丁摞补丁,脚上穿的鞋用炮线绑了又绑,缝补得看不见原来的鞋样子。1943年以后穿的衣服都是更生布做的,一破一大片,根本无法补。有的工人身上披着麻袋片,有的绑着洋灰袋子纸,人人都像要饭的叫花子。

工人家属住的大房子里每家只有一口锅和几只破碗,炕上一堆破烂,除此以外再就没有别的东西了。有时碰上大出炭时,矿上给工人们发点白面,有的人自己舍不得吃,烙成饼,包成包子到独身大房子去卖,但要是碰到矿警,不仅要挨打,而且还要把东西没收了,还要到家里没收烙饼的锅。

工人家中如果没有病人,尽管缺吃少穿,还能对付着过。一有了病人或干活受了伤,就无法生活了,只得去借把头的高利贷和印子钱,有的是七当十,有的是五当十,而且必须找连环保。借了把头的高利贷就永远还不清了。

独身工人的生活虽然比带家属的工人要好一些,但是他们受着同样的剥削和压迫。独身大房里有坑长,是专管工人出勤的,谁没上班,他就去催班。工人有病不能上班时,他就恶狠狠地说:脑袋硬就得上班。独身工人最怕生病,得了病往往是九死一生。得的不是传染病,可以在大房子里住。但是由于没人照顾,病情不断加重,死在炕上也没有人知道。有的死人挨了几棒子一动也不动才知道是死了。到了冬天大房子里死的人用马车拉不过来,就放到大房子中间的过道上,就像码劈柴一样,两三个人一层码得很高。有传染病的人,被送到"病号房"——也叫"死人仓库"。"病号房"四周用刺线围起来,不准外人进去。凡是送到"病号房"的人,不死的也得死,甚至有的还没死,还有气的就拉出去炼了。小恒山搞反把头斗争时枪毙了一个看"病号房"的人,此人充当日寇走狗,对中国人毫无人性。病人没有死,他就把衣服扒下来,把人冻死拉走,有的病人还活着,他就往匣子里装,病人央求说,"别把我带气给炼了,"他说"你早晚都得死,早死早利索。"所以工人们非常恨这个看"病号房"的人。我在小恒山鸡宁报国队干活时,曾害过一次伤寒病,反反复复病了一年多,要不是几个好朋友帮助早就进"死人仓库"了。我住在五千号大房子里,有病时由食堂李师傅照顾,一听说日本人来查大房子卫生,李师傅和工人李玉祥就把我从一个大房子扶到另一个大房子里,等日本人查完卫生走了,再把我扶回五千号大房子,就这样没有被日本人发现才活了下来。

日寇和汉奸把头对工人的残酷剥削和压迫引起了工人强烈的不满和反抗。反抗的方式是多种多样的。

一是消极怠工。工人们说:磨洋工,磨洋工,拉屎撒尿三点钟。日本监工和把头在跟前时就假装积极地干,监工和把头走了后就都不干了,坐着休息。恒山矿山南区六井工人郑纪成搬一块石头搬了半个月还没搬走。日本人来了就搬起,日本人走了就放下。消极怠工是普遍现象,也是反抗日寇和汉奸把头的一种最好形式。

二是破坏工具。工人用的工具如锹镐、大锤、钎子等在井下扔在老塘里,说是冒顶砸的。铁道、顶子、棚子,用炮一轰埋在矸石中,缺什么就领什么,没有领的就坐着等着。水泵、压风机、绞车经常被弄坏,坏了就待着。停电事故也不断发生,工人用铁丝往高压线上一扔,搭上就短路,一修理就是几小时。

三是聚众反抗。工人们懂得一些道理:大伙一齐起来斗争,对日寇和汉奸把头进行了反抗,日寇和汉奸把头对工人也没有办法。小恒山区在1942年初,发生了一起外包工人打日本人的事件。外包工沈把头在小恒山四井承包了掘进工程,有工人30多人。掘进由外包工干,棚子由矿上大票木匠干。但木匠为了少干活,什么活都让掘进工人干,而且态度很蛮横,掘进工人非常反感,就什么也不帮他们干。于是木匠曲殿贵就在监工的日本人跟前告状,监工的日本人就来打掘进工人,并把工人王老呔儿的头打破了。掘进工人一气之下都不干了,回到大房子就找把头,问他:工人被打了你管不管,如果不管我们都走,不跟你在这受气。沈把头说:你们吵吵什么,有本事和日本人干,他打你们就不会打他。工人们被把头一激将就火了,并表示明天就去打监工的日本人和木匠曲殿贵。由李先生和候才等人研究了办法,先到曲家打曲殿贵,然后到四井小衙门(日本人的办公室)打日本人大畏,大家还准备好了镐把。第二天早上30多名外包工拿着镐把来到曲家,曲殿贵正在吃早饭,李先生进屋把他拉出来到院子里,工人们就把他包围起来,用镐把打了他。接着工人们一声喊冲到日本人的小衙门一见日本人就打,把日本人打得满山跑,候才拿镐把追日本人大畏,打了两镐把没打倒,他拼命地跑了。这时来了很多伪警察和矿管,并喊话要工人不要再打了,立即回宿舍,如再打就要开枪,于是大家就回到大房子。伪警察和矿警队把大房子包围了,叫工人坐在自己的铺头,谁也不准说话,然后问工人:谁叫你们打人?工人们说:谁也没叫打,他打我们,我们就打他,他把我们工人打坏了。大家异口同声这么说,伪警察也没有办法,最后把工人带到外面广场上,由伪警察队长讲话,问大家以后还打不打仗了,工人们一致回答:他们不打我们,我们也不打他们,他们打我们,我们就打他们。伪警察队长说:以后再打仗就电网里去,要搞好日满协和等等。从此以后五千号的工人出了名,谁也不敢惹,日本人把五千号的人叫"红胡子"。

另一次事件是砸灯房子事件。1944年春,哈尔右旗报国队在四井一斜干活,工人上班都走绞车道,有一天绞车大绳突然断了,当场撞死了十几个工人。报国队王小队长带着工人到灯房子去借灯,好去下井抢救伤亡的工人。看灯房子的日本人不但不借给灯,反而说:"满洲人大大的有,死了死的不要紧,死得越多越好。"王小队长一听就火了,组织了百余名工人,去打日本人,日本人吓跑了。工人们就把灯房子砸了,把充电的整流器砸坏,灯架子也全部推倒,把矿灯砸碎,使小恒山区两天没有生产。

四是虚报产量。工人们为了少干活多开支,就虚报产量和强迫检炭员给多报产量。日本人每个井口都设有检炭员,井下掘进和采煤掌子都各有番号,哪个掌子出的煤就在煤车上挂上有哪个掌子番号的铁牌,检炭员就按牌子数记产量,以后就按产量多少给工人开工资。

我在小恒山区五井二斜登勾时,为了早下班,就和各掌子的票头(带着工人干活的小头头)商量要早升井,我就给他们多报车数。在检炭员睡觉时,拉一趟我就报拉两趟,拉8车我就报拉10车。监工的日本人不在时,就告诉搬运工装半车或三分之一车。有一次一个日本监工发现我虚报车数,就跟着我下井拉车想来监督我或找我的岔儿,我就用车道的点铃告诉司机,用大巷的点铃告诉车场把车装满点,车出慢点,和日本人靠时间。这个日本鬼子跟着我接了五趟车也不走,我就设法调理他。我用点铃和司机联系,叫他快拉快放,我找一个"三条脚"当头车(因为三条脚车当头车保证掉道),共有10个车。放车时又打开飞轮放,只听得两耳风响,就像跑车一样。日本人在前面,我在后面勾头下,如前面车掉道,我好在后面打站点。车放到三路,我一看车角下低,这是掉道了,立即用手勾搭住点绳,车停下了,前面三个车掉道了。日本人在第四个车上,他已吓傻了,连车也下不来了,我把他拉了下来,把车抬上道,叫他上车再往下放,他说啥也不敢再上车了。等我到了检炭房,他在那里还像傻子一样坐着。我对他说:"你今天拣了一条命,如果我稍慢一点你就完蛋了。"他非常感谢我,第二天上班时给我带了大米饭、油炸豆角大葱,表示感谢救命之恩。从此以后他再也不敢跟车了,车数报多少算多少。如果检炭员不给报,工人就揍他。恒山区长生五区(十井)工人升井后就问检炭员:我们出多少车?检炭员说出多少车后,工人说不不对,给我们少记了,要补上,不给补就打检炭员。十井的检炭员被打走了好几个,谁也不愿到十井当检炭员了。

五是工人联合起来制服监工的。工人们都懂得,日本人和汉奸把头都有一个特点:欺软怕硬。工人们联合起来打他们,他们也没有办法。工人们看到日本人打工人,都去为被打的工人说话,看到工人打日本人时,都去伸手打。工人在井下对日本监工的说:告诉你,老实点,如不老实就把你砸死扔到老塘里。外包工的工人对日本人讲:你不让工人挣钱还挑毛病,你再这样我就揍你,打死你老子走人。监工的日本人和朝鲜人都怕挨工人揍。特别是1943年以后,日本人监工的管得就不那么严了,可是监工的汉奸和朝鲜人还很坏,所以工人们也恨他们,也打他们。

(二)东北光复后的鸡西(鸡宁)工人

1945年8月上旬,我病好后刚上班。有一天苏联飞机对鸡西(鸡宁)地区日本军事设施进行了轰炸和扫射。这时工人们都知道苏联对日本鬼子开了战,日本就要完蛋了。各报国队的工人纷纷回家了。我们为了躲飞机轰炸,钻进五井二斜洞内。五井二斜在小恒山东面山顶上,向下能看到恒山街里、鸡西(鸡宁)矿、火车站。有一天没听见飞机响却看到三井、四井的绞车、压风机全被炸掉了。过了一会,有两个人从山下走上来,快走到我们跟前时才看清是监工的日本人,他们直奔绞车房来,想来炸毁绞车(三、四井绞车就是他们炸的),他们进来一看,我们有十几个人在场,就没有敢动手,他们说:"'老毛子'打过来了,我们要走了。"说完他们就走了,他们没回本部而是到火车站。我们从山上还看到火车从本部开到火车站,日本人把从恒山到鸡西(鸡宁)的铁路大桥浇上了油用火烧着了,但火车过不去了,大人小孩都下了火车,他们把火车开起后跑下来了,火车一上大桥,火车头就一头栽到桥下,大桥被他们破坏了,他们的人从盘道岭走向鸡西(鸡宁)。

第五编
东安根据地大生产支援前线工作回忆

8月12日苏联红军到了恒山,接着就向牡丹江方向追击日本军队,恒山街公所和协和会的头面人物摇身一变成立了维持会。日本人一走,工人和家属都到关东军仓库去捡"洋捞",军衣、鞋帽、布匹、米面、油盐、饼干、纸烟等应有尽有。过了一个多月,维持会组织了保安队和土匪(中央胡子)以收缴军用品为名,把工人和家属从日本军仓库捡来的衣物、米面都收去了。当时矿上的大把头、大特务有的跑掉了,有的开设了赌场,把工人手中的钱和捡来的"洋捞"都给弄去了。到了年初,工人的生活就困难了。一些人参军了,一些人回关里了,一些人做小买卖,一些人种地干零活,一些人给苏联红军装储煤,剩下来留在矿上的工人就很少了。我当时在小恒山区,因为我会做鞋,就和李玉祥搭伙做鞋卖,1946年的上半年,我们已挣些钱准备要回关里家了。

正当工人生活困难无路可走的时候,牡丹江军区宁安三支队派人来恢复矿山生产。当时来了个矿长叫陶树柏,在鸡西(鸡宁)矿一坑(恒山矿一井)的日本人住宅办公,他收集了伪满的办事人员和一些把头,组织工人一面装运储煤,一面恢复上部平洞。到了8、9月份,东北工矿处派孙然同志来鸡西(鸡宁)建立东北工矿处鸡宁办事处,孙然同志任办事处主任。孙然同志还带来一些人分到各矿工作,派到恒山矿的有矿长杨剑平、人事科长吴良俊、工务科长李华楫、总务科长彭炳坤。他们继续组织工人恢复矿山生产。由于矿井被日本人破坏,只能在浅部恢复一些平巷或上山,工人们用手镐刨,用肩挑出点煤维持日用。

到了1946年7月,东安省土改工作团鸡宁分团派以孙英、白长和为正副团长的工作团到恒山区开展土改运动。工作团的晏家华同志到小恒山区来动员我参加革命工作。他对我说:他们是共产党派来的工作团,他们要组织工人、农民向汉奸、把头、地主做斗争,清算汉奸把头对工人的剥削,平分地主的土地,彻底取消把头制,矿山由工人来管理,等等。我对他说,我已十年没和家通信了,我要回天津看看,如果家中没有人了,我再回来参加革命。晏家华同志说:天津还被国民党统治着,你回去也会被抓壮丁的。经过他的几次动员和阅读了他给我的抗日军政大学编的政治课本、中国共产党党章后,我向他表示,不回天津了,要和他一起参加革命。

(三)矿山的民主改革

在晏家华同志的领导下,我通过串连联络了一些积极分子。1946年9月在小恒山成立了工会,选我为会长,马永才为副会长。工会成立后又成立了清算汉奸把头的清算委员会,我和马永才为正、副主任。清算委员会首先对鸡宁报国队大队长车文斌进行了清算,没收了他的全部财产。当时恒山区也成立了清算委员会,栾琦为主任,我是副主任,我负责小恒山区。我们把清算车文斌的胜利果实全部分给了工人。接着又清算了把头张汉臣,小把头吕福亭、张金堂等,没收了他们的财产,也全部分给了工人。通过清算斗争把小恒山的工人全部发动和组织起来了。当时妇女也积极参加了清算斗争,成立了妇女会(在工会领导下),主任是刘同和同志的爱人,副主任是唐桂兰。妇女会成立后,派人到二道河子彭家街抓来了原小恒山区矿警队的班长张××,因为这个人很坏,专门欺压妇女,谁家妇女做小买卖,他就找上门去没收人家的东西,不但没收了烟卷、煎饼、包子,而且砸了做煎饼、包子的铁锅。妇女们把他抓来后开了他的斗争会,他不向妇女们低头认罪,妇女们一气之下把他给打死了。在小恒山区还枪决一个大把头的爪牙王××,他是病号大房子的看守,病人送到大房子,他不准家属看望,病人还没有死,他就把衣服扒掉,把人冻死。有的病人还没有死他就给拉出去送到炼人炉炼了。病人央求他说:"我没死,别拉走。"他说:"你活不了啦,早晚都得死。"就给拉走炼了。工人和家属们纷纷控诉了他的罪行,要求为屈死的工人报仇,于是把他枪毙了。

在小恒山区开展反把头斗争的同时,鸡西(鸡宁)区、长生区、山南区在恒山区工作团的组织领导下,也开展了反把头斗争。首先成立了工会,鸡西(鸡宁)区工会会长胡元增,长生区工会会长赵××,山南区工会会长郑纪成。这三个区的大把头都跑了,所以对一些中小把头和汉奸特务进行了清算斗争。在恒山街里枪毙了恶霸徐维浩、大特务张百晏。

在反汉奸把头斗争的同时,发动工人为恢复矿山的生产而斗争。把头被推翻以后,从工人中选出有经验的老工人领导生产,工会设有管生产的干事,每月开支由工会到矿上领来工资发给工人。由于压在工人头上的把头被推翻了,工人生产的积极性非常高,工人们上班搞生产,不完成任务不升井,下班搞反把头斗争,挖掉坏根。

到了1947年初,恒山区工作团集中到鸡宁县集训,总结交流经验,我和栾琦都参加了。1947年春节后集训结束,工作团又回到恒山矿协助煤矿继续恢复生产,动员工人献纳器材。我和尹光、郁文清、徐芝被分配到平安寮地区发动机电职工抢修机电设备。我和尹光住在刘为仕同志家中,刘为仕是电机司机。我们深入群众,了解职工的政治思想等情况。平安寮地区住的都是机电技术工人,工人之间既有师徒关系,又有"家理教"的师徒、师兄弟关系,形成了以技术高的人为帮伙头头的情况。如荣升之、荣坚兄弟二人,他们是机电权威,凡是搞机电的都是他们的徒弟,他们的威信高,讲什么话大家都听。还有机电科的车工李玉栋、钳工老李头、水暖工张寿山兄弟等,都是工人中有威信的人。我们对他们进行思想教育,动员他们退出"家里教",为恢复矿山生产做贡献。经过我们动员教育,这些在群众中有威信的老工人带头抢修水泵和绞车。没有工具从自己家里拿,没有零件从废铁堆里找,找不到就拆东墙补西墙,实在没有办法找到就自己制造。如水泵上的水轮好多是自己造的,各种轴瓦都是用手锉和刮刀来加工做成的。各种手锉也是利用旧锉剁后淬火加工而成的。经过多方努力,一台台水泵修复了。修复一台水泵就救活一个井口,有了水泵才能把井下水抽干,才能把井下机械设备抢救出来。就这样,经过一年多时间,机电工人付出了大量的劳动,克服了重重困难,把全矿各井口的所有机械、电器设备完全修复了。机修工人荣升之、荣坚、李玉栋、刘书田、刘子宏、刘同和(水龙王)、荆经发、张殿之、刘化南、胡庆林、钳工刘××、水暖工张家兄弟等在恢复机械电器设备中做出了积极的贡献。

1947年3月,中共中央委员、东北局工业生产委员会副主任陈郁同志带工作团来鸡西(鸡宁),同来的有杨长春、徐宏文、梁平、夏朗、李宗岱、冯振禄、何水等同志,还有袁溥之同志。当时以恒山为点,陈老和袁溥之、徐宏文、夏朗、李宗岱、何水留在恒山矿,杨长春、冯振禄等去滴道矿。陈老在恒山矿听了土改工作团团长李尔重的汇报,提出要全心全意依靠工人阶级,发动工人起来当家做主,废除把头制,自己管理矿山,搞好生产,支援解放战争等要求。这时恒山区的土改工作团和陈老带的工作团合在一起,继续发动群众,深入开展反汉奸把头斗争。经过3个多月的全面发动,鸡西(鸡宁)矿区在恒山矿召开了"七七"劳模大会,奖励了恢复生产中的先进人物,交流了反把头斗争的经验,掀起了反汉奸把头斗争的新高潮,把罪大恶极的汉奸把头交工人法庭审判后执行枪决。经过这场斗争,职工群众的觉悟大大提高,他们以主人翁的姿态积极参加了恢复生产的斗争,出现了大批的英雄模范人物。

随着民主改革运动的深入发展,恢复井口生产的工作进展很快,同时也出现了一些新的困难,新工人增加了不少,生产用的坑木、雷管、火药、机电材料缺得很多。但是这些困难并没有难倒觉悟了的煤矿工人。新来的工人不懂生产技术，就组织老工人带徒弟，掘进掌子一个老工人带三四个新工人，采煤掌子一个老工人带10个或20个新工人。没有坑木就采取花垛采煤的方法，或用石墙管理顶板。在顶板好的掌子采煤，老工人手托顶板（表示顶板没有问题）领着新工人采煤。如小恒山区的劳动英雄刘开高同志就是手托顶板给大家壮胆，带领新工人克服没有坑木的困难，积极完成生产任务。没有火药雷管，老工人就领着新工人用镐头掏槽。恒山矿老工人曲进思能掏二米深的槽，被评为鸡西（鸡宁）矿区的特等劳动英雄。经过1947年一年的努力，打开了恢复矿井生产的新局面。

　　1947年末，东北工矿处向鸡西（鸡宁）矿区的广大职工提出了"多出煤炭，支援前线，战争打到哪里，火车开到哪里，煤炭就供应到哪里"的战斗号召。工人们积极响应这个战斗号召，广泛地开展了立功竞赛和创新纪录运动，制定了立功竞赛条件和奖励办法。立功分小功、大功、特功，记小红点为基础，十个小红点为一小功，三个小功为一大功，三大功为一特功。通过立功竞赛，把职工的积极性充分地调动起来了，掘进速度大大加快，原煤产量大大提高，不仅完成了生产任务，而且培养了大批干部和技术工人，实现了工人阶级自己管理矿山的愿望，工人真正成为矿山的主人。

　　本文选自王金文、周桂芬主编的《鸡宁大生产支援前线》一书，中共鸡西市委党史研究室1993年4月印，第203~222页。

第六编

东安根据地干部南下战斗回忆

第六编

东安根据地干部南下战斗回忆

万 里 南 征

——忆我从乌苏里江畔到琼州海峡的战斗征程

栗公武[*]

  我家曾住在祖国东部边陲虎林县乌苏里江西岸的绿色长廊里。这里环境优美、风光旖旎、物产丰富,碧绿的乌苏里江水缓缓从门前流过,苍茫的大架山逶迤连绵筑起一道天然屏障。我家独门独户,与几家邻居也相距甚远,唯一与梁氏三兄弟稍近一点,但因交通不便也很少来往。他们是在此落户最早的,所以,这里的名称即以梁老三的名字"梁三毛"而命名。距此不远的下游西侧,有一个小岛,历史上称为"翁岛",因岛形酷似元宝,在边境勘察时正式命名为珍宝岛。我家住在近乎梁三毛与珍宝岛之间的三间大房里。这里冬天通爬犁,夏秋双季通船,溯流可抵虎头镇,顺水可达饶河、抚远县。当时这里渔产、皮张非常丰富,下江可以捕鱼,上山可以狩猎,江畔还可种地,是块非常富庶的宝地。可是九一八事变后,日本侵略者于1933年侵入虎林,这里的人民惨遭蹂躏,人民过着暗无天日的苦难生活。英勇不屈的中华儿女,组织抗日武装进行反抗,给日本侵略者以迎头痛击。日寇为了切断人民群众同抗日队伍的血肉联系,将沿江一带的民房统统烧掉,采取"归屯并户""建保甲"、建土围子等方法,将我们从乌苏里江边先是迁到穆河村,后又迁到今宝东镇的兴华一带,建起大连村,四周围墙,四角筑堡,设有宪兵队、伪警察署,出进一律凭"良民证",戒备森严。但是,即使这样也未能阻止人民群众与抗日联军的联系,他们在浩瀚的完达山上凭借茫茫的青纱帐,出奇制胜地与日本侵略者进行殊死的搏斗,终于迎来最后的胜利。

---

 [*] 栗公武:出生于虎林市的乌苏里江边,18岁参加东北野战军,身经辽沈、平津和渡江三大战役,以及解放广东、广西等战斗,多次荣立战功,一直跟随部队征战到琼州海峡,亲历海南岛的解放。后转业到河南省人民政府工作,曾历任机要处机要员、法制局副局长等职。

1945年8月9日苏联出兵东北,8月12日解放虎林,8月15日日本天皇宣布无条件投降。

苏联红军迅速解放东北全境,不可一世的日本关东军全军覆灭。为了接收东北主权,建立巩固的根据地,中共中央早在1945年8月16日就抽调冀热辽军区的精兵强将,作为先遣部队直奔东北,沿途一次次地击退了日伪军队的袭击,解放了一批城市。与此同时,中共中央还从山东、苏北、华北、延安等根据地抽调大军和干部,日夜兼程,长途跋涉,翻山越岭,跨海渡河,直奔东北。原抗联部队,更多的是新四军、八路军,他们汇集成一股洪流,涌向各个战场,与国民党、日伪顽固势力展开殊死斗争。在我军节节胜利的情况下,国民党不甘心失败,调兵遣将,抢占东北,特别是从1946年初开始,在美帝国主义的支持下,挑起内战,从海上、空中增兵东北。敌人兵力骤然猛增,东北局势急转直下,斗争环境十分严峻。

根据中共中央的指示,东北局及时进行了新的战略部署。将东北人民自治军,改为东北民主联军,将军队分为野战军、地方军,建立了北满、东满、南满、西满4个军区,各负其责,统一指挥,协同作战,与国民党反动派展开了运动战、游击战,针锋相对地进行斗争,沉重打击了国民党的嚣张气焰。北满的主力部队,利用封冻季节,先后三次南下松花江,狠狠打击了敌人,挫败了北犯的企图。南满的民主联军,以长白山山麓为依托建立根据地,克服了各种艰难险阻,坚持对敌斗争,先后四次粉碎国民党的进攻,保卫了以临江为中心的根据地。著名的"三下江南""四保临江"战役结束以后,东北的形势明显发生了变化,东北民主联军率先由战略防御转入战略进攻。国民党狂叫要把南满民主联军"逼上长白山啃树皮,赶进鸭绿江喝凉水"的美梦,早已化为泡影。

中共中央早在1945年12月8日,发出了关于建立东北根据地的指示。1945年秋天,上级就派得力干部,深入到边疆各县开展工作。虎林县很快建立了一二〇师三八支队虎林大队,后改为东北自治军虎林独立团,这支部队,对于巩固新建立的民主政权,剿灭邻县的胡匪以及后来作为主力部队,均起了重要作用。有了人民的武装,群众非常拥护,革命力量不断壮大,各项工作都能顺利展开。

为了建立巩固的根据地,有力地支援前方打胜仗,按照东北地区的统一部署,虎林县纷纷组织工作团,深入农村,宣传群众,组织群众,轰轰烈烈地进行了土地改革,斗争恶霸地主,铲除汉奸走狗,分房分地分浮财。广大贫下中农当家做主,扬眉吐气,威风大振。有一个姓王的家伙,当过伪警察,任过日本翻译,干了不少坏事,民愤很大。在我们全村群众的强烈要求下,县土改工作队专门将他从县里押到大连屯,在冰天雪地里召开公审大会。他的罪状公布之后,愤怒的群众纷纷登台控诉,最后用乱棍活活把他打死在荒郊野外。

光荣入伍开赴前线

　　翻身解放了的农民,特别是经过土改运动,思想觉悟大为提高,把"保卫家乡""保卫翻身果实""消灭国民党反动派"的口号,变成了实际行动,积极报名参军,涌现了许多父母送子、兄送弟、妻送郎上前线的动人事迹,"一人参军全家光荣"的气氛非常浓厚。在平原村,我从自愿报名到审查批准,前后不到半个多月的时间。当我得知批准参军的消息,心情非常激动。因为我是从旧社会过来的人,出生于1929年,吃过苦、受过罪,特别是受过亡国奴生活的熬煎。如今在共产党、毛主席的领导下,当家做了主人。所以,我立志上前线,消灭国民党反动派,为穷人打天下,保卫胜利果实,决不能再吃二遍苦,再受二茬罪。报名参军,政审是严格的,几千口人的大村子,只批准七人,而革命军人的家属,都享受优惠政策,土地由村里统一代耕。

　　我是于1947年3月初,告别了父母、兄嫂、弟弟、妹妹,离开了家乡,踏上了征途。统一集中到县城以后,在接收部队的安排下,洗澡、理发、换军装,成立了新兵连,一切按军事化要求办事。新兵连的领导,介绍了前方的战斗形势,并说明接兵部队的番号。当我们得知接兵部队是东北民主联军第三纵队,是坚持南满斗争的主力之一,赫赫有名,能征善战,是最精锐的"旋风"纵队,心里非常高兴,也感到光荣和自豪。我们是全县第一批参军的新兵,县里领导非常重视,临行前举行了隆重仪式,披红戴花,敲锣打鼓,放鞭炮,坐着马车,浩浩荡荡,直奔密山,沿途群众热烈欢送。

　　说到密山,是我学徒的地方,是旧地重游。我拜访并告别了师兄和朋友,从这里乘火车,经牡丹江直达图们市,沿途经过镜泊湖、老爷岭,山清水秀,风光诱人。图们市位于长白山脚下,中朝界河的图们江边,依山傍水,环境优美。长白山麓,山高路险,人迹罕见,原始森林,遮天蔽日,是东北抗联的主要根据地之一,也是东北民主联军在南满的重要根据地。

　　当时,适逢南满主力部队在前线与敌人浴血奋战,急需后方补充兵源。我们在图们市稍加休整,便整装徒步向长白山腹地进发,途经延吉、安图、抚松、靖宇等县,直奔前线梅河口方向。因为部队打仗,流动性大,居无定所,边走边与部队联络,行军半个多月,才到达指定地点。我们走的路多数都是在原始森林里新开辟的军事专用通道,可以说根本见不到群众,沿途没有兵站,晓行夜宿,有时要带上干粮,饿了啃上几口充饥。

新兵连到了纵队司令部驻地以后,部队首长举行仪式,热烈欢迎我们的到来。借此机会,讲了形势与任务,指出了我军取得的重大胜利,要求我们到连队以后,与老同志并肩战斗,夺取新的胜利。首长的接见和讲话,使我们深受教育和鼓舞。根据需要,新兵很快分到连队,我被编到七师十九团一营三连一排三班当战士。我们这个连,从连到各班排,有很多从山东跨海过来的老战士,对新同志非常热情,政治上关心,生活上照顾,以老带新,无拘无束,经过一段实际锻炼,很快就适应了战斗生活。

当我第一次扛着三八大盖枪走在队伍里,第一次端着枪站岗放哨时,心情非常激动,感到无比光荣和自豪,真正成了一名人民子弟兵,便暗自下决心杀敌立功,争取早日把喜报寄回家中。我第一次随连长到了前沿阵地,两山相距不到300米,偶尔发现敌人的便衣特务,正在树丛中向我方窥视,因我们的任务是侦察敌情而没有开枪射击。当时,心里并不害怕,因为有茂密的灌木丛作掩护,有大部队作后盾。

战争环境,行军打仗,部队到了宿营地,就立即设岗放哨,并且要求子弹上膛。有一次,轮我上岗,正值拂晓时分,一没留神走了火。幸好枪口朝下,没有伤着人,也没有惊动别人。没闹出笑话,但却后怕起来,因子弹正从我脚前穿过,要是误伤了自己,有口也难辩了。因为当时,有个别人思想落后,总想找借口远离前线。

在这一期间,经兄弟部队艰苦激战,梅河口、山城镇解放了,通化市解放了,南满的根据地扩大了,并且连成了片。梅河口这个地方是沈阳至吉林、四平至通化的铁路枢纽,交通四通八达,是军事战略要地,我军一占领,敌人就首尾难顾了。

夏季攻势结束不久,东北民主联军抓住有利战机,迅速展开了秋季攻势,有七个纵队和大量骑兵、炮兵部队,集结在中长铁路四平、铁岭一带,对这一地区的守敌,实行联合、秘密、远距离地奔袭,各个击破,聚而歼之。三纵在司令员韩先楚同志的带领下,率先发起激战,全歼敌一个主力师,附近的西丰、叶赫等地的敌人闻风而逃。各兄弟部队,协同作战,围歼敌人,取得重大战果,收复了不少城市,进一步扩大了解放区。国民党匪军节节败退,好似惊弓之鸟,龟缩在孤立的沈阳、长春等大中城市,不敢轻举妄动。

秋季攻势结束以后,经中共中央批准,东北民主联军改称东北人民解放军,并开始休整补充。我们七师的驻地,就在吉林、辽宁两省交界处的一个叫野鸡北的地方。各部队抓住有利时机,强化训练。按照总部的统一部署,一是开展政治教育,通过"诉苦复仇"运动,联系实际,忆苦思甜,从而明确了"为谁当兵,为谁打仗"的道理,端正了思想,提高了阶级觉悟,坚定了革命立场;二是军事操练,练军事技能,战士们杀敌立功的信心倍增,个个摩拳擦掌,准备打大仗。

部队的生活,是紧张有序、生动活泼的,组织纪律也是严格的。我们的驻地,歌声嘹亮,响彻四方。凡是集体活动(开饭或开会),都要唱歌或拉歌,一般以排连为单位,赛一赛谁家唱得洪亮有力。纵队和师的文工团常到部队慰问演出,唱歌跳舞,演《血泪仇》《白毛女》等剧目。南满盛产高粱,部队供应的是高粱米。每逢改善生活时,连里统一供馅,各班自磨高粱米面包蒸饺。我在班里当然要积极响应了,烫面、揉面、擀皮我全会。有的班请人帮忙或联合制作,甚至有的干脆炖馅做干饭吃。

由于条件所限,当时在农村,一般都是以班为单位住在老乡家里,打地铺、睡门板,时时刻刻都要牢记"三大纪律、八项注意",借东西一定要归还,损坏了一定要赔偿,群众纪律毫不含糊。部队自身的内务,要求整齐划一,规规矩矩。还要与群众打成一片,促膝谈心。帮助劳动,担水、扫地、甚至下田、盖房子。总之,身为子弟兵,要想群众所想、急群众所急,凡是能办到的事,都要积极去做。特别是到了新区,更是要深入宣传党的政策,以取得群众的理解和支持。

被选调到团工作队

1947年深秋,随着形势的变化,按照上级的要求,师以下各团都要组建工作队,是排级单位,隶属于司令部。其主要任务:一是群众工作。运用各种方式,深入群众,宣传党的政策和主张,揭露国民党的反动宣传,消除疑虑和误解。二是文化宣传。当时采用的方式,就是随部队到达宿营地,选择合适地方刷写标语口号,占领思想阵地。三是战勤服务。负责组织管理担架队,到火线上抢运伤员,掩埋烈士。

我是在部队整训将要结束的时候,被选调到团工作队的。队长李学忠,副队长石乐德,他们都是山东老八路,队员开始只有十余人。由于工作性质的变化,除队领导配枪外,队员一律不带武器。在连队期间,根据我的表现和要求,连党支部列入了入党积极分子名单,随着我工作的调动,有关材料都转到新单位去。

我到队里不久,冬季攻势就开始了,时间是1947年12月初。东北人民解放军南满各主力部队,冒着呼啸的北风和漫天的大雪,从四面八方向沈阳外围奔袭,迅速包围了四周各个城市和据点。我三纵队奉命直插沈阳西大门——新民一带,这里的战略位置十分重要,能进能退。我所在纵队的主要任务是准备打援,阻击敌人的退路,积极配合兄弟部队围城歼敌。经冬季攻势,我军取得了重大胜利,收复了一大批中小城市,整个东北只剩下沈阳、长春、锦州三座孤岛,东北解放指日可待。

东北人民对东北的解放事业做出了巨大贡献,特别是老区人民付出的代价更是巨大的。他们既送子参军,又组织担架队,千里迢迢支援前线,部队走到那里,他们就跟到那里。冬季攻势开始时,上级拨给我团一个担架连,近百副担架,200名民工,统一由工作队负责组织管理,任务十分艰巨。

大部队日夜兼程奔袭辽西,担架队则紧随其后,冒着零下40摄氏度的奇寒天气,顶着纷飞的大雪,浩浩荡荡地沿公路艰难挺进。夜间走路瞌睡时,我就闭目边走边睡,可以恢复一下疲劳。白天还经常遇到敌机俯冲扫射,擦肩而过的子弹,打在冰冻的道路上,冰花四溅,甚是危险。在紧要关头,队员则挺身而出,指挥卧倒,疏散隐蔽。有一次有一名民工吓瘫在公路上,我机智地把他拖到路旁的地沟里,才幸免于难。经过实践和亲身观察体验,如果敌机飞临头顶扫射,就不必惊慌躲藏,因为子弹正好射在你的前方或后方,反之则要谨慎防范。在恶劣的环境中,担架队的民工,士气高昂,服从指挥,没有一个人掉队,在行军途中,我有幸遇到本村的民工,叙谈了村里和我家的近况,介绍了对军属的代耕优待政策。因为参军离家十月有余,听了之后心里十分宽慰。

我们到辽西,目睹了农村的惨境,更加憎恨国民党反动派。由于反动宣传,地主老财都跑到城里,普通百姓躲藏起来,村村几乎空室清野,一片凄凉,留在农村的,多是老弱病残、妇女儿童,生活十分艰难。按照党的政策,经过调查核实,开仓济贫,既照顾群众的利益,又解决了部队的给养问题。在这些新区,我们刷写了不少标语。我军纪律严明,秋毫无犯,在群众心里深深扎下了根。

三纵队在辽西完成任务之后,于1948年3月10日左右,奉命攻打长春。我们从辽西折回,途经刚刚解放不足一天的四平市,战场还没能来得及清理,市面上一片狼藉,国民党官兵的尸体,有男有女,随处可见。到了长春郊区,进入了指定的防区,主要任务是阻击突围南逃之敌,包围了大约一个月的时间,又奉命撤到西丰县境内休整待命。此时,担架队也离开部队回后方了。

1948年5月20日,在西丰县平岗镇,经过团工作队党员大会讨论通过,并报上级党委批准,我光荣地成为中国共产党党员,候补期为半年,介绍人为李学忠、石乐德两位同志。

1948年6月间,根据上级的要求,团工作队进行整顿,更名为团宣传队,定员20人左右,人员作了调整,充实了一些有文化的青年同志,我仍留在队里工作,新任命的队长叫庄云峰。宣传队的任务除继续做好原工作队的工作外,明确要求:开展文化宣传活动,活跃部队文艺生活。

为了完成任务,做好本职工作,队领导组织基本训练,吹、拉、弹、唱,要求每人学会一种乐器,掌握一门技术,人人都当多面手。没有专业老师,就确定一位原在国民党军队搞过文艺的"解放"战士辅导音乐知识,互教互学,边干边学,边摸索边提高,慢慢懂得了乐谱、音乐、音符,并学着识别五线谱。我和大家一样,坚持天天早起拔音,练嗓子,练指法,学拉小提琴。因为原来没有文艺工作基础,业务上遇到了不少困难,但精神是乐观向上的,一心扑在工作上,努力钻研业务,提高工作本领。

在坚持业务训练的同时,积极练唱革命歌曲。现学现卖,练熟了就到连队教唱,以满足战士对文化生活的渴望。尽管是刚刚组建的宣传队,但队员们下到连队,都深受战士欢迎。有一次,我到原所在的连队教歌,营部领导知道以后,便通知全营集合学歌。我站在那么多人的面前,一字一句地教唱《我们的队伍向太阳》。开始确有点胆怯,但一想到是革命工作,一切为了战士,也就硬撑下来,受到了同志们的好评,经受了一次实际考验。除了平时的学习、工作外,行军打仗时,还选择适当的时机、地点,运用数来宝、喊口号等方式,宣传鼓动,为战士鼓劲加油。

在全歼东北敌军的日日夜夜

根据东北形势的变化和敌我力量的对比,毛主席高瞻远瞩,早在1948年2月7日,就预示敌人有撤出东北的可能,因此要求先打锦州,切断东北与华北的联系,关起门来将东北之敌就地歼灭。林彪当时犹豫不决,擅自决定打长春,却久攻不下,又改强攻为"久困久围"。一直到9月初,才决定东北野战军挥师南下,拉开了辽沈战役的序幕,各主力部队迅速完成了对锦州的包围。

第三纵队奉命长途奔袭义县,这座县城距锦州只有45公里,是锦州守敌的前哨阵地,从10月1日凌晨5时开始攻击,到早晨7时结束战斗,前后不到3个小时。义县解放了,但不幸的事发生了,东北炮纵司令朱瑞同志在战斗结束时触雷牺牲,这是东北战场上牺牲职务最高的将领,我们当时极端悲痛、惋惜。毛主席闻讯致电,并决定将"东北炮兵学校"改为"朱瑞炮兵学校"。

蒋介石为了挽救灭亡,在义县失守、锦州被重重包围的情况下,妄图东(沈阳)西(锦西)夹击,增援锦州。由于我军顽强抵抗,东进之敌被阻截在塔山脚下(锦西、锦州之间),不得前进半步,为兄弟部队攻打锦州解除了后顾之忧。

我三纵队在攻占义县之后,就奉命运动到锦州城北郊的丘陵地带待命,我所在的七师十九团担任突破口的主攻任务。临战前夕,部队夜间调动频繁,步兵、炮兵以及坦克、装甲车穿梭往来。我第一次目睹了数不清的山炮、野炮、榴弹炮,有的用两辆汽车牵引,炮口粗大,炮身长数米。见到这些"宝贝",胜利的信心顿时倍增。此时,东北野战军的指挥机关已从哈尔滨附近迁到前线——锦州以北的大山里。这个消息很快在战士中传开,人人都深受鼓舞。

因为准备打大仗,部队没有安排活动。为防止敌机空袭,有时白天将部队拉到山上休息。战士们斗志高昂,谈笑风生,或闲聊,或晒太阳,或捉蚂蚱烧着吃。我也品尝过几个,味道还很香。说到群众纪律,更是狗撵鸭子"呱呱叫"。辽西地区多为山地丘陵,盛产水果(特别是梨),部队经常出进果园,但我们的子弟兵没有一个人偷偷摘吃。在我的记忆里,毛主席曾赞扬过此事。

经过上级缜密的侦察研究,最后选定北郊的大疙瘩(地名)与锦州火车站北的配水池之间为攻打锦州的突破口。所谓"配水池",是日伪时期的供水池,守城敌军把它改成钢筋水泥的坚固碉堡,火力非常密集猛烈,妄图借此负隅顽抗。我攻城部队都严阵以待,我们宣传队带领的担架队,也做好了一切准备,随

第六编
东安根据地干部南下战斗回忆

时听命出发。

10月14日上午10时,一声号令,总攻开始了!几百门不同性能的大炮同时怒吼,锦州全城一片火海,硝烟火光冲向天空,城墙、碉堡纷纷倒塌崩陷,铁丝网、梅花桩四处飞扬,护城河也被炸成平地。10时40分,三纵队司令员韩先楚下达命令,向天空发射了8颗炫目的照明弹,同时我军炮火开始向敌纵深延伸,冲锋号急促响起,各部队像潮水般向突破口涌去,中午时分就占领了火车站,并相继突入市区,展开了激烈的巷战。我们带领担架队,紧随突击队之后,冒着枪林弹雨,及时抢运伤员,对牺牲的烈士都认真做好善后工作。有一位不知姓名的同志,走在突破口前,不慎触雷身亡,我在其后,只有几米远。经过31个小时激战,全歼守敌,锦州解放。10月16日上午,蒋介石还乘"美龄号"座机,飞临刚刚被解放军攻占的锦州上空盘旋,我们当时戏称他是来"吊丧的"。

锦州解放,缴获了大批的战利品,开仓犒劳激战数日、疲惫不堪的战士。我们宣传队,分了几袋白面,还有美制罐头,自己动手,烙白面饼,改善生活。参战的担架队民工,也都分享了胜利果实。新解放的城市,更需要宣传,我们在驻地附近也写了许多标语。工作空闲时间,我和队友结伴到锦州城西的女儿河边观景,不时地还听到锦西方向的枪炮声。

锦州攻克的第三天,即10月18日,迫使长春的敌人一部分起义,大部分缴械投降,全城和平解放。

遵照毛主席的指示,10月20日,东北野战军向各部队发出政治动员令,号召全体指战员,发扬连续作战的作风,不怕苦,不怕死,克服一切困难,务必全歼西进攻锦之敌——廖耀湘兵团。命令一下达,各部队像脱缰的野马,日夜兼程奔袭敌人。于是,以黑山、大虎山为中心,在广阔的辽西大平原上,摆开了大决战的战场。我军将士神兵天降、英勇善战,大显神威,大胆渗透,积极穿插,坚守阵地,围歼敌人。甚至有些地方,敌我搅在一起,队形犬牙交错,我军各自为战,穷追猛打敌人。

我们三纵队,经过几天长距离奔袭,在大虎山西侧,直插敌兵团指挥所和三个军部,全部捣毁了通信指挥设施。敌兵团的脑袋被打碎,敌人陷入极端混乱之中,我军则分割围歼。

在暴风骤雨般的枪炮声中,溃不成军的敌兵,惊慌失措,像无头的苍蝇,东躲西藏,窜来窜去,四处奔命。我军从战士到后方医生、护士、马夫、伙夫、民工,不论男女都投入了抓俘虏的战斗。有枪的拿枪,没枪的拿棍棒,实在找不到棍棒的就赤手空拳。我们宣传队也活捉了一二十个俘虏。我和一位战友追捕逃敌,当追到村边时却不见了人影,经过仔细搜索,我们逼近一个马圈门口喊话:"解放军优待俘虏,缴枪不杀,快出来!"喊了半天没人答话,便破门而入,结果发现三个家伙,吓得屁滚尿流,顾头不顾腚,钻在马槽底下,三支枪也丢在一旁,让我们像抓小鸡一样给揪了出来。由于亲临其境,我真切地看到"兵败如山倒"的下场。

在走投无路的关头,敌人妄图南下,夺路营口,从海上逃跑,但被我军死死阻截。折回头,又企图退回沈阳,但为时已晚,铁路、公路全被堵死。在我军重重包围和打击下,几十万人的精锐兵团,迅速土崩瓦解,全军覆灭。兵团司令廖耀湘化装逃命,被我后勤战士抓获。

10月26日,辽西大会战刚刚结束,兄弟部队奉命进军沈阳。行动迅猛,势如破竹,短短数日,于11月2日解放沈阳。至此,东北全境宣告解放!

人民解放军隆重开进北平城

遵照毛主席的战略部署,为了抓住战机,加速国民党的总崩溃,1948年12月5日,东北野战军奉命秘密入关,协同华北野战军发动平津战役。东北野战军分左、中、右三路大军,向关内挺进,白天睡觉,夜间行军。

我三纵队,被编入中路兵团,从辽西直奔燕山山麓,顺长城外向西北驱进,沿途人烟稀少,山路蜿蜒崎岖,在密林中穿行。一路急行军,塞北风光无暇欣赏。由于军事秘密,宣传队没有开展活动。我们的部队是经河北省宽城县境内古长城上的喜峰口入关的,此关隘是古代中原通往北疆和东北边陲的咽喉要道,地形十分险要。入关后,迅速向天津与北平之间攻击。12月14日,进至北平南的安定(火车站)、定兴一线。12月16日,我所在的七师攻占了北平最大的南苑机场。我团部就近驻扎在机场附近的村庄,我们宣传队住在老乡家里,宣传工作也开始活跃起来。这里的群众生活很苦,但房东老大娘很热情,给我们烙饼吃,乍一看是白面的,我们一一谢绝了。大娘解释说是,这是用榆树皮磨成粉,再掺上玉米面烙成的。大家听了之后,都品尝了一点,特别筋道。我从来没有见过,更没有吃过,但在诉苦会上听说过吃榆树皮的事,不易消化,容易引起肠梗阻。

入关的部队,在平津前线指挥部的统一领导下,各主力部队按照既定目标,对敌实施分割包围,使华北各大中城市形成孤岛,并不失时机地予以歼灭。天津、塘沽被攻占,北平处于四面楚歌的境地。为了保护人民的生命财产,保护文化古都,当傅作义表示希望用和平方式解决问题的时候,党中央、毛主席欣然表示欢迎。但傅作义只愿合作共事,不肯放下武器。我方则边谈边打,以打促谈,并首先对张家口、新保安发起攻击,消灭了傅作义的嫡系部队,逼其走和平的道路。根据毛主席的指示,在平津前线指挥员和中共北平地下组织共同努力下,经过唇枪舌剑,反复谈判,最终达成协议,双方代表签了字。傅作义亲自宣读协议并下达各部队执行,北平和平解放。按照协议规定,守城部队全部撤到城外,接受人民解放军的改编。

1949年1月31日,中国人民解放军正式接管北平,隆重举行入城仪式,各兵种都积极参加,我作为一名人民战士也光荣地参加了。解放军战士荷枪实弹,英姿飒爽、精神抖擞、步伐矫健,浩浩荡荡由东直门入城,经东交民巷(外国使馆区)到西直门出城,从清晨到晚上,整整一天时间,沿途群众兴高采烈,敲锣打鼓,热烈欢迎。平津战役结束之后,东北野战军奉命在平津一带集结,休整待命。我们在原驻地未动。

挥师南下横渡长江

1949年1月初,按照军委的命令,全国部队统一序列番号。东北野战军改为第四野战军,下辖四个兵团,即十二、十三、十四、十五兵团,每个兵团辖三个军。原第三纵队改为四十军,编入十二兵团,原辖七师改为一一八师、八师改为一一九师、九师改为一二〇师。

在北平休整期间,部队通过开展"爱兵运动和互助运动",进一步密切了官兵关系,战士情绪饱满,意气风发。特别是通过学习毛主席《将革命进行到底》的元旦献词,全体指战员的思想觉悟进一步提高,更加明确了中国人民解放军渡江南下的重大意义,异口同声高呼:打到江南去,活捉蒋介石,解放全中国!

根据军委的指示,四野决定派遣先遣团先行南下,由十二兵团司令员兼政委萧劲光率领,由四十、四十三两军和炮一团组成,其任务是:攻占信阳,逼近武汉,钳制敌人,确保安庆、九江友军右翼之安全。先遣兵团南下,兵分三路:四十军沿平汉路,四十三军沿平太公路,兵团指挥部和炮团由津浦路转陇海路。2月23日,这三路大军同时出发,向各自的目的地挺进。

我四十军靠步行长途跋涉，于3月20日抵达黄河北岸，一路畅通无阻，没有战斗。沿途县以上地方政府，都设有粮站、菜站、柴草站，全力做好支前工作。在我的记忆中，当年行军到汤阴、淇县一带，有人提出岳飞抗金的动人故事，以及忠臣比干被诬陷挖心的经过，同时也揭露了奸臣秦桧陷害忠良的罪行。所以，从那时起，就知道河南这些名胜古迹，但遗憾的是，因军务在身，没能前往朝拜。

我们部队出发前，野战军司令部的领导就交代，到了黄河之后，先遣团暂由二野指挥。所以，到了黄河岸边，立即向二野报告。刘邓首长即刻复电，要求务于23日前开始，分三路强行军南进。当时，地处中原的重镇郑州，已经解放半年有余，是过河南下的必经之路。但是，为了追歼敌人，避免扰民，部队绕行而没有进城。四十军两个轻装师沿平汉公路，经上蔡、正阳奔袭信阳，攻占信阳之后，兵分两路立即沿平汉铁路东西两侧钳击花园之敌。其他两路，分别经太康、商水和罗山、上蔡进击黄陂、孝感。经过长途奔袭，于4月1日，一一八师占领驻马店、确山、明港，一二〇师占领信阳。兄弟部队，也先后占领广水、河口、罗山、黄安等重镇。至此，先遣兵团顺利完成了南下的第一步任务，牵制白崇禧于武汉地区。跨长江天险，奋勇挺进江南，攻克南京后直插福建。在毛主席、朱总司令《向全国进军》(4月21日)的命令鼓舞下，4月29日，四野又进一步明确各兵团的任务。十二兵团为中路军，沿平汉路东侧向武汉前进；十三兵团为右路军，沿平汉铁路西侧向武汉西前进；十五兵团的四十三军四个师冒着滂沱大雨，开始了四野渡江战役，经湖北的黄冈、田家锁等渡口渡江。5月16日，四十军一一八师攻占汉口，全军迅速过江，华中枢纽——武汉三镇宣告解放。四十军过江之后，立即沿粤汉路向南挺进，像一把尖刀直插敌人的心脏，步步紧追逃跑之敌，先后占领湖北南端的崇阳、通城、蒲圻，在随后的湘赣战役中，又占领了长寿街、铜鼓等地。7月30日，四野主力开始休整治病，四十军奉命进驻湖南的株洲、衡阳之间的醴陵地区。

因为过江之后，连续行军作战，酷暑多雨，道路崎岖泥泞，部队体力消耗很大，加上水土不服，蚊虫叮咬。普遍发生疟疾、痢疾和"烂裆"病。为此，奉命开展"兵强马壮"运动，除部队卫生部门统一治疗外，偏方、土方一齐上，经过一段时间的努力，取得了良好的效果，达到了预期的目的。

任师部机要译电员

团宣传队队长庄云峰同志通知我到团部有要事。团领导见面就说：按照军部规定的条件，选你到军部学习机要工作。要服从组织分配，抓紧做好行前准备。听到这个消息，心里十分高兴。我按时到军部机要训练队报到。从此，我离开了生活战斗两年的七师（一一八师）十九团。学员来自全军各部队，报到人数共18人，分两个班，由军部机要科长李耀晖同志负责。这次学习班的特点是：随军南下，边打边走，边行军边学习，没有固定场所，没有集中时间。学习期限定为三到四个月。我们是随军部后勤机关行动的，每到驻地就见缝插针，抓紧时间讲课、学习。

5月上旬，学习班正式开课。军首长到会讲话，明确指出：由于形势的变化，急需改善和加强机要通讯联络，保持上传下达畅通无阻，不失时机地打击敌人，消灭敌人。为此，要求学员安心学习，努力钻研业务，尽快适应工作需要。我们通过将近一个半月的政治学习，了解了我党机要译电工作的发展史，懂得了密码通讯在解放战争中的重要地位，也初步明白了空中斗争的重要性、残酷性，从而进一步端正了思想，提高了认识，决心当一名无名英雄，默默地为党的机要工作奋斗一生。

第二阶段的业务学习，主要是操作技术方面的。讲授了密码知识和基本原理，还讲明了手工编制密码的基本方法。由于当时条件所限，学员们用明码本代替密码本，具体模拟操作翻译工作，练汉字，学翻本，查部首，记字位，汉字变数码，数码变汉字，在反复练习中，不断提高速度，并且要确保质量，不得发生任何差错。我们经过一段时间学习，考试结果都基本合格，初步掌握了业务技能，可以适应工作需要。

9月初，我被分配到四十军的一二〇师机要科，担任机要译电员，为排级干部。因工作需要，密码和机要文件随身携带，配有手枪，行军时背包放在马背上驮着。我到科之后，译电由原来四人增至五人，人手稍微宽裕一点，出机动台的次数也随之增加了。在解放战争期间，行军打仗，主要通讯手段靠密码电报，以便于上下联络，指挥作战，抓住时机，消灭敌人，保存自己。所以，部队一到宿营地，从事报务工作的同志，立即架设电台，沟通联络，接收密电，而从事机要译电的同志，则迅速投入战斗，翻译电报最多时，全科齐上，甚至干到通宵，第二天还照样随首长行动。在科长和同志们的帮助下，通过实践锻炼，我很快熟悉了业务，适应了工作。

追歼顽敌解放广东、广西

9月9日，四野根据军委的指示，作出向中南大进军的部署，集中力量围歼白崇禧在湖南衡山至邵阳（宝庆）一线之敌。参加衡宝战役的主力部队，分左中右三路展开突击。四野十二兵团为中路向衡宝地区展开正面进攻。经过长途秘密奔袭，10月2日，四十军经攸县的三门渡向湘江西进发，直插衡山西的渣江地区。10月5日，四野根据军委"聚歼白军主力"的指示，下达了"全线部队展开全面追击"的新命令。

衡宝战役，是围歼"白军主力"的主要一仗，要不惜一切代价夺取胜利。因此，我军争分夺秒，日夜兼程，强行军，甚至有时小跑。当时的情景，用"人困马乏"来形容实在不过分，部队到了宿营地，战士不顾一切，躺在地上就睡着了。我们师直机关，照样随大部队追击前进，到了驻地立即投入工作，沟通上下联络。当时工作条件艰苦，夜间照明都是用蜡烛或马提灯。10月9日，各主力部队逐步缩小了包围圈，将逃敌围在方圆不足两百华里的狭窄地带，并于10月10日上午发起总攻。四十军的一一八、一一九、一二〇三个师由南向北，兄弟部队由北向南两面夹击，激战10个小时，将被围之敌全部歼灭。10月11日下午，四十军及兄弟部队，马不停蹄地向湖南南部的新阳、黄阳、醴陵方向追击前进。

衡宝战役结束之后，兄弟部队经过激战，于10月29日胜利结束广东战役，宣布广州解放。

四野按照军委的批复，于11月5日，下令发起广西战役，继续围歼白崇禧的残余武装。四十军仍为中路，沿湘桂边南下，于11月25日攻占梧州。该城依山傍水，风景秀丽，商贾云集，十分繁华。它是广西最东部的重镇（与广东接壤），位于桂江和浔江汇合处，是内河航运的咽喉，为广东的西江流域物产的集散中心，军事地位十分重要。

我们部队在梧州稍加休整，便奉命渡过桂江，向沙田、容县、北流地区前进，并于12月5日占领灵山，围歼了溃逃之敌。我们路过沙田镇时，盛传这里的柚子远近闻名，个大、肉厚、无籽、水多、香甜。可惜因供给制身无分文，皮包里虽有银圆，那是为事务长保管的伙食费，任何人无权动用，所以没能如愿购买品尝，直到1952年在武汉学习期间，才圆了吃"沙田柚子"的梦。说实在的，我们到了广西之后，观赏了很多在北方难以见到的水果。每当行军走路，在路旁的树上经常见到一种果实，个很大，椭圆形，满身是刺，像似牛舌头，经询问才知叫"菠萝蜜"，但是什么味道，怎么吃法，我迄今还不明白。

部队为了追击逃敌，在这一时期，已经连续20余天行军作战，甚至有时连续几天日夜兼程急进，仍能保持每天120华里的速度，这充分显示了人民子弟兵的坚强毅力和昂扬斗志。我深深体会到，只有用毛泽东思想武装起来的军队，才是攻无不克、战无不胜、勇往直前的英雄军队。说到行军特别是急行军，最大的问题就是防止脚底板磨泡。所以，每到营地，首要的任务，就是想方设法烧水洗脚，疏通经络，消除疲劳，防止磨泡。如果真的磨成水泡（重的有血泡或泡套泡），就要注意治疗，防止感染最简单的土方法，就是用针挑破，把水挤干净，再用灯火烤干，经过一夜的休息，第二天照样可以坚持行军。

南方雨水多，土地潮湿，适合乌龟在路上乱爬，由于它生长年限长，乌龟壳十分坚硬，我们捉住踩在脚下，放了照样爬行。

战役期间，为了偷袭敌人，我和科里的一位老同志，临时派出机动台，随前哨部队执行任务，以确保主力部队隐蔽向前推进。时间不长，任务结束即归队了。此间，兄弟部队连续作战，横扫残敌，全部解放了雷州半岛。

广西战役为期一个月，于12月14日胜利结束。四十军奉命由灵山进驻合蒲、钦州地区休整待命。我们一二〇师师部就驻在当时名叫北海的渔家小镇，我还在此留影——题为"万里长征留念"。

说起合蒲，是一个县名，盛产珍珠，被誉为"南珠之乡"。而北海小镇隶属合蒲管辖。它位于北部湾沿岸，水路交通便利。因为战事吃紧，国民党军队下令禁止出海捕鱼。解放军到来之后，时间虽然很短，但情况大不一样，渔民们纷纷出海作业，以实际行动支援子弟兵。由于北海得天独厚的地理条件，解放后迅速成为新兴渔港和渔业基地，并且逐步创建为旅游名城。行政区划也随之发生了根本变化，合蒲县划为"北海市"管辖。

配合渡海作战守卫涠洲岛

广西战役结束，四野首长就盯上了海南岛。毛主席、军委也非常关心解决海南问题，并多次发电指示。根据琼崖纵队提供的情报和侦察的实际情况，经过反复研究,于12月16日,做出了准备解放海南岛的决定,并以四十军、四十三军两个军,配备加农炮、高射炮和工兵团,组成渡海作战兵团。海南岛是我国第二大岛,呈椭圆形状,海岸线长1 200公里,北隔琼州海峡与雷州半岛相望,海峡最窄处36公里,最宽处50公里。全岛为山地地形,中部以五指山为主干,绵延的大山与丘陵向四周延伸,丛林密布,居民稀少,不适宜大兵团作战。为此,采取的对策是积极偷渡,分批小渡与最后登陆相结合,先加强岛上力量,里应外合,策应主力强行登陆。

渡海前的准备工作,主要是:

第一,调整部署兵力。四十军由广西的钦州、合蒲调防到广东雷州半岛的廉江、遂溪、海康一线,再向南便到了半岛最南端的重镇徐闻了。

第二,搜集船只。各参战部队,上下一齐动手,千方百计、大规模地收集船只。

第三,训练水手。各部队挑选精兵强将,集中训练,掌握撑船技能。

第四,广泛开展海上练兵。要求每位参战人员都会泅渡,懂得水性。我们师直机关人员,同样参加训练,学习游泳,掌握泅渡本领。

第五,挑选精兵强将,经过短训,强行偷渡。从1950年3月5日开始,到3月底,先后四次偷渡,均获成功,与琼崖纵队会师,兵力增强,形成合力。

经过参战部队长时间的准备,渡海作战的条件已经成熟。4月16日晚7时30分,四十、四十三两军,奉命在各自的出发地同时起渡,强行登陆作战。渡海部队在夜航中,虽然遇上敌舰拦截,由于担任护卫的船队向敌舰展开激战,掩护主力船队顺利突破海上封锁,第二天早晨,两军胜利登陆,稍事集结,迅速扫平沿海之敌,占领滩头阵地,并立即向纵深攻击前进。23日,我军占领海口、琼山之后,马不停蹄追击南逃之敌。历时8天,追击战于5月1日结束,全岛宣告解放。

守卫涠洲岛,是海南战役的重要组成部分。该岛面积为25平方公里,是广西第一大岛,在它的东南面有一个斜阳岛,面积不足2平方公里,两岛相距9公里。它位于北部湾,南临海南岛,东靠雷州半岛,战略地位十分重要,如果敌人由海上迂回占领将直接威胁我军渡海作战的准备工作。为此,遵照上级的命令,一二〇师抽出一个团的兵力,撤出海上练兵场,于2月初由遂溪、海康之间的海边乘木船西行,数小时后登陆驻防。根据工作需要,师领导决定派出机动台。机要科领导派我和马子文同志随团工作,一驻就是3个月,直到海南岛解放才回撤。

转业到河南省政府机要处

我参军三年多来，从乌苏里江畔步行到琼州海峡，遥遥相望海南岛，行程万余公里。先后光荣地参加了毛主席和他的战友亲自运筹指挥并创造世界奇迹的辽沈、平津、渡江和中南地区的各个战役，经受了锻炼和考验，取得了明显的成绩与进步，累计小功八次（其中一次记两小功的有三次），按照四野的规定，三小功为一大功，共折记二大功、二小功，部队曾向家乡寄过喜报。此外，还荣获东北解放艰苦奋斗纪念章一枚。

根据中南军区的命令，为了满足地方工作的需要，决定从四十军抽调10名机要干部，转业到地方工作，我就是其中的一个。

我们转业的同志，随部队由广州出发，同车到达武汉，然后我们集体到中南军区和中南军政委员会报到，没停几天就分配了工作，去河南的共两人。我们是1950年8月25日到河南省会（当时在开封）报到，我留在省政府办公厅机要处，另一位是王善技同志，分到许昌专署机要科。

我从一个出生于塞北的穷孩子，成长为一名人民的勤务员，并能为祖国解放和社会主义建设贡献一份力量，这完全归功于党和毛主席的培养教育；归功于人民对我的哺育和教养。撰写《万里南征》这篇战斗回忆录，已是我多年的夙愿，今天正巧在全国解放战争胜利结束50周年之际，又值我转业到河南第二故乡的50周年之际，得以完稿付梓，实在太巧合了。我回顾这段军旅生活的目的，是想记录下来我在四十军服役期间所经历的战斗征程；反映我在解放军大学校里的战斗、学习、生活的真实情景，以更加激励我发扬革命传统，永葆革命青春。当然也反映了我对故乡的热爱与眷恋之情，和对绿色边疆的美好祝愿，尤其是对红色根据地的虎林父老兄弟们的崇敬之情！

本文选自张海明主编的《虎林红色根据地》一书，虎林市革命老区建设促进会2001年1月印，第162~169页。

虎林南下干部组建修水县政权

王本忠[*]

1948年,虎林县的土地改革运动,在认真复查和纠偏的基础上全面结束,县委将土改工作队员调回机关进行休整。适逢1949年元旦和春节,全县人民兴高采烈、喜气洋洋,欢庆新春佳节的到来。元月一日,《东北日报》以醒目的标题,刊登了毛泽东同志为新华社撰写的《将革命进行到底》的元旦献词,县直机关很快掀起了学习热潮。大家欢聚一堂,畅谈中国革命的大好形势和面临的光荣使命;畅谈虎林人民在党的领导下所取得的一系列的伟大胜利。接着于春节前在全县上下开展了声势浩大的学习、宣传活动。各界群众积极响应党和毛主席的号召,纷纷表示将革命进行到底的决心。

报名南下集中培训

春节过后,正式上班的第二天(即农历正月初四日,公历2月1日),县委在老电影院召开了县直机关及各区主要领导参加的全体干部大会,会上动员干部报名南下支援新解放区,开展建政工作。县委书记梁定商同志和夫人马勇同志带头报了名,我也紧跟他们踊跃报名。其他同志会后回单位纷纷报名。最后经县委讨论,批准29名同志南下支援新解放区。

正月初八(公历2月5日),梁定商同志偕夫人和我作为先遣队员,乘坐县委机关的马爬犁走了两天到东安地委(密山)报到。2月7日(正月初十)转乘火车到合江省会佳木斯报到。按省委对南下干部的培训安排,我们察看了虎林

---

[*] 王本忠:虎林义和乡人。曾任梁定商同志警卫员,后南下到江西省修水县任山口区共青团书记、县公安局股长、县审干办主任、县委宣传部副部长、县工交局局长等职。

南下干部集中学习场地和住宿房间。2月14日(农历正月十六),虎林与各县南下干部均按时到达。我们很快投入紧张的培训学习。学习内容比较广泛,大体上有国际、国内的大好形势、开辟新区工作应遵循的方针政策,以及总结回顾老区工作的经验教训等。总之,三天两头听取省委领导的专题报告,通过座谈讨论,提高认识,端正态度,明确任务。

经过3个月的培训,由省委和南下干部党委正式宣布了南下干部名单。我记得虎林县共有15名同志:

1. 梁定商,长征干部,南下前任虎林县光复后第一任县委书记兼虎林独立团政委;

2. 孙冀晃(曾用名孙铁成、孙捷),于1945年冬由中共哈市特委派来虎林,联络、组建虎林地方自治武装——一二〇师三八支队,曾任政治部主任,南下前任虎林县民运工作队副主任;

3. 王喜春,虎林县东升村人,南下前任虎林县第一区副区长;

4. 王天录,虎林县平原村人,南下前任虎林县太和村农协主席;

5. 刘克祥,虎林县平原村人,南下前任土改工作队队员、虎林县建设科干部;

6. 王天德,虎林县太和村人,南下前任虎林县委巡视员;

7. 马福贵,虎林县平原村人,南下前任虎林县土改工作队员;

8. 焉锦秀,虎林县桦树村人,南下前任虎林县公安局股长;

9. 秦甲才,江苏人,南下前任虎林县县大队副队长;

10. 李智斌,山东人,南下前任杨岗区区委书记;

11. 周城伦,虎林县桦树村人,南下前任虎林县工作队组长、一区组织委员;

12. 范福奎,虎林县太平村人,南下前任县委组织部干事;

13. 于志江,密山黑台人,原为东北局土改工作团成员,留虎林县任庆丰区组织委员;

14. 马勇,河北人,1938年赴延安参加革命工作,原为东北局土改工作团成员(梁定商爱人),曾任虎林县妇联主任;

15. 王本忠,虎林县义和村人,曾任虎林县土改工作队队员,梁定商政委的警卫员。

经培训未被批准南下的虎林县干部尚有14名,据张斌同志回忆,有8名同志经新任县委书记刘永普同志请示省委,调回虎林重新安排工作,这些同志是:

张斌、陈德奎、王德庆(后改名王英杰)、雷明春、闫忠、孙天举、焉兆信、焉兆全。其余6名同志由省委另行分配工作,安排到省内各地。

开赴江西　进驻修水新解放区

　　虎林南下的15名干部,与全省各县南下干部合编为一个大队,于5月27日登上由佳木斯开出的列车开往江西省省会南昌市。一路行程,几经周折,下了火车蹬轮船,经半个多月的艰难旅程,于6月下旬到达南昌市。途中在南京——九江的一段长江水路中,遇到国民党空军的袭击,险些造成重大伤亡和损失。我们乘坐的那艘长江巨轮"汉江号",船底舱装有大量炮弹,中舱装满面粉,当船行至九江临近靠岸时,突然上空出现敌机,一阵狂轰滥炸,江面上溅起无数条水柱,将岸边的一所厕所炸飞,粪便四处喷溅,所幸船未中弹,否则后果不堪设想。后据捕获的国民党潜伏九江的军统特务孙少廷供认,是由他操纵电台指挥所为。

　　到达南昌市,我们住在当年周总理、朱总司令亲自指挥的南昌起义总指挥部的故址,在那里等候分配。

　　7月上旬,江西省修水县宣告和平解放。修水县位于湘鄂赣三省交界地带,地处幕埠山脚下,土地革命时曾建立过苏维埃政权,这里是拥有50万多人口的江西省甲等县,是历史文人黄廷坚(黄山谷)的故乡。进入修水县的南下干部组成共计72人,合编为一个分队。由梁定商、吴平(修水县县长)二同志率领进入。一进县城,梁、吴二位领导立即与留守部队的团政委洪涛同志接洽,而后梁、吴、杨士杰(新任修水县公安局长)三人各带警卫员一人分头找国民党县党部书记长、县长、公安局长谈话,交代我党政策,责令其交出武器、弹药和敌伪档案及库存金银财产等贵重物品,不足两天时间交接工作宣告结束。

　　敌伪科、股长以上人员由梁、吴等召集开会,向其交代政策、稳定心神,遣散回家。一般伪职人员继续留用,工资照发。同时将南下干部按其专业特长各负其责开展日常工作。

　　虎林南下到修水县的干部基本上留在县直机关就职。后来多数调到九江地委和省政府等领导岗位。

　　梁定商任修水县委书记(九江地委委员),1952年春土改运动结束后,上调九江地委任副书记兼组织部长,1954年春上调中央组织部任重工业部管理科科长,"文革"后期任轻工部农机局党委书记,直至离休。

孙冀晃任修水县委秘书,1952年春任修水县委宣传部长,1953年任修水县县长,1954年调任江西省人民医院院长。1956年调任中央外文出版社专家工作处处长,1958年自己要求调回江西,任江西省教育厅高教处处长,"文革"后期任江西省卫生厅副厅长。

王天德任修水县共青团书记,1952年调江西省团校任班主任、团省委副书记,"文革"后期任江西省委组织部副部长兼省委老干部局局长(正厅级)至离休。

焉锦秀任修水县公安局股长、副局长,1953年调江西省公安厅任科长、铁路公安处副处长,"文革"后调任江西省委统战部任副部长至病逝。

刘克祥任修水县渣津区委组织委员,1952年调任修水县联社主任,1954年调任庐山特区管理员,1956年调任九江市日杂公司经理至离休。

秦甲才任修水县县大队长,后随军调离他处。

王喜春任修水县渣津区区委书记,1952年调任修水县公安局长,1953年秋任修水县县长,1954年调任九江地区人民医院党委书记、行政院长、医药公司党委书记兼经理等职至离休。

周城伦任修水县白岭区区委书记,1952年调修水县委组织部任副部长,1954年调江西省瑞昌县任县委副书记。后因病回东北医治,病愈后任黑龙江省穆棱县委副书记,牡丹江地区花纱布公司经理、水产局长等职至离休。

范福奎任修水县杭口区区长、县委宣传部副部长,九江地区人民医院学委书记,后病逝于九江。

马勇任修水县妇联主任、九江地区妇联主任,1954年随梁定商调北京市,任区办事处主任(县处级)至离休。

王本忠到修水县后仍任梁定商同志警卫员,1950年任山口区共青团书记、党委组织委员,1952年任修水县公安局股长、县审干办主任、县委宣传部副部长(县委候补委员),1963年任修水县工交局局长。1971年冬调回虎林,任红卫公社宣传委员至离休。

马福贵南下后留在江西南昌,后任江西省水利厅、水利学校党委书记兼校长(副厅级)。

李智斌南下后留在江西南昌,后任江西省水产科学研究所党委书记(副厅级)。

开展土改和镇反运动　建立新政权

在全面完成县级政权接收之后,立即组建工作队,开展镇压反革命和土地改革运动,建立新政权。采取的工作步骤,借鉴老区的经验,大体分为4个步骤:

第一步:开展宣传、发动群众。工作队深入基层,广泛开展宣传活动。首先是宣传国际、国内的大好形势,结合修水县的实际,充分揭露国民党反动派发动内战的罪行,以及给全国人民带来的巨大灾难,进而发动群众开展生产自救、渡过难关。同时调查、掌握当地土豪劣绅、地方恶霸、敌伪官吏和区、乡保长等的历史罪恶和现实表现等具体情况,做到心中有数,监视控制。对少数有较大政治影响的土豪劣绅、敌伪军政要员和开明绅士,实行分化瓦解,区别对待。例如白岭区塘城乡曾任国民党国大代表的戴子敬,拒不接受与我区级领导干部会面。县委书记梁定商同志得知后,邀国民党修水县党部书记和农工民主党书记,我们一行4人,步行80余华里登门"拜访"。经过较长时间的耐心教育,终于使其有所醒悟,将其深藏屋檐下的一支很漂亮的小手枪和一支钢笔式的袖珍手枪乖乖地交了出来。他口头说是小孩子玩具,当我接过来拉开枪机一看,子弹早已上膛。此刻我为首长捏了把冷汗,同时也暗暗叹服其置生死于不顾的谋略和胆识。

由于政策宣传得比较深透,工作方法得当,因而深得民心,使修水县的许多问题,处理得比较稳妥,社会安定,民心大快,从未发生匪患和政治动乱事件,党的威望和干部为人民服务的形象,受到广大群众的拥护和赞扬。

第二步:深入细致地发动群众,开展减租减息运动,使广大贫苦百姓摆脱了战后和秋收之前的一段生活窘境,同时也赢得了民众对共产党和人民政权的信赖和拥护,更加真诚地向我们工作人员及时反映各种情况和动态,工作队员也在群众中深深扎下脚跟。

第三步:大张旗鼓地开展镇压反革命活动。在前两步工作的基础上,经过调查摸底,基本上掌握了全县应镇压对象和底数,以及那些罪大恶极的反革命分子的罪恶事实,做到有利、有理、有据,稳、准、狠地打击敌人,做到既不放过一个坏人,也不冤枉一个好人。如我所在的那个区,应受到不同形式镇压的对象有30多个,一夜之间全部被逮捕归案,无一漏网。全县此项工作的开展,基本相同,于1951年5月1日运动宣告结束,为秋冬开展的土地改革运动,奠定了坚实的基础。

第四步:完成土地改革,掀起互助合作高潮。具体做法基本与老解放区相同。其不同点是吸取了虎林、桦南、汤原土改工作的教训,严格执行土地改革法大纲,避免了过左、过右和"煮夹生饭""纠偏"等不良倾向,使整个土改运动得以顺利进行。全县的土改运动在春耕之前全部结束。从此翻身的农民有了自己可耕种的田地,欢天喜地、热火朝天地投入互助合作的生产高潮中。区、乡、村三级政权同时进行组建和强化,地方新生力量迅速成长起来,我们南下的干部陆续调回县城,充实到机关领导层,开展正常工作。有部分同志上调到地区和省城直至中央机关另行分配工作。总之,南下干部已同当地群众打成一片,许多同志在那里生根、开花、结果。现今,我虽然叶落归根,返回故里,但仍念念不忘我的第二故乡——修水。

本文选自张海明主编的《虎林红色根据地》一书,虎林市革命老区建设促进会2001年1月印,第191~200页。

我给毛主席站了五年岗

杨宝清[*] 口述 曹瑞斌[**] 整理

我们独立八师在解放长春、沈阳、锦州之后,奉命南下,配合华东部队解放北平,兵临城下,经过谈判,北平喜获和平解放。这时部队进行了整编,我们一部分营级、连级、排级干部被编入中央警卫团。中央警卫团共分3个区队,一区

---

[*] 杨宝清:原为东北野战军八师二团一营三排副排长,中央警卫团一区队排长。1954年转业回到故乡虎林县杨岗乡六人班村。

[**] 曹瑞斌:现为虎林市杨岗镇副镇长。

队保卫毛主席,二区队保卫刘少奇主席,三区队保卫周恩来总理。我们虎林的战友由于来自东北红色根据地,个个都是苦大仇深的贫雇农,经过战斗考验,政治可靠,因而编在警卫团的人员较多。我和我们六人班村的唐文举、富国村的李德生被编在一区队。1949年8月,毛主席搬进中南海后,我们一直为他老人家站岗,直到1954年转业。因为我们是主席内卫的外卫,虽然不能直接接触主席,但每天都能和毛主席见面。还经常看见江青的姐姐,还有毛远新等(那时他还小),每到礼拜天都来看望毛主席,在江青那里作客。

　　主席的生活十分简朴,每顿饭两个菜或三四个菜,但都有鱼,主食有大米饭、面食。主席饭量不大,吃得不太多。主席穿着朴素,除外出接见、开会、视察穿着讲究点,在家里穿得很随便,我们看到给主席晾晒的内衣、内裤都有补丁。主席穿的袜子也都是上底的。1953年,江青托人从杭州买回一只猴子,听说是花了20元钱。第二年又买回一只小猴崽,这些费用都是毛主席从自己腰包掏的。

　　主席的工作最忙,有时办公室的灯光一直亮到天明。中华人民共和国成立前,在怀仁堂召开政治协商会议,还有1952年召开的和平会议,那些老帅们都参加了,还有不少外国人。那时我们都在怀仁堂前门和后门站岗,毛主席和那些老帅们进门时,都微笑着向我们点头。那时在怀仁堂召开大型会议,都发给我们一枚纪念章。

　　我们护送毛主席去过两次上海,两次杭州,一次北戴河。第一次去上海,我们乘坐专列,没到上海市区,车停在上海郊外。后来听说毛主席那次去上海是找陈毅市长商讨大事的,陈毅市长是到列车上接待毛主席的,汇报、研究完工作后,我们就返回北京。那几年,毛主席每年冬天都住在杭州。每次出发前,江青和毛主席的警卫人员等都要提前四五天去安排。那时,我们都称江青是"先行官"。毛主席每年夏天都要去北戴河住上几天。

　　1949年10月1日,毛主席登上天安门向全世界庄严宣告"中央人民政府成立了!"那时,我们一区队的全体警卫战士一直在天安门楼下四周,和天安门楼梯两侧值勤,我们的心都在悬着,唯恐出一点事,对不起毛主席,对不起全国人民。我们都严密防范、一丝不苟,所以每次执行警卫任务,慎之又慎,绝对保证安全,让领导满意。

　　本文选自张海明主编的《虎林红色根据地》一书,虎林市革命老区建设促进会2001年1月印,第201~203页。

第六编

东安根据地干部南下战斗回忆

我们为周总理推轿车

杨太生*

1947年4月,我和村里20多名青年在刚刚结束土改运动后,就积极报名参加了虎林县县中队。9月份,经牡丹江军区批准,将虎林、密山、宝清、饶河4个县的县中队编为牡丹江军区独立四团。1948年2月,改为独立八团。紧接着我们就踏上火车,奉命南下,解放长春。辽沈战役结束后,我们接到命令,秘密进关,配合华东部队解放北平。我们昼夜兼程,急行军赶到北京西20公里处,突然接到命令,就地休息。不久,前方传来特大喜讯,北平和平解放了。我们被编为六二〇团,主要任务是进城接管傅作义城防部队。北京城里广大人民群众载歌载舞,夹道欢迎中国人民解放军入城,热闹非凡。3月份的一天上级命令我们六二〇团去西苑机场迎接党中央机关和毛主席进城。当时,西苑机场有受阅部队、群众代表、无党派民主人士和各民主党派领导人。受阅部队大约有一个炮兵师、一个装甲坦克师、一个步兵师,共有3万多人,下午5时,由叶剑英参谋长和聂荣臻司令员,陪同毛主席、朱总司令、刘少奇、周副主席和任弼时同志,乘敞篷吉普车开始检阅部队。毛主席站在第一辆吉普车上,走在最前边。首先检阅的是步兵、炮兵、装甲兵和坦克部队。当毛主席和其他首长乘车缓缓接近部队的时候,部队指挥官发出了"立正、敬礼"口令。毛主席和其他首长都频频招手致意,并向指战员问好。检阅部队以后,毛主席和其他首长又开始接见北平市一万名左右的群众代表。接见群众代表的场面是很热烈的,当毛主席和其他首长来到群众代表跟前时,人群中立即沸腾起来了。有的鼓掌,有的跳跃,有的在

---

* 杨太生:虎林县桦树村人。1947年参军,曾任东北野战军独立八师二团一营三连九班副班长、中央警卫团副排长,后转业回到虎林县杨岗乡任机关管理员。

高呼"中国共产党万岁!""毛主席万岁!""中国人民解放军万岁!",口号声一浪高过一浪。接见完群众代表,毛主席和其他首长们乘坐汽车,又向无党派民主人士和各民主党派领导人停站的地方开去。各民主党派领导人和民主人士见中央首长过来了,都热烈地鼓掌欢迎,毛主席等都下了汽车,同他们亲切握手,热情问候。以上这些场面,虽然已过去了半个多世纪,仍然恍如昨日,记忆犹新。

1949年9月,北京市组编公安纵队。我们四十一军独立八师,成为一支首选的队伍。四十一军有三个英雄团,其中就有我们六二〇团。上级认为我们团全体官兵出身好,苦大仇深,思想觉悟高,作战勇敢。就这样,我们六二〇团和我们原独立八师的全体官兵被编为中央公安纵队一师二团,负责保卫党中央、保卫毛主席。我们二团三连九班(我是副班长)和七班被编为一个警卫排,我任副排长,负责外交部的警卫。当时周总理兼任外交部部长。外交部辖领的范围很广,甚至外语学院也归外交部管辖。加之,北京刚解放,社会动态复杂,国际国内有许多关系尚未理顺,所以,外交部的工作比较繁忙。

外交部设在外交部街,是国民党时期外交机构旧址,外交部后面是公安街,国家公安部就设在那儿。外交部共有两个大门,每个门口由两名战士站岗,主要负责进出人员的证件检查,以及外国人的护照检查。当时部里有规定,总理乘坐的车不准检查,保证通行,不准出差错。并让全排战士熟记总理所乘车辆的颜色、型号和车牌号。我这个副排长的主要职责是,针对部队刚进城,战士们产生的"胜利了、进城了,可以松口气了"的麻痹思想,加强对战士们进行思想政治工作,切实履行警卫任务。可是万万没想到,一天,我们排有个宝清籍的战士在值勤时,思想溜号,让正要参加外交部重要会议的周总理的车停下检查。会议结束后,周总理让内卫打电话让我去一趟,当时我想这下可完了,非得挨撸不可!无奈,我只好硬着头皮前去,胆怯地敲响了总理办公室的门,总理说"请进"。我进去给总理敬了一个军礼。总理和蔼地说"请坐!"说实在的,当时我的脑袋一片空白,也不知道是怎么走过去坐下来的。可我做梦也没有想到,总理对拦车检查的事只字没提,只是说"你们警卫战士每天风吹日晒、雨淋值勤站岗,十分辛苦。"接着,他又给我讲了警卫排工作的重要性。整个谈话有10分钟,总理始终态度和蔼、笑容可掬。谈完话后,他走过来拍一拍我的肩膀说:"回去代我向战士们问好!"当时,我激动得热泪盈眶,能为这样的好总理站岗值勤,是我们最大的福分和天职。当我回去把总理的谈话和问候转达给战士们时,大家都哭了,都保证今后决不再发生类似的错误。特别是那位宝清籍的战友,更感到万分自责,他声泪俱下,无地自容。

一天上午,我们得知总理在9点钟要到部里主持一个大型会议。按惯例,总理每次到部里参加会议,都要提前半小时到,最迟也要提前20分钟。我们正在翘首以盼。可不大一会,我们接到电话,说总理的车驶到大华影院门前抛锚了,大华影院距外交部足有4华里,让我们火速赶到。我立即带上5个警卫战士以最快的速度,跑到现场,来到总理的轿车前,发现这是一辆苏联赠送的轿车,引擎发动不着了,我们得知,后勤部的车都安排出去了,也来不及找车替换了,我一看表,离开会的时间只有20分钟,便急中生智,当机立断,命令战士们把车推到会场,于是我们一溜小跑推车前进。等我们把车推到场时,离开会的时间只有2分钟了。总理很高兴,连说"谢谢、谢谢,你们辛苦了!"傍晚,团首长亲自来我排住处,转达了周总理对我们的问候,和总理送来的慰问品。晚上还专门为我们放了一场电影。

开国大典前,我们师经过严格训练后,参加了国庆大典的阅兵式——仪仗队。阅兵式结束后,朱总司令亲自来到我们住处,亲切地问我们累不累,同我们唠家常。表扬我们"为新中国的成立贡献了力量!"朱总司令唠起嗑来,那才有意思呢,净说老百姓的嗑,有时逗得我们捧腹大笑。

1950年朝鲜战争爆发后,我们警卫师作为中国人民志愿军的纠察大队开赴抗美援朝前线,直至朝鲜战争胜利结束,凯旋回国,转业到地方。

本文选自张海明主编的《虎林红色根据地》一书,虎林市革命老区建设促进会2001年1月印,第204~208页。

记虎林独立团的两位老战友

梁德发[*] 姜树田[**] 口述

孙志松[***] 整理

1990年8月,虎林市水利系统一些离休的老同志在聚会时,水利局所属水泥制品厂的离休厂长、复员军人梁德发同志和石头河水库离休老保管员、复员军人姜树田同志,两人攀谈起来,始知他们过去虽然同在水利系统工作,互相熟悉,但却不知他们原来都是由虎林一起参加虎林独立团的老乡,一起加入东北野战军解放东北,一起进驻北京被编入中央公安纵队守卫中央机关和部分中央首长的老战友;以及一起入朝参战,被编为中国人民志愿军总部直接领导下的志愿军纠察团的老成员;现今又是在一个系统,一起离休的老同志。二人情感交融,越唠越欢畅,时而激情昂扬,时而开怀大笑,津津乐道。两位老战友的这段光荣战斗历程和旷世奇缘,一时间激起老同志们的广泛兴趣和思想共鸣,成为我们水利系统的佳话。因之,我将他们的畅谈记录下来,以飨后人。

梁德发,原为虎林县虎头镇人,家境贫穷,日伪统治时期受尽日本侵略者和伪警宪特、地主富农的欺压和盘剥,过着朝不保夕、牛马不如的生活。1945年8月东北光复后,虎头镇回到了祖国的怀抱,老百姓们高兴极了!秋后,虎林成立了人民自己的武装——虎林独立团,并派一营二连守卫虎头镇。梁德发那时才16岁,看到二连一些战士待人非常和气,遵守纪律,接近老百姓,不像伪满的军队那样,到处横行霸道,到处欺压老百姓。梁德发的心活了,决心也要当一名人民的子弟兵,部队领导嫌他年纪小、个头矮,不让他参加,他就泡在那里硬磨,最后在1945年10月,部队吸收他当了二连连部的通讯员。

---

[*] 梁德发:虎林县虎头镇人。1945年10月参军,时任虎林独立团二连连部通讯员。

[**] 姜树田:虎林人。1946年参军,时任虎林独立团三连战士。

[***] 孙志松:曾任虎林市水利局副局长,已离休。

第六编

东安根据地干部南下战斗回忆

姜树田，家住虎林三区光复村（现为团结村），家庭贫穷。东北光复后，听说虎林街里成立了三八支队，是关内八路军组建的老百姓的军队。姜树田想要参加，但无人引进。等了半年多，1946年夏天，独立团到密山剿匪，后撤回虎林休整，本村有个独立团战士冷世荣（系虎林市退休干部冷焕双的叔父），回村探家。后由冷世荣介绍，姜树田参加了虎林独立团，在三连当战士。紧接着从关内调来的牡丹江警卫团王景坤团开进虎林，负责牡丹江东部地区的剿匪和维持地方治安的任务。后来上级决定警卫团与虎林独立团合并成立东安地区警卫团，任王景坤为团长，原虎林独立团团长常永年任副团长。梁德发被分配到团政治处任通讯员，姜树田被分配到三连当战士。同年8月，这个团进入饶河县，冬季，消灭了盘踞在饶河县的国民党胡匪等叛乱分子。这个团在1947年初开到密山兴凯进行整训，王景坤团长被调走，团长换了个姓周的。在4、5月份又增加了密山、虎林两县近千名的新战士加入集训。集训的内容除了军事训练外，主要是上政治课，开诉苦大会，战士们纷纷上台诉旧社会日伪时期日寇压迫和地主剥削的苦，提高官兵的阶级觉悟，个个表决心，杀敌立功。集训时间接近8个月，最后又分编出一个团，团长姓刘，人称刘团。东安警卫团有300多名战士分配在这个团里，其中大部分是原虎林独立团的，正式编入东北民主联军。据说刘团参加了三打四平的战役，战斗打得非常激烈，战士们个个英勇顽强。1950年抗美援朝时，刘团首批入朝作战，在三八线南侧的一次战役中，牺牲惨重。集训期间梁德发同志由于阶级觉悟大大提高，于1947年7月7日加入了中国共产党。姜树田同志后于1948年3月15日也在火线上加入了中国共产党。集训结束后，东安警卫团于1948年1月编入东北人民解放军独立八师二团，加入了伟大的人民解放战争的行列。1948年春节后，独立八师开赴前线直插吉林、长春间的"小官地"站，狙击由吉林逃往长春的国民党六十军警卫部队1 000多人。然后进军长春，为缩小包围，独立八师二团直插长春市郊八里堡。双方战壕阵地相距不足百米，相互喊话听得一清二楚，蒋军被困几个月没有吃的，饿得要命。而我军的伙食非常丰富，几乎每天都是猪肉炖粉条，偶尔，蒋军阵地上的士兵三五成群偷着跑过来要吃的，我们也给以特殊优待，让他们饱餐一顿，然后放他们回去。这期间蒋军也经常空投食品，虽然大部分被我方截获，有时我们也给送回一部分食品，表示我军的宽大政策。由于锦州的解放，在10月中旬迫使国民党曾泽生起义，郑洞国余部投诚，长春完全解放。10月中旬国民党廖耀湘兵团也在辽西全部被歼。11月上旬解放了沈阳，至此，东北全境解放。这时，我们独立八师改编为东北野战军四十七军一六〇师。我东北野战军奉毛主席命令,于1948年末和1949年1月秘密入关,参加平津战役。我四十七军一六〇师昼夜急行军,有一段路徒步昼夜行程达240华里,快速到达山海关西段的嫩口地区,由此直插廊坊车站,一举消灭傅作义守军一个团,掐断了北平、天津的通道,为顺利解放天津创造了有利条件,进而我军包围了北平。北平和平解放后,我四十七军一六〇师进入北平前大红门和门头沟。1949年初,党中央毛主席由西柏坡迁往北平时,我四十七军一六〇师进入香山,担负着党中央核心领导机关的保卫任务。建国大典前我东北野战军在选拔受党中央毛主席检阅的战士时,其中就有姜树田,他们在北平西苑机场训练整整3个月。10月1日那天,姜树田同战友们在天安门前目不转睛地迈着正步接受检阅时,没有看到毛主席,走过很远才偷偷斜视看到毛主席,姜树田心中感觉到非常幸福。据说受检阅部队中有很多是虎林独立团的干部、战士。那时梁德发同志正在天安门前执行便衣外卫任务。当四十七军改编为中央公安纵队时,梁德发、姜树田都被分配到公安纵队一师二团,但这时他俩仍不相识。公安一师的任务主要是守卫中央机关和为部分首长担任警卫任务,那时梁德发被分配到中央人民政府政法委员会主任委员董必武的警卫排。梁德发同志讲了一段贴身警卫董老的趣事:董老他老人家爱看京剧《三打祝家庄》,每次去他都换上长袍大褂,像个老教授、老先生。我们被派往警卫的同志,也都换上学生装。人家董老是学识渊博的老学究,可我们警卫战士大都是文盲。虽然在部队里学了点文化,可大字不识几个,怎么装也不像个大学生,那时我只有一个心眼儿,每次执行任务,都如履薄冰,提心吊胆、精心守卫,确保首长的安全。1950年10月,梁德发曾随部队赴沈阳市镇压过一小股反革命匪徒。1951年春夏梁德发、姜树田分别随部队到天津、沈阳两市执行镇压反革命的"行刑"任务。

  1950年6月25日,朝鲜战争爆发,1950年10月我志愿军入朝作战。1952年党中央毛主席根据彭总的请示,命令中央公安一师立即入朝,编为志愿军纠察团,直接受志愿军总部指挥领导,执行对志愿军的军风、军纪的纠察任务。这个团实际是一个师的兵力,四四编制,每个营有1 000余人,全团有四五千人。以营连为单位分布在朝鲜各战场的志愿军驻地,以班为单位昼夜轮流执行纠察巡逻任务。梁德发被分配到纠察团任警通连军械班长,姜树田被分到纠察团一营任通讯班长。他们俩虽然任职内勤,立功受奖的机会较少,但也都机智勇敢地完成任务,荣立战功。1952年3月,纠察团抓到3名美韩特务,经审讯掌握到

第六编
东安根据地干部南下战斗回忆

美军于某日某时要空投一支150人的加强特务连,每人携带匕首一把,手枪、卡宾枪各一支,由美军5名军官率领解救"金城"(沙金场)战俘营的美军战俘。按时间计算只有一天多时间,可是总部距金城有数百里,用电报传给战俘营的守卫部队,又怕密码被破译,所以命令纠察团派人带上总部的"特通证",沿路搭乘汽车,在10小时之内必须赶到"金城",送上伏击敌人的命令,并且交代几条纪律和遇到"万一"怎么办的方案。这个任务就落在一营通讯班长姜树田的身上,姜树田立即出发连夜搭乘了4次车,不到9个小时即到达目的地,送上伏击命令,使守卫部队周密进行伏击准备,打了一场非常漂亮的伏击战。致使150多名美韩武装特务分子无一漏网,战俘营里又增加了100多名美军俘虏。姜树田同志连续立了两次大功,被授予朝鲜民主主义共和国和志愿军总部三等功臣奖。

此后梁德发于1953年底因病复员回国,姜树田于1955年复员回国。

岁月流逝,几十年过去了,两位老战友回忆当年这段战斗经历,真是感慨万千。当看到今日伟大的共和国日益昌盛和无比强大时,心里感觉到无比骄傲和自豪!

本文选自张海明主编的《虎林红色根据地》一书,虎林市革命老区建设促进会2001年1月印,第209~215页。

附 录

东安根据地文献资料

附 录
东安根据地文献资料

横戈立马蹈虎穴　英雄本色映日月
——记原牡丹江军区三支队警卫团第三营第七连连长朴春根

孟高君[*]

1998年10月15日,密山市人民政府在密山市烈士陵园内,为52年前,在密山剿匪战斗中壮烈牺牲的一位烈士,修建了崭新的墓茔,安葬了烈士的遗骸。参加祭奠仪式的所有人无不为当年密山剿匪斗争中令匪徒闻风丧胆的"大胡子"连长的传奇式英雄事迹而动容。"大胡子"连长就是原牡丹江军区三支队警卫团第三营第七连连长、密山剿匪战斗的英雄——朴春根。

朴春根,1893年出生于朝鲜忠清北道清州的一个农民家庭。他出生的年代,正是韩国李氏王朝走向衰败,国内各业凋零,民不聊生,沦为日本帝国主义殖民地的时期。朴春根从小过着颠沛流离的生活,在幼小的心里深深埋下了仇恨的种子。

光阴似箭,日月如梭。1910年,朴春根17岁的那年,日本帝国主义强迫韩国内阁签署了《日韩合并条约》,吞并了韩国。一时间,韩国各地掀起了抗击日本帝国主义侵略,恢复国家主权的独立运动。朴春根在清州、首尔等地参加了一系列声势浩大的示威游行,要求废止《日韩合并条约》,惩处"乙巳五贼"。

1919年3月1日,汉城塔洞公园内集聚了3 000多名学生和四面八方赶来的群众,宣读《已末独立宣言》,进行示威、请愿要求民族独立。朴春根从清州赶到汉城加入到示威行列,高呼"大韩独立万岁!""日本军队滚出去!"等口号。日本殖民当局派出大批军警驱赶游行队伍,但首尔的青年学生和群众并没有被吓到。他们按照原计划,在3月5日第二次组织游行示威。这次规模比第一次更大,冲突也升级了,在一个月的时间内迅速扩散到全国各地,乃至海外的韩人

---

[*] 孟高君:密山市人民政府原副市长。

聚居区。从斗争形式看,三一运动由最开始的和平示威转化为全民族的反日斗争,其中包括游行示威、烽火示威、同盟罢课、同盟罢工、罢市、独立请愿以及暴动、起义等。日本殖民当局担心难以控制事态,从日本国内调来六个步兵大队及宪兵,镇压韩国人民起义。在日本帝国主义的血腥镇压下,韩国各地运动进入低潮,朴春根也回到清州。

1925年7月,32岁的朴春根渡过鸭绿江来到中国吉林抚松地区,参加朝鲜革命军开展反日武装斗争。

1937年7月,日伪中央治安维持会制定"恩赦大诏",推行"归顺"政策,对包括朝鲜革命军在内的东北抗日武装进行分化瓦解,各部受到严重破坏。朴春根所属的朝鲜革命军第三方面军与东北抗日联军第一路军重新整合,改编为抗联第一路军独立师。

1938年,在日伪军穷凶极恶的"讨伐"、围剿下,抗联队伍数量急剧减少,抗联活动日渐艰难,抗日联军的活动进入低潮,朴春根被组织派到东宁开展工作。在东宁朴春根结识了在抗联队伍中做炊事员的崔仁淑。俩人没有条件举行结婚仪式,也没有一份嫁妆,在极其艰苦的抗日斗争环境中走到一起。

1939年秋,崔仁淑到了预产期。作为女人在一个新生命到来之前多么需要丈夫守在自己的身边。但直到女儿出生,朴春根转战于深山密林尽不了丈夫的责任,只是捎来了给女儿起的名字——英子。1943年女儿5岁时,朴春根得以把家落到东宁,家人团聚时才第一次与女儿见了面。

1944年春的一天晚上,抗联六名战士在秘密转移过程中,到朴春根家留宿。半夜时分,日寇宪兵队突然闯入进行搜查。朴春根和抗联战士们来不及转移,只能藏匿在屋内地洞里。得到密报的日本宪兵不肯放弃蛛丝马迹,很快发现了地洞。日本宪兵疯狂地向地洞开枪,瞬间洞内硝烟弥漫,虽然抗联战士们顽强抵抗,但敌众我寡,地势不利,朴春根和抗联战士们不幸被捕。

在日本宪兵队,他们受尽了酷刑,但抗日的意志和信念没有动摇。

在被囚禁的第16天夜里,朴春根和战友们扒开监狱墙角成功越狱,连夜转移到牡丹江铁岭河地区,秘密开展抗日活动。

1945年8月16日,苏联红军进驻牡丹江。朴春根立即在牡丹江铁岭河组织一批青年建立武装队伍迎接光复。

1945年11月25日,朴春根率领青年武装队伍加入牡丹江军区十四团,任第三营十一连连长。十四团三营全部由朝鲜族战士组成,全营士气很高,战斗力很强。1949年11月29日,牡丹江军区司令部决定解除在混乱形势下组建的牡丹江市"保安团"的武装。这个团成立伊始即秘密勾结国民党,盼迎"国民党中央军",笼络日伪时期残余势力,横行霸道,欺压百姓,民愤极大。这个任务交给了朴春根所属的十四团第三营。这天夜里,三营包围了保安团驻地,他们先派四名战士干掉哨卡里的两个哨兵,而后30多名战士端起步枪冲进办公楼。事先打入保安团的两名共产党员迅速抢占枪架子,迫使保安团头目投降,顺利解除了保安团的武装。

牡丹江军区剿匪斗争,是从1946年2月攻打盘踞在北甸子和五河林的匪徒开始的。被击溃的北甸子、五河林土匪主力,多数逃至穆棱县马桥河村。马桥河村成了重要的匪巢,土匪多达400人,拥有九二式重轻机枪几十挺,村周围修筑了土围墙,围墙上架设了铁丝网,围墙四角修筑了炮台,架起了重机枪。牡丹江军区司令部决定攻打马桥河匪徒,派十四团一营和二营包围村子打伏击,主攻任务交给了三营的朝鲜族战士。

1946年3月18日拂晓,三营九连朝鲜族指导员黄东华亲自率领13名侦察兵先到马桥河村外的一座古庙,还未来得及侦察地形就被土匪岗哨发现,村内响起了枪声。几名匪徒爬在围墙上拼命射击。我军侦察兵除了小庙外没有任何可利用的地形,只好就地还击。这时天已发白,九连一排用手榴弹摧毁匪徒修筑的屏障,营长果断地命令九连、十一连指战员冲锋。匪徒们利用地形和掩体,负隅顽抗,战斗非常激烈,到中午时分,匪徒大部分被歼灭,小部分抱头鼠窜。这次战斗共击毙匪徒100多人,俘虏200多人。缴获平射炮1门、重机枪2挺、轻机枪4挺、长短枪100多支。我军也付出了很大代价,共有93名朝鲜族战士壮烈牺牲。

1946年2月,朴春根跟随牡丹江军区三支队警卫团,参加鸡宁、密山地区剿匪斗争。

战斗间隙朴春根将7岁的女儿托付给牡丹江铁岭河五林洞农会会长。这次托付分别竟成了他与女儿的最后相见。

1946年4月6日,牡丹江军区三支队警卫团王景坤团长率3个营1700百余名战士进驻密山县平阳镇。4月13日拂晓,警卫团突袭密山县永安土匪杨世范部,战斗持续一个多小时,歼灭土匪100余人,俘虏30余人。

4月15日,土匪郭清典率500多名匪徒偷袭警卫团团部驻地密山县永安火车站,战斗非常激烈。警卫团增援部队投入战斗后才打退土匪,击毙匪徒30余人，活捉20余人，缴获步枪58支，在战斗中警卫团三营尹连长牺牲。

4月16日，警卫团在密山县半截河邢家大院与土匪祁少武、赖明发部交战。警卫团据有利地形向匪徒发动攻势，击毙土匪30多人。

4月17日，警卫团乘胜追击，在半截河南消灭祁少武、赖明发匪徒300余人。

4月25日，朴春根跟随警卫团近2 000余人进驻东安市。

警卫团进驻东安市后，立即接管东安行政事务，开展建立革命政权和征兵工作。当时东安地区，政治形势非常复杂，我党的基层组织尚未建立，国民党东安地区党部，借机勾结和纠集特务、土匪、日伪残余势力，组织各种反动武装，扰乱社会秩序，挑拨民族矛盾，妄图篡夺人民胜利果实。在无政府状态下，一些人不知为谁当兵，为谁打仗，不愿意当兵，征兵工作难度很大。警卫团决定要派出既能担当又有丰富工作经验的干部打开工作局面。征兵工作的重任落在了朴春根和他的战友肩上。朴春根带着两个助手，首先来到离东安市20多华里的永昌朝鲜族村。在村里，朴春根向屯长交代了来意。开始，屯长讲了一些客观原因，表现出为难情绪。朴春根根据屯长的心理活动，把话题拉长，由表及里，深入浅出，与屯长交谈至深夜，把征兵工作的意义宣传到位。屯长终于被说服了。第二天，屯长早早地将适龄青年集中起来召开动员会议。会上朴春根用自己苦难生活和多年戎马生涯的经历现身说法，启发在场的青年，使很多青年比较全面地了解到共产党领导的民主联军的性质，懂得了"胜利人人有份，参军人人有责"的道理，纷纷报名参加民主联军。仅有50多户的永昌村就有16人参加了民主联军。

离开永昌村后，朴春根先后到西安、大成、联成、永安等十几个朝鲜族比较集聚的村屯。他用朴实的道理，激发了朝鲜族群众参军的热情。很多村出现了送子参军、兄弟一起参军、父子争着参军、妻子送丈夫参军的动人场面。西安村的金顺姬老人，将自己三个儿子送到民主联军，其中两个儿子在剿匪斗争中先后不幸牺牲。她化悲痛为力量，当上村妇联会主任，组织群众开展支援前线的活动。联成村李玉子结婚不长时间，积极动员自己丈夫和小叔子参加民主联军，独自承担赡养公婆和家里农活的重担。永安村的朴大爷，拉着两个儿子来到连队，要求送子参军。连长看朴大爷年龄比较大，说："送一个吧！您这么大的年纪，身边总得有个人挑挑水、拾个柴什么的。把大儿子留下来，小儿子领回去吧！"朴老汉一听脸都急红了，用手拍了一下大儿子的肩膀，对连长说："我的

附 录
东安根据地文献资料

大儿子朴长勇,得收下!"接着又拉着小儿子说:"小儿子名叫金小英。不收下,对不起他的爸爸……"

原来金小英是朴老汉的义子。金小英老家住在吉林的长白县,父亲参加了抗日联军李红光支队,在一次与日军"讨伐队"作战时光荣牺牲。金小英的母亲在那里实在住不下去了,就领着刚满10岁的金小英投奔亲属来到永安村。很不巧,那位亲属在一年前已搬走不知去向。金小英母亲在走投无路的情况下,遇到了朴老汉。朴老汉看她们孤儿寡母很可怜,就集众乡亲,给接济了一些木料,帮助盖了两间土草房子,使她们安了家。金小英的母亲身体多病又无钱医治,转过年就去世了。11岁的金小英无依无靠,朴老汉就收他做了义子。这次朴老汉送金小英参军,说是要继续他爸爸未竟的革命事业。所以朴老汉说:"部队不收下金小英,对不起金小英的爸爸!"

许多青年踊跃参军,使部队较长时间的战斗减员一下子得到补充。

1946年5月10日,盘踞在东安地区的国民党土匪头子谢文东认为自己东山再起的时机已到,便在密山平阳镇维持会大院内召开东安地区土匪头子会议,成立东安地区攻城联合指挥部,谢文东担任总指挥,负责攻打鸡西;郭清典担任副总指挥,负责攻打东安市。同时调国民党中央军东安地区保安中队宝清分队长俞殿清率部进驻密山兴凯,对东安市形成包围之势,切断了驻扎在东安市的牡丹江军区三支队警卫团与驻扎在鸡西的牡丹江军区三支队司令部之间的联系。

5月13日,土匪郭清典、芦俊堂、祁少武、曹本初、俞殿昌等在密山黑台召集会议,进行攻打东安市的作战部署。

5月15日拂晓,土匪芦俊堂、祁少武、曹本初、俞殿昌部在郭清典指挥下,向东安市发起攻击。土匪攻城指挥部设在东安市西郊连珠山主峰。土匪攻城部队拥有7门迫击炮,大批掷弹筒,几十辆汽车组成的运输大队,还有骑兵中队、便衣队、侦察中队。担任主攻的土匪都是原国民党在晋南中条山作战中被日军俘虏的军官和士兵,其中一些头目毕业于国民党军官学校。实战能力较强,土匪队伍投入作战的兵力达1 700余人。

为了有效地反击土匪进攻,我军成立了由警卫团、虎林独立团、东安公安大队组成的联合作战指挥部,投入的兵力达2 000多人。联合作战指挥部设在北大营和原日本神社之间的旧房框内,由警卫团团长王景坤任作战总指挥。

大批匪徒从东安市西南、正西、西北,在炮火的掩护下蜂拥而入。虽然我军用猛烈的炮火打击匪徒,但穷凶极恶的匪徒频频向我军阵地发起冲锋。几次短兵相接,互相厮杀,使正面进攻的匪徒伤亡很大。我军集中火炮轰击连珠山主峰,打散了土匪指挥部。土匪便衣队是一伙敢死队,凶悍顽强,熟悉市区北大营地形。便衣队匪徒摸到我军联合作战指挥部附近与警卫连遭遇。在警卫连强大火力面前便衣队匪徒们来不及逃窜,纷纷倒在了阵地前。

战斗进行至中午时分,盘踞在兴凯的俞殿昌匪部一直没有行动。于是总指挥王景坤果断作出决定,将防御俞殿昌匪部的警卫团一营兵力迂回到飞机场西侧,进攻匪徒主力的侧后。警卫团一营的侧攻开始后,王景坤下令正面部队全线出击。这样,匪徒们受到前后夹击,溃不成军,开始向西狼狈逃窜,下午4时结束战斗。此次东安保卫战,共俘虏匪徒80多人,击毙50多人,缴轻机枪2挺、步枪103支。

东安保卫战结束以后,为了更好地保卫东安,采取积极防御的办法,警卫团决定采取以攻为守,伏击逃敌的办法,消灭盘踞在兴凯的俞殿昌匪部。5月18日,警卫团派一营提前一天在保密桥以南埋伏,三营向兴凯进发。一营于拂晓前到达了伏击地。伏击圈内公路西侧是不能攀登的陡壁,伏击圈内的入口处,是密林环抱的小山包,这里设两挺机枪对准公路,公路东侧则是生长着稀疏林木的漫山岗,岗后埋伏着两个连,伏击圈北端在公路通过处的北侧是个小山口,埋伏一个连,伏击圈南北长200多米,东西宽100多米。

早晨天刚蒙蒙发亮,警卫团就从兴凯东和南两面开始攻打俞殿昌匪部。俞殿昌匪部据守在伪满时日军养马的大房子里和路北的几个民宅里。战斗开始不久,警卫团三营的火炮手们就向大房子打了两炮。炮弹命中房屋,顿时火光冲天。30多名惊慌失措的匪徒向北面一栋建筑物跑去。朴春根带领七连战士们紧紧咬住,只用一个小时就消灭了建筑物内抵抗的匪徒。

据守在路北的匪徒们,看情况不妙,边打边退,沿公路向北逃窜。

中午时分,埋伏在宝密桥以南的警卫团一营发现了向北逃窜的匪徒。匪徒们万万没有想到此地设有埋伏,惊恐中放松警惕,慢慢悠悠地向北赶路,队形很乱,拉得很长,有的抬着伤员,有的扶着病号,渐渐地100多个匪徒进入了一营伏击圈有效射程之内。突然,"叭叭"信号枪的声音从北山口后边发了出来。接着在伏击圈入口处,两挺机枪子弹突然像爆豆一样射向匪徒群,只见打头的几个匪徒应声倒下,其他跟随的匪徒直向公路东侧的林子内逃窜。东侧埋伏的两个连的战士们同时出击齐声呐喊,一下逼近匪徒群。被夹击的匪徒惊慌失措,完全丧失了抵抗能力,大部分乖乖当了俘虏。只有部分匪徒拼命向北边小山逃窜,伏击战只用了20多分钟就结束。此役共击毙匪徒18人,俘虏150人,缴枪170支、轻机枪1挺。从而消除了兴凯匪患。

兴凯剿匪战斗结束后,警卫团决定清剿郭清典匪部。从我军侦察到的消息和俘虏的口供中得知,匪首郭清典行动很诡秘,警觉性很高,不固定驻地,在黑台、朝阳屯、王家烧锅等地都设有据点。他们在黑台北山通往永安的路上,构筑了多个地堡,每天都有数十名匪徒据守在地堡内。警卫团决定,派一个营兵力攻打朝阳屯匪徒,用另一个营的兵力攻打王家烧锅的匪徒。警卫团两个营的兵力19日拂晓前进入预定地点,同时发动进攻,不到一个小时剿匪战斗结束。朝阳屯俘虏匪徒90多人,缴轻机枪1挺。在王家烧锅俘虏匪徒50多人。在攻打黑台北山秘密工事时遇到匪徒顽强抵抗。一营营长赵桂连指挥战斗过于靠近匪徒修筑的秘密地堡,暴露了目标,被匪徒一枪打中腹部,倒在血泊中。在掩体内准备助攻的三营七连连长朴春根,义愤填膺冲出掩体悲愤地高喊:"未结婚的趴下,结过婚的跟我冲啊!"朴春根手握两枚手榴弹快速匍匐直奔匪徒地堡。地堡内的匪徒疯狂扫射。朴春根不顾自己安危,很快靠近地堡扔过去一枚手榴弹。手榴弹在匪徒地堡前炸开,接着,又扔过去一枚手榴弹。"轰"的一声第二枚手榴弹在地堡内炸开,地堡内的枪声戛然停止。急于清剿地堡内残匪的朴春根,起身向硝烟弥漫的地堡冲去。地堡内尚存一口气的一个匪徒做垂死挣扎,端起枪向朴春根射去罪恶的子弹。在近距离朴春根来不及躲避,被子弹射中头部,倒在了地堡前。

在指挥所目睹朴春根壮烈牺牲场面的警卫团团长王景坤悲痛欲绝,立即组织火炮,对匪徒地堡进行炮击,吓得地堡里的匪徒们举起双手投降。

匪首郭清典非常狡猾,盘踞在黑台老巢,按兵不动。警卫团只好收兵回到东安城驻地,并将赵桂连和朴春根遗体安葬在东安市火车站附近的公墓中。

1946年5月24日,警卫团接到鸡西三支队司令部命令,撤离东安城,回防鸡西。

在警卫团离开东安城的第二天,匪首郭清典纠集芦俊堂、杨世范、祁少武匪部拥进东安城,开始屠杀无辜百姓和抢掠民财。制造了骇人听闻的"5·26"惨案,60多名朝鲜族群众在惨案中,失去了宝贵的生命。因为很多朝鲜族群众,在剿匪斗争中为警卫团提供情报和粮饷,警卫团的朝鲜族战士作战勇敢,遭到郭清典匪部的杀戮。

丧尽天良的郭清典匪部,拥到火车站附近公墓,敢冒天下之大不韪,挖墓劈开了赵桂连和朴春根的棺木,用刺刀残忍地肢解遗体抛尸满地,割下头颅示众,以此发泄对共产党和警卫团的仇恨。土匪头子还叫嚣:"国军已打到四平和长春,马上就要打到哈尔滨和牡丹江,穷共产党休想翻身。"以此恐吓群众。公墓周围人群攒动,匪徒们惨无人道的暴行,引起了众多富有正义感群众的义愤。事件发生后,很多群众含着眼泪自发组织起来将两位烈士的遗骸重新入殓。

为烈士报仇,消灭郭清典匪部,为建立稳固的东北根据地而奋斗,这成为警卫团全体官兵的口号。6月21日,合江军区副司令员兼三五九旅旅长刘转连,统一指挥牡丹江军区三支队警卫团、虎林独立团、东安市公安大队、鸡宁县大队等武装部队,分别从密山永安、半截河出发,南至中苏边境沿线,北至完达山纵深的广阔地带,向土匪武装发起总攻。

三五九旅七一七团、七一九团、骑兵团在黑台、东八方高水村和连珠山主峰与土匪交战,在我军猛烈炮火攻击下,郭清典匪部彻底被消灭,郭清典只身逃往长春。6月22日,我军北线和南线合击部队重新胜利,开进东安城。

1946年夏,东安地区剿匪斗争结束以后,朴春根原所属的牡丹江军区第三支队警卫团全体官兵列编中国人民解放军第四野战军序列,离开东安地区,参与了辽沈、淮海、渡江等大型战役。警卫团没有忘记在剿匪作战中英勇牺牲的烈士,郑重地将褒扬烈士的有关事宜移交给地方政府以慰英灵。新中国成立以后,密山民政部门几次派专人寻找过朴春根亲人和他女儿的下落,但均无结果。这成为密山诸多领导和朴春根的战友们的一大遗憾。

随着时间的流逝,当年7岁的英子也长大成人,成家立业过上了无忧无虑的生活。不过她从来没有放弃过寻找父亲的念头。当英子进入而立之年以后,寻找父亲的愿望更加强烈。为此,朴英子曾多次到有关部门打听父亲的下落,但没有得到权威的答复。在漫长的寻父路上,英子不知吃过多少苦头。

在墓碑前,英子为父亲举行了一场迟到52年的祭奠。英子泪流满面地说道:"爸爸,女儿望穿双眼盼您52年了,看到您用自己生命和鲜血矗立的烈士丰碑,我就足够了,我只求下个清明再来抚摸您的墓碑。"

陈慕华、钟毅同志在穆棱煤矿

德 晖[*]

1946年10月,党派陈慕华、钟毅两位同志接管穆棱煤矿,陈慕华是党代表,钟毅是军代表兼任穆棱矿矿长。

陈慕华同志到了穆棱煤矿后,就发动工人成立穆棱煤矿总工会,总工会下设8个分会。她还发动广大妇女走出家门,同男同志一样参加工作,参加社会活动,成立了妇女联合会。陈慕华同志还亲自选拔与训练了一批政治宣传骨干,定期深入基层,到工人大房子里向工人系统地进行政治启蒙教育,讲旧社会工人没有政治地位不如牛马,新社会工人翻身做主人,讲没有共产党就没有新中国,讲工人阶级的领导地位和煤矿工人的光荣传统,不断启发工人阶级觉悟,并从先进的工人中间发展中共党员。

为了多出煤炭支援解放战争,陈慕华同志发动工人开展了煤矿竞赛。当时,中长铁路的两个煤矿,穆棱煤矿与扎赉诺尔煤矿之间开展了流动红旗竞赛,一季一评比,获胜单位得奖金3 000工薪分。她还参照苏联过去开展的斯达哈诺夫运动的竞赛经验,结合穆棱煤矿的生产实际情况,协助工会开展先进生产者运动。首先在二井石牙采区培养树立了采煤能手刘振文,然后召开全矿性的立功竞赛表彰大会,奖给劳模标兵刘振文一块苏联胜利牌怀表,号召全矿职工都要学习刘振文吃苦、能干、勇于创新的精神,劳动竞赛搞得热火朝天,生产蒸蒸日上。

为了提高劳动效率,钟毅和陈慕华两位同志深入群众听取反映,进行调查研究,在全矿进行了劳动组织整顿,在机关科室里精减了非生产人员,充实了煤矿井下一线生产。

---

[*] 德晖:鸡西地域文化学者。

在发展煤炭生产的基础上，陈慕华同志十分注意不断改善职工物质文化生活。过去穆棱煤矿办公室，坐落于西山，西山地区职工住宅（通称白房）大部分是苏联人居住，中国职员和技术工人很少。采掘一线的煤矿工人根本没有在西山白房里居住的。钟毅和陈慕华同志在一次全矿的会议上宣布："煤矿工人今天当家做主了，在住房问题上也要一律平等，什么煤黑子、臭苦力不能住白房，今后凡是家庭人口多，生产（工作）表现好，不分中国人、苏联人均享有同等分房权利……"，并做了明确规定。这样一来，大长了中国煤矿工人们的威风，矿工们的生产劲头更足了，但也有人大为恼火。

谁恼火呢？当时的矿长伯利沙果夫就大为恼火，就想排斥钟毅、陈慕华两位同志。伯利沙果夫就暗示秘书科长（兼翻译）金玉声，今后铁路局来文件不要直接交给钟毅矿长，得先给他过目，企图封锁上级指示精神。有一次矿上召开科长联席会，恰巧铁路局来文件，钟毅矿长要看，翻译金玉声说："这文件是给苏联矿长的……"（意思是你不懂俄文，看也白搭）哪承想钟毅在抗日军政大学学过俄语，钟毅同志沉静地接过文件，当众用流利的俄语一口气将文件读完，并用汉语翻译过来，在场的苏联矿、科长均被惊呆了。从那以后，铁路局来的文件，不论是中国文字的，还是苏联文字的，秘书科均给钟毅矿长阅示。井口、车间的煤师、机电师、科室的各科长及所有苏联职员，见了钟毅矿长也都是毕恭毕敬的。

解放后的穆棱煤矿医院，名义上是职工医院，但实际上矿工很少到那里去看病，原因是医院的医生、护理人员几乎都是苏联人，去看病的患者大多数都是苏联人，矿工们管它叫作"苏方医院"。加之当时矿工们有的对西医认识不足，都喜欢中医治疗。陈慕华同志针对当时这种实际情况，为确保矿工们身体健康，经请示上级有关部门批准，1946年10月末正式成立了穆棱煤矿中医院。矿工们高兴地说："中医院的成立，充分证明党对煤矿职工的无比关怀，我们得多出煤，出好煤，支援解放战争。"

陈慕华同志还十分关心职工的文化生活。解放后矿工们由于政治地位的提高，对文化"食粮"的要求也是非常迫切，她通过工会组织工人利用业余时间学习政治，学习文化，学习外语（俄语）。在西山俱乐部开辟了电影放映场所，组织了职工业余剧团，没有舞台，就在广场露天舞台演出。工人们披着棉袄席地而坐，看职工业余剧团演出的文艺节目，心中十分高兴。从1947年春到1948年秋，职工业余剧团配合党的中心工作，演出了大型歌剧《刘胡兰》；为破除迷信演出歌剧《信不得》；为改造二流子演出四幕八场话剧《钢铁战士》，还演出小话剧《是谁救了我们》，这些节目深受工人们的好评。此外，逢年过节还组织工人搞大秧歌队，有龙灯、高跷、旱船、狮子舞等，大大地活跃了矿山的文化生活。

陈慕华同志十分关心祖国第二代的成长，她亲自过问小学教育。当时穆棱煤矿仅有一所劳动小学，仅数十名学生，两名教师。陈慕华同志亲自选拔师资，亲自帮助建校，亲自动员群众并带头抬土建设操场。三伏天汗流浃背不怕累，手掌磨破不叫苦，坚持与大家同劳动同休息，为全矿职工树立了光辉的典范。修操场计划一周时间的任务量，仅用三天就完成了。穆棱煤矿职工子弟小学校，在党、军代表陈慕华、钟毅两位同志的关怀、重视与支持下，迅速发展壮大，不到两年时间，就由一所劳动小学，增加了两所分校，一所是三、六井地区的共荣小学校，另一所是四井地区的太平小学校，教员由两名发展到20余名，班级由过去2个班级增至18个，学生增至500余人。

陈慕华、钟毅同志工作都很忙，但作风朴实，和群众打成一片，经常深入井下或工人大房子中，去与工人促膝谈心，了解生产、生活情况，工人有什么问题都向他们直接反映。他们经常用业余时间在家接待、处理职工的信访。凡到他们家去的人，都给予热情接待，对工人所提出来的问题都能耐心地接受，用党的政策来解答，作认真的处理。

陈慕华和钟毅同志的生活十分俭朴，处处严格要求自己。1947年组织批准给他家解决一栋红砖房，当时他们家中有两个女儿及两名警卫员，6口人住本来就不宽绰，他们却提出只住东头，主动把西头给别人住，与邻里关系也十分融洽，非常亲近。事隔40余年，今日回忆起来还似在眼前，他们那种为煤矿工人谋幸福的好思想、好作风，将永远是我们学习的楷模，工作的榜样。

本文选自王金文、周桂芬主编的《鸡宁大生产支援前线》一书，中共鸡西市委党史研究室1993年4月印，第272~275页。

梨树人民剿匪斗争记

王金文[*]

梨树镇自卫队毙俘胡匪

穆棱县梨树镇（现属鸡西市梨树区）自卫队第三中队，自1946年10月成立以来，每个队员的工作热情都很高，为了保卫人民的生命安全和工作、生产的顺利进行，队员们不分昼夜，搜山查岭，清剿土匪。

1947年1月27日，梨树镇自卫队第三中队在搜山途中，发现一股被击溃后而流窜的胡匪15人。匪队认为躲进深山里比较保险，不料，我自卫队搜上山来。匪队见事不成，缩在山石后面不肯出来。自卫队员们见此情景，便开展了政治攻心战，向胡匪喊道："你们被包围了，快投降吧，我军优待俘虏！"但胡匪没有动静，过了一会儿，匪徒郭振清持枪溜出山洞，妄图冲出我军包围圈逃跑，当即被我自卫队捕获。其他匪徒见此情景不敢效仿，先后有匪兵9人持枪出来投降，争取宽大处理。另外5名匪徒不相信我军优待俘虏的政策，不肯投降，继续顽抗，妄图乘机冲出包围圈。自卫队员见此状况，便将这5名匪徒全部消灭。

这次战斗，打死匪兵5人，投降9人，生俘1人，缴获手枪1支、步枪9支、子弹800多发、手榴弹7枚、匣子枪子弹60多发、日本战刀一把。此场战斗，极大地鼓舞了队员们的战斗热情，广大群众拍手称快。在春节时，群众捐款1万元旧币、100斤猪肉来慰劳自卫队。

---

[*] 王金文：梨树镇自卫队三中队剿匪战斗知情者。

打柴队员勇捉胡匪

1947年,穆棱县梨树区翻身农民30多人,为度过春荒,自动组织了一个打柴队,有大车30多台。

2月24日早晨,打柴队出发了。途中,发现从沟里下来慌慌张张的两个人,原来是早来打柴的李明山和王某某,被胡匪扒去了棉衣,打柴队员任宝山听后,不顾个人安危,带领队员王克深、曲凤荣二人,由李明山带路去找胡匪。

他们一行4人走到梨树区板庙子时,发现胡匪。胡匪听到有人来,便伸手去拔枪,任宝山急中生智,抢先一步,将胡匪的手腕打断,并将其捉住。缴获七星式手枪一支。打柴队员勇捉胡匪一事,被后人传为佳话。

双河、莲河连夜剿匪

1946年11月3日晚,一股土匪在梨树镇双河村抢劫民财。驻八面通炮三团团长宋成志得知此情况后,打电话调绥东军分区穆棱朝鲜独立营驻八面通连队,去梨树镇双河村剿匪。此连接到通知后,迅速集合,连夜赶到双河村。经过激烈的夜战,打死打伤匪徒20多人,其余逃走。

因寒冬即将来临,匪队急需越冬物资。1946年11月6日晚,这股土匪从吉祥村(现属麻山区)出发,妄图去梨树镇莲河村抢劫。绥东军分区穆棱独立营驻梨树镇第三连得到此情况后,前去堵截。三连在吉祥村至莲河村的必经之路埋伏起来。当土匪队伍来到时,我部队猛烈开火,打得匪徒狼狈逃窜。这一战斗,打破了匪队抢劫的计划,保卫了莲河村人民群众的生命财产安全。

本文由中共穆棱县委党史工作办公室提供。

空军英雄辈出密山

王庆元[*]

一提起密山,人们马上会想到兴凯湖。可作为鸡西人,你可知道,密山作为共产党的第一所航校所在地,培养了一批人民空军的各级指挥员和著名的战斗英雄。

我党我军在革命战争年代饱尝了没有空军之苦。抗日战争刚刚结束,党中央预见到被日寇占据14年的东北,会留下一些机场和飞机,当即决定利用这一条件在东北创办航校。1945年9月18日,东北民主联军总部在沈阳成立,中央任命伍修权担任参谋长,并负责航校筹建工作。1946年3月1日,东北民主联军航空学校在吉林通化宣告成立。蒋介石为独占东北,在美国援助下,从海陆空三路向东北进攻,国民党反动派多次出动飞机轰炸我航校机场,妄图将它扼杀在摇篮中。为了安全,航校于1946年11月搬到密山(时称东安)。在密山的一年零七个月,是航校自建立以来最稳定的一段时间,所以航校的教学、训练工作都是在密山进行的。

据航校第一任校长常乾坤(曾任空军副司令员,1995年被授予中将军衔)回忆,他是在延安直接接受刘少奇、任弼时的命令,于1945年10月,带领20余人奔赴东北,筹建了航校。航校成立不到半年工夫就被迫举行了两次大搬家,第一次是从通化搬至牡丹江,第二次是从牡丹江搬到东安(即密山)。

当时,日寇丢弃的航空器材散失在东北各地,许多机场和飞机、航空器材都遭到了程度不同的破坏。尚存的一些飞机,也是残缺不全。为了不使这些器材落到国民党手里,或被土匪、特务进一步破坏,更重要的是因为教学所需航校派出技术人员,到东北凡是有航空器材的铁岭、哈尔滨等10余个地方,寻找、收集

---

[*] 王庆元:鸡西市党史研究学者,原鸡西政协文史资料委员会常务副主任。

飞机轮胎、仪表、铝皮等备件及用品,还一点一滴地收集润滑油、汽油。在这艰巨的收集过程中,有的同志在抢运器材时被压断了手脚;有的误入日寇的毒菌场,中了毒,得了慢性病;有的甚至献出了生命。经过几个月的努力,为航校积累了物质基础。以后,东北局派出的同志,在凤凰城等地接收了一些航空器材,成立了航空队。

航校的干部和学员除了上述的航空队外,有东北民主联军派来的一批干部,从山东航大分校选送的100多名学员。教员主要是由投降的、进步的日本航空技术人员和一些旧技术人员担任。

在学习训练中,航校主要采取了互教互学、包教包学、理论紧密联系实际的学习方法。根据学员大部分是工农子弟、文化水平低的实际,在学习中,把不能用的残飞机、发动机和仪表搬进教室。上课时,教员讲一个机件,学员看一次实物;教员讲一个原理,学生逐个演示一下。据当年航校飞行一期乙班学员刘玉堤(曾任北京军区副司令员,兼北京军区空军司令员,1988年被授予中将军衔)回忆,他的教员是日本人,名叫暮本。为了让他准确、熟练掌握飞机航行时的推杆动作,暮本"一有空就领我到草坪上练习推杆等动作,拿着一根棍子比划着做示范。他示范推杆动作时,我一边跟着推,一边仔细观察,琢磨着该用多大力气。"由此可见,理论联系实际,成为航校克服学员文化水平低的主要学习方法,这个方法使一大批"放牛娃"开始掌握了复杂的航空理论和技术。

在掌握理论的基础上,航校开始进入飞行训练。当时,世界各国的飞行训练常规都是三个阶段:先飞初级教练机,再飞中级教练机,最后飞高级教练机。当时航校有几架初级教练机,由于长期的风吹、雨淋,框架已朽了,加之几次搬家,有的完全变了形,能否飞行?选出一架变形较轻的试验,不行。中级教练机航校一架也没有。只有一些破烂的高级教练机和几架日式战斗机。为了适应日益发展的革命斗争需要,航校领导从实际出发,提出了"三步并成一步走"的直接飞高级教练机的飞行方案。

"三步并做一步走",直接越过初、中两级,直接飞高级教练机,这是前人没有遇到过的,也是书本上找不到的答案。航校领导在东北局和民主联军总部的支持下,征求了学校广大干部和学员的意见。一面采取了加强地面准备、延长带飞时间、改进训练方法等一系列措施,针对当时的一些不利因素,要求飞行人员、机务人员、修理人员要认真细致,一丝不苟,保证飞行少出事故或不出事故。经过努力,1946年7月下旬的一天,学员终于单独驾着九九式高级教练机,飞上高空,实现了"三步并做一步走"。

教练机解决了,油料又成了问题。当时航空用油极少,供应不上训练的需要,有人提出用酒精代替汽油。经过无数次实验,在加大了燃料喷嘴以后,用96度纯酒精代替航空汽油飞行成功。

训练机、航空燃料相继解决后,训练紧张进行,参加飞行的人多,一时训练器材又成了问题。当时训练机没有补充来源,加之国民党反动派多次派飞机轰炸,破坏了一些训练器材。航校便采取"保养技术短小精悍"方针,减少飞行次数,同时采取和敌人的飞机打时间差的方式训练,学员又学会了超低空飞行,以便在空中遇见敌机时可以周旋。

当时航校的物质条件十分艰苦,不仅吃不到肉,连细粮和蔬菜也很少见。吃的是玉米面窝头和玉米楂子。为改善生活,学员们就组织起来,开荒种地挖野菜、捡鹰蛋、打猎、抓鱼。住的房子十分简陋,冬季晚上,大家只好带着棉帽睡觉。没有冬季飞行服,也没有保险伞和保险带,飞行员们只好穿着棉衣和单布鞋,用麻绳捆起来飞行。1947年4月,伍修权同志来航校视察,看到此种情况,同中共东安地委领导同志协商,用密山产的大豆、白酒经当壁镇口岸与苏联换来航空用油、棉布、汽车,解决了航校飞行训练和服装的困难。又经中共合江省委书记张闻天批准,东安行署财粮处定期向航校拨付经费,用以改善伙食。

就是在这样生活十分艰苦、设备十分简陋的条件下,东安航校在较短时间(仅一年零七个月)为筹建人民空军摸索出一些宝贵的经验,做了一些必要的准备工作,培养了一批优秀的航空人员。1949年10月1日开国大典时,由东安航校培养出来的飞行员,以17架飞机编成整齐的队形,通过了天安门上空,接受了毛主席和其他中央首长的检阅。在抗美援朝中,又以这个航校培养出的飞行员为骨干,组成了志愿军空三师、志愿军空四师。涌现出令美国空军闻风丧胆的著名战斗英雄王海、刘玉堤、张积慧、李汉、邹炎、王天保、华龙毅、高月明、陈亮、鲁珉,这些人都是东安航校培养出来的。其中张积慧击落曾参加过第二次世界大战的美国王牌飞行员。刘玉堤创造了击落击伤敌机8架的战绩。他们中的一些人成为人民空军的高级指挥员和各部门的领导。

本文选自"中国最大的四野英烈资料库",来源于第四野战军第一门户网站,2010年7月29日。

附 录

东安根据地文献资料

东安航校中的日本人

王庆元[*]

1956年6月27日,周恩来接见日本来华代表团时说:"我们很感激一部分日本人,他们在解放战争时期,作为医生、护士、技术员参加了解放战争,这些更增强了我们与日本人民缔结友好关系的信心。日本的军阀主义是残酷的,但协助我们的日本人有很多。"这很多的日本人当中,就包括了在人民空军的摇篮——东安航校里工作过的日本人。

1945年9月18日,东北民主联军总部在沈阳成立,伍修权任参谋长,并负责航校筹建工作。为加强对创办航空事业的领导,东北局又成立了航空委员会,伍修权任主任委员。他为刚刚组建的航空委员会确定的三项任务中,有一项就是把国民党空军起义人员、留用的日本航空技术人员团结组织起来,为我军创办航空事业服务。

当时,我党航空事业的力量,只有从新疆获释的学习航空技术的30位同志,他们回到延安后,组成了航空队。他们历经艰辛,于1947年3月到达航校所在地——东安。为了保证航空事业尽快发展,我党又将日本关东军第二航空军团第四练成大队的林弥一郎部,争取过来,使他们集体加入东北民主联军。这支部队有飞行员20名、机械师24名、机械员72名,以及其他各类地面保障人员近200人。这些日籍官兵成为东安航校的主要力量,他们为中国空军建设,做出了不可磨灭的贡献。

东安航校主要任务是培养飞行员及为飞行服务的各类人员。教员除少数国民党空军起义人员、我党学过航空技术的人员,多数是我们留用的日本航空技术人员。据有关资料记载,航校中日籍理论教员有家本好司(教发动机)、西

---

[*] 王庆元:鸡西党史研究学者。原鸡西政协文史资料委员会常务副主任,本文由中共鸡西市委党史研究室提供。

雅夫（教仪表）、御前喜久三（教机身构造）、柳下威之（教电气设备）、西谷正吉、吉武久弥、服部义雄（教基本作业）、川原田四郎（教油路系统）、马岚、内田（教气象），还有相当数量的日籍航空技术人员担负其他授课和飞行实践教学。

这些日籍教官，绝大多数是日本投降后经过我党工作而加入我军的，他们大多数出身于劳苦大众家庭，其中一部分人早在抗战时期就看清了日本侵略者的面目，加入反战同盟，自愿帮助中国人民。为了团结他们，东北局明确了对待日本技术人员的政策：生活上优待、人格上尊重、思想上尽力帮助、工作上严格要求。并在航校政治部内设有日本人工作科，由延安日本工农学校调来的杉本一任科长，机务处有两名日本人任政治干事。我党干部对他们平等相待，人格上尊重，没有打骂行为，使这些大多数渔民、农民出身的日本技术人员深受感动。特别是在当时生活条件非常艰苦的条件下，航校中，中国一般干部和学员每天只能吃高粱米、苞米，可日籍教官和机务人员却吃大米、白面。生活上优待、人格上尊重，使这些日籍技术人员真心实意工作。

当时东安航校的学员大部分是从延安和山东解放区来的干部战士和青年学生，以后又从东安本地招收一批青年学生。这些学员刚开始对日本人心里反感情绪很大，刚开始时和日本人格格不入。在党组织耐心教育下，他们很快转变了态度，变厌恶为欢迎，变隔阂为友好。虚心拜日本教官为师，虚心、刻苦学习技术。

据原北京军区副司令员兼北京军区空军司令员、原东安航校飞行一期学员刘玉堤回忆，他在学校学飞行时的教员是日本人暮本。由于刘玉堤学习期间住过院，落下一些课，暮本单独给他开"小灶"，一有空就领他到机场草坪上练飞推杠等动作。由于语言不通，暮本拿一根棍子比画着做示范，暮本还拿脑袋当作方向，头一歪便表示方向偏了。练习飞行时，暮本更是手把手一点一点地教。从而不仅使刘玉堤很快补上落下的课，还养成了拉杠、收油门"柔和稳当"的好习惯。暮本教员还带他飞了上百架次。在暮本的耐心教授和严格要求下，刘玉堤很快赶上了比他早飞一个多月的同学。刘玉堤在抗美援朝中，创造了击落击伤8架敌机的战绩，获得了志愿军空军一级战斗英雄的光荣称号。和刘玉堤一样，许多学员在航校都得到了日籍教员的耳提面授，成为新中国成立后的空军各级领导和骨干。

东安航校除培养飞行员外，还相应成立了修理厂、机械厂、材料厂。由于东安航校收集到的航空器材主要是日军遗留下来的整机和残骸，所以这三个厂的技术骨干主要是日军林宝毅队的机务人员。他们在我党的政策感召下克尽职责,据原三机部副部长、曾在东安航校机务处工作过的徐昌裕回忆,这些日籍技术人员,大部分人工作认真负责,注意质量。像发动机检验组长落合,对所检验的产品质量把关严格,就连他原来的上司、发动机股技师藤平送来的质量有毛病的产品,也被他退了回去。不仅如此,在收集航空器材过程中,由于误入哈尔滨日军七三一部队细菌试验厂,1名日本技师中毒献出了生命,另1名日本技术人员导致终身残疾。

除此之外,东安航校还有日籍医生、护士,他们工作也十分出色。

这些日本技术人员,以后陆续回国。1967年3月,他们成立了"回想四野会"和"航七会"。1990年代以来,他们先后4次组成日籍官兵"回娘家"访问团。据曾任航空工业部六二八研究所第一研究室党支部书记、东安航校训练处会计柳明淑回忆,她就见到了来中国访问的原东安航校日籍教员林弥一郎和大澄,彼此回忆往昔,记忆尤深。

请日军战俘当教官

——中国空军第一所航空学校揭秘

卫转业 牛锐利

1946年6月,中国空军第一所航空学校——东北民主联军航空学校成立,这就是我军历史上著名的"东北老航校"。从此,老航校成为中国空军的摇篮,王海、刘玉堤、张积慧等,一大批空军英雄从这里起飞。

2001年的6月5日,100多位曾在老航校工作过的老同事欢聚北京。人们惊讶地发现,在这群老人中,有16位被许多人尊称为"教官"的日本人。他们的到来,揭开了一段隐藏了55年的秘密。

在中国空军的历史上,不能不提及东北老航校,在东北老航校的创建史上,也不能不提为之倾洒热血甚至献出生命的300余名日本友人。

请日军战俘当教官

1945年8月,日本宣布无条件投降。在中国境内的日军部队顿时像无头苍蝇,惶惶不可终日。

此时,在沈阳东北民主联军总司令部,中共东北局书记彭真和联军参谋长伍修权等已是几天几夜没合眼了。中共中央作出决定,要在东北创建一所航空学校。然而,到哪里去找教官?没有教官办航校就是一句空话。

这时,司令部报告,被我军围困在上汤的正是日军第二航空军团第四练成大队。10多年前日军入侵东北时,他们已是一支王牌飞行部队,其中有许多资深飞行员和教官。

东北民主联军指挥员们眼前一亮:"真是天遂人意,搞空军有望了!"当夜,联军一支精锐骑兵队,闪电般地向这支日军部队包抄过去。

在我军的强大压力下,日军队长林弥一郎率领队伍全部交出了所携带的武器。让他们感到吃惊的是,上缴武器是在平等、宽松、友好的气氛中完成的。

回到村子里,更令这些日本战俘吃惊的事情接踵而来。知道日本人喜欢吃大米,村里的农民代表扛来了一袋袋稻谷,还带来了蔬菜和小鸡。林弥一郎和他的部属一时不知所措,处在日本帝国主义统治时期的中国东北,百姓们吃大米就是"经济犯",轻则挨打,重则丧命。这些稻谷无疑都是农民留下的稻种。

过了两三天,林弥一郎和10名战俘代表受到了我军驻凤凰城二十一旅司令部的热情接待。一个多月没吃过一顿像样的饭菜了,他们敞开肚皮喝酒、吃菜,饱餐了一顿。

两天后,林弥一郎和10名代表来到了沈阳。在东北民主联军总司令部里,林弥一郎一个人被请进一间指挥室,里面坐着3位衣着简朴的高级将领。

"我们想请你们协助我们建立一支空军!"东北局书记彭真直截了当地对林弥一郎说。林弥一郎吃了一惊:"可是,我们都是战俘!"他审慎地说道,面带难色。

"这一点,请不要顾虑!"坐在一边的伍修权说。

"我们完全相信你!"彭真一副大将风度,落地有声。

林弥一郎深受感动,"唰"地一下站了起来:"既然贵军如此信任我,我将竭尽全力,只是……"

彭真看出他有为难之处，便说道："有何难处，请大胆讲！"

"作为飞行教官有下达命令的权力，这一点在俘虏和胜利者之间很难做到！"彭真马上回答："给你这个权力，我们能够做到。"

"还有，教官和学生之间，学生必须绝对服从，没有这一点就无法教学！"

伍修权和彭真相互看了一眼，点了点头："这也没有问题。"

"那好吧，我同意来当！我也可以说服我的人帮助你们。"

彭真一听十分高兴地说："我们共产党人会和你们很好地合作，我们会建立一支强大的空军。"

就这样，日本关东军第二航空军团第四练成大队20名飞行员、24名机械师、72名机械员以及其他各类地面保障人员近200人，成了我党我军创建第一所航空学校的重要力量。除此以外，还有一些是从解放区转送来的投诚和被我军俘虏的日籍航空人员。他们都被八路军和睦的官兵关系、与人民群众亲如手足以及全心全意为人民服务的精神所感动，主动要求参加老航校的创建工作，奉献自己的本领。

开局充满"火药味"

1946年3月1日，东北老航校正式成立，教学工作很快展开。然而，开局却充满了"火药味"。

当时，许多学员都是从各根据地来的抗日青年，目睹过日本鬼子烧杀掳掠、奸淫妇女的法西斯残暴罪行，还有的亲人就是被鬼子杀害了。现在却要向日本人敬礼，还要听从日本人的指挥，心理上接受不了，大家的抵触情绪很大。

而有的日籍飞行教官由于过去长期受日本军队法西斯作风的影响，对待学员态度粗暴，更加激化了矛盾。

航校领导很快发现了问题，做了大量的工作。反复教育全校同志一定要分清日本军国主义分子和一般日本军人的界限，要求大家对参加航校建设的日籍航空技术人员，不能当作战俘看待，而应当作留用人员对待，尊重他们的人格。另一方面，他们又诚恳地批评日籍教官，使其认识到法西斯军队的管教方式与革命军队水火不相容。

同时，航校还先后任命林弥一郎、黑田正义、平信忠雄、系川正夫、长谷川正等为飞行主任教官。对于教学训练中的问题,校领导经常征求和倾听他们的意见,不把他们当外人。在生活上对日籍人员给予力所能及的优待,保证他们平时能经常吃到大米、白面等细粮,日籍技术人员见到我们吃的是玉米面、高粱米,而他们吃的却是白面大米,都非常感动。

航校还积极帮助日籍技术人员解决婚姻问题。当时还不允许中国人和日本人结婚,航校领导就想办法吸收一些年轻的日本妇女到航校做护士、卫生员、保姆之类工作,创造条件使他们彼此之间增加了解的机会。校领导还特别注意做好林弥一郎等主要教官的工作,以对待朋友的真诚态度,从生活上、思想上关心他们,处处以我军的优良传统感化教育他们。

如此一来,教学关系变得融洽了。中国学员也被日籍工作人员对待工作一丝不苟、认真负责、特别能吃苦的精神所深深感动,甚至结下了深厚的友谊。

学员几乎都是放牛娃出身

当时在航校的学员几乎都是放牛娃出身,大字都不识几个,更别说深奥的航理了。这可难为了日籍教官。御前喜久三讲授飞行原理和飞机构造有一套妙法:开课前首先领着学员们参观飞机,操纵传动各个陀面机翼面,说明它们有些什么作用,然后再做手势比喻,伸张双臂比作机翼,翻转手掌比作飞机倾斜并转弯,低头、推杆、撅臂就算飞机下降,反之则上升。他还做了许多教学用的实物模型,让学员一看就懂。为使学员一目了然发动机内的油路系统,他点燃香烟,把烟吹进发动机内的油路,看烟从何处冒出,便知道哪条油路是怎么走了。有一次他讲课讲到中间,突然向教室外走去,学员们以为他要找什么实物向他们讲解,便都跟着去了,谁知他走到室外厕所前面,发现学员们也跟着来了,便回头说:"我要上厕所。"大家一愣,哈哈大笑起来。

冢本好司讲授发动机原理也有绝招。同学们对"八-13甲"发动机,9个气缸形排列的工作原理理解非常吃力。冢本教员派5名学员围成圈,依次编号,各人出右手同握一根木棒,按号次顺序,口念进气、压缩、工作、排气,手推木棒转磨圈,只转了几圈,都领会了。下课去食堂路上,同学们还在比画着,口中念念有词。

飞行训练开始了,无论是学员还是教员,都非常兴奋,大家都在期待着早日飞上蓝天。

教官内田元五对待工作非常认真。有一次在起飞线上,他看到一个学员驾驶飞机着陆时,竟在跑道上蹦了三蹦,结果一连几个学员都犯了同样的毛病。他把翻译找来一问,原来,问题出在翻译上。内田元五告诉学员,飞机着陆时应该让前后三个轮子一齐落在跑道上,术语叫作"三点着陆",这样飞机才能平稳降落。可是由于翻译人员不懂飞行,不明白"三点着陆"的意思,竟然翻译成着陆时飞机要在跑道上蹦三下,于是就出现了"蛤蟆蹦"的现象。这个差错让内田元五哭笑不得,只好一个个地把错误的着陆动作纠正过来。

林弥一郎的严厉则更是有名。张积慧是当时最好的学员之一,在放单飞的时候出了一点点小毛病,没想到却被林弥一郎卡住了。别人都不理解,林弥一郎说身为教官如果不严格要求,那就是对学员、对中国最大的不负责。在林弥一郎的精心指导下,张积慧又刻苦练了起来。最后他的单飞放得非常成功。

当时因条件所限,学员一般只飞行十几个小时就可以放单飞,所以,正是日本教官这种严谨的工作态度和科学精神,才造就了王海、刘玉堤、张积慧等闻名世界的空军英雄。

林弥一郎等日本教官还主动出主意,将航校的美国单座式 P-51 战斗机改成双座式教练机,从而大大充实了航校的实际教学能力,也缩短了飞行训练的时间。

后来,在苏联空军提供喷气式战斗机时,学员们因飞过 P-51 战斗机,所以可以直接转飞喷气式飞行,这大大加速了人民空军部队建设的速度。也正是因此,在抗美援朝战争中,人民空军的飞行员,在很短的时间内便可以驾驶米格喷气战斗机去和美国空军驾驶的 F-86 式喷气战斗机作战,而且打败了他们。

把我骨灰的 1/3 葬在中国

1954 年,日籍人员返回自己的祖国。由于日本右翼势力等因素,他们回到国内后生活都非常艰苦,但不少人仍然怀念着老航校的生活。他们把中国看成是自己的"第二故乡"。林弥一郎还给儿子取名叫林新,意思是要做中日友好新一代,并送他到中国留学。

为了纪念那段特殊的日子,林弥一郎亲自发起和组织了"航七会"。到 1990 年,会员已有 800 多人,在日本各地设有 7 个支部,两个筹委会。

当年在老航校医务队工作的高桥澄子,为伤病员献出了她全部的热情和爱心,也是老航校日籍工作人员中唯一没有回国的人。她加入了中国国籍,并给自己取了中国名字叫高玲。转业到地方后,她依然发扬老航校精神,工作兢兢业业,即使在十年动乱期间,也没有动摇她对中国的感情。她在日本有父母,有亲朋好友,也有优厚的生活条件,可是她全部放弃了。她常说:"我的世界观的转变,是受老航校的中国朋友的教育和影响形成的,刻骨铭心,永远难忘。他们永远是我的榜样。"高桥澄子在河北承德定居30多年,曾被选为市人大代表、政协委员,直到离休后才回到日本。

教官诜岐文夫回国后经营了一家小纯水厂,申请了专利,日子比其他日本朋友好过一些。于是他通过林弥一郎介绍,与北京某企业合开了一个纯水厂。在此期间,他的夫人、同样在老航校工作过的诜岐郁代患癌症去世。在去世前,她希望能把自己骨灰的1/3埋在"第二故乡"——中国。如今诜岐文夫已遵照妻子的遗愿,把骨灰埋在了北京万安公墓,并在旁边为自己留了一块地。他要与妻子在一起,与中国在一起。

如今,许多当年老航校的日本教官及工作人员已与世长辞了,但无论是健在的还是故去的,新中国空军的历史都记着他们的一份功劳,新中国的现代化建设都有着他们的一份牵挂。

本文选自《中国青年报》,2001年6月10日。

我军第一所航空学校创办始末

叶介甫

1945年8月15日,日本政府宣布无条件投降。8月28日,朱德接见王弼时说:"中央决定全部航空干部分批进入东北,接收、搜集航空器材和人员,利用可能条件建立航空站、航空队、航空学校,训练航空骨干,为建立人民空军打下

附 录
东安根据地文献资料

基础。"

8月30日,刘少奇召见王弼指示说:"由于苏联红军出兵东北,日寇已投降。东北不仅是我国工业比较发达的地区,也是日寇培训空军的重要基地,估计该地航空器材和航空技术人员很多,这是我党创建空军事业的大好时机,党决定你先带一批航空人员去东北。你们的任务主要是及时接收航空人员和器材,建立航空基地,创办航空学校,培养各种航空骨干"。刘少奇特别指出:"要有信心和决心,要克服困难,要办好第一所航空学校"。

1946年3月1日,我军第一所正规的航空学校"东北民主联军航空学校"在通化诞生。常乾坤任校长,王弼任政委。先后辗转移至牡丹江、东安(今黑龙江密山)、长春等地。在短短的3年零9个月里,东北老航校培养出了100多名飞行员和400多名各类航空技术人员,为人民空军和新中国航空事业发展建立了不朽的功绩,成为人民空军的摇篮,中国航空事业发展史上的一座丰碑。

当时,国民党反动派早已撕破和平的假面具,大举进攻东北,形势异常紧张。北满、东满与苏联接壤,是日伪关东军空军重地。为了寻找合适的航校基地,王弼发动全校师生分头深入东北各地收集飞机和航空器材。当时,日伪残余反动势力尚未肃清,土匪、敌特活动猖獗,铁路不通,给收集工作带来极大的困难。王弼带领航空队干部及航校的学员和职工,冒严寒,踏冰雪,从1945年10月至1946年5月,走遍了东北三省的30余座城市,70多个机场,共收集到各类飞机120余架,发动机200余台,仪表200多箱,油料数百桶以及其他航空器材和医药用品。在地方政府的支援下,他们动员了大批民工用牛马大车将这些"庞然大物"运到了目的地,为航校的开办打下了物质基础。

正当航校准备开学时,国民党反动派在美帝国主义的援助下,向我东北根据地大举进犯,数十架敌机在我航校机场上空盘旋扫射,轮番轰炸,将航校能飞的十余架飞机炸毁了六七架。在此情况下,航校坚持了边疏散、边防范、边进行训练的方针继续工作。1946年11月,航校迁至东安机场后,由王弼领导建立了机械厂和修理厂,修复了数十架飞机。至1948年,航校已有各种修好和待修的日式飞机93架。能用的发动机193台,以及一批可供使用的航空仪器附件设备,为进行飞行训练创造了条件。

王弼非常重视教育,尊重科学。建校不久,校党委制定了"从认识上、理论上开始奠定人民空军的基础,在可能范围内进行必要的文化教育,以便打下深造的基础"的教育方针。在教学上规定了:"一、由浅到深,求得能懂;二、少而精,求得能化;三、重点教育,求得有中心;四、讲授与实习配合;五、听讲与讨论配合"的教学原则。王弼领导成立了航校机械技术研究会,并担任主任委员。他亲自担任技术课教员,领导编辑了31种教材,在培养航校技术人才的训练方法上闯出了一条新路。

按照当时世界各国飞行训练的方法,飞行员均先要飞初级教练机,然后飞中级和高级教练机。可是当时航校仅有十余架木质的初级教练机,而且经长期风吹雨淋和几次长途转移,已无法用来教练飞行。有人提出请苏联援助;有人主张向英、法购买。事实上这些方法一时均无法实现。校党委通过走群众路线,集思广益,决定打破常规,直接让飞行员用"九九式"高级教练机训练飞行。在采取这一重大改革方案之前,校党委发动群众认真分析了直上"九九高练"的不利条件,实行民主教学,改进地面训练方法,加强地面准备,飞行员单飞前作预考,正式起飞前进行认真考核。经过充分准备,1946年10月,由刘风驾驶的"九九式"高级教练机,终于首次试飞成功,成为世界航空教育史上的一个突破。

1947年10月,王弼的老战友邵式平来东安航校参观后深为感慨地说:"我们的飞行人员,在那样冷的气候里,并且北风相当大,他们试飞时,既无飞行衣,也无飞行帽,甚至穿着单衣试飞,真令人肃然起敬。"

在训练中,航校接收日本在东北残留的一批汽油已将用完。解放区当时还不能生产汽油,王弼和杨光秘密去苏联联系汽油,亦未能成功。有人说,日本人在太平洋战争中曾进行过以酒精代替汽油的试验,但未成功。王弼等决定大胆试验,在采取加强保温、加大燃料喷嘴等措施取得了确实的数据后,用酒精代替汽油作飞机燃料终于获得成功。东北局和联军总部批准了这一应急措施,并拨给了一座酒精厂,以大豆、玉米为原料,生产酒精代替汽油,解决了飞行和运输的燃料问题。

东北航校从诞生至1949年停办,共培养出(以毕业生名单计算)航空技术干部528名,其中飞行员124名,领航员24名,机械员321名,场站员38名,气象员12名,通讯员9名,仪表员6名,为陆军培训参谋23名,共飞行3 373个小时,25 081个起落。为中国人民空军的创建奠定了基础,也为中国的民航事业和航空工业输送了大批领导技术骨干,对中国人民航空事业的建立和发展作出了重大贡献。

后来,在抗美援朝的大规模战斗中,中国人民志愿军空军部队参战的团队指挥员和战斗员,大都是东北航校的学员。如空军英雄王海一人击落敌机9

架;刘玉堤击落、击伤敌机 7 架;张积慧击落敌机 4 架。这些年轻的空军勇士在朝鲜战场共击落击伤敌机 2347 架,粉碎了敌人的"空中优势"。

美国空军参谋长范登堡曾惊叹:"中国几乎在一夜之间就成为世界上的主要空军强国之一!"

来源于人民网党史频道,2010 年 2 月 20 日。

人民装甲兵从哪里来

——访东北坦克大队副队长高克

陈　辉　王经国

高克,我军坦克部队的重要创造人,曾任东北坦克大队副队长,他对我军坦克部队的"家谱"了如指掌,谈起这段历史滔滔不绝:

1945 年抗战节节胜利,8 月苏联出兵东北,日本兵败如山倒,无条件投降。我随干部大队由延安挺进东北。到沈阳后,被分到东北人民自治军司令部工作。

一天,我奉命到日本人留下的"九一八"坦克修理厂侦察敌特活动,在那里发现有几辆日本鬼子的九七式坦克。我仔细看了看,摸了摸,全部机件都是好的。回来后,我把坦克的事向吕正操副司令员汇报了,他高兴得不得了。过了一会儿他沉思了一下,郑重地对我说:"高克,这项光荣的任务交给你,一定要把坦克搞回来!"11 月的一天,我带了几个同志,腰里插上驳壳枪,在臂上戴了"保安大队长"的袖章,来到"九一八"工厂。

走进工厂,几个日伪人员正在拆卸坦克,我大喊一声:"不准拆,快给我安上!"几个家伙看着我腰中的驳壳枪,吓愣了。我乘机登上坦克,踏了一下马达,"轰"的一声,坦克发动了。

这时,那几个家伙逼近了坦克,鬼头鬼脑地相互使着眼色。我装着满不在乎的样子，两手插着腰，大声招呼加油、加水。突然，工厂门口来了几个人，有一个家伙向我举起了枪，嘴里喊着："打！打！"但没敢开火。我挺了挺胸，掏出手枪，往空中一扬："小心你们的脑袋！"站在我面前的一个家伙问道："你是干什么的？""司令部的！"我果断地回答。

"什么司令部？"

"瞧，就是这个！"我指着袖章说。那个家伙翻了翻白眼没再吭声，带着那群人慢慢地溜走了。

我拉了一个工厂的工人，让他为坦克打开大门。第一辆坦克发动了，我让随行的两个同志开着就走。我和其他同志将第二辆坦克发动后跟了上来。刚出厂门，后面的枪响了，子弹当当地打在装甲板上，我们不予理睬，把坦克开了回来，停到沈阳铁道西的一个工厂里。

后来，部队转移，撤出沈阳时，一辆坦克被日伪人员破坏了，只剩下唯一的一辆坦克。这辆坦克就是屡立战功、出现在开国大典上的"功臣号"，也是我军拥有的第一辆坦克。

虽然当时仅有一辆坦克，但它却成为我军坦克部队的星星之火。1945年12月1日，在沈阳市郊马家湾子，东北炮兵司令员朱瑞宣布命令，正式成立东北坦克大队。全队30人，1辆坦克，孙三为大队长，毛鹏云任政治委员，高克等为副大队长，这是我军最早的坦克部队。高克记得坦克大队成立那天，朱瑞司令员很激动，他挥着有力的手臂说："这一辆坦克是开头，是基础，是建设强大人民坦克部队的开始，要争取早日参战，在战斗中成长，在战斗中壮大。"

我军杰出的炮兵和坦克兵的创始人朱瑞在锦州战役中牺牲了，但他的预言得到了实现，坦克大队在战火中走向了辉煌。

1947年10月，坦克大队在东安（今密山）扩编成东北民主联军战车团，全团560余人，有各式坦克20余辆，牵引车、装甲车40余辆。

1948年12月10日，战车团对俘获的国民党东北装甲团进行改编，发展成第四野战军特种兵战车指挥所，下辖战车团、装甲团和教导团，官兵4 000余人，坦克87辆、装甲车106辆、汽车150辆。

1949年2月，天津解放后，特种兵战车指挥所改为第四野战军战车师。

1949年5月，中央军委命令：战车师番号改称为中国人民解放军战车第一师，直属军委总参谋部领导。

1951年战车师接受原苏军T—34坦克两个团的装备,参加抗美援朝。如今,这个师加入了北京军区装甲兵序列,成为我军的"拳头部队"。

来源于新华网天津频道,2008年2月15日

滴道宽勋、金刚两间土改工作总结

(1946年8月13日)

赵生晖[*]

一、发动群众向余顺东清算

21日下午,我们搬到宽勋间6牌孙姓的老乡家里。这个院子有7家人,没有一家是好日子。老乡孙福海是一个从小就受苦,性情耿直大大方方的小伙子,这对于我们了解基本群众的生活,是很方便的条件。没有休息,我们就去找积极分子,发现群众最迫切的要求,晚上回来大家都没有找到年轻人,因为年轻人都到地里铲草去了。晚上和房主谈话,第二天汇报,综合群众意见:

伪满时滴道街长刘品一("宏盛魁"掌柜),报国大队长吴龙轩是大汉奸,可惜跑了。

"同盛东"东家滕仙洲,是滴道唯一的加工业主,人民恨之入骨,可惜也跑了。

配给店"谦和兴"掌柜张芝瑞,"余顺东"掌柜陈本梓,前者曾在事变时从群众手中夺取日本人的东西,可是他的东西已被县政府拉走好多,只有"余顺东"东西虽少,可是还没进行清算。

---

[*] 赵生晖:时任鸡宁县中共滴道区委书记。

胡子扰乱四乡,山沟中群众大部搬入市内,吃喝无着,回家不得。

现在车班长派车不公,有的人的大车不出差,或出近差,一天可以回来,可是穷人的非走鸡宁不可,车班长两辆车没去过一次。

1月每人出卫生费4元,可是粪也不拉,雇的8辆粪车1个月几十元,常给自己做活。

群众要求很多,大的清算对象没有了,可是还有中等的,于是决定继续丰富材料。白天没人,不能做动员工作,只有在晚上进行。晚上全组到11牌区,利用牌长召集了人,清算他们倒愿意,可是不愿出头干。原来白天敢说话的,大会上只是点头不作声。第三天又检讨出贫富在一块,穷人不敢说话,要求领导上确定一个斗争目标,好广泛发动群众。这天晚上开了好几个牌的会议,发现凡穿衣服整齐的牌,没有斗争情绪。反之,在街边破烂房子的几个牌,在我们的同志讲过话后,马上进行讨论,并发现初步的积极分子。这才使我们认清基本群众在破草房里。

24日将陈本梓逮捕了起来,我们又发动了积极分子马上进行教育,成立清算小组。同时又将工作伸展到金刚区的14、16、17、18四个牌。有两天的晚上各牌的会都开了。会上,答话好的都认为是积极分子,组成清算小组,计有:邱金玉、魏秀峰、张学圣、孙福海、赵永有、周美田、孙德有、朱银、王万祥、刘长春、宋崇堂、赵新民、徐振国、杨德珍等10余名。27日中午,召开积极分子会议,到会30余人。初次进行了阶级教育,说明穷人翻身的道理,最后选邱金玉、周美田等12人为街清算委员会委员,下午召开斗"余顺东"筹备会及清算委员会成立大会,我们提出有些委员如邱金玉、王万祥始终是很好的群众领袖,有些在日益淘汰着。

在分配斗争胜利果实时,由我们的同志动手分,七八十个群众挤在一块争争吵吵,结果还不公平,18牌的李拐子乘机向清算委员挑战,组织打人,其他牌也有骂清算委员不公的,这样使清算委员情绪太低。这时,我们又在群众中作了一次宣传工作,并向清算委员进行解释。这是个别群众捣乱,多数还是好的。在第二次分东西时我们教给他们分法,群众称好。可是在5牌由于没有清算委员,一个姜老太太只报了几家穷人,没有分到的就告工作团。

在8月2日的第二次清算大会前,我们放松了动员工作,宽勋区的几个牌全动上了,金刚区又动了15、7、6、13几个牌。这时期没有很好地发现和培养积极分子,以致组织松懈。工作团同志认为群众起来了可松一口气,大会前的工作就没有布置好,结果使坏势力占了上风,穷人并没有"出气""抬头"。也由于检查不深入,抽大烟的也分得东西,清算委员也给大商店分一份东西。

二、建立农工分会——穷人自己的组织

清算后,以什么工作为主呢?建立农会,可是围绕什么工作来建立呢?迟迟不得解决,后来才决定以土地问题、减房租为号召。于是第二阶段的工作又从8月3日开始了。

我们大致了解宽勋区有320多家,事变前180几家,种地的100户左右,宽勋区的地100多垧,应该每家有一垧地了,可是大多数人家没地或租地、少地。间长给我们说:"宽勋区在今春分地时,工作团到了间上,没有人管,我引导到田间看了地,庄稼苗也长得挺高了,大人亩半,小孩一亩,小户人家也不愿种,我们这间人都和'气',就说,秋后再分吧,这就个人还种个人的。"可是向12牌的小户人家一问,穷人叹气说:"谁知道呢?春天听说要分地,越等越没消息。"这才知道,穷人不是不种地,是穷人讲话不算话,没有真的话语权。原来间长本人有七八垧小照地,还租出五六垧满拓地。

为了掌握材料,3日晚上调查6、7两牌,结果只有一家(范永德)种几垧满拓地,还租出去两垧半。可是这种情形并不多,种小照地的在344亩中就有196亩,而且至多也只一二垧,没地种的也不少,都是新屯、矿上搬来的,你说地分给他,地却太少了,如不分他可又是穷人。地要不分,以上的人要闹饥荒,事情是苦恼人的。

4日晚上,小组决定,各牌建立农会小组,"工作"以后再谈。

清算小组做得好的6、7、11及金刚区的14、16、15、17、18等牌,有很好的清算委员,白天我们通过他通知可以参加农会的人(条件是穷人里边的好人),晚上我们去进行组织,就讲穷人翻身只有建立农会减房租、分田地,穷人才能说话算话。情绪都很好。可是在进行其他牌时,有的要通过牌长找穷人或穷人找穷人,这样不是人找不来,就是成分不好,使很多坏人都混进来,而且大部分都钻入分会里来,如分会主任许子轩十几天以前还是大屠肉房,民政委员张静波自己有7间房子(领导一次减房租没胜利),还扎吗啡;土地委员刘成永是商人出身,雇人开4垧地,这里有1垧多地去年卖给别人(6 000元),家里有100多斤大米还说穷。10牌赵东阁是伪满小特务,抽大烟;4牌徐肇峰是唐毓范弟弟的

大舅子;一牌组长齐宝堂是伪满把头。好的委员都选入总会,这大大地影响分会工作。

8月7日是最忙的一天,下午开分会委员及小组长会,讨论结果,房租由一千元减至300元,先减"黑心利"房主或"二房东",土地先不决定,晚上全体到金刚区,每人开两个牌的会。因为基础好,又有宽勋经验,所以在会前将参加会的人审查了一次,抽烟的、算卦的、医生、有钱的等全赶了出去,成分得以纯洁。8日,金刚区农会正式成立。

为了使10日的大会开得好,9日晚宽勋、金刚两间分头开农工会员大会,说明总会成立的重要意义,号召全体会员踊跃参加,金刚间立即开除大烟鬼的老婆出会场并纠正13牌给有钱人抽大烟的分东西的缺点。

10日下午,人很快到齐了。三支长枪老乡们很快就背上了,真出人意料之外,他们背得挺高兴。这说明群众是好武装的。经过他们的同意找了一班吹手,写了小旗子,小旗子简直不够用,写了一批又一批。在出发时又经过群众开除了张静波、齐宝堂、赵东阁、李显廷的会籍。会后,大家都说:"一点不屈他。"

减房租在9日晚上由12牌史贵臣、赵福领上7家房户向蛮不讲理随便涨房租的周立堂减租,可是周由张静波领导(那时不知他有房子,还扎吗唯),他向房东婆姨讲了几句悄悄话,回来劝大家以后再说。但由于大家来势凶,房主还是低了一点头,讲了软话:"人家怎样,我怎样。"这一点胜利我们又鼓励一番,大家情绪颇高,认为第二次大会会更胜利一步。

三、我们怎样进行工作的,事实教训了我们什么

一开始,我们就住在穷人家,初次了解了东北农村破产的"残酷性"。但全组同志没有一个发过怨言。在前五六天都是打早起来忙到晚上,只在后几天因白天找不到年轻人才得到时间休息;现在6牌我们住过的院子出现了两三个积极分子,和我们的朝夕相处大有关系。二组的同志都是初次做群众工作的干部,热情很高,一天工作做得少就感到耻辱,总要想法补上去。陶新生带病参加工作,一次发现积极分子不好,以后就对每个人都很仔细地观摩、考察;叶大华同志在初期摸不着门径,可是在以后也能单独工作而且很认真;赵维恩同志调查的材料很丰富;梁荣铭同志能够掌握会场情绪,果断地处理问题。宽、金两区的工作能打好基础和同志们的认真负责、团结有不可分离的关系。

其次，在小而细的制度上，采取逐日汇报逐日布置，使一切工作在同一目标下分头完成。偏向能得到及时纠正。所以小组工作是一致的，了解材料时大家共同收集材料，组织动员时大家分头到群众中去。每一件工作都经过大家，使得意见一致，共同努力。

半月工作教育了我们什么呢？

不会看人，找不准积极分子，农工会员成分不够纯洁。起先我们找积极分子不看历史光看现在，金刚间发现赵新民干过两天胡子，有两个老婆，竟然提到清算委员会去。可是这个经验在成立农会时没有被很好地采纳，又混进来很多不良分子。

成分（出身）不好，而反映他的思想一定不会给穷人办事。如民政委员张静波在领导减房租时，他先讲了软话。原来他和房主老婆在一块抽过大烟，他自己还有几间房出租在外；徐肇峰在大会上反对减房租，原来是他租别人三间房一年一千元，反转来租给别人一间半年金 750 元，院子里一块菜地年租 300 元，结果除白住三间半外，还赚 50 元。刘成永斗争性不强，原来他做过生意，在新民屯有 4 垧地，在这里买了一垧多地。这些给我们太大教训了。

积极分子多是挣一天吃一天，好的提到总会。另外，因怕误他们的工，我们多包办代替，如主持开会、登记会员，以致他们无锻炼机会，这一个矛盾我们至今仍不能解决。积极分子的发现也不是普遍的，一般地说在东边发现的多为忠实可靠地，因为工作做得深入，西边就比较差些（分会干部大部在西边），因为我们没有深入地调查。

组织群众不大胆，宽勋区才有 85 名会员，金刚间 75 名，有许多牌才一两名，我们谨慎小心选择会员，可是没有大胆让贫苦的人大量参加，使很多人关在门外。当然这使贫富好坏的界线更明确，使农会的成分更纯洁。但有几个牌的确是由于没有打好基础而失败的，如 5、8 牌直到最后才找到几个人。

半个月工作对于我们是个学习，至少学到了"人的出身决定了人的思想意识"。积极分子和不良的会员启示了我们。

四、今后工作应注意的地方

在金刚间以调剂土地为中心，今年春天因为分地过少，很多人家没要，也有的根本不知道。18 牌（东山屯）所在地四周多为小照地，所以居民多未分到土地,有出一石租子租种一垧地的,有对半分的。这里土地分不成,也要进行减租和个别调剂。

宽勋区要打开局面,从减房租着手,先斗争"黑心利"的房主。如:4牌的徐肇峰,将房子高价转租给方殿章,院地也要卖出去,同牌老于三间房子3 200元,12牌周立堂,这几个都是为群众不满的房主,已进行过斗争,必须给予打击才能在全市进行减租。

土地的分配,在小组长会上决定凡有小照地又有满拓地的每垧出两石租子。如将来分配遇到困难时,最少可以采取这个办法,使群众得到利益。

这一个时期没有进行材料调查研究,只能根据一般情况作出轮廓总结,对问题的估计,农会干部的评价,不足地方在所难免,尚待工作深入以求得解决。

本文选自王金文、王晓廉、隋业勤主编的《鸡宁土地改革运动》一书,中共鸡西市委党史研究室,1991年3月印,第111~118页。

对于走向平分土地的意见

李尔重[*]

到了林口,和古城、龙爪两区的负责同志谈了一下,到西林口麻山、滴道团山子区看了一下。这些地方都有了贫雇农的组织,提出要"贫雇农当家",他们做了许多工作,也有许多不同的创造,显示了一些新的问题,提出来供大家参考。

一、走新的路线显示了一番新的局面

且不论这些地区执行贫雇农路线彻底不彻底及现存的缺点,但由于初步地

---

[*] 李尔重:时任东安土改工作团副团长,中共鸡宁县委书记。

附 录
东安根据地文献资料

执行了贫雇农路线，在这些地方已经显出了一番新的局面，表现在：

（甲）行动猛烈：这次在西林口贫雇农大会决议之后，一个晚上捉了一二十个地主及坏蛋。麻山捉了30多家，古城捉了40余个，龙爪捉了20户，滴道抓了140户。捉起之后便起浮产，翻箱倒柜挖墙拨雪，把地主的车马、农具、粮食（除留一点粮食外），大多数是一扫光。把明处东西起完就挖就追。在麻山街上，男女贫雇农分成多少组过堂，金银布匹一批一批地起出来。地主身上的皮衣、棉衣被贫雇农给换下来。贫雇农露屁股的裤子给地主们穿上了，冻得打战。贫雇农说："让你也尝尝滋味吧！"在这种猛烈行动下坏蛋是相当低头了。在威风上，贫雇农则表现了前所未有的欢笑（这指的是做得比较好的屯子，我所走的屯子并不都如此）。

（乙）行动的队伍大而坚强：男的女的，还有一部分小孩子都参加了行动。如起浮产、问案子、斗争、划阶级、定成分，有相当一批从前不言不语不行动不向农会靠近的贫雇农参加了行动。一致反映是："以前也没有咱们说话的地方，也白虎不过人家。"现在贫雇农当家，贫雇农说了算，给贫雇农以很大支持，在会议上基本上没有等着不哼声的现象了，行动上是大家齐动手，会外被遗漏的贫雇农也被吸收过来一批。滴道这次吸收了50多名贫雇农是以前未入过农会的，中农也参加了行动，拉东西、斗争，样样干得起劲，唯恐贫雇农说他落后，有一批坏干部和会员被清出了贫雇农组织之外，使他们失掉了吓唬贫雇农的机会。

（丙）真的有了一批"新贵人"。贫雇农得到了冬衣、金钱和车马，笑开了嘴巴。他们说："这回翻身么，还差不多。"他们有了吃穿，有了生产工具，再加上土地，心里满足了。他们趾高气扬，傲蔑一切，任着自己的意愿支配着统治者们，让他们去给军属上山割柴，罚他们刨煤，不许他们随便行动，按时间给他们配给粮食，随时找他们来问话……从前他们有车马、房屋、衣服，现在变了，贫雇农俨然"新贵人"，新的统治者。

（丁）贫雇农团结紧密。咱们以为贫雇农的要求会无止境，其实不然。红光屯分果实时，首先"填坑"取"自报公议"的办法，贫雇农并不是什么都想要，他只要求他现在无法解决的东西，被子、棉衣之类，最多的可以分到30万元东西，可是大家不反对。从现象上看，你多我少不平均；从精神上看，大家毫无怨言。第9组的公粮未送上，因为那里车马少；第10组、11组的贫雇农自动提出，要出动全部车马，帮他们把公粮送齐。贫雇农单独组织行动之后，真有不同亲热。

二、放开手,相信贫雇农普遍地快快地行动起来是对的

我们顾虑贫雇农行动得太快太普遍,会出岔子,会给坏蛋以混进贫雇农组织的机会。顾虑的根据是:过去那样挨户访问挨家调查,还把一批坏分子弄进农会来,今天这样大撒手,不将更坏吗?根据所见的事实来研究,这种想法是错的,经过精雕细刻还把农会弄得不纯洁的原因是:以我们少数人代替包办为主的行动结果。贫雇农心里想的是:"好也罢,坏也罢,开来开去该怎么的?"当时斗争坏蛋不彻底,咱们的精神不明确,中农就向着坏蛋那头使劲,群众不关心组织纯洁,凭我们的努力自然没有结果。我们不相信呆头呆脑的贫雇农担负起这种翻天覆地的责任,基本上还是这种思想限制着我们,贫雇农团(会)初步组织起来了,行动起来了,怎样呢?

他们所逮捕的对象,所斗争的人家,基本上是对的,西林口、古城、龙爪、滴道、麻山、平阳站、吉东屯、吉林屯、团山子,经过研究,弄错了的,还是极少数。所谓弄错了的,一部分可能是真的错了,如滴道街金山厢把一个卖菜籽的张麻子的东西都收过来了。他本是一直受苦的,他看到斗争得很厉害,他想一想自己卖过陈菜籽保不住卖给谁家种上出不来,万一人家告发,还不如自投去呢,于是自己便把东西交出,被农会收下了。另外,还有几家根据现在材料看也不妥当,在处理每个斗争对象当中,还有个别坏分子从中乱打乱斗,不分轻重,但另一部分却是由于干部认识不明确,群众行动对了,我们以为错了。如古城王正山是个寡妇,有一个儿子参军去了。现在家中寡妇一人,儿媳一人,寡妇的搭伙一人,共三口人,种两垧地,有一匹马。家中东西很多,这个寡妇在伪满时代就风流,善于结交大头子、日本人、伪警察之类。老百姓一般惹不起她。定成分时,咱们干部说她是富中农,老百姓说她是富农,老百姓要斗争咱们不同意。结果老百姓拿了她家一些东西,咱们干部还以为是过火了。再有一部分就是坏分子在中间捣鬼弄错了的,滴道街金山厢有个银匠姜少卿,一直学徒,36岁到荣华金店干了4年,入了个身份股。1945年8月15日后,金店歇业,便开小床子,财东姓马,床子掌柜名字写的姜少卿,财东已经不在此地了,我们把他的东西也都拉走了,原因是一个三次被开除农会、名叫王凤义的人,又混进了新的农会。他提了意见说:"他掌柜的当过牌长。"

附 录
东安根据地文献资料

真正的贫雇农一般能够掌握谁是坏的,谁苛苦了穷人——虽然嘴里说的不能成条。

这样快的行动会不会给坏蛋以钻空子的机会呢?不会的,因为这次口号路线均明确:"贫雇农当家"、"消灭封建"(老百姓叫作消灭地主坏蛋)、"团结中农"。以前光闹清算,又要照顾这个,注意那个,中农摆不开旧的势力,贫雇农不敢伸手,封建势力挖不清楚。现在贫雇农一上场,简单分明,要扫光自己的敌人,而这些人在贫雇农的心目中是分明的,不伸手则已,要伸手就准。在这种情况之下,大大减少了坏蛋假积极的机会。大小一齐搞,他想帮哪个的忙都有困难。大家都挖,他想偷懒就容易暴露。红光屯有个崔殿举,本是一个贫农,斗争别人时他一贯地积极,但讨论到崔殿生(他的本家)他不高兴,不发言,到外边去打自己小孩子,大家很快发现他不对头,把他批评了,暂时停止了他做会员的资格。其他各屯在斗争中都检查了这种分子(当然还不彻底)。贫雇农名正言顺地当家,理直气壮,这是一个新的特点。

从地主富农方面,不赶紧行动不行,贫雇农吃亏给工作要增加更多的困难。

红光屯、胜利屯、宝忠屯在捉人起浮产的那一天,发现没有一家地主、富农不是吃肉杀鸡的。古城贫雇农开会时,地主富农杀猪30余口,龙爪区兴隆村杀猪40余口,麻山区五龙屯35户全部杀了猪。西林口贫雇农开会时,地主富农也是大吃大喝,街上的肉床子猪肉不够卖。滴道等地也都有如此表现,把牲口弄死的也有。

地主富农的浮产,四下分散,到处埋藏,工作不开始的地方,地主富农拼命收买贫雇农。麻山土井子屯最近一个多月的时间中有8个地主富农的女人给了8个跑腿子,3个已经正式结了婚。乔起慧娶了一个被枪决的斗争对象的嫂子,乔本人参加农会,结婚之后那个女人就说:"这回我也进了会吧!"还有的女人讲:"这回可不挨斗争了!"也有的地方地主富农先给穷人们开会,欺骗穷人。

地主富农们拼命地拉中农并到处讲:"这回才是真共产呢,有点东西的就跑不了!"

贫雇农听着四处传言贫雇农当家,恨不得一下子就开斗,所以一组织起来往往不是按着咱们所想象的那些,先一条一条地把条件研究清楚,再细细地讲理,再拉东西。

根据群众已经开始斗争的情况,根据地主富农的准备情况,根据贫雇农的要求，我提议，要快快地普遍地轰开来搞。

三、怎样组织起来

第一，贫雇农怎样组织起来？

有一种做法是依靠旧农会组织全体会员分组查阶级、定成分。在这种情况下往往是费很大力量查不开，贫雇农不发言，中农没意见，费了很大力气，一下子得不到结果。原因是"姐儿守寡各怀着个人的心事"。所以这种办法应该看作是未跳出旧圈子、拖泥带水的办法，和依靠贫雇农的路线相抵触。

另一种办法是把农会中的贫雇农和中农各自单编起来。问题来了，各人讨论各人的，这种办法每件事讨论的结果都是两种意见，容易引起贫雇农与中农的不团结，如果我们坚决听贫雇农的话，则中农感到自己是个"牌位"。

再一种办法是把旧农会的领导机关还放在那里照常办公，不声不响地组织贫雇农来行动，这样就使贫雇农感到"头上还有一层人"，不敢行动，这个办法也不妥。

比较好的办法是，根据现有工作基础，从现有农会中选择几个真正贫雇农出来，请他们再去以自己为标本去找贫雇农。这就有一伙贫雇农了，马上开始审查阶级成分，互相研究，把不合格的清出去，这就形成了初步的贫雇团。以这伙为基础，把全屯的贫雇农都找了来，进行查阶级，把不合格的清出去，这就是贫雇团的初型。这个贫雇团一着手就行使大权，审查旧农会内外的全部中农。中农审查完了，便审查地主富农，把大的列出来，马上便进入进一步的斗争。抓起来、封起来、拉起来、挖起来、斗起来。

这样做从开创到正式行动，许多屯子都不过用了15天左右的工夫，为什么这样快？就是因为贫雇农当权，他们真是一个阶级的人，苦乐相共、气味相投，开起会来敢提意见，敢做主人——这点经验很值得我们体会。

旧的农会呢？就在这十来天当中解决完了，能用的就用了，不能用的就请他出去了。今后当家主事另换了人。

第二，中农怎样组织起来？

中农经过贫雇农团审查之后，确是正派中农，应该马上参加农会（不是贫雇农团），把他们和贫雇农小组分别合起来就是农会小组。

这点应该快做,不解决这个问题,中农居于客位,最恐慌,无形中减少了贫雇农的力量。

　　第三,贫雇农团的会中应该打破"户会员"的办法,应该是男女老少一齐入会。成年妇女可以与成年男人在一起开会,因为今天斗争特点是要在土地改革当中解决被压迫阶级的问题。这中间有男也有女(此中道理后边再详及之),有的地方把儿童也弄在一起开会。据说也很好,我未看见。

　　第四,落后的贫雇农怎样组织起来?

　　"贫雇当家"一喊出之后,几乎所有贫雇农都想来当家,这是一个大的转机。他们看到自己是站在主人地位的,也看到地主富农早晚是要被消灭的(一时隐藏下来的也逃不脱)。他们经过两年多的体验是无疑的,所以许多贫雇农组织把一些有点小毛病的人放在农会当中,当农会会员,但有时贫雇团开会时也请他们参加。红光村有个陈洪林是个贫农,跳过两年神,抽过大烟,为人流气,经过贫雇农审查,连农会会员也不许他当。贫雇农一开会他就去要求,他说:"我儿子参军,我媳妇参加妇女会,你们说我该向着谁吧?"最后决定他为农会会员。

四、团结中农

　　中农为什么到现在为止还动摇呢?基本原因是我们未有明确消灭封建的方针,未曾贯彻贫雇农路线,留下了一批封建根子。中农在过去和他们有历史关系,"溜须逢迎"贫雇农的革命势力不明显(威力发挥得不够)、不坚强(未形成骨干),便给中农制造了两面徘徊的机会。

　　这次以贫雇农为骨干行动起来之后,发挥"一扫光"的剿灭封建的精神。中农当初一看吓得心中发抖,再向下步看,几天之内,在一村中的封建首脑弄得马仰人翻,他明白了自己再向那边吊膀子就要挨"耳雷子"。他恨不得一下子和贫雇农再一起向坏蛋斗争,以表明自己的身份和立场。只要贫雇农一招呼,他们便表示"我们一样恨坏蛋,不信,看谁斗得积极!"他们和贫雇农在一起搬东西、翻东西、捆斗地主,他们有机会就要宣说自己受苦受气的历史,以证明他们和贫雇农本是同根——受苦受气所生。两年来,还没有看到过中农在斗争中这样地积极勇猛!

　　这种表现当然还不能确定为中农思想上完全转变了,可是他转变了一大步："贫雇农当权好,贫雇农当权我们生产一个落一个,从前的时候出产十个也落不到手一个,分东西不分东西都好。"这主要是他们看到了旧统治者真的在灭亡,新的统治者对他无害。

所以,团结中农的第一条就是要紧紧地把贫雇农组织在一起,明确响亮叫贫雇农当家,彻底地斗争消灭封建,这一点做得越彻底越能团结中农。我们的同志看到贫雇农行动这样猛,马上又跳回旧圈子,忙着检查"过了火么？"这种精神是不对的。贫雇农才当家,主要问题不会是"过火"。我们要站在贫雇农立场上,应该在每个运动中,首先检查"封建势力丢漏了没有"。正因为不彻底,才有过往的毛病,贫雇农抬不起头,中农团结不来。

其次,就是教育贫雇农,保证中农不受侵害。中农与贫雇农乃是一母所生,同是受苦受气的种子。在这次清查成分清查历史背景时,看得很明白,纯正的贫雇农基本上不会打中农的主意,领导上要注意的还是那些流氓分子作怪。

富中农的牲口土地动不动呢？这个问题还需要根据具体情况慎重处理。团山子村的阶级关系如下：大、中、小地主16户,大、中、小富农26户,上、中、小中农33户,贫雇农22户,小商人与手工业各1户,游民6户,共105户。

这个屯子把地主和大、中富农斗争彻底之后,便满足了贫雇农的要求。我和他们谈了一下,他们从心里是满足了。李江说："我反正是知足了,从前我没有房子,现在有了；从前夏天没有褂子穿,在地里干活晒得浑身像黑锅底。天黑了,小咬咬得我浑身是白点,好像似出了花。一条破毯子裤子,冬夏常青,夏天舍不得穿,从村里穿到地头就脱了干活。现在棉衣也有了,还有了被子、褥子,真是长这么大也没铺盖过呀！"院子里还摆着一辆车,拴着一匹马,乍一进院看简直像个斗争对象。所以在这个屯子小富农和上中农基本上可以不动了。

有些只在经济上有剥削,政治上没有问题的上中农和小富农在贫雇农思想上是不大仇恨他们的,又最容易发生偏差,最好是在满足贫雇农要求的条件下慎重处理。

有些富中农在群众喊消灭"剥削"的威力之下,他们自己觉悟,他们又听说"填平""补齐",恐怕早晚要拿出来,就自己要求交出一部分。如果情况需要,我想也可以接受一部分,去解决贫雇农的需要。例如龙爪区有个富中农,他在抗战胜利后拣了三头牛一辆车,家中种四五垧地,这次他要求把这些牛和车分一分。这种可以考虑接受,但不论如何必须经过贫雇农慎重讨论之后再决定,不可草率。

在组织上,中农一般地可入农会,下中农需经贫雇农团批准,个别的也可以入贫雇农团。

五、什么叫作贫雇农当权

这一点不弄清楚会戴着贫雇农当家的帽子,重走坏分子掌权的旧辙。

滴道新华乡那天晚上开农会会员大会,处理这样一个问题:有一个跑腿子宋某人到一家木铺去落脚,一去时,宋某人没饭吃,木铺把他留下。宋某说:"我就留在你这里帮忙吧!"那是正忙的时候,干了两三个月之后,宋某和木铺各分得一匹马,两下要插车拉脚,宋某要求分红条件,两下吵起来了。宋某又向他要工钱,木铺主人就说:"当初你说是帮忙,你吃了我,喝了我,你还要钱?"两人吵起来到这个会上诉冤,各讲一套。讲完了,有的流里流气地发言说:"你们俩这个事是狗扯羊皮,我提议不管他们,你们赞成不?"另外几个人就喊:"赞成",其余大多数人未吱声,于是又喊"你们到底赞成不?""赞成"——这显然被几个坏分子操纵了整个会场,贫雇农会不会赞成这样做法的?我想不一定。

这里有一个问题:必须是贫雇农团有对于每件问题处理的最后批准权。农会会员大会上通过了的事情,要经过贫雇农团审查批准。如果不同意,可以不执行,可以由贫雇农团再讨论提出意见,再由农会讨论。一切问题必须经过贫雇农团讨论之后再交农会去讨论,一方面使贫雇农思想有了准备,行动一致,另一方面也要避免几个干部包办专权,将来有了干部也一样。贫雇农团的委员会只能是个执行机关,全体贫雇农团才是决定问题的机关。因此,要反对有了贫雇农委员会之后,又转入"分子路线"的办法。"分子路线"不是和全体贫雇农见面的办法。所以,依靠贫雇农团(不是靠几个干部)完全是一个新的领导方式,没有这一点,贫雇农当权也不可能实现。

贫雇农当权,贫雇农路线,就是对于旧农会那一套做法的否定。贫雇农团的树立、认识与过往之不同;第一个要完成的任务就是对旧农会旧干部旧工作的彻底批判,第一个批判的行动便是彻底"扫光"封建;第二就是要彻底审查干部及其工作,单把干部成分查一下还不够,要把他的全部工作检查清楚,这是对贫雇农的教育。许多同志对旧干部姑息,在这次初步行动中看得很明显,这就是对贫雇农掌权不坚决不彻底的表现。例如,有的成分不好,我们不主动提交贫雇农处理,有的贫雇农已经提出了意见(古城一村长),我们还认为没有什么。

贫雇农掌权的另一种表现,就是体现在对于斗争对象树立明确法规,从思想上体现到组织上,不但要他们斗争时管他,还要成为常法,闹一阵散伙,不可再重复。

这几点我感觉很重要,但干部思想上不明确,许多是流于贫雇农路线的形式,贫雇农行动未被体现,这就给了坏分子篡位的机会。

六、怎样提高阶级觉悟

提高阶级觉悟是依靠群众性运动的,咱们在精神上更多地以为是教育,尤其是以咱们为主来进行教育,咱们只有教条越教越不爱听,越不得结果,反而说群众迟钝。

这次贫雇农行动起来了,积极地说:"早这样弄早好了,谁还不知道谁苦、谁穷。而不过早先什么人都在一起,咱们也说不过人家,又要斗这个,又要留那个,越弄越糊涂。"落后的现在进步了,并说:"以前谁想开会呀?开来开去啥事也办不成,分点东西也不解渴,我不是叫小孩来,就是躲在黑灯影里睡觉。"把贫雇农一组织之后,他们听说要他们当家,经过了很短时间的犹疑便走上了行动。这个行动比以往任何斗争都不同:大家一齐动手。这个行动一开头,他们的思想也是一大进步:"这回是要干个痛快的!"

越干越紧,地主富农为了保存自己的财产,死也不放手,把金子藏在女人骑马布里去,贫雇农大人出外小孩看家,他们用糖果把小孩引开,偷偷把东西藏在贫雇农家中去,引诱收买……种种办法抵抗,在这个斗争中越斗越大,这火不是别的,而是贫雇农对地主阶级仇恨的加深。

贫雇农在大行动之前,一般对斗争对象都有个基本研究,剥削的不是好东西。红光屯着重算了长工的剥削账,这使许多贫雇农恍然大悟,也使部分中农提高了觉悟。一个工人每年种 3 垧地计算,可以打 15 石粮。这 3 垧地,种地需 10 个工,铲地两遍需 25 个工,趟地需 4 个工,割需 12 个工,打需 20 个工,共需 71 个工。一个长工还可以有 6 个月时间,忙时 2 个月,每日以工价 5 升粮计,应生产 3 石,间工 4 个月,每日工价以 3 升粮计,应生产 3 石 6 斗。一个长工全年可生产粮共计 21 石 6 斗。地主出种子 2.5 石,种地 20 个工,趟地 9 个工(两遍),

拉地12个工（以上均是马工），共合31个工。每个工以5升粮计，合1.55石。长工每年吃的油盐在内为2.5石，长工工资5石，地主支出总数应是9石，下余12石6斗，合现在的钱应是36万有余，这个算法是很公道的。

自从妇女儿童参加斗争之后，吉东屯又讨论了一个新问题，即贫雇农家中为什么好吵架，丈夫好打妻子，母亲好打孩子，这个道理讨论之后，大家认识到就是由于把东西都被地主富农剥削走了。所以，过日子困难，丈夫回家处处不随心，生气，觉得当女人的不好，就要生气；女人在家吃穿困难，丈夫回来也不体贴，见着丈夫也不顺眼，所以就经常干架。今年为什么不呢？因为大家有吃有穿，不困难了，谁也不吵嘴生气了。母亲生了气没处去撒，就把小孩子当成了撒气的对象，就要打孩子。有了吃穿之后，小孩子也不挨打了。这样一研究，妇女儿童找到了挨打受气的根源也在地主富农身上，所以这次妇女儿童斗争得也特别猛烈。有一个小孩在雪堆里翻出一包衣服，地主女人向他哀求："我们就这点了，给我们吧！"小孩子回答说："你们的？我们的！"

行动斗争越紧张，觉悟是越提高的。领导上不是等着群众完全"开透了脑筋"再行动，而是要在行动中抓住各类具体问题讨论教育，关上门诉苦，启发群众学教条应该反对。

群众运动是个浪潮，后浪推前浪大家一齐向前。领导上怕群众觉悟不够，不敢放手或者是一定要群众按部就班地划阶级定成分向前走，那是不对的。领导上主要是要掌握群众的要求、情绪，组织他们引导他们达到目的。各个屯子的具体步子不能一样，更不能如我们理想的那样整齐。有几个屯子当着贫雇农已经组织在一起时，咱们拉着他们开脑筋，他们不干。他们说："干吧，晚了，没咱们的了！"

所以提高群众的觉悟首先解决的问题是放手斗争、行动，把群众组织到运动中去，运动的阵线越来越扩大，把无意识的行动逐渐提高为有意识的行动。此次省委会议中在这方面是受了限制的。

七、把分果实组织成一个群众运动

红光屯这次分果实是按先填平后补齐的原则进行的。

"填平"的时候"自报公议"，由各家个人提出所要求的东西，由贫雇农团审查之后交由农会会员大会通过，算为定案，然后再由贫雇农团讨论挑选东西的先后顺序，把所有果实件件摆开由各户个人自己挑选，这样也达到了每人的要求。有个贫农石江，家中6口人，有母亲、弟弟、妹妹。他本人要了一件棉袄、一件棉裤和一件皮袄；母亲要了一身棉袄棉裤、一件大布衫，还有一床花被；几个兄弟要了棉袄、黄衣服、摊子、黄被；小妹要了一件花布衫和一双花鞋。

这样使全体参加分果实的人都关心这件事情，可以少闹毛病，也节省时间，完全可以达到填平的目的。

至于补齐的时候，他们是这样做的：把所余东西标价、好坏搭配，贫雇农一人分三，中农一人分一。因为中农家庭底子厚，虽然经过填平，中农也不能和贫雇农一样地分。

军属本人分东西提高一级，并且为独身军人留了东西。

贫雇农中有毛病的人，在"填平"时也可以提出自己要求，但在批准时他本人得的数量比一般贫雇农少，其家属与一般贫雇农一样待遇。贫雇农家中有的是地主富农的女子，若被评为地主富农时其本人不分东西，这在讨论时与正式分东西时都交代清楚，也是一个教育。如丈夫不正派妻子正派，妻领了东西之后便在精神上和丈夫斗争。她的东西不能由他支配。

八、使地主富农内部分化

要达到这个目的，主要还是充分发动贫雇农向地主富农开展猛烈的斗争，使他们内部有的要顽强到底，有的动摇，这就要分化。

红光屯、德胜屯、吉东屯、保中屯、吉林屯……贫雇农团和中农把屯阶级成分在内部研究好了之后，便找富农和会外中农甚至地主们一齐来开会。要大家自己报告自己历史，确定自己成分。在这个会场上坏蛋们互相揭根子，揭得很厉害。董庆德坏蛋（大的）便被另一家坏蛋揭出来，富农说地主的短处，小富农说大富农的短处，贫雇农心中有底且不言语，只号召他们坦白，找出自己跟前的坏蛋，洗清自己——他们这个领导方法看来是成功的。成功的原因是贫雇农形成了一个力量，有所准备，坏蛋们不敢公开隐藏自己。

坏蛋对坏蛋为什么形成一个斗争呢？是为的"将大比小"，是为的"洗清自己"。坏蛋们看到今天这个势派，知道是一定要斗争了，如果不把大坏蛋在群众面前证明清楚，群众许多都是新户，摸不清根底可能闹错了，把自己当成大的来收拾，所以他就忙着要揭别人，尤其是在自己临近的人，小富农、上中农唯恐火烧着自己，揭得就更厉害。

新兴区朝鲜屯子把地主富农粮食（稻子）都收了换成了粗粮，贫雇农起浮产起不出来就给地主们开会，要他们把东西拿出来给饭吃，不然就不给饭吃，有的把藏的东西献出来。贫雇农又说，非叫你们把东西交出来不行。这时交出东西的地主就向不交东西的地主斗争，"你的东西要拿出来，不能跟着你吃牵挂！"这个斗争也很厉害。

福田屯坏蛋义成家有一批布，打也要不出来。贫雇农把粮食都给她收了，告诉她你们什么时候把布交出来，就什么时候给饭吃。饿了一天，她的小儿子饿急了，同她说："妈妈把布给人家吧，好吃饭。"她这才把布送来。

九、不断地再组织

贫雇农的力量不断生长、强大，是无疑的。但这个力量的形成不是一下子可以干好的，我们希望"毕其功于一役"是不可能的。我们看到轰起来之后便满足，便认为巩固了也是错误的。

在紧张热烈的斗争中，包藏着也滋长着许多坏因素，自私自利、投机取巧、和坏蛋藕断丝连……在轰轰烈烈的斗争中遗漏了一部分坏蛋，浮产枪支一下子不能起彻底，群众情绪疲劳。因此，在解决了一定问题之后，一定要进行检查、批评、清洗坏蛋分子，吸收新的力量，把不彻底的问题、新生的问题解决。这样不断地提高组织、提高思想。许多同志把整队的工夫只放在开头。斗争开了以后，便认为万事大吉，便将造成内部的腐烂，这是危险的。

开头查阶级查成分要严要认真，但永不相信这便可以解决了一切，必须不断地整理、掌握贫雇农中农在发展中的要求。

本文选自王金文、王晓廉、隋业勤主编的《鸡宁土地改革运动》一书，中共鸡西市委党史研究室1991年3月印，第119～134页。

关于对哈达区哈达岗村的调查

(1948年3月23日)

王拴石*

哈达村143户,未分土地前630户,分土地后653人。各阶级的户数与人数为:雇农25户,40人;贫农72户,303人;下中农8户,26人;中农25户,173人;富裕中农5户,54人;小富农2户,30人;大富农3户,12人;小地主3户,15人。

一、土地状况

未分地前,哈达岗村熟地面积502垧,好地占10%,距屯子远的好地占全村好地的2/3,多数为前年的麦茬。在去年平分了一下,穷人的好地离村子太远又没有畜力,并且大多数都是麦茬、撂荒,所以就叫有畜力而且劳力又多的中农分去了。穷人因为没有畜力,只图分近地,所以就把离村近的岗地、洼地分到手里。去年秋雨大,加之上粪少,全村把地撂荒了20%,其中贫雇农占15%,中富农占5%。

分地后,全村大人小孩每人平均分得6亩2分熟地,独身分二人地份,住家的二人分三人地份。雇贫农军属和雇贫农首先挑选,今年好地全分到雇贫农手里。今年雇贫农家家都分到牲口,耕地生产有了把握,因好地少不够雇贫农分,分到坏地的雇贫农,由本村妇女集体拣粪,保证坏地全上粪。现在土地已经分完,妇女继续拣粪,男人捆苞米秸子、打柴、维修农具准备春耕。

---

* 王拴石:时任中共哈达区委书记。

二、平分土地运动状况

1. 雇贫农已起来做主的人数为107人，占雇贫农总人数343人的31.2%。

2. 雇贫农分得土地、牲畜、农具、房屋及其他财务之数量（按户计注明每户的人口），另附表一份。

3. 雇贫农与中农的团结程度如何？在去年12月划阶级定成分中，曾把中农错定为富农的15户，全斗了，把牲畜、农具、衣服、被褥等全没收了，以后经过复查是错了，又把这15户成分修改成中农给予退回去农具、牲畜，人口多的中农每户给退回去一个牲口，人口少的两家退回一个牲口，还给破衣服破被子，现在全村中农33户，参加农会的24户，30个人（内有女的6户），开会也和雇贫农一样地讨论事情、提意见，但是事情的掌握还是雇贫农。

4. 中农参加运动的24户，30个人，分得果实的3户（被子、单衣），未分得果实的30户、被斗的15户，被斗原因是把成分错定富农应斗。

5. 地主有3户（以前5户定成分时打死2户），人口15人，共抢收地主土地22垧8亩9分、马一匹、牛6头、车3台、房子4间，起浮财80万元。

6. 富农5户，40口人，共没收了土地10垧、房子7间，起浮财100万元。

7. 在斗争中，地主、富农如何区别处理？地主土地财产全部没收，被扫荡、换衣服；大富农的土地财产全部没收，不换衣服、不扫荡；小富农，只分他多余部分的牲畜、农具。地、富同样分给他一份地。

8. 被斗户数31户，共285人。

9. 有无斗错的人，有多少？斗错原因？斗错16户，有贫农1户，中农15户。贫农斗错的一户是在伪满时期领过一匹配给马（现在已退回）；中农15户，斗错的原因是以前把成分定错了，定为富农，把牲畜、衣服被褥全部没收以后又修改为中农，人口多的给退回去一头牲口，人口少的两家退给一头，还给破衣服、破被子。

10. 在斗争中被拷打的地主5户（打死2名），富农5户。

11. 雇贫中农受过拷打的有多少？其他成分受过拷打的有多少？拷打原因？被拷打的贫农4户，因给地主窝藏东西被打的2户，偷果实的1户，因伪满时期领配给马被斗的1户，中农10户，因错划为富农起浮财被拷打。

12. 因斗打而死的5人（地主2人，恶霸1人，中农1人，贫农1人）。地主李绍增为伪满康德五年自己有地 10 垧，年年吃租。本人政治上在旧中国时代在长春当过税捐局长，伪康德五年在哈达岗倚仗大地主沈子君是他的亲属当上屯长。配给百姓的小米每麻袋 80 元，他向百姓要 85 元，每袋他从中吞搂 5 元。以后被撤掉屯长，又当屯公所书记。他强迫姜学才给他拉柴火不给钱，向百姓要米要面勒脖子。黄炳文应去出劳工，私给他 120 元，就不叫黄去了，结果他把跑腿子王玉清抓去顶数了。这次雇贫农掌大权，叫他坦白他不肯说出自己的罪恶，雇贫农在愤怒之下就把他打死了。恶霸穆喜臣在旧中国时代当过刽子手，伪满在哈达岗有地 15 垧，年年吃租。他在伪满康德元年就在哈达当甲兵，以官势霸占滕万才的老婆，手拿七节鞭（铁的）不让滕万才上炕睡觉。他向百姓要房木，抓老百姓给他盖了两间房子。买徐傅君的鱼不给钱，徐向他要钱，他不但不给还把鱼筐子给踢翻了。在划阶级定成分时，他不实说自己的罪恶，雇贫农早已恨之入骨，当时把他打得很重，次日早晨死了。

经营地主张傅余，是哈达岗区第一大地主沈子君的妻侄，沈前年怕斗、逃跑，把地照一洋铁桶交给张窝藏始终不献，后被农会翻出，并在他家起出给沈窝藏的洋针、怀表等东西。王延廷说沈临逃时曾有短枪一支，藏在张家，当时被农会捉去盘问要枪，被打太重回家十余天后死了。

中农计洪起，首先定成分小富农，把他家表面上的东西拉净，又起他的浮财，被打甚重，患大便走血病，回家五天后死了。

贫农芦云田，因他给大地主张茂福藏东西他不实说，被打完了，在他家起出很多东西，当时打得过重，回家喝凉水得病两天后就死了。

13. 打人、杀人现象都是出于群众自发所造成的。

14. 划阶级定成分中搞错了 16 户，给退回去农具、牲畜，人口多的每户退回去一头牲口，人口少的两户给退一头牲口，又给退回一些破衣服、破被子。

三、工商业状况

哈达岗村把城市区的非地主商业斗争清算了三家。左永山因给地主沈子君窝藏东西，而清算了他的小杂货铺，所有的东西全部没收；李国良，开小铺，他伪满时期在哈达岗当过班长，贪污百姓配给品，光复后开小铺，因当班长贪污配给品，把他家的东西全没收了；李守朋，伪满时期联络朴警佐合资开皮铺，倚仗朴警佐的势力买皮子不给钱，这次把他的皮子全清算过来了。

四、生产问题

雇贫中农对生产的困难,今年春耕生产缺马料、豆饼3 000片,谷草50 000斤,雇贫中农现在拉到家的烧柴足够烧到挂锄,富农、地主的烧柴很少,现在已督催打柴,雇贫中农妇女拣粪保证坏地全上粪,各户所分得的土地保证全种上,地、富缺少畜力叫他用人工换雇贫中农的牲口工,不准叫他把地撂荒了。

五、联合扫荡问题

1. 并合扫荡。每四五个村联合,一起到平阳区扫荡一次,由区干部和雇贫农为骨干领导。

2. 在本区扫荡某一村时,事前与该村并无商量,到某村时临时现联络,并不采取各村互相联合一起扫荡的方式,都是单村互相扫荡。

3. 并合扫荡的方式方法,利弊如何? 到平阳区扫荡一次,扫了三家地主,用打的办法,只打出来十双破袜子。

六、干部状况

1. 新干部8名。

2. 村干部在清算、砍挖、平分三个段落中换过4次,共换了17个人,新提拔的新干部8名,以前被撤换的17名干部中有富裕中农1名,中农3名,贫农13名。现在新提拔的8名干部中有雇农3名,贫农5名。

3. 执行任务时干部所起的作用。干部周义、张凤祥二人带头领导起浮产,斗争积极。周义曾到坏蛋白苗氏家诈出金镏子三个、金钳子一副;张凤祥也在白苗氏家诈出一个金镏子。他们二人把妇女组织起来,分三个小组每天早起拣粪,准备给雇贫农分的坏地上粪。

4. 对移民的处理。今年新来的移民每两户分给一头牲口,籽种由本村给解决,使用的农具也给解决。凡经雇贫农考查确实是雇农贫农成分的与本村雇贫农同样分给果实。

七、生产准备

支部和每一个党员，在思想上，天天、月月、年年都准备参军、参勤工作，早日打败蒋匪，定要做到有什么出什么，尽一切力气增种粮食。这次参军全村贫雇农全部报名参军，因后方还要生产，只去11名。为了今年大生产，把全村地富都组织到变工队里来，一面教育，一面还能多出粮支援前方。妇女的情况不分军属不军属都一律动员参加农业生产。眼下，他们妇女拣的粪土，够上30垧地，党员家和全村打的木桦子和毛柴够接上今冬打下新柴来烧。

八、党的组织

全村一个支部，党员9名，其中雇农1名，下贫农4名，贫农3名，下中农1名。支部会议不定期，有了工作就开会，有毛病就开会来检讨。中心工作怎样做，村中不良分子和大坏蛋有什么行动，要多教育他们，让他们检讨，组织上给他们提出意见。同时在每一个工作时期，党员要多吃辛苦、不能当群众面说自己了不起。

在这次大的反封建、扣挖地富财宝中，党员和贫雇农阶级在一起工作。贫雇农审查后，说话和工作仍不积极、政治上没有问题的要批评，但仍继续当党员。在这次大会上又公开加入党组织的5名党员，成分都是贫雇农。

本文选自王金文、王晓廉、隋业勤主编的《鸡宁土地改革运动》一书，中共鸡西市委党史研究室1991年3月印，第135~140页。

附 录

东安根据地文献资料

平阳区永升村工作经验

（1947年11月23日）

张　振[*]

我区工作队在永升村工作已经50多天，现已经结束。我们为了要取得这一个村的工作经验，特将这村工作做了一个总结。

该村一上场工作，我们就提出来要从查历史划阶级定成分、整理农会做起。虽然在工作上走了许多曲折的道路，犯一些毛病，但最后一个时期是有成绩的。

如何下手工作的？首先我们一到村，主要是采取各种各样的漫谈会，一方面去了解本村的历史情况，另一方面发现积极分子。第二步是把各小组新发现的积极分子，找在一块，为了不妨碍秋收，每天晚上给讲问题，或者由他们自己提出问题来讨论。主要内容是说明为什么要查历史划阶级定成分，与我们穷人翻身有什么好处。这样，积极分子的觉悟程度提高了。第三步就是自己报告历史定自己的成分，别人再对他提意见，我们是采取了互相提意见、互相批评、互相定成分，这样一来积极分子开会了，就回到本小组去定，经过各小组定完后，就是会员大会上来定，也是采取大家定的办法，这样就发现了不少问题。

发现的问题

大地主、破落户地主、富农、特务、伪警察、胡子、屯长、牌长都钻进了农会还当了干部，分了斗争果实。如侯万仁外号叫侯二爷，在伪满当过副屯长，旧中国时他种过70垧到80垧地，每年最少也得雇7个或8个劳金，养活20多头牲口，还给徐大段管理过大块土地，伪满时他还种40多垧地，每年雇四五个劳金，在

[*] 张振：时任中共平阳区委书记。

伪满也是说了算的人物,可这样的恶霸地主钻到我们农会当了一年多的小组长,现在还是说了算,穷人还管他叫侯二爷。在这次查历史划阶级定成分当中,群众才有觉悟看出来,他不但未领导穷人翻身,到现在他还剥削穷人。现在他有 11 头牲口,都租给老百姓种地,每年要黄豆一石五斗,还借给老百姓大粮 4 石、小麦 2 石,春借秋还,对半利,秋后就要还侯二爷 12 石粮。群众觉悟后,一致地要求清算他。从他家算出来牲口 14 头、毛子车一台、金镏子一枚、金钳子一副、银圆 6 块、各种衣服 30 余件,还有农具、粮食等东西。

孙炳财,旧中国当过四五年甲长,管过五六个村子,每年种 50 多垧地。伪满时自己有 33 垧地,除自己种 27 垧外,其余的租出去了。每年还雇三四个劳金,养活四五头牲口。这样的地主也参加了农会,分了东西。这次也被清算了,算出了牲口三匹、车一台,还有衣服、粮食、农具等很多东西。

刘茂臣,他家在旧中国种过 50 多垧地,每年还雇一个劳金,还领了配给牛一头。每年都养活了三匹大马,未出劳工,十四十五垧地,每年只纳四五垧地的出荷粮,不但他参加了农会,还当过武装队员,后当过六七个月先生,当先生马虎不给穷人办事。

袁凤起,伪满时种过 20 多垧地,每年雇两个到三个劳金,自己虽有两个劳动力实际上是不做活的,不出劳工,少纳出荷粮,每年养活三四匹马、一台车。他主要靠大地主张万发的势力,但他还当过中央胡子。这样地主也参加农会分了东西。

刘振廷,伪满时当过特务,他还当过片长,每年只不过种四五垧地,养活两三匹马一台车,每年雇一个劳金。他本人主要是跑经济买粮米白面,他的生活比大地主还好,他不但参加了农会,还当了农会的闾长。

薛公田,伪满时期的土地管理人。他大爷当过甲长,每年种 20 多垧地,雇过两个劳金,领配给牛一头、马一匹,还养活 4 匹马、一台车。此人在农会一成立时就参加了农会,现在当小组长。

印洪斌,他叔父印方时种过 220 垧地,养活 28 匹马,有 8 台车,雇劳金 12 个,雇车老板子 4 个,还开着油坊,还当过伪自卫团长,又当过特务,可是他也参加了农会。

因为不能把每一个坏蛋都说出来。这里做了一下统计:

地主 3 户、破落户地主 11 户、富农 5 户、当过屯长的 4 户、当过牌长的 3 户、特务 3 户、警察 2 户、当过中央胡子的 20 户,共计 51 户。

说明:以上坏蛋都参加了农会,有的当了干部,都分了斗争果实。

上面的统计数字,有一些是重复的,有的是破落户地主,但他不是屯长、牌长,或者还有当过特务的,不过实际上只是一家。

重新斗争分果实

查历史划阶级定成分后,贫雇农的觉悟程度提高了一步,不但认识了农会以外的敌人未彻底打倒,又看出坏蛋钻进了农会,有的还当了干部,不但未领导穷人翻身,反而参加农会还是继续剥削穷人。如有的群众说:"工作队说得对,分地、分牲口不算翻身,还要我们穷人开了脑筋,说清了谁是敌人,谁是朋友,还要看我们敌人是否打倒了,从这些来看我们的翻身翻得怎样。"群众有了这些认识后,都一致地要求把钻进农会来的坏蛋开除农会,还要求退回斗争果实,该算的还要继续清算,这样一来开除农会的有41户。我们单从成分上来看是这样:地主5户,破落户地主15户,富农9户,中农6户,贫农3户,流氓3户;从政治上来看是这样:当过特务的2户,当过伪警察的4户,当过屯长的4户,当过牌长的5户,与坏蛋有亲戚关系的,或者是坏蛋分家的有10户,当过胡子的15户,流氓1户。必须要说明的是,上面的统计,有当过屯长还当过胡子,我们是统计他当过屯长,胡子未统计;有当过特务又当过牌长,我们只统计了特务,就未统计牌长。

开除农会后有少数的被斗争了,但大多数只是退回了斗争果实,这样总共有27户,被斗出来的东西和退回来的东西共折合洋5 173 000元钱,不过开除农会的41户,并不能把每户被开除的都斗,或者都退回了,也是根据群众的讨论,按照他现在家庭情况来决定的。

重分斗争果实。这次分果实是根据全体农会会员民主讨论后,确定以下几个条件:1.历史清白成分好;2.贫苦的军属和贫雇农;3.按人口多少及斗争表现;4.今年生产的好坏。这样又经过民主讨论后确定等级,再按照等级分配了斗争果实。分完斗争果实后,群众都说:"这次东西分得又民主、又公平、又合理。"

贫雇农掌权,穷人真正当家

经过这样一个变化后,农会内部当然也起了很大的变化。全村共计257户,过去参加的农会会员202户,经过变化后,开除的农会会员41户,现在还有会员161户。这次小组长以上的干部都普遍地进行了选举。选举前,各小组都反复地进行了大会小会的讨论,然后先由各小组选上小组长,再在民主的大会上选举农会主任及村长等干部,选举的结果小组长以上的干部,绝大部分是贫雇农掌握了领导,群众一致地说:"这次可翻了身了,你看穷人真正的当了家。"

本文选自王金文、王晓廉、隋业勤主编的《鸡宁土地改革运动》一书,中共鸡西市委党史研究室1991年3月印,第148~152页。

兴农区订正阶级总结

（1948年12月31日）

窦 义[*]

一、订正阶级补偿斗错中农工作乍一开始前,贫雇农表示同情,中农也都高兴得不得了,黄家店中农张殿林说"以前斗争我们是对的,从今往后再干上两年我还能过好"。他的思想是别看你们斗了我,拿现在来说我还有两匹马一台车,贫雇农中还没有买上马的户,一定敢与你们比一下子。所以现在他们家里父子二人起早贪黑连拉脚代拉桦子干得实在起劲。

二、订正阶级补偿被斗错中农工作刚一开始,有的贫雇农反映过去咱们分

---

[*] 窦义:曾任中共兴农区委副书记、书记。

了人家的牲口东西,这回需要退给人家吗?像四海店东沟马广仁是村干部,在去年分得邹广文的一匹马,在这次纠偏以前,他就与邹广文商议要邹把马牵回去。但是邹还是不敢往回牵,到区上讨论说,虽然马是我的,但是人家分到手一年多了,现在我要是把马牵回来,能否影响到被斗错的中农都向贫雇农要东西?现在我又买了一匹马,有没有都行了,因为本区过去斗的大部分是中农,要是完全退还东西就怕影响到贫雇农的情绪。所以就对他讲了一回,关于我们订正阶级偿助的政策,邹某也承认是对的,订正阶级后贫雇农情绪也都安定了。中农过去虽然斗错了,经过反复交底交政策,被斗中农情绪也都安定了,生产的情绪都很高。四海店张支林花了250万元钱买了一头大牤牛,此钱全是搞副业得来的。孙德福用170万元钱买了一匹马,准备明年生产用。宝全沟范文昌用今年生产的钱买了一匹马。东安平河老付头过去被斗现划为中农,由村公所存在的果实补偿给他,他坚决不要,并且说:"我现在没有困难,就是稍有点困难,搞副业编席子也可以解决了。"自愿把所补的果实价值六七十万元全补助了学校的经费。他自己就说,只要把坏蛋的帽子给搞下来我们就知足了,不给补助东西我们也高兴。另一方面,有的中农反映不给退还东西,光用嘴来团结我们,像太平村王辅,从前是富农,现订正后为中农,他公开地向贫雇农要磨、要马槽、要铡刀,又要业地(因他的业地分给群众),像他所要的东西早已分给了贫雇农,所以没有给他。他在背地反映说,和贫雇农一条心在大会上说吧,"谁真和他们一条心"。他有了这个反映以后,贫雇农在大会上把他批评了一回,他又承认了说得不对。

　　三、对于这一工作进行时,首先开好了党员会议。在开村干部会议时把底交了,随机开贫雇农的会进行宣传,一方面了解贫雇农思想中存在着什么顾虑,进行个别谈话。另一方面,开被斗错中农的会议,听取他们对纠偏上的思想如何,有什么意见和要求,再进行宣传教育。在贫雇农的会议上有的群众在思想上存在着怕退东西。我们解释说,咱们订正阶级为的是使中农靠拢,与贫雇农打成一片。对于补偿的问题,是仅农会所有的果实来补助一下子,如果农会没有果实可用,农贷照顾一下子,过去的果实分给谁仍旧还是谁的,要是贫雇农自愿帮助也可以。在被斗错中农的会上,中农表现过去斗我经济有些不对,既然是团结我们,我们也同意没有什么可说的。有的中农提出要求退还东西,我们给解释说:"你们所要的东西已经分给贫雇农用了,也就难往回要了,只可仅农会所存的果实补助给你们,咱们也不必和贫雇农再要求了。"有大部分中农经过这样的解释也就并不追问退东西了,他们说:"好好干两年就有了,要什么早已分下去了,用坏的也有,卖掉的也有,向谁去要。"

四、关于这工作乍一开始,贫雇农干部有些闹不通的地方,也就是怕订正完了阶级后,中农又要东西,东西又分下去很久了,怎么往回收呢?以后把这个思想搞通,问题才算解决了。

五、在订正阶级中,中农表面上都像摸着了底,实际是否摸着底还不敢说呢,但拿现在的生产情绪来看都很积极。

六、地主富农并没有进行活动。

七、订正阶级补偿被斗错的中农,以后检查工作,根据1933年的两个文件之决定及任弼时同志的报告,并没有把地富错划为中农的户,贫雇农没有受到什么打击。

八、经过订正阶级后,贫雇中农和干部所得到的教育就是大体也都明白了是一家人了。像黄家店划回的中农袁廷珍等人在开大会时,干部无论讨论村中征粮及一切行政的事,都争取他们的同意,这几户中农也就毫不迟疑地发表他们的意见。干部们对正当的意见采取,对不正确的地方再详细和他们解释,也没有直接反驳的时候,看看与过去是大不相同了。

九、订正阶级工作是结合建党、总结生产及组织冬学、征公粮、搞副业等工作进行的。

十、复查工作尚未进行,只有支书在村中复查了,开支书联席会时反映的情况,都说中农这回可有了底了,生产送公粮干得真起劲。

十一、关于解决贫雇农思想上的问题,必须由思想上出发才能适当地解决问题。像贫雇农干部对订正阶级都表示同意,就是怕退东西,这种顾虑贫雇农是差不多都表现出来了,如不适当地由思想来解决这个问题,对咱们订正阶级这一工作就要受到莫大的损失。

十二、补偿工作是由农会所存的果实,按被斗错中农家庭状况来补助之,像黄家店村看被斗错的中农穿没穿上棉裤。贫雇农讨论怎样补偿,有人提出农会果实里,还有两件棉大衣,还有些零星的水缸、破箱、破柜等东西,还有破四轮车,车轮2个,仅这些东西给他们5户补助一下。大伙参考谁家最困难,看谁家缺什么仅农会这些东西给他们一份就得了。大家随即参考王焕和袁廷珍没有衣服穿,把这2件棉大衣补偿给他们,把四轮车补助给张林,其余的东西又给那两户补偿了一些,剩下零碎东西又给各户分掉。东安平河也是把农会所有的果实按照以上的办法给补偿的,但是中农老付头对于补的果实没要,援助了学校。太平村补偿的做法如上,但是那村中农有一户王辅,直接向农会群众要东西,最后经大家研究他不甚困难,和一般贫雇农生活一样,也没有额外补助他,还是仅农会的果实来补助他,他还很不满意,在背地直反映。其他村子只订正阶级,农会什么也没有,并没补偿。

十三、过去受打击的党员李福(村长),平分时贫雇农掌权被打击,区文书王育洲被打击,经过订正阶级后又选为干部,现在表现很好,对工作很积极。还有西保安桥王奎东、林石匠二人过去被打击尚未纠正,因为他们有的立场不稳,作风不好,有的思想落后,所以未处理。

十四、宝全沟村小学教员潘文元,过去被斗,现被选为冬学教员。因为本人有肺病,对现在的工作表现平常。

十五、订正阶级后,在村中的情况来看,关于被斗错中农的表现来看都是十分满意,对生产更特别起劲,开会时中农发言的多了。黄家店袁廷珍对我们的工作同志说,你们要不订正阶级和建党,我们还是没有底,这回我可不怕了。按他现下的生产来看是比从前干得更起劲了。现在的中农普遍是生产很起劲,贫雇农对中农表现出一种团结气象,很和气,看着像一个人似的,就像没有过去的事一样。

十六、据现下的情况来看,有的贫雇农政治觉悟差,对被斗户表示亲热得很,个别的贫雇农是否有对中农投降的呢,还未了解出来,只可慢慢提高贫雇农干部的政治觉悟,以后就不致发生其他的危险。

本文选自王金文、王晓廉、隋业勤主编的《鸡宁土地改革运动》一书,中共鸡西市委党史研究室1991年3月印,第153~157页。

关于土地改革工作情况的汇报

（1947年9月2日）

胡炳岩[*]

一、夹生饭的问题

我们将区干部配备到哈达河、四人班、永泉、宝泉四个村子，尤以哈达河、四人班为主，在过去四人班村虽然起出来大批金银，但群众觉悟依然没有提高，群众满足现状，盲目乐观。我们提出抢干货、挖枪支，这次又给我们一个大的教训，四人班李家烧锅，又起出金子五两多，过去起出一斤九两五，并且这次又起马枪一支、三八式枪两支、套筒枪一支、火烧枪一支、子弹990发、匣子弹万余发，尚有枪支正在继续砍挖中，现在各村已正在展开起枪运动。

哈达河村斗争已临结束，现正开始审查会员、教育会员，领导搞副业生产，工作上已转入正规。群众认识已经提高，但该村农会干部及会员成分较其他村相差甚远，原因是该村二八月闲人及二流子最多，真正基本群众少。现正在提高群众认识，诉苦坦白，进行内部斗争，整顿后即改选农会干部。宝泉村是最生的一个村子，工作团走后，没有来检查过，这次我们来了以后，发现以下问题：区里有干部杨荣国担任生产委员，家住宝泉村，过去家庭出身成分上中农，伪满时期他在滴道炭矿当把头和先生，本人妹夫是大把头，他是二把头。抗日战争胜利后他又当过中央胡子班长两个多月。我军进来后，因他工作表现积极，被提为区干部。当区干部后，失掉阶级立场，和一个被公审的女人搞关系（王占元过去是大特务，工作团来时被公审）。和女人搞关系使用软硬兼施手段，前后共搞四次关系。隐枪不交，事变时有三八式枪一支，子弹多发。这枪他卖给他叔父

---

[*] 胡炳岩：曾任中共东海区委书记。

杨贵三千多元,但又说这枪是放在杨贵家保存并不是卖的。现在枪支已起出,杨知枪起出后,即由区里火速返家,将私藏的子弹和王占棠起出的财物交给农会,但对隐藏枪支子弹始终是不承认的。

打击干部,有个生产组长刘金海,有些护己,杨枪支之事唯有刘金海知道,杨即乘机由区返家,当即发动群众将刘金海打一顿;购买斗争对象物品,王占元被公审后,有大衣一件被杨荣国买去给1500元,表一块他没有给钱。

群众对杨有很多意见,杨本人工作积极,其弟参加区中队亦好,此事应当怎样处理,请指示。

又发现该村农会主任刘恩祥和杨的矛盾。刘成分过去是个地主(中小),现在为上贫农成分,刘和杨是亲戚,杨之儿媳是刘的小姨,刘本人和小姨发生爱情关系,这事已确实证明。刘伪满时代跳过"大神",装过假特务,勒过大脖子。抗战胜利后当过几天中央胡子,因护己贪污斗争果实多数,领导干部集体贪污布匹60尺。工作上包办,刘因为与杨有矛盾,抓住事实,发动群众便向杨进攻,布置好干部、会员到区政府要求处置这个问题,并布置其手下人刘金海告诉王占元之妻说,你始终咬定说是强奸,但真相并不是强奸。刘已布置好人,开始对杨攻击,杨亦有一部分援助,刘掌握了全部干部会员,杨掌握了自己亲属。

我们的意见是争取一部分中立群众,使他们认为双方都坏,我们不必援助他们,开始整顿内部教育会员,使他自动脱离双方,使双方势力孤立,我们从整顿农会起,审查会员,改造农会,洗刷刘主任,以后再根据上级指示及群众意见处理杨。

二、搞副业问题(略)

三、扩兵问题(略)

本文选自王金文、王晓廉、隋业勤主编的《鸡宁土地改革运动》一书,中共鸡西市委党史研究室1991年3月印,第158~160页。

虎林县土地改革运动综述

中共虎林市委党史研究室

一、土改前虎林的土地情况

虎林,自清末民初以来,有从河北、山东、辽宁逃荒来的大量贫苦农民,携家带眷,远路至此,谋取生路。但当时的土地,绝大部分集中在第四区黑嘴子(今虎林镇以西)左右,而且地势平坦,土质良好。至于一、二、五、六区,无论从土地数量与质量来看,远不如第四区。而四区的土地先为两个大地主所占有。其地照的界限是:北到七虎林河,南到穆棱河,西到凉水泉(当时虎、密县界),东到火石山(四区边缘)。地数以方论计(每方45垧)。由于他俩的占领,凡后来的小户,都得从他俩的手里买地领荒。1919年(民国八年),李象山当了第四区的保董,并被委任放第四区的荒地。李在放荒中,将好地搂到手,把孬地放出去,并从中捞到不少好处。如放一垧地收45元,向县交38元,从中捞取7元的好处,四区一带的土地就逐渐落入他的手中。据1920、1921年县有关档案记载土地的占有情况是:

年代	自种地户	租种地户	自种兼租种户
1920年	669户	281户	56户
1921年	711户	307户	69户

吉林省调查全省大土地所有者状况统计:1923—1925年,虎林县占有土地630~4 500垧者共4人。

李象山在九一八事变后,引狼入室,当上了日本汉奸,在民族危难中发了大财。1934年日伪档案的收回土地册中记载:李象山有旱田285垧,荒田1 764垧,计2 049垧。

伪满虎林县公署档案记载,1935、1936两年的土地占有情况是:

附 录

东安根据地文献资料

年代	自作农	小作农	自作兼小作农
1935 年	3 200 户	1 143 户	1 200 户
1936 年	3 392 户	1 245 户	233 户

日本帝国主义为了掠夺大片土地,实行殖民者的土地占有制,从 1934 年开始,采取收缴全县农民的土地。当年开始收缴地照,回收一垧熟地给 12 元,荒地给 2 元。地照收去后,仍照原地耕种,一旦军用、开拓团用地时立即收回。按原收地总数的 30% 以内,耕种不纳租,其余部分须向满拓株式会社纳租,每垧收一石粮,当年交齐。1937、1938 两年,日本第六次、第七次开拓团,由日本国内移至虎林,陆续占领了从虎林到虎头铁路两旁和太和以南、迎门顶子(今迎春)一带的土地,将原有农民赶走。1938 年左右,又实行了残酷的并屯政策,将全县 165 个村并成了 37 个集团部落,以武力威胁,迫使农民离开家园,限期迁进指定的集团部落。将原来的村庄、房屋全部烧毁,使土地荒芜,变成了无人区。1939 年左右,在今西岗、太和、宝东、虎头、独木河一带,广驻重兵,占用土地,大建营房,设立军事区,人为地毁坏了虎林的大片土地。延至 1943 年,开始重新发照,称为农民买回地。据 1945 年满拓《买回调书》记载:在太和村的仁礼、兴降、平原、良德、凉水泉子屯,和气村的和气、太平、四方林子、吉庆、康德、大同屯,虎林街的仙鹤区、辉崔等地,共卖给 1 047 户农户,发照 1 074 枚,土地 12 897.481 垧,其中:熟地 9 056.677 垧,荒地 3 815.814 垧。熟地 12.50 元一垧,荒地 2 元一垧。其中买地较多的地主李象山等 12 户,共买了 459 垧地。

由于土地被少数地主、富农所占有,他们便雇长工耕种或出租给无地或少地的农民,从中进行剥削。每出租一垧地收大豆一石(每垧地产大豆 4~5 石,如种苞米产 8~10 石)。有的三七收租,佃户留十分之七,地主十分之三。

有些种移民团地的佃户,种一垧地收一石租。种清和第七次移民团地的佃户,不管农忙农闲,团本部派工,就得撂下手中的农活,到那里去白干活。

而少地或无地的贫雇农生活极苦,特别是在伪满时期,时常被迫到外地去当劳工,有时种不上地还得借高利贷。给地主当长工的雇农,主要是靠微薄的实物工资或货币工资收入生活。在 1931 年之前有两种形式:一是全年给 6~7 石大豆,也有给 11~12 石的不等。再是拨给地种,打粮食归自己,一般是三垧,也有给二垧的。1938 年后,逐渐改为货币工资,一年给 120~130 元、150~160 元、200 元不等。所以,广大贫雇农的生活是衣不遮体、食不果腹,生活日益贫困化。

1945年8月虽然光复,但不合理的土地占有制度依然如故。土改运动前,虎林县人民政府曾对全县做了一次调查:全县39个村,4 820户中,有富农87户、中农1 332户、佃富农277户、佃农700户、贫农1 390户、雇农459户。

所以广大贫下中农迫切要求翻身,解决土地问题,希望党领导他们进行土地改革。

二、组织工作团

1946年6月底,中共虎林县委正式成立,梁定商同志任中共虎林县委书记。县委对外称虎林县民运工作委员会,梁定商同志兼任主任。7月,县委根据中共中央1946年5月4日发布的《关于清算减租及土地问题的指示》(亦称《五四指示》)、中共东北局在哈尔滨召开的东北局扩大会议7月7日通过的《关于东北形势及任务决议》(简称《七七决议》)、中共合江省委、东安地委的指示开展了反奸清算斗争。

《五四指示》决定,将抗日战争时期的减租减息政策,改为没收地主土地分配给农民的政策。

《七七决议》指出:我党在东北的中心任务是建立农村根据地,创造根据地的主要内容是发动农民群众、反奸清算、减租减息、分粮分地的斗争。

省委指出:清算分地运动的方针,就是根据《五四指示》规定的基本政策,"使得雇农、贫农和中农结成巩固的同盟,照顾富农,分化地主阶级,集中力量打击大汉奸、恶霸、豪绅、大地主、土匪头子,不树敌过多,以保持和巩固反内战反独裁的统一战线。"

1946年5月17日,《中共东安地委关于群众工作的决定》明确指出:"要求我地方一切党与非党的干部与人员,用最大的力量,来进行发动群众工作。""群众工作的中心内容是进行深入的反奸清算运动,使贫苦农民分得土地、牲口、农具、粮食,从地主封建势力统治下的困苦境遇中翻出身来。以贫苦农民为中心,亲密团结中农,改造政权,建立农会和农民武装……"

1946年7月初,县民运工作委员会,抽调了34名干部,组成了县民运工作团。7月12日举办了干部训练班,由孙冀晃同志任训练班主任,使参加训练的干部,明确开展反奸清算运动的意义、目的、政策、方针、方法、步骤,同时分析了虎林县当前的形势。

虎林街是李象山等大地主的享乐窝。李象山在虎林街拥有木房10间、土房25间、砖房34间。他们住在街里的深宅大院里,收取乡下的地租后,再在街里投资开工厂、商店,坐收渔利。李象山在虎林街有公和祥、庆丰涌、永源盛、安乐泉、惠生远、德升饭店等六处店铺商号,有股金40 500元,伪满时盘剥人民的配给店也都在这里。有些在伪满时期做过坏事的人,光复后隐姓埋名,混进街里,因此虎林街也是藏垢纳污的避罪之地。大地主、汉奸李象山虽于1946年5月1日被虎林县民主政府枪决,但其经济盘剥并未得到清算。因此,要开展反奸清算,必须先发动虎林街周围农村的基本群众,在虎林街内清算李象山的剥削账,然后才能向农村铺开。

8月20日,对训练班的现有学员,根据需要,精简了11名,余下23名,组成工作团进入虎林街。

三、开展反奸清算斗争

工作团孙冀晃同志带队,采取以点带面的方法,深入虎林区三义村(西岗与三义划一村)、桦树村(桦树与新安划一村)、耕农村、虎林村、安乐村,宣传党的政策,发动群众,成立了农会、农工会、各界联合会,共发展了405名会员。又联合各界群众成立了清算委员会,清算了虎林县城内同泰成、同聚东、同丰昌、镇昌号、洪源涌、义盛东、永裕样、三升隆八家伪满时期的配给店。经过对上述八家配给店的清算斗争,共清得剥削资产为14 460 000元,其中交纳额,动产与不动产折价合计实得果实为3 009 659元。政府与群众按三分之一和三分之二分配,群众分得2 006 438元。又根据斗争情绪和成绩,五个村分别按28%、25%、11%的比例进行分配。同时,清算了李象山所有的砖、土房屋及其在公和祥、惠生远、德升饭店、安乐泉、庆丰涌所投的股东额及利息额为99 358元,扣除本人已支使额12 402元,没收其86 956元的净存本利。清算虎林街配给店和李象山的财产后,工作团即分别深入到桦树、三义两村搞农村反奸清算的试点。开始没有发动起来,后转向西岗村,将斗争发动起来。即以西岗为重点,带动桦树、三义村的群众。至11月,这三个村的反奸清算运动结束。共斗争、打击、处理地、富、反、坏分子81名。其中处死刑的6人,判徒刑的6人,罚款的17人,除待查未处20名外,其余全部教育释放。

为了加速反奸清算运动的开展,1946年12月中共东安地委派出以地区公安处长乔庄、王怀之为正、副团长,由88人组成的工作团,在县委的统一领导下,与虎林地方民运工作团一起进行反奸清算运动。经与县委研究,工作团全部集中到二区开展工作。在二区首先在宝东、共乐两村试点。宝东村当时共有283户,其中有土地的仅24户,有地1645亩;租种土地的27户,租地1335亩;租军用地的27户,租地1087亩;自己有房屋的89户,有牲畜的87户,有大小牲畜258头。61户有胶木轮车,共有车70台。土地、房屋、牲畜大部分在3户地主、17户富农手中。工作团于1947年1月26日正式进驻宝东村,经过访贫问苦发动群众,召开积极分子会。于1月30日成立了宝东村农民会。1月31日公审了恶霸地主,成立了妇女会、儿童团、民兵队,继续打击地主、富农和特务。后又进行了土地分配。该村共有熟地300垧,加上二荒总共有540垧,平均每人分得土地3亩。继宝东、共乐之后,1—2月,工作团又分成若干个工作队,深入到太和区各村,使太和区的反奸清算运动普遍开展起来,形成了高潮。1月29日县民运工作委员会,对原虎林地方工作团,进行了整顿,并予解散,一部分回家,一部分调动了工作。

随着运动的深入开展,声势震动全县,各种阶级敌人感到末日来临,加上我们工作团在宝东某些过"左"的做法影响,老土匪头子、伪满特务乔锡坡纠集了旧社会的残渣余孽,拉起了一股60~70人的土匪队,妄图作最后挣扎。乔锡坡率匪众于县境内到处窜扰,杀害我军政干部,下枪、抢粮、压马、要东西,威胁群众、破坏反奸清算运动。县委即派县大队并各区中队,配合东安军分区派来的剿匪部队进行连续追剿,发动各村群众断匪源、挖匪根。乔锡坡在疲于奔命中被土匪内部击毙,还活捉了二匪头赵景轩,毙伤很多匪众。在我军的连续围剿下,乔匪余部如惊弓之鸟,无处藏身最后被全部消灭。土匪被消灭后,在中共东安地委书记吴亮平、副书记陈伯村同志的关怀下,太和区宝东村群众运动中发生过的一些过左的做法得到了纠正。3月8日在全区反奸清算运动的基础上,成立了太和区农会。

4月5日成立广太和区政府。4月全区土地以村为单位打乱平分,连同其他斗争果实一块分配。

第二区工作结束后,工作团抽出一部分工作队员,又从太和区内各村中抽调一部分积极分子,组成两个工作团,由黄朴(女)、闻鹏同志分别率领,于4月下旬转向和气、庆丰两区,以生产与斗争相结合的方法,继续开展反奸清算运动。5月12日,成立了和气区农会,6月成立中共和气区委会,7月7日成立和气区政府。8月,成立了庆丰区农会,8—9月成立庆丰区政府和区委会。和气、庆丰两区运动结束后,县委派孙冀晃、李思信带县委工作队,至庆丰区穆棱河南的忠诚一带(原为第五区,辖同和村,后与庆丰区合并),开展反奸清算运动。10月17日,县委派李清华率28人的工作团至虎头区开展运动。11月,密山县杨岗区划归我县,该区的反奸清算运动早已结束。当年冬,虎林区虎林街内居民开始反奸清算运动。至此,全县各区的反奸清算运动全部开展起来。

四、进行平分土地运动

1947年7月17日至9月13日,全国土地会议在河北省建屏县(今平山县)西柏坡村举行,会议通过《中国土地法大纲》,并于10月10日正式公布。

《中国土地法大纲》规定:废除封建性半封建性剥削的土地制度,实行耕者有其田的土地制度,"由乡村农会接收,连同乡村中其他一切土地,按乡村全部人口,不分男女老幼,统一平均分配,在数量上抽多补少,质量上抽肥补瘦,使全村人民获得同等土地,并归个人所有。"

1947年11月3日—21日,东北局召开北满省委书记联席会议,贯彻全国土地会议精神和《中国土地法大纲》。12月1日,东北行政委员会发表《东北解放区实行〈中国土地法大纲〉的补充办法》,东北局发表《告农民书》,从12月各省开始平分土地运动。

12月1日—24日,牡丹江省土地会议在牡丹江市召开。会议决定:(一)按照《中国土地法大纲》,没收一切大中小地主财产及征收富农多余财产,实行平分。(二)各村成立贫雇农团,交权于贫雇农,村里一切问题由贫雇农解决。(三)普遍进行审查干部、审查党员、整编队伍。(四)重新划阶级,纯洁巩固贫雇农队伍。

中共虎林县委根据中共中央、东北局及牡丹江省土地会议的精神,于12月20日,开始进行整党,传达了刘少奇同志的报告,在思想上取得对整党重要性的一致认识后,首先整关里来的老干部,县委三人,然后县机关负责人、区负责人,于1948年1月18日结束。1947年12月30日虎林县政府向全县发出了《土地法大纲补充办法》的布告。

在整顿过老干部之后,于1948年1月19日,中共虎林县委又召集工作队、区干部、一部分村干部及少数贫雇农代表,共200人参加的新老干部会议,由梁定商同志传达新形势、新任务,宣布贫雇农当权办事,干部给贫雇农当长工。当即声明交权,由村代表成立贫雇农团,审查全县一切干部。区干部与工作队另行编组,报历史,查阶级,听候处理。经过两天的酝酿,贫雇农团对犯有严重错误的五人进行了斗争和处理。通过整编,帮助县委统一了思想,解决了核心不一致的问题。使贪腐化、享乐思想、自由主义等坏思想作风受到打击,新思想、新作风开始成长。

1948年1月26日—27日,讨论土地法大纲和划阶级问题。最后县委部署:运动的方针是"撒大网",不管是空白区、夹生区、城市与乡村全面大进军,点面同时,面中找点。在做法上跳出旧圈子,与全体贫下中农见面,交权交底,放手发动贫雇农。

1月30日后,参加会议的干部与代表回到本村,向贫下中农传达贯彻了全国土地会议精神,宣传了土地法大纲,进行划阶级、定成分,组织贫雇农团,使土地改革运动在全县范围内轰轰烈烈地开展起来了。全县有5 010户,18 159名雇农、贫农、中农参加了运动。打击了一批地主、富农、坏蛋,平分土地13 055.48垧,分得牲畜4 310匹(头)、房屋650.5间,挖出金银890两、粮食596石、衣服15 039件。通过划阶级、定成分,进一步划清了阶级路线,保证了不使地主分子漏网,保证了平分土地运动的顺利开展。至4月,县土地改革运动胜利结束,全力转入了发展生产,支援我军战略反攻,支援解放东北的战争阶段。

虎林县土地改革运动的胜利,在经济上、政治上彻底消灭了封建、半封建的剥削制度,实现了耕者有其田。平分土地13 055垧,每人平均分地3亩8分,每3垧3亩地就有一头牲畜。地主的大院套都变成了翻身农民的住房,还分得了农具、粮食、衣服及其他物品。土改前只占农村人口总数0.5%,而占有绝大多数耕地的地主、富农,土改后的土地只占总耕地面积的9%;土改前占农村总户数52%,而耕地面积却极少的贫雇农,土改后分得的土地占总耕地面积的56%。地主阶级和旧式富农被消灭了,雇农、佃农由于分得了土地、牲畜和生产资料,也基本不存在了。贫农、下中农成为农村中的主要成分,使农村发生了翻天覆地的变化。

虎林县土地改革运动的胜利,发动了农民群众,巩固了民主政权。在农村选拔培养了大批积极分子,发展一批共产党员,并建立起区、村政府、农会、农民代表大会,至1948年5月,已建立了6个区委,20个党支部,发展了152名党员。由于土改运动的进行,在区、村中培养了大批的积极分子,他们具有较高的阶级觉悟和工作能力,在工作队撤走之后,他们都能独立地担起区、村政府的领导工作。全县6个区至1948年3月,从农民中培养起来的区干部有50多人,其中担任区级领导的就有7人。区、村政府都建立了一支武装,即区中队、村基干队。从地主恶霸及一些人手中,收缴各种枪支三百余支和很多弹药。这些武装力量在消灭乔锡坡匪帮和镇压敌人的反抗中起了很大作用,有力地保卫了土地改革的成果,巩固了各级民主政权。

虎林县土地改革运动的胜利,使获得土地的广大农民生产积极性空前高涨,促进了农业生产的恢复和发展。他们开垦荒地,精耕细作。1947年的耕地面积,由1946年的9 580垧扩大到1 413垧;粮食总产由1946年的14 160 000斤增加到19 130 800斤。1948年的耕地面积比1947年又扩大了2 197垧。对原有熟地精耕细作,加上扩大耕地面积,粮食比1947年增产4 042吨。1948年大生产中,全县出现了10个模范村,84名个人模范。

虎林县土地改革运动的胜利,极大地激发了广大农民的革命热情,广大农民纷纷报名参军参战,掀起了支前热潮。1947年春至1948年4月,全县共有1 920名贫下中农参军。在此期间,两次出动担架队386人,前去支援解放战争。1947年交纳公粮321万公斤,1948年交纳375万公斤,有力地支援了解放战争。

五、纠偏

在平分土地运动高潮中,曾一度出现了"左"的倾向。具体表现在:强调"交权"、"贫雇农说什么算什么"、"政策是绊脚石,束缚群众手脚",从而否定各级党组织的领导,发生了"搬石头",违反干部政策、知识分子政策和侵犯中农及部分工商业的利益,甚至出现乱打乱杀的现象。

中共虎林县委于1948年8月16日—9月30日举办了划阶级训练班,使区、村干部在思想上对重新划阶级、纠偏,在经济与政治上团结中农的意义有了进一步的认识,明确了纠偏工作的方法和步骤。

10月5日—27日,县抽调43名干部,深入到太和区宝东村,杨岗区杨岗村进行了划阶级纠偏的试点。

杨岗村全村110户,被划为地主而受打击的3户,划为富农而受打击的3户,其他因政治态度或敲诈欺压群众等原因而被斗争的中农13户,工人(包括雇农)、小工商业者等8户,共计27户,占总户数的26%。经过纠偏,只有地主

1户、富农1户、警察1户没斗错，其余24户都属于错斗，全部进行了纠偏，使打击面减少了24.5%。应斗的3户，只占总户数的2.7%。对斗错户又补给了576尺布，使其基本达到翻身贫雇农的生活水平。

宝东村全村283户、1 101人，被打击36户、295人，占总户数的12%，占总人数的21%。被打击的原划为地主3户、富农17户、特务汉奸3户、中农与工商业13户。经纠偏重划阶级后，只有地主2户、富农3户、特务汉奸3户，其他都纠正过来了。使打击面减少了28户，只剩下8户，占总户数的2.8%，人口减少了206人，只剩下89人，占总人口的8%，达到了团结大多数。补退被纠户农具4件、被3床、衣服214件，小铺的商品及其家具全部退还。如加上第二次纠补的被7床、衣服125件，实际超过了翻身雇农的生活水平。

各区委在全县试点的基础上，共抽调49名干部，组成5个工作组，自10月12日起，在本区各选一个村进行纠偏试点，使纠偏工作在全县普遍开展起来。

为了认真检查纠偏与生产工作，县委于11月17—24日，从每区抽调2名干部，加县委、县政府的干部，共组成16人的工作组，先后到生产较好的虎林区义和村进行试点，继于11月29日—12月6日，又到生产较差的和气区、和气村试点。义和村在平分土地运动中曾斗错中农12户，但在春耕纠偏时，纠补工作做得比较好，每户至少有1匹牲畜，加上原来留下的，12户共有牲畜37匹（头）。还有大车13辆、犁14副，补偿到原有财产的48.2%。12户划回中农，经过一年的生产，有5户共买了8匹马。

虎林街有147户工商业，被清算了49户（本街清算39户，外区来清算10户），纠偏46户，只有3户维持原议。

经过大量细致的工作，全县划阶级纠偏工作于年末结束。纠偏前，全县被斗争的户数，占全县总户数的21.86%；人口占全县总人口的31.69%。而纠偏后斗争户数降为全县总户数的10.28%；人口下降占全县总人口的15.42%。

同时，对纠偏户进行了物质补偿。全县从斗争果实中，共向纠偏户补偿牲畜43头，衣服2 543件，布9 628尺，粮食226 851斤，现款38 100万元，农具85件，房屋34间，家具630件，首饰83件，被181床。

由于进行了纠偏，团结了中农，打击了地主、富农，落实了党在农村的政策，促进了生产。

本文由中共虎林市委党史研究室提供。

李宗岱在恢复柳毛铅矿中二三事

鸡西市总工会

李宗岱同志于1918年2月24日出生在山东省平阴县的贫农家庭,15岁时来到山西省太原阎锡山办的一个兵工厂做学徒,1937年七七事变后参加革命,由西安八路军办事处介绍到延安柳树店工作,1938年3月转到延安安塞兵工厂做钳工,当年12月加入中国共产党。1945年8月15日后,为了扩大革命根据地,随同陈郁同志从延安来到东北,曾任赤峰铁工厂总务科长、勃利独立团一连指导员。1947年3月来到鸡西(鸡宁)矿区,先后任柳毛矿矿长、恒山矿副矿长、鸡西(鸡宁)煤矿机械厂副厂长、鸡西(鸡宁)市总工会副主席,1979年转到西安煤矿机械厂任顾问,1982年10月1日因病不幸逝世,终年64岁。这里仅记述他在恢复柳毛铅矿(现称柳毛矿)时的工作片断。

一、接受任务,到柳毛铅矿去恢复生产

1948年,东北的解放战争进入了艰苦阶段,不仅需要大量煤炭,在军需民用上也都需要尽快恢复柳毛铅矿。当年5月党派李宗岱同志去恢复我东北第一个石墨矿——柳毛铅矿。李宗岱同志毅然接受了任务,带领6名干部、20名老工友、200斤苞米面、20斤食盐,来到荒凉偏僻的山沟——柳毛铅矿。这个铅矿是在日伪时期建立的,1945年8月日本投降撤退时,将工厂、房子几乎全部烧毁,机器设备被破坏。工厂内残垣断壁,一片瓦砾,野草丛生,仅有两栋破烂不堪的家属住房和两栋独身宿舍。他以6名干部和20名老工友为骨干,将流入来的失业工人和附近农民作为外包工,和他们签订了生产合同,后来由于任务

艰巨,人员缺少,组织上将一批犯人送到矿山劳动改造。在这一缺资金、二少设备、三无技术人才,人员思想复杂的种种困难情况下,李宗岱同志经常和工友们促膝谈心,他常说:"在我们共产党和革命人的面前,是没有任何克服不了的困难,我们应当用一切力量来完成上级交给我们的光荣任务"。盖房子没有板条,他亲自领着工友割柳条代替,没有暖气片,就动员大家去拣废铁管子代替,机器设备缺少零件,发动大家献计献策,献纳器材,用废品进行加工代替。有一天他从牡丹江发来几车皮圆木,要求在一天内卸完。由于人员少,木头多,不按时卸完又要被车站罚款,在这种情况下,李宗岱同志带领干部、工友一起卸木头,干部、工友从午后开始一鼓作气,没有休息,饿着肚子,冒着大雨,一直卸到第二天清晨才完成任务。

在李宗岱同志的领导下,300名工友经过6个月的顽强苦战,终于修复了选矿场、工厂、工友宿舍、食堂等,开始恢复生产。干部工友们自豪地说,困难对于我们翻身解放的工友是不在乎的,让瞧不起我们力量的人看看我们的战绩。

二、积极改造人、教育人,做自食其力的劳动者

在恢复矿山时,由于人员缺少,组织上将一批从吉林、齐齐哈尔送来有各种问题的犯人到矿山进行劳动改造。在这批犯人中,有的还带着病,有的从思想上瞧不起共产党。李宗岱同志认识到对于这批犯人要用党的政策教育他们、改造他们,让他们从劳动中成为自食其力的劳动者。因此,他一面教育干部、工友不要歧视他们,要帮助他们改造思想,让他们学会生产劳动;一面教育这些犯人要自觉改造思想,积极参加生产劳动,带功赎罪,早日使自己成为自食其力的劳动者。经过一段时间的工作,这批人的思想有了很大转变,不少人都摘掉了犯人的帽子。在一次摘帽的大会上,一个从吉林来的姓孟的犯人说:我们初来时,看到这里这样荒凉,杂草丛生,一堆破烂厂房,心想在伪满时用2 000人建设了两年,才把这个铅矿建设起来,现在我们不到300名工友,要在半年内修复起来,岂不是笑话,所以开始时,我们都装着病,不愿意干活。后来看到干部和老工友们那种忘我劳动的精神,深深地教育了我们,心里十分感动,我们再也不装病了。我动员一些人从床上起来,和工友们一起参加劳动,工友们看到我们的

转变,对我们更亲近了,我们从心里感到这个矿山就是我们的家,我们要洗心革面,把这个家建设好。因此,我干起活来就不知从哪来的劲头,什么困难,什么艰苦都不在话下,今天才真正感到自己是矿山的主人。由于李宗岱同志和老工友们的教育影响,这批犯人基本上都在劳动中摘掉了帽子,成为自食其力的劳动者。

三、教育职工保护国家财产,严厉打击盗窃分子

在日本投降撤退时,矿上遗留下很多铅粉,经常有附近农村的一些不法分子来偷盗。李宗岱同志一面教育职工要以主人翁思想爱护国家财产,将分散在外面的铅粉清扫回收,一面动员大家监视一些有不法行为的盗窃分子。同时还组织几名骨干,和他们一起黑夜埋伏在深山草丛里,不怕狼虫毒蛇的威胁,坚持不懈地监视着盗窃者的行踪。连续十余夜,终于抓获了几名惯偷,在群众大会上揭露这些惯偷的不法行为,送交公安机关进行处理。通过这次反盗窃的斗争,提高了广大职工的主人翁思想,自觉爱护矿山的一切财产。

四、建立职工会,改善职工生活福利

初来柳毛铅矿时,李宗岱同志十分关心成立职工自己的组织——矿职工会。他根据多年做群众工作的经验,充分发挥仅有4名党员的党支部的作用,将在恢复生产、民主改革运动中涌现出的先进分子吸收入党,并领导他们组织柳毛铅矿职工会筹备委员会,民主选举产生了矿职工会委员会。当时矿山的生活十分艰苦,他通过职工会组织,发动职工和家属利用业余时间开荒种菜,修建职工俱乐部、职工澡堂,努力改善职工文化生活和福利事业,使一些新来的工友减轻生活负担,使一些不安心在柳毛铅矿工作的工友也渐渐安下心来,并以主人翁的姿态参加矿山的民主管理。

本文由鸡西市总工会工运史研究室提供。

关于解放战争时期东安根据地的调研报告

刁学艺*

为纪念密山解放60周年,也为全面申报革命一类老区提供第一手资料,并对青少年进行爱国主义教育,我们党史研究室分别走访调查了解放东安(密山)根据地的老首长、老领导,并对重点党史人物进行了专访。如解放东安时李东光(原哈工大党委书记),航校校长常乾坤,东安市土改工作团长谭云鹤等,并查阅党史研究室档案资料、人物传记(《吴亮平传》)、日记(《谭云鹤土改日记》)、回忆录,画册《土地》,及我们党史研究室印刷出版的《密山剿匪》《密山土改》和论文《东安根据地在解放战争中的战略地位与历史作用》,全面深入地研究解放战争时期东安根据地的重大历史意义,得出解放战争时期东安根据地是我党我军在东北创建的第一个战略根据地的结论。驻东安部队机构之多、训练军队指挥员规格之高、军工生产数量之大,都是其他根据地所无法比拟的,东安根据地为解放战争做出重要贡献。

一、东安根据地

东安地区位于祖国东北边陲,日伪时期称东安省,省会东安市即现在密山市密山镇址。东安包括鸡宁县、密山县、虎林县、宝清县、饶河县、东安市五县一市。1947年8月20日,撤销东安专员公署,成立密山中心县委仍辖5县一市,县址东安市(现密山镇);1948年7月密山中心县委撤销,东安市随之撤销,改为东安区,为密山县所辖,并辖现鸡东区域及鸡西、虎林部分区域至全国解放。故本文将1945年8月到1948年11月东北全境解放这一段时间在该区域内的

---

* 刁学艺:现任中共密山市委党史研究室主任。

附 录
东安根据地文献资料

根据地统称为东安根据地。

（一）东安根据地的创建

1946年6月我党我军创立东安根据地时,东北的形势是敌强我弱。此时国民党推进到松花江南岸,东北的主要大城市及中东铁路大都被国民党所占领,而广大乡村及大部分中小城市是空白区,只要我党我军能控制广大中小城市及农村与次要铁路——建立根据地的道路,就能完成夺取东北的战略任务,而这时正是创建根据地的极好时机。因为这一地区,一是未被国民党政府所接收,二是国民党军还远离这一地区,更重要的是东安地区几个县、市为中小城市,工业基础完备,资源丰富,是建立根据地的理想地区。

日军投降后,东安地区虽未被国民党接收,但当时的政治形势十分复杂,东安根据地建立所走过的道路是艰难的、曲折的。1945年8月9日,苏联红军第二路军一部越过中苏边界,向盘踞在边境前沿的日本关东军展开全面进攻,8月12日苏军进入密山县城,8月13日进入东安市。这时,在苏联边防军工作多年的抗联战士、中共党员李希才(李东光)随苏军回到国内,担任苏军驻东安市卫戍司令部副司令兼翻译,利用合法身份寻找失散的中共党员,秘密接待我党前来开辟工作的干部。在苏军与日军交战期间,国民党在晋南中条山对日交战中被日军俘虏的营长郭清典,乘战乱之机,在日军东安市东仓库劳工房网罗了64名劳工(均是被日军俘虏的国民党兵),砸开仓库获得枪支弹药,成立了"光复军"。日军投降后,残余的伪警宪特、汉奸和地主豪绅也纠合在一起,组成"东安地方治安维持会",后改组成"东安省临时政府",并组建了"中央军东安地区保安总队",郭清典被任命为参谋长兼任一大队长。此时,密山县临时伪政府也随之建立起来,县长张德一,副县长李云武,公安局长刘贯时。他们四处筹集粮饷为郭清典土匪武装服务。8月下旬,中共合江省委派白如海到东安担任地委副书记,他到达东安后,在苏军驻东安市卫戍司令部副司令李希才的帮助下与土匪郭清典、杨世范就东安地区接收问题进行谈判。由于郭清典等坚持等待国民党派大员来接收的反动立场,谈判失败。

1946年3月上旬,中共东安地委派梁定商任中共密山县委书记兼虎林独立团政委。3月23日,梁定商和虎林独立团团长常永年等人一同到达东安市。3月24日,梁定商、常永年、李希才(已回国工作,为便于工作,对外仍称苏军驻东安市卫戍司令部副司令兼翻译),在东安市北大营苏军驻东安市卫戍司令部与司令德格切夫举行会谈,表明了我党接收东安的意向,取得了苏军的支持,并着手筹建自己的武装。此时,合江省最大的土匪头子谢文东率300余人从勃利流窜到密山县哈达河、半截河等地,开始与郭清典、杨世范、赖明发等土匪勾结。为清剿东安地区的土匪,4月6日,牡丹江军区三支队司令员肖荣华、政委谭文邦等率十七团从宁安抵达鸡西,8日牡丹江军区三支队警卫团在王景坤团长的率领下进入密山县平阳镇。4月13日拂晓,警卫团在永安突袭土匪杨世范部,歼灭土匪100余人,俘虏30余人。随后,警卫团又在永安火车站、半截河等地与土匪郭清典部、祁少武部、赖明发部交战,歼灭土匪260余人,活捉20余人。25日,警卫团进驻东安市。

为消灭盘踞在东安地区的各股土匪,苏联红军驻东安市卫戍司令部发布命令,命令密山一切武装都必须受苏军检阅,看是否具备接管密山的军事能力。检阅前郭清典、祁少武等大股土匪已逃跑,检阅时只来了各村区的小股土匪武装,当场被苏军缴械,土匪头子高金声、孙福臣被苏军扣押。

警卫团进驻东安市之后,常永年率虎林独立团600余人由虎林出发,在东安东部兴凯击败芦俊堂700余名匪徒的阻截后也进入东安市。此刻,东安工作委员会干部已配备,主任梁定商、秘书长孙冀晃、财政部长江汉、工会主席李智武、公安局长常永年,并在苏军的支持下组建了公安大队,全部是苏式装备。东安工作委员会,在东安市张贴接收行政事务的布告。4月27日,苏联红军撤回国内。

5月10日,土匪头子谢文东在密山县平阳镇维持会大院内召开东安地区土匪头子会议,成立东安地区攻城联合指挥部。谢文东担任总指挥,负责攻打鸡西(鸡宁);郭清典担任副总指挥,负责攻打东安市;调中央军东安地区保安总队宝清分队长俞殿昌率部进驻密山兴凯,对东安市形成包围之势,切断了牡丹江军区警卫团与鸡西(鸡宁)三支队司令部之间的联系。土匪加紧集结兵力,做攻城的各方面准备。

5月15日拂晓,土匪芦俊堂、祁少武、曹本初、俞殿昌等部在郭清典的指挥下,向东安市发起攻击,土匪的指挥部设在东安市郊的连珠山主峰上。土匪拥有七门迫击炮、大批掷弹筒,投入作战人数达1 700余人,并编有几十辆汽车组成的运输大队、骑兵中队、便衣中队、侦察中队。担任主攻的土匪头目都是国民党军队在中条山对日作战被俘的军官和士兵,实战能力较强。我军是警卫团王景坤团长担任总指挥,参与指挥的还有吴美邦、梁定商、王绍金、李天光和刚从苏联归国的李希才及常永年,投入兵力达 2 000 人。土匪在炮火的掩护下,从东安市西南、正西、西北向东安市区发起攻击,拼命向市区逼近。几次短兵相接,互相厮杀,正面进攻的匪徒伤亡很大,设在连珠山主峰的土匪指挥部也被我军炮火击散。土匪便衣中队是一伙敢死队,又都熟悉市区北大营的地形,他们摸到我军作战指挥部附近和我警卫部队展开了近战、巷战,整个战斗一直持续到下午 4 点钟,在我军猛烈还击下,土匪大部只好乘汽车退回黑台老巢。东安保卫战击毙土匪 50 余人,俘获土匪 80 余人,我军也有 30 余名战士伤亡。

东安保卫战后,我军驻东安市部队主动向盘踞在兴凯的俞殿昌部和盘踞在黑台的郭清典部出击,消灭郭部匪徒 100 余人。俞部返回宝清,使郭清典在黑台不敢轻易出动。5 月 24 日晚,牡丹江军区警卫团奉命调往鸡西(鸡宁),东安市由梁定商、常永年、李希才留守。

5 月 25 日,郭清典、芦俊堂、杨世范、祁少武等土匪乘机率部向东安市发起攻击,由于敌强我弱,我军退守密山县城。郭清典、杨世范所率匪徒紧追不放,在密山县城,梁定商等指挥部队多次打退匪徒的进攻,最后终因寡不敌众,我军被迫放弃县城。梁定商、李希才率公安大队转移到鸡西(鸡宁),常永年率独立团撤回虎林,另一支部队经当壁镇进入苏联境内。此时,东安市、密山县城被土匪控制。王景坤警卫团的朝鲜族战士在对土匪的作战中非常勇敢顽强,东安地区的朝鲜族群众主动为我军提供情报和粮饷,使土匪遭受很大伤亡,土匪因此怀恨在心。郭清典、杨世范匪徒攻占东安市、密山县城后,次日便对我朝鲜族同胞进行了血腥屠杀,60 余名朝鲜族群众和 5 名公安战士被杀害,又在东安火车站东南掘了我军赵桂连营长和朝鲜族大胡子连长的墓,并碎尸,以发泄对我军的仇恨,制造了骇人听闻的"5·26"惨案。国民党密山县党部书记回绍先,此时为匪首郭清典、杨世范、芦俊堂、俞殿昌、陈士芳、祁少武起草了《给曾经参加八路军工作的同胞们和朝鲜族人民书》,在东安市和密山县城张贴,他们蛊惑人心,要市民们"为国效劳",对我军大肆攻击和谩骂,为其残暴屠杀我无辜同胞进行诡辩,其反动气焰甚为嚣张。他们还任命土匪刘志国为东安市卫戍司令,并把土匪武装改编为三个师,郭清典任一师师长,杨世范任二师师长,芦俊堂任三师师长。

为剿清东安地区的土匪,建立巩固的后方战略根据地,支持全国解放战争,6 月 16 日,中共中央东北局、东北民主联军总部发布命令,划分各主力部队、各军区的剿匪区域和后方根据地工作区域。任命三五九旅旅长刘转连兼合江省军区副司令,政委晏福生兼任合江省军区副政委,由刘转连统一指挥牡丹江军区三支队、虎林独立团、东安公安大队、鸡宁县大队等武装部队清剿东安地区土匪。

6月17日,根据东北民主联军总司令部命令,三五九旅七一七团、七一九团、骑兵团15 000余人,在刘转连、晏福生的率领下,乘火车从阿城出发进入东安地区剿匪。20日中午,剿匪主力部队抵达密山县永安火车站,刘转连旅长、晏福生政委与中共东安地委书记吴亮平,牡丹江三支队司令员肖荣华、政委谭文邦共同研究制定了作战方案。当时,在三五九旅司令部召开了营以上干部会议,介绍了东安地区的匪情,宣布了作战命令。三五九旅主力部队担任主攻,七一九团、骑兵团沿铁路攻打黑台、连珠山、东安之匪徒。七一七团迂回到裴德切断土匪逃往宝清的必经之路,三支队警卫十七团、虎林独立团负责清剿穆棱河南线之匪。21日凌晨,我军主力部队及地方部队近2万人,分别从永安、半截河出发,在南至中苏边境沿线,北至完达山纵深的广阔地带向当时合江省人数最多、匪势最大的郭清典匪部发起总攻。

当天,穆棱河南线部队在二人班、三梭通同土匪交战,穆棱河北岸部队在黑台、东八方高水村(现连珠山乡东方红村)、连珠山主峰与土匪交战。在我炮火猛烈攻击下,消灭了抵抗之匪。郭清典等残匪向宝清方向逃窜,土匪在逃跑途中丢弃了部分辎重和枪支弹药。当日晚,北线前头部队七一七团、七一九团、骑兵团对东安市进行战略包围。子夜,我军开始从西、南、东三个方向进入市区执行戒严,在东安火车站释放了200多名被土匪关押的群众,缴获汽车10多辆、大炮7门。22日上午,北线主力部队和三五九旅司令部开进东安市。南线部队一枪没放收复了密山县城,比三五九旅司令部稍晚抵达东安市。东安地委书记吴亮平、东安行署专员颜志也随同三五九旅司令部一同抵达东安市。接着,三五九旅骑兵团到杨木、兴凯湖一带剿匪,俘虏杨世范部土匪100余人;七一七团、七一九团分别奔赴勃利、宝清方向清剿逃匪。我军进入东安市后,中共东安地委任命三五九旅骑兵团政委、红军老干部李文华任中共密山县委书记,任命刚从延安回来的原吉东特委国际交通员傅文忱担任密山县人民政府县长。

1946年6月25日,密山县人民政府在东安市宣告成立,赵世民任副县长。7月8日晚,以陈伯村为团长,李尔重、于杰为副团长的东北局土改工作团抵达东安市,开展反奸清算和土地改革运动。同一天,我军在宝清歼灭了从密山逃

附 录
东安根据地文献资料

走的郭清典、杨世范、芦俊堂等部土匪1 000余人。匪首郭清典、杨世范、芦俊堂逃往长春国统区,祁少武逃往依兰县被我军俘获后处决。从此,东安地区的大股土匪全部被剿灭,东安地区社会秩序井然,为建立巩固的根据地奠定了基础。7月11日,中共中央政治局委员、东北局副书记兼秘书长、北满分局副书记高岗和秘书乘装甲火车到刚刚解放的东安市视察,详细听取了中共东安地委书记吴亮平、副书记兼土改工作团团长陈伯村、三五九旅旅长刘转连和政委晏福生的汇报。听取汇报后,高岗向在东安市的党政军领导干部和土改工作团全体干部传达了具有历史意义的中共中央东北局《七七决议》,视察了兴凯湖边岸当壁镇并对后方根据地建设和清剿残匪作了重要指示。

(二)东安根据地的战略地位

1. 以城市为中心,以广大农村为基础的都市战略

抗战胜利后,国共两党都不约而同地把目光放在东北,虽然我党我军先期占领了东北一部分大城市,但在雅尔塔协定公开后,我们的军队不得不撤出占据的大城市,八路军、新四军在东北也不得不改称为东北民主联军,成为地方部队,以免引起国际纠纷,因为当时苏联红军还未撤出东北。东北战略地位十分重要。日军侵占东北14年,为达到长期占有、掠夺资源,为侵略战争服务,在该地区建立起比较发达的工业体系,在当时的全中国也是最先进的。因抗日战争,中国的民族工业已受重创,奄奄一息,蒋介石一心反共,抗日左右摇摆,无心发展工业。发达的工业大多在城市里,城市是工业的载体与基地。东安在日伪时期曾为东安省,当时城市规模也在地级市级别,是黑龙江东南部中心城市,工业体系完备,资源丰富,在此建立根据地要比在农村更为有利。而解放战争时期的东安根据地即是都市战略的具体体现,这也是我党我军根据形势变化与地区特点,采取的一条灵活的战略方针。虽然当时根据地创立之初,仍是敌强我弱,蒋介石已公然展开内战,但在松花江以北的黑龙江省国民党军已无能力光顾。因为此时由于战线太长,兵力分散,国民党军只能收缩在沿中长路的几个大中城市,这就给我党我军乘势占领黑龙江省的大中城市创建根据地的都市战略带来机遇,并开创全新的城市辐射农村,工业带动农业发展的根据地建设。广大农村是城市工业的原料基地与发展基础。另外从战略意义上讲,万一国民党军打过来,形势发生逆转,我党我军还将走农村包围城市道路,把根据地建在农村、山林。

2. 背靠苏联的依托战略

东安根据地背靠苏联,其陆地与苏联接壤,水路隔兴凯湖、乌苏里江与苏联相接,并在历史上有一条重要的"大豆之路",贸易通道连接中苏两国。因为日军防御苏联,把该贸易通道上的边境重要贸易之镇当壁镇给摧毁,变成无人区,两国贸易亦就此中断,但民间的贸易还在"黑市"进行。此外利用这条贸易通道作掩护,抗日战争初期我党我军的情报人员往来于中苏两国,史称国际交通线。创建根据地的我党我军的领导人原先就是国际交通员。再加之苏联布尔什维克同情中国共产党并同其具有一种天然的联系,难免要同情中国革命。尤其是我党我军遭受挫折与失败,比如像抗日战争时期抗联部队被打散撤到苏联,在那里得到了休养生息。东北光复后,又纷纷随苏军进入中国当向导翻译,如苏联东安司令部副官兼翻译李希才、李东光。这一优越的地理位置即地级城市且与苏联近距离建有贸易口岸,在当时北满地区(黑龙江省)也是绝无仅有(当时黑河市还称之为瑷珲县,绥芬河是个小村镇)。

3. 培养军事人才与开辟军工生产的军事战略

解放战争时期,东安根据地从某种意义上说就是军事根据地,因为我党我军在东北的主要任务是迅速夺取东北,消灭占领东北的国民党军队。在战争阴霾笼罩整个东北的时刻,根据地的建设当以军事准备为当先。东安根据地建设也是从战争有关的建设工作起步。比如恢复军工生产炸药、火药等,开办军事技术人才培训学校,征集兵源,扩充军需等,尤其是航空兵学校搬至东安,标志着东安根据地已成为军事战略根据地而独树一帜,充分说明了东安根据地的可靠与重要。

(三)东安根据地重大历史贡献

1. 发展军工生产,培养训练军事人才

东安根据地创建后,迅速恢复发展军工生产,有力地支援了解放战争。1947年初,我军在进行三下江南、四保临江等战役,战争的规模越来越大,前方急需弹药。根据党中央利用东北工业基础和丰富的资源建立后方战略基地的战略意图,伍修权(时任东北军区参谋长)率化工专家钱志道、周明、魏祖治到东安的西东安(连珠山区)新发村,决定利用侵华日军坦克修配厂和日军兵营残址,建设我党我军大规模发射药厂。发射药厂的全体干部战士,在东北军区军工部的正确领导下,发扬延安时期的光荣传统,提出"早出产品,支援前线,打到

南京去,活捉蒋介石"的战斗口号,发扬自力更生、群策群力、公而忘私、艰苦奋斗的创业精神,经过含辛茹苦、风餐露宿的日夜奋战,迅速完成了厂区的"三通一平",先后建起了精制棉、硝化棉、废酸处理、乙醚制造、溶剂回收、单基发射药等六条半成品、成品生产线。完成建厂的同时利用日伪遗留的弹壳和弹体中的炸药装配生产了五〇弹26万余发。解放战争时期共生产硝化棉2 400公斤,单基发射药57.2吨,为全国解放做出了重要贡献。当年创建的东北军区军工部直属一厂被军工战线誉为全国发射药制造工业的摇篮。东安电器修造厂是东北军区军工部在东北组建的规模最大、技术实力最强的军工厂。

1946年8月10日,东北军区总部任命程明升为东北军区军工部副部长兼东安电器修造厂厂长。他到东安创业伊始,面对日伪残留的废墟,在一无资料、二无设备、三无资金的困难条件下,开始了艰苦的创业历程。在东安的三年时间里,据不完全统计,共生产手摇发电机911部、发报机316部、收报机36部,有线电话单机836部、总机223部、干电池10万余只,还有32部超短波机和大批信号弹。1947年4月东北军区参谋长兼军工部政委伍修权深入东安电器修造厂调查研究,协调解决军工生产中的急难问题。伍参谋长对该厂发扬延安老传统,白手起家、艰苦创业,干部处处作表率、党员事事带头,军工生产、生活、文化等各项工作取得的成绩,代表东北军区给予了很高的评价。伍参谋长回东北军区后,向总部首长全面汇报了东安根据地的建设与发展等情况。根据他的建议,密山发射药厂定名为东北军区军工部直属一厂,厂长钱志道兼任东北军区军工部总工程师。东安电器修造厂后更名为东北军工部直属二厂,周建南为厂长兼总工程师,程明升调回总部任东北电业管理总局局长。

我军第一所航空兵学校自1946年3月1日建立至1949年12月13日迁走,在东北历时三年零九个月。其间,在东安的一年零七个月,是相对稳定的时期。在东安期间条件艰苦,飞行员吃不到肉,也没有细粮,只得天天吃被火烧过的玉米碴子和高粱米;由于后方没有布匹、棉花,航校的干部战士服装单薄;没有航空汽油只能用酒精代替。中共东安地委书记就用密山产的大豆、白酒经当壁镇口岸与苏联换来了航空用油、棉布、汽车,解决了航校飞行训练和服装的困难。为使飞行员有良好的体魄,东安地委、行署帮助解决伙食补贴。经中共合江省委书记张闻天批准,东安行署财粮处定期向航校拨付经费(沙金),用以改善伙食。当时东安市后方军事单位有上千名日籍工程技术人员,为使他们安心工作,为我所用,除在生活上给予他们特殊待遇外,东安地委还为他们的子女办一所日籍子弟学校。行署教育处根据建议,拨付经费,招聘懂日语的教师,在东安市北大营办起了一所日籍员工的子弟小学。东北老航校在三年多的时间里共培养了500多名航空技术人员。空军正式创建后,在这所航空学校的基础上成立了七所航空学校。东北老航校被誉为中国人民航空事业的摇篮。1949年开国大典受阅的空军、志愿军空三师、四师和飞机制造工业的指战员、技术骨干大都是东北老航校的师生。令美国空军闻风丧胆的著名战斗英雄王海、刘玉堤、张积慧、李汉、邹炎、王天保、华龙毅、高月明、陈亮、鲁珉等都是东北老航校的学员。

2.恢复经济发展生产,支援解放战争前线

虽然东安是日伪时期的省会城市,有一定的工业基础,但在日本投降前遭到严重破坏,工商业停产,东安城一片废墟。为了恢复经济,发展生产,东安根据地采取一系列的发展措施。在东安市开办东安贸易公司、林业实业公司,在鸡西(鸡宁)、密山恢复17处矿井采掘煤炭,开办机械厂、军用被服厂和面粉厂,各县都开办了油米厂、火磨制材厂、制油厂。在兴办工商业,发展经济的同时,以地方的煤、粮、木材等物资为储备金,发行东安地方流通券,以促进企业、工厂的发展,商品货物的流通,收到了很好的效果。打通外贸口岸,全力做好对苏联的外贸出口,提高过货能力,打破国民党反动派的经济封锁,提高经济水平。由于日寇强行并大屯,对我边境实行无人区政策,将具有百年贸易史的当壁镇变成一片废墟,已是有名无镇,当时搞通商贸可谓困难重重。东安根据地为尽快与苏联通商出口,采取了一些特别措施,一是打破常规,边建设,边贸易。为尽早通商出口物资,根据地采取一边建厂房、仓库等通商基础,一边灵活地进行小额通商贸易。对仓库、货场、道路等在冬季零下几十摄氏度的恶劣条件下突击抢修。工人们经常冒着寒风在带冰碴的泥水中昼夜轮流奋战,在不到一个月的时间内建成库房、货场近2 000平方米,厂房2 000平方米。二是领导挂帅亲自抓外贸。由于东安地委书记吴亮平重视外贸工作,并且他本人精通俄语,因此和专抓对外贸易的鸡宁县委书记张春阳多次同苏军及苏联政府官员洽谈通商贸易具体事宜,加快了外贸通商的步伐。1946年12月初,我方的第一批农副产品运至苏联,其中大豆5万吨,苏方向我方提供了布匹、食盐、玻璃等我方急需物资。三是各地互相配合促进外贸工作。当壁镇贸易之初,只靠东安地区粮食无法满足对苏贸易,根据地决定到产粮县调粮,并把对苏贸易的三分之二支援其解放区,充分发挥了当壁镇贸易对解放战争的贡献。

附录
东安根据地文献资料

从 1946 年冬至 1947 年 10 月末,我方用农副土特产品先后 3 次从苏方换回棉花、食盐、火药、航空油等根据地急需物资,解决了民用军需。当壁镇贸易总计出口大豆 10 万吨,盈利 3.8 亿元(当时货币单位),缓解了根据地经济困难。当壁镇贸易为经济建设积累了宝贵经验。一是政府间贸易带动民间贸易。一方面政府大张旗鼓鼓励搞贸易,当时提出的口号是"人人节约一粒粮,好钢用在刀刃上",全力推进对苏贸易的开展。与此同时东安地委根据历史上的贸易经验,对苏贸易主要集中在兴凯湖结冰期进行货物交换,直到"烂道"(湖面解冻)为止。而这段时间又是农闲季节,广大农民有充分时间参与边贸。另一方面,政府鼓励农民拿出余粮进行贸易,以政府间的贸易带动民间贸易的开展,并采取相应的保护性措施来激发广大农民从事边贸活动的开展。二是贸易往来与援助相结合。为了减少贸易逆差,换回我方更多所需的民用与军需物资,在采取易货贸易的同时,我方积极开展工作,争取苏方的贸易援助。苏方先后为我方无偿提供航空用油若干吨,运输汽车 30 辆,还有苏方缴获的日伪枪支、弹药等。三是贸易形式多样化。东安地委在开展以易货贸易为主渠道的同时,为增加贸易的过货量,在当壁镇成立了东昌贸易公司,专门管理对苏贸易,扩大贸易额。与此同时,我方亦在小范围内用黄金、银圆等同苏方交换货物,并辅之以请求无偿援助相结合。

3.培养了一大批党员干部,积累了一定的执政经验

东安根据地作为东北民主联军总部的第一个后方根据地,我党我军进入东北后,先期派部队进入该地区清剿土匪和反动武装。这时根据地的稳定乃至党员干部的成长壮大起到了关键性作用。到 1946 年 7 月,东北局又派出 200 多名素质好、有群众工作基础的同志所组成的土改工作团(这些同志大多是来自延安老根据地和东北大学)进驻东安地区进行土改。工作团的领导同志不仅出色地领导工作队员完成了土地改革工作任务,而且还十分重视地方党员干部的培养、选拔和作用。为解决当时由于根据地的不断扩大,党员干部严重不足的状况,他们同地委一起根据东北地区的特点和东安地区的实际情况,总结运用了"蝗虫政策"和"滚雪球"(即以点带面,点面结合,层层推进,逐步展开)的方法,培养选择区、乡级等领导干部上千名。当时合江省委及东安地委对干部和积极分子的选拔使用做出了 5 条规定:(1)对新干部或知识分子的选拔使用认真考察历史;(2)正确对待新干部和积极分子,即不盲目信任也不可不信任,帮助克服缺点,改掉不足,发扬成绩,鼓励进步;(3)培养新干部与积极分子应采取群众

565

路线,新干部和积极分子的产生必须经过群众的审查与推选,他们必须密切联系群众,而不能站在群众之上或群众组织之外;(4)应大力教育新干部与积极分子,提高他们的阶级觉悟与识别问题的能力;(5)对于区、村新干部与积极分子的生活,我们除发扬他们为人民服务的精神外,给以适当的照顾也是必要的。这些规定对新干部的启用与成长创造了一个良好的条件,以至于土改工作团撤出区、乡时,区里只留一个指导员,而区里工作仍井然有序。有的区还直接由土改中成长起来的新干部主持全面工作。这些干部不但在土改运动和根据地的创建中发挥了重大作用,而且其中一部分在南下江西支援新解放区的工作中做出了重要贡献。仅以密山县为例,当时土改结束后就抽出112名干部由县长张笃同志率领南下江西,支援新解放区的各项工作。

(四)参军参战,支援解放战争前线

东安解放后,国内的政治形势仍十分紧张,我党与国民党在东北的战争规模正在不断扩大。为使解放战争由战略防御转入战略进攻,争取早日解放全中国,解放后的东安人民,在东北局和合江省委的领导下,一面积极进行土地改革,加强根据地建设;一面踊跃参军参战,积极支援前线。"参军花儿朵朵红,参军人儿真英雄;参加人民子弟兵,大家都来打反攻;打倒老蒋卖国贼,新的中国放光明。"这首当时广为流传的参军歌谣,充分表达了东安人民对党、对人民民主政府的感激、依赖、支持,为巩固、扩大解放区的根据地直至"打倒蒋介石、解放全中国"的参军参战热情。觉悟了的东安人民,就怀着这种热情积极参军参战,并相继出现了"妻送郎、兄送弟、老夫送子去杀敌"的动人场面,为解放战争谱写出一曲曲动人的乐章。

1. 好儿当兵,好铁打钉

俗话说:"好儿不当兵,好铁不打钉。"可翻身后的农民深知他们的土地来之不易,为了感谢党和政府,捍卫土改斗争的胜利果实,广大青壮年积极踊跃报名参军,他们心情迫切、感情真挚。承紫河区的袁老太太积极送子参军,并说:"我有两个儿子,小儿子残废,大儿子身体好,我先把他送去参军打蒋介石。"这个区的李云山、李云岫兄弟俩争着参军,相持不下,只好以摔跤比高低,结果袁老二得胜,高高兴兴地参了军,老大不服气,他还是偷偷地跑到前线也参了军。柳毛区团结村叶连江、叶连河二兄弟,争着要参军。哥哥已经坐上爬犁要走了,硬是被弟弟拉了下来,结果弟弟上了前线。柳毛区新民村宋宝林、宋宝玉兄弟俩争着去参军,哥哥就劝导弟弟:"现在咱家分了地,有了本钱,你在家好好种地,我去参军打反动派,等两年你长大了再去。"弟弟急得大哭了一场。自卫村王林的三弟见二哥去参军,他自己也去报名。大家说他十六岁太小不能去,他后悔地说:"我不如报十七啦!今年不行明年一定去。"小青年李万参军心情更是迫切,部队领导嫌他个子小,他哭了两场。当他听说参军的要走时,急得把鞋子补了一只拿着就要跟部队走,大家劝他回去,他还要和入伍的新战士谢德龙摔跤,看谁的劲大。这些根据地的优秀儿女为全国人民的解放事业踊跃参军,并在战斗中冲锋陷阵、流血牺牲,他们为的是什么呢?杨木乡板石村参军战士秦凤山说得好:"咱们祖祖辈辈受地主的剥削压迫,受尽了苦,是毛主席领导咱们穷人翻了身,咱们不能喝水忘了挖井人,我们参军扛枪就是保卫土改的胜利果实,保卫咱穷人的利益,这是咱自己的事,我们不去谁去?!不消灭蒋介石我们决不回来。"

2. 打虎亲兄弟,上阵父子兵

马家岗洪家父子齐上阵杀敌。父亲领着两个儿子参军,把家里的小女儿交给别人看管。老洪说:"打虎应是亲兄弟,上阵还得父子兵",不打垮蒋介石,我们就过不上好日子。"连珠山区高水村姜作春叔侄四人参军参战。六弟姜作才参军立功喜报邮回来了好几张,他侄儿看到后急得不得了。姜老汉听到后非常高兴,他对村干部说:"我打算把我们家适合年龄的都送到部队去,趁热打铁,齐心杀敌,彻底消灭蒋介石这个大坏蛋。"人们称赞他们叔侄几个为"姜家军"。城关区崇实村胡同春 40 多岁,报名参军几次未得到批准,他就偷偷地把头发剃光,叫干部看行不行,并说:"强大的解放军就是咱穷人的腰柱与靠山,我一定要参军替穷人打天下。"在三梭通区,有这样一个动人的事迹,父子俩积极报名,争相参军,相持不下,最后以打靶论高低,一时传为佳话,后来他们父子同赴战场杀敌,还立了战功。

3. 领导带头,群众响应

杨木岗区伊通村农会主任韩桂山带头参军,领着 22 名青年上前线杀敌立功。在他的模范作用带动下,杨木岗仅用 6 天时间超额完成征兵任务 4 倍多(任务为 20 名,而实际完成 113 名),受到了县政府的通令嘉奖,并把这个区的先进经验介绍到《东安日报》,向全东安地区推广。二人班区妇联韩主任在开展参军参战工作中,亲自把新婚丈夫送上前线,她说:"现在我们翻了身,得到了土地,我们不保住这些胜利果实,地主坏蛋还会欺压我们的,不打垮蒋介石,我们就过不上好日子,好丈夫应保家卫国志在四方。"在她的影响带动下,二人班区参军战士情绪高昂,临行发誓三不归,即不打倒反动派不归,不把全国解放不归,不保住土改胜利果实不归。

领导能下海,群众敢擒龙。在领导干部的模范行动带动下,广大翻身青年群众参军热情不断高涨,那真是领导带头参军,青年抢着参军,群众争着参军,大家一心杀敌。到1947年7月,密山县仅用半年时间就一次完成东安地委下达的一年两次375名的征兵任务,并超额完成125名(实际完成500名)。全东安地区共参军2 125名,亦一次完成半年的两次征兵任务,《合江日报》于1947年7月17日向全省各市、县介绍并推广了东安地区的征兵工作经验。

从1946年密山土地改革开始,参军参战工作拉开了帷幕,到1948年辽沈战役胜利,东北全境解放,全东安地区共送走了26 000余人参军参战,其中密山人民参军参战的优秀儿女共达5 438名。他们为捍卫解放战争时期的东北根据地,为解放全中国做出了重大贡献,这是密山人民的光荣,也是密山人民值得自豪的。

二、几点建议

1. 加大东安根据地研究力度宣传,弘扬老区革命精神

东安根据地虽然从创建到辽沈战役胜利只有短短两年多时间,却发挥了重要的历史作用,是我党我军在东北建成的唯一一处军事机构众多的根据地。曾在中央、中央军委工作过的老首长、老领导,只要他们曾生活、战斗过在东安,都对其有着浓厚的感情,东安的知名度很高。然而今天的干部群众,尤其是广大青少年对根据地的这段历史知之甚少,相当一部分人可以说是一无所知。马克思说过,爱国是从爱家乡开始的。热爱家乡必须珍惜历史,尤其是这笔宝贵的革命历史遗产,使其发扬光大,必将鼓舞我们努力为祖国昌盛、人民幸福而奋斗。

一是建议通过广播、电视、新闻媒体全面反映东安根据地的历史全貌,在制作节目时,体裁要精心谋划,大胆创新,达到老少皆宜,寓教于乐。

二是建议举办专题研究,聘请尚健在的老首长、老领导为青少年开展有关东安根据地题材的爱国主义教育。

三是建议把东安根据地的光荣历史编写成本地区的爱国主义教材,列入中

小学辅导书,培养中小学生的爱国主义意识。

2.加深东安根据地时期的历史人物研究

创建东安根据地的一些老首长、老领导,现虽年事已高,但还可以为这段历史提供第一手资料,且这也是澄清一些重大史实的捷径。据统计,当年创建根据地的老领导、老首长,后到中央、军委等部门工作的就有70多位,比如吴亮平、陈伯村、刘转连、晏福生、谭云鹤、邵宇、周建南、伍修权、刘亚楼、常乾坤、李东光等。这是一笔宝贵的精神财富。

3.2016年6月22日是东安根据创建暨东安(密山)解放70周年纪念日,应举行东安根据地创建70周年暨密山解放70周年纪念活动。届时,邀请尚在的老领导、老首长、老战士,为密山的发展献计献策,利用东安根据地这一历史资源,促进密山的发展。

后　　记

　　《东安根据地回忆录》一书所收录的文章,主要节选于薛盟、王晓廉、王金文、康广良主编的《鸡宁剿匪》,邓凌玉、李逢春、李松阳等主编的《鸡西军工》,王金文、王晓廉、隋业勤主编的《鸡宁土地改革运动》,王金文、周桂芬主编的《鸡宁大生产支援前线》,康广良、赵二男主编的《鸡西在建国初期》,雍桂良等著的《吴亮平传》,张海明主编的《虎林红色根据地》,孙永亮、都兴方主编的《鸡西革命老区》等相关资料。

　　《东安根据地回忆录》编写时限为 1945 年 8 月至 1948 年 11 月年发生在东安地区的历史史实。书中出现的地名尽量采用历史地名,有些历史地名不便理解,就使用了现地名。书中回忆文章的作者有时采用现地名,编者用括注的形式附加了当时的历史地名。

　　全书由张长虹、徐振林、于凯生组织策划编写,韩新君研究员拟定编写大纲和体例,由韩新君、韩涛、韩敬瑜、刘金铎、付云燕、韩雄飞具体编辑录入,于凯生、郭美霞审阅定稿。韩新君、韩雄飞对书稿做了大量的修订和校对工作。宋丽萍、刁学艺、韩基成、董凤芹提供了相关文字和图片资料。

　　本课题在研究过程中,得到黑龙江省社会科学院历史研究所赵儒军所长、高晓燕副所长、梁玉多副所长的业务指导;原鸡西市委常委、宣传部长张长虹、鸡西市革命老区促进会会长徐振林等同志多次听取课题研究工作进展情况汇报,给予了大力支持和工作方面的指导,张长虹同志在百忙之中为本书作序;黑龙江工业学院的领导盖元臣、于凯生、郭美霞、杨永清、孔祥春、王长发等同志在

后 记

研究工作方面都给予了大力的支持帮助,中共鸡西市委宣传部田洪波副部长在研究工作方面给予了把关;黑龙江人民出版社为出版本书做了大量工作。在此,对多年来关注本课题研究的专家、学者、领导,社会各界有识之士,以及参与本书编辑的同行表示衷心感谢。由于历史的原因,本书涉及的内容年代较久远,原始档案资料极难寻找,掌握的资料不全再加上编者的水平有限,书中难免会有纰漏或者错误的地方,敬请读者批评指正。

编者
2018 年 7 月 20 日